UNE CAMPAGNE

AU TONKIN

LE DOCTEUR HOCQUARD

DOCTEUR HOCQUARD

MÉDECIN MAJOR DE 1ère CLASSE

UNE CAMPAGNE

AU TONKIN

OUVRAGE CONTENANT
DEUX CENT QUARANTE-SEPT GRAVURES
ET DEUX CARTES

présenté et annoté par Philippe Papin,
de l'École française d'Extrême-Orient

arléa

16, rue de l'Odéon, 75006 Paris

En couverture :
La Prise d'Hong-hoa, au Tonkin, en 1884.
Musée de l'Armée, Paris

ISBN 2-86959-473-9
© Novembre 1999 – Arléa

Qu'il me soit permis ici de remercier ceux grâce à qui cet ouvrage a pu voir le jour, et tout spécialement M. Christian Poncelet, président du Sénat, M. Maurice Ulrich, conseiller auprès du président de la République, et M. François Gauthier, conseiller culturel à l'ambassade de France au Viêt-Nam.

À Hà-Nội, le 10 juillet 1999
Philippe Papin

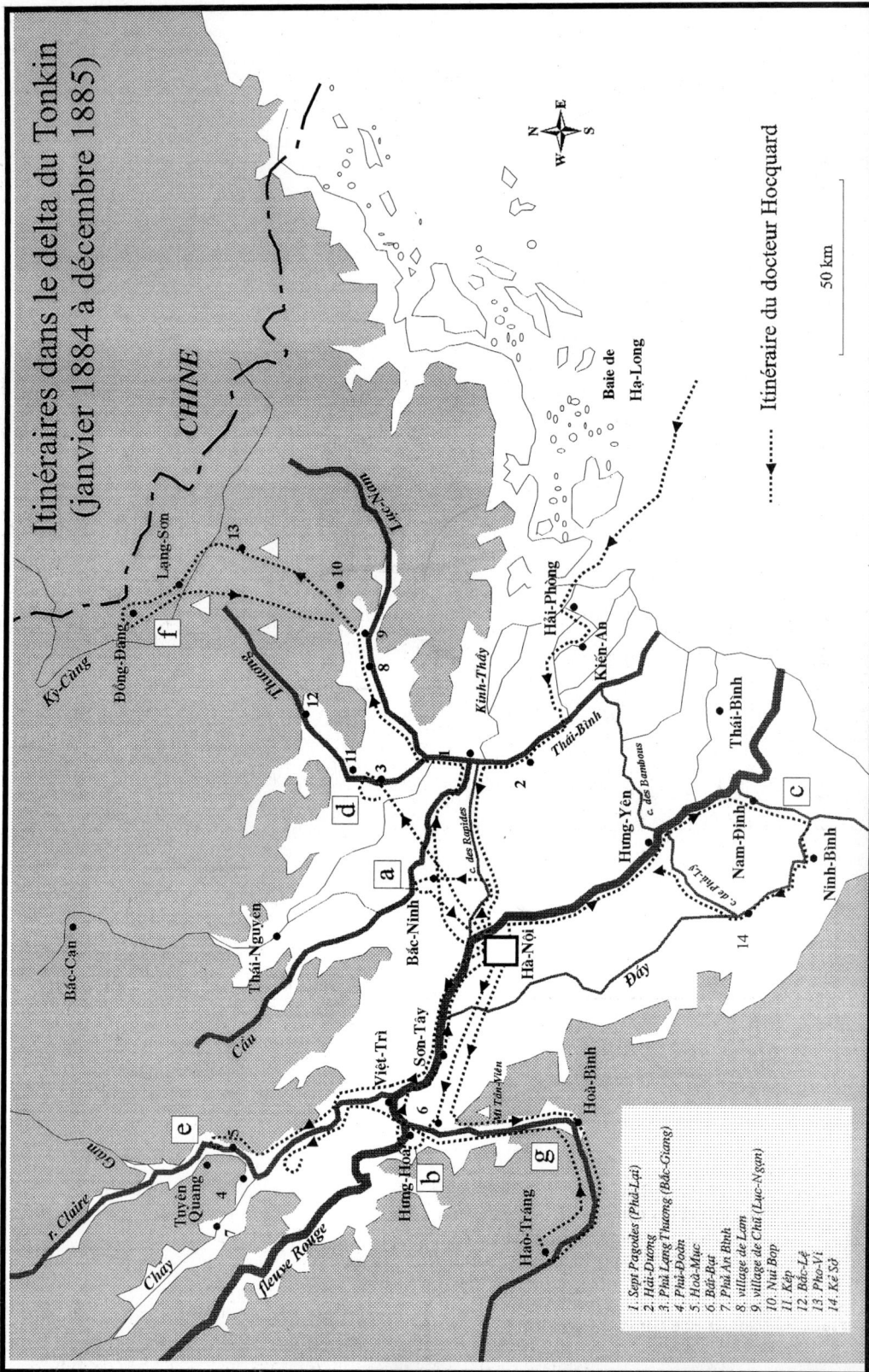

Itinéraires dans le delta du Tonkin (janvier 1884 à décembre 1885)

CHINE

Baie de
Ha-Long

Itinéraire du docteur Hocquard

50 km

N
W   E
S

Ky-Cùng
Lang-Son
Đồng-Đăng
Thương
13
10
9
8
12
11
3
Lục-Nam
Hải-Phòng
Kiến-An
Kinh-Thủy
Thái-Bình
2
Thái-Bình
Hưng-Yên
c. des Bambous
c. de Phủ-Lý
Nam-Định
Thái-Bình
Ninh-Bình
Bắc-Cạn
Thái-Nguyên
Bắc-Ninh
c. des Rapides
a
d
Hà-Nội
14
Đáy
Cầu
Việt-Trì
Sơn-Tây
6
s. de Tân-Yên
Hoà-Bình
Gâm
r. Claire
Sô
e
Tuyên-Quang
4
1
Chay
fleuve Rouge
Hưng-Hoá
b
Hoà
g
Hoà-Trạch
Nứa Bop

1. Sept Pagodes (Phả-Lại)
2. Hải-Dương
3. Phủ Lang Thương (Bắc-Giang)
4. Phủ-Đoản
5. Hoà-Mục
6. Bắc-Bat
7. Phủ An Bình
8. village de Lam
9. village de Chũ (Lục-Ngan)
10. Nứa Bop
11. Kép
12. Bắc-Lệ
13. Pho-Vi
14. Kẻ Sở

Itinéraire de Tourane à Huế
(janvier à avril 1886)

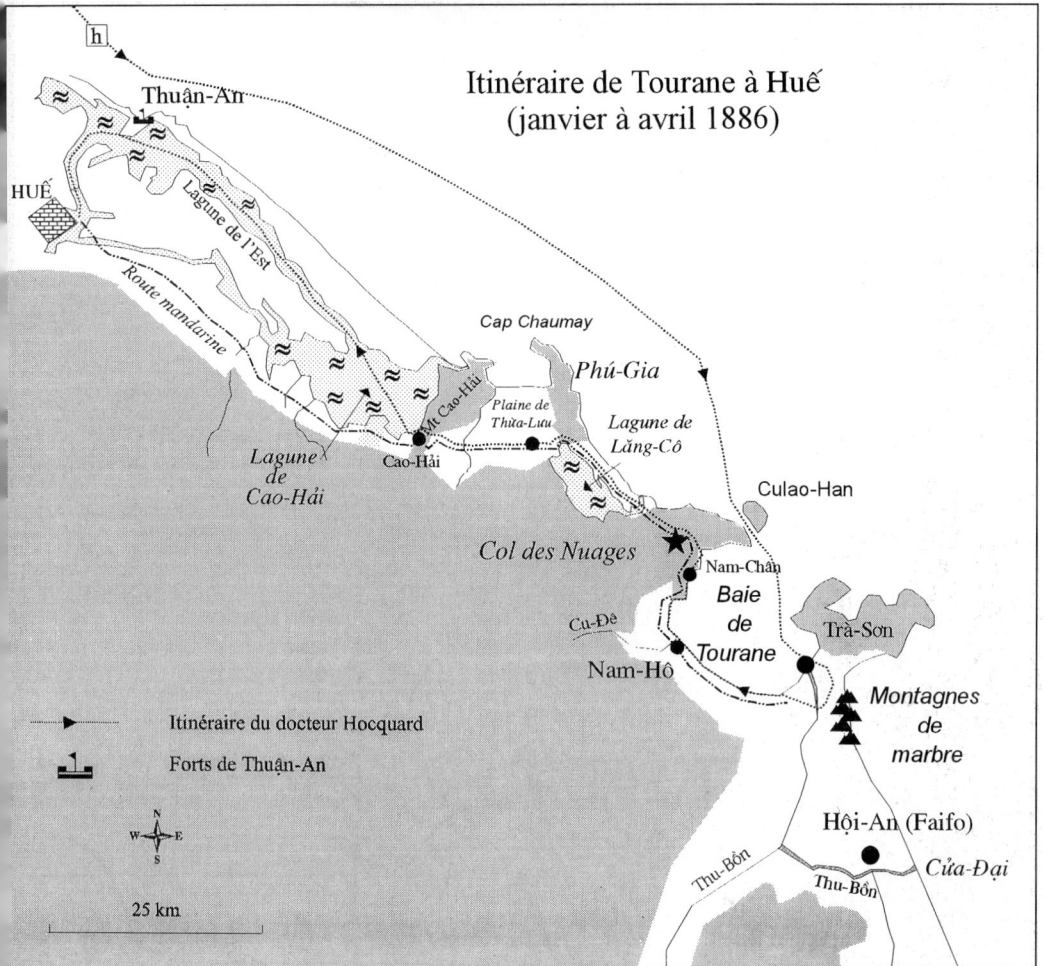

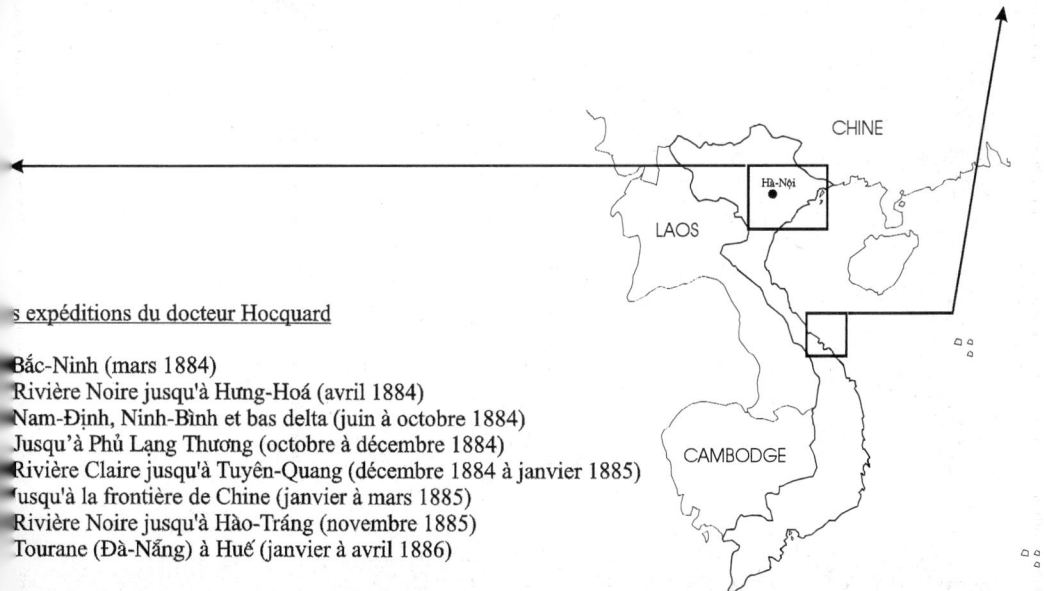

Thuận-An

HUẾ

Lagune de l'Est

Route mandarine

Cap Chaumay

Phú-Gia

Plaine de Thừa-Lưu

Lagune de Lăng-Cô

Mt Cao-Hải

Cao-Hải

Lagune de Cao-Hải

Culao-Han

Col des Nuages

Nam-Chân

Baie de Tourane

Trà-Sơn

Cu-Đê

Nam-Hô

Montagnes de marbre

Hội-An (Faifo)

Thu-Bồn

Thu-Bồn

Cửa-Đại

Itinéraire du docteur Hocquard

Forts de Thuận-An

N
W   E
S

25 km

CHINE

Hà-Nội

LAOS

CAMBODGE

s expéditions du docteur Hocquard

Bắc-Ninh (mars 1884)
Rivière Noire jusqu'à Hưng-Hoá (avril 1884)
Nam-Định, Ninh-Bình et bas delta (juin à octobre 1884)
Jusqu'à Phủ Lạng Thương (octobre à décembre 1884)
Rivière Claire jusqu'à Tuyên-Quang (décembre 1884 à janvier 1885)
Jusqu'à la frontière de Chine (janvier à mars 1885)
Rivière Noire jusqu'à Hào-Tráng (novembre 1885)
Tourane (Đà-Nẵng) à Huế (janvier à avril 1886)

INTRODUCTION

> « Le seul véritable voyage, le seul bain de Jou-
> vence, ce ne serait pas d'aller vers de nouveaux
> paysages, mais d'avoir d'autres yeux, de voir
> l'univers avec les yeux d'un autre, de cent autres,
> de voir les cent univers que chacun d'eux voit, que
> chacun d'eux est. »
>
> Marcel Proust, *La Prisonnière*

Les récits de voyages sur les terres de l'actuel Viêt-Nam ne sont pas une rareté. Depuis l'extraordinaire récit de Samuel Baron, publié en 1680, de nombreux auteurs occidentaux ont laissé des écrits relatant leurs pérégrinations dans l'Empire du Đại-Việt, sur les côtes de l'Annam, de la Cochinchine ou au « royaume du Tong-King » : William Dampier en 1688, Thomas Bowyear en 1695, Pierre Poivre en 1749, l'abbé Richard en 1778 (à partir de documents laissés par l'abbé de Saint-Phalle), John Crawfurd en 1822, Léon Dutreuil de Rhins en 1876, Jules Harmand en 1875-1877, le docteur Challan de Belval en 1886... Lorsqu'il s'agit d'obtenir des informations sur les itinéraires, la géographie, la situation religieuse ou le trafic des marchandises, ces récits extrêmement précieux n'ont d'ailleurs pas échappé à la vigilance des historiens qui, par endroits, les mobilisent à l'appui de telle ou telle assertion. Le plus souvent, cependant, c'est presque à titre d'*illustration* que l'on cite un extrait de ces ouvrages, à la manière d'une vignette ou d'un ornement destinés à agrémenter la lecture et, surtout, à renforcer la démonstration. C'est ainsi que, par exemple, Baron est fréquemment convié à décrire l'activité commer-ciale de l'ancien Hà-Nội tandis que Bowyear est chargé des marchan-dises de Cochinchine et l'abbé Richard des questions religieuses. Parce qu'ils illustrent et éclairent, parce qu'ils sont par nature dotés d'un incontestable effet de « vivant » et qu'ils apportent un peu de couleurs au passé, ces extraits de relations de voyages occupent une place particulière dans le discours historien.

L'ouvrage du docteur Hocquard a d'autant moins échappé à la règle qu'il fourmille de renseignements sur le Viêt-Nam de la fin du XIXe siècle et, plus singulièrement, sur l'existence quotidienne de populations que l'historien a parfois du mal à saisir. L'ouvrage est une mine de scènes de la vie de tous les jours, une avalanche de descriptions précises : vendeuses de marché, comédiens ambulants, musiciens, enterrements, mariages, rites religieux, justice et injustices de ce bas monde... Notre auteur prend son temps, il raffole du détail, et ses observations sont d'autant plus précieuses qu'il se trompe rarement, ne juge jamais, hésite parfois mais décrit toujours très fidèlement, à la manière d'une *photographie*, ce qu'il voit ou ce qu'il entend.

Hocquard est donc souvent cité mais, et il faut le souligner d'emblée, à la différence des autres ouvrages du même type – à la différence des récits de Baron ou de Poivre par exemple –, les emprunts faits à *Une campagne au Tonkin* jouent rarement comme de simples « vignettes », ils ne sont pas destinés à corroborer une affirmation d'historien ni à illustrer un propos venu d'ailleurs, ils ne sont jamais de purs ornements. Cela s'explique essentiellement par la nature du texte. Celui-ci s'attarde peu sur le détail des opérations militaires, il n'évoque les faits historiques que de manière latérale, comme un cadre global qu'il convient certes de poser, mais avec légèreté, sans trop insister. Le vrai propos de l'auteur est ailleurs, et singulièrement dans les éclaircissements qu'il donne sur le fonctionnement de la société vietnamienne de ce temps. Si, par exemple, il relate en quelques lignes les raisons militaires de la campagne de la rivière Claire, c'est surtout aux rites qui entourent la procession funéraire rencontrée en chemin qu'il s'intéresse. Il leur consacre seize pages, d'une densité époustouflante, qui nous apprennent des faits que, sans lui, nous ignorerions.

Bien loin d'avoir rédigé un catalogue d'observations ou une nomenclature de l'exotisme fin de siècle, le docteur Hocquard a eu pour ambition d'expliquer et de rendre intelligible ce qu'il a vu. Finalement, ce qui le distingue de ses prédécesseurs et ce qui, en même temps, rend son récit à la fois si complexe, si utile et si savoureux, c'est qu'à l'extrême précision de ses descriptions s'ajoute un véritable souci d'analyse et de mise en contexte.

Charles-Édouard Hocquard, un médecin militaire

La vie de Charles-Édouard Hocquard n'est malheureusement pas bien connue[1]. L'essentiel des informations que nous possédons provient des archives du *Service historique de l'armée de terre*, à Vincennes, notamment de son livret militaire qui fournit une chronologie assez précise de ses affectations[2]. Fils de Marie Demange et de Pierre-Édouard Hocquard, tanneur de son état, notre auteur est né le 15 janvier 1853, à Saint-Nicolas du Port, en Meurthe (actuelle Meurthe-et-Moselle), non loin de Nancy. Entré en octobre 1873 comme médecin-élève à l'école de Santé militaire du Val-de-Grâce, d'où il sortit bien classé (dix-neuvième sur quatre-vingt-dix), il y devint stagiaire deux ans plus tard après avoir passé son doctorat, puis il fut muté à l'hôpital militaire de Lyon en tant que médecin aide-major de 2e classe. Promu 1ère classe, il passa en janvier 1878 au 16e régiment de chasseurs à cheval, puis, trois mois plus tard, au 99e régiment d'infanterie de Lyon, où il demeura pendant quatre ans. Hormis un court séjour au 105e régiment d'infanterie (de novembre 1882 à mars 1883), Hocquard passa les années 1882-1883 en détachement à l'hôpital thermal de Bourbonne-les-Bains. Durant toute cette période, celle qui précède son départ pour le Viêt-Nam, Hocquard s'est attelé à la rédaction d'une série de brochures médicales sur lesquelles il a, par la suite, fondé sa réputation de médecin. Entre 1876 et 1883, en effet, on ne compte pas moins de quatre articles et six opuscules ayant trait principalement à l'étude de l'œil – c'est essentiel – et notamment une *Iconographie photographique appliquée à l'ophtalmologie* (1881), annonciatrice de l'importance accordée par notre auteur à la photographie qui, nous le verrons, joue un rôle essentiel dans *Une campagne au Tonkin*[3].

En juillet 1883, il fut promu médecin-major de 2e classe au 82e régiment d'infanterie et, de là, volontaire pour participer à l'ambulance du corps expéditionnaire au Tonkin. *Une campagne au*

1. Voir les références bibliographiques p. 35. J'adresse ici mes remerciements à Mme Nicole Célestin, qui m'a aimablement communiqué une très utile synthèse bio-bibliographique sur Hocquard et son œuvre.

2. *Service historique de l'armée de terre*, dossiers de pensions, 1898-1911, 4e série, 6YF, 94 079. Ce dossier d'archives contient en outre une photographie de l'auteur qui, hormis le portrait en pied inséré sous forme de gravure au début de cet ouvrage et un portrait en groupe, est la seule existante. Elle est reproduite à la fin de cette présentation. Je tiens à exprimer ma gratitude envers Mme Dominique Vésin-Bordage, grâce à qui j'ai pu, depuis Hà-Nôi, avoir accès à cette documentation passionnante.

3. C'est durant cette période qu'il travailla sur une série d'articles, publiés plus tard, notamment une étude sur les *Effets du traitement hydro-minéral à Bourbonne-les-Bains* (1887). De nombreux prix vinrent plus tard récompenser son labeur : prix de l'Académie de Médecine en 1888, prix Meynot en 1889 et 1898.

Tonkin commence ainsi : « Le 3 janvier 1884 une dépêche ministérielle m'annonçait que j'étais désigné, sur ma demande, pour accompagner, comme médecin des ambulances, les troupes envoyées au Tonkin sous les ordres du général Millot. J'étais rendu à Toulon le 9, et le 11 je prenais la mer... ». À la fois sujet et objet du présent ouvrage, sa campagne au Tonkin se déroula du 11 janvier 1884 au 31 mai 1886.

Nul doute que ces deux années de campagne constituèrent un tremplin pour sa carrière. Les rapports militaires ne tarissent pas d'éloges : « Médecin instruit, très adroit et très intelligent ; a beaucoup d'avenir. » (1886) ; « Il a, pendant la première épidémie cholérique, rendu les plus grands services en colonne à Bac-hat, Viêt-tri ; il est exceptionnellement robuste, intelligent, capable, serviable et instruit dans toutes les branches de l'art. » (1886) ; « Excellent serviteur : intelligent, instruit et dévoué. A soigné avec beaucoup de sang-froid les blessés sur les champs de bataille. Sujet d'avenir. » (1885) ; « Très vigoureux, formé par la campagne du Tonkin aux exigences du service en guerre, M. Hocquard est très actif, très dévoué, serviable et sympathique, instruit, bon chirurgien ; il aime le travail et a tout particulièrement en France étudié les maladies des yeux ; il a toutes les qualités morales et intellectuelles qui assurent et justifient un rapide et brillant avenir. » (1885) ; « Très aimé comme homme, le docteur Hocquard est aussi très apprécié comme médecin. » (1885).

À son retour en France, après un très court passage à Paris, Hocquard fut nommé, le 18 novembre 1886, médecin-major de 1ère classe (c'est le grade qui figure sur la couverture du livre publié en 1892) au 6e régiment d'infanterie. Ce fut son plus long poste puisqu'il y resta huit années de suite, sans interruption, sans doute pour se remettre des fatigues endurées au Viêt-Nam. C'est durant cette période passée à Sens, au n° 4 de la rue Abélard, qu'il épousa Jeanne Quenouille, originaire de la ville et sa cadette de douze ans, dont il eut un fils. À cette époque, un rapport laconique de l'armée le décrit ainsi : « 1,72 m., cheveux châtains, yeux bleus, très intelligent, comprend l'allemand avec un dictionnaire »... Durant ces années calmes, Hocquard se consacra à ses souvenirs du Tonkin et à la relecture des innombrables notes prises en 1884-1886. Sous le titre « Trente Mois au Tonkin », son récit de voyage parut d'abord dans la revue *Le Tour du Monde* en cinq longues parties publiées de 1889 à 1891[1]. L'année

---

1. « Trente Mois au Tonkin », in *Le Tour du Monde, nouveau journal des voyages* (paru en cinq parties correspondant à cinq semestres, tomes LVII à LXI : 1889-1, pp. 1-64 ; 1889-2, pp. 65-112 ; 1890-1, pp. 81-160 ; 1890-2, pp. 257-304 et 1891-1, pp. 321-368).

suivante, en 1892, au prix de quelques très légères corrections et désormais intitulé *Une campagne au Tonkin*, le texte fut publié par Hachette dans son intégralité. C'est cette édition que nous présentons ici.

Aux archives, les états de service du docteur Hocquard comportent, pour l'année 1894, la mention mystérieuse : « en mission spéciale à l'île de Madagascar » (sous protectorat français depuis 1884), du 7 au 17 décembre. Cette mention apparaît plusieurs fois, sans commentaire particulier. Renseignements pris, Hocquard avait été chargé de trouver un emplacement pour établir le sanatorium destiné aux troupes françaises, et cette mission avait guidé ses pas vers le port de Diégo-Suarès (actuellement Antseranana), au nord de l'île, mais aussi dans les îles Comores (sous protectorat depuis 1886). Un mois après son retour de mission, il repartait à Madagascar comme directeur du service de santé du corps expéditionnaire : outre une promotion au grade de médecin-principal, il tira de son séjour d'une année, jusqu'au 30 janvier 1896, la matière d'un ouvrage intitulé *L'Expédition de Madagascar, journal de Campagne* (Hachette, 1897)[1].

La suite de la carrière de Hocquard est sans surprise : médecin-chef à Saint-Cyr en mars 1896, responsable des salles militaires des hospices d'Arras et de Besançon, directeur du service de santé militaire du 8e puis du 13e corps d'armée (1902 à 1910), puis, finalement, directeur de l'école du service de santé militaire de Lyon en février 1910. Atteint d'une grippe infectieuse, il mourut dans cette ville, à son domicile, le 11 janvier 1911, et il fut inhumé quelques jours plus tard à Sens.

On aurait aimé en savoir davantage sur la vie privée du personnage, mais aucun document ne permet d'évaluer son niveau de fortune, son genre de vie, ses relations sociales ou sa vie familiale. Nous n'avons pu retrouver la trace de son fils, ni d'aucun de ses éventuels descendants. On ne connaît pas non plus les rapports qu'il entretenait avec ses éditeurs ni, d'une façon plus générale, la manière dont il a rédigé ses ouvrages.

Bien que fort peu abondante en détails sur sa vie privée, cette courte biographie n'est cependant pas inutile en ce qu'elle définit assez bien l'itinéraire de Hocquard. Celui-ci était un militaire de carrière, un participant actif (à sa manière) et volontaire aux campagnes colonia-

---

1. En décembre 1895, Hocquard fut élevé à la dignité de commandeur de l'Étoile d'Anjouan. Cependant, la remise de cette distinction ne prouve pas qu'il soit retourné aux Comores, puisqu'il avait également été promu chevalier de l'Ordre royal du Cambodge, le 14 juillet 1884, sans être jamais allé dans ce pays.

les, certes, mais son activité médicale et sa double passion pour l'écriture et la photographie le plaçaient un peu en marge de l'armée. Son récit de voyage n'est ni celui d'un simple soldat (du type *Journal d'un Marsouin au Tonkin* de Louis Sarrat[1]), ni celui d'un administrateur, fût-il militaire (comme Jules Masson et ses *Souvenirs de l'Annam et du Tonkin*[2].) Et c'est précisément de cette situation singulière que la relation de notre auteur tire toute sa force et toute sa véracité : elle lui a permis d'éviter à la fois la platitude de la chronique martiale et l'écueil du discours partisan.

Chronologie et géographie d'un itinéraire

Une campagne au Tonkin relate le voyage effectué par le docteur Hocquard entre le 11 janvier 1884, date de son embarquement à Toulon, jusqu'au 19 avril 1886, date de son rapatriement vers la France. Parce qu'il existe quelques erreurs et omissions de dates dans le texte, il n'est pas toujours aisé de suivre pas à pas notre auteur et de reconstituer la chronologie précise de ses déplacements. En effet, à côté de bénignes confusions portant sur les jours (par exemple, le départ pour Sơn-Tây eut lieu non le 6 mais le 7 avril 1884, le retour à Đồng-Đăng non le 27 mais le 24 février 1885, le Tết de l'année 1886 tombait le 4 février et non le 18 janvier, etc.), il existe encore, dans cet ouvrage, des lacunes importantes qui peuvent couvrir plusieurs mois. Nous ne savons rien des activités de l'auteur entre mi-février et mi-avril 1886, ni même les raisons pour lesquelles il séjourna si longtemps (trois mois, de juillet à début octobre 1884) dans le bas delta du Tonkin ; entre la mi-octobre et le début du mois de décembre de l'année 1884, alors qu'il se trouve dans les montagnes du Nord-Est, autour de l'actuelle Bắc-Giang, Hocquard ne souffle mot de ses occupations ou de ses déplacements…

Retracer l'itinéraire emprunté par notre auteur reste néanmoins possible. Pour plus de clarté, nous l'avons fait figurer sur les cartes ajoutées au début de ce volume[3]. Arrivé en baie de Hạ-Long à la mi-février 1884, Hocquard passe quinze jours à Hà-Nội puis, le 8 mars, il part pour Bắc-Ninh, dont il revient le 24 du même mois. Du 6 au 20 avril, il découvre Sơn-Tây, la région de la rivière Noire et Hưng-Hoá (à une trentaine de kilomètres de l'actuelle Phú-Thọ) et, après deux

---

1. Louis Sarrat, *Journal d'un Marsouin au Tonkin, 1883-1886,* Paris, France-Empire, 1987.
2. Capitaine Jules Masson, *Souvenirs de l'Annam et du Tonkin,* Paris, Charles-Lavauzelle, 1892.
3. La cartographie des itinéraires du docteur Hocquard a bénéficié des conseils éclairés de M. Stéphane Lagrée que je remercie ici.

mois de repos à Hà-Nội, il passe trois longs mois dans le sud du delta, autour des villes de Nam-Định, Ninh-Bình et Phủ-Lý (du 30 juin au 2 octobre). Le lendemain même de son retour à Hà-Nội, il est désigné pour accompagner une colonne militaire au-delà de Phủ Lạng Thương (actuelle Bắc-Giang) ; sitôt revenu, le 2 décembre, « un quart d'heure après [son] arrivée », il embarque pour une reconnaissance sur la rivière Claire qui le mène aux portes de Tuyên-Quang. Du 25 janvier jusqu'à la fin du mois de mars 1885, il accompagne les troupes mobilisées pour la campagne de Lạng-Sơn et parvient jusqu'à la frontière de Chine. De fin mars à début septembre, six mois d'immobilité à Hà-Nội, se traduisent dans le récit par une pause narrative (chapitre XX) où l'auteur examine la question de la piraterie et celle de l'enseignement. En septembre, il accomplit son deuxième périple sur la rivière Noire, qu'il remonte, cette fois, jusqu'à Hào-Tráng, dans l'actuelle province de Hoà-Bình (du 5 septembre à courant octobre 1885), puis il s'engage sur le cours de la rivière Claire avant de faire demi-tour pour rejoindre Hà-Nội (à une date non précisée). Enfin, le 30 décembre 1885, en compagnie de son ami le peintre Gaston Roullet, l'infatigable docteur Hocquard quitte le Tonkin pour gagner l'Annam, où il parcourt à pied la route Mandarine qui, à travers le col des Nuages, unit Tourane (Đà-Nẵng) à Huế. Entre la fin mars et le début du mois d'avril 1886, il regagne le Nord d'où il s'embarque, le 19 avril, pour la France.

Compte non tenu des trois mois de trajet, aller et retour, entre la France et le Tonkin, le docteur Hocquard a séjourné au Việt-Nam pendant vingt-six mois, entre la mi-février 1884 et la mi-avril 1886. Il est resté plus de dix mois à Hà-Nội – six mois d'affilée en 1885, le reste par courtes périodes de dix ou quinze jours –, ce qui explique que cette ville soit si bien et si abondamment décrite dans le présent ouvrage (la moitié du chapitre I et les chapitres II, III, VI, X, XI, soit un cinquième de l'ouvrage). Mais l'essentiel du séjour de Hocquard s'est cependant effectué dans les campagnes. Au total, il a participé à huit expéditions ou voyages de reconnaissance (indiqués sur les cartes par les lettres de *a* à *h*) : deux par la rivière Noire ; un par la rivière Claire ; deux autour de Bắc-Giang et, au-delà, Lạng-Sơn ; un à Bắc-Ninh ; un au sud du delta ; un en Annam central. En chiffres ronds, ces excursions se distribuent ainsi : quatre mois dans le delta du fleuve Rouge, quatre mois dans le centre du pays, et sept mois dans les zones montagneuses du Nord (la moitié à l'est, l'autre à l'ouest). Reporté sur un croquis, l'itinéraire de Hocquard représenterait une étoile, avec Hà-Nội au centre, dont les six branches s'étireraient jusqu'à Hải-Phòng,

Lạng-Sơn, Tuyên-Quang, Hoà-Bình, Ninh-Bình et, vers le sud, Huế et
Đà-Nẵng. Depuis les zones peuplées d'ethnies minoritaires jusqu'au
cœur de la civilisation *việt* du delta, depuis les villages de montagnes
jusqu'aux bourgades de la plaine, et depuis les collines rases
jusqu'aux étendues verdoyantes des terroirs rizicoles : Hocquard a vu
cette diversité des hommes et des paysages, qu'accompagne celle du
climat, et son expérience du pays est réelle. Le fragment du Việt-Nam
aperçu par notre auteur était, somme toute, un fragment représentatif.
Si l'on ajoute qu'il est passé par de nombreux petits villages, coupant
souvent à travers les champs et les rizières, et qu'il a emprunté à la
fois les routes, les sentiers de montagne, les chemins de halage et les
voies fluviales, on comprendra à quel point sa connaissance du pays et
sa pratique du « terrain », comme l'on ne disait pas encore, sont
venues pallier les inévitables lacunes liées à la brièveté de son séjour.

La photographie, entre passion et mission

Sa passion pour la photographie faillit bien valoir à Hocquard de
sérieux ennuis avec l'administration militaire. Dans le « feuillet
technique » le concernant, à la date du 8 août 1886, on trouve en effet
une note du directeur de l'inspection générale du service de santé ainsi
formulée :

> « M. Hocquard a été détaché à la Mission de la rivière Noire et à celle
> de Huế pour continuer l'œuvre de topographie photographique et l'album
> artistique qu'il avait spontanément entrepris pendant la période militaire
> de l'expédition. C'est M. Hocquard qui a fait l'album photographique
> médaillé à l'exposition d'Anvers. Il y aurait là un danger pour sa carrière
> si l'extension de ce talent extra-professionnel n'était le résultat de cir-
> constance de force majeure, et M. Hocquard a trop de sens, il est trop at-
> taché à son état, pour ne pas s'en garantir... »

Cette note nous montre d'abord que tout n'a pas toujours été facile
pour notre auteur qui, en dépit des appréciations élogieuses citées plus
haut, a dû par moments se heurter à la hiérarchie militaire. Le
reproche fait à Hocquard concerne une série de neuf albums renfermant deux cent dix-sept clichés du Tonkin, série qui ne faisait pas
partie de la sélection officielle des produits envoyés par l'armée mais
qui avait tout de même remporté une médaille d'or à l'Exposition
universelle d'Anvers en mai 1885 ; deux mois plus tard paraissait chez
l'éditeur parisien H. Cremnitz une série de deux cents photographies
des années 1884-1885, et, en mai 1886, une publicité évoquait la
parution prochaine, chez le même éditeur, d'une deuxième édition,

comprenant cette fois quatre cents vues du Tonkin[1]. Mais, ni à Anvers ni dans les premières éditions publiées, le nom de Hocquard n'apparaît nulle part. Jusqu'en 1889 tout au moins[2], notre auteur-photographe demeure plongé dans l'ombre. Avec Nicole Célestin, nous pensons donc que c'est certainement Cremnitz lui-même qui, conscient de la valeur des clichés, avait déposé à Anvers la collection de Hocquard, probablement avec l'accord de celui-ci (comment expliquer autrement que l'éditeur ait pu la posséder ?). Mais la note citée ci-dessus explique le courroux des autorités militaires : elles considéraient en effet que ces clichés leur appartenaient puisqu'ils avaient été pris, en tout ou en partie, pendant des missions de « topographie photographique ». Travaillant pour l'armée, soumis à ce titre au devoir de réserve, Hocquard n'avait, selon elles, aucun droit à publier ou, du moins, cette publication aurait dû être soumise à autorisation. Jusque-là, c'était d'ailleurs la règle pour les articles scientifiques[3] ou même pour les premières photographies de Hoc-quard, publiées dans *L'Illustration* en 1885 mais communiquées au journal directement par le ministère de la Guerre et non par l'auteur. En divulguant des clichés sans autorisation, Hocquard commettait une entorse au règlement qui, dit la note, présentait « un danger pour sa carrière ».

L'information est intéressante parce que, dans son ouvrage (publié en 1892), Hocquard ne souffle mot de la question : il se présente toujours comme un simple médecin des ambulances – même à Hué et à la rivière Claire – et n'évoque jamais son rôle de photographe de l'armée. Cette *mission officielle* de topographie explique pourtant deux choses : d'abord que, avant 1889, le nom de Hocquard ne figure pas sur les albums exposés à Anvers et publiés par Cremnitz, ni l'éditeur ni l'auteur ne souhaitant se mettre dans une position embarrassante vis-à-vis des autorités militaires, ensuite

---

1. Aujourd'hui, le fonds photographique du docteur Hocquard est réparti entre le Centre des archives d'outre-mer (plus de deux cents clichés), l'École française d'Extrême-Orient (quatre-vingt-six clichés), les archives militaires de Vincennes, la Société asiatique et la Bibliothèque nationale (quatre-vingts clichés). De format variable, souvent de bonne qualité, ces tirages ne sauraient faire oublier qu'aucune plaque photographique n'a été retrouvée à ce jour, bien qu'il y ait quelques chances pour qu'elles se trouvent à la Société de Géographie, à Paris.

2. En effet, le nom de Hocquard apparaît pour la première fois dans l'édition de janvier 1889, avec un sous-titre très significatif, en gros caractères : « Avec l'autorisation de M. le général en chef du corps expéditionnaire ». Sur cette question, comme sur l'ensemble de celles se rapportant à la technique photographique, l'aide amicale de M. Serge Dubuisson a été précieuse. Qu'il soit remercié ici.

3. Pourtant peu séditieux, tous les articles publiés par Hocquard, avaient été préalablement soumis à autorisation et déposés aux archives de l'armée. Celles-ci renferment encore un exemplaire de ce type d'autorisation, celle qui concerne la brochure intitulée *Synéchies antérieures consécutives aux perforations de la cornée* (1900).

l'extrême réserve avec laquelle l'auteur aborde la question de la photographie dans son récit (en tout et pour tout six allusions très discrètes[1]) alors que celle-ci occupe une place centrale non seulement dans sa vie de tous les jours mais aussi dans l'économie d'ensemble de l'ouvrage, le texte renvoyant sans cesse à l'image.

Cette petite note du directeur du service de santé modifie dès lors la perspective : non plus seulement un Hocquard passionné de photographie et amateur éclairé, mais un soldat en charge d'une mission militaire qui consistait à se servir d'une chambre photographique dans le but de relever la topographie de certains points du Tonkin et de l'Annam. On s'étonne donc un peu moins du flou parfois entretenu sur ses activités et sur la chronologie de ses déplacements, et l'on comprend davantage pourquoi les paysages (que représente un tiers des clichés) sont si bien décrits et pourquoi Hocquard photographiait plusieurs fois un même site, sous différents angles. Mais, en même temps, on comprend davantage aussi le personnage, qui devait éprouver une réelle difficulté à articuler ensemble son métier de médecin, sa passion de photographe et son état de militaire. À propos de la batataille de Bắc-Ninh, il écrit significativement : « J'assiste au combat comme à un spectacle ».

Une iconographie exceptionnelle

Bien que la page de couverture d'*Une campagne au Tonkin* annonce deux cent quarante-sept gravures et deux cartes, l'ouvrage comporte en réalité deux cent vingt-cinq gravures et quatre cartes ou croquis, ce qui représente un volume iconographique exceptionnel pour ce type d'ouvrage. Les photographies de Hocquard n'étaient pas les premières. Dans *L'Illustration*, les épisodes « à rebondissements » de la conquête du Tonkin avaient déjà été largement illustrés par des clichés de Fillion (agence Havas). Mais, à partir de 1885, celui-ci est évincé

---

1. Voici les six passages où l'auteur évoque la photographie (cinq références à son équipement et une simple métaphore) :
1) *L'ensemble d'une rizière avec son rebord peut être exactement comparé à une cuvette de photographe à demi remplie d'eau.* (p. 134).
2) *Chaque matin nous nous mettons en route, Roullet avec son pliant, sa grande ombrelle et sa boîte à couleurs, moi avec mon appareil photographique.* (p. 571) ;
3) *Quant aux appareils photographiques, c'est chose nouvelle sur la côte, les indigènes prennent ma chambre noire tantôt pour un engin de guerre perfectionné, tantôt pour une grande lanterne. Ils sont très intrigués quand ils me voient braquer mon appareil et m'entourer la tête d'un grand voile noir pour regarder à travers l'objectif.* (p. 571).
4) *Le lendemain matin je traverse la rivière et, suivi d'un boy qui porte mon appareil photographique, je m'engage dans la citadelle...* (p. 608).
5) *Il [le père Hoàng] a exigé que je laisse au-dehors le boy qui portait mon appareil photographique.* (p. 612) ;
6) *Le roi nous fait asseoir près de lui, après nous avoir serré la main à la française ; il me demande à voir les photographies que j'ai faites l'autre jour dans le palais.* (p. 635).

et, désormais, Hocquard domine la scène, probablement parce que son statut de militaire lui donnait plus de facilités pour voyager dans le pays et le photographier. Nous l'avons dit, Hocquard est fort peu prolixe sur son passe-temps favori. Il ne fournit aucun détail sur l'*appareil photographique* ou la *chambre noire* qui lui servait à impressionner des plaques, probablement au format 13x18, et nous ignorons s'il développait lui-même ses clichés ou bien s'il les donnait à l'une des nombreuses boutiques, souvent tenues par des Japonais, qui existaient alors à Hà-Nôi.

Ce n'est qu'en 1896, dans *L'Illustration*, que des photographies purent être imprimées en direct pour la première fois. Avant cette date, et donc pour *Une campagne au Tonkin* paru en 1892, seules les gravures étaient susceptibles d'être imprimées : avant la publication, l'éditeur devait donc nécessairement passer par le travail d'un graveur. Celui-ci était censé reproduire à l'identique le cliché original, mais il lui faisait fréquemment subir quelques modifications, soit pour faciliter la mise en page du livre, soit pour recadrer la scène sur son sujet principal, soit (le plus souvent) pour ajouter à l'image sa propre « marque de fabrique ». C'est par exemple le cas de la gravure représentant la « Rue principale de Bắc-Ninh » (p. 151) : par rapport au cliché original de Hocquard[1], le graveur a rétréci la perspective, faisant disparaître toute la partie inférieure du pilier d'une pagode au premier plan, et il a cru bon d'ajouter lui-même, pour faire « plus vrai », les deux personnages que l'on voit se promener au milieu de la rue...

À la fois du point de vue technique et du point de vue de la composition, les clichés de Hocquard sont d'une qualité exceptionnelle. Mais que représentent-ils ? Que nous donnent-ils à voir ? Pour répondre à ces questions, essayons d'abord de dénombrer et de classer les gravures d'*Une campagne au Tonkin* selon une série de thèmes[2].

Thèmes	*Nombre*	*Proportion*
Personnages – scènes de la vie quotidienne	*67*	*29 %*
Personnages – individus isolés et en pose	*40*	*17 %*
Paysages	*66*	*29 %*
Sites	*37*	*16 %*
Objets inanimés	*15*	*7 %*
Cartes et croquis	*4*	*2 %*
Total	*229*	*100 %*

1. Planche n° 24 du porte-folio de chez H. Cremnitz, cliché pris le 14 mars 1884.
2. *Une campagne au Tonkin* ne contient pas toutes les photographies de Hocquard, généralement estimées à quatre cents pièces, certaines n'ayant jamais été gravées ni publiées (par exemple, celle du temple de Ngọc-Sơn, planche n° 23 de l'édition H. Cremnitz). Notre statistique porte ici sur les gravures publiées dans le présent ouvrage.

De toute évidence, et ces résultats ne sont pas surprenants pour qui a lu Hocquard, ce sont donc d'abord les *hommes* qui intéressaient notre auteur : ils sont le sujet de 46 % du total des photographies, presque d'une image sur deux. Ils sont saisis selon deux modes qu'il nous a paru intéressant de distinguer : d'abord les scènes de la vie quotidienne, où les hommes sont peints sur le vif alors qu'ils s'adonnent à une activité bien définie (29 %), ensuite les portraits « en gros plan », qui présentent, en pose, tel ou tel personnage isolé de son contexte (17 %).

Dans le premier cas, on trouve surtout des scènes de labeur : l'incrusteur redressant sa lime, le charcutier ambulant, les vendeurs de confiseries, les porteurs, les fameux « barbiers-auricures », les paysans courbés sous la palanche ou bien décortiquant le riz, le laboureur avec son buffle ou en train d'irriguer sa rizière à la main, les restaurateurs « en plein-air », les vendeuses de charbon, les potiers et les forgerons, le marché des chiens ou de la mercerie, l'artisanat du coton, le vieillard aveugle, moitié devin et moitié guérisseur, déambulant dans le village à la recherche de clients crédules, etc. C'est donc le monde du travail qui a attiré l'attention de Hocquard, non seulement le travail du paysan dans la rizière – ce n'était pas encore un « cliché » à l'époque –, mais aussi les mille et une petites activités complémentaires, issues du commerce et de l'artisanat, à la campagne comme à la ville. Il faut souligner à quel point est remarquable cette vision, toute pointilliste, qui brode sur la longue durée du travail rizicole les innombrables fils constituant la vie des populations vietnamiennes de cette époque. Par sa précision et sa véracité, par sa capacité à saisir la diversité, le « coup d'œil » de Hocquard est admirable. À côté de ces scènes laborieuses, les gravures présentent une série de tableaux de la vie quotidienne qui sont moins nombreux – une vingtaine – mais tout aussi passionnants : les distractions populaires (orchestres, jeux, théâtre), les cérémonies et les rites (mariages, funérailles, cultes aux ancêtres), les élites locales (mandarin, chef de district, notables, lettrés).

Mais notre auteur présente aussi des individus, des personnages déterminés, qui sont photographiés de très près, presque en gros plan, parce qu'ils sont par eux-mêmes représentatifs. Ce n'est plus le petit peuple que donne à voir Hocquard, mais des personnages que le portrait élève à la dignité de fonctions, de figures ou d'emblèmes. Semblable à un écrin précieux, destiné à rehausser l'épure, le cadre architectural ou mobilier dans lequel ces figures sont présentées vient d'ailleurs en souligner la signification symbolique (les outils de l'autorité, le mobilier des riches citadins, les instruments du lettré), en même temps qu'ils fournissent d'intéressantes indications sur les modes de vie du Việt-Nam traditionnel. Or, là encore, il y a une thématique sous-jacente : le *pouvoir,* avec les portraits des ambassadeurs vietnamiens et chinois, d'un gouverneur de province (*tổng-đốc*), d'un directeur des études (*đốc-học*), d'un mandarin, d'un chef de village ; la *guerre,* avec un officier français, des tirailleurs cochinchinois et des prisonniers ; la *Chine,* avec les portraits d'un chef de congrégation, de soldats de l'armée régulière, de « pirates », de Pavillons-Noirs, de représentants de commerce à Nam-Định ; le *peuple,* avec un coolie, un pauvre diable vêtu d'un simple manteau de feuilles, un boy, une jeune-fille avec son grand chapeau rond...

Cette importance accordée aux hommes est capitale dans l'ouvrage de Hocquard. C'est d'abord d'eux qu'il est question dans *Une campagne au Tonkin.* Le texte n'est d'ailleurs pas en retrait par rapport à l'image. Il est évidemment plus difficile d'en prendre la mesure, mais la simple lecture du récit montre à quel point notre auteur y est *sensible* : là encore, la métaphore de la plaque photographique s'impose.

Un merveilleux peintre « des travaux et des jours »

Dans le récit de Hocquard, texte et images sont indissolublement liés par un perpétuel jeu de renvois spéculaires, soit que le texte commente l'image et lui apporte des précisions complémentaires, soit qu'au contraire celle-ci amène une information ou un sentiment nouveaux. Parmi mille exemples, songeons aux deux gravures représentant une scène de décollation (chapitre XIV pp. 332, 333) accompagnées par un texte où rien ne manque : attaché à un piquet de bambou à côté du cercueil prêt à recevoir sa dépouille, le condamné incline la tête ; le bourreau lui dégage le cou, relève ses cheveux et crache « un jet de salive colorée en rouge par la chique de bétel » à l'aide duquel il marque du doigt sur la nuque du condamné l'emplacement où devra porter le coup ; le mandarin fait un signe de la tête, et « le bourreau saisit son sabre à deux mains ; la large lame décrit dans l'air un demi-cercle lumineux, la tête vole et roule sur le sol en avant du tronc, qui s'affaisse, tandis qu'un jet de sang rouge s'échappe des artères ouvertes » (p. 330). Texte et image : la scène est forte et, quelques lignes plus bas, notre médecin ne peut s'empêcher d'admettre son émotion...

Qu'il utilise l'un ou l'autre des procédés – ou bien les deux à la fois – Hocquard est avant tout un fantastique « descripteur ». L'extrême précision de sa relation est sans nul doute le trait le plus saillant de son récit : rien n'échappe à sa plume, qui griffe le réel avec une rigueur et une exactitude absolument confondantes. Ici le photographe vient prêter main-forte à l'écrivain. Lorsqu'il dépeint une scène, en effet, Hocquard joue de la focale ; il prend d'abord la mesure du tableau, dessine le contour du cadre, puis observe la répartition de la lumière. À la manière de l'auteur des *Ménines*, il ne néglige aucun détail puis, par un glissement habile, il cible davantage son sujet en isolant une partie du tableau, dont il fournit soudainement un gros plan. Songeons à la description du mandarin gouverneur de Hà-Nội, dont Hocquard dépeint successivement la fonction, le rôle administratif, le quartier où il réside, la maison, le salon de réception. Brusquement, la description se focalise sur la main du mandarin, cette main aux « grands doigts maigres décharnés, renflés aux jointures comme des sarments de vigne, des doigts froids, comme momifiés, rendus plus longs encore par de grands ongles mesurant trois ou quatre centimètres » (p. 118).

C'est pourtant dans la peinture des scènes de la vie quotidienne et des outils de la civilisation matérielle que Hocquard déploie tout son talent, et c'est là que son témoignage est le plus précieux. Considérons un instant ce que dit notre auteur de ces véritables artistes qu'étaient les « barbiers-auricures » de Hà-Nội :

> « Le Figaro et son client sont à cheval sur un banc de bois dont ils occupent chacun une des extrémités. Ils se font face, et, pendant que le rasoir court, l'opéré surveille sa marche dans une petite glace ronde qu'il tient de la main gauche. La barbe est vite expédiée. Un coup de rasoir sur les tempes pour finir, et la deuxième phase de l'opération commence. C'est la plus importante ; il faut voir avec quel soin l'opérateur dispose ses instruments, les essaye sur le doigt, place son client, examine les conduits auditifs, le pavillon de chaque oreille, se rend compte en un mot des moindres détails de la région sur laquelle va porter son travail. Il commence par un grattage minutieux avec la curette, puis il donne deux ou trois coups du petit pinceau ; il termine par l'introduction jusqu'au tympan du bouton monté sur tige, qu'il fait tourner délicatement ; c'est la phase la plus agréable, si l'on en juge par la mine de l'opéré, qui clôt à demi les yeux et dont la figure prend une expression de satisfaction béate. » (p. 96).

En cheminant le long de la rivière Claire, Hocquard passe par un petit bourg et il en profite pour nous dépeindre – et photographier – un devin de village (prétendument) aveugle conduit par un enfant ; accroupi sur sa natte, l'homme hèle la clientèle et, quand d'aventure on lui demande de prévoir l'avenir, il prend un air inspiré, marmonne quelques phrases mystérieuses, jette en l'air trois sapèques puis, avant de rendre son oracle, il examine, en les tâtant de ses doigts, sur quelle face les pièces sont tombées (p. 403). Hocquard ajoute que ces magiciens aveugles ou infirmes se groupent parfois à trois ou quatre pour employer un jeune enfant qui prend la tête du cortège et leur sert de guide : c'est, dit-il, « un tableau original et bien digne de tenter un peintre ». Ce peintre se rappelle parfois qu'il est médecin, comme dans cette description d'une machine à décortiquer le paddy dont – métaphore plutôt inattendue – « la meule supérieure ressemble à un gros ménisque biconcave » (p. 206).

Ailleurs, on trouve encore d'extraordinaires descriptions de la vie rurale, comme par exemple ce croquis d'un attelage de bœufs composé d'un « morceau de bois recourbé [qui] repose par son milieu en avant du garrot où il est maintenu par une corde qui fait le tour du cou ; deux autres cordes, fixées à chacune des extrémités de ce bois, passent, l'une à droite, l'autre à gauche de l'animal, pour aller s'attacher au timon. La main droite du laboureur appuie sur le soc de la charrue, tandis que de la gauche il dirige l'attelage, en tirant sur une longue ficelle fixée par un bout dans un trou faits au naseau du bœuf. » (p. 158).

Il faut encore évoquer les pages expliquant la fabrication tradition- nelle du papier sur les rives du grand lac de Hà-Nội (p. 261) ou celle des tourteaux d'où est extraite l'huile à Lạng-Sơn (p. 481). Il conviendrait de citer les passages où notre auteur décrit le jeu de *đầu- hồ* consistant à lancer de fines baguettes de bois qui, après rebond sur un billot, doivent venir se ficher dans un vase posé plus loin (p. 482), ou encore l'évocation du changeur d'argent dont l'oreille exercée parvient à distinguer la mauvaise monnaie de la bonne (p. 170).

Minutieuses, précises, scrupuleuses, les descriptions d'*Une campa- gne au Tonkin* sont si abondantes qu'elles déjouent toute tentative d'en dresser l'inventaire. Mais il faut signaler que certaines d'entre elles sont d'autant plus précieuses qu'elles évoquent des réalités aujourd'hui disparues. C'est notamment le cas pour la fameuse « Pagode des Supplices » (Báo-Ân), au bord du lac Hoàn-Kiếm, à Hà- Nội, dont il ne reste aujourd'hui qu'un modeste pagodon mais qui était, jadis, un très vaste monument comportant trente-six corps de bâtiments et une multitude de stûpa. Hocquard la décrit et nous en donne une photographie (p. 235) : sauf erreur de notre part, c'est désormais la seule représentation qui existe de cet ancien lieu de culte. Dans un tout autre domaine, il faut encore signaler ici que Hocquard fut le premier à décrire et expliquer le système de protection magique que les Vietnamiens mirent en place contre le « mauvais œil », ces fameux remparts ou écrans, ordinairement faits de matières végétales (et non de maçonnerie, comme il était davantage pratiqué en Chine), qui étaient destinés à barrer la route aux influences néfastes.

Paysages, villes, scènes de la vie rurale ou urbaine, activités artisanales, sites, monuments, cultes, personnages célèbres ou petites gens : tout cela est décrit par Hocquard, et avec une justesse de trait et une acuité auxquelles il faut rendre hommage.

Curiosité, estime et sympathie

Or c'est bel et bien la *curiosité* (le mot apparaît cinquante et une fois dans le livre) qui est à l'origine de ce travail de description et qui constitue le ressort essentiel du récit. Hocquard écrit : « J'ouvre à chaque fois mon cahier de notes, car j'ai toujours un détail curieux à y inscrire » (p. 396) et, un peu plus loin : « Cette existence faite d'imprévu, de sensations vives et toujours neuves, si rapides qu'il faut les noter au vol de peur qu'elles ne s'oublient, si variées qu'elles tiennent l'attention constamment en éveil et qu'en écartant l'ennui elles font perdre jusqu'à la notion du temps » (p. 444). Mais cette *curiosité*, il faut le souligner, n'est pas chez Hocquard un simple trait de caractère, une pure disposition de l'esprit qui s'appliquerait indifféremment à n'importe quel objet. Non, ce désir de connaître s'enracine profondément dans le respect et la bienveillance qu'éprouve notre auteur pour la civilisation vietnamienne. Relatant ses promenades hanoïennes avec ses collègues médecins, il peut écrire :

> « Nous nous arrêtons à chaque pas pour noter un détail curieux, pour faire sur le vif une étude de mœurs intéressante. En France, les Annamites sont encore considérés comme des sauvages par bien des gens ; ils possèdent cependant une civilisation plus ancienne que la nôtre, et qui, pour être toute différente, n'en est ni moins complète, ni moins raffinée. » (p. 169).

Cette petite phrase n'est pas neutre. Il y a là une prise de position qui constitue en même temps, à l'adresse du lecteur, une *déclaration d'intention* : il ne faut pas compter sur Hocquard pour flétrir la société vietnamienne ou broder un tissu de mensonges et de calomnies. Il ne faut pas compter sur lui pour abonder dans le sens d'une jeune littérature à prétention exotique qui sait si bien flatter les bas instincts du lecteur métropolitain. Il ne sera pas ce « joueur de flûte colonial » qui agaçait tant le sage Pujarniscle[1]. À l'inverse, Hocquard cherchera à comprendre et, pour ce faire, à d'abord observer.

---

1. Eugène Pujarniscle, *Philoxène ou de la littérature coloniale* (Paris, Firmin-Didot, 1931), p. 7.

Sans ostentation ni affectation, l'auteur nous explique comment il procède : il va flâner aux alentours du campement, prend sur son temps de repos pour faire quelques excursions à pied ou à cheval, interroge les gens pour obtenir des renseignements sur un spectacle qui l'étonne, et il passe encore une bonne partie de son temps libre chez les petits commerçants, tant il est vrai que « cinq minutes passées dans leurs petites boutiques en apprennent plus long sur les mœurs annamites que bien des gros livres » (p. 243). Notons d'ailleurs que les références livresques traditionnelles sont rares dans *Une campagne au Tonkin* (un livre de littérature vietnamienne, un herbier, le code Gia-Long, un article de Silvestre) ; Hocquard a peu préparé son voyage (mais, à l'époque, qu'aurait-il bien pu lire ?), et c'est « sur le terrain » qu'il s'est renseigné en se faisant expliquer des ouvrages importants tels que le *Livre des rites* (*Kinh Lễ*), le *Livre médical de l'empereur* (*Hoàng Đế Nội Kinh*), ou encore ce qu'il appelle les « grimoires » des géomanciens (le *Thiên Cơ*, le *Bình Dương Toán Tu* ou le *Tuyêt-Tâm*).

Si le besoin s'en fait sentir, Hocquard n'hésite pas à mettre la main à la poche pour rendre son interlocuteur plus volubile. En octobre 1885, en mission sur la rivière Noire, non loin de Tuyên-Quang et surpris par la nuit, il installe son ambulance dans la maison d'un ancien mandarin qui, selon ses dires, se montre fort peu coopérant et « très rébarbatif ». Pendant la nuit, notre auteur est réveillé par la musique provenant d'une pièce attenante à sa chambre dont on lui a interdit l'accès. « Fort intrigué », il risque un œil à travers deux planches mal jointes de la cloison et peut ainsi voir son hôte accomplir la traditionnelle cérémonie du culte des ancêtres. Le lendemain matin, après avoir envoyé « aux informations le plus intelligent de [ses] boys avec deux ou trois ligatures de sapèques pour délier la langue des serviteurs de [son] hôte », il apprend que ce vieux mandarin, retiré de la vie publique, a organisé cette cérémonie pour se faire pardonner l'intrusion des étrangers dans sa maison (p. 549 et suivantes).

Hocquard était un badaud qui aimait à fureter, observant les uns, interrogeant les autres, constamment avide de se faire expliquer ce qu'il croyait ne pas bien comprendre. Il se renseigne et, s'il le faut, n'hésite pas à « essayer », par exemple de mâcher une chique de bétel (p. 204) ou de manger de la viande de chien (p. 245) : la première est agréable, la seconde « pas trop désagréable »...

Il ne faudrait pas réduire cette « curiosité » au simple désir de collecter de l'information. Engendrée par la curiosité, mais aussi par la sympathie, la recherche du contact avec la population n'a pas toujours pour simple but de remplir le « cahier de notes » ; c'est aussi une manière de s'accorder une pause et de se comporter non plus comme un soldat, témoin privilégié des horreurs de la guerre, mais comme un individu, et parfois presque comme un villageois, un ami. Témoin cet extrait, où il relate sa visite à la famille de son collègue Ngô-Daï, dans les environs de Nam-Định :

> « On m'offre le thé et le bétel, je caresse les enfants, je prends des nouvelles de tous et je me fais présenter les amis de la maison que je ne connais pas encore. Ces devoirs une fois remplis, je m'étends comme les autres sur le cadre en bambous, avec un petit oreiller d'osier sous ma tête, et je me laisse vivre à l'annamite pendant les longues heures, en compagnie de tous ces braves gens qui me considèrent comme un des leurs. » (p. 334-335).

Parce qu'il renferme, dans son sens originel, une nuance de compassion qui exclut la commisération, et aussi parce qu'il a d'abord appartenu, en français, au lexique médical, le mot « sympathie », plus que tout autre, semble particulièrement idoine pour qualifier l'attitude du docteur Hocquard.

Dans les autres récits de voyage au Việt-Nam à la même époque – et, malheureusement, même après – on ne trouve rien de comparable au sentiment que dégagent les quelques lignes citées plus haut. Non pas forcément que les Vietnamiens y soient mal jugés, ou présentés sous des traits caricaturaux, mais, plus radicalement, parce qu'ils sont en fait absents de la description. Le voyageur ne s'y intéresse pas. Chez Hocquard, au contraire, les Vietnamiens occupent toute l'étendue du champ descriptif : ils sont employés par l'armée française ou s'opposent à elle ; ils sont dans les rues ou dans les campagnes ; ils travaillent, jouent, se marient, meurent ; ils produisent ou achètent ; ils se soumettent ou se révoltent, bref, ils sont divers, ils vivent et sont, pour le lecteur, vivants. On ne trouve pas chez Hocquard – sinon une ou deux fois et souvent de manière positive[1] – de jugements à l'emporte-pièce qui produisent du mythe en transformant la culture en nature : les Vietnamiens ne sont pas comme ceci ou comme cela, ils ne se caractérisent pas à l'aide d'une série d'épithètes sentencieusement assénées, parce que, pour Hocquard, tout est affaire de lieu, de contexte, d'époque, d'Histoire.

Observons par exemple comment notre auteur rend compte de ce qui deviendra un *topos* de la littérature coloniale : la propension des

---

1. « Quelle race intelligente que cette race tonkinoise ! » (p. 548). Mais, en contrepoint, voir aussi la description très négative, et même caricaturale, du père Nguyễn Hữu Thơ, qui « possédait au plus haut degré les principaux vices de sa race : il était fourbe, avide, menteur » (p. 609).

artisans vietnamiens à copier servilement des modèles préexistants plutôt qu'à inventer des formes nouvelles. Hocquard commence par nous donner, telle quelle, l'idée reçue habituelle : « L'ouvrier annamite, aussi bien le brodeur que le peintre, est incapable de créer une œuvre tout d'une pièce. Il ne fait que copier plus ou moins servilement un modèle donné, et, à de très rares exceptions près, il le copie assez mal. Il n'a aucune initiative et n'est pas artiste comme l'ouvrier chinois et surtout comme l'ouvrier japonais. » (p. 83). Mais, à la différence des autres auteurs, Hocquard va faire un pas de plus et nous donner quelques éléments historiques de compréhension : l'artisan vietnamien n'est pas incapable, loin de là, mais « il ne peut que perdre à être trop bon ouvrier » car :

> « l'ouvrier qui a exécuté dans son genre d'industrie un remarquable travail est immédiatement signalé au mandarin de sa province par son chef de quartier ; le mandarin en rend aussitôt compte au roi. Un beau jour, sur un ordre de Hué, l'habile ouvrier est enlevé brutalement à sa famille et expédié sur la capitale. Il y est séquestré dans un des palais du roi : on l'occupe pendant tout le reste de son existence à travailler pour la cour, moyennant une rétribution dérisoire, agrémentée souvent de coups de rotin. On comprend qu'avec de pareilles mœurs les artistes tonkinois cachent leurs talents avec autant de soin que les ouvriers des autres pays en mettent à produire les leurs. » (p. 83).

Aussi le goût de la copie ne s'explique-t-il pas par un hypothétique « trait naturel » mais bel et bien par des causes historiques précises, en l'occurrence l'existence des ateliers d'État (*cục bách-tác*), qui possédaient une sorte de monopole sur la création des produits nouveaux (monopole rappelé par l'ordonnance royale de 1734 par exemple). Parce que l'innovation était à la fois interdite et dangereuse, les artisans étaient obligés de s'enfermer dans un mimétisme répétitif.[1] Point de fait de nature indélébile ou d'ethnologie hâtive, donc, mais de la culture et du vivant, en évolution.

Hocquard ne se contente pas d'être curieux et de rapporter une collection de faits isolés ; il explique aussi. Disons quelques mots de sa méthode. Face à une étrangeté, un fait qui échappe à son entende-

---

1. Dans ce passage, Hocquard fait d'ailleurs montre d'une ironie mordante envers ceux qui considèrent les artisans comme de simples copistes démunis d'imagination. Il rappelle en effet qu'après la prise de Sơn-Tây les rues de Hà-Nội furent inondées de gravures originales brocardant les soldats français : quand il le fallait, susurre notre auteur, les artistes vietnamiens étaient donc tout à fait capables de déployer des trésors d'inventivité. Voici le passage : « Mais ce qu'il y avait de vraiment réussi [dans ces gravures], c'était la charge des officiers de fusiliers marins, représentés à cheval à la tête de leurs troupes. On sait que nos braves loups de mer n'ont pas, en général, une très grande expérience de l'équitation. L'artiste les avait représentés courbés en deux, la tête sur l'encolure, les éperons labourant le ventre du cheval, paraissant suer sang et eau pour se tenir en selle. » (p. 84).

ment, Hocquard se renseigne et mobilise à la fois les apports de la sociologie et ceux de l'Histoire. À l'occasion de son voyage dans la région de la rivière Noire, Hocquard a rencontré les populations *mường* locales, et il en profite pour fournir au lecteur un aperçu historique qui, s'il comporte quelques erreurs, n'en est pas moins remarquable eu égard aux connaissances de ce temps (p. 528-530). L'Histoire, donc, explique les mouvements de populations et, avec l'étude de la vie sociale, elle permet de rendre compte de la plupart des coutumes dont Hocquard fut le témoin. À ceux qui daubent sur les parasols, jugés ridicules, dont sont pourvus les fonctionnaires vietnamiens, Hocquard explique qu'ils indiquent le grade occupé dans la hiérarchie mandarinale (p. 57) ; à ceux qui colportent en Europe des « fables grossières » sur le commerce des enfants, Hocquard répond qu'il s'agit d'une simple mesure d'adoption, qui donne à l'enfant tous les droits et permet aux parents adoptifs d'assurer le culte des ancêtres (p. 339) ; à ceux qui se méprennent sur le sens de ce culte, Hocquard rappelle qu'il occupe une fonction précise : réunir ensemble les deux types d'âmes (*hồn* et *vía*) qui, au moment de la mort, se séparent et s'échappent du corps, provoquant l'afflux des esprits malfaisants (p. 421). Placé face à des comportements, des faits de civilisation ou des organisations sociales différentes de celle qu'il connaissait, Hocquard a cherché à les comprendre et à les expliquer, d'abord pour lui-même et pour son lecteur ensuite.

Texte et contexte

Curiosité, bienveillance, amour de la description et de l'explication, considération pour ce pays qu'il découvre, tout cela n'empêche pas Hocquard d'être un écrivain tributaire de son temps, l'aube de l'aventure coloniale française en Indochine. Cet inévitable ancrage historique se traduit rarement par les habituels préjugés ou « mal-jugés » méprisants qui faisaient florès à l'époque (même si l'on peut trouver çà et là quelques désagréables scories, par exemple p. 319). Hocquard est bien au-dessus de cela et, d'ailleurs, quand ils existent, les critiques et jugements péremptoires sont habilement placés par l'auteur dans la bouche d'autrui. Au premier chapitre du livre, Hocquard décrit son installation et il évoque la question de la domesticité ; les « boys au service des Européens sont, pour la plupart, de petits vauriens sur qui il faut avoir en tout temps l'œil ouvert [...] leur plus grande occupation, une fois leur service fini, est de jouer aux cartes [...]. Ils nous volent tant qu'ils peuvent, et, lorsqu'ils se voient découverts, ils filent pour ne plus revenir » (p. 55). Mais qui parle ici ?

Ce n'est pas Hocquard, c'est l'un de ses collègue à qui, jouant le rôle du Candide, l'auteur pose les questions de tout arrivant fraîchement débarqué. Ainsi rapporte-t-il un jugement dédaigneux, un lieu commun du discours colonial, mais il le fait, significativement, au style indirect[1].

Il convient d'insister sur l'originalité de Hocquard qui, du haut de ses trente ans, découvre le pays avec un œil neuf. Pas de parti pris imbécile, pas d'exotisme complaisant. Or cette singularité de notre auteur ne doit rien au contexte, à la date précoce de son voyage, puisque les années 1884-1885 furent précisément celles de la plus grande affluence au Tonkin d'écrivains et de journalistes dont l'âge moyen était de trente ans[2]. Hocquard est donc parfaitement représentatif de ces premiers voyageurs mais, en même temps, par le contenu de son travail, il se situe totalement en marge d'eux.

Alors, *Une campagne au Tonkin* produit de son époque ? Certainement, mais non point sous l'aspect de l'invective, du dédain ou du jugement condescendant. Dans l'ouvrage de Hocquard, la « tyrannie du contexte » prend des formes plus évoluées, plus subtiles, plus littéraires. Parmi elles, nous en retiendrons deux, qui nous paraissent à la fois très présentes et, parce qu'équivoques, très significatives : le traitement littéraire de la *figure du coolie* et la propension à toujours *ramener l'inconnu au connu*.

Dans le récit de Hocquard, la figure du « coolie » (le mot apparaît cent quatre-vingt douze fois dans le récit et le personnage est représenté sur cinq gravures) fonctionne un peu à la manière d'un *leitmotiv* obsédant qui ponctue les campagnes militaires, le transport des troupes, l'évacuation des blessés, et rappelle la situation dominante des guerriers français. Mais ce n'est pas là le plus intéressant. Ce qui est révélateur, c'est que notre auteur évoque moins les coolies, au pluriel, que *le* coolie, érigé à la dignité d'une figure de théâtre. D'ailleurs, quand il veut les conjuguer au pluriel, Hocquard désigne les coolies sous l'aspect d'une « nuée », d'une « armée », d'une « bande » ou encore d'une « escouade ». Les coolies forment un groupe cohérent, une entité indivisible. C'est sans doute le seul exemple, dans ce récit, où la diversité des individus est gommée au

---

1. Voir aussi, p. 280, un autre exemple très frappant. Outre qu'il permet de faire dire aux autres ce que l'auteur n'a d'évidence pas envie d'affirmer lui-même, introduisant ainsi un doute salutaire dans l'esprit du lecteur, l'usage du style indirect permet aussi de fournir des explications dont Hocquard n'est pas très sûr. C'est à autrui qu'il fait dire, par exemple, que le gouverneur de Hà-Nội avait lui-même demandé aux Français une garde pour le protéger des tentatives d'assassinat par la cour de Huế.

2. Nguyễn Văn Phong, *La Société vietnamienne de 1882 à 1902 d'après les écrits des auteurs français* (PUF, université de la Sorbonne, 1971).

profit d'une vision globalisante qui renseigne peu et qui est peu pertinente.

Sous la plume de Hocquard, le coolie devient un valet de comédie, une sorte de Sganarelle (celui du *Dom Juan*) ou de Gil Blas, naïf et papillonnant, un serviteur dévoué, actif, débrouillard, industrieux et capable de résoudre les mille problèmes nés des campements improvisés en rase campagne, mais aussi, quand le contexte l'y pousse, couard devant le danger, roublard dans les transactions et toujours prêt à détrousser son prochain.

Le coolie est au centre du théâtre de Hocquard, où il joue d'évidence un rôle comique. Mais l'évoquer sans cesse permet aussi de faire le lien d'un chapitre à l'autre : de Hà-Nội à Bắc-Ninh, de Sơn-Tây à Nam-Định et de la rivière Noire à la rivière Claire, le coolie est immuable. C'est un point de repère pour le lecteur. Dans la narration, il joue encore le rôle d'intermédiaire, qui permet à Hocquard de décrire ce que ses yeux d'Européen ne sont pas censés voir : en rase campagne, à la frontière de Chine, l'auteur observe les coolies « qui ont les yeux fixés sur les collines » et qui « se montrent du doigt les sommets ». Renseignements pris, nous dit Hocquard, qui s'est fait expliquer la légende, ils regardent l'orientation de l'herbe qui, à la frontière, choisit son camp : jusqu'alors penchée vers le sud en territoire vietnamien, celle-ci s'inclinerait brusquement vers le nord en territoire chinois... Ici, très clairement, le valet de comédie permet un ricochet narratif : Hocquard regarde les coolies qui regardent l'herbe ; mais sans eux, il ne l'aurait pas vue.

Bien sûr, Hocquard nous dit l'extrême pauvreté du coolie et loue à l'occasion son habileté à construire des cabanes de bambou, à pêcher des poissons dans les rivières, à décortiquer le riz ou, évidemment, à porter de lourdes charges. Mais c'est tout de même l'image négative qui domine. Le coolie est d'abord un voleur : toute occasion lui est bonne pour « fureter dans les maisons, dans les pagodes même, cherchant quelque chose à voler » (p. 132 et 150) ; il possède « un flair inouï pour découvrir [les] cachettes » où les paysans cachent leurs maigres économies (p. 150) ; il va même jusqu'à dérober son panier de riz à une vieille femme qui, pour son malheur, croisait la colonne (p. 192). En second lieu, le coolie est fondamentalement poltron. Lors de la bataille de Hưng-Hoá, il se terre dans les fossés ; à Kép, il ose même abandonner sur le champ de bataille les brancards et les blessés, pour finalement prendre la fuite durant la nuit (p. 376) ; apeuré, il se tient encore à distance respectueuse de l'appareil de télégraphie optique qu'il prend pour une machine de guerre (p. 466). Il y a finalement dans Hocquard – en filigranes et si l'on excepte l'aspect comique, qui est délibéré – un traitement de la figure du coolie qui conduit à un double résultat : animalisation (il mange parfois du rat grillé [p. 227] et souvent du chien, il vit « à demi nu » ou, au mieux, se vêt de feuillages, etc.) et infantilisation (il fait la fête comme un enfant [p. 210], se montre insouciant et gourmand comme lui, « rôde sournoisement autour des fourneaux », et perd son temps en palabres et complots pour des vétilles).

Mais si, pour être juste, on élargit un instant notre champ d'observation à l'ensemble du « petit peuple vietnamien », celui qui vivait sous les yeux de Hocquard, au jour le jour, et qui ne devait rien à la présence française – paysan, commerçant, médecin, artiste ou artisan –, on ne peut manquer d'être frappé par le fait que celui-ci est traité par notre auteur avec beaucoup plus de bienveillance que ne le sont, précisément, les mandarins et coolies qui surnageaient dans le sillage des troupes coloniales. Pour s'en persuader, il suffira de comparer, par exemple, l'image de malice obséquieuse et rouée qui ressort de la description du gouverneur de Hà-Nội, l'homme à la « longue main de squelette » qui, tout dévoué qu'il est aux autorités françaises, craint un attentat contre sa personne (p. 118), et, en vis-à-vis, la peinture du vieux mandarin, retiré dans son village, chez qui Hocquard assiste à une cérémonie funéraire, et qu'il nous présente comme un digne vieillard, à qui il ne marchande pas son estime, dont l'air peu engageant s'explique par sa lassitude des affaires, entendez par l'intrusion des étrangers (p. 549). En passant par la figure du coolie, nous aboutissons ainsi à déceler, chez Hocquard, un traitement très différencié des personnages, moins peut-être en fonction de leurs activités sociales qu'en fonction de leur positionnement face au monde étranger qui, en 1884, surgissait brusquement devant eux. En définitive, pour notre plus grand bonheur, ceux à qui Hocquard prête attention, ceux à qui il accorde toute sa considération, ce sont d'abord et avant tout les « petites gens » et ceux qui se meuvent encore dans un monde entièrement vietnamien.

C'est précisément le souci de rendre intelligible ce monde vietnamien qui amène notre auteur à user de différents artifices visant à ramener l'inconnu au connu. Cette méthode, qui ancre Hocquard dans son temps, mais là encore pas complètement, nous le verrons, mérite d'être signalée parce qu'elle relève d'un courant littéraire (et sans doute un peu plus que cela) bien déterminé qui, en tendance, induit à fortement minimiser la singularité culturelle des populations locales.

Le procédé est en effet assez discutable quand il touche au domaine de l'ethnographie, de l'histoire ou de l'organisation administrative du Việt-Nam. Par exemple, l'auteur compare les chefferies *mường* aux seigneuries féodales en Europe (« chez nous »), remarquant que le fils aîné succédait à son père tandis que les autres enfants devaient partir chercher fortune ailleurs, « comme nos cadets d'autrefois » (p. 533) ; il assimile les chefs de communes (*lý-trưởng*) aux maires français ; il note que le grade mandarinal est indiqué par les couleurs ou la forme des ornements, « comme les couronnes héraldiques peintes sur les panneaux d'une voiture indiquent, chez nous, le rang de son proprié-taire dans la hiérarchie nobiliaire » (p. 429). Cette manière de pro-céder permettait à Hocquard de présenter à son lecteur une société vietnamienne moins étrange, plus accessible, plus semblable à la sienne (et, finalement, plus *assimilable* aussi). Mais le récit y perd en vérité car les chefferies *mường* n'avaient, elles, rien à voir avec des fiefs seigneuriaux, le *lý-trưởng* n'était pas un « maire », et l'étiquette mandarinale n'entretient aucun rapport avec la hiérarchie nobiliaire.

Ramener l'inconnu au connu constitue, à ce premier niveau, une démarche ambiguë, louable dans ses intentions, mais pernicieuse dans ses effets parce qu'elle porte en germe les travers de toute une littérature indochinoise à venir, littérature pour laquelle la culture vietnamienne sera soit désespérément simple, soit franchement incon-naissable, alors qu'elle n'était que différente.

Mais il faut prendre garde à la chronologie et ne pas projeter des réalités à venir sur ce récit de voyage que Hocquard rédige, rappelons-le, entre 1886 et 1888. À cette époque, la méthode de l'auteur était finalement très adaptée pour aller à rebours d'une littérature exotique de complaisance, qui se souciait moins de décrire la réalité que d'édifier (ou d'effrayer) le lecteur. Loin des « doux sauvages » ou des « barbares féroces », l'objectif de Hocquard est finalement simple, puisqu'il s'agit de faire aimer ce qu'il a aimé, de rendre compte d'un pays lointain et tenter de dresser un portrait sympathique, juste et nuancé de ses habitants. Pour ce faire, notre auteur a opté pour ce qui était alors la meilleure méthode possible : en proposant des équivalen-ces et en suggérant des rapprochements, il s'insère dans le quotidien du lecteur métropolitain. Il atténue l'exotique, le rend plus digeste, comme lorsqu'il s'agit de rapprocher le goût d'une confiserie vietnamienne de celui du « nougat à la pistache de Montélimar », le théâtre de marionnettes du « guignol du Luxembourg », ou encore les comédiens des troupes ambulantes des « vieux cabotins qu'on voit chez nous courir de ville en ville ». Le procédé est même franchement drôle lorsqu'il permet de ridiculiser les moqueurs, par exemple ceux qui se gaussent des contorsions des danseuses vietnamiennes sans se rendre compte, dit Hocquard, qu'elles riraient tout autant des « effets de pointe » des ballerines parisiennes (p. 304).

Par petites touches de quotidienneté savamment appliquées, page par page et situation par situation, Hocquard va même un peu plus loin. Insensiblement, au fil de la lecture, s'estompe la distance initiale et *a priori* qui semblait, à tort, séparer le lecteur de ce monde lointain, inconnu et redouté. C'est, à cette époque, un prodigieux tour de force, parce que la démarche suppose un recours aux « universaux », elle mobilise les éléments communs à tous les hommes, les éléments qui les unissent bien plus qu'ils ne les séparent. L'auteur prend les Vietnamiens pour ce qu'ils sont, des hommes vivant au sein de communautés dotées de règles, d'us et de coutumes qui, dans leurs principes sinon dans leur manifestations, ne diffèrent pas énormément de celles en vigueur chez les Occidentaux à qui s'adresse son livre. Les conditions même de la vie sont, ici et là, très semblables. Dans le deuxième chapitre, après avoir écrit que les Vietnamiens profitent de la vie, dépensent et s'amusent quand il le faut parce que les incessantes prédations du mandarin et des pirates rendent illusoire la constitution d'un pécule qui peut, à tout instant, disparaître, Hocquard ajoute benoîtement : « Il existe certainement en langue annamite un proverbe analogue à celui de Beaumarchais : Dépêchons-nous de rire pour ne pas avoir à pleurer. » Autre illustration, entre mille : à propos de la pratique locale de la médecine, Hocquard stigmatise ceux qui daubent sur l'efficacité de la médecine traditionnelle (« On croirait entendre nos professeurs de faculté se moquer agréablement des remèdes de bonnes femmes », p. 324), et il nous dit avoir appris « une foule de recettes absolument analogues à celles que prônent en Europe les vieilles commères qui s'occupent de médecine » (p. 326). Ici comme là-bas, semble dire Hocquard, les hommes sont bien les mêmes : même nécessité, pour les uns, de la médecine populaire, et même condescendance des autres envers cette pharmacopée empirique…

Une campagne au Tonkin est un bel ouvrage, qui constitue une mine de renseignements dans des domaines aussi variés que l'histoire, la géographie, la religion, les arts populaires, le système politique, la vie quotidienne, l'économie des campagnes, l'architecture, la faune et la flore, la littérature, etc. À titre d'exercice de style, mais au risque de trahir le texte original, on pourrait fort bien éliminer de cet ouvrage les quelques descriptions d'expéditions militaires et références franco-françaises : on obtiendrait ainsi une introduction au Việt-Nam et à ses cultures d'une étonnante acuité.

Acuité : tel est en définitive le maître-mot qui caractérise le travail de Hocquard et qui justifie si bien à la fois de sa formation médicale et du jugement proustien placé en exergue de la présente introduction.

Philippe Papin

Hà-Nội, 1999

LE DOCTEUR HOCQUARD

© Ministère de la Défense – Service historique de l'armée de terre

EN MARGE DE LA PRÉFACE :
LE CONTEXTE HISTORIQUE

Sans qu'il soit nécessaire de rappeler le détail de la colonisation française au Viêt-Nam, il n'est pas inutile de dire quelques mots du contexte historique lorsque débute le récit du docteur Hocquard, en 1884.

Après le bombardement du port de Tourane (Đà-Nẵng) en septembre 1858, les troupes françaises s'emparèrent de Saïgon, le 17 février 1859 et, huit ans plus tard, la Cochinchine devint colonie française. En 1873, Francis Garnier dirigea une expédition au Tonkin, qui aboutit finalement au traité du 15 mars 1874, par lequel la cour de Huế cédait sa souveraineté sur l'ensemble de la Cochinchine, autorisait la libre navigation sur le fleuve Rouge, acceptait l'ouverture de trois ports (Hà-Nội, Hải-Phòng et Qui-Nhơn) où s'établirent des consuls français et, enfin, s'en remettait à la France pour l'ensemble de sa politique extérieure. Il s'agissait d'un protectorat sans le nom.

En 1879, la situation se tendit car d'une part le roi Tự-Đức fit appel à la Chine contre les rebelles chinois au Tonkin et, d'autre part, l'idéologie expansionniste était désormais au pouvoir, en France, avec Jauréguiberry comme ministre de la Marine et des Colonies et, au Viêt-Nam même, avec Le Myre de Vilers comme premier gouverneur civil de la Cochinchine. Pour ce qui concernait le Tonkin, tous deux étaient favorables à la révision du traité de mars 1874 jugé trop flou. Les pressions s'intensifièrent sur la cour de Huế qui, de son côté, se préparait à l'affrontement en faisant fortifier plusieurs places et en négociant l'appui des autorités chinoises, notamment lors de la remise des traditionnels « présents » à la cour de Pékin en octobre 1880.

En juillet 1881, le Parlement français vota les crédits de guerre pour l'envoi d'une expédition au Tonkin et, en mars 1882, le ministre de la Marine autorisa le gouverneur de Cochinchine à déployer des troupes au Tonkin : ce fut l'épisode d'Henri Rivière qui, allant plus loin que prévu, attaqua et conquit la citadelle de Hà-Nội le 25 avril 1882. Malgré cette victoire et en raison de difficultés en Égypte, la France temporisa, et la cour de Huế en profita pour appeler la Chine à la rescousse. En juin 1882, trois bataillons venus du Yunnan installèrent leur campement dans la province tonkinoise de Hưng-Hoá. L'exécution d'Henri Rivière, en mai 1883, fournit le prétexte attendu par les Français qui envoyèrent quatre mille hommes au Tonkin. Parallèlement, Harmand y fut nommé commissaire général civil de la République française, avec mission d'imposer un protectorat véritable. *En quelque sorte, la mort de Rivière explique la présence de Hocquard.*

Les Français attaquèrent Thuận-An (18-20 août 1883). Le roi Tự-Đức étant décédé le 19 juillet 1883, la cour de Huế fut plongée dans des querelles dynastiques internes qui paralysèrent son action et facilitèrent la signature de la convention du 25 août 1883, dite traité Harmand, convention par laquelle le protectorat français était institué au Tonkin. À cette date, pourtant, la situation sur le terrain n'était guère brillante pour les Français, qui se trouvaient partout encerclés et en butte à l'opposition des mandarins et lettrés que la cour avait appelé à se soulever contre l'occupant ; d'autre part, la Chine faisait connaître son mécontentement après la signature du traité de protectorat. Sous la pression des Français, la cour rédigea une proclamation ordonnant de cesser toute résistance au Tonkin (26 septembre 1883), mais elle fut peu respectée. En effet, les régents qui détenaient le pouvoir à Huế venaient de déposer le roi Hiệp-Hoà, acte sacrilège qui ruinait le crédit des dirigeants de la cour tout en permettant aux lettrés et mandarins révoltés de se réfugier dans l'image d'une monarchie idéalisée. Certains d'entre eux, notamment dans les régions de Hà-Nội et de Hải-Dương, se mirent donc à disposition de la Chine et des Pavillons-Noirs contre la France et contre Huế... qui dut bien reconnaître formellement le protectorat de la France, en décembre 1883. À cette date, donc, soit à la veille de l'arrivée du docteur Hocquard, la monarchie des Nguyễn perdait pied au Nord, tandis que la France devait faire face à des coalitions locales de résistants vietnamiens, de troupes chinoises et de Pavillons-Noirs. Après deux années de campagne, l'administration militaire du général Courcy laissait sa place à une résidence générale d'Annam et du Tonkin : le pouvoir était passé du ministère de la Marine à celui des Affaires étrangères.

Le voyage de Hocquard se situe entre l'instauration du protectorat français au Tonkin (traité Harmand) et l'établissement d'une administration civile avec Paul Bert.

Dans la présente édition, des notes permettent de situer le récit du docteur Hocquard dans son contexte, apportant parfois des précisions supplémentaires qui peuvent être utiles pour la bonne compréhension du texte.

Bibliographie
et note sur la présente édition

Concernant le docteur Hocquard en général et *Une Campagne au Tonkin* en particulier, la bibliographie est extrêmement réduite. Seul se détache vraiment l'excellent article de M. Đinh Trọng Hiếu, dont la relecture scrupuleuse et les conseils avisés ont d'ailleurs été précieux pour établir la présente édition.

Sur la vie de l'auteur, on ne trouve que deux courtes notices et deux articles, qui traitent à la fois de l'auteur et de son travail de photographe ou d'écrivain.

– Antoine Brébion et Antoine Cabaton, *Dictionnaire de biobibliographie générale, ancienne et moderne, de l'Indochine française,* Paris, 1935, pp. 194-195. Cette notice comporte des erreurs.

– Antoine Brébion, notice dans *Hommes et Destins*, IPHOM, Aix-en-Provence, tome VI.

– Gilbert Gimon, « Édouard Hocquard, reporter au Tonkin », revue *Prestige de la Photographie*, n° 7, juin 1979, pp. 66-69 et 81-83.

Đinh Trọng Hiếu, « Le Docteur Hocquard, médecin-militaire, photographe et témoin privilégié de la civilisation vietnamienne il y a un siècle, 1884-1886 », Université de Paris-7, UFR Langues et Civilisations de l'Asie orientale, section de vietnamien, *Cahiers d'études vietnamiennes*, n° spécial 7-8, 1985-1986, pp. 52-89. Voir notamment l'excellent index thématique, pp. 66-68.

Service historique de l'armée de terre (Vincennes), dossiers des pensions, 1898-1911, n° 94 079, 4ᵉ série.

Françoise Durand-Évrard et Nicole Célestin (sous la direction de), *Le Tonkin, 1884-1885 – Photographies du docteur Hocquard* (cédérom, ministère de la Culture / direction des Archives de France, 1999).

Pour l'étude du contexte, nous nous sommes appuyés sur une série d'ouvrages et d'articles, tant en français qu'en vietnamien, d'où se détachent les titres suivants :

– Nguyễn Văn Phong, *La Société vietnamienne de 1882 à 1902 d'après les écrits des auteurs français*, PUF, Université de la Sorbonne, Paris, 1971.

– Nguyễn Thế Anh, *Monarchie et fait colonial au Vietnam, 1875-1925*, L'Harmattan, Paris, 1992.

– Fourniau Charles, *Les Contacts franco-vietnamiens en Annam et au Tonkin de 1885 à 1896*, thèse de doctorat d'État, dactylographiée, 1983.

– Collectif, *Histoire militaire de l'Indochine française*, IDEO, Hanoï, 1931, 2 tomes.

– Nguyễn Văn Tân, *Từ điển địa-danh lịch sử Việt-Nam* [*Dictionnaire de toponymie historique du Viêt-Nam*], Văn-Hoá, Hà-Nội, 1998.

– Hữu Ngọc et alii, *Dictionnaire de la culture traditionnelle du Viêt-Nam* (Thế-Giới, Hà-Nội, 1997).

– Collectif, *Bulletin des amis du vieux Huế* (édition sur cédérom, établie par Philippe Papin et Philippe Le Failler, Pacific-Rim/École française d'Extrême-Orient, Hà-Nội, 1998).

L'auteur abordant dans son livre une multitude de sujets différents qui relèvent de domaines extrêmement divers, le travail d'annotation critique s'est appuyé sur une très longue liste d'ouvrages ou d'articles qu'il n'est pas possible de mentionner ici.

La présente édition s'est efforcée de respecter l'intégrité du texte original. Cependant, dans le but de lui conférer une certaine unité, nous avons orthographié de manière identique des termes vietnamiens que l'auteur transcrit tantôt d'une manière et tantôt d'une autre (*Halong* et *Along*, *Dong-Khan* et *Dong-Khanh*, *Haï-Phong* et *Haïphong*, *Bavi* et *Ba-Vi*, etc.). Hormis la correction des coquilles, d'ailleurs fort peu nombreuses, les seules modifications importantes concernent la ponctuation où, au point virgule sans cesse employé par l'auteur, nous avons parfois substitué un point final, une virgule ou un tiret. Enfin, pour des raisons éditoriales, certains chiffres ont été transcrits en lettres tandis que l'usage des caractères italiques et romains a été uniformisé selon les règles actuellement en vigueur pour distinguer les citations, les traductions et les dialogues. Ces changements mineurs n'affectent pas la lisibilité du texte et ne trahissent rien d'essentiel dans le récit du docteur Hocquard.

La recherche par thèmes, par époques ou par lieux est simplifiée par la présence, en tête de chacun des vingt-trois chapitres, de sommaires qui sont tous regroupés à la fin de cette édition, dans la table des matières. Mais, parce que ces sommaires sont très généraux et qu'ils ne fournissent pas le détail des informations, il nous a semblé utile d'enrichir le texte d'un index précis qui, pour être complet, concerne à la fois le texte et les notes, le français et le vietnamien, les toponymes, les noms de personnes, les monuments, les titres et fonctions et l'ensemble des notions liées à la vie religieuse, sociale et culturelle.

Afin de pouvoir emboîter le pas au docteur Hocquard et suivre de près son périple, afin aussi de rendre ce dernier plus concret, nous avons enfin jugé utile de dresser deux cartes qui, nous l'espérons, rendront plus aisée la lecture de cet ouvrage.

VILLAGE ET ENFANTS DES BORDS DU FLEUVE ROUGE

CHAPITRE PREMIER

ARRIVÉE AU TONKIN. – LA BAIE D'HALONG. – HAÏ-PHONG. – TIRAILLEURS ANNAMITES ET TONKINOIS. – L'HÔPITAL DE LA MARINE. – DE HAÏ-PHONG À HANOÏ. – HANOÏ. – LE QUAI DE DÉBARQUEMENT. – LA CONCESSION. – M. TROIS ET LES BOYS ANNAMITES. – TAILLEURS INDIGÈNES. – LES INCRUSTEURS ET L'INDUSTRIE DE L'INCRUSTATION. – UN PORC MUSELÉ. – CHARCUTIER AMBULANT. – VÊTEMENTS, BIJOUX ET COIFFURES DE FEMMES ANNAMITES. – LES ENFANTS.

Le 3 janvier 1884 une dépêche ministérielle m'annonçait que j'étais désigné, sur ma demande, pour accompagner, comme médecin des ambulances, les troupes envoyées au Tonkin sous les ordres du général Millot.[1]

---

1. Après la prise des forts de Thuận-An (août 1883), non loin de Huế, la France avait contraint la cour à ratifier une convention, dite « traité Harmand », qui imposait au Đại-Nam (nom officiel du Việt-Nam entre 1832 et 1945) la reconnaissance du protectorat français. Le document fut accepté par la cour le 1er janvier 1884, quelques semaines après la prise de Sơn-Tây par les troupes coloniales. À la fin de l'année 1883, il y avait au Tonkin quarante-huit compagnies et sept batteries, mais, conjuguée aux difficultés rencontrées pour faire accepter le traité Harmand, la situation militaire au nord avait poussé le contre-amiral Courbet à demander des renforts. Accompagné des généraux de brigade Brière de l'Isle et Négrier, le général de division Millot quitta donc Toulon le 23 décembre 1883, à bord du *Vinh-Long*, pour prendre la tête du corps expéditionnaire au Tonkin. Celui-ci comportait deux brigades, dirigées par les généraux

J'étais rendu à Toulon le 9, et le 11 je prenais la mer à bord de *L'Annamite*, grand transport de l'État, qui emmenait un bataillon du 23ᵉ de ligne, deux batteries d'artillerie, environ soixante officiers de tous grades, sans compter un matériel considérable remplissant les cales et une trentaine de chevaux parqués sur le pont.

Du trajet entre Toulon et le Tonkin, je ne dirai rien. J'ai suivi l'itinéraire que parcourent depuis longtemps, à dates fixes, les grands paquebots des *Messageries Maritimes*. Ces bateaux font le courrier de la Chine et du Japon, et leurs escales sont maintenant aussi bien connues que les stations d'une grande ligne de chemin de fer européen. D'ailleurs, nous avions ordre de marcher vite : les événements qui se succédaient au Tonkin à cette époque nécessitaient cette mesure[1]. Nous ne nous sommes arrêtés en route que juste le temps de renouveler notre provision de charbon : le 15 février nous entrions dans le golfe du Tonkin, et nous apercevions les côtes de l'Annam. Bientôt après, nous accostions en mer le *Château-Renard*, aviso[2] de la flotte des mers de Chine, que l'amiral Courbet, en station dans la baie d'Halong, envoyait à notre rencontre pour nous guider à travers les passes encore peu connues qui conduisent à cette baie.

Le *Château-Renard* lance par-dessus notre bord un gros câble que les matelots attachent à la proue de *L'Annamite*, et nous nous engageons, à la remorque, à travers les écueils à fleur d'eau qui surgissent de tous côtés.

Nous côtoyons à les raser des pointes de roches que la mer recouvre d'une écume blanche. Assis à la coupée, tout près de l'eau, je ne puis m'empêcher de songer qu'il ne faudrait qu'un faux coup de barre du pilote pour nous jeter sur les récifs dont notre grand bateau frôle les aspérités aiguës.

Au fur et à mesure que nous avançons, les écueils émergent de plus en plus au-dessus de l'eau. Ce sont maintenant de grosses masses

---

Brière de l'Isle et Négrier. Le général Charles-Théodore Millot (1829-1889), qui avait déjà occupé des fonctions de capitaine en Cochinchine en 1861, fut commandant en chef des troupes du Tonkin jusqu'en septembre 1884, date de l'épisode du « guet-apens de Bắc-Lệ » (23 septembre) narré par Hocquard ci-dessous p. 349.

1. L'auteur fait ici référence à la situation qui prévalait depuis l'été 1883 : les villes de Hà-Nội, Hải-Phòng et Nam-Định étaient encerclées, la cour de Huế avait appelé la population à la résistance contre les Français, et les troupes régulières chinoises campaient à Hưng-Hoá, situé à soixante-dix kilomètres de Hà-Nội. Finalement obtenue par la France, la signature du traité de protectorat (Harmand, 25 août 1883) n'avait rien changé à la situation au nord où, sur le terrain, lettrés et mandarins échappaient largement au contrôle de la cour et menaient une guerre larvée contre les Français.

2. D'abord employé pour le transport des messages et du courrier (de l'espagnol *barca de aviso*), ce petit bâtiment rapide était utilisé pour l'escorte et la protection des côtes. L'édition 1889 du livre de Hocquard porte bien le nom de *Château-Renard* mais il s'agissait en réalité du *Château-Renaud*, sur lequel avait d'ailleurs été transporté le texte du traité Harmand de Huế à Saïgon en août 1883.

granitiques, d'un gris sombre, dépassant de huit ou dix mètres la surface des vagues. Ces blocs affectent les formes les plus variées et les plus inattendues : gros cylindres, tourelles, cônes, pyramides, silhouettes fantastiques. Leurs sommets seuls sont recouverts d'une mince couche de terre végétale dans laquelle ont poussé des mousses et des lianes ; leur base est minée par les eaux de la mer[1]. Le *Château-Renard* nous remorque sans hésitation au milieu de ce chaos de roches derrière lesquelles il disparaît parfois, tant le chemin est tortueux. Après une heure environ de cette navigation pénible, nous jetons l'ancre au milieu de la baie d'Halong[2], où nous jouissons d'un spectacle admirable.

Tout autour de nous et à plusieurs milles, les roches grises que nous venons de traverser forment comme une ceinture de granit. Dans l'immense bassin qu'elles limitent, la mer, d'un bleu verdâtre, est unie comme une glace. À peine, tout au loin, trace-t-elle un léger sillon d'écume blanche à la base des blocs de granit qui limitent l'horizon.

Reposant sur leurs ancres, au milieu de ces eaux calmes, les huit navires de guerre de l'escadre nous attendent sur une même ligne. En avant se tient le cuirassé amiral, portant à l'arrière le fanion tricolore et à son grand mât la longue et étroite flamme de guerre. L'amiral Courbet est à son bord.[3] Les coques des bateaux, peintes en blanc éclatant, s'enlèvent vigoureusement sur le fond gris des roches. Autour d'elles circulent constamment les vedettes à vapeur de l'escadre apportant des ordres, les canots à rames des officiers de marine, et les embarcations du pays dont les voiles de nattes, gonflées par la brise, ressemblent à de grandes ailes de papillons.

C'est à la baie d'Halong que nous devons quitter *L'Annamite* pour embarquer sur le *Dracq*, petit aviso de la flotte dont le tirant d'eau,

---

1. Cette région littorale est le résultat de l'invasion de la mer dans une structure géomorphologique plissée et déjà modelée par l'érosion éolienne. Témoins des anciens anticlinaux – partie convexe du système plissé –, les îlots et récifs calcaires ont été sculptés par le vent avant d'être submergés puis rongés à leur base sous l'effet des vagues. La navigation y est rendue difficile par la faible profondeur de la mer (jamais plus de vingt mètres) et l'omniprésence de récifs immergés le long des grands axes parallèles aux anciens plis géomorphologiques.

2. Hạ-Long : *dragon des profondeurs*. Les nombreux îlots de la baie de Hạ-Long peuvent en effet évoquer les parties émergées de l'arête dorsale d'un dragon qui reposerait au fond de la mer.

3. Amédée-Anatole-Prosper Courbet (1827-1885). Sorti de l'École polytechnique, Courbet fut promu contre-amiral en juin 1883 et devint commandant en chef des forces navales des côtes de l'Annam. Il commanda le bombardement de Thuận-An puis, en octobre 1883, il reçut le commandement des troupes terrestres en remplacement du général Bouet ; il débloqua la ville de Hải-Dương et, le 18 novembre, s'empara de celle de Sơn-Tây. Remplacé comme commandant des troupes terrestres par le général Millot, il fut promu vice-amiral et, par la suite, chargé des campagnes en Chine, notamment à Fuzhou (Fou-Tchéou, août 1884), puis à Formose (octobre) et aux Pescadores (mars 1885) où il mourut le 11 juin 1885. Comme ses troupes avaient longuement séjourné dans la baie de Hạ-Long, les autorités coloniales donnèrent son nom (« Port-Courbet ») au port de l'actuel Hòn-Gai.

moins considérable, nous permettra d'atteindre Haï-Phong. Le transbordement des troupes se fait le 18 février. Tous les canots des navires de l'escadre ont été réquisitionnés ; ils accostent *L'Annamite* six par six. Les soldats y descendent avec leurs sacs et leurs armes ; les six canots, une fois chargés, s'éloignent, remorqués à la file indienne par une toute petite vedette à vapeur.

Le *Dracq* lève l'ancre à quatre heures du soir ; nous quittons la baie d'Halong en abandonnant nos chevaux, nos ordonnances et tout le matériel d'ambulance, qui ne pourront être transbordés que plus tard. Pendant une demi-heure, nous voguons au milieu des roches. Il faut la grande habitude que le pilote a de cette route pour que nous ne touchions pas, tant les écueils sont nombreux et le passage étroit. Pour ajouter encore aux difficultés de la navigation, les nuages s'amoncellent et nous enveloppent d'une telle brume qu'il est impossible d'y voir autour de soi. De temps en temps nous sommes assaillis par des averses qui nous trempent jusqu'aux os, malgré les caoutchoucs dont nous nous sommes munis.

Nous entrons dans le fleuve Rouge à la nuit tombante[1]. La navigation y est encore plus difficile que dans la baie ; près de son embouchure, ce fleuve charrie une si grande quantité de sable et de vase, que très souvent sa profondeur s'en trouve modifiée d'un jour à l'autre ; on se heurte à un banc de sable dans l'endroit même où la veille on était passé par six ou sept mètres de fond.[2] On conçoit que, dans ces conditions, il faille veiller. Aussi le commandant du bateau et le pilote sont-ils en permanence sur la passerelle ; ils modifient à chaque instant la marche du navire en se guidant sur la boussole, car on n'y voit plus goutte.

Nous devions continuer jusqu'à Haï-Phong, mais cette nuit noire nous oblige à jeter l'ancre en plein fleuve ; la quille du bâtiment

---

1. Depuis la baie de Hạ-Long, la ville de Hải-Phòng n'était accessible que par deux passes, situées de part et d'autre de l'île de Đình-Vũ : celle de Cửa-Cấm à l'ouest, et celle de Nam-Triệu à l'est. Comme la seconde a été très vite obstruée par la sédimentation, Hocquard, selon toute vraisemblance, a emprunté la première. Ce qu'il appelle ici le "fleuve Rouge" n'est, à proprement parler, qu'un cours d'eau appelé sông (rivière) Cửa-Cấm qui, si on le remonte depuis la mer, permet de gagner Hải-Phòng, puis de serpenter vers le nord-ouest jusqu'à son affluent, le sông Kinh-Thầy, et, de là, jusqu'au sông Thái-Bình qui, à hauteur de Sept-Pagodes (face à Phả-Lại), entre en contact avec le canal des Rapides conduisant au fleuve Rouge en amont de Hà-Nội (voir carte).

2. Le Cửa-Cấm constitue en effet une barre, c'est-à-dire un bourrelet qui se forme à l'endroit où la vitesse du courant fluvial diminue en rencontrant la mer ; à cet endroit, les matériaux transportés par le cours d'eau chutent sur le fond, où ils forment un dépôt qui s'accumule en progressant vers l'amont ; en s'exhaussant peu à peu, ce dépôt provoque la fermeture de la passe. À l'époque de Hocquard, celle-ci ne pouvait être franchie qu'à marée haute (six mètres de tirant d'eau contre trois mètres et demi à marée basse).

laboure la vase sur une profondeur de seize centimètres, il ne serait plus prudent d'avancer.

Le lendemain, nous dérapons[1] au point du jour. La brume s'est dissipée, et je puis pour la première fois apercevoir un coin de ce Tonkin dont on parle tant en France. La première impression n'est guère favorable : les eaux boueuses du fleuve Rouge, dont la largeur atteint plus de huit cents mètres, coulent entre deux berges de terre argileuse très basses, sous un ciel gris et maussade ; la campagne, absolument plate, est bornée à l'horizon par de hautes montagnes bleuâtres, à demi voilées sous de petites nuées flottantes.

Le fleuve fait un coude brusque et, tout à coup, nous apercevons au loin un amas de maisons blanches, bâties le long du rivage : c'est Haï-Phong[2].

À voir de loin Haï-Phong, en arrivant ainsi par le fleuve, on croirait que c'est une grande ville. Tout contre le quai sont construits l'hôpital, la maison du commissaire de la marine, la demeure du résident de France[3], les magasins du port et plusieurs maisonnettes en bois à un seul étage, décorées du nom pompeux d'hôtels. Les façades de toutes ces constructions d'assez belle apparence sont disposées sur une seule ligne, faisant face au fleuve ; elles sont entourées de gentils jardins plantés d'arbres. Tout auprès, le long du bord de l'eau, sont amarrés une grande quantité de canots, de jonques du pays et de chalands. De petits bateaux à vapeur et des embarcations à rames sillonnent le fleuve dans toutes les directions. On se croirait presque dans un port important. Mais, une fois à terre, l'illusion cesse ; derrière ces quelques maisons et ces frais jardins s'étendent des terrains vagues qui confinent à la ville annamite. Les débordements du fleuve ont transformé ces terrains en vastes marécages à moitié couverts d'eau aux heures de la marée et qui dégagent une odeur infecte[4].

---

1. *Déraper* : action de détacher une ancre du fond de la mer.

2. Hải-Phòng : *poste de garde de la mer*. Avant la présence française, le village portuaire s'appelait Ninh-Hải (*mer sûre*). Finalement adopté par les Français pour désigner l'ensemble du site, le terme *Hải-Phòng* ne s'appliquait auparavant qu'aux fortins, construits en aval du cours du Cửa-Cấm, qui protégeaient l'accès à tout ce système fluvial deltaïque dont les nombreux cours d'eau permettaient de pénétrer dans le delta du fleuve Rouge.

3. L'article 12 du traité Harmand (25 août 1883) prévoyait, dans les trois ports de Hà-Nội, Hải-Phòng et Quy-Nhơn, le remplacement des consuls (institués par l'article 13 du traité Philastre) par des résidents de France. Au moment de l'arrivée de Hocquard à Hải-Phòng (fin février 1884), Louis-Eugène Palasme de Champeaux (1840-1889) occupait ce poste depuis le 4 septembre 1883, après avoir été consul de la même ville en 1880 puis en 1882. En désaccord avec Harmand, alors commissaire général civil de la République au Tonkin, Champeaux démissionna en février 1884 et rentra à Paris. Il fut remplacé par Aphalo. En mars 1885, Champeaux obtint le poste de chargé d'affaires à Hué et, après un séjour en Cochinchine, il occupa le poste de résident supérieur au Cambodge, de novembre 1887 à mai 1889.

4. Arrivé par le fleuve, Hocquard a en effet débarqué sur le terrain de l'ancienne Concession française, qui s'étendait le long du Cửa Cấm. Plus au sud, en bordure du sông Tam-Bạc, s'étendait la ville

Le village annamite[1] est composé d'une centaine de cabanes, basses, d'un aspect misérable, recouvertes de paillotes, et dont les murs, construits avec un clayonnage en bambous enduit des deux côtés de terre gâchée, menacent ruine. Les rues, dont jamais on ne balaye les immondices, sont étroites, couvertes de flaques d'eau puantes. Une foule d'affreux petits porcs tonkinois, gros comme des bouledogues, au ventre pendant, au dos ensellé[2], les parcourent en liberté, en compagnie de chiens hargneux qui ont une vague ressemblance avec nos chiens de bergers. Les habitants sont de pauvres coolies, employés aux plus rudes travaux du port ; ils sont à peine vêtus avec des loques rapiécées d'une propreté plus que douteuse, et ils se montrent, pour la plupart, couverts de vermine.

L'hôpital de Haï-Phong, que nous sommes allés visiter, peut contenir environ deux cents lits. Il est installé dans de grands bâtiments en briques qui ne comprennent qu'un rez-de-chaussée. Les planchers des salles sont construits à soixante centimètres du sol sur de petits piliers en maçonnerie ; de cette façon, l'air circule entre le sol et les planches qui sont préservées de l'humidité. Tout autour de chaque bâtiment court une spacieuse véranda qui repose sur un système de colonnes. Cette véranda constitue un promenoir couvert pour les malades, tout en empêchant les rayons du soleil de venir surchauffer les murs des salles.

Chaque malade a un lit de fer avec un sommier, un matelas, un traversin, des draps et une moustiquaire. Le service est fait par des médecins de la marine et des sœurs de charité. L'hôpital possède des salles de bains et de douches et une pharmacie abondamment pourvue de tous les médicaments nécessaires.

---

vietnamienne qui, à cette date, était située hors du périmètre urbain. La première installation de la Concession française, en 1875, avait été faite provisoirement et, hormis les bureaux du consulat et de la douane, tous les services administratifs et militaires étaient installés dans une vingtaine de paillotes, situées sur un marais adjacent au fleuve. Par la suite, le génie fit remblayer le terrain de la Concession en construisant un vaste radier, entouré d'un mur de brique, dans lequel furent déversées plusieurs couches de sable. Sur ce socle, semblable à une sorte de radeau accroché à la digue, on put édifier des bâtiments en dur dont les structures de soubassement s'enfoncèrent progressivement dans le sol jusqu'à y trouver leur équilibre (en une seule année, le bâtiment du consulat s'enfonça ainsi de quarante centimètres). Derrière la ligne des bâtiments officiels, construits parallèlement au fleuve, se trouvaient les maisons individuelles qui, à cette époque, étaient essentiellement bâties selon le principe de « la construction sous paillote », c'est-à-dire qu'elles étaient protégées du soleil et des intempéries par une vaste structure de bambous couverte de paille. À cette date, il n'existait que quelques rares maisons construites dans le style européen, et il fallut attendre 1885 et le résident Raoul Bonnal (1885-1886) pour voir se développer un véritable programme d'urbanisme à Hải-Phòng.

1. L'auteur veut sans doute faire référence au quartier vietnamien, qui se trouvait au sud de la Concession française, sur la rive droite du sông Tam-Bạc. Ce quartier comprenait en réalité cinq villages différents : Thượng-Lý, An-Biên, Gia-Viên, Lạc-Viên et Hàng-Kênh. Le sixième, sur les terres duquel la ville avait été fondée, se trouvait de l'autre côté du sông Tam-Bạc et s'appelait Hạ-Lý.

2. *Ensellé* : dont la ligne du dos présente une concavité exagérée.

HANOÏ, CONCESSION FRANÇAISE EN 1884

Parmi les blessés des dernières affaires, nous avons vu un grand nombre de ces tirailleurs annamites venus de Saïgon qui ont perdu tant de monde à l'attaque de Son-Tây[1]. Ces soldats indigènes forment dans notre colonie de Cochinchine un corps de troupes analogue aux régiments de tirailleurs algériens. Comme ces derniers, ils sont commandés par des officiers français et des cadres de sous-officiers recrutés en partie parmi les Français, en partie parmi les indigènes. Leur uniforme est assez coquet : ils ont une petite blouse d'étoffe noire ne dépassant pas les hanches, un pantalon long et large de même

1. Dans le but de faire accepter le traité Harmand, les Français avaient lancé une vaste offensive destinée à obliger la cour à accepter le protectorat. Dirigés par le contre-amiral Courbet, qui venait de recevoir des renforts (il y avait alors huit mille soldats français au Tonkin), les combats de Sơn-Tây eurent lieu du 14 au 17 décembre 1883. Il y avait à Sơn-Tây deux compagnies de « tirailleurs annamites » et huit cents « auxiliaires ». La création du corps des « tirailleurs annamites » est une conséquence de l'instauration du gouvernement civil en Cochinchine. Avec celui-ci, en effet, les officiers – qui jusque-là assuraient le maintien de l'ordre avec quatre mille cinq cents hommes des milices – furent remplacés par des « administrateurs civils », dont on pensait qu'ils ne sauraient conduire des opérations militaires. Pour les y aider, un décret du 2 décembre 1879 mit donc en place les « tirailleurs annamites », corps d'infanterie d'abord constitué de deux bataillons, qui fut par la suite utilisé pour la conquête du Tonkin. Les tirailleurs étaient des soldats de métier qui accomplissaient quinze ans de service. En langage courant, ils étaient jadis surnommés *lính khố đỏ* (soldats à la ceinture rouge), par opposition aux soldats de la « garde indigène » (*lính khố xanh*, soldats à la ceinture bleue).

couleur, une ceinture rouge formant en avant un gros nœud dont les pans descendent à mi-cuisses. Ils sont coiffés d'un chapeau rond et plat, en bambou, recouvert d'une couche de laque et enjolivé d'ornements de cuivre. Comme tous les Annamites, ils portent les cheveux longs, relevés derrière la tête sous la forme d'un petit chignon qui lui-même est fixé par un peigne d'écaille ou de bois. Du chapeau pendent deux brides d'étoffe rouge qui se nouent derrière la tête ou s'entrecroisent sous le chignon. Cette coiffure donne aux soldats annamites un faux air d'amazones, d'autant plus qu'ils sont imberbes, comme presque tous leurs compatriotes.

Les tirailleurs cochinchinois ont été envoyés de Saïgon pour prendre part à l'expédition de Son-Tây. Ils ont fait le coup de feu côte à côte avec les premiers bataillons de tirailleurs algériens envoyés au Tonkin. Lorsque nos grands turcos[1], au teint cuivré, ont vu pour la première fois manœuvrer ces petits indigènes à chignon, ils se sont mis à éclater de rire en s'écriant : « Melé, melé (bon, bon !) Soldats-mam'selles! »

Les « soldats-demoiselles » ont fourni leurs preuves à l'attaque de Son-Tây, et le nombre de leurs blessés soignés à l'hôpital de Haï-Phong montre qu'ils n'ont pas boudé au feu.

Tout au début de la guerre du Tonkin, on a tenté d'organiser, sur le modèle des tirailleurs saïgonais, un corps de soldats tonkinois auxquels on a donné un costume différent. Les Tonkinois portent une blouse de toile blanche à parement de drap rouge, un pantalon bleu qui leur vient seulement à mi-jambes, un chapeau de forme conique peint de cercles concentriques, alternativement bleus, blancs et rouges. On leur a cousu sur la blouse, du côté gauche de la poitrine, un petit morceau de coton blanc sur lequel on a inscrit en noir leur numéro de matricule. Comme les Cochinchinois, ils sont armés du sabre droit d'infanterie et du fusil. Ils vont pieds et jambes nus[2].

Nous ne faisons pas long séjour à Haï-Phong : le lendemain de notre arrivée, nous recevons l'ordre de partir pour Hanoï à bord du *Pélican*, petit remorqueur à vapeur, grand comme la moitié d'un bateau-mouche parisien. L'ordre arrive à huit heures ; il faut nous embarquer à dix. Pas une minute à perdre ; pendant que les uns préparent les vivres, les autres s'occupent de faire transporter les bagages. L'ambulance est scindée ; le bateau est trop petit pour nous contenir

---

1. Créé par Louis-Philippe, ce régiment comprenait des tirailleurs autochtones (Sénégalais, Marocains, Tunisiens, etc.) qui furent intégré aux zouaves puis appelés *turcos* pendant la guerre de Crimée.
2. *Depuis l'organisation définitive des tirailleurs tonkinois en régiments constitués, ces derniers portent le même uniforme que les tirailleurs saïgonnais* (note de l'auteur).

TIRAILLEURS TONKINOIS

TIRAILLEURS COCHINCHINOIS

tous ; cinq seulement prennent place à bord. Un coup de sifflet, et nous voilà partis, remorquant une jonque annamite remplie par nos bagages. Ces grandes jonques sont munies à l'avant, de chaque côté de la proue, de deux gros yeux peints en blanc qui leur donnent un faux air de poisson échoué.

Nous entrons dans le *Song-tam-bach*, affluent du fleuve Rouge[1] qui traverse le faubourg de Haï-Phong, et bientôt nous voyons se dérouler d'immenses plaines couvertes de riz, de cannes à sucre, de patates et de maïs. Les touffes de riz, encore vertes, disparaissent à moitié sous une mince nappe d'eau. Pour retenir cette eau, absolument nécessaire à la culture de la plante, le champ de riz est entouré d'une petite bordure de terre, élevée de trente à quarante centimètres au-dessus de la rizière, qui marque en même temps les limites de la propriété. Le terrain est extrêmement morcelé ; chaque champ de riz ne dépasse pas une surface de deux ou trois ares. En revanche, il n'y a pas un pouce perdu de terre cultivable ; partout le sol est remué et fouillé, comme le sont en France les grands jardins maraîchers des environs de Paris.

Le terrain est formé de glaise rougeâtre, sans un caillou. Le fleuve, qui s'est creusé un lit dans cette glaise, court entre deux berges très peu élevées, de sorte que, dans ce pays plat, les inondations sont extrêmement fréquentes. À l'époque des hautes eaux, toutes les rizières doivent être recouvertes. Aussi ne voit-on pas de routes dans la campagne mais de grandes digues élevées d'un mètre à un mètre cinquante au-dessus du sol. Ces digues sont les seuls chemins que suivent les naturels pour se transporter d'un village à l'autre ; elles sont très étroites, et les plus importantes ne mesurent pas plus de quatre mètre cinquante de largeur[2].

---

1. Notre auteur n'a donc pas poursuivi sa navigation sur le sông Cửa-Cấm, mais il a obliqué vers le sud-ouest en empruntant le sông Tam-Bạc, qui, loin d'être un « affluent du fleuve Rouge », est un très modeste cours d'eau qui, à hauteur de Hải-Phòng, se dirige vers le sud et, après une trentaine de kilomètres, permet de pénétrer dans le sông Lạch-Tray, de doubler la bourgade de Kiến-An, puis d'aborder le sông Thái-Bình, le bourg de Sept-Pagodes (Phả-Lại) et, de là, le canal des Rapides qui mène au fleuve Rouge. Cet itinéraire fluvial, alors le seul possible, fut emprunté par l'ensemble des convois qui pénétrèrent au Việt-Nam à la fin du XIXᵉ siècle. Dans des temps plus reculés, en revanche, les bateaux passaient plus au sud, par le canal des Bambous qui établit la liaison entre le Thái-Bình et le fleuve Rouge.
2. Les inondations interviennent entre juin et octobre, à l'époque des grandes cultures. Or il suffit qu'un plant de riz soit inondé plus de quatre jours consécutifs pour qu'il meurt. Remparts contre les inondations, les digues jouaient donc un rôle capital, et l'on estime en général qu'elles constituaient, dans le Tonkin du début du siècle, un réseau de plus de quatre mille kilomètres de long. Mais, en empêchant les hautes eaux de s'épandre, l'endiguement conduisait inévitablement à relever le niveau du fleuve. Comme ce dernier coulait au-dessus de la région qu'il traversait, la crue était une menace permanente. Pour y échapper, il fallut exhausser les digues d'autant : si l'on trouve des digues hautes de deux à quatre mètres à proximité de la mer (la hauteur d'un mètre cinquante donnée par Hocquard semble bien faible), elles atteignent plus de dix mètres en amont de Hà-Nội (dix-huit mètres à Việt-Trì).

Les bords du fleuve sont extrêmement peuplés ; de distance en distance, nous rencontrons un village formé par de petites maisons carrées dont les murs en torchis sont recouverts de paillotes. Les habitants, à peine vêtus de haillons rapiécés, sont accroupis devant leurs cases, leurs grands bras pendant le long du corps. De la distance où nous les voyons, on les prendrait, grâce à cette posture, plutôt pour des singes que pour des hommes. Les habitations sont construites au milieu de petits bois d'aréquiers et sont entourées de grandes haies de bambous épineux. Chaque fois que nous passons devant un village, les chiens viennent en troupe aboyer contre notre bateau, et une foule d'enfants, en costume d'archanges, nous poursuivent de leurs cris assourdissants :

– *Ong quan! ong quan! sinon sapèque!* (« Monsieur, monsieur, donne un sou ! ») [1]

Les environs du fleuve paraissent être extrêmement giboyeux ; à chaque instant, le bateau fait lever des bandes de bécassines, de canards sauvages et d'aigrettes blanches. Ces dernières ont un vol très curieux : elles tendent leurs longues pattes et leur grand cou sur une même ligne droite, si bien que, en les regardant d'un peu loin, elles font l'effet d'un bâton blanc garni de chaque côté d'une paire d'ailes.

L'équipage de notre petit bateau se compose seulement d'un quartier-maître de la marine et d'un pilote annamite qui tient la barre. Le cours de l'eau devient très sinueux, notre pilote est inquiet. Il est constamment à l'avant et sonde le fond avec un long bambou.

Nous venons de passer auprès de deux grosses jonques, chargées de munitions et de troupes, qui sont échouées dans la vase. Elles attendent la marée qui chaque jour se fait sentir très haut dans le fleuve et qui viendra les remettre à flot. Ces arrêts forcés dans la boue sont chose commune dans ces parages.

La nuit vient très rapidement. Il n'y a pas de crépuscule au Tonkin ; en une demi-heure il fait nuit noire. Une fois le bateau ancré solidement au milieu du fleuve, nous nous empilons à cinq dans une petite cabine qui ne mesure pas plus de deux mètres carrés, et nous essayons de dormir, étendus sur le plancher, dans nos couvertures.

Le lendemain nous nous réveillons moulus et transis ; il tombe une pluie froide et fine qui nous transperce et nous gèle. On n'y voit pas à deux pas. Sur nos têtes, un ciel gris de plomb ; sous nos pieds, les eaux rouge sale du fleuve. Tout cela est d'une tristesse navrante.

---

1. Translitération de *ông quan, ông quan, xin ông sapèque.*

Heureusement la pluie cesse et un rayon de soleil vient, en nous séchant, nous apporter un peu de gaieté. Le niveau de l'eau a encore baissé depuis la veille et notre pilote redoute un échouage ; il n'avance qu'avec une lenteur désespérante, stoppe à chaque coude du fleuve pour demander aux riverains des renseignements sur les passages dangereux. Heureusement que nous rencontrons tout le long du bord des indigènes occupés à pêcher à la truble[1] ; enfoncés dans la boue jusqu'au-dessus des genoux, ils draguent le lit du fleuve pour y trouver de grosses crevettes et des crabes d'eau douce. Ces crustacés pullulent dans les rivières du bas Tonkin ; ils viennent sans doute de la mer et sont poussés par le flot à marée haute.

Nous comptions arriver à Hanoï à six heures du soir : nous jetons l'ancre à onze heures seulement. Nous avons mis deux jours pleins pour aller de Haï-Phong à Hanoï. Il est trop tard pour descendre dans la ville : nous allons dormir une deuxième et dernière fois dans notre étroite cabine.

Le jour avait à peine paru que nous quittions nos couvertures pour monter sur le pont du bateau et jouir du coup d'œil de la rade.

Le fleuve Rouge, dont la largeur atteint un kilomètre en face de Hanoï, présente à cet endroit une berge élevée de deux ou trois mètres, d'un accès difficile. Sur cette berge, parallèlement au fleuve, court une allée bordée de badamiers[2], derrière laquelle nous apercevons les bâtiments de la Concession française, rangés côte à côte presque sur la même ligne[3]. C'est d'abord, tout à fait en aval,

---

1. *Truble* : petit filet, emmanché ou non, dans le genre « épuisette ».

2. *Badamier* (du persan *badam,* amande ; en vietnamien *cây bàng* ; Terminalia catappa L., famille des Combrétacées) : arbre ornemental moyen à feuilles caduques, dont le bois, mi-dur et léger, est fréquemment employé en menuiserie. En raison de son vaste ombrage, cet arbre est souvent planté aux abords des maisons communales, dans les cours d'école et les lieux de promenade. Il est encore apprécié pour ses propriétés tinctoriales.

3. *Note sur la Concession de Hà-Nội.* C'est à l'occasion du traité du 6 février 1874, négocié entre l'inspecteur des Affaires indigènes Philastre et le deuxième ambassadeur vietnamien Nguyễn Văn Tường, qu'il fut pour la première fois question de la Concession de Hà-Nội. Par l'article 9 de ce traité, « le gouvernement annamite s'engage en principe à fournir un terrain convenable à portée du fleuve pour y établir un logement pour le résident français et son escorte. Ce terrain devra être à proximité de l'emplacement que le gouvernement annamite mettra, après le traité, à la disposition des commerçants français... ». En échange de cette Concession, les troupes françaises devaient évacuer la citadelle de Hà-Nội, conquise trois mois plus tôt. Le 15 mars 1874, un second traité, signé par l'amiral Dupré, reconnaissait à la France le droit d'établir des consulats dans les ports de Hà-Nội, Hải-Phòng et Quy-Nhơn, protégés chacun par une escorte militaire de cent hommes. Mais c'est dans l'acte additionnel au traité de commerce du 31 août 1874 que l'on trouve davantage de précisions : « Les terrains nécessaires pour construire les habitations des consuls et de leurs escortes seront cédés gratuitement au gouvernement français par le gouvernement annamite. L'étendue de ces terrains sera de cinq *mâu* (mesure annamite, environ deux hectares et demi). Les terrains nécessaires aux Européens pour élever leurs maisons d'habitation ou leurs magasins seront achetés par eux aux propriétaires. » C'est à partir de cette base juridique que le lieutenant-colonel Varaigne, directeur du génie, conclut avec le gouverneur Trần Đình Túc une convention par laquelle les établissements français recevaient un petit terrain à l'intérieur du

l'ancienne caserne d'infanterie de marine, grande bâtisse à deux étages dont on a fait un hôpital, puis de petites paillotes servant de magasins aux vivres. À côté s'étendent trois grands bâtiments à deux étages, où logent le général en chef, l'état-major et le directeur des affaires civiles. Plus loin, en amont de la Concession, le rivage est couvert par un fouillis de cases en bambous d'aspect malpropre. De distance en distance émerge une petite pagode, bâtie en briques, dont les murs blanchis à la chaux et le toit sculpté contrastent avec ces misérables huttes. Plus loin encore, toujours en remontant le cours de l'eau, et tout à l'extrémité de la ligne formée le long du bord du fleuve par les paillotes annamites, on voit un grand monument carré dont le toit en terrasse est surmonté d'un pavillon tricolore : c'est le bâtiment de la douane, distant d'au moins un kilomètre et demi de la Concession, qui forme l'extrême pointe de la ville au niveau du fleuve[1].

Le fleuve Rouge est très profond. Les bateaux peuvent être amarrés à quai, mais rien n'est installé pour atterrir, si bien qu'après avoir enfoncé jusqu'aux mollets dans une boue noire et gluante, nous manquons dix fois de nous rompre le cou en montant sur la berge par des marches d'escalier taillées, tant bien que mal, à coups de bêche dans la glaise[2].

Le quai de débarquement présente en ce moment une animation extraordinaire : plus de trois cents coolies indigènes sont employés au déchargement des bateaux qui arrivent à chaque instant de la baie d'Halong, amenant des troupes ou du matériel. On leur a cousu, sur la loque rapiécée qui leur tient lieu de blouse, un petit carré blanc muni d'un numéro et d'une inscription indiquant le service auquel ils

---

« fort du sud », ancienne bâtisse qui protégeait Hà-Nội des attaques venues du fleuve. En janvier 1875, un *addenda* à cette convention vint préciser que ce terrain « s'étendra ultérieurement le long du fleuve, en aval, s'il est nécessaire ». Le 31 août 1875, par une courte convention comprenant deux articles, le consul Kergaradec obtint non pas deux hectares et demi, ni même le seul fort du sud, mais bel et bien le fort tout entier, c'est-à-dire une surface d'un peu plus de dix-huit hectares. Au sud-ouest, la Concession empiétait à l'extérieur du fort du sud afin d'inclure un petit terrain (un hectare trois cents) qui abritait le cimetière. Dans sa version finale, la Concession avait la forme d'un rectangle, limité du côté du fleuve (à l'est) par une ligne bastionnée comprenant quatre saillants et, du côté de la ville (à l'ouest), par la digue qui protégeait Hà-Nội des inondations. Au nord et au sud, elle était limitée par des « chemins en chaussée ». Bordés d'arbres, deux chemins larges de deux mètres et demi la traversaient : celui qui était situé à l'est, du côté du fleuve, forma quelques mois plus tard la rue de la Concession (actuelle rue Phạm Ngũ Lão), dont la seule vue ancienne parvenue jusqu'à nous est, précisément, celle prise par Hocquard et reproduite dans le présent ouvrage.

1. Le premier bâtiment de la douane se trouvait en effet à hauteur de l'actuelle rue Hàng-Chiếu (rue des Nattes), puis il fut transféré plus en aval, sur le lieu qu'occupe l'actuel musée de la Révolution.

2. Les plans anciens situent l'embarcadère à hauteur de la ruelle des Briques (*ngõ Gạch*) ; en 1884, rien n'était encore prévu pour accoster, et les passagers devaient descendre sur la berge boueuse avant de pouvoir grimper sur le quai.

appartiennent (intendance, état-major, ambulances, etc.). Chaque coolie est porteur d'un long bambou et d'une corde. Pour enlever un ballot, il faut deux coolies ; ils attachent le fardeau avec leur corde au milieu du bambou dont ils prennent chacun une extrémité sur l'épaule. Quand la charge est trop lourde, on la donne à quatre porteurs, qui croisent leurs deux bambous en X et suspendent le ballot au niveau de l'entrecroisement.

Tous les transports se font ainsi à dos d'homme : les voitures sont absolument inconnues ici. D'ailleurs les petites digues surélevées, qui constituent les seuls chemins des indigènes dans la campagne, seraient beaucoup trop étroites pour recevoir un véhicule à roues[1].

Le terrain de la Concession française est clos de tous côtés par une palissade de deux mètres de hauteur, faite avec des pieux pointus enfoncés en terre. Entre ces pieux sont ménagées de petites meurtrières à travers lesquelles, il n'y pas bien longtemps encore, des sentinelles surveillaient la campagne[2].

Avant les affaires de Son-Tây, il y a de cela un mois à peine, les Pavillons-Noirs, rentrés à Hanoï après la mort du commandant Rivière, venaient la nuit piller et incendier les maisons à deux pas de la Concession.[3] Il était défendu à la petite garnison française de sortir de l'enceinte une fois le soir venu ; lorsqu'il fallait porter des vivres au poste de la citadelle, à l'autre bout de la ville, les coolies du convoi étaient escortés par une demi-compagnie de soldats, fusils chargés, de peur d'une attaque.

L'enceinte de la Concession ne mesure pas plus d'un kilomètre de longueur sur trois cents ou quatre cents mètres de large. On y entre par une grande porte à deux battants que l'on ferme le soir. Cette porte est gardée par un poste de quinze à vingt hommes, qui logent à côté, dans un corps de garde en maçonnerie. Les murs de ce bâtiment sont percés de meurtrières comme la palissade, il a un toit en terrasse sur lequel se dresse une petite guérite faite en feuilles de palmier. La nuit, lorsque les portes sont fermées, une sentinelle veille dans cette guérite ; elle interpelle les arrivants à distance et ne laisse approcher que ceux qui sont munis du mot de passe.

La porte de la Concession une fois franchie, nous nous trouvons devant une grande allée plantée d'arbres, tracée parallèlement au

---

1. Sauf une brouette, d'ailleurs photographiée par le docteur Hocquard.
2. La palissade en bambou qui protégeait la Concession française fut détruite deux ans plus tard, en 1886.
3. Événement attesté par Raoul Bonnal dans ses mémoires, *Au Tonkin, notes et souvenirs*, slnd, p. 57.

fleuve Rouge. À gauche, s'étend la ligne des bâtiments que nous avons déjà aperçus du fleuve ; à droite, l'allée longe des constructions de plus modeste apparence recouvertes de toits en paillotes.

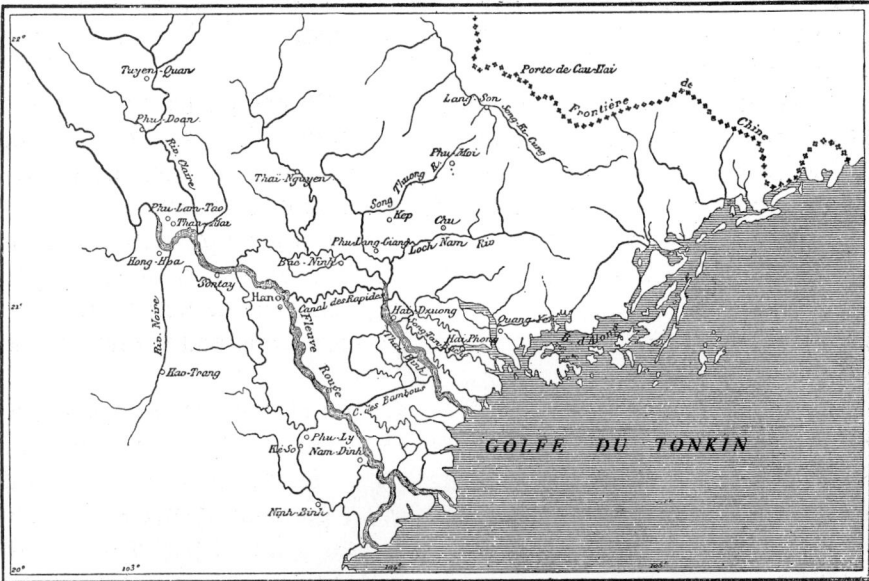

CARTE GÉNÉRALE DU TONKIN 1/2 000 000,

D'APRÈS DES DOCUMENTS FOURNIS PAR LES OFFICIERS TOPOGRAPHES DU CORPS EXPÉDITIONNAIRE

Dans une de ces petites maisons demeurent les quatre médecins de marine qui sont installés au Tonkin, depuis le commencement de la guerre, pour faire le service de l'hôpital de Hanoï. Ces messieurs nous reçoivent avec la plus grande cordialité. Ils nous apprennent que la Concession et la citadelle regorgent de troupes et qu'on ne sait plus où loger les officiers. « Le médecin en chef des ambulances et l'intendant du corps expéditionnaire, qui sont arrivés depuis un jour, campent sous un escalier. Vous n'avez plus qu'une ressource, ajoutent gracieusement nos confrères, c'est de partager notre paillote. »

Nous acceptons avec d'autant plus de reconnaissance que nous aurons plus d'une fois besoin de recourir à l'expérience de nos hôtes pour nous procurer les différents objets indispensables à une première installation. À peine sommes-nous arrivés que, déjà, nous les accablons de questions : « Comment allons-nous vivre? Faudra-t-il que nous fassions notre cuisine nous-mêmes ? Et un lit ? Est-ce que nous trouverons ce qu'il faut pour nous ?

HANOÏ : POSTE DE SOLDATS À L'ENTRÉE DE LA CONCESSION

– C'est bien simple, dit un de nos nouveaux amis : prenez mon boy[1], il jargonne un peu de français ; il vous accompagnera en ville pour vos différentes emplettes. »

Tout en parlant, il frappe un coup sec sur un gong chinois placé dans un coin, et à l'instant même arrive en courant un petit garçon indigène de douze à quinze ans, qui nous gratifie d'un « bonjour, cap'taine » retentissant, en faisant le salut militaire.

« Il faut que je vous prévienne, nous dit en riant notre ami, que, pour les Annamites, tous les officiers, depuis le sous-lieutenant jusqu'au général inclus, s'appellent capitaines. Allons, Ba, prépare-toi. Tu vas accompagner ces messieurs en ville.

– Bien, cap'taine », et il disparaît.

1 *Domestique* (note de l'auteur).

« Mon boy, reprend le docteur X..., s'appelle Ba, ce qui veut dire « trois » en langue annamite. Les indigènes n'ont pas de prénoms ; chez leurs parents on les désigne par le numéro d'ordre dans lequel ils sont venus au monde. Ba est le troisième venu. Ses parents s'appellent N'guyen-Van-Xi, mais il cache avec soin son nom de famille, comme du reste tous les boys annamites.

– C'est assez extraordinaire.

– Vous comprendrez facilement pourquoi, au contraire, quand vous serez au courant des mœurs du pays. Ces boys au service des Européens sont, pour la plupart, de petits vauriens sur qui il faut avoir en tout temps l'œil ouvert. Ils ne couchent pas à la maison, mais en ville, et leur plus grande occupation, une fois leur service fini, est de jouer aux cartes ou au *bacouën*[1], car le jeu est la passion dominante des Annamites. Ils nous volent tant qu'ils peuvent, et, lorsqu'ils se voient découverts, ils filent pour ne plus revenir. Une fois qu'ils sont en fuite, il est bien difficile de les pincer ; ces indigènes se ressemblent tous : allez donc retrouver votre voleur dans la foule ! Et comment vous plaindre si vous ne connaissez pas son nom de famille ! Voilà pourquoi ils le cachent avec tant de soin[2].

– Pourquoi vous servez-vous de pareils garnements ?

– Par la raison toute simple qu'il nous est impossible de faire autrement. C'est dur à dire : mais ces petits vauriens, que nous traitons de sauvages, apprennent ce qu'il faut de français pour nous comprendre en moins de temps que nous n'en mettrions, nous, pour nous faire entendre dans leur langue. Il y a trois mois, le nommé Ba, que vous venez de voir, ne savait pas un seul mot de français et n'entendait absolument rien à mon service. Maintenant non seulement il me comprend, mais il cuisine comme un vrai cordon-bleu et me repasse mes chemises et mes faux cols comme la meilleure lingère. C'est un coquin, mais je ne puis me passer de lui ; si je le prenais la main dans un de mes tiroirs, je crois, ma parole, que je fermerais les yeux pour ne pas le chasser, tant il m'est indispensable. »

M. Trois est revenu sur ces entrefaites. Il est coiffé d'un grand chapeau en bambou en forme de cône, sous lequel sa petite tête disparaît tout entière comme sous un immense éteignoir. À ce chapeau

---

1. Entendez le jeu de *ba quan* (« trois ligatures »). Ce jeu populaire consiste à renverser sur une natte, où sont tracées trois cases numérotées sur lesquelles les joueurs ont misé, un bol plein de haricots que l'on compte ensuite quatre par quatre à l'aide d'une baguette ; si, à la fin du décompte, il n'en reste plus un seul, le croupier gagne ; s'il en reste un, deux ou trois, c'est le nombre de haricots restant qui indique la case gagnante (qui rapporte trois fois la mise).

2. Voir note 3 p. 345.

BOYS AU SERVICE DES FRANÇAIS

sont attachées de grandes brides en crépon rouge, larges comme la main et réunies en un gros nœud devant et au milieu de la poitrine. Par-dessus la veste blanche de tout à l'heure, il a passé une espèce de tunique faite en étoffe de soie moirée, à mailles espacées comme du tulle ; cette tunique est fendue de chaque côté comme une chemise, elle a des manches très étroites et un col droit boutonné sur le devant.

Ba porte au-dessous une large ceinture de soie rouge à laquelle est attachée, au niveau de la hanche droite, une belle bourse brodée de perles de verre et de filigrane d'or ; il est chaussé de bas bien blancs et de souliers de fabrication française. Il porte un immense parapluie de même provenance que les souliers.

Derrière lui se tient timidement un gamin de sept ou huit ans, pauvrement vêtu d'une étoffe grossière de couleur brune et portant un grand panier vide.

« Ba vous a fait les honneurs de son beau costume, nous dit notre ami X..., il est vêtu comme un vrai mandarin, et, pour ce fait, si nous n'étions pas les maîtres du pays et s'il existait encore une justice annamite, il recevrait au moins cent coups de cadouille.

– Quoi ! nous écrions-nous, on n'a donc pas le droit de porter ici le vêtement que l'on veut ?

– Eh non ! répond notre hôte; le vêtement est réglé par le code annamite d'une façon absolument minutieuse, et vous vous en rendrez compte plus tard. Il est défendu à un simple boy de porter une tunique de cette soie et surtout de la porter aussi longue. Ce fils de coolie se prélasse en ce moment dans un costume de fonctionnaire[1]. Il devrait porter simplement le modeste *kéo*[2] de toile grossière que vous voyez sur le dos du pauvre hère qui l'accompagne. Il serait bâtonné par le juge annamite d'après le principe qui ferait incarcérer en France un paysan revêtu d'un costume de préfet. Mais les lois du pays sont lettre morte à cause de la guerre, et mon cuisinier, vaniteux comme tous ceux de sa race, en a profité pour revêtir un costume qu'il n'a pas le droit de porter, mais qui en impose au vulgaire. C'est pour cela que vous le voyez muni de ce gigantesque parapluie. Le parapluie est ici l'insigne du commandement : quand un mandarin paraît en public, le nombre des parasols qu'on porte à sa suite indique son grade, tout comme le nombre des galons portés sur la manche indique celui de nos officiers[3]. »

1. Le costume de fonctionnaire était désigné sous le terme générique de *áo-tràng*, qui renvoie aux habits de cérémonie des diverses classes de mandarins, des officiants ou des gradués. Évoquée par Hocquard, qui y reviendra en détail dans le chapitre XXIII de cet ouvrage, la question des costumes est d'une extrême complexité, et nous ne pouvons ici que donner un bref aperçu des codes symboliques alors en vigueur. Tel qu'il existait à l'époque où notre auteur le décrit, le « costume de fonctionnaire » a été réglementé par une ordonnance de 1845, prise par le roi Thiệu-Trị après consultation du ministère des Rites. On distinguait alors deux types : le costume des grandes audiences *(đại-triều)* et celui des audiences ordinaires *(thường-triều)*. Réservé aux mandarins du sixième degré ou plus, le premier comportait une tunique *(bào)* en satin munie de deux ailerons *(cánh-diều* ou « ailes d'épervier »), une sous-tunique ou tunicelle en soie brochée, un ceinturon, des bottes, et un bonnet *(quan)* qui était posé sur un bandeau carré et doté de deux ailettes pour les fonctionnaires civils, mais qui était rond avec un cimier pour les mandarins militaires. Le costume des audiences ordinaires était constitué d'une robe en satin *(y)* ordinaire, souvent de couleur bleue, et d'une tunicelle. Au-delà de ces deux distinctions majeures, mille différences de détail servaient à caractériser chacun des neuf degrés mandarinaux, faisant jouer à la fois la couleur (six couleurs correspondant à six niveaux), la nature de l'étoffe, les dessins brodés, les ornements de la ceinture et du bonnet, et encore les animaux symboliques, brodés au bas de la tunicelle pour les audiences solennelles ou sur le plastron pour les audiences ordinaires. Tout cela, et plus encore, justifiait l'exclamation de Hocquard : « On n'a donc pas le droit de porter ici les vêtements que l'on veut. » Pour plus de précisions, voir note 1 p. 627.
2. Tel quel, ce mot est incompréhensible. Peut-être Hocquard fait-il référence au *khố*, qui désigne le pagne ou langouti, simple pièce de tissu dont se vêtaient les paysans et, en général, l'ensemble des pauvres gens. Mais comme il écrit qu'il (l'homme) le porte sur son dos, peut-être s'agit-il simplement d'une déformation de *cái áo* (la chemise)…
3. La plupart du temps en satin, les parasols d'apparat *(tàn)* étaient réservés aux mandarins du premier ordre ou « grands mandarins » (du premier au quatrième degré inclu). Le roi pouvait disposer de huit parasols, tandis que le code (Gia-Long, article 156, V) en prévoyait trois, bleu clair « à dix glands », pour les mandarins de première classe ; deux, bleu clair « à huit glands », pour ceux de deuxième classe ; un seul, bleu clair mais « à six glands », pour ceux de la troisième classe ; un seul parasol, noir et « à quatre glands », pour ceux de la quatrième classe. De la cinquième à la septième classe, le parasol était noir et dépourvu de pompons. Quant aux fonctionnaires de la huitième et neuvième classe, ils devaient se contenter d'un vulgaire parasol en papier noir huilé. L'usage, qui s'est vite répandu, du parapluie occidental n'était pas sans rapport avec cette symbolique ancienne, et c'est du reste toujours accompagné de cet accessoire, devenu un peu ridicule, que les caricatures des années 30 représentent la figure du chef

Nous sortons de la Concession pilotés par le brillant Ba et suivis respectueusement, à quatre pas, par le petit domestique vêtu de bure, qui trottine, pieds nus, son panier sur la tête. Nous prenons une grande digue, bordée d'un côté par de misérables paillotes et de l'autre par une flaque d'eau couverte de larges feuilles de nénuphar.

ALLÉE PRINCIPALE DE LA CONCESSION

Cette porte une fois franchie, on trouve une grande avenue plantée d'arbres et bordée par de petites *cagnas* en paillotes : c'est la rue des Incrusteurs[1].

---

de village (*lý-trưởng*), gonflé d'importance, imbu d'autorité et pénétré du sens de la hiérarchie. Pour les parasols, voir les gravures représentant le « Cortège d'un pirate condamné à mort », p. 331, et « Le préfet de Phu-Hoang » p. 424, Pour les parapluies, voir les gravures « Théâtre en plein vent » p. 294, et « Une rue de Nam-Dinh le 14 juillet » p. 291 qui attestent que l'usage du parapluie était déjà répandu en 1884.

1. En 1883, on appelait « rue des Incrusteurs » l'axe qui partait de la porte de France (Trường-Long) jusqu'au sud du petit lac (carte Launay, août 1883), c'est-à-dire les actuelles rues Tràng-Tiền et Hàng-Khay. En 1888, ce tronçon fut dénommé rue Paul-Bert (plan Halais, 1888). Entre ces deux dates, les désignations hésitaient entre « rue des Incrusteurs » et, traduction du terme vietnamien Tràng-Tiền, « rue de la Sapèquerie ». Du vietnamien *cái nhà* (« la maison »), le terme colonial *cagna* désignait, avec une forte nuance de mépris, une maison pauvrement bâtie.

La Concession est située près de la ville, mais hors de son enceinte. Autrefois, Hanoï était entourée d'une muraille et d'un fossé plein d'eau. Aujourd'hui il ne reste plus, comme spécimen de ces fortifications, du côté du fleuve, qu'une porte encadrée par deux colonnes en briques surmontées de deux dragons sculptés[1].

Les tailleurs du cru tiennent boutique dans cette rue ; ce sont eux qui vont avoir notre première visite, et pour cause : quand nous sommes partis de France, nous n'avions que des notions très vagues sur le Tonkin ; je ne sais pourquoi, nous nous étions figuré que son climat ressemblait à celui de la Cochinchine et que nous allions subir toute l'année la grande chaleur ; aussi n'avions-nous apporté, outre nos uniformes de France qui sont peu commodes, que des vêtements très légers. Dès notre arrivée dans la baie d'Halong, en février, nous avons été désagréablement surpris par le froid et la pluie. L'hiver il ne gèle jamais pour ainsi dire au Tonkin, mais il y a des jours où le thermomètre descend à deux ou trois degrés au-dessus de zéro. Nos vêtements de toile apportés d'Europe devenaient insuffisants. Heureusement, en arrivant à Hanoï, nous avons trouvé nos confrères de la marine vêtus de superbes complets de flanelle qui leur avaient été fabriqués par des tailleurs annamites, et nous nous sommes empressés d'imiter leur exemple.

La boutique d'un tailleur ressemble à celles de tous les petits commerçants de Hanoï : elle est installée dans une paillote assez semblable à un grand hangar qui serait ouvert sur la rue : la paillote est divisée en deux compartiments dans le sens de sa longueur par une cloison faite en treillis de bambous. La boutique et l'atelier donnent sur la rue ; de l'autre côté de la cloison est ménagée la chambre de la famille[2].

1. Située à l'emplacement de l'actuel théâtre de Hà-Nội, cette porte est celle de Trường-Long qui, à la fin du XXIe siècle, était appelée « porte de France ». Une vue ancienne de cette porte – la seule vue existante d'ailleurs – figure dans la collection de clichés de l'École française d'Extrême-Orient, actuellement conservée au Việt-Nam, et l'on y voit notamment les colonnes en briques et les statues dont parle Hocquard, sans que l'on puisse identifier vraiment ce qu'elles représentent (dragons ou lions ?). Mais, contrairement à ce qu'affirme l'auteur, il existait un second vestige encore en place : la porte de Đông-Hà, plus connue sous son nom populaire de Ô Quan-Chưởng, qui se trouve à l'extrémité de la rue Hàng-Chiếu (rue des Nattes). Construite en 1749, sur ordre de Trịnh-Doanh, pour protéger la ville menacée par la révolte de Nguyễn Hữu Cầu, cette porte fut restaurée en 1817 afin d'élargir le passage et de permettre à tous les véhicules de passer. C'est aujourd'hui le seul témoin des anciennes fortifications de Hà-Nội. Les remparts de la ville avaient bel et bien disparu, mais on sait que, situés à l'est de la citadelle, ils ceignaient la ville commerçante de toutes parts ; à intervalles réguliers, ils étaient percés de portes massives qui donnaient accès à la ville. Au total, Hà-Nội comptait ainsi seize portes, que de nombreuses cartes anciennes indiquent très clairement : Thuy-Chương, Yên-Phụ, Yên-Định, Nghĩa-Lập, Tiến-Trung, Đông-Hà, Trừng-Thanh, Mỹ-Lộc, Đông-Yên, Trường-Long, Nhân-Hoà, Yên-Lãng, Thịnh-Yên, Kim-Liên, Thịnh-Hào, Vạn-Bảo.

2. C'est là, dans sa version initiale, le système du « compartiment » que l'auteur évoquera en détail plus bas.

Nous avons trouvé nos artistes assis, les jambes croisées sur leur table de travail, comme les tailleurs de tous les pays. Ba leur explique ce que nous voulons et leur laisse un de nos vêtements comme modèle. Ils lui disent que, moyennant sept piastres (trente francs environ), ils nous confectionneront, dans l'espace de deux jours, un vêtement complet de même forme, en flanelle bleue de Saïgon. C'est vraiment pour rien, et je conseille à nos camarades qui iront au Tonkin d'attendre, pour monter leurs garde-robes, qu'ils puissent traiter avec un tailleur de Hanoï.

La rue des Incrusteurs tire son nom d'une des principales industries du pays, l'incrustation de la nacre sur bois précieux[1]. Les ouvriers qui se livrent à cette sorte de travail sont de véritables artistes. On commence à connaître en France quelques-unes de leurs œuvres : mais ce dont on ne se rend pas compte, lorsqu'on ne les a pas vus opérer, c'est de la patience, du temps, de l'habileté manuelle qu'ils sont obligés de dépenser pour créer ces meubles aux incrustations chatoyantes, ces coffrets couverts de charmantes fleurs et de délicieuses arabesques, avec les outils grossiers dont ils disposent.

L'industrie de l'incrustation occupe plusieurs catégories d'ouvriers qui ont chacune leur spécialité. Les différentes parties du meuble ou de l'objet à incruster sont d'abord travaillées et assemblées par des ébénistes spéciaux. L'assemblage des planches se fait sans clous, avec un système d'emboîtement réciproque et une sorte de colle dans laquelle il entre de la laque. Les bois qui servent pour les incrustations sont de deux sortes : c'est ou bien une espèce de palissandre qui porte dans le pays le nom de *trac* ou *tiac*, ou bien une variété d'ébène très rare qu'on récolte dans les forêts du Haut-Tonkin. L'ébène, appelée *moun* dans le pays, est beaucoup plus estimée pour ce genre de travail, parce qu'elle est d'un grain plus dense et qu'elle garde par conséquent beaucoup mieux la nacre. De plus, sa couleur d'un noir d'encre fait mieux ressortir les reflets de l'incrustation que la teinte violette du *trac*. Aussi les objets incrustés sur *moun* se payent-ils au Tonkin trois fois plus cher que les mêmes objets incrustés sur palissandre[2].

---

1. La rue des Incrusteurs était située sur le territoire de l'ancien village de Cửu-Lâu, spécialisé dans le travail d'incrustation de nacre (*nghề khảm xà cừ*). Les habitants honoraient Nguyễn Kim, patron des incrusteurs, qui vivait sous le règne de Lê Hiển Tông (1740-1786). À la campagne, le principal foyer de production était la commune de Chuyên-Mỹ (province de Hà-Tây), dont une grande partie des habitants avait d'ailleurs migré vers le village urbain de Cửu-Lâu.

2. L'auteur fait référence au bois de *trắc* (palissandre, *Dalbergia cochinchinensis*) qui, avec le bois de *gụ* (*Sindora tonkinensis*), était très fréquemment utilisé par les ébénistes. Le premier est de couleur rouge (« violette » selon Hocquard) et possède un grain fin et brillant, tandis que le second, après polissage et patine, acquiert une belle couleur noire. L'ébène (*mun*, également appelée *mộc*) est un bois de couleur noire, très dur, et, comme les deux précédents, difficilement attaquable par les insectes. En outre,

Après qu'il a été assemblé par l'ébéniste, le meuble à incruster passe chez le dessinateur. Celui-ci fait les croquis de l'ornementation en nacre sur des bandes de papier à calquer et les adresse avec le meuble à l'incrusteur, qui décalque ces croquis sur les planches mêmes du meuble et choisit les nacres nécessaires pour les exécuter.

La nacre qui sert pour les incrustations est fournie par de grosses coquilles-casques qui ont les dimensions d'une tête d'enfant. Ces coquilles se pêchent sur les côtes de l'île de Poulo-Condor, et se payent environ soixante-quinze centimes pièce, rendues à Hanoï[1]. Les incrusteurs les détaillent à coups de hache en petits morceaux de deux ou trois centimètres carrés qui ont les reflets les plus variés, depuis le vert émeraude jusqu'au rose. Ils ont un réel talent pour combiner dans leurs incrustations ces différentes couleurs et pour tirer de leur contraste des effets surprenants. L'habileté d'un ouvrier se reconnaît surtout à la façon dont il répartit les reflets.

Outre les coquilles dont il vient d'être parlé, les incrusteurs utilisent encore la nacre fournie par une moule à grandes valves qu'on pêche

INCRUSTEUR REDRESSANT SA LIME

certaines incrustations étaient faites sur du bois de *lim* (bois de fer), notamment l'espèce dite *lim xanh* (érythrophlée) *chun* obtenue à partir de fibres enchevêtrées.

1. On utilisait aussi les coquilles de mer de Nha-Trang, de couleurs irisées, et de gros coquillages (*ốc xà cừ*) tirés des rivières Cầu et Thương qui coulent au nord-est de Bắc-Giang.

dans certains *arroyos* de la province de Thanh-Hoa[1]. La nacre provenant de cette moule a des reflets vraiment extraordinaires : bleus, cuivre, violet, jaune d'or, etc. ; elle est d'un prix très élevé.

Une fois les nacres choisies, il s'agit de donner à chacun des fragments la forme dans laquelle il doit servir à l'ornementation du meuble, puis de placer les morceaux de nacre bout à bout, comme pour une véritable mosaïque, enfin de les incruster dans le bois.

Le fragment brut est d'abord usé sur un morceau de pierre ponce pour en détacher toutes les parties opaques qui gêneraient le reflet, puis il est saisi dans un petit étau fixé lui-même sur un gros bloc de bois. L'ouvrier, accroupi sur les talons près de ce bloc, use à la lime le morceau de nacre de façon à lui faire prendre la forme voulue.

Il faut voir de quels instruments grossiers les Annamites se servent pour ce travail délicat. On se demande comment ils peuvent arriver, avec des limes grosses comme la pointe d'un crayon, à tailler de longs linéaments de nacre qui ne mesurent pas plus d'un demi-millimètre d'épaisseur, et qui sont tordus comme des vrilles de vigne. Ces limes sont d'une qualité très inférieure ; très souvent l'instrument se fausse, et nous voyons à chaque instant l'ouvrier s'arrêter dans son travail pour redresser sa lime en la frappant sur une enclume avec une sorte de grand couteau.

La nacre une fois taillée, il faut creuser le bois pour l'y incruster. Cette partie du travail est la plupart du temps faite par des enfants de dix à douze ans. Le dessin à exécuter a été décalqué sur le bois ; les petits ouvriers creusent au burin des sillons profonds d'un millimètre en suivant les indications du calque. Il faut une assez grande sûreté de main pour tracer ces sillons ; en les faisant trop profonds ou trop larges, la nacre pourrait jouer et le travail serait médiocre.

Lorsque le dessin est sculpté en creux, on y fixe les découpures de nacre avec une colle à base de résine ; on chauffe ensuite légèrement le bois pour faire fondre cette colle et en remplir tous les vides. Un coup de polissage au tampon et l'œuvre est terminée.

En sortant des paillotes des incrusteurs, nous nous dirigeons vers la ville chinoise[2]. Les rues sont extrêmement animées et la population est bruyante. Des coolies passent près de nous, portant au bout de leurs bâtons de petits porcs tonkinois, étroitement ficelés, redondant de

---

1. Thanh-Hoá, province située au sud du delta du fleuve Rouge.
2. À l'époque où écrit Hocquard, le terme « ville chinoise » était abusivement appliqué à l'ensemble de la vieille ville commerçante – le fameux quartier des trente-six rues –, bien que la communauté chinoise, d'ailleurs réduite en nombre, ne fût réellement présente que dans les rues de Hàng-Buồm (rue des Voiles), Hàng-Ngang (rue des Cantonais), Hàng-Đào (rue de la Soie) et la petite ruelle de Lãn-Ông. D'après un recensement ultérieur (1921), ces trois rues regroupaient soixante-quinze pour cent des Chinois. En réalité, la ville commerçante était essentiellement peuplée de Vietnamiens.

graisse, le groin enfoui dans une grande muselière conique en treillis de bambou.

Plus loin, un charcutier ambulant crie sa marchandise. Il porte tout son étalage sur l'épaule, aux deux extrémités d'un long bambou ; d'un côté la petite table sur laquelle est installée la viande à débiter, de l'autre une grande boîte contenant les ustensiles : balance, couperet, couteau, etc. La balance usitée au Tonkin est l'antique romaine à un seul plateau. Les divisions correspondant aux différents poids sont marquées sur le fléau avec de petits clous de cuivre.

Voici deux bourgeois, un homme et une femme. Tous deux sont vêtus d'une façon à peu près semblable. Ce qui m'a le plus frappé, en

CHARCUTIER AMBULANT

RÉSIDENCE DE FRANCE À HANOÏ

arrivant dans cet étrange pays, c'est la difficulté qu'on éprouve dans les premiers temps à reconnaître les différents sexes à première vue[1]. La coiffure est la même des deux côtés. Le costume est à peu près identique aussi. La femme porte comme l'homme un turban, une longue tunique, un large pantalon flottant et une ceinture de couleur vive dont les pans retombent sur le devant des genoux[2]. La physionomie est à peu près semblable, puisque les hommes n'ont pas de barbe et portent un chignon comme les femmes[3]. Il y a cependant certaines pièces du costume qui diffèrent ; le sexe faible porte des pendants d'oreilles et des bagues. Les boucles d'oreilles ont la forme de gros boutons de chemise à double tête ; elles sont en verre coloré pour les femmes du peuple ; les filles et les femmes de mandarins ont seules le droit de porter des bijoux en métal précieux. Les bagues sont faites avec des fils d'or roulés en spirale ; la mode exige qu'elles serrent fortement les doigts et soient très hautes. Certaines femmes de la haute classe ont également de grands colliers d'or ou d'argent, fabriqués avec de petites perles de métal, grosses comme des pois et enfilées les unes à côté des autres sur plusieurs rangs.

Le chapeau des Tonkinoises est monumental. Il a la forme d'un couvercle de boîte ronde, et mesure soixante ou soixante-dix centimètres de diamètre. De chaque côté s'attache un faisceau de six ou sept cordonnets de soie, épais comme des tuyaux de plume, et dont le milieu tombe en anses devant la poitrine. Au point de jonction des cordonnets et du chapeau pendent de chaque côté, comme de grandes oreilles, deux énormes glands de soie noire ou écrue. Certains de ces chapeaux, qui sont artistement fabriqués avec des feuilles de palmier

---

1. C'est un *topos* que l'on retrouve à l'identique chez de nombreux auteurs, par exemple dans Challan de Belval, *Au Tonkin, 1884-1885*, p. 58.

2. Jusqu'au XVIIᵉ siècle, les femmes portaient traditionnellement la jupe ; en 1665, une ordonnance du roi Huyên-Tông leur interdisait encore le port de la tunique. Mais, en 1744, s'inspirant du costume en usage en Chine sous la dynastie mandchoue (1644-1912), le roi vietnamien Võ-Vương imposa à la fois le port du pantalon et celui de la tunique. Ainsi, à partir du XVIIIᵉ siècle, la tunique et le pantalon l'emportèrent sur la jupe, et cette dernière fut même prohibée par une ordonnance prise sous le règne du roi Minh-Mạng en 1837. Les costumes masculins et féminins devinrent certes très semblables, mais la tunique des hommes était beaucoup plus courte que celle des femmes, et celles-ci la laissaient en outre négligemment entrouverte sur le haut de façon à faire apparaître le cache-sein (voir la gravure p. 66), généralement de couleur blanche. À juste titre, Hocquard remarquera plus bas dans cet ouvrage (ci-dessous pp. 628, 627) que les couleurs des vêtements étaient très différenciées selon les groupes sociaux.

3. En général serré derrière la tête et enveloppé d'un turban, le chignon était appelé *búi tó*. Les femmes le portaient parfois plus haut, sur le sommet de la tête, et enroulé à l'intérieur d'une gangue de tissu semblable à un turban (*vấn khăn*). Mais comme elles aimaient aussi à laisser pendre sur leur joue une longue mèche flottante (dite « queue-de-coq », *đuôi gà*), leur chevelure n'était pas toujours suffisamment abondante pour former à la fois la mèche et le chignon : d'où la pratique des « faux chignons » (*độn tóc*), qui consistait à remplir la gangue de petits morceaux de tissu ou, pour celles qui préféraient les chignons sans turban, à mêler à leurs cheveux naturels des cheveux d'emprunt achetés au marché.

TONKINOISE EN COSTUME DE VILLE

choisies soigneusement, et qui sont doublés à l'intérieur avec un fin treillis de joncs, coûtent fort cher, surtout lorsqu'ils sont ornés de deux grandes agrafes en argent ciselé auxquelles sont suspendus des glands de soie.

Beaucoup de femmes font coller au fond de leur chapeau une petite glace ronde qui leur sert à se mirer lorsqu'elles sont en ville et qu'elles ont besoin de donner un coup d'œil à leur turban. Le chapeau est du reste la partie de la toilette que soignent le plus les élégantes. Certaines de ces coiffures ne coûtent pas moins de dix à quinze piastres (de quarante-cinq à cinquante francs)[1].

Quand les Annamites du peuple ne vont pas nu-pieds, ils portent une espèce de sandale qui est formée d'une semelle de cuir retenue sur le cou-de-pied par deux anses de peau. Ces anses sont garnies souvent de petits coussinets d'étoffe ; elles dessinent sur le dos du pied comme un V, ouvert en arrière, dont l'angle se fixerait à la semelle entre le gros orteil et les autres doigts, et dont les branches s'écarteraient l'une de l'autre pour gagner les bords latéraux de la sandale, en passant l'une sur la base du gros orteil, l'autre en arrière des quatre derniers doigts. Les Annamites ont une curieuse façon de chausser cette sandale : ils la saisissent entre le premier et le deuxième doigt par l'angle que forment les lanières, et la fixent par un mouvement d'opposition du gros orteil, comme nous pincerions, nous, un objet entre le pouce et l'index. Cette mobilité du premier doigt du pied, qui, en outre, est notablement écarté des autres orteils, constitue un des caractères physiques de la race annamite. C'est lui qui a fait donner par les Chinois aux indigènes de notre colonie le nom de Giao-Chi, ce qui veut dire « pieds bifurqués[2]. »

---

1. Jadis, les hommes portaient le chapeau conique (aujourd'hui porté par les femmes exclusivement) et les femmes le large chapeau plat décrit par l'auteur (chapeau qui disparut presque totalement après la Seconde Guerre mondiale). Les fabricants de chapeaux utilisaient surtout des feuilles de latanier cousues ensemble, sur une armature de bambous, à l'aide de fibres végétales (filaments d'ananas textile). Les variétés, les qualités, les provenances et les appellations étaient si nombreuses que l'on ne saurait les énumérer toutes ici, mais on peut noter que, sur la gravure de la page 66, la jeune femme arbore un chapeau typique de la région de Bắc-Ninh, aux portes de Hà-Nội, dénommé *nón ba tầm*. L'indication de Hocquard concernant le miroir est intéressante parce qu'elle montre que cette pratique avait cours dans le peuple et qu'elle ne se limitait pas aux seuls chapeaux cultuels ou de cérémonies.

2. Le *Giao-Chỉ* désignait, à partir du IIIe siècle avant notre ère jusqu'au IIe siècle après, le nom donné par la Chine à l'espace géographique qui recouvrait à peu près la moitié nord du Việt-Nam actuel. Le *Giao-Chỉ* était divisé en trois parties : le Kiao-Tche (*Giao-Chỉ* proprement dit), correspondant au nord du Vietnam, le Kiu-Tchen (*Cửu-Chân*), correspondant au Thanh-Hoá et le Je-Nan (*Nhật-Nam*), à l'emplacement de l'actuel Nghệ-An (peut-être plus méridional encore). D'après Léonard Aurousseau, la limite méridionale du Giao-Chỉ aurait été la ville de Trà-Kiệu. L'explication étymologique du nom *Giao-Chỉ* fournie par Hocquard est conforme à ce que le monde érudit croyait à l'époque et, bien qu'elle soit largement fantaisiste, elle est encore parfois avancée aujourd'hui. Le caractère chinois *chỉ* signifie ici non pas « pied » mais « territoire », tandis que *giao* renvoie à *giao-long*, qui est l'ancien mot désignant le « crocodile » ou, plus généralement, les « monstres aquatiques ». C'est en effet par l'expression

Les femmes portent des sandales qui sont plus élégantes que celles des hommes. Elles ont des semelles de bois recouvertes de laque noire et fortement recourbées en avant. La partie recourbée est souvent enjolivée d'ornements en relief. Il est très difficile de marcher avec ces semelles qui abandonnent le talon et claquent à chaque pas ; aussi les femmes ont-elles une sorte de déhanchement qui ne manque pas de grâce.

Les sandales dont je viens de parler constituent la chaussure nationale des Annamites ; il n'y a guère, au Tonkin, que les gens du peuple qui l'aient conservée. Les bourgeois et les mandarins sont chaussés ou bien de souliers chinois à grosses semelles et à bouts pointus, ou bien de babouches en cuir noirci, voire même de souliers européens. Les femmes de la classe riche ont des espèces de mules à extrémités très pointues et très recourbées dont la forme rappelle les chaussures malaises ou cambodgiennes. La mode veut que ces mules soient moins longues et moins larges que le pied, si bien que les élégantes peuvent y enfoncer tout au plus l'extrémité de leurs orteils ; elles marchent en glissant et en traînant le pied, ce qui leur donne un peu du dandinement des femmes chinoises. Les pieds sont nus dans la chaussure ; en hiver seulement, les Tonkinois portent des bas en tricot, dans lesquels le gros orteil est séparé des autres doigts.

Les Annamites sont de petite taille. Aucun de ceux qui passent auprès de nous n'a plus d'un mètre soixante ; leur corps un peu grêle, leurs muscles peu développés leur donnent une apparence chétive. Ils ont le visage très élargi ; leurs pommettes saillantes et leur menton court donnent à leur figure l'aspect d'un losange. La forme losangique de la face est encore accentuée par la coiffure à bandeaux plats que portent les femmes, et par les plis du turban qui descendent du milieu du front, chez les hommes, pour recouvrir les tempes à droite et à gauche. Hommes et femmes ont le nez large et épaté, les sourcils peu fournis et les paupières bridées. Chez les gens comme il faut, ces paupières, dont l'angle externe va en se relevant vers les tempes, sont presque toujours demi-closes. Ils vous écoutent en clignant légèrement les yeux, comme s'ils étaient myopes. C'est le grand genre en

---

« territoire des [hommes]-crocodiles » que les Chinois désignaient les ancêtres des Viêt, un peuple de pêcheurs qui habitait les zones marécageuses du centre et du sud de la Chine. Lorsqu'ils décrivent ces pêcheurs, les textes chinois anciens insistent sur le fait qu'ils avaient le crâne rasé et qu'ils étaient tatoués, notamment de motifs représentant des crocodiles (l'ennemi du pêcheur qu'il convenait d'amadouer en s'appropriant ses vertus). Jusqu'au XIIIᵉ siècle, les empereurs vietnamiens avaient d'ailleurs coutume de se tatouer l'image d'un alligator sur la cuisse. C'est donc en référence à cet animal, *totem* de certaines tribus méridionales de la Chine d'alors, qu'on désigna la région sous le nom de *Giao-Chî*. Transposé en portugais au XVIᵉ siècle, *Giao-Chî* devint Cochin, d'où vient la Cochinchine.

Annam, prétendent ceux de mes camarades qui habitent le pays depuis longtemps. Les Annamites naissent cependant avec une vue excellente et des yeux noirs très expressifs et très beaux. Malheureusement ils sont sujets à des ophtalmies fréquentes : sur quinze Annamites que je vois dans la rue, il y en a au moins un de borgne ou de strabique. Voici une vieille femme qui passe : elle a devant ses yeux malades une large feuille de bananier fixée au sommet de la tête comme un bandeau flottant ; elle rase les maisons par crainte du soleil ; sur ses tempes sont appliqués deux petits emplâtres à la chaux. Ces emplâtres sont des remèdes à tous les maux, qui doivent être très employés : j'ai déjà rencontré trois passants qui en portaient un sur le front, juste au-dessus des yeux. Ba, consulté, prétend que c'est pour guérir la migraine[1].

La couleur de la peau varie chez les Annamites dans de notables proportions : d'un blanc de cire chez les indigènes de haute caste, qui ne sortent dans la rue qu'enfermés dans leur palanquin, elle est d'un rouge d'acajou chez le coolie ou le paysan qui ne craignent pas d'exposer pendant des heures leurs torses nus au soleil. Quelle que soit sa teinte, elle est bien rarement intacte. Chez le riche fonctionnaire comme chez l'homme du peuple, la gale s'y montre presque toujours ; elle y trace en paix ses sillons sans que personne songe à l'en chasser ; les indigènes la considèrent comme un commensal obligatoire dont la présence est l'indice d'une bonne santé[2]. D'autres parasites foisonnent également dans leurs cheveux noirs et lisses. Quand ils deviennent trop incommodes, les Annamites se rendent volontiers les uns aux autres le service de les poursuivre et de les expulser. La chasse se fait *coram populo*[3], au soleil, devant la porte de la maison.

Les Tonkinois ont des cheveux superbes et d'une grande longueur : il n'est pas rare de voir des femmes dont la chevelure dénouée descend jusqu'aux talons. Elles la soignent avec beaucoup de

---

1. Parfaitement exact : cet emplâtre s'appelle le *cao*.
2. Si la gale était en effet une maladie fort répandue, et jusque dans les années quarante de ce siècle au moins, les Vietnamiens ne s'en prémunissaient pas moins. Le remède le plus connu était l'huile extraite de l'arbre *mù-u* (*Callophyllum inophyllum*, famille des Clusiacées) : la graine du fruit était coupée en tranches fines que l'on faisait sécher au soleil, puis que l'on réduisait en poudre, à l'aide d'un pilon, avant de la chauffer et de la presser pour en extraire l'huile médicinale. Ce n'est peut-être pas sans intention, disait-on, que le *mù-u* fut choisi par le roi Gia-Long pour être planté sur les bords de la route Mandarine, notamment près de Hué. Autre anecdote intéressante à signaler à propos du *mù-u* : une croyance ancienne des lettrés vietnamiens tenait les soldats français guêtrés comme n'ayant pas d'articulation aux genoux ; s'ils tombaient, ils ne pouvaient plus se relever, ou bien très difficilement ; on recommandait donc de répandre dans les rues les fruits de *mù-u* propres à les faire chuter…
3. En public.

sollicitude, la lavent fréquemment avec une décoction savonneuse, et se condamnent ensuite à rester en plein soleil, accroupies sur les talons, et les cheveux sur le dos, pour les faire sécher.

FEMME DE HANOÏ ET INTÉRIEUR D'UN CHAPEAU DE TONKINOISE

La barbe pousse très tard chez les Annamites ; ils ne l'ont jamais longue ni bien fournie ; aussi donnent-ils aux Européens, dont le menton est toujours très bien garni, un âge invraisemblable. Je suis sûr que la longue barbe des Français est pour quelque chose dans la crainte respectueuse qu'ils inspirent aux indigènes ; c'est une des raisons pour lesquelles nos missionnaires ne se rasent jamais. En revanche et pour le même motif, les Tonkinois nous paraissent toujours moins âgés qu'ils ne le sont en réalité. Il m'arrive de donner douze ou quinze ans à des indigènes qui en ont plus de vingt.

Les Tonkinois prennent rarement de l'embonpoint comme les Chinois, mais ils éprouvent une sorte d'admiration pour les gens bien gras et bien rebondis. Un colon français, venu à la suite du corps expéditionnaire et dont l'abdomen commençait à prendre de respectables proportions, avait le don de faire retourner les Annamites chaque fois qu'il se montrait dans la rue. Les paysans qui se rendaient au marché s'arrêtaient net pour le voir passer, et les mères le montraient avec des gestes admiratifs à leurs enfants en leur disant : *Ong ke boum leun* (« Voilà le seigneur au gros ventre »[1]) !

Les femmes indigènes sont petites, mais bien faites ; leurs extrémités sont assez fines, et leur visage serait charmant n'étaient leurs dents laquées en noir. Les enfants sont ravissants jusqu'à sept ou huit ans ; à partir de cet âge, leur nez s'épate, leurs pommettes saillent, leurs yeux se brident et ils prennent tous les caractères de la race.

On rencontre à Hanoï beaucoup d'enfants nés à la suite de mariages entre les Chinois et les femmes annamites : ces métis sont intelligents et très vigoureux.

Chaque commerçant Chinois arrivant au Tonkin s'empresse, dès que ces moyens le lui permettent, de prendre une ou plusieurs femmes indigènes. En Extrême-Orient, la polygamie est admise dans les mœurs[2]. Les Célestes se marient autant par calcul que par goût : chacune des femmes qu'ils prennent les aide dans leur commerce. Très au courant des besoins et de la langue du pays, elles leur servent à tenir ou à surveiller chacun des nombreux comptoirs qu'ils établissent comme autant de succursales sur tous les points du Tonkin. Ils se créent ainsi et à peu de frais de véritables associées qui n'entrent que pour une minime part dans les bénéfices et dont le dévouement aux intérêts de la maison est sûr et à toute épreuve. Beaucoup de ces commerçants ont en outre, en Chine, des femmes et des enfants qu'ils iront retrouver plus tard après fortune faite. En partant, ils laisseront comme souvenir à leurs compagnes indigènes la maison de commerce qu'ils auront fondée.

Au Tonkin, les femmes portent leurs bébés non pas assis sur le bras mais à cheval sur la hanche ; cette habitude est fâcheuse à tous les

---

1. *Ông có bụng lớn !*
2. ... ne serait-ce que pour perpétuer la lignée et obtenir un enfant mâle, seul habilité à entretenir le culte des ancêtres. En règle générale, l'absence de fils était palliée par la répudiation de la femme, par la polygamie ou encore par l'adoption, étant entendu que la polygamie était réservée aux classes riches, tandis que les pauvres recouraient davantage à l'adoption, moins onéreuse et plus immédiate.

points de vue : elle dévie la taille de la mère et elle arque les jambes des enfants.

Les nouveau-nés sont allaités jusqu'à l'âge de deux ou trois ans, mais déjà, dès la deuxième année, les nourrices leur donnent du riz mâché. Les bébés prennent ce repas d'une façon singulière : la mère introduit dans sa bouche autant de riz cuit qu'elle en peut contenir ; elle le mâche consciencieusement, puis, appliquant ses lèvres contre celles de son nourrisson, elle lui pousse le tout jusqu'à ce qu'il refuse d'avaler.

Les parents n'embrassent jamais leur enfant : quand ils veulent lui prouver leur tendresse, ils approchent leur visage du sien et le flairent comme un chien fait pour son petit. Nos troupiers éprouvaient souvent l'envie d'embrasser ces marmots dont le visage frais et rose fait plaisir à voir. Les enfants reculaient effrayés, et les mères protestaient en criant :

« *Sao-lam* (Malpropres !)[1] »

Lorsque, au début de la conquête, les mandarins faisaient répandre dans les villages le bruit que nous mangions de la chair humaine et que nous dévorions les petits enfants, les faits dont je parle ne contribuaient pas pour une mince part à accréditer ces contes absurdes dans l'esprit des gens du peuple, naïfs et formalistes.

On ne fait pas grands frais de toilette pour les enfants. L'été, ils circulent dans la rue absolument nus ou couverts d'une simple chemise qui leur arrive jusqu'à mi-jambes. Les parents leur attachent souvent au cou des pièces de monnaie ou des amulettes auxquelles ils attribuent la vertu de détourner les malins esprits ou de préserver des maladies.

Les tout petits portent les cheveux ras. Jusqu'à dix ans on ne leur laisse guère pousser qu'une petite mèche plantée sur le sommet de la tête ou descendant sur le milieu du front. Quelquefois ils portent deux touffes qui leur pendent sur les tempes de chaque côté, comme des oreilles d'épagneul[2].

---

1. En réalité : *xấu lắm !* (« Ce n'est pas bien ! »).

2. Appelées « mèches en forme de pêche » (*tóc trái đào*), ces deux petites touffes, qui pendaient des deux côtés de la tête, étaient en effet accompagnées d'une houppe supérieure couvrant la fontanelle. Cette coiffure était celle des enfants entre quatre et sept ans, et elle a donné naissance à l'expression *lúc để chỏm tóc* (« au temps où l'on porte une houppe » : l'enfance). Outre la forme elle-même, le symbolisme du pêcher renvoie, bien-sûr, aux vertus magiques attribuées à cet arbre : le bois de pêcher était réputé capable de chasser les démons et le fruit était le symbole de l'immortalité, de la longévité (voir Thọ-Tinh, dieu de la longévité ; voir aussi les talismans renfermant un noyau de pêche pour protéger les enfants maladifs).

Les Tonkinois aiment beaucoup leurs enfants, surtout les garçons, dont ils se montrent très fiers. Quand nous entrons dans une case, si les marmots ne sont pas trop sauvages et si nous pouvons les prendre dans nos bras pour les caresser, les parents s'approchent tout de suite en souriant pour nous remercier, et la glace est rompue.

BA EN GRAND COSTUME

MUSICIENS AVEUGLES

CHAPITRE II

HANOÏ (SUITE). – DIFFICULTÉ DU RECENSEMENT DE LA POPULATION. – LES QUARTIERS ET LES RUES. – L'INTÉRIEUR D'UNE MAISON ANNAMITE RICHE : LE MOBILER, LE LIT. – BRODEURS ET BRODERIES. – FABRICANTS D'IMAGES ; LA CARICATURE AU TONKIN. – COMMENT ON TRAITE LES ARTISTES. – MARCHANDS DE CERCUEILS ET D'ACCESSOIRES POUR LES MORTS. – LE QUARTIER CHINOIS. – CONFISEURS ET PATISSIERS. – LE VIN DE RIZ. – LES BONBONS ET LES GÂTEAUX. – LES PETITS MÉTIERS DES RUES : ACROBATES, MUSICIENS AMBULANTS ; LES AURICURES ET LES MASSEURS.

Hanoï, capitale du Tonkin, a bien dix kilomètres de tour et contient plus de cent mille habitants. Il est juste de dire que ce chiffre ne repose sur aucune donnée certaine : on n'a pas encore pu, même avec l'aide des mandarins, procéder à un recensement exact de la population ; chaque fois qu'on a essayé, on est arrivé à un résultat absolument dérisoire. Les habitants effrayés se dérobaient par la fuite : « Pourquoi nous compte-t-on, disaient-ils, sinon pour nous accabler par un impôt extraordinaire, ou bien pour nous emmener, nous et nos enfants, comme coolies ou comme soldats[1] ? »

Hanoï est divisée en un grand nombre de quartiers, qui ont chacun une industrie particulière. Les brodeurs occupent tous la même rue ; il en est de même des confiseurs et des pâtissiers, des menuisiers, des marchands de soieries, etc.[2]

Dans les quartiers riches, comme la rue des Pavillons-Noirs[3] où se trouvent toutes les maisons de commerce un peu importantes tenues par les Chinois, les rues sont bien entretenues et bordées de belles maisons en briques. La chaussée, construite en dos d'âne, est pavée de grosses pierres ; elle est limitée de chaque côté par un canal étroit et profond, destiné à conduire les eaux de pluie et les eaux d'égout.

Les maisons tonkinoises se ressemblent toutes. Pour bien comprendre leur agencement intérieur, il suffit de connaître cette devise annamite : « Si tu veux vivre heureux, reste au fond de ta demeure, au sein de ta famille ; évite comme la peste la visite d'un indiscret ou la profanation d'un regard curieux. »

L'habitation annamite[4] est étroite et profonde ; on ne se douterait guère, en examinant de la rue sa petite façade, qu'elle masque de spacieux corps de bâtiments, séparés par plusieurs cours[5]. Le toit, recouvert en tuiles vernissées, repose sur un système de poutrelles. Les extrémités de ces poutres sont sculptées quand la maison appartient à un fonctionnaire de haut rang. Lorsqu'il s'agit simplement d'un riche bourgeois, elles sont ornées de caractères annamites peints à l'encre noire ou rouge et qui signifient *Joie et prospérité*, ou bien

---

1. Le chiffre de cent mille habitants est sans doute un peu exagéré, la réalité devant se situer autour de soixante-dix mille, en comptant le district périphérique. En revanche, les remarques de l'auteur sur les difficultés du recensement sont parfaitement exactes. L'état civil ne fut institué à Hà-Nội qu'en mai 1914 ; avant cette date, tous les décomptes de population sont sujets à caution, et ce pour trois raisons essentielles : d'abord l'existence d'une nombreuse population « flottante », qui allait et venait entre la campagne et la ville ; ensuite en raison de la traditionnelle sous-déclaration des fillettes, jugées secondaires ; et enfin, comme le note Hocquard avec raison, à cause des traditions vietnamiennes selon lesquelles toute opération de comptage démographique visait un but purement fiscal. On se méfiait. Le premier dénombrement de la population de Hà-Nội a été réalisé, par les chefs de rues (*trưởng-phố*), en 1889, et le premier recensement véritable en 1921 (cent mille habitants).

2. Ces quartiers groupant les membres d'une même corporation artisanale sont appelés *phường*.

3. Actuelle rue Mã-Mây, qui relevait jadis du *phường* de Hà-Khẩu. L'appellation « Pavillons-Noirs » fait référence aux troupes chinoises de Lưu Vinh Phuc, qui séjournèrent ici après qu'en 1879 la cour de Huế eut appelé la Chine à son secours.

4. Consacrées par Hocquard à la maison vietnamienne urbaine, les lignes qui suivent sont remarquables et montrent à quel point cet ouvrage est riche en renseignements que l'on ne trouve pas toujours ailleurs.

5. Cette remarque vaut exclusivement pour l'habitat urbain de la vieille ville, où les parcelles ont la forme d'une longue lanière large de deux ou trois mètres mais longue de cinquante ou soixante mètres. Les maisons allongées, dont les corps de bâtiments sont entrecoupés de petites courettes formant puits d'air et de lumière, sont appelées « compartiments » ou, en vietnamien, « maisons tubes » (*nhà ống*).

Mille ans et mille vies, ou encore tel autre bon souhait à l'adresse du propriétaire.

En général, le toit, très incliné, s'avance assez loin sur la rue. Il repose sur les deux murs latéraux, qui s'élèvent au-dessus de lui, de chaque côté, d'au moins deux mètres et se terminent en escaliers. Personne n'a pu m'expliquer la raison de cette disposition bizarre. Je suis assez porté à croire qu'elle a pour but de protéger le toit pendant les coups de typhon, si fréquents au Tonkin lors des changements de moussons[1].

Pour mieux dissimuler ses appartements particuliers, le propriétaire loue la plupart du temps la première pièce de sa maison, celle qui donne sur la rue, à un petit commerçant qui y installe sa boutique. Derrière cette boutique s'étend une cour, puis un hangar qui sert ou bien de magasin de réserve pour les marchandises, ou bien, plus rarement, d'habitation pour le commerçant et pour sa famille.

Après avoir traversé ce corps de logis, on tombe dans une autre cour, plus grande, plus spacieuse, transformée ordinairement en jardin intérieur à l'aide de plantes rares transplantées dans de grands pots en porcelaine.

Souvent une vigne vierge, un pêcher sauvage étendent leur feuillage sur une petite pièce d'eau où nagent des poissons rouges.

C'est sur cette espèce de jardin intérieur que donne l'appartement privé du riche propriétaire annamite. Il se compose d'abord d'une grande pièce, sorte de parloir où le maître de la maison reçoit les étrangers, les fournisseurs, toutes les visites qui n'ont pas le caractère de l'intimité. Cette pièce s'ouvre sur le jardin par de très larges baies dont les cadres sont souvent ornés de jolies sculptures sur bois précieux, ou de peintures à la détrempe représentant des fleurs, des fruits, des oiseaux aux vives couleurs.

Le parloir est la pièce la plus grande et la mieux ornée de la maison. C'est là qu'on fait les réceptions, qu'on offre le thé à ses amis, qu'on donne des dîners de gala, suivis de représentations théâtrales. Aux murs sont pendues de grandes planches en palissandre dans lesquelles sont incrustés, en caractères de nacre longs de dix à douze centimètres, des sentences tirées des livres anciens, ou bien des fleurs, des oiseaux, qui font le plus joli effet. Quand le propriétaire est un mandarin, c'est là qu'il expose les parasols, insignes de son grade, et les grands sabres à fourreau incrusté de nacre, à poignée de cuivre niellé,

---

1. Les pans de murs verticaux qui séparaient les toits de Hà-Nội (voir gravure) remplissaient plus probablement la fonction de « coupe-feu » destinés à éviter la propagation des incendies, extrêmement fréquents dans la vieille ville.

HANOÏ – RUE DES PAVILLONS-NOIRS

qu'on porte devant lui dans les cérémonies publiques. C'est également dans cette pièce qu'est installé l'autel des ancêtres, devant lequel brûlent constamment de petites bougies chinoises en cire rose, ou des baguettes odoriférantes, piquées dans un brûle-parfum de cuivre et qui remplissent la salle d'une odeur d'encens.

Derrière le parloir s'étendent les appartements des femmes, les communs, les cuisines, enfin une arrière-cour avec une porte donnant sur une rue écartée. Toutes les maisons annamites ont ainsi une deuxième sortie, dissimulée dans le mur de la maison opposé à l'entrée principale.

Les habitations n'ont qu'un rez-de-chaussée. Dans quelques-unes seulement, on a dissimulé sous le toit une sorte de mansarde à laquelle on monte par un escalier raide comme une échelle. C'est là que le maître se retire pour faire la sieste ou pour fumer l'opium.

La loi défend aux simples particuliers et même aux mandarins d'avoir des maisons à étages ; le palais du roi et les pagodes en sont seuls pourvus[1].

Le mobilier d'un riche annamite est tout à fait rudimentaire : on trouve dans la salle de réception de grands bancs de bois dont les dossiers sont ornés de jolies sculptures, des fauteuils de même modèle, quelques petits tabourets chinois dont le siège est fait d'une plaque de marbre, une ou deux tables, quelquefois un lit garni d'une moustiquaire.

Rien n'est moins confortable qu'un lit annamite : il se compose d'un cadre en planches, mesurant deux mètres de longueur sur deux de large et reposant sur quatre pieds sculptés qui le maintiennent à une hauteur de vingt centimètres au-dessus du sol[2]. Sur ce cadre est étalée une natte de jonc, quelquefois un matelas cambodgien épais de deux travers de doigts et presque aussi dur qu'une planche. Les indigènes placent sous leur tête, en guise d'oreiller, ou bien une sorte de cube fait avec un treillis de jonc recouvert de cuir, ou bien une série de petits coussins longs de quarante centimètres, larges de trente, ayant la forme et l'épaisseur d'un livre fermé, qu'ils empilent les uns par-dessus les autres. Aux quatre angles du cadre de bois sont fixés quatre

---

1. À Hà-Nội et à Huế, traditionnellement, la maison des simples particuliers devait non seulement n'avoir qu'un rez-de-chaussée, mais encore ne posséder aucune fenêtre ouvrant sur la rue, de façon à ce que le roi se puisse promener sans jamais être vu. Jadis, ces prescriptions anciennes donnaient à Hà-Nội un visage singulier : des maisons basses et aveugles, ou bien bordées sur leur façade extérieure de grandes claies de bambous en forme de palissades. Voir ci-dessous page 171. Cela dit, comme Hà-Nội n'était plus la capitale du pays depuis quatre-vingts ans, les maisons particulières avaient pu, vers 1884-1885, commencer à s'ouvrir et s'élever, comme on le voit sur quelques gravures de ce livre (« Devantures de confiseurs » p. 93).

2. Il s'agit pourtant là d'un lit de bonne qualité, la plupart des autres étant de simples grabats étroits en bambous (appelés *chõng*) servant indifféremment de couche, de siège et de table.

grands bâtons qui servent à tendre la moustiquaire ; celle-ci, faite en tulle de soie rouge ou blanche, est garnie dans sa partie supérieure de broderies sur drap rouge d'un bel effet.

J'ai dit que chaque branche d'industrie avait à Hanoï son quartier spécial. C'est ce qui rend les promenades dans cette ville si instructives et si particulièrement attrayantes pour les nouveaux arrivés : il suffit de voir chaque jour une rue en détail, en visitant l'une après l'autre toutes les maisons qui la composent, pour se faire une idée très juste et assez approfondie des procédés quelquefois très ingénieux qu'emploient les Annamites dans les différentes industries.

SPÉCIMENS DE DIVERSES INDUSTRIES DE HANOÏ

Une des principales branches du commerce de Hanoï est celle des broderies sur soie. Les brodeurs occupent un grand quartier, situé près de la ville annamite, sur le chemin qui conduit de la Concession à la citadelle[1]. Ils ont tous boutique sur rue et étalent devant leur atelier les

1. Selon une demi-légende, l'industrie de la broderie (*nghề thêu*) fut rapportée de Chine par Lê Công Hanh (ou Hành), ministre de la cour qui y avait été envoyé en mission (peut-être par le roi Lê Chiêu Tông, 1516-1524, encore que d'autres sources indiquent le début du XVIIᵉ siècle) dans le but de s'informer sur les industries susceptibles d'être développées au Viêt-Nam. De retour au pays, Lê Công

produits de leur industrie : tapis, moustiquaires, babouches, robes militaires et plastrons de cérémonie, en un mot tout ce qui peut tenter le passant.

Les broderies se font sur draps ou sur étoffes de soie chinoise de différentes couleurs ; elles sont confectionnées avec des soies de teintes extrêmement vives auxquelles on mêle souvent des fils d'or. Les soies à broder sont fabriquées en Chine ou au Tonkin ; ces dernières, de qualité inférieure, sont employées dans les broderies à bon marché.

Chaque atelier occupe un certain nombre d'ouvriers. Le patron reçoit la commande, taille l'étoffe, dispose le dessin et combine les couleurs des soies qui doivent servir à l'exécution.

La pièce d'étoffe est tendue sur un cadre de bambou reposant sur deux montants, comme dans nos métiers à tapisserie. Les contours du dessin sont tracés à l'encre sur une feuille de papier chinois, mince et souple. Cette feuille est appliquée sur l'étoffe à broder, du côté de la broderie ; on la maintient tendue à l'aide de quelques points de faux fils. Puis le chef d'atelier distribue la besogne suivant l'aptitude et l'habileté des ouvriers, donnant à chacun son petit coin à faire, indiquant la couleur et le mode d'exécution pour chaque partie du dessin.

Les ouvriers s'accroupissent sur les talons autour du métier et commencent leur besogne. Ils recouvrent en brodant la feuille de papier chinois qui protège le fond de l'étoffe contre le contact de leurs mains, en général peu propres. La broderie une fois achevée, ils arrachent le papier très soigneusement dans toutes les parties non recouvertes.

Quand la pièce à broder est un peu longue, il n'est pas rare de voir six ou sept personnes travaillant ensemble sur le même métier. Il y a des femmes, de petits enfants, quelquefois même de vieux brodeurs dont les yeux, affaiblis par l'âge, sont munis de grosses lunettes rondes à verres épais, semblables à celles que portent nos opérés de la cataracte.

Les broderies annamites se font suivant différents procédés : les unes sont au passé ; d'autres donnent l'aspect du point de chaînette ;

Hạnh enseigna l'art de la broderie à certains villages qui en firent leur spécialité artisanale (Hương-Dương, Vũ-Lăng, Đào-Xá) ; de là, cette industrie gagna Hà-Nội, où elle était essentiellement présente rue Hàng-Trống, Hàng-Chỉ, Hàng-Nón, Hàng-Mành et dans la ruelle de Yên-Thái où, précisément, se situaient le marché de la Broderie (chợ thêu) et l'autel destiné au culte de Lê Công Hạnh (actuel n° 24 de la ruelle). La localisation indiquée par Hocquard n'est pas très claire car le quartier des brodeurs n'était pas exactement situé là où il le prétend.

d'autres encore se font avec des applications d'étoffes de différentes couleurs qui permettent d'obtenir des effets de relief.

De temps à autre le maître vient jeter un coup d'œil sur l'ouvrage et gourmander les ouvriers. Entre temps, on cause, ou quelquefois on chante, sur un mode monotone et nasillard, quelque vieille complainte dont le refrain est répété en chœur.

Les dessins des broderies sont peu variés ; ils représentent des fleurs, des fruits, des oiseaux, souvent les quatre animaux sacrés adorés par les Annamites, et qu'on trouve reproduits sur les murs de toutes les pagodes. Ce sont : le *phong*, sorte de grand aigle aux ailes éployées, tenant dans son bec un ruban auquel sont attachés les livres religieux, la chimère, la tortue, transportant sur son dos les saintes écritures, le dragon, dont la forme rappelle celle du bœuf[1]. Les Annamites montrent une véritable habileté à combiner entre elles les couleurs extrêmement vives de leurs soies, de façon à constituer un ensemble harmonieux sans effets criards.

La majeure partie des broderies qui se fabriquent au Tonkin sont exportées en Chine, où elles font l'objet d'un commerce important. Je me suis demandé souvent, en voyant travailler les Annamites, si leurs ouvrages ne pourraient pas figurer avec avantage dans nos magasins européens. Il y aurait, je crois, peu de choses à faire pour obtenir ce résultat. Il suffirait de remplacer les étoffes aux couleurs criardes (rouge ardent, vert épinard) avec lesquelles ils font leurs tapis par des tissus aux teintes plus effacées, qu'on pourrait au besoin faire venir d'Europe.

À côté des brodeurs habitent les fabricants d'images ; ceux-ci sont installés pour la plupart dans de petits hangars en paillotes complètement ouverts sur la rue[2]. Ils travaillent devant une table couverte de toutes sortes de pots et de couleurs. Toutes leurs peintures sont faites à

---

1. Il s'agit là des « quatre animaux aux pouvoirs surnaturels » (*tứ linh*) : *long* (dragon), *lân* (sorte de lionceau fabuleux, de chimère), *quy* (tortue) et *phụng* (ou *phượng*, phénix). Le dragon était vénéré en tant que seigneur des eaux et maître de la configuration terrestre. Alors qu'il symbolise plutôt l'homme, l'image de la femme est, quant à elle, associée au phénix (dans la tradition chinoise, il évoque aussi la paix, mais ce contenu semble avoir été gommé dans la tradition vietnamienne), que l'on trouve par exemple sur l'arête faîtière des temples consacrés aux divinités féminines, ou encore sur les stèles consacrées à des femmes ; le phénix porte dans son bec des rouleaux de parchemin, des tablettes ou bien une sorte de boîte carrée ; il ne faut pas le confondre avec la grue (*hạc*), qui est représentée les ailes repliées, juchée sur une tortue. La chimère (qui relève de la même symbolique que la licorne parfois utilisée en ses lieux et places) porte sur son dos des livres, du papier, des pinceaux et des tablettes, car elle symbolise l'instruction et la bonté. La tortue, enfin, est signe de longévité, et sa carapace – ronde au-dessus, plate et carrée au-dessous – figure l'union du Ciel et de la Terre.

2. À Hà-Nội, ces images étaient essentiellement fabriquées rue Hàng-Trống ; le trait était reproduit à partir de planches de bois gravées sur lesquelles les artisans déposaient des feuilles blanches ; on coloriait ensuite le dessin à l'aide de couleurs qui, traditionnellement, était diluées dans un liant – la colle évoquée par Hocquard – préparé avec de la peau de buffle.

la colle lorsqu'ils emploient des poudres insolubles dans l'eau, ou à l'aquarelle lorsqu'ils peignent aux couleurs d'aniline. Ces dernières couleurs sont d'un usage courant au Tonkin ; les Annamites s'en servent non seulement pour la peinture, mais surtout pour teindre leurs étoffes. Les couleurs à l'aniline sont très peu stables et s'altèrent rapidement au soleil ; mais les Tonkinois ne sont pas embarrassés pour si peu. Chaque ménage a dans un coin de la maison plusieurs paquets d'aniline ; quand une tunique, un turban, une ceinture, sont décolorés, vite on les passe dans un bain de teinture, aussi facilement qu'on passerait chez nous une pièce de linge à la lessive. On juge par là de la quantité de sels d'aniline qui se consomme au Tonkin. Tous ces sels sont de provenance anglaise, et surtout allemande ; nos maisons françaises devraient bien essayer de soutenir la concurrence.

Les peintres exposent leurs images sur les murs de leurs ateliers, depuis le plafond jusqu'au plancher ; elles leur servent ainsi d'enseignes. Ces images représentent ou bien des scènes tirées des anciennes légendes annamites, ou bien des fleurs et des oiseaux, souvent des animaux fantastiques, comme le grand tigre prêt à bondir qui, pour les Annamites, est la personnification du génie du mal. Ces tigres sont peints avec les couleurs les plus invraisemblables ; il y en a de rouges, de violets, de blancs et même de verts, avec de grandes moustaches et des griffes argentées. À côté de chacun d'eux l'artiste a peint sur un coussin rouge un glaive, symbole de la puissance. Derrière ce glaive est figuré un petit pavillon triangulaire, qui ressemble aux drapeaux portés devant les mandarins militaires en campagne, et sur lequel sont écrits en caractères chinois les mots *Ong Kope*, « le seigneur Tigre ». Au second plan sont peints de gros nuages entourant une lune d'un rouge de sang.

Ces sortes d'images sont très demandées par les Annamites, et le seigneur Tigre figure dans beaucoup de maisons au-dessus d'un petit autel placé dans la chambre de réception. Pour les indigènes, c'est un génie malfaisant, capable de tout, et dont il faut conjurer les mauvais instincts à force de prières et de cadeaux[1].

---

1. Désigné sous les noms respectueux de *ông cọp* (« Seigneur tigre »), *thầy* (« Maître »), *mẹ* (« son Altesse »), *ngài* (« Excellence ») ou encore *ông núi* (« Seigneur des montagnes »), le tigre était représenté moins sur les autels que sur les piliers du portail extérieur de la maison (il l'est encore dans certains villages du nord, où il n'y eut pourtant jamais de tigres). Selon sa couleur et sa place dans le système symbolique, le tigre était doté de valeurs profondément ambivalentes. La géomancie l'associait à la couleur blanche (*bạch hổ*), à l'ouest, et au souffle pernicieux (en opposition au dragon, qui symbolisait la couleur bleue, l'est et le souffle bénéfique) ; le tigre noir (*hắc hổ*) était la figure favorite des sorciers et des magiciens itinérants. Mais certaines familles, comme celle de Nguyễn Xí (général du XVᵉ siècle), avaient le tigre pour emblème et lui attribuaient une vertu protectrice pour l'ensemble du lignage. En règle générale, on trouve l'image du tigre au milieu des écrans de pagodes bouddhistes (flanqué de deux

La plupart des peintures annamites ne sont que de grossières enluminures faites sans goût et sans souci de la perspective ou de la couleur, d'après des modèles empruntés aux Chinois ou au Japon. L'ouvrier annamite, aussi bien le brodeur que le peintre, est incapable de créer une œuvre tout d'une pièce. Il ne fait que copier plus ou moins servilement un modèle donné, et, à de très rares exceptions près, il le copie assez mal. Il n'a aucune initiative et n'est pas artiste comme l'ouvrier chinois et surtout comme l'ouvrier japonais. Je ne veux pas dire qu'il soit incapable de faire aussi bien que ces derniers ; je crois qu'il ne veut pas s'en donner la peine parce qu'il ne peut que perdre à être trop bon ouvrier. Au Japon, en effet, l'artiste qui, après plusieurs années d'efforts, a réussi à produire une belle œuvre, est estimé de tous ses compatriotes, qui le respectent comme un maître en son art. Au Tonkin, au contraire, l'ouvrier qui a exécuté dans son genre d'industrie un remarquable travail est immédiatement signalé au mandarin de sa province par son chef de quartier ; le mandarin en rend aussitôt compte au roi. Un beau jour, sur un ordre de Hué, l'habile ouvrier est enlevé brutalement à sa famille et expédié sur la capitale. Il y est séquestré dans un des palais du roi : on l'occupe pendant tout le reste de son existence à travailler pour la cour, moyennant une rétribution dérisoire, agrémentée souvent de coups de rotin. On comprend qu'avec de pareilles mœurs, les artistes tonkinois cachent leurs talents avec autant de soin que les ouvriers des autres pays en mettent à produire les leurs[1].

---

licornes) ou dans les pagodons des mandarins militaires. Dans les temples taoïstes dédiés aux déesses-mères, il est honoré sur un petit autel, dissimulé sous les rochers, où sont exposées des offrandes de viande crue. Dans l'imagerie populaire évoquée par l'auteur, c'est essentiellement la scène des « Cinq Tigres » (*ngũ hổ*) qui était représentée.

1. L'auteur fait ici référence aux ateliers d'État ou, plus exactement, aux « polyfabriques » (*cục bách-tác*) impériales. Présentés par leur village ou recrutés par des agents de la cour en mission, les meilleurs artisans étaient en effet envoyés à la capitale, où ils devaient travailler pour le compte du souverain au sein de vastes ateliers, organisés en corporations très étroitement surveillées. Là, ils produisaient au bénéfice de la cour et de ses fastes, mais aussi pour l'armée (chantiers navals, construction, armureries) et les grands services d'État (frappe des monnaies par exemple). Ces artisans d'État avaient aussi pour tâche d'expérimenter et de mettre au point les nouvelles techniques que les mandarins ramenaient de leurs voyages à l'étranger (voir ci-dessus la broderie, note 1 page 79) ; les « polyfabriques » possédaient d'ailleurs une sorte de monopole sur la création des produits nouveaux (voir l'ordonnance royale de 1734 par exemple), et Hocquard a raison d'affirmer que c'est précisément l'interdiction d'innover faite aux artisans libres qui a conduit au système de la copie. On sait que ces ouvriers et artisans étaient recrutés sous le régime du travail obligatoire, mais on ignore les conditions de vie réelles qui étaient les leurs. Ce que dit Hocquard semble pourtant crédible, et l'on notera au passage la manière dont il cherche les explications des phénomènes plutôt que d'en rester, comme la plupart de ses contemporains, à un jugement de valeur à la fois péremptoire et définitif. Quoi qu'il en soit, ce système du monopole d'État, conjugué à l'envoi obligatoire des meilleurs artisans, ouvriers et hommes de science vers la Chine, fut l'une des causes à la fois du faible développement de la technique dans le Viêt-Nam ancien et de l'anonymat de l'artiste.

Les peintres annamites ne copient pas toujours des modèles chinois ou japonais. Ils reproduisent quelquefois des scènes saisies sur le vif, et nous l'avons appris un peu à nos dépens. Après la prise de Son-Tây, on vit paraître à Hanoï, dans les boutiques d'images, de grandes peintures sur calicot représentant l'entrée des Français dans la ville. Le dessin était peut-être un peu naïf ; le coloris aussi laissait à désirer : la citadelle était peinte dans un coin du tableau avec des murailles jaunes au milieu de montagnes roses ; mais ce qu'il y avait de vraiment réussi, c'était la charge des officiers de fusiliers marins, représentés à cheval à la tête de leurs troupes. On sait que nos braves loups de mer n'ont pas, en général, une très grande expérience de l'équitation. L'artiste les avait représentés courbés en deux, la tête sur l'encolure, les éperons labourant le ventre du cheval, paraissant suer sang et eau pour se tenir en selle[1].

Ces images eurent un tel succès qu'il en parut bientôt d'autres, effleurant cette fois la vie privée. On y représentait un bel officier de tirailleurs embrassant une jeune Annamite couverte de bijoux. La *congaie* (jeune fille[2]) avait un sourire narquois et retirait des poches du brillant officier, trop occupé pour s'en apercevoir, une pleine poignée de piastres.

Quand on se promène dans Hanoï en suivant le bord du fleuve Rouge, on débouche, après avoir traversé la rue des Bambous où se tiennent les marchands de bois, dans une rue perpendiculaire au fleuve qui donne asile à une des industries les plus originales du Tonkin, celle des marchands de cercueils[3]. C'est un métier extrêmement lucratif en Annam que celui-là ! Outre qu'on ne vit presque jamais très vieux dans ce pays, il est d'usage de garder son cercueil très long-temps à l'avance, remisé dans un coin de sa maison. Le plus beau cadeau qu'un fils pieux puisse faire à ses parents au jour de leur anniversaire, c'est de leur offrir un cercueil élégant[4].

Bien souvent on voit dans cette rue, qui pour les Européens offre un aspect peu réjouissant, une famille d'Annamites arrêtée devant le funèbre étalage. Ils discutent ; ils examinent ; finalement ils entrent.

---

1. Cette image est reproduite dans l'ouvrage de Henry MacAleavy, *Black Flags in Vietnam, the Story of a Chinese Intervention* (New York, 1968, p. 97). Une gravure très similaire, mais un peu différente par endroits, figure dans le *Bulletin des amis du vieux Hué* (1932, 3ᵉ trimestre, p. 329).

2. En réalité : *con gái*

3. Il s'agit sans doute de l'actuelle rue Nguyễn Hữu Huân.

4. L'acquisition d'un cercueil (*sắm áo quan*) se faisait en général longtemps à l'avance, une dizaine d'années parfois, et c'était là le fait de l'intéressé lui-même, de ses enfants ou encore d'amis chers qui l'offraient comme un présent. Il arrivait même que des étudiants offrent un cercueil à leur professeur. Disposé dans la maison comme un meuble ordinaire, le cercueil prenait le nom « d'assortiment en vue des événements à venir » (*cỗ hậu sự*) et, dans les familles aisées, il était placé à l'intérieur d'une sorte de maisonnette en papier sur armature de bambou, ou « cercueil extérieur », appelé *quách*.

PORTE D'UN VIEUX QUARTIER

Les vieux touchent à chaque bière, vérifiant la qualité du bois, l'épaisseur des planches, tout cela en riant, en plaisantant, comme s'il s'agissait d'un meuble banal.

Les cercueils annamites ont la forme de grandes boîtes rectangulaires très étroites ; ils sont faits avec des planches extrêmement épaisses, et autant que possible sans aucun nœud ; les planches doivent joindre d'une façon parfaite. Ces conditions sont indispensables, car il arrive très fréquemment qu'une famille garde dans sa maison pendant deux ou trois mois un de ses membres défunts enfermé dans sa bière[1].

---

1. Très souvent fabriqué en bois de *vàng tâm* (Manghitia fordiana), le cercueil était l'objet d'un traitement minutieux qui est bien décrit par l'auteur. Les fentes entre les planches étaient calfeutrées avec

Les Annamites ont un grand respect pour les morts. C'est un devoir pour les enfants de rendre aux parents les honneurs funèbres avec la plus grande pompe qu'ils peuvent y apporter. Mais ces enterrements, qui exigent le concours d'un grand nombre de personnes (porteurs, pleureuses, etc.), coûtent très cher. Plutôt que de ne pas rendre à leur ancêtre les honneurs funéraires qui lui sont dus, les Tonkinois préfèrent le garder auprès d'eux dans son cercueil, jusqu'à ce qu'ils aient amassé l'argent nécessaire pour remplir convenablement ce suprême devoir.

À côté des fabricants de cercueils habitent les marchands d'ornements pour les morts. Les indigènes trouvent dans leurs boutiques tous les objets en usage pour la mise en bière des défunts : les grands coussins triangulaires en papier gris qu'on place au niveau des membres, les pièces d'étoffe coupées suivant les rites qui doivent envelopper le corps, les rouleaux de fin papier chinois avec lesquels on remplit les vides, le mastic noir qui sert pour boucher soigneusement tous les interstices des planches.

Les différents quartiers de Hanoï sont complètement séparés les uns des autres par de grandes portes qui tiennent toute la largeur des rues et qu'on ferme le soir. De chaque côté de ces portes sont affichés les règlements de police de la ville et les arrêtés du *tông-doc*[1] (gouverneur de la province).

Les poternes qui limitent les vieux quartiers ont un mode de fermeture original : un mur en pierre s'étend transversalement d'un côté à l'autre de la rue ; ce mur est percé d'une grande ouverture rectangulaire limitant un cadre solide, fermé par quatre poutres de bois équarries. Les poutres supérieures et inférieures de ce cadre sont forées de trous régulièrement espacés, dans lesquels sont engagés par leurs deux extrémités une série de grands bois ronds dressés parallèlement les uns aux autres. Les trous supérieurs sont très profonds, de sorte qu'on peut soulever chaque bois de bas en haut, juste assez pour le dégager par son extrémité inférieure et l'enlever de façon à laisser le passage libre. Ce système permet ou bien d'ouvrir la porte toute grande, en enlevant tous les bois, ou de ne livrer qu'un étroit passage, en en ôtant simplement un ou deux[2].

---

de la laque. Afin d'absorber l'humidité, le fond était recouvert d'une litière de feuilles de bambou, de charbon de bois et de riz grillé, sur laquelle on déposait une mince planche percée de sept trous (*ván thất tinh*) qui représentaient la constellation de la Grande Ourse et qui, plus prosaïquement, permettaient l'écoulement des matières liquides provenant de la décomposition du cadavre. Dans la région du Thanh-Hoá, on adaptait au cercueil un long tuyau de bambou qui traversait le toit de la maison et permettait ainsi d'évacuer les macabres exhalaisons.

    1. *Tông-dôc*, mandarin de haut rang en charge d'une province. Voir ci-dessous note 2 page 113.

    2. Extrêmement précise, comme la suite du récit de Hocquard, cette description est la seule qui nous fournisse des renseignements concrets sur le fonctionnement des quartiers du vieux Hà-Nôi. Les gravures illustrent parfaitement les propos de notre auteur.

PORTE DE LA RUE DE CANTON

Les portes par lesquelles on pénètre dans le quartier chinois sont crénelées comme des murs de citadelle ; elles sont extrêmement solides, et l'on a ménagé au-dessus, du côté intérieur, une sorte de petite galerie sur laquelle peuvent se tenir les hommes de garde et les veilleurs. Il est impossible de pénétrer dans les rues chinoises une fois ces portes fermées, et cette disposition a été d'un grand secours aux commerçants à l'époque de l'invasion des Pavillons-Noirs dans Hanoï. Dans le moment où la ville était à feu et à sang, les Chinois seuls ont su préserver leurs quartiers contre les incursions de ces maîtres pillards. Les portes étaient tenues fermées en permanence ; de jour et de nuit, des sentinelles veillaient sur la petite galerie circulaire, l'œil au guet derrière les embrasures pour pouvoir prévenir les commerçants qui s'étaient organisés en milice et s'étaient armés jusqu'aux dents.

Les Chinois habitent le plus beau quartier de Hanoï ; ce sont eux qui ont les magasins les plus importants et les mieux pourvus. Avant notre arrivée dans le pays, tout le commerce était entre leurs mains. L'habitant du Céleste-Empire s'expatrie volontiers pour tenter la fortune ; chaque province de Chine a, en raison de sa situation commerciale et géographique, son pays d'exportation préféré : ainsi les gens de Fou-Tchéou ou de Canton viennent volontiers au Tonkin établir des comptoirs. Il en résulte que, à Hanoï par exemple, on compte plus de cinq cents commerçants chinois originaires de ces deux provinces.

À l'étranger, les Célestiaux ont l'habitude de fonder entre eux des associations ou confréries ; les confréries portent le nom de la ville ou de la contrée d'où proviennent leurs membres. Ces associations rappellent un peu comme organisation nos chambres de commerce : elles ont un chef responsable, qui est élu pour un temps limité par tous les membres réunis en assemblée générale ; elles possèdent des affiliés dans toutes les villes importantes du pays qu'elles occupent, et des correspondants en Chine et à l'étranger.

Leur but est d'abord de faciliter à leurs compatriotes récemment arrivés leur installation dans le pays. Elles les aident dans le choix de leur résidence, leur fournissent tous les renseignements nécessaires sur la contrée, ses ressources et ses besoins, leur font même des avances d'argent, en un mot leur aplanissent autant que possible toutes les difficultés du début.

Elles ont un autre rôle non moins important : quand un de leurs membres obtient la concession d'une fourniture considérable pour laquelle il a besoin d'un gros capital, tous les autres membres se cotisent pour réaliser la somme nécessaire. À la fin de l'opération, le bénéfice est réparti équitablement entre tous les prêteurs, proportionnellement à la part de capital fournie par chacun d'eux.

Les Chinois sont extrêmement intelligents. Ils ont des aptitudes commerciales étonnantes : on les a appelés avec juste raison les juifs de l'Extrême-Orient. Personne ne sait mieux qu'eux tirer parti de tout. Aussitôt arrivés dans un pays, ils en prennent la langue et les habitudes. Toutes les occupations leur sont bonnes, pourvu qu'elles rapportent bénéfice. Ils se font, suivant les besoins, cuisiniers, blanchisseurs, coolies même. Rien ne les rebute au début. Ils ont beau jeu avec les Annamites, qui ont pris leur civilisation, leurs mœurs, leurs coutumes, qui regardent la Chine comme un pays favorisé du ciel et les Chinois comme des êtres supérieurs. Tout Annamite a en lui un sentiment d'admiration profond et instinctif pour le Chinois, qu'il appelle respectueusement son « frère aîné ». Bien que les deux races d'hommes paraissent provenir de la même origine, elles ont cependant entre elles des différences profondes, qui justifient jusqu'à un certain point cette conscience qu'ont les Annamites de leur infériorité relative.

Le Chinois est en général grand, bien découplé ; sa personne et ses vêtements sont propres et soignés ; il est réfléchi, pondéré, apte aux grandes opérations commerciales et aux calculs à longue portée ; il est âpre au gain, économe, tenace, capable de tout sacrifier au désir de s'enrichir.

L'Annamite, au contraire, est ordinairement petit, malingre, d'aspect chétif ; il est malpropre, bruyant ; c'est, au point de vue du caractère, un grand enfant, s'amusant de tout et, quand même, vivant au jour le jour, et ne pensant jamais au lendemain. Il est vrai que les conditions misérables dans lesquelles il vit depuis longtemps justifient jusqu'à un certain point son insouciance : à quoi bon faire des économies et amasser à la sueur de son front un petit pécule pour sa vieillesse, si le mandarin et les pirates viennent vous en dépouiller avant qu'on ait eu le temps d'en jouir ? Il existe certainement en langue annamite un proverbe analogue à celui de Beaumarchais : « Dépêchons-nous de rire pour ne pas avoir à pleurer ».

Nous avons donc trouvé à Hanoï et à Haï-Phong, au début de la campagne, quatre cents ou cinq cents Chinois réunis en associations, disposant d'importants capitaux et ayant à peu près accaparé tout le commerce du delta. C'est à eux que nous nous sommes adressés pour approvisionner et loger le corps expéditionnaire, car nous ne pouvions pas encore compter sur les deux ou trois commerçants européens qui s'étaient décidés à venir tenter fortune dans le pays. Ces commerçants, qui ne disposaient que de capitaux absolument modiques et qui ne connaissaient pas plus que nous la langue et les mœurs des indigènes, n'eurent d'autres ressources que d'installer, à proximité des cantonnements de troupes, des débits de vins et de conserves. Dans les premiers temps de leur séjour, il firent d'assez bonnes affaires : mais les Célestiaux, avec leur flair habituel, s'aperçurent bien vite qu'il y avait pour eux dans ce genre de commerce une nouvelle source de profits. Bientôt on vit s'installer, à côté des débits de nos compatriotes, des boutiques chinoises aussi bien sinon mieux approvisionnées en produits de toutes sortes tirés des meilleures maisons françaises.

Le Chinois vit de peu et se contente de la nourriture des indigènes ; il n'a pas besoin de réaliser sur ses produits des bénéfices aussi considérables que l'Européen ; en effet, ce dernier est obligé de se nourrir avec des aliments qui viennent de loin et qui par conséquent coûtent très cher. La concurrence n'était pas possible : nos compatriotes durent presque tous fermer boutique.

C'est de cette époque que datent les griefs des commerçants français établis au Tonkin contre les Chinois ; depuis ils n'ont fait que s'accentuer. On va jusqu'à accuser le gouvernement colonial de favoriser les empiétements des Célestes en leur permettant de soumissionner pour les travaux publics ; certains de nos colons réclament même l'expulsion complète des Chinois de notre colonie du Tonkin, à l'exemple de ce qui se fait en Australie[1]. Évidemment ces revendications sont exagérées, du moins pour l'instant, et voici pourquoi : au Tonkin nous ne pouvons pas faire appel, pour la mise en valeur de la colonie, à la main-d'œuvre française ; l'Annamite est laborieux, très habile non seulement dans les travaux d'art, mais aussi dans ceux de l'agriculture ; la population tonkinoise est extrêmement dense ; il n'y a donc pas place dans notre nouvelle colonie pour des ouvriers français. Elle n'offre pas davantage chance de réussite au petit commerçant européen qui tenterait de venir s'y établir, parce que tout le bénéfice qu'il pourrait y faire serait absorbé, et au-delà, par les exigences de sa vie matérielle, ainsi que je l'ai dit.

Si l'on veut réussir au Tonkin, il faut disposer de capitaux assez considérables permettant d'utiliser la main-d'œuvre indigène, qui est à vil prix, pour la création d'une grande industrie ou d'un commerce important. Mais l'Européen qui vient en Extrême-Orient dans ce but

---

1. Référence à la politique d'exclusion, à son apogée en 1901 avec la loi dite « des cinquante mots », qui permettait d'invoquer l'analphabétisme pour interdire l'entrée des Asiatiques, notamment des Chinois, venus très nombreux pour la construction des chemins de fer.

n'est au courant ni de la langue ni des mœurs indigènes ; il est obligé, pour pouvoir mettre en valeur les ressources du pays, de se servir d'un intermédiaire qui connaît tout cela ; cet intermédiaire, c'est le Chinois, qui est intelligent, apte à tous les commerces, et qui, s'il ne sait pas toujours le français, parle couramment l'anglais. Donc, tant que nous n'aurons pas imposé aux Annamites nos mœurs et notre langue – ce qui sera long et difficile –, ou bien tant que nous n'aurons pas appris le langage et les coutumes de notre nouvelle colonie – ce qui demandera plus de temps encore –, le Chinois sera notre intermédiaire obligé pour la mise en valeur de notre conquête. Et, en fait, les grandes maisons de commerce qui commencent dès maintenant à exploiter le Tonkin ont pour *compradores* et pour gérants de leurs comptoirs des Chinois.

À côté du quartier chinois se trouve une petite rue, toujours remplie d'enfants en extase devant les boutiques : c'est la rue du Sucre, où logent les pâtissiers et les confiseurs. Une série de friandises annamites figure aux étalages ; elles sont disposées sur des espèces de gradins en planches reposant sur des tréteaux. Il y a des montagnes de cassonade, installées dans de grands paniers ronds. Cette cassonade est un des produits du pays : au Tonkin on cultive sur une grande échelle la canne à sucre ; mais les indigènes ne savent pas fabriquer le sucre raffiné, ils ne fabriquent que le sucre en poudre et ils en ont de deux qualités. La qualité la plus inférieure répond, comme aspect et comme goût, à ce que nous connaissons sous le nom de cassonade ; le sucre annamite de première marque a l'aspect d'une poudre absolument blanche, composée de petits cristaux[1].

Les confiseurs vendent également du sucre candi blanc ou jaune[2], des fruits confits, du nougat brun dans lequel les amandes sont remplacées par des semences d'arachides[3], des grains de nénuphar enrobés dans du sucre, etc. Ils détaillent aussi du *chum-chum,* ou vin

1. Réalisé à l'aide de moulins mécaniques formés de trois cylindres en bois dur, le broyage des cannes à sucre formait un jus épais (*mât* ou vesou) qui était chauffé dans de grosses marmites pendant deux heures, puis déversé dans des moules en terre cuite : après séchage, on obtenait ainsi le sucre brun (la « cassonade »). Le sucre blanc – le sucre « de première marque » évoqué par l'auteur – résultait d'un procédé assez compliqué, qui consistait à recouvrir le sucre brun d'une couche de boue de marais de quelques centimètres, puis à faire reposer le tout dans un récipient conique pendant dix ou quinze jours, au bout desquels on trouvait le sucre blanc sous la croûte de boue et, au fond du récipient, un sucre très noir, qui était vendu aux fabricants d'alcool ou, plus souvent, qui était raffiné une nouvelle fois.

2. Le sucre candi *(đường phèn)* s'obtenait à partir du sucre blanc, additionné d'un peu d'eau et mis à cuire dans une marmite ; pendant la cuisson, on ajoutait un œuf pour cinq kilos de sucre, parfois aussi de la chaux de coquillage, puis on cristallisait le tout en jetant le jus concentré dans une bassine contenant des croisillons de bambous formant treillis, ce qui permettait aux cristaux de se former et, ainsi, d'accélérer la solidification. Le sucre candi est une spécialité du Quảng-Ngãi.

3. Plante introduite avant même la conquête du Tonkin.

de riz à la mesure, c'est-à-dire avec une cuiller faite d'une moitié de noix de coco emmanchée dans un bambou.

Ce vin, comme son nom l'indique, est un produit de la distillation du riz ; il est blanc, d'une odeur un peu vireuse, et mesure de vingt-cinq à vingt-six degrés à l'alcoomètre. On le distille avec des appareils très défectueux qui laissent passer en même temps que l'alcool toutes sortes d'essences empyreumatiques ; ces essences lui communiquent un goût détestable ; il n'y a guère d'Européens qui puissent l'avaler sans faire la grimace. C'est cependant la seule boisson fermentée d'un usage courant chez les Annamites.

Il y a plusieurs sortes de vin de riz. On en fabrique de qualité supérieure, qu'on rectifie par plusieurs distillations successives et qu'on parfume en le faisant passer sur des grains de nénuphar. Ce liquide a une odeur et une saveur supportables, mais il coûte cher ; on ne le voit que sur la table des riches mandarins ou du roi[1].

Le vin de riz tel qu'on l'achète chez les confiseurs est très impur et, par conséquent, très préjudiciable à la santé ; il donne une ivresse qui lui est particulière et qui a quelque chose d'effrayant. On rencontre parfois, dans les rues, des gens du peuple qui se sont grisés avec du vin de riz de mauvaise qualité. Leur face rouge écarlate contraste avec le teint pâle des Annamites qui les environnent, ce qui les fait vite reconnaître à distance. Ils ont les yeux injectés, hors de tête, et marchent lentement, comme des automates. Souvent ils roulent dans un fossé où ils restent, l'écume aux lèvres, cuvant leur vin, pendant toute une nuit. D'autre fois ils sont pris de folie furieuse ou d'accès épileptiformes. Il faut dire, à la louange des indigènes, que ces sortes de spectacles sont assez rares au Tonkin.

Nos troupiers, qui touchent à tout, ont voulu goûter de cette atroce liqueur. Presque tous ceux qui en ont absorbé une quantité suffisante ont été pris de délire, avec monomanie du suicide.

Les étalages de la rue du Sucre contiennent certaines pâtisseries assez appréciables, même pour les palais européens. Le tout est de s'approvisionner « chez le bon faiseur », comme en France.

Les biscuits annamites sont excellents ; ils sont faits avec une pâte de farine de riz et de sucre qu'on étale sur un marbre à l'aide d'un

---

1. Cet alcool résulte d'opérations variables mais qui, en général, consistent à cuire le riz à la vapeur puis, une fois refroidi, à le saupoudrer de ferment (*men*) avant de le distiller. La variété la plus forte (le *rượu tăm*) compte quarante degrés. Les variétés d'alcool de riz plus délicates, dont parle Hocquard, sont obtenues en faisant bouillir deux fois du riz décortiqué, et en faisant suivre le saupoudrage de ferments par une phase de fermentation : la solution est recouverte d'étamines de fleurs de lotus (ce que l'auteur appelle ici « grains de nénuphars »), et l'alcool s'égoutte en passant à travers une claie de bambou ; cette variété est dite *rượu nếp*.

rouleau de bois, et qu'on fait ensuite sécher à un feu très doux. La pâte est coupée en petits morceaux rectangulaires, qui se vendent en paquets de quatre ou six dans une enveloppe de papier blanc, portant en gros caractères rouges le nom et la devise du fabricant.

DEVANTURES DE CONFISEURS

On trouve chez les pâtissiers certains gâteaux ronds, de la grosseur d'une piastre, fait avec de la farine de riz et de jujube, qui sont très bons. Les Annamites fabriquent également très bien le sucre d'orge, les berlingots, et un nougat blanc aux grains d'arachides, qui rappelle assez bien le nougat à la pistache de Montélimar.

Chaque boutique a son enseigne qu'on suspend au plafond, au-dessus de l'étalage. C'est ou bien un morceau de bois carré, peint à la laque rouge et sur lequel le nom du fabricant s'étale en lettres d'or, ou bien deux gros cédrats sculptés sur bois et suspendus à un ruban rouge ou vert, quelquefois l'image du Bouddha ou d'un saint personnage. Toutes ces enseignes sont ornées de belles devises écrites en gros caractères autour du sujet principal. On y lit : *Aux mille félicités* ; ou bien : *Aux suprêmes joies des amis* ; ou d'autres phrases aussi alléchantes[1].

Mais, pendant une promenade à Hanoï, il n'y a pas que les maisons et les boutiques qui soient intéressantes à étudier. Les rues et les places fourmillent d'une foule de petites industries en plein vent qui font de la vieille capitale tonkinoise une des villes les plus intéressantes du monde entier. Au premier rang de ces nomades, j'indiquerai les saltimbanques et les musiciens ambulants.

Voici, au sortir d'un carrefour, un attroupement de badauds rangés en cercle. Au milieu de ce cercle, une natte sur laquelle est accroupi un joueur de castagnettes et de tam-tam. Deux enfants de dix ans, dont le costume rappelle celui des clowns de nos cirques, font des tours de souplesse et de dislocation.

Un peu plus loin, devant une misérable case en torchis, dont le toit en feuilles de palmier s'étend au-dessus de leurs têtes et les protège contre le soleil, trois pauvres musiciens ambulants sont installés, assis par terre, les jambes croisées à la façon des tailleurs. Ils sont deux hommes aveugles et une femme. Les deux aveugles jouent, l'un d'une sorte de guitare à une corde dont il tire des sons assez harmonieux, l'autre d'une paire de castagnettes avec lesquelles il marque la cadence[2]. Le bruit sec des castagnettes alterne avec le son de deux tambours de tonalité différente, sur lesquels un des musiciens frappe avec un bambou creux. La femme, qui seule y voit clair, remplit l'office du chien d'aveugle et surveille la recette. La musique accompagne une sorte de récitatif à rythme lent et monotone, qui ne comprend guère plus de trois notes. De temps en temps, un bruit métallique se fait entendre au milieu du trio : c'est une sapèque qui

1. Les panneaux d'enseigne (*bảng hiệu*) portaient souvent des caractères indiquant la nationalité du vendeur. Les Chinois utilisaient volontiers *Đai-Hưng* (« grand accroissement »), *Mỹ-Xương* (« splendeur charmante ») ou encore *Vạn-Bảo* (« dix-mille joyaux »). Les Vietnamiens employaient davantage *Thái-Lợi* (« immense profit »), *Phúc-Thịnh* (« bonheur et prospérité »), *Vân-Hoà* (« nuage harmonieux »). Par extension, le nom de l'enseigne servait d'ailleurs très souvent à désigner le patron de la boutique lui-même.

2. L'instrument décrit par Hocquard est le monocorde, encore appelé *đàn bầu* (la « guitare calebasse ») en raison de la boîte de résonance en forme de calebasse fixée sur la tige de bambou et au milieu de laquelle passe la corde. En agissant sur cette tige, l'instrumentiste module les vibrations. C'est un instrument voué à la musique populaire, et, à ce titre, il ne fait pas partie de ce que l'on dénomme les « huit instruments de la musique classique ».

tombe dans le panier de bambou placé devant le groupe. Les chanteurs, émoustillés par l'appât d'une bonne recette, braillent alors à qui mieux mieux.

Le plus drôle de tous ces mendiants est un pauvre diable de pitre auquel son talent d'imitation a failli causer une triste fin. Il est de petite taille, a le front fuyant, le crâne petit et taillé en pain de sucre, les cheveux ras, sauf deux grosses mèches qui lui descendent de chaque côté des tempes, comme les portent les enfants annamites. Ses yeux microscopiques, clignant sans cesse, convergent vers son nez et semblent comme perdus derrière ses paupières fendues obliquement. Il est bien connu des officiers, qu'il amuse avec ses grimaces et sur le passage desquels on le trouve chaque soir. Les Annamites l'appellent Con-Ga[1], c'est-à-dire le Poulet, parce qu'il imite admirablement le chant du coq, le gloussement de la poule et le piaulement de ses petits. Il mime les hauts faits militaires, parodie les allures et la démarche sautillante des mandarins. Rien n'est plus amusant que de le voir grossir ses joues, gonfler son ventre et loucher atrocement pour imiter *Pou-T'Aï*, le dieu de la bonne chère, tel que le représentent les statues des pagodes. Avant l'occupation du pays par les Français, son talent avait porté ombrage aux lettrés ; ceux-ci l'avaient fait enfermer avec une cangue au cou dans une prison de la citadelle. Il est resté plusieurs années dans cette prison, et il y serait certainement mort de misère si les Français, lors de la prise de Hanoï, ne l'avaient pas délivré.

À côté de cette espèce de cour des Miracles s'installent les petites industries locales qui rendent si pittoresque la ville de Hanoï. Les plus intéressants de ces industriels en plein vent sont les barbiers-auricures et les masseurs.

C'est l'angle d'une rue, le devant d'un magasin fréquenté, que choisissent ordinairement ces parias du commerce pour y tenir boutique. Les voici installés, en vrais parasites, devant l'étalage qu'ils masquent, sous le grand toit de la maison qui s'avance sur la rue. Leur attirail est des plus sommaires : c'est d'abord un rasoir en fer, court mais large de lame, à dos épais, à fil très tranchant, emmanché dans un morceau de bambou, puis divers petits outils réunis dans un bambou creux et qui servent pour le curage des oreilles ; des pinceaux de coton fixés sur des fils de fer, une curette de même modèle que celles d'Europe, une tige de laiton terminée par un petit bouton de verre et qu'on emploie à différents usages.

1. En réalité : *con gà*.

L'artiste rase à sec et très rapidement, car la besogne est facile, le patient n'ayant, comme tous ses pareils, que quelques poils rares et microscopiques. Le Figaro et son client sont à cheval sur un banc de bois dont ils occupent chacun une des extrémités. Ils se font face, et, pendant que le rasoir court, l'opéré surveille sa marche dans une petite glace ronde qu'il tient de la main gauche.

La barbe est vite expédiée. Un coup de rasoir sur les tempes pour finir, et la deuxième phase de l'opération commence. C'est la plus importante ; il faut voir avec quel soin l'opérateur dispose ses instruments, les essaye sur le doigt, place son client, examine les conduits auditifs, le pavillon de chaque oreille, se rend compte en un mot des moindres détails de la région sur laquelle va porter son travail. Il commence par un grattage minutieux avec la curette, puis il donne deux ou trois coups du petit pinceau ; il termine par l'introduction jusqu'au tympan du bouton monté sur tige, qu'il fait tourner délicatement ; c'est la phase la plus agréable, si l'on en juge par la mine de l'opéré, qui clôt à demi les yeux et dont la figure prend une expression de satisfaction béate.

Le complément du babier-auricure, c'est le masseur en plein vent. Auricures et masseurs vivent en bons confrères, et le client passe de

BARBIER-AURICURE

l'un à l'autre ; après la barbe et le curage d'oreilles le massage, telle est la progression de la toilette annamite.

Le masseur commence par la face : il promène délicatement le pouce sur chacune des parties du visage du patient, secouant doucement le nez, plissant la peau du sourcil à plusieurs reprises entre le pouce et l'index, pinçant légèrement le lobule de l'oreille pour y appeler le sang, massant lentement avec la pulpe du doigt le globe de l'œil sous la paupière fermée. Puis il descend aux mains, explore chacun des doigts en détail, en fait craquer toutes les jointures, passe à la peau des bras, du torse, des membres inférieurs, qu'il masse plus vigoureusement. Il termine par un petit coup sec sur chacune des joues de l'opéré, qui a failli s'endormir presque et qui sursaute à ce signal.

Et maintenant, me direz-vous, à combien s'élèvent les frais de cette toilette annamite, tellement raffinée, tellement minutieuse qu'elle a duré près d'une demi-heure ? J'ai vu mettre six sapèques en tout (environ cinq centimes) dans les mains des artistes, qui s'en sont montrés très satisfaits. Qu'en dites-vous, confrères d'Europe ?

LES BOYS PORTEURS

CHAPITRE III

INSTALLATION À LA CITADELLE DE HANOÏ. – M. HAI, NOTRE CUISINIER. – CE QUE COÛTE UN MOBILIER. – LA TABLE À CALCULER. – LES BOYS PORTEURS. – CUISINE EN PLEIN VENT. – NI LAIT NI BEURRE. – COMMENT LES ANNAMITES AIMENT LES ŒUFS. – LE CHEF DE POPOTE FAIT SES COMPTES. – SUPÉRIORITÉ DU CUISINIER INDIGÈNE. – LA CITADELLE DE HANOÏ. – LA PAGODE DU ROI. – LE RÉDUIT CENTRAL. – UN PEU D'HISTOIRE. – RÉCEPTION DES AMBASSADEURS ENVOYÉS PAR LE ROI D'ANNAM AU GÉNÉRAL MILLOT. – LEUR CORTÈGE. – LES PRÉSENTS DU ROI. – LES BALLONS. – VISITE AU TONG-DOC DE HANOÏ. – DIPLOMATIE TONKINOISE. – LES PRISONS. – LA SALLE D'AUDIENCE. – PORTRAIT DU GOUVERNEUR. – LES DENTS LAQUÉES. – OPINION D'UN MANDARIN SUR LES FRANÇAISES. – CURIEUSE FAÇON DE S'ASSEOIR DANS LE GRAND MONDE TONKINOIS – COMMENT ON FAIT D'UNE PIERRE DEUX COUPS.

« Capitaine, vouloir boy cuisine ?
– Qu'est-ce que tu sais faire ?
– Capitaine, moi bien connaître bifteck, œuf, poulet, poisson, bien connaître cuisine lang-sa (française[1]).

---

1. En prononçant à la vietnamienne les caractères chinois, la France était jadis désignée sous le nom de *Phá-lang-Sa* ou *Phú-lang-Sa*, ordinairement abrégé en *Lang-Sa*.

– Qu'est-ce que toi vouloir ?

– Capitaine, donne huit piastres, un mois (trente-huit francs pour un mois). »

Cette conversation en français de fantaisie avait lieu le 1er mars 1884, devant la petite case qu'on avait assignée comme domicile aux médecins de l'ambulance de la 1re brigade, dans la citadelle de Hanoï. Notre joyeux chef de popote, le docteur L..., arrêtait un cuisinier.

Nous avions quitté la Concession le matin même pour venir habiter la citadelle à une lieue plus loin, de l'autre côté de la ville. Notre déménagement avait été on ne peut plus facile : à l'heure dite, une nuée de coolies crasseux était venue s'abattre sur nos bagages, les avait enlevés et transportés en un rien de temps, sous la conduite de nos ordonnances, dans notre nouveau domicile.

Là, par exemple, il n'y avait que les quatre murs. On nous avait octroyé, comme habitation provisoire en attendant le départ pour l'expédition de Bac-Ninh[1], une longue case en torchis recouverte de paillotes que le génie militaire avait autrefois construite pour y abriter une compagnie d'infanterie de marine. Des ouvertures avaient été percées dans la muraille pour les portes et les fenêtres, mais ces dernières n'étaient fermées que par un simple volet de bois. Ni lit ni table, pas le moindre escabeau, rien ! Il fallait se pourvoir, se débrouiller, comme on dit en langage de troupier.

Pendant que la popote s'organise sous la direction de notre cuisinier, le sieur Haï (Deux), arrêté séance tenante, nous descendons, guidés par nos boys, chez les menuisiers de la ville annamite. Nous y trouvons tous les meubles qui nous sont nécessaires, fabriqués par des ouvriers du pays sur des modèles européens. Un bureau, un fauteuil, une table coûtent chacun une piastre (4 fr. 75) ; un lit ou une armoire se paye trois piastres ; une chaise une demi-piastre. Bref, pour sept ou huit piastres on peut se meubler d'une façon très suffisante. Tous les meubles sont en bois du pays, laqué noir ou rouge, suivant les goûts ; les chaises et les fauteuils sont à siège canné.

Nous achetons, rue de la Soie, de belles moustiquaires, des oreillers, des matelas, des couvertures de laine piquée à enveloppes de cotonnade anglaise ou allemande. Puis nous passons au grand bazar chinois, où nous nous procurons des lampes avec du pétrole et des

---

1. Dirigée par le général Millot, l'expédition de Bắc-Ninh contre les Pavillons-Noirs marqua le début de la reprise, par les Français, des citadelles évacuées en 1874.

mèches pour les garnir. Décidément on trouve tout à Hanoï comme dans un grand centre européen.

Pendant que nous réglons à la caisse, un gros Chinois pansu inscrit au fur et à mesure les objets vendus sur son livre de compte avec un pinceau trempé dans l'encre de Chine ; puis il fait très rapidement l'addition à l'aide de sa machine à calculer. Cette machine, qu'on trouve sur le bureau de tous les commerçants chinois, se compose de petites boules en palissandre enfilées les unes au-dessus des autres et parallèlement dans un cadre de bois. C'est absolument la même disposition que celle dont se servent en Europe les joueurs de billard pour compter leurs points.

Le caissier, avant de nous rendre la monnaie, fait sonner nos piastres sur un bloc de bois dur, afin de s'assurer qu'elles ne sont pas fausses.

Depuis que nous avons commencé nos achats, nous sommes suivis par une vraie meute de gamins couverts de guenilles, qui portent chacun un petit panier rond en treillis de bambous, attaché en sautoir avec une ficelle.

À chaque emplette que nous faisons, ils nous assaillent de leurs cris :

« Capitaine, moi porter ! »

« Capitaine, donne-moi ! »

Nous en avons d'abord chargé deux, puis quatre. Maintenant nous en remorquons une vingtaine à notre suite. L'un est coiffé d'une chaise, un autre d'un matelas ; il y en a deux qui disparaissent entre les quatre pieds d'une table-bureau. Nous les avons encadrés dans nos boys et nos ordonnances, de peur qu'ils ne prennent la fuite en emportant nos ballots.

Notre troupe a un air tellement imposant que, lorsque nous nous présentons pour entrer à la citadelle, le brave turco en sentinelle à la porte croise la baïonnette, croyant sans doute avoir affaire à une bande de pirates. Il faut l'intervention du sergent chef de poste pour qu'il nous laisse la route libre.

En arrivant à notre campement, nous trouvons le dîner prêt. Haï s'est construit une cuisine en plein vent avec quatre bambous et des nattes. Avec un trou dans la terre et deux briques il s'est fait un fourneau. Un petit boy assis par terre alimente avec les débris d'un vieux tonneau le feu sur lequel mijote un poulet sauté qui embaume.

Le docteur L... bat avec frénésie, dans une gamelle de troupier, des blancs d'œufs pour un plat sucré de sa composition ; il s'est mis, en guise de tablier, une serviette autour des reins ; avec ses grandes bottes et son képi, l'effet est des plus réjouissants.

« Riez, riez, nous crie-t-il de loin, vous allez recevoir un rude coup de fusil ! Ah ! mes amis, quel pays que ce Tonkin ! Il n'y a pas une bribe de beurre dans tout l'Annam, pas une goutte de lait frais dans Hanoï. Il y a bien des vaches, mais elles n'en font pas ; les Annamites ne connaissent pas cela. Nous allons être obligés de cuisiner avec ce lait condensé et ce beurre salé venus de je ne sais où, dans de petites boîtes de fer-blanc soudées qui coûtent les yeux de la tête. Et les œufs ! C'est bien une autre affaire ! Ils ne manquent pas sur le marché, mais pas un de frais ! Tous habités ! Ces sauvages les aiment comme cela. À force de chercher, Haï m'a découvert un marchand qui en avait de passables. Le plus joli, c'est que je les ai payés moitié moins cher : un œuf couvé, un sou ! les œufs frais, deux pour un sou. Sont-ils bêtes, ces Annamites ! »

Pendant cette conversation, Haï, aidé par les boys et les ordonnances, a dressé la table sous la véranda, devant la maison. Nous nous asseyons devant le potage fumant, et notre chef de popote nous entretient des détails du ménage.

« Vous savez que nous avons droit à la ration des vivres. J'ai touché pour chacun de nous à l'administration une portion de viande fraîche, une boîte de conserves de viande, une ration de sucre, de café et de vin, toutes choses que nous ne pourrions pas nous procurer ici. Je donne à Haï, notre cuisinier, sept piastres par mois, plus deux ligatures par jour pour son marché. Moyennant ces deux ligatures, il doit nous approvisionner en œufs, en volaille, en poisson, enfin tout ce qui peut varier notre ordinaire. De plus, j'ai loué pour deux piastres par mois un petit boy qui ira chercher le bois et l'eau : Monsieur Haï est trop grand seigneur pour se charger de ces détails. Il est bien entendu que notre personnel nous suivra partout pour le même prix, et que, en colonne, nous serons traités comme aujourd'hui. »

Ainsi soit-il, car le dîner de Haï est exquis !

Les Annamites, comme les Chinois, ont une grande aptitude pour la cuisine. Ils ont même, à mon avis, une supériorité sur les cordons-bleus français, en ce sens qu'ils n'emploient que très peu d'ustensiles. Avec une poêle et une marmite que nous lui avons achetées, Haï nous confectionne à chaque repas trois ou quatre plats, sur un fourneau en plein vent construit avec trois briques.

J'ai dit qu'on nous avait envoyés demeurer dans la citadelle de Hanoï. Si l'on veut se faire une idée exacte de ce qu'était cette citadelle à l'époque de notre arrivée, il faut se présenter un grand

terrain plat, de forme rectangulaire, mesurant au moins trois kilomètres dans son plus grand côté. Ce terrain est entouré de toutes parts par
une haute et épaisse muraille en briques. La muraille est doublée à
l'extérieur par un large fossé rempli d'eau stagnante[1].

PORTE DU SUD DE LA CITADELLE DE HANOÏ

Le mur d'enceinte est percé de six portes monumentales[2] qui
donnent chacune à l'extérieur accès sur un pont de briques jeté en
travers du fossé. Chaque porte est surmontée d'un petit mirador
couvert auquel on accède par des escaliers ménagés à l'intérieur de la
muraille. C'est dans ce mirador que se tenaient les soldats du poste
préposé à la garde de la porte.

Au centre même du terrain limité par la grande muraille que je viens
de décrire se trouve une deuxième enceinte, également fermée de

1. Presque entièrement rasée entre 1894 et 1897, la citadelle de Hà-Nội occupait, à l'époque de
Hocquard, un vaste quadrilatère au nord-ouest de la ville. Sur les conditions de construction, voir plus de
détail ci-dessous, note 1 page 108.
2. Il n'y avait en réalité que cinq portes (une porte à l'ouest, au nord, à l'est, et deux portes au sud),
toutes percées de courtines et protégées par des demi-lunes. Seule la porte nord a pu être conservée, ce
qui donne d'autant plus de valeur à la gravure de la porte sud fournie par l'auteur.

toutes parts par un mur en briques : c'est l'enceinte royale, qui contient la pagode du roi[1].

La pagode du roi est un grand bâtiment plus large que long ; il est construit sur une terrasse carrée, consolidée sur ses quatre faces par un mur. Un escalier monumental donne accès sur la terrasse ; cet escalier est limité de chaque côté par une rampe en granit admirablement fouillée de façon à figurer ces amas de volutes qui pour les Annamites représentent les nuages. L'escalier est divisé en trois compartiments, dont un central et deux latéraux, par deux superbes chimères mesurant au moins deux mètres de longueur et taillées chacune dans un seul bloc de granit gris[2].

CITADELLE DE HANOÏ – ESCALIER MONUMENTAL

Dans la muraille de l'enceinte royale qui fait face à cet escalier, l'architecte a ménagé trois portes placées l'une à côté de l'autre. Pour qui connaît les mœurs annamites, cette disposition suffit à elle seule

1. La pagode royale s'élevait à l'emplacement de l'ancien palais de la dynastie des Lý construit au début du XIe siècle. Elle était en effet entourée d'un mur de brique percé de portes (celle de l'ouest existant encore au début du XXe siècle). À propos du terme « pagode royale », voir note 2 p. 286.

2. Ce magnifique escalier constitue en fait le seul vestige du pavillon *Kính-Thiên* (Respect au Ciel) mais cette zone étant aujourd'hui interdite d'accès, pour peu de temps encore paraît-il, on ignore dans quel état de conservation il se trouve. Il est connu par une photographie prise par l'École française d'Extrême-Orient, actuellement conservée à Hà-Nội.

pour indiquer, à coup sûr, une résidence du roi. Les mandarins et les personnages de la cour ne doivent jamais passer par la porte centrale, réservée au souverain seul, mais toujours circuler à droite et à gauche par les ouvertures latérales. Le simple fait de traverser un passage réservé au roi aurait été considéré sous le règne de Tu-Duc comme un crime de lèse-majesté et puni comme tel de la peine de mort[1].

Le réduit central de la citadelle de Hanoï a son histoire. C'est là que le jeune roi d'Annam, peu de temps après son avènement au trône, venait prêter serment à l'empereur de Chine, son suzerain, devant les mandarins de la cour de Pékin envoyés tout exprès pour l'investir du commandement des provinces du nord. C'est là également que les compagnons de Francis Garnier s'étaient réfugiés après la mort de leur chef. Trop peu nombreux pour pouvoir défendre l'enceinte extérieure de la citadelle, qui mesure plusieurs lieues de tour, ils s'étaient d'abord enfermés dans le réduit central ; obligés bientôt d'abandonner cette deuxième ligne, encore trop étendue, ils avaient construit à la hâte, tout autour de la terrasse de la pagode royale, un mur en briques percé de meurtrières qui subsiste encore[2].

Devant l'enceinte royale s'élève, sur un gros cube de maçonnerie, une tour construite également en briques et qui mesure six ou sept mètres de haut. Cette tour a six faces ; on a ménagé à son intérieur un escalier en colimaçon qui prend jour par de petites fenêtres, percées à différentes hauteurs. Cet escalier conduit à une plate-forme située au sommet de la tour et d'où l'on peut explorer la campagne environnante[3].

Non loin de là se trouvent de grands bâtiments en brique recouverts de tuiles ; ce sont les magasins à riz. C'est là que le gouverneur de la province enfermait les produits de l'impôt annuel, qui, chez les Annamites, se paye en grande partie en nature par prélèvements sur la récolte. À côté des magasins à riz habitaient les hauts fonctionnaires de la province, le *tông-dôc* (« gouverneur ») et les deux mandarins,

---

1. Il s'agit du triple porche dit *tam-quan*, que l'on trouve aussi dans la plupart des pagodes ou des temples importants.
2. Francis Garnier s'était emparé de la citadelle de Hà-Nội le 20 novembre 1873, mais il trouva la mort au pont de Papier, à l'ouest de la ville, le 21 décembre de la même année. Ses troupes restèrent cantonnées dans le « réduit central » évoqué par Hocquard jusqu'à l'évacuation de la citadelle par les Français, le 12 février 1874, en application de la convention Philastre.
3. Il s'agit de la « tour du Drapeau », ou *Kỳ-Đài*, qui se trouve au sud de la pagode royale. Construit en 1812, l'ensemble du monument comprend trois terrasses, rectangulaires et décroissantes, dont la plus haute est surmontée de cette tour octogonale qui est munie de deux (et non pas d'un seul) escaliers à vis indépendants. C'est aujourd'hui un des symboles de la capitale.

PAGODE ROYALE À HANOÏ

chefs des finances et de la justice (*quan-bô* et *quan-an*). La maison du *quan-bô* est seule restée debout[1].

Depuis la prise de Hanoï par Francis Garnier, les mandarins annamites habitent en ville. En leur interdisant l'entrée de la citadelle, nous avons porté un rude coup à leur influence. Pour le peuple, en effet, c'est dans cette enceinte fortifiée que doit habiter celui qui a la puissance ; du moment que nous en avons chassé les mandarins, c'est que nous sommes plus forts qu'eux.

L'immense zone de terrain limitée au centre par la pagode royale, à la périphérie par l'enceinte des murailles extérieures, est presque partout inculte et inoccupée. C'est un vaste désert, qui donne à la citadelle un aspect triste et abandonné[2].

Là s'élevaient autrefois de nombreuses paillotes qui servaient de casernes aux soldats annamites. On évalue à trois mille hommes l'effectif de l'ancienne garnison de Hanoï, qui habitait tout entière dans la citadelle. Si l'on réfléchit que chacun de ces soldats vivait en famille, on peut se faire une idée de l'animation extraordinaire qui régnait alors dans ce vaste camp retranché, aujourd'hui abandonné et détruit.

On a brûlé ou démoli toutes les paillotes des soldats, mais on retrouve encore, de distance en distance, de gentilles maisons en briques où logeaient les mandarins militaires.

Beaucoup de ces petites maisons sont bâties au milieu de vastes jardins fermés par des murailles. Le toit est orné de fort jolies sculptures ; la grande porte d'entrée est surmontée de colonnes sculptées ; elle est à moitié masquée par un pan de mur haut d'un mètre, un peu plus large que la porte, en arrière de laquelle il est disposé de façon qu'on puisse passer soit à droite, soit à gauche, entre la porte et lui. Ce mur, destiné à arrêter les regards indiscrets des passants, est orné sur sa face extérieure de belles peintures en couleurs représentant un dragon, un tigre bondissant, ou tel autre emblème militaire.

---

1. Situés un peu au nord-ouest de la pagode royale, les magasins provinciaux renfermaient le produit des impôts, versés à la fois en nature (dans les greniers à riz) et en espèces (au Trésor, où l'on enfermait les ligatures et les lingots d'argent). Présents dans toutes les citadelles (à Bắc-Ninh par exemple) ou les chefs-lieux de province, ces magasins étaient gérés par le *quan-bố*, ou *bố-chánh* (mandarin administrateur) ; dans la citadelle de Hà-Nội, les bureaux de ce mandarin étaient installés près de la porte nord. D'autre part, le *quan-án*, ou *án-sát*, était en effet le mandarin chargé de la justice.

2. Le périmètre décrit par l'auteur comprenait des espaces « naturellement » dégagés, comme par exemple le terrain d'exercice militaire, le champ de tir, ou encore les écuries d'éléphants, évidemment sans emploi. Mais, bien que beaucoup eussent été déjà détruits en 1884, certains monuments remarquables agrémentaient le parc, par exemple le temple de Khánh-Sơn, celui de Vũ-Miếu, dédié au dieu de la Guerre, et celui de Bà Liễu Hạnh, à l'abri d'un gigantesque banian.

AMBASSADE ENVOYÉE PAR LE ROI D'ANNAM AU GÉNÉRAL MILLOT

Hanoï possède la plus vaste citadelle de tout le Tonkin. Elle a été bâtie vers 1804, d'après les plans et sous la direction des officiers français qui, en 1789, arrivèrent en Cochinchine à la suite de Mgr Pigneau de Béhaine pour aider le roi Gia-Long à reconquérir sa couronne. Gia-Long employa nos compatriotes à construire des citadelles, non seulement à Hanoï, mais dans tous les chefs-lieux de province : à Bac-Ninh, à Son-Tây, à Nam-Dinh, etc. Toutes ces constructions ont été faites sur le même plan ; chaque citadelle possède une première enceinte, percée de portes à miradors et défendue par des pièces de canon, et une deuxième enceinte contenant la pagode royale, des magasins à riz et une grande tour centrale. Les premiers magistrats de la province et les greniers renfermant l'impôt se trouvaient ainsi à l'abri d'un coup de main[1].

Plus tard on étendit cette mesure aux chefs-lieux de canton. Les *thuan-phu* (« sous-gouverneur de province »), les *phu* (« préfets des arrondissements ») et même les *huyên* (« chefs des cantons ») eurent leurs forteresses dans lesquelles ils habitèrent et où ils enfermèrent les produits de l'impôt[2].

Les premiers pionniers de la civilisation française ne se doutaient guère qu'ils fournissaient aux Annamites des armes contre leurs compatriotes et que, avant la fin du siècle, le sang français coulerait à flots pour reprendre ces citadelles au successeur du roi Gia-long.

Ce matin 5 mars 1884, la Concession française présente une animation inaccoutumée ; le général Millot, avant de partir pour Bac-Ninh, va recevoir en grande pompe les ambassadeurs que lui envoie la cour d'Annam comme gage de bonne amitié. On a mis sur pied une partie

---

1. Les anciennes citadelles vietnamiennes étaient toutes construites sur un plan chinois, c'est-à-dire de forme carrée mais ne comportant ni bastions ni lunettes d'angles. C'est le cas, par exemple, de la vaste citadelle érigée en 1397 par le roi Hồ Quý Ly, dans le Thanh-Hoá, qui mesurait cinq cents mètres de côté. À partir du XIXe siècle, sous l'influence des ingénieurs français venus avec l'évêque d'Adran à la cour du roi Gia-Long (notamment Olivier de Puymanel, Vannier et Chaigneau), c'est la défense « à la Vauban » qui s'imposa. L'évêque d'Adran avait du reste traduit, pour le jeune roi, les ouvrages du commissaire des fortifications de Louis XIV. La première citadelle construite par les Français fut celle de Saïgon (dès 1790). Par la suite, Gia-Long et son successeur Minh-Mạng en firent ériger dans tous les chefs-lieux, notamment Huế (1805), Hà-Nội (1805), Bắc-Ninh (1805 puis 1825), Sơn-Tây (1822), Nam-Định (1833), Hưng-Yên, Hà-Tĩnh, etc. Si la plupart de ces édifices conservèrent le traditionnel plan carré (en y adjoignant toutefois des bastions et des lunettes d'angles), quelques-uns innovèrent : plan polygonal à Hải-Dương, plan hexagonal à Bắc-Ninh, Thanh-Hoá (1804) et Vinh (1831). La citadelle de Vinh, de forme hexagonale, possède cependant cette particularité d'être entourée d'une vaste enceinte carrée : parfait symbole de la superposition, en un même lieu, des modes de construction ancien et nouveau.
2. Le *tuần-phủ* était le gouverneur d'une province de second ordre ; le *tri-phủ* était un préfet ayant autorité sur une préfecture (*phủ*) et le *tri-huyện* était un chef de district (*huyện*) et non pas de canton (*tổng*) comme l'affirme l'auteur.

des troupes de la garnison, qui doivent faire la haie sur le passage des envoyés royaux[1].

Nous sommes descendus de la citadelle pour voir le cortège, et, comme nous ne voulons rien perdre du coup d'œil, nous nous sommes installés derrière un des massifs du grand jardin qui entoure la maison du général.

L'arrivée des mandarins est annoncée par des coups de canon se succédant de dix en dix secondes.

Voici d'abord des coureurs annamites, vêtus d'une espèce de tunique rouge à col brodé, les pieds et les jambes nus ; il brandissent une longue canne en rotin, ornée de pompons en soie de toutes couleurs ; leur mission consiste à écarter la foule sur le passage des mandarins. Devant eux, les Annamites se rangent prudemment sur le bord de la route en enlevant leurs grands chapeaux. Ceux qui ne s'écartent pas assez vite reçoivent sur la tête ou sur le dos un coup de la longue canne qui les rappelle immédiatement au sentiment des convenances.

À quelques pas derrière les coureurs, s'avancent des soldats vêtus de rouge et de jaune et coiffés d'un petit chapeau conique. Chaque soldat porte, attaché derrière le dos, un grand sabre mesurant cinquante ou soixante centimètres de longueur, et dont la lame va en s'élargissant vers la pointe ; ils ont, comme les coureurs, les pieds et les jambes nus. Les uns portent sur l'épaule des lances de formes variées, emmanchées dans de longs bambous ; les autres tiennent des oriflammes et des pavillons multicolores.

Après les soldats, viennent trois musiciens placés sur une seule ligne. L'un souffle dans une sorte de trompette à trous dont les sons rappellent de loin ceux du hautbois, un autre joue de la flûte, et le troisième racle d'une espèce de petit violon à deux cordes dont la caisse de résonance est faite d'une peau de serpent tannée.

La musique est assez monotone : c'est une marche en mineur, construite avec une seule phrase de trois ou quatre mesures, qui se répète sans cesse.

Les musiciens précèdent une grande châsse en bois sculpté, laquée or et rouge. La châsse est portée sur les épaules de quatre vigoureux Annamites, vêtus comme les soldats avec des étoffes rouges et

---

1. Une description très similaire de la procession des ambassadeurs se trouve dans les mémoires de Bonnal (*op. cit.*, p.184-185). Ces trois personnages étaient les suivants : Đoàn Văn Bình (on trouve aussi Đoàn Văn Hội), ancien mandarin administratif du Nghệ-An et ministre des Travaux publics, Hoàng Hữu Thường, membre du conseil du roi, et Lê Cơ, chef de bureau au ministère de l'Intérieur (communication orale du professeur Nguyễn Thế Anh).

jaunes ; elle est abritée par quatre grands parasols jaunes que tiennent quatre indigènes. C'est dans cette châsse que sont enfermés les présents envoyés par le roi au président de la République française ; ces présents consistent en dents d'éléphants, coffrets de bois incrustés de nacre, pièces de soie de diverses couleurs.

Derrière la châsse aux présents marchent les trois ambassadeurs. Ils ont revêtu leur costume de cérémonie : longue robe en gaze bleue à grandes manches pendantes, turban en crépon de Chine noir. Ils portent, pendue au cou par un cordon de soie, la petite plaque rectangulaire en ivoire sur laquelle sont inscrits leurs noms et leurs grades[1] ; leurs pieds nus flottent dans de grandes babouches en cuir. Ils sont précédés par un mandarin subalterne portant au bout d'une hampe une planchette sur laquelle sont inscrits deux caractères annamites.

L'ensemble du cortège est assez piteux ; les soldats ont l'air de vulgaires coolies des rues travestis pour la circonstance ; ils sont mal tenus, leurs uniformes sont malpropres, les oriflammes et les étendards sont défraîchis.

Mais les ambassadeurs font contraste au milieu de ces porteurs d'oripeaux. Le premier surtout, un grand vieillard très maigre à la peau mate et presque blanche, a vraiment grand air[2]. Ses traits sont fins, et son regard, qu'il coule de côté, à droite et à gauche, pour ne rien perdre de ce qui l'entoure, est clair et pénétrant. Sa longue barbiche et ses moustaches sont entièrement blanches et plus fournies qu'on ne le voit ordinairement chez les indigènes. Il marche les

---

1. L'histoire et la fonction de ces plaquettes (*bài*) sont extrêmement intéressantes. La première occurrence dans les textes officiels est tardive (1824), mais on s'accorde généralement à penser que ces plaquettes étaient utilisées bien avant. Elles indiquaient le titre (et parfois le nom) de ceux qui les portaient. Toujours de couleur rouge, sauf en cas de deuil où il était vert, le cordon était porté autour du cou, tandis que la plaquette elle-même était accrochée sur le bouton de la robe fixé sur le côté droit de la poitrine. Il semble que ces plaquettes de grade n'aient existé qu'au Viêt-Nam. Si les grands mandarins chinois portaient bien une plaquette à la ceinture, il s'agissait à l'origine d'une sorte de « bloc-notes » utilisé pour enregistrer les ordres du roi ; par la suite, le port de cette plaquette devint l'insigne du mandarinat, et l'expression *tenir une plaquette* signifie d'ailleurs « être un haut fonctionnaire ». Ce type de plaquettes existait aussi au Viêt-Nam, où elles portaient le nom de *hôt* ou *khuê*, mais elles n'ont rien à voir avec les plaquettes évoquées ici par Hocquard. D'après les règlements impériaux vietnamiens (notamment celui de 1833), le port en avait été imposé pour faciliter le contrôle à l'entrée du palais impérial. Il s'agissait donc d'une sorte d'autorisation d'entrer au palais, et l'on remarquera d'ailleurs que les ouvriers en étaient eux aussi munis (elles étaient alors en plomb et non point en ivoire). La taille et la matière (or, ivoire, corne) de ces insignes varient avec le temps et avec la place occupée dans la hiérarchie. Mais, dès 1837, les hauts mandarins provinciaux (*tổng-đốc, tuần-phủ, bố-chánh*, etc.) arboraient la plaquette de grade, et celle-ci commença alors à devenir le symbole de la fonction et non plus un simple « laisser-passer ». Curieusement, dans les textes, toute référence à ces plaquettes disparaît brusquement entre 1862 et 1904, date à laquelle Thành-Thái réglementa de nouveau la taille et la qualité de ces insignes. Voir la gravure intitulée « Le préfet de Phu-Hoang » (p. 424) où l'on discerne l'une de ces plaquettes.

2. Il s'agissait de S.E. Đoàn Văn Bình (ou Đoàn Văn Hội), le chef de l'ambassade envoyée par la cour.

coudes écartés et en sautillant, ce qui est, paraît-il, le comble de l'élégance à la cour d'Annam. Malgré son allure un peu grotesque, on sent en lui un représentant de cette diplomatie annamite, patiente et retorse, qui s'est si longtemps moquée de nous.

Le général Millot reçoit les ambassadeurs sous la véranda de sa maison. Les soldats et les gens du cortège restent au-dehors, pendant que les envoyés royaux entrent dans le salon de réception où des rafraîchissements leur sont offerts. On porte des toasts au président de la République française et au roi d'Annam.

La visite des ambassadeurs se termine par un épisode assez divertissant. Le corps expéditionnaire possède une compagnie d'aérostiers qui est venue de France avec deux grands ballons[1]. Dans un pays plat comme le delta tonkinois, ces ballons seront d'un grand secours pour reconnaître les environs à plusieurs kilomètres à la ronde pendant les marches du corps expéditionnaire. Le général en chef fonde sur eux de grandes espérances ; avant de se mettre en route pour Bac-Ninh, il a voulu s'assurer que les aérostats n'ont pas été trop endommagés pendant la traversée. Le jour même de l'arrivée des ambassadeurs annamites, on fait dans un coin de la Concession un essai de gonflement.

Pour donner aux envoyés du roi une haute idée du génie européen, le général désire qu'on leur montre ces ballons. Un officier d'état-major conduit les mandarins à l'endroit où s'opère le gonflement. Ceux-ci, qui ne comprennent pas très bien ce qu'on leur veut, ne paraissent pas très rassurés ; habitués aux façons d'agir de l'Extrême-Orient, ils se demandent sans doute si le général en chef, en donnant l'ordre de les mener dans cet endroit écarté, n'a pas l'intention de se débarrasser d'eux en leur faisant couper la tête.

Leur frayeur est encore plus grande lorsqu'ils aperçoivent les énormes machines à demi gonflées qui se balancent en l'air en tirant sur leurs cordes. Les interprètes ont beau leur expliquer ce dont il s'agit, ils ne se montrent que plus effarés.

C'est bien pis encore quand on les fait installer dans la nacelle et quand on commande le « lâchez tout ». Le ballon, retenu seulement

---

1. Devant les difficultés rencontrées lors de la prise de Sơn-Tây, et en prévision de celles qui surviendraient à Bắc-Ninh, les autorités françaises décidèrent d'utiliser les ballons qui étaient alors fabriqués à Chalais, en Charente, non loin d'Angoulême. Conduite par le capitaine Aron, une division d'aérostiers arriva au Tonkin en février 1884, et elle fut placée sous les ordres du général Millot. Les ballons avaient été fabriqués en toute hâte dans les ateliers de Chalais et, d'après le témoignage du lieutenant Jullien, ils n'étaient pas parfaitement au point. Il y eut, au total, six ballons (et non deux comme le prétend Hocquard) dont le plus gros, appelé *La Vigie*, pesait cent soixante-cinq kilos. Il fut notamment utilisé pour la prise de Hưng-Hoá (voir *infra* note 1 page 220).

par une corde qu'une équipe d'aérostiers laisse doucement filer, s'élève dans les airs, emportant les ambassadeurs complètement ahuris. Les malheureux mandarins se figurent qu'ils vont mourir d'un supplice inconnu et terrible ; aussi, quand, l'expérience ayant pris fin, la nacelle vient à toucher le sol, ils se précipitent à terre avec un empressement des plus comiques, et toute l'assistance, y compris les Annamites qui risquaient cependant la cadouille, part d'un immense éclat de rire[1].

LES TROIS AMBASSADEURS ANNAMITES

1. On retrouve cet épisode dans les mémoires de Bonnal (*Au Tonkin*, p. 185) et dans la correspondance du général Jullien (*Bulletin des amis du vieux Hué*, 1930/2). À la date du 4 mars 1884 (et non du 5 mars), Jullien écrivait en effet : « Vers cinq heures arrivent trois ambassadeurs annamites auxquels le chef d'état-major vient montrer le ballon. Quelques manœuvres sont faites devant eux : un seul, le chef de l'ambassade, un vieillard à barbe blanche, reste impassible. » Dans cette correspondance très minutieuse, aucune mention n'est faite d'une quelconque ascension par les mandarins eux-mêmes. De plus, Jullien écrit que la première *ascension* en ballon a été faite, le 5 mars, par le capitaine Aron seul. Autre contradiction : Hocquard indique que les ambassadeurs vietnamiens se sont rendus sur le terrain de gonflement du ballon (situé au nord de la Concession), tandis que Jullien affirme que le ballon est rentré à demi gonflé dans la Concession le 3 mars, et que la présentation aux ambassadeurs a eu lieu le 4, donc *dans* la Concession elle-même et non point sur le terrain de gonflement... Au total, les dates, les lieux et les faits ne sont pas concordants. On peut dès lors émettre quelques doutes sur le récit de Hocquard : n'aurait-il pas créé de toutes pièces une anecdote burlesque, ou, plutôt, ne l'aurait-il pas empruntée, telle quelle, à Bonnal qui l'avait inventée et publiée quelques années plus tôt ?

La cérémonie terminée, je regagnais lentement la citadelle par la rue des Incrusteurs quand je fis la rencontre d'un compatriote, M. Garien, interprète de l'état-major. M. Garien habite l'Extrême-Orient depuis vingt-cinq ans ; grâce à son habitude du pays et à sa profonde connaissance de la langue annamite, il rend chaque jour au corps expéditionnaire d'importants services.

« Vous venez sans doute d'assister à la réception des ambassadeurs, me dit-il ; eh bien, si vous voulez voir quelque chose de plus curieux encore, je vous emmène. Je vais demander au *tông-dôc* des coolies pour l'expédition de Bac-Ninh. Accompagnez-moi, vous verrez un grand mandarin chez lui et je vous ferais visiter toute sa maison. »

J'acceptai l'offre avec empressement, et je suivis mon aimable cicerone.

Depuis qu'on lui a interdit la citadelle, le gouverneur de la province de Hanoï habite une grande maison, ou plutôt une série de bâtiments séparés par des cours et situés dans une des petites rues du quartier annamite, tout près de la mission catholique[1]. L'enceinte des bâtiments est fermée du côté de la rue par un mur haut de deux mètres. Dans ce mur on a percé une grande porte à deux battants devant laquelle se promène une sentinelle ; non pas un de ces soldats de la milice indigène qui sont armés de lances et qui vont pieds et jambes nus, mais un brave turco, le casque blanc en tête, et qui m'attend dans l'immobilité réglementaire pour me porter l'arme au passage.

Ma première idée est que le *tông-dôc* est gardé à vue par le général[2].

---

1. La mission catholique était située à côté de la cathédrale, dans la rue de la Mission (actuelle Nhà Chung). Formée en 1831, la province de Hà-Nội comprenait les préfectures de Lý-Nhân, Thường-Tín, Ứng-Hoà et Hoài-Đức (qui renfermait les districts de Từ-Liêm, Thọ-Xương et Vĩnh-Thuận, ces deux derniers constituant l'assise de la future « ville de Hà-Nội »). On lui adjoint, en 1883, le district de Đan-Phượng. Rappelons ici que, en 1884, Hà-Nội n'était pas une ville française, mais simplement une ancienne capitale sise dans un district (Thọ-Xương) qui était aussi le siège administratif de la province tout entière. C'est la raison pour laquelle les mandarins y étaient installés. En 1889, un an après que la ville de Hà-Nội fut devenue française, le chef-lieu provincial a été transféré à Phủ-Lý, puis à Cầu-Đơ, jusqu'en 1906, et enfin à Hà-Đông.
2. La présence de cette sentinelle de l'armée française devant le siège du chef de l'administration vietnamienne est une indication précieuse – significative en tout cas – que l'on ne trouve nulle part ailleurs. Il semble que le gouverneur (*tông-dôc*) dépeint ici par Hocquard soit Nguyễn Hữu Độ, désigné à ce poste en février 1884 et dont on sait qu'il rencontra le résident Bonnal, en septembre 1883, prélude à son installation à Hà-Nội, rue de la Mission. Entièrement acquis à la cause coloniale, Nguyễn Hữu Độ devint, l'année suivante, « émissaire extraordinaire » (*kinh-lược*) de la cour à Hà-Nội. Il avait alors cinquante-deux ans. Une gravure de lui, à cette époque, présente quelques ressemblances avec celle fournie par notre auteur. La suite du récit de Hocquard (ou plutôt de M. Garien) tend à montrer que, parce qu'il avait très vite accepté de travailler avec les Français, après le traité du 25 août 1883, ce gouverneur craignait moins le joug des autorités coloniales que la vengeance de la cour de Huế... Le poste de *tông-dôc* avait été créé par le roi Minh-Mạng (1820-1840) pour réduire l'autorité des *tông-dôc trấn* qui administraient de très vastes circonscriptions (à l'échelle du Tonkin tout entier alors appelé Bắc-Thành), et qui détenaient ainsi des pouvoirs jugés excessifs par l'État central. Par la suite, le roi Tự-Đức (1848-1883) maintint les fonctions de *tông-dôc*, et, de surcroît, il réactiva et donna de l'ampleur à celles d'« émissaire extraordinaire » (*kinh-lược*) afin de renforcer le contrôle de la cour sur les provinces. Le

« Vous n'y êtes pas, me dit mon guide : c'est le mandarin qui a demandé cette sentinelle ; il payerait même au besoin pour l'avoir. La raison en est des plus drôles, il faut que je vous la raconte.

« Les fonctionnaires envoyés par le gouvernement annamite dans les provinces occupées par nos troupes ont reçu de Hué l'ordre de s'opposer par tous les moyens possibles à notre établissement dans le pays[1]. L'ordre est plus facile à donner qu'à exécuter, car nous sommes les plus forts et nous ne nous sentons pas disposés à nous laisser jouer. Le *tông-dôc* voudrait bien obéir à son gouvernement ; d'une part il connaît les moyens expéditifs qu'on emploie à Hué pour mater les récalcitrants, et d'autre part il ne voit pas d'un très bon œil grandir une influence à côté de laquelle son prestige et son autorité paraîtront nécessairement amoindris. Mais, en véritable Annamite qu'il est, il a vite réfléchi que la cour de Hué est bien loin, tandis que les Français sont bien près, et que, de deux dangers également graves, il faut d'abord éviter le plus menaçant. Aussi, malgré les récriminations de son gouvernement, finit-il toujours par nous donner ce que nous lui demandons. Seulement il lui faut compter avec les *thi-vê*[2] qui le surveillent d'autant plus étroitement qu'il semble plus suspect.

« Ces *thi-vê* sont des espions recrutés parmi les *doï* (« sergents ») intelligents et instruits de la garde particulière du roi. Ce dernier les envoie dans les différentes provinces pour qu'ils le renseignent sur la conduite des mandarins et sur les agissements des étrangers. Ces

---

tổng-đốc était doté des pouvoirs civils, judiciaires et militaires (d'où son titre officiel de « président des affaires civiles et militaires », *binh bộ thượng thư*), mais il ne les exerçait pas directement. Ceux-ci étaient en effet confiés à des mandarins qui les exerçaient sous son contrôle et en son nom (nous l'avons vu : le *bố-chánh* pour l'administration et le *án-sát* pour la justice). À l'époque où écrit Hocquard, le *tổng-đốc* était encore un personnage puissant, doté de pouvoirs réels, même si ceux-ci commençaient à être sérieusement rognés à Hà-Nội même (en 1891, le *tổng-đốc* y fut privé de toute administration). Seuls les bureaux du *quan-bố* et du *quan-án* réussirent à conserver leurs effectifs et leurs prérogatives anciennes (pour la gestion de la province).

1. Probable référence aux ordres secrets donnés par la cour aux mandarins du nord en février 1884, précisément lors de la mission de Đoàn Văn Bình (ou Đoàn Văn Hội), ministre des Travaux Publics, et de Hoàng Hữu Thường, secrétaire général du conseil privé. Ou référence plus lointaine aux proclamations de Hoàng Tá Viêm, général en chef des troupes du Đại-Nam, qui, à partir de mai 1883, avait appelé la population à combattre les Français.

2. *Le personnel des thi-vê se compose de soixante-cinq fonctionnaires, répartis en cinq classes, savoir : cinq de 1ère classe, ayant un grade égal aux mandarins du troisième degré ; cinq de 2e classe, ayant un grade égal aux mandarins du quatrième degré ; dix de 3e classe, ayant un grade égal aux mandarins du cinquième degré ; quinze de 4e classe, ayant un grade égal aux mandarins du sixième degré (1ère classe) ; trente de 5e classe, ayant un grade égal aux mandarins du sixième degré (2e classe).* Note de l'auteur.

Les *thi-vê* jouaient le rôle à la fois de garde du corps et de chambellans au service du souverain. Ils étaient gradés dans le mandarinat militaire et, depuis 1825, ceux qui, parmi eux, étaient autorisés à approcher le roi avaient le droit de porter une plaquette en argent sur laquelle étaient inscrits d'un côté leur nom et de l'autre leur grade. Les autres, chargés du service extérieur, n'étaient autorisés à porter qu'une plaquette en ivoire. Le rôle d'espions du roi joué par les *thi-vê* n'est pas mentionné ailleurs mais, dans le contexte des années 1880, il est tout à fait plausible.

espions sont influents et, grâce à leur qualité de messagers du roi, ils jouissent d'une grande considération partout où ils se présentent. Ils habitent dans la maison du mandarin qu'ils sont chargés de surveiller, se mêlent à son entourage et assistent à toutes les réceptions. Le *tông-dôc* de Hanoï en traîne un ou deux à sa suite, et vous pouvez être certain que la moindre concession que nous lui arrachons par la crainte est vite connue et commentée en haut lieu.

« À différentes reprises, déjà, le Premier ministre lui a donné des preuves de son mécontentement : le *tông-dôc* est un fonctionnaire de premier rang qui, comme tel, a droit à quatre parasols ; on lui en a supprimé d'abord un, puis deux, si bien que, à l'heure actuelle, le malheureux mandarin ne peut plus, à sa grande honte, se faire suivre dans les rues de Hanoï que par un simple parapluie[1].

« Mais ce n'est pas tout : il a reçu, il y a quelques jours, l'ordre de venir à Hué pour rendre compte de sa conduite ; or il sait très bien qu'obéir à un pareil ordre, c'est courir au-devant de sa condamnation à mort. Comme d'autre part il ne peut refuser ouvertement, il a demandé au général en chef de placer une sentinelle à sa porte afin de pouvoir écrire au roi : « Je voudrais bien vous obéir, mais je ne puis quitter ma maison ; je suis gardé à vue par les barbares d'Occident, qui ne permettent pas que j'en sorte et qui me font surveiller le jour et la nuit par une sentinelle armée. »

Tout en causant, nous franchissons la porte d'entrée et nous arrivons dans une petite cour intérieure sur laquelle donne une case en torchis. C'est dans cette case qu'habite Joseph Laï, l'interprète du gouverneur, un Annamite de Saïgon converti au catholicisme et qui a fait toutes ses études de français au collège des missionnaires. Il nous apprend que le mandarin est absent, mais qu'il doit rentrer dans une demi-heure ; mis au courant de l'objet de ma visite, il se tient à ma disposition pour me faire parcourir la maison en attendant.

Nous pénétrons dans une arrière-cour spacieuse au centre de laquelle est creusé un grand bassin plein d'eau. À droite, la cour est fermée par un mur derrière lequel sont les appartements du gouverneur et de ses femmes ; à gauche s'élèvent, sur un même alignement et face à ce mur, trois grandes paillotes sans fenêtre, de forme quadrangulaire et d'aspect misérable : ce sont les prisons. Le gouverneur y enferme, en attendant qu'ils soient jugés, les malfaiteurs qu'on lui amène de tous les points de la province.

---

1. Voir note 3 page 57. Réduire le nombre de parasols équivalait à dégrader symboliquement le gouverneur de la province.

Avant la guerre, le *tông-dôc* de Hanoï avait, comme tous les gouverneurs annamites des provinces, le droit de haute et de basse justice dans toute l'étendue de son gouvernement. Il pouvait condamner à la peine de mort ; seulement, dans ce cas, la sentence ne devenait exécutoire qu'après qu'elle avait été soumise à l'approbation du roi. Une copie du jugement était envoyée à Hué dans ce but. Depuis l'occupation française, le *tông-dôc* peut toujours prononcer la peine capitale ; mais l'arrêt n'est exécuté que lorsque le résident de France a apposé sa signature au bas du jugement.

MALFAITEURS À LA CANGUE

Au moment de ma visite, il y a une centaine de misérables entassés dans les prisons. J'entre dans l'une d'elles en me courbant en deux, tant l'ouverture est étroite. Qu'on se figure quatre murs nus, limitant un espace quadrangulaire large de trois mètres et long de quatre ou cinq. Du sol, fait de terre gâchée et battue comme l'aire d'une grange, s'élèvent douze gros bambous formant colonnes et supportant toute la charpente de la toiture. Celle-ci ne repose pas sur les murailles : elle en est séparée au contraire par un espace vide mesurant vingt ou trente centimètres de hauteur, sorte de fente qui fait tout le tour de la case et par laquelle pénètrent à la fois l'air et le jour.

Dans l'intervalle des colonnes de bambous, et à cinq ou six centimètres du sol, on a fixé de grandes planches qui servent à attacher les prisonniers grâce à une disposition des plus ingénieuses. Ces planches sont percées de trous ronds distants les uns des autres d'un mètre environ, placés sur la même ligne dans le sens de la longueur de la planche et à égale distance de ses deux bords longs. Chaque planche est disposée de champ de façon que l'un de ses grands bords reste bien parallèle au sol ; elle est sciée en deux moitiés dans le sens de la longueur et de telle sorte que le trait de scie passe par le diamètre horizontal de chacun des trous. La moitié inférieure est fixe ; la moitié supérieure, au contraire, peut glisser verticalement dans les deux rainures creusées à la base des colonnes qui soutiennent la toiture et dont la planche occupe l'intervalle. Quand on veut attacher un prisonnier, on soulève la moitié supérieure d'une de ces planches en la faisant glisser dans les rainures et on l'écarte de la moitié inférieure ; on passe dans un des trous soit la main, soit le pied du malfaiteur, et l'on referme sur le poignet ou la cheville.

Les colonnes qui soutiennent la toiture se présentent sur deux lignes dans le sens de la longueur de la case : il y a donc deux rangées de planches, à chacune desquelles est appendue toute une grappe de prisonniers. Les uns, retenus par le pied, sont couchés ou assis ; les autres, pris par le poignet, gisent étendus de tout leur long sur le sol nu. Dans l'allée centrale, limitée par les deux rangs de planches, deux gardes se promènent armés de l'inévitable rotin.

Plusieurs de ces prisonniers ont des figures sinistres et sont de vrais types de bandits. L'Annamite est ordinairement de petite taille, mais quelques-uns de ces malfaiteurs ont une taille et une musculature athlétiques. L'interprète me fournit sur eux des renseignements pleins d'intérêt, en me les désignant du bout de son éventail comme on ferait dans une ménagerie pour des animaux féroces.

« Ce grand diable qui roule des yeux furieux est un pirate des plus dangereux : il a tranché à lui tout seul plus de vingt têtes. On a été obligé de le transporter à Hanoï dans une cage en bambous, tant il a fait d'efforts pour s'échapper ; on l'a laissé seul dans ce coin parce qu'il n'est pas sociable. Il est attaché *en boule*, par les mains et par les pieds ; ne pouvant plus battre ses compagnons de cellule, il cherche encore à mordre les pieds des gardiens. Cet autre a été pris les armes à la main dans une expédition contre les pirates ; on a trouvé dans sa ceinture trois oreilles gauches fraîchement coupées. »

Tous les prisonniers portent sur le front un caractère chinois tracé à l'encre noire qui sert à les reconnaître ; tous portent également une *cangue*, formée de deux bambous mesurant soixante ou soixante-dix centimètres de long et reliés par deux barres transversales. La tête est emprisonnée entre ces deux barres rigides dont l'une se place en avant et l'autre en arrière du cou, pendant que les deux bambous reposent chacun sur une épaule. Cet appareil peut être assez justement comparé à une petite échelle entre les échelons de laquelle le patient aurait passé sa tête et dont les montants reposeraient sur ses épaules.

Les cangues que portent les prisonniers sont en bois vert et assez légères ; elles sont appelées *cangues de voyage*, parce qu'on en charge les malfaiteurs pour les transférer d'une prison à l'autre. Il existe, outre ce modèle, trois formes de cangues décrites tout au long dans le code annamite au chapitre des peines, sous les noms de *petite*, *moyenne* et *grande cangue*. Cette dernière est très lourde ; elle est renforcée à ses deux extrémités par de gros anneaux en fer[1].

Au moment où nous sortons de la prison, un domestique vient nous annoncer que le *tông-dôc* est de retour et qu'il nous attend dans la salle des audiences ; cette salle occupe toute la longueur du bâtiment, fermé de trois côtés par des murs en brique et complètement ouvert du quatrième, qui donne sur une grande cour, pavée de larges dalles de pierre. Du côté ouvert, le toit du bâtiment, recouvert de tuiles vernissées qui miroitent au soleil, s'avance d'un ou deux mètres sur la cour, supporté par de belles colonnes en bois de teck sculptées au niveau du faîte. On accède à cette salle par quatre marches de pierre ; le mandarin nous attend au haut des degrés, l'échine ployée et la main tendue.

Oh ! Cette main de mandarin ! je n'oublierai jamais l'impression que j'ai ressentie à son premier contact. Figurez-vous de grands doigts maigres, décharnés, renflés aux jointures comme des sarments de vigne, des doigts froids, comme momifiés, rendus plus longs encore par de grands ongles mesurant trois ou quatre centimètres[2]. Depuis

1. Voir article 360 de ce code : la *petite cangue*, qu'on enlevait au prisonnier pour la nuit, punissait ceux qui étaient poursuivis pour n'avoir pas payé leurs impôts, les autres types de cangues étaient moins clairement définis. Désignant le code de lois promulgué par le roi Gia-Long en 1812, le « code annamite » s'insérait dans le vaste programme de réformes administratives qui, après l'époque troublée de la révolte des Tây-Sơn, a marqué toute la première moitié du XIXe siècle. Dans la préface, Gia-Long pouvait écrire : « Nous avons ordonné aux mandarins de la cour de rechercher et d'examiner les lois de Hồng-Đức [1460-1497, « code des Lê »], les anciennes institutions du royaume et les lois des Thanh [en Chine], ainsi que les ordonnances prises récemment, et d'en prendre les articles qui répondent bien aux circonstances, pour en faire une codification que nous avons remaniée nous-même. L'ensemble de ce code est divisé en vingt-deux volumes. » Précieuse source d'informations pour les historiens, ce texte contient 398 articles, dont 166 concernent les lois criminelles évoquées par Hocquard.
2. Porter les ongles longs était un signe d'honorabilité car cela supposait que l'on n'était pas obligé de se livrer à des travaux manuels.

celle-là, j'ai touché les mains de beaucoup de mandarins : toutes m'ont donné une sensation identique, celle d'une main de squelette.

Le *tông-dôc* est en costume de ville : grande robe de tulle noir, pantalon de soie blanche, babouches de cuir dans lesquelles flottent ses pieds nus.

LE TONG-DOC

Il est entouré par tous les serviteurs de sa maison, qui portent l'éventail, la pipe, la boîte à chiques, le crachoir, etc. ; il s'est fait accompagner par les deux mandarins de grade inférieur qui le secondent dans le gouvernement de la province, le *quan-bô* et le *quan-an*, fonctionnaires chargés des finances et de la justice.

Au milieu de la salle d'audience est disposée une grande table de bois noir, sans tapis. On nous fait asseoir autour, sur des bancs en bois de trac sculpté[1]. Le gouverneur m'a pris à sa droite et M. Garien à sa gauche ; le *quan-bô* et le *quan-an* sont assis en face ; les autres fonctionnaires annamites se tiennent debout à quelques pas derrière nous, dans une attitude respectueuse.

Aussitôt on apporte le thé. Il nous est servi sur un plateau de bois incrusté de nacre, dans des tasses minuscules, en porcelaine blanche, ornées de décors bleus. Chaque tasse est tout au plus grande comme un de nos verres à liqueur. Le thé, qui vient de Chine, nous est d'abord offert sans sucre ; mais, sur un ordre bref du *tông-dôc*, un domestique se précipite au-dehors et revient bientôt avec un sucrier rempli de poudre de sucre cristallisé, d'origine chinoise.

Des serviteurs circulent constamment autour de nous, portant de grandes théières de métal qui contiennent l'infusion fumante. Nos tasses sont à peine vidées qu'elles sont remplies de nouveau jusqu'aux bords, car, d'après les usages annamites, ce serait faire à l'invité un gros affront que de laisser vide devant lui un seul instant la tasse à thé qu'on lui offre. Entre temps, le porte-pipe du *tông-dôc* présente a chacun de nous des cigarettes coniques faites avec du tabac opiacé récolté dans le pays.

Tout en fumant et en buvant mon thé à petits coups, j'examine la pièce où nous sommes. Au fond, sur un autel auquel on monte par deux gradins, une petite statue de la République, don du général Millot au gouverneur annamite, est placée entre deux grands dragons symboliques, en bois sculpté, qui ouvrent des gueules énormes. Je la montre du doigt au *tông-dôc*, qui me répond en s'inclinant : *Ia, Ong Quan-Leun Lang-Sâ* (« Oui, le grand mandarin français[2]. »)

« Il croit que c'est le roi de France, me dit en riant mon ami l'interprète. On ne pourra jamais faire comprendre à ces Tonkinois ce que c'est que la République. Depuis cent ans les mandarins ont habitué le peuple à obéir à la cadouille ; cent autres années s'écouleront avant que ce peuple, abruti par un pareil régime, se relève

1. Voir note 2 page 60.
2. En réalité : *Dạ, ông quan lớn Lang-sa.*

suffisamment non pas pour adopter nos idées sur le gouvernement de tous par tous, mais seulement pour en comprendre le principe. Et soyez certains que les mandarins ne feront rien pour l'y aider ; au contraire. »

Devant le petit autel sont rangés les parasols du gouverneur et le glaive qu'on porte devant lui quand il sort dans la rue. À droite et à gauche, deux grands kakémonos[1] en papier de riz représentent des oiseaux et des poissons peints avec une vigueur de touche et une perfection dans les détails que je n'ai pas encore rencontrées dans les œuvres annamites.

Le *tông-dôc* est de moyenne taille ; il paraît âgé de plus de cinquante ans ; sa figure est restée jeune, comme c'est la règle chez les Annamites, mais des fils d'argents commencent à se montrer parmi les épais cheveux noirs soigneusement relevés en chignon derrière la nuque, au-dessus de son turban de fin crépon de Chine. Il a le teint blanc, mat, avec une pointe de jaune des Annamites de haute caste, le front bombé, le nez aplati, les mâchoires et les pommettes saillantes ; ses yeux noirs, fendus obliquement, ont un regard assez vif, qu'il sait fort bien voiler sous ses paupières abaissées quand il ne veut pas laisser deviner sa pensée. Il porte une mouche et une moustache noires assez fournies ; ses dents, très régulières et admirablement plantées, seraient superbes si elles n'étaient pas laquées en noir brillant, comme c'est la mode en Annam. Cette mode transforme la bouche des Annamites en une sorte d'hiatus noir que les officiers du corps expéditionnaire ont comparé, avec juste raison, à une bouche d'égout ; elle a été pour nous la cause d'un étonnement profond à notre arrivée dans le pays, où elle existe depuis un temps immémorial et où elle est générale[2].

---

1. *Kakémono* : en japonais « chose suspendue », peinture japonaise étroite et haute, suspendue verticalement, et que l'on peut enrouler autour d'un bâton de bois.
2. Le laquage des dents était en effet très répandu, au Việt-Nam, comme en Mélanésie, à Java, et au Japon par exemple (mais pas au Cambodge et très peu en Chine). Il n'a rien à voir avec la coloration provoquée par la mastication du bétel (il est au contraire destiné à se prémunir des effets nocifs de celui-ci), et l'on apprécie ici que notre auteur ne commette pas cette erreur pourtant courante à l'époque où il écrivait. Le laquage correspondait d'abord à un principe d'hygiène dentaire car il constituait une sorte de revêtement souple et solide contre les caries, les variations de température, les attaques du bétel, etc. Quoi qu'on en ait dit, le laquage n'abîmait pas l'émail et il ne causait aucun dommage aux dents qui, à l'abri de cette pellicule régulièrement renouvelée, étaient parfaitement saines. L'opération de laquage était faite par des spécialistes (*thầy nhuộm răng*), selon des procédés et des recettes très variables, mais que l'on peut regrouper en trois phases principales : 1) amollissement et préparation des dents avec du jus de citron pendant une journée ; 2) laquage avec une solution composée de tanin de noix de galle, de sulfate de fer et d'écorce de racines de grenadier, le tout mélangé avec de l'amidon puis chauffé pour constituer une pâte appliquée sur les dents avec une feuille de bananier ; 3) application d'un onguent destiné à assurer la solidité du laquage (*cổ xỉ cao,* « emplâtre pour consolider les gencives »). Peu à peu, le laquage est devenu un élément de coquetterie, un signe de distinction et d'élégance et, par contrecoup, les dents

Si les Européens éprouvent une véritable répulsion pour les dents noires, les Annamites ne peuvent de leur côté supporter nos dents blanches. Pendant une fête donnée au palais du gouvernement à Saïgon, un officier français s'approche d'un haut fonctionnaire annamite qui regardait danser les invités du gouverneur.

« Eh bien, grand mandarin, chuchote-t-il à son oreille, que dites-vous de nos Françaises?

– Je les trouve jolies, répond l'Annamite, seulement elles ont des dents de chien ! »

La conversation devient très animée entre le gouverneur de Hanoï et M. G...[1] Il faut encore une centaine de coolies pour transporter les vivres des troupes pendant l'expédition de Bac-Ninh ; le *tông-dôc*, qui nous en a fourni déjà plus de douze cents, prétend qu'il lui est impossible d'en trouver un de plus. M. G... insiste : les ordres du général sont formels. Le mandarin est très perplexe ; il passe ses grands doigts dans sa barbe et jette des regards désespérés à ses deux acolytes, le *quan-bô* et le *quan-an*, qui tiennent leurs yeux baissés et enfoncent leurs mains dans leurs grandes manches en prenant l'attitude la plus innocente du monde pour ne pas se compromettre.

Le *tông-dôc* a replié sa jambe droite sous sa cuisse, si bien que son talon droit appuie sur le siège du banc où il est assis ; j'admire une fois de plus la souplesse des jointures annamites. De temps en temps il se gratte furieusement le pied avec ses grands ongles, puis reporte ses doigts dans sa barbe. Au bout de quelques minutes de ce manège, sa figure s'éclaircit : il a trouvé une solution. Il dit un mot au *quan-bô*, qui s'éclipse ; un quart d'heure après, des soldats armés de lances apparaissent dans la cour ; ils encadrent une centaine de pauvres diables à peine vêtus qui font une mine des plus piteuses : ce sont les coolies demandés.

M. G..., tout rayonnant, prend congé du gouverneur, qui nous reconduit jusqu'à la porte. En passant au milieu des nouveaux coolies, je ne puis retenir une exclamation de surprise : dans le nombre, je reconnais une bonne partie des prisonniers de tout à l'heure. Le *tông-dôc* a fait d'une pierre deux coups : il s'est débarrassé d'une centaine

---

blanches étaient moquées par les Vietnamiens qui, en l'occurrence, daubaient en même temps sur les Européens et les Chinois (*răng trắng như răng Ngô*, « des dents blanches comme celles des Chinois »).

1. Curieusement, le texte original porte ici l'abréviation « M. G... », alors que le nom de Garien a été cité explicitement quelques pages plus haut. S'agit-il d'un oubli ou bien, plus formellement, d'une manifestation du devoir de réserve ?

de malheureux qui le gênaient et lui coûtaient cher à nourrir, et en même temps il donne satisfaction au général.

Qu'on dise après cela que les Tonkinois ne sont pas de profonds diplomates !

BRODERIE TONKINOISE

CHAPITRE IV

PRÉPARATIFS DE DÉPART POUR BAC-NINH. – LE PARC AUX COOLIES. – LES EMPLETTES. – DIFFICULTÉS DU RAVITAILLEMENT DES TROUPES. – TRAVERSÉE DU FLEUVE ROUGE. – L'AMBULANCE DE LA 1ère BRIGADE. – LE PLAN DE CAMPAGNE. – MARCHE PÉNIBLE À TRAVERS LES RIZIÈRES. – ASCENSION EN BALLON. – LES DIGUES. – CHEVAUX ET CAVALIERS INDIGÈNES. – CAMPEMENT DANS UN VILLAGE.

Enfin, nous allons partir pour Bac-Ninh[1] ! Depuis huit jours les troupes de la 1ère brigade, dont le quartier général est à Hanoï, se

1. Ville du delta du fleuve Rouge située à une trentaine de kilomètres au nord-est de Hà-Nội, Bắc-Ninh était aussi, depuis 1831, le nom de l'ancienne province du Kinh-Bắc ; elle était traversée d'ouest en est par le canal des Rapides (*sông Đuống*) qui permettait de joindre le fleuve Rouge au Thái-Bình. Insistons avant tout sur sa position *stratégique* : elle commandait les routes de Thái-Nguyên et de Lạng-Sơn, les grandes trouées de la rivière Cầu et du Lục-Nam et, enfin, la voie vers la mer qui passait par Sept-Pagodes.
Contexte : La région de Bắc-Ninh, en lisière du massif montagneux du Yên-Thế, était troublée depuis plusieurs décennies non seulement par des rébellions endogènes (révolte de Nguyễn Văn Vàng, dit Cai Vàng, en 1862) mais aussi par des troupes d'irréguliers chinois (Pavillons-Noirs de Lưu Vĩnh Phúc, Pavillons-Jaunes de Hoàng-Anh), à l'occasion renforcées par des Vietnamiens et par des troupes de pirates (notamment Ngô-Côn). Ces derniers ne se distinguent pas toujours des irréguliers chinois parce que les uns et les autres étaient en définitive d'anciens Taïping chassés du sud de la Chine par l'armée impériale et qui, à l'occasion, passaient la frontière vietnamienne à l'appel de la cour de Huế. Vers 1870, après des années de troubles incessants, la situation était à peu près calme grâce à l'intervention énergique du célèbre général Ých-Khiêm, mandarin mandaté par le roi pour pacifier la région. Lorsque les troubles

concentrent dans la ville et dans les environs. Il en arrive de tous les côtés à la fois : par les routes, où l'on voit se dérouler de longues colonnes de fantassins, marchant deux par deux sur les digues étroites, et suivis par une armée de coolies qui portent les bagages et les sacs ; sur les grandes canonnières en tôle d'acier fabriquées à Paris par la maison Claparède et apportées, pièce par pièce, dans les cales des bateaux qui ont amené les effectifs venus de France. Ces canonnières ressemblent à d'immenses chalands à vapeur ; elles sont très larges et peuvent transporter jusqu'à cinq cents hommes ; grâce à leur faible tirant d'eau, elles risquent moins de s'échouer sur les bancs de sable qui sont si nombreux dans les fleuves du Tonkin.

La citadelle et la Concession regorgent de troupes ; on a été obligé d'en loger un peu partout aux environs de la ville, dans les grandes pagodes bâties en pleine campagne au-delà des faubourgs.

L'arrivée de tous ces soldats produit dans les rues de Hanoï une animation extraordinaire : des plantons à cheval parcourent à chaque instant au grand trot la rue des Incrusteurs, qui va de la Concession à la citadelle, de nombreuses bandes de coolies transportant des caisses et des ballots, traînant des canons, passent et repassent sous la conduite de soldats portant l'arme en bandoulière et les excitant de la voix et du geste : *Mao ! Maolen !* (« vite ! très vite[1] »).

Les officiers courent aux emplettes : il faut faire ses provisions de conserves, se procurer des vêtements amples pour la route, se munir du salako, ce grand casque en liège recouvert de toile blanche dont les larges bords préservent du soleil la nuque et les tempes, et garantissent le cou contre les averses si communes dans ce pays. Avec tous ces achats, les piastres de l'entrée en campagne fondent comme beurre au soleil !

Nous entrons par bandes dans tous les magasins sous la conduite d'un de nos boys, celui que nous avons reconnu à l'épreuve comme le moins filou. Il faut se méfier de tous ces Annamites : ils ont une façon si ingénieuse de vous voler ! Les marchands du pays ne se gênent pas pour nous vendre leurs produits quatre fois plus cher qu'aux indigènes, et nos boys trouvent encore le moyen de prélever une dîme sur nos achats.

---

reprirent, quelques années plus tard, le roi Tự-Đức fit appel à la Chine, qui envoya des troupes régulières, avec cette idée qu'elles contribueraient à évincer les Français trop présents (traité du 15 mars 1874). C'est dans ce contexte de très forte pression sino-vietnamienne que la France occupa Hà-Nội en avril 1882 (épopée Rivière), puis, en 1883, Nam-Định (27 mars 1883), Hải-Dương et enfin Thuận-An (août 1883). Comme la Chine ne reconnaissait pas le traité de protectorat du 25 août, les réguliers chinois étaient de plus en plus nombreux dans la région. La prise de Bắc-Ninh narrée par Hocquard s'insère donc dans ce vaste mouvement d'opérations destinées à faire ployer la Chine et les patriotes vietnamiens.

1. En réalité : *Mau ! Mau lên !*

Au début, nous n'étions pas méfiants, et ces petits garnements nous conduisaient chez des commerçants auxquels ils avaient fait la leçon d'avance. Nous ne connaissions pas encore leur langue ; c'étaient eux qui demandaient et débattaient le prix de chaque emplette. Nous payions ingénument, et il arrivait souvent que nous donnions, sur la foi de notre boy, cinquante centimes ou un franc en trop par série d'achats. À la fin de la journée, notre domestique indigène retournait seul chez le marchand qui lui remettait fidèlement la différence entre le prix payé et le prix convenu.

Plus de deux mille coolies ont été réunis pour transporter les vivres et les bagages de l'armée pendant l'expédition de Bac-Ninh. J'ai donné dans le chapitre précédent une idée de la façon dont ils avaient été recrutés. Ils sont parqués, en attendant le départ, dans d'immenses paillotes en treillis de bambous, construites à la hâte par les soins du génie militaire, tout près de la porte de France, à l'entrée de la rue des Incrusteurs.

Un tirailleur annamite se promène, l'arme au bras, devant chaque paillote, pour empêcher toute évasion. Les coolies prennent du reste leur temps en patience ; ils passent toutes leurs journées étendus sur le dos, à fumer leur pipe ou à chiquer le bétel ; quand ils ne dorment pas, ils jouent ou ils mangent ; deux fois par jour on leur distribue du riz décortiqué qu'ils font cuire, avec un peu d'eau et du sel, dans des marmites de cuivre posées sur deux pierres.

De grandes quantités de vivres ont été amassées dans les magasins de la Concession et de la citadelle ; mais ces vivres doivent être transportés à dos d'hommes ; il faut fractionner à l'avance les énormes caisses qui les contiennent et répartir les charges. Tous les charpentiers et tous les menuisiers qu'on a pu trouver parmi les soldats ont été réquisitionnés dans ce but ; ils sont occupés à confectionner des récipients assez petits pour que chaque colis ne dépasse pas trente ou trente-deux kilogrammes : c'est le poids maximum dont peuvent être chargés deux porteurs au bambou. On se rend compte facilement de toutes les peines et de tout le travail qu'une pareille transformation doit coûter.

Il faut dire aussi que cette question de l'alimentation des troupes a été la première et la plus grave préoccupation du commandement, dès notre arrivée au Tonkin : sous ce climat débilitant, on ne pouvait songer à nourrir exclusivement nos soldats avec les conserves salées et le biscuit venus de France ; un pareil régime aurait amené dans leur santé des altérations d'autant plus rapides que, à peine débarqués et sans qu'ils aient eu le temps de s'acclimater, on allait les lancer dans

LA CANONNIÈRE CLAPARÈDE *ÉCLAIR*

une expédition fatigante que les agressions tous les jours plus hardies des Chinois empêchaient de différer.

La question de l'approvisionnement des troupes en vivres frais, déjà si difficile à résoudre en temps de guerre dans notre Europe, l'était bien davantage dans ce pays imparfaitement connu, où les indigènes font usage d'aliments qu'il eût été impossible d'utiliser pour nos hommes. L'Annamite, en effet, se nourrit de poissons, de volailles ou de viande de porc ; il mange du riz en guise de pain et ne boit que de l'eau ; le blé et le vin lui sont totalement inconnus. Les moutons ne peuvent vivre dans ce pays humide ; tous les essais d'acclimatation de l'espèce ovine qu'on a tentés sont restés infructueux. On élève bien en Annam et au Tonkin le petit bœuf à bosse et le buffle, mais ces animaux ne sont employés que pour les travaux de labourage ; ils sont rares dans le delta tonkinois que nous occupions exclusivement à cette époque ; la chair du buffle est d'ailleurs peu nutritive et coriace.

Peu au courant des habitudes du pays, ignorant les ressources qu'il pouvait offrir puisque nous venions de débarquer, nous étions d'autant plus embarrassés pour résoudre ces grandes difficultés que, en ce moment, les trafiquants européens étaient rares à Hanoï. Ceux d'entre eux auxquels nous aurions pu nous adresser étaient arrivés en même temps que nous ; ils n'avaient pas encore eu le temps de se créer des relations commerciales et ne pouvaient nous être d'aucun secours.

Heureusement nous avions près de nous les congrégations chinoises de Hanoï et de Haï-Phong, organisées depuis longtemps au Tonkin et entretenant des agents sur tous les points du territoire et même en Chine. Ces congrégations puissantes, et leur chef A.Yan, nous ont aidés à aplanir les grosses difficultés du début concernant les approvisionnements des troupes.

Le 7 mars 1884, à six heures du soir, toutes les troupes de la 1ère brigade, réunies sous le commandement du général Brière de l'Isle[1] et concentrées dans la ville depuis plusieurs jours, sont échelonnées sur les bords du fleuve Rouge, depuis la Concession de France jusqu'au bâtiment de la Douane, sur un parcours de plus de trois kilomètres. Il y a là neuf mille hommes s'agitant au milieu des canons, des caissons,

1. Brière de l'Isle (Louis Alexandre) est né en Martinique le 4 juin 1827. Sorti de l'école Saint-Cyr en 1847, il entra dans l'infanterie de marine et prit part à l'expédition de Chine (1859-1860), de Cochinchine (1861-1866) et à la prise de Vĩnh-Long (1862). En janvier 1863, il fut nommé inspecteur des Affaires indigènes à Tây-Ninh. Il était colonel lors de la guerre de 1870, où il fut blessé et fait prisonnier, puis devint gouverneur du Sénégal en 1877. Promu général de brigade en 1884, il servit sous les ordres du général Millot (c'est le contexte au début de ce récit) qu'il remplaça comme commandant en chef le 8 septembre 1884 (voir ci-dessous page 350). Le 13 février 1885, il s'empara de Lạng-Sơn et de nombreuses places en bordure du delta, éliminant les Pavillons-Noirs de la scène militaire. Il quitta le Tonkin en octobre 1885 et devint inspecteur général des troupes de la marine. Il mourut le 18 juin 1896.

des faisceaux rangés en lignes. Les uniformes bleu clair des turcos tranchent sur les vêtements plus sombres des artilleurs ; les pantalons rouges de nos petits fantassins jettent une note vive et gaie au milieu des misérables cases en paillotes qui bordent le fleuve en cet endroit.

A. YAN, CHEF DES CONGRÉGATIONS CHINOISES

Les indigènes, accroupis le long de la rive ou devant la porte de leurs maisons, regardent avec stupéfaction toute cette armée.

Devant nous, le fleuve roule silencieusement ses eaux couleur de brique entre deux berges basses et boueuses ; l'autre rive nous apparaît comme une mince ligne jaune et verte, bien loin, à la limite de l'horizon. Tous les regards sont fixés vers ce point ; c'est là que commence le pays inconnu où nous serons demain ; là nous attend l'ennemi que nous sommes venus chercher à travers quatre mille lieues de mer.

Le passage du fleuve commence : on embarque les troupes sur des jonques du pays dont les dimensions rappellent les flûtes de nos canaux de France, et sur de petits sampans qui ne peuvent guère contenir plus d'une douzaine d'hommes. Jonques et sampans sont remorqués à travers le fleuve par des canots à vapeur.

Dans ces conditions, la traversée des troupes est longue. Bien avant qu'elle soit terminée, le soleil disparaît à l'horizon derrière le fleuve, et la nuit survient brusquement, sans crépuscule : une nuit noire, qui interrompt tout le travail. On recommencera demain ; en attendant, on campe où l'on est, sur la berge. Nous dormons la tête sur une pierre et le corps enroulé dans nos couvertures et dans nos manteaux.

Le va-et-vient des jonques reprend à la pointe du jour. Je m'embarque un des derniers, à six heure du matin, avec mon cheval et mon ordonnance ; vingt minutes après, nous touchons l'autre rive.

Je trouve l'ambulance au grand complet et prête à se mettre en route sous la direction de son chef, M. le médecin-major de 1ère classe Gentit.

Voici nos cent trente coolies accroupis en deux longues files sur le sable, devant les cantines médicales et les ballots de brancards et de couvertures. La veille, on leur avait remis à chacun un bambou solide et une corde neuve : ils ont déjà tout égaré. On leur avait distribué également à tous deux grosses mottes de riz cuit à l'eau salée, de quoi les nourrir pendant un jour ; ils ont tout dévoré. L'officier d'administration, M. Robby, qui a passé deux jours et deux nuits à tout prévoir et à tout préparer, court de l'un à l'autre, très inquiet. Il questionne en français, on lui répond en annamite : « Et ton bambou ? – *Konko biet*. (Je ne comprend pas[1]) – Et ton riz ! – *Konko biet*. » Notre ami est dans tous ses états. « *Konko biet*, gémit-il, toujours *konko biet* ! vous verrez que nous ne pourrons pas démarrer ! »

Nous nous mettons cependant en route sans trop de peine à neuf heures du matin. Nous sommes placés à l'arrière de la colonne, immédiatement après la compagnie d'aérostiers, dont les deux gros ballons se balancent dans les airs à cent mètres au-dessus de nous, remorqués avec de longues cordes par des équipes de soldats de l'artillerie qui se relaient d'heure en heure.

En tête de l'ambulance flotte le drapeau de la convention de Genève[2], porté par un soldat ; puis viennent les médecins, à cheval, suivis de leurs ordonnances. Derrière eux, les coolies portent les bagages et le

---

1. En réalité : *không (có) biết !* (« je ne sais pas ! »).
2. Signée le 24 août 1864 à l'initiative de la Croix-Rouge (Henri Dunant et quatre autres Suisses), il s'agit là de la première convention de Genève, celle qui portait sur la protection des victimes de guerre. Le « drapeau de la convention de Genève » désigne ici le symbole de la Croix-Rouge, précisément adopté à cette conférence de 1864.

matériel ; ils sont encadrés par les infirmiers, qui les empêchent de s'écarter. Le médecin-chef a près de lui un interprète annamite qui connaît un peu de français ; cet interprète est chargé de transmettre les ordres au personnel indigène. Nos bagages, notre cuisinier Haï et ses deux aides ferment la marche. Haï s'avance gravement, ayant pour toute charge son immense parapluie qui ne le quitte jamais. Ses deux petits marmitons, deux gamins qui vont pieds nus, les cheveux en broussailles et la figure toute barbouillée de poussière, fléchissent sous le poids des ustensiles de cuisine. On les leur a attachés un peu partout, sur les épaules, autour du cou et jusque dans le dos. Chaque pas qu'ils font, en trottinant dans le sable, produit un bruit de cloche. L'un d'eux porte en bandoulière tout un chapelet de casseroles ; l'autre est coiffé d'une marmite de cuivre qui reluit au soleil comme un casque.

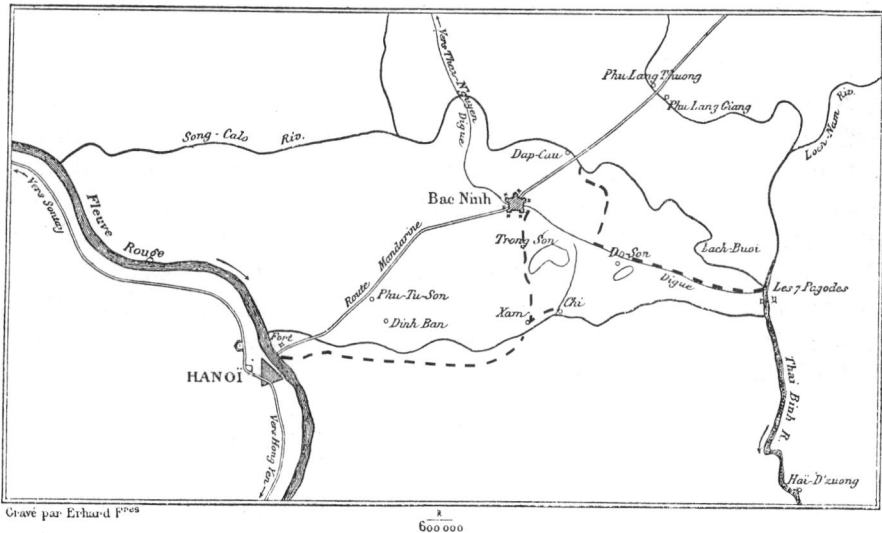

CAMPAGNE DE BAC-NINH

L'itinéraire suivi par les deux brigades est indiqué en pointillés (d'après M. le capitaine Carteron)

L'ambulance est gardée par une section d'infanterie de marine qui la flanque de chaque côté. Les figures roses de nos infirmiers venant de France contrastent avec les faces terreuses des marins qui ont fait la campagne de Son-Tây[1] et qui, depuis un an dans le pays, sont déjà minés par l'anémie. Nous longeons la berge en enfonçant à chaque pas dans une terre rouge et argileuse ; c'est l'ancien lit du fleuve.

1. En décembre 1883.

Hanoï est reliée à Bac-Ninh par une route en ligne droite, construite sur une large digue bien entretenue. Les Chinois ont échelonné sur cette route des travaux de défense considérables. Plutôt que d'aborder de front ces défenses, ce qui nous occasionnerait de grandes pertes d'hommes, le général en chef s'est décidé à tromper l'attente de l'ennemi en concentrant le corps expéditionnaire entre le canal des Rapides et la rivière Song-Cau. Il prend ainsi à revers toutes les fortifications élevées par les Chinois et pourra plus facilement s'en rendre maître.

Dans ce but, il a donné les ordres suivants : la 1ère brigade, dont je fais partie, doit gagner, à travers les champs et les rizières, le canal des Rapides, qu'elle traversera vers le marché de Chi, en laissant sur sa gauche la route directe de Bac-Ninh, si bien fortifiée par les Chinois. La 2e brigade, rassemblée à Haï-Dzuong[1] sous les ordres du général de Négrier[2] et qui comprend environ sept mille hommes, doit s'embarquer près de cette dernière ville ; de là elle gagnera par eau le confluent du Song-Cau et du canal des Rapides ; elle débarquera sur la rive droite de la rivière, en face du village des Sept-Pagodes[3], et opérera sa jonction avec la 1ère brigade pour enlever de concert avec elle les défenses de Bac-Ninh[4].

Nous venons de quitter les bords du fleuve pour nous enfoncer dans les rizières. Du haut de mon cheval, je vois la colonne formée par nos troupes onduler dans la campagne comme un immense serpent.

De distance en distance, au détour des chemins, nous trouvons de petites cases en torchis, ombragées par des bouquets de bananiers. Nous avons toutes les peines du monde à empêcher nos coolies de s'écarter de la colonne pour aller fureter dans ces maisons.

Les paysans n'ont pas tous fui ; nous rencontrons de temps en temps des groupes de trois ou quatre indigènes qui se rendent au village voisin pour vendre des légumes et des fruits. Leur marchandise est

---

1. Hải-Dương.

2. Négrier (François-Oscar de) est né à Belfort en 1839. Élève de Saint-Cyr en 1856, capitaine en 1868, il se distingua pendant la guerre de 1870. Il partit pour le Tonkin en décembre 1883, s'empara de Bắc-Ninh, Kép, Nui-Bop, Nam-Koan. En mars 1885, il fut nommé général de division et rentra en France l'année suivante. Il mourut en août 1913.

3. Sept-Pagodes est le nom que les Français donnèrent à une petite bourgade située en face de Phả-Lại, au confluent du fleuve Thái-Bình avec le canal des Rapides. La 2e brigade s'en empara le 7 mars, le jour même où la 1ère brigade quittait Hà-Nội.

4. Pour cette opération, le corps expéditionnaire avait en effet été divisé en deux brigades. La 1ère, dont faisait partie Hocquard, était dirigée par le général Brière de l'Isle, et elle devait partir de Hà-Nội, traverser le canal des Rapides à hauteur de Chi pour arriver devant Bắc-Ninh par le sud ; la 2e brigade, commandée par le général de Négrier, venant de Sept-Pagodes (à l'est), devait rejoindre la 1ère à Chi, puis faire mouvement vers le nord et attaquer Bắc-Ninh par l'est et le nord-est, ce qui permettait de couper les lignes de communication adverses avec Lạng-Sơn.

contenue dans de grands paniers ronds, suspendus par des liens de rotin aux deux extrémités du fléau. Le milieu du bambou repose sur leur épaule, de façon que les paniers se trouvent l'un en avant, l'autre en arrière du porteur.

Ainsi chargés, les Annamites marchent d'un pas élastique et rapide, analogue comme rythme à notre pas gymnastique. Ils vont très vite, le corps porté en avant, avec un mouvement latéral des hanches destiné à contre-balancer les oscillations des paniers suspendus au bambou.

L'AMBULANCE EN MARCHE

Ceux qui suivent le même chemin que nous prennent à travers champs aussitôt qu'ils aperçoivent la colonne. Ils se tiennent debout dans la rizière, à distance respectueuse, s'apprêtant à fuir à la moindre alerte ; ils enlèvent leurs grands chapeaux et restent découverts pendant que les troupes passent ; leurs petits enfants nous saluent en portant à leur front leurs deux mains jointes comme pour la prière, et en les abaissant ensuite jusqu'à la ceinture. Les ballons captifs excitent leur étonnement ; ils se les montrent du doigt les uns aux autres en murmurant à mi-voix : *Tod, tod, ké-dên !* (« Joli, joli, les grandes lanternes ![1] »).

---

1. Sans doute : *Tôt, tôt, cái dèn !*

Nous venons d'entrer dans une grande plaine, couverte à perte de vue de rizières à demi submergées. La colonne s'est ralentie ; la marche est devenue très difficile. Les rizières nous apparaissent comme une série de rectangles bordés sur les quatre côtés par une digue en terre, faite de main d'homme ; l'ensemble d'une rizière avec son rebord peut être exactement comparé à une cuvette de photographe à demi remplie d'eau ; si l'on se figure un grand nombre de ces cuvettes rangées bord à bord de façon qu'il n'y ait pas un pouce de terrain perdu, l'adossement des bords de deux cuvettes voisines donnera la représentation des digues sur lesquelles marchent les cultivateurs indigènes pour aller de l'un à l'autre de leurs champs. Ces digues ne mesurent pas plus de cinquante à soixante centimètres de largeur et autant de hauteur ; elles sont construites à frais communs par les propriétaires des champs mitoyens.

Outre ces petites chaussées, que j'appellerai *digues de séparation* parce qu'elles servent à limiter les propriétés voisines, il existe, entre les villages et sur les parcours les plus fréquentés, de grandes digues hautes d'un ou deux mètres, larges d'autant, qui sont élevées aux frais des villages et constituent les chemins vicinaux du delta. Il existe aussi des voies plus larges, plus faciles, mieux entretenues, qui portent le nom de *voies mandarines*[1], et qui servent à relier entre elles les différentes provinces et les villes les plus importantes. Une de ces voies mandarines aurait pu nous conduire directement de Hanoï à Bac-Ninh, mais je viens de dire que l'ennemi avait échelonné sur cette route des fortifications tellement importantes et nombreuses que le général en chef avait préféré faire un détour et se jeter à travers champs, pour ménager le sang français[2].

Cette marche dans les rizières, sur des digues étroites, boueuses, glissantes, occasionne bien des fatigues à nos soldats : ils ne peuvent avancer que deux de front, et encore sont-ils obligés de se soutenir avec leurs fusils. Les pluies ont détrempé tous les chemins et rendu glissante cette terre glaise qui ne contient pas un caillou. Nos chevaux risquent à chaque instant de s'abattre et nous sommes obligés de mettre pied à terre pour les conduire par la bride ; la colonne s'allonge

1. La route Mandarine était l'artère essentielle du Viêt-Nam, qu'elle traversait depuis la frontière chinoise jusqu'à Phnom-Penh au Cambodge. Les lettrés avaient coutume de la comparer au fil sur lequel sont enfilées les perles de jade d'un collier. Sur cet axe méridien principal venaient s'embrancher diverses routes qui, pour être de moindre importance, ne faisaient pas moins partie intégrante de cette « épine dorsale routière ». Décrit ici, le tronçon entre Bắc-Ninh et Hà-Nội appartenait à l'axe principal, qui entrait dans la ville par l'actuelle rue Lê-Duẩn (autrefois appelée rue Mandarine, précisément) pour déboucher devant la porte Sud de la citadelle (cửa Nam).

2. Les principales défenses étaient accumulées à Đình Bảng, au sud-ouest de la petite citadelle sise à Phủ Từ Sơn, bâtie dès 1830 mais qui n'a joué aucun rôle dans la campagne de 1884.

L'ARTILLERIE EN MARCHE DANS LES RIZIÈRES

d'une façon démesurée ; nous ne faisons pas plus d'un kilomètre à l'heure. À chaque instant on s'arrête court : il faut combler une coupure de la digue, jeter un pont sur un ruisseau. On repart cahin-caha pendant dix minutes pour s'arrêter de nouveau. Cette fois, c'est un canon qui a glissé au bas de la digue et qui est à moitié submergé dans la rizière ; il faut le redresser comme on pourra : artilleurs et fantassins entrent bravement dans le champ de riz ; ils ont de l'eau et de la boue jusqu'à la ceinture ; ils hissent la pièce à bout de bras.

Les batteries d'artillerie ont une peine inouïe à suivre la colonne dans ces chemins difficiles : la plupart des canons sont placés sur les avant-trains et traînés par des coolies. La surface de la digue dépasse à peine de quelques centimètres l'écartement des roues. Deux artilleurs sont placés l'un à droite, l'autre à gauche de chaque pièce, pour l'empêcher de dévier ; ils marchent comme ils peuvent sur le plan incliné formé par les bords latéraux de la chaussée et repoussent de temps en temps la roue d'un vigoureux coup d'épaule. Mais les grosses pièces de 80 creusent dans la glaise des ornières profondes ; les coolies refusent d'avancer. Eh bien, on se relayera. Soldats et artilleurs s'attellent au timon. Les braves gens ! ils sont couverts de boue ; ils ruissellent de sueur et d'eau ; ils savent qu'il faut marcher quand même et ils tirent de toutes leurs forces.

L'eau des rizières près desquelles nous passons est très limpide ; elle paraît cependant à peu près stagnante et recouvre toutes les racines des plants de riz. Malgré l'immense étendue de terrain ainsi noyée par des eaux dormantes, les fièvres intermittentes semblent être assez rares dans le delta. C'est probablement aux procédés de culture intensive employés exclusivement par les indigènes, que ces grandes nappes d'eau stagnante doivent de rester limpides et inoffensives. Les Tonkinois ne laissent pas un instant leurs terres en repos ; ils font par an deux ou trois récoltes de riz ; à peine le champ est-il débarrassé de sa moisson que déjà le propriétaire le laboure et le herse pour y repiquer de nouveaux plants. À l'époque où nous sommes, le riz que l'on récoltera en mai ou juin émerge déjà de quinze à vingt centimètres au-dessus de la surface de l'eau ; il s'élève en touffes droites et bien alignées, surmontées d'épis déjà formés[1].

J'ai obtenu l'autorisation de monter pendant une halte dans un des ballons captifs. À cent mètres au-dessus du sol, je jouis d'un spectacle

---

1. Dans le delta, le repiquage a lieu de la fin du mois de décembre à janvier pour les rizières hautes (quatre cinquièmes du total) et un peu plus tard pour les autres. En mars, au moment du récit de Hocquard, les plants de riz se développent rapidement grâce au crachin qui a commencé depuis la fin du mois de février.

admirable : à mes pieds, notre colonne de troupes pressée sur l'étroite digue serpente sur une étendue de quatre ou de cinq kilomètres ; à droite et à gauche, à perte de vue, s'étendent des champs de riz qui ondoient sous la brise ; leurs rectangles bordés de petites digues forment à cette hauteur comme une immense mosaïque dont les fragments verts auraient été reliés entre eux par une sorte de ciment rougeâtre. Sur ce fond vert émeraude apparaissent de distance en distance de gros bouquets d'arbres d'une teinte plus sombre, formés de bananiers, de bambous et de banians. Au milieu de ces bouquets, d'où émergent comme des panaches les longues tiges grêles des aréquiers, on voit poindre entre les branches les toits de paille d'un village annamite ou les pignons sculptés d'une belle pagode. Au second plan, le canal des Rapides apparaît comme un grand ruban d'argent ; plus loin encore, à la limite de l'horizon, surgissent les grandes montagnes bleuâtres qui entourent Bac-Ninh et qui sont à moitié masquées par la brume[1].

Vers trois heures nous quittons les rizières et nous nous avançons plus à l'aise à travers les champs de cannes à sucre, de patates et de taros. Les interprètes du général Brière courent de l'avant à l'arrière de la colonne en donnant des ordres brefs aux coolies, qui pressent le pas en s'écartant sur leur passage. Montés sur leurs petits chevaux indigènes, ils vont comme le vent à travers tous les obstacles.

Le cheval tonkinois est de petite taille : il ne mesure guère plus d'un mètre à un mètre vingt au garrot. Comme aspect, il ressemble beaucoup aux petits poneys de Corse. Bien fait, quoiqu'il ait souvent la tête un peu forte, il est plein de feu, très vigoureux et beaucoup plus facile à nourrir que nos chevaux français ; il a le pied plus sûr que ces derniers et fait quarante et même cinquante kilomètres par jour, quand il est bien soigné et bien nourri. Les Annamites ne l'étrillent ni ne le ferrent jamais ; la selle dont ils se servent est faite de deux panneaux de bois à peine rembourrés qu'on place sur une sorte de tapis formé de deux morceaux de cuir tanné ; ce tapis est souvent décoré de peintures représentant des animaux fantastiques ou des ornements bizarres ; le mors et la bride sont faits comme notre bridon[2]. Les rênes sont en corde et, de chaque côté de la bouche du cheval, pendent deux gros glands de coton fixés aux anneaux du mors.

Les Tonkinois se servent en général d'étriers de cuivre dans lesquels ils passent leurs pieds nus ; la branche interne de l'étrier est

---

1. Sans doute s'agit-il ici des massifs de Trung-Sơn et Bát Vân Sơn.
2. *Bridon* : bride légère à mors brisé et articulé.

saisie et maintenue entre le gros orteil et les autres doigts du pied. Les mandarins seuls montent avec des souliers chinois ; ils ne se servent pas d'éperons.

OFFICIER FRANÇAIS ET SON PETIT CHEVAL TONKINOIS

Les chevaux indigènes qu'on rencontre au Tonkin proviennent en majeure partie des provinces du nord, de Tai-Nguyen et de Cao-Bang[1] principalement : ils coûtent de quinze à vingt-cinq piastres rendus à Hanoï.

Il est probable que, d'ici à peu de mois, les officiers du corps expéditionnaire seront obligés de les adopter comme montures ; les grands chevaux que nous avons amenés de France s'anémient vite dans ce pays ; déjà plusieurs de nos camarades de la marine sont montés sur des chevaux du Tonkin. Ces chevaux, malgré leur petite taille, peuvent facilement porter un cavalier de soixante-dix à quatre-

---

1. Respectivement Thái-Nguyên et Cao-Bằng.

vingt kilogrammes ; ils n'ont qu'un inconvénient, c'est qu'ils ne connaissent pas le trot : ils vont l'amble ou le galop.

Nous arrivons à cinq heures et demie du soir à l'entrée d'un gros village où nous devons passer la nuit[1]. Quel beau pays ! Des arbres immenses et de l'herbe jusqu'à mi-jambes. Nous traversons un joli pont couvert, construit sur pilotis ; à la sortie du pont, le général en chef attend la colonne qui défile devant lui pour entrer dans le village.

PAYSANS PORTANT DES LÉGUMES

1. D'après d'autres sources, notamment le récit du général Ardant du Picq, ce « gros village » se trouverait dans la région de Voi-Phut, qu'il faut comprendre Voi-Phục, qui désigne sans doute le bourg de Cự-Linh (dans le canton du même nom) ou celui de Cổ-Bi (canton de Đặng-Xá), l'un et l'autre à quelques kilomètres au sud-est de Gia-Lâm, face à Hà-Nội, mais encore au sud du canal des Rapides.

TRAVERSÉE DU CANAL DES RAPIDES

CHAPITRE V

LE CANAL DES RAPIDES. – LES PAVILLONS CHINOIS. – ATTAQUE DU TRONG-SON. – ENTRÉE DANS BAC-NINH. – INSTALLATION DANS UNE PRISON. – LA CITADELLE. – LES TROPHÉES. – LES MAISONS ET LES RUES. – MARAUDEURS PUNIS. – LES FORTS CHINOIS. – PROMENADE VERS DAP-CAU.

Voilà trois jours que nous avons quitté Hanoï et que nous marchons à travers champs sans rencontrer un seul Chinois. Pendant ce temps, la 2ᵉ brigade, partie de Haï-Duong, a remonté en bateaux le Thai-Binh et a débarqué au niveau de Sept-Pagodes ; à la suite d'une série de combats vigoureusement menés, elle s'est établie solidement au village Do-Son[1]. Elle est en communication depuis vingt-quatre heures déjà avec le général en chef, grâce à la télégraphie optique ; elle attend que nous ayons traversé le canal des Rapides pour attaquer, de concert avec nous, la ligne des forts de Bac-Ninh ; cette ligne de

---

1. Le 8 mars, la 2ᵉ brigade s'était emparée du massif de Núi-Kiên (notamment du fort de Naou), situé entre le sông Cầu et le canal des Rapides. Les Chinois s'étaient repliés vers le sud, sur la colline de Đô-Sơn, puis vers le village de Dũng-Khuyét.

défense s'étend depuis les hauteurs du Trong-Son jusqu'au fleuve Song-Cau, dont le cours est intercepté par le barrage de Lach-Buoï[1].

Nous arrivons le 11 mars au matin devant le canal des Rapides, qui porte aussi le nom de canal de Bac-Ninh.

Le lit de ce cours d'eau a été creusé presque entièrement par les Annamites pour permettre aux bateaux du pays de passer directement du fleuve Rouge dans le Thaï-Binh ; il mesure environ cinquante-cinq kilomètres de longueur et de dix à quinze mètres de largeur.

Cette œuvre gigantesque a été terminée il y a une trentaine d'années seulement ; elle fait le plus grand honneur aux mandarins qui l'ont conçue et aux villages qui l'ont exécutée presque tout entière à l'aide de leurs corvées de travailleurs. Son utilité saute aux yeux lorsqu'on examine une carte du Tonkin.

Les descriptions du chapitre précédent montrent combien, dans le delta, les routes de terre sont difficiles et peu praticables. Les grands voyages et les transports de marchandises se font en jonques, par les canaux et les fleuves. Deux larges cours d'eau presque parallèles traversent le pays du nord au sud : le Song-Coi, ou fleuve Rouge, longe Lao-Kai, Son-Tây, Hanoï et Hong-Yen[2] ; le Thaï-Binh, qui à son origine prend le nom de Song-Cau, passe à Bac-Ninh et à Haï-Dzuong. Mais pour aller par eau des centres importants situés sur le fleuve Rouge aux villes non moins commerçantes bâties sur le Thaï-Binh, il fallait faire de longs détours et passer par de petits arroyos dans lesquels la navigation devient par instant très difficile. Pour éviter cette grande perte de temps, les Annamites ont relié l'un à l'autre leurs deux grands fleuves par des canaux faits de main d'homme et qui permettent de passer rapidement de l'un dans l'autre. Par le canal des Rapides, ils ont établi une voie directe entre Hanoï, Bac-Ninh et Haï-Dzuong ; par le canal des Bambous, ils ont réuni Hong-Yen à Phu-Ninh-Giang et à la mer.

Le canal de Bac-Ninh serpente entre deux grandes digues qui le masquent de chaque côté ; on arrive, pour ainsi dire, sur lui sans l'avoir soupçonné. Nous sommes à l'époque des basses eaux, et les bords du canal sont séparés de ces digues par un intervalle large d'une trentaine de mètres, occupé par des champs de patates et de cannes à sucre.

---

1. Le massif de Trung-Sơn se trouve au sud-est de Bắc-Ninh. Sur une carte ancienne, dressée à l'époque du conflit, nous comptons treize forts chinois de taille importante.
2. En réalité : Hưng-Yên, sur le fleuve Rouge. Le canal des Rapides et le canal des Bambous sont deux canaux parallèles qui permettent en effet de gagner le fleuve Rouge depuis le chevelu deltaïque du golfe du Tonkin (centré autour de Hải-Phòng). L'un et l'autre unissent le fleuve Rouge au fleuve Thái-Bình : au nord par le canal des Rapides et, au sud, par le canal des Bambous, qui part de Phủ Ninh-Giang pour aboutir non loin de Hưng-Yên.

Les deux canonnières *Éclair* et *Trombe* ont pu remonter jusqu'à nous grâce à leur faible tirant d'eau ; elles ont amené un grand convoi de jonques ; les sapeurs du génie construisent avec ces bateaux un pont qui nous permettra de gagner l'autre bord[1].

En attendant que ce pont soit praticable, les troupes ont mis sac à terre et ont formé les faisceaux sur la berge. Nous nous sommes installés dans un champ de patates, au milieu de nos caisses et de nos ballots gisant sur le sol ; assis sur nos cantines, nous regardons.

Il est six heures du matin ; le ciel se montre, comme toujours au Tonkin, gris et couvert ; le soleil levant ne peut réussir à percer les nuages et à pomper les petites buées flottantes qui courent à la surface de l'eau et qui s'accrochent au rideau de bambous de l'autre rive.

Les bords du canal offrent l'aspect d'un vaste camp, rempli de mouvement et de bruit comme une ruche bourdonnante : de tous côtés les troupiers vont et viennent, affairés ; les uns courent ramasser du bois mort ; les autres escortent des corvées de coolies qui vont puiser l'eau au canal.

Les cuisines s'improvisent comme par enchantement ; le café bout dans les grandes marmites de campagne, suspendues par un trépied de bambous au-dessus d'un feu de broussailles.

Les coolies, qui grelottent sous le froid du matin, se sont assis en rond autour du foyer. Ils ont tiré des provisions de la longue bourse de toile qu'ils portent en sautoir autour du corps et qu'ils ne quittent jamais ; accroupis sur leurs talons, leurs grands chapeaux coniques rejetés en arrière, ils mordent à belles dents dans leurs mottes de riz.

L'animation est aussi grande sur le canal : le pont avance à vue d'œil ; les sapeurs ont disposé leurs barques bout à bout et, après les avoir solidement ancrées, ils les relient les unes aux autre avec des madriers et des planches. À l'un des coudes, les deux grandes canonnières, *Éclair* et *Trombe*, surveillent les deux rives ; elles se tiennent sous pression et prêtes à tout événement. De petits remorqueurs à vapeur vont et viennent constamment de l'un à l'autre bord pour transporter les bagages et les munitions.

À midi, tous les préparatifs sont terminés et le passage de la colonne commence ; mais ce n'est qu'à la fin de la journée que les troupes sont réunies sur l'autre rive. Nous bivouaquons dans les champs en attendant les ordres[2].

---

1. Ce pont était simplement fait de jonques assemblées, mais la réalisation en avait été malaisée car, à cette hauteur, le canal était large de quatre-vingt-dix mètres.

2. La colonne a franchi le canal des Rapides à hauteur du village de Xam, à quinze kilomètres au sud-est de Bắc-Ninh, où nous savons qu'elle a cantonné la nuit suivante (du 11 au 12 mars).

Le lendemain, nous levons le camp sans bruit, à six heures du matin. On annonce que la journée sera rude.

À l'aide de nos lorgnettes nous découvrons les forts chinois perchés sur le haut des collines, comme des nids d'aigles, à quatre kilomètres à peine de l'endroit où nous avons passé la nuit. Avec les grandes lunettes de l'artillerie, on distingue même leurs pavillons ; ce sont de grands drapeaux ayant de deux mètres à deux mètres cinquante de côté et dont la hampe mesure trois ou quatre mètres. Les uns sont carrés, les autres triangulaires. Leurs bords sont en général découpés en longs festons contournés ; leur centre est souvent orné de caractères chinois ou d'animaux fantastiques : tigres aux yeux verts, grands dragons ouvrant des gueules énormes.

Chaque escouade de vingt ou vingt-cinq hommes a son pavillon planté en terre à l'endroit qu'elle a choisi pour combattre. Les chefs de chaque compagnie, de chaque bataillon, de chaque régiment, ont également le leur, qu'ils fichent dans le sol au moment de l'action. De l'endroit où nous sommes, ces grands drapeaux, flottant au vent et couronnant le sommet des collines sur une étendue de plusieurs kilomètres, produisent un effet saisissant.

À onze heures nous arrivons au marché de Chi, gros bourg annamite bâti sur le bord de l'eau dans un endroit pittoresque[1]. Nous déjeunons rapidement, au bruit du canon de la brigade Négrier qui attaque sur un autre point les lignes de Bac-Ninh[2], puis nous quittons définitivement le canal des Rapides pour prendre à gauche à travers champs.

Nous ne tardons pas à déboucher dans une grande plaine couverte de rizières, au bout de laquelle se dressent les collines du Trong-Son. Ces collines forment comme deux gigantesques étages ; elles sont couronnées par des forts au-dessus desquels s'agite une forêt de pavillons dont les étoffes de couleurs vives et variées resplendissent au soleil.

En avant du massif principal, deux monticules surmontés d'ouvrages en terre semblent placés dans la plaine comme deux sentinelles avancées. L'artillerie prend immédiatement position et commence le feu sur ces ouvrages. Je fais partie de la section d'ambulance envoyée à l'avant-garde et j'assiste au combat comme à un spectacle[3].

---

1. Les cartes anciennes permettent de très bien localiser ce bourg qui se trouve sur le canal des Rapides, à quelques kilomètres en aval de Xam et, en gros, à mi-distance entre Bắc-Ninh et Sept-Pagodes. Selon toute vraisemblance, il s'agirait donc du hameau de Trì, relevant de la commune de Vũ-Dương (canton du même nom, dans le district de Quế-Dương).

2. Cet « autre point » est le village de Xuân-Hoà, à sept kilomètres à l'est de Bắc-Ninh.

3. Cette courte phrase illustre à elle seule la méthode de Hocquard, ethnographique avant la lettre, puisqu'il se trouve être, ici, à la fois observateur, et participant aux faits qu'il relate.

Le feu de l'artillerie a cessé ; les troupes se déploient en silence dans la rizière ; elles forment deux grandes lignes qui s'avancent parallèlement en faisant onduler les touffes de riz : à droite, l'infanterie de marine semble une grande bande noire, tracée au cordeau ; à gauche, les turcos, alignés comme pour une parade, marchent ayant de l'eau jusqu'au ventre et tenant au-dessus de leurs têtes, de peur de les mouiller, leurs fusils qui reluisent au soleil ; ils s'avancent lentement, posément, comme à la manœuvre. Tout à coup les sommets des monticules se couronnent de fumée : c'est l'ennemi qui reçoit nos troupes avec des feux de salves. Les clairons sonnent de toutes parts l'assaut ; marins et turcos gravissent en courant les pentes et culbutent tout sur leur passage. Les Chinois se sauvent de tous côtés, abandonnant leurs pavillons ; on les voit descendre rapidement l'autre versant des collines et fuir en désordre dans la direction de Bac-Ninh.

À quatre heures et demie du soir, le pavillon français flotte sur la plus haute cime du Trong-Son.

Cette nuit-là, nous avons couché dans une belle pagode de village ; j'ai établi le brancard d'ambulance qui me sert de lit de camp sur l'autel même de Bouddha, et deux gigantesques statues de mandarins en costume rouge et or ont monté toute la nuit la garde à mon chevet.

À peine le jour a-t-il paru que nous sommes réveillés par un planton du général qui apporte l'ordre de marche au médecin-chef. Nous apprenons que l'ennemi a complètement abandonné sa ligne de défense, du Trong-Son au Song-Cau, et qu'il est en retraite sur Bac-Ninh ; le général de Négrier a opéré son mouvement tournant ; il occupe les hauteurs de Dap-Cau qui commandent la route de Bac-Ninh à Lang-Son[1].

En route dès cinq heures, nous marchons très vite. Tout à coup un cavalier courant ventre à terre, de la droite à la gauche de la colonne, nous annonce la prise de Bac-Ninh par le général de Négrier. Au reçu de cette nouvelle, on accélère encore la marche pour que la colonne puisse prendre ses cantonnements à Bac-Ninh le soir même[2].

Nous rencontrons près d'un village fortifié, incendié la veille, une vingtaine de cadavres de soldats chinois abandonnés dans la rizière ; ils portent tous le costume de l'armée régulière de Chine : large

---

1. Les troupes françaises avaient en effet opéré un mouvement tournant qui leur avait permis de prendre le massif de Trưng-Sơn, la petite colline de Xuân-Hoà et l'arroyo de Đáp-Cầu, tout cela formant un vaste arc de cercle entourant l'est de la ville de Bắc-Ninh et isolant celle-ci de ses arrières.

2. 13 mars 1884. D'après une autre source, c'est exactement à neuf heures trente du matin, au cours d'une halte, que la 1ère brigade aurait été informée du succès du général Négrier, et à sept heures du soir qu'elle serait entrée à Bắc-Ninh.

pantalon leur allant jusqu'à mi-jambes ; vareuse de même couleur, à manches très larges, bordées de velours noir, à col se boutonnant sur le côté. Leurs pieds nus sont garantis par des semelles en paille de riz tressée ; ces semelles sont fixées sur le cou-de-pied par un système de cordelettes entrecroisées et remontant jusqu'au-dessus des chevilles. Le grand chapeau à larges bords, fait en paille de riz, qui complète ce costume a roulé à côté des cadavres dans la boue. Les morts ont été dépouillés de leurs armes ; ils portent sur la poitrine et dans le dos deux gros ronds de calicot blanc, séparés en deux moitié par un trait rouge ; dans ces ronds blancs sont inscrits des caractères chinois indiquant le lieu d'origine de l'homme et le nom du régiment auquel il appartenait. Tous ces morts faisaient partie d'un régiment du Kouang-Si ; ils étaient sous les ordres du général chinois Tien-Huc dont le pavillon de commandement, en soie rouge ornée de caractères bleu foncé, a été retrouvé dans la citadelle de Bac-Ninh au moment de la prise de la ville[1].

Nous faisons notre entrée dans Bac-Ninh le 13 mars à sept heures du soir. Il fait nuit noire ; les rues sont encombrées de débris et remplies par les soldats de la brigade Négrier qui occupe la ville depuis hier. De petites lanternes sont placées à chaque carrefour ; leur lumière fumeuse et tremblotante nous permet à peine de nous diriger à travers les ruelles étroites, bordées par de pauvres maisons basses, faites en terre gâchée et recouvertes de paille. C'est presque à tâtons que nous arrivons au logement qui nous a été préparé dans la citadelle.

Le lendemain, aussitôt qu'il fait jour, je sors de dessous ma mousti-quaire. Je suis arrivé la nuit et sans rien voir, j'ai hâte de connaître notre installation.

Nous sommes dans un immense bâtiment en briques au milieu duquel se dressent de grandes et massives colonnes en bois de teck ; ces colonnes supportent la charpente de la toiture recouverte en tuiles rouges. Le jour entre à peine, car les murs ne sont percés d'aucune fenêtre, et le toit, très bas, s'avance d'un mètre cinquante au-dessus de la porte d'entrée. Le sol, boueux et à peine battu, dégage une odeur de riz fermenté et de moisi ; je trouve par terre de grosses chaînes dont une des extrémités est scellée à la muraille et dont l'autre se termine

---

1. Ce général s'appelait en réalité Triên-Huc, et son étendard, qui était bien tel que Hocquard le décrit, a été conservé au musée des Invalides. Un peu plus loin dans ce récit, l'auteur précise que deux autres étendards ont été trouvés à Bắc-Ninh. Ils ont leur importance politique puisqu'il s'agit de celui des troupes impériales chinoises, de soie jaune, ornée de caractères bleus, et de celui du général vietnamien commandant en chef, en soie verte, décorée d'appendices grenats.

par un anneau de fer. Ce lieu servait sans doute de prison, car voici, à côté des chaînes, des planches de bois percées de trous, semblables à celles que j'ai vues à Hanoï en visitant les cachots du *tông-dôc*. Près d'une chaîne je découvre sur le mur des traces de sang et, par terre, un énorme paquet de cheveux arrachés ; quelque drame s'est déroulé là. Plus loin, dans un coin, des marmites sont renversées et brisées ; le riz cuit dont elles étaient pleines s'est répandu sur le sol. C'est sans doute le repas qu'on allait distribuer aux prisonniers et qu'on a laissé là pour fuir plus vite. Des légions d'énormes rats, en train de dévorer le contenu des marmites, s'enfuient à mon approche en dégageant une forte odeur de musc. Une des moitiés de la salle est occupée par des moustiquaires blanches, disposées en deux rangées bien alignées au-dessus des lits de camp où dorment mes camarades. En les regardant dans l'ombre, on croirait voir les rideaux blancs d'un dortoir de pensionnat.

De la cour de l'ambulance, je découvre la grande tour octogonale qui s'élève au milieu de la citadelle et sur laquelle flotte depuis hier le drapeau français. Auprès de cette tour sont massés les magasins à riz ; ce sont de grands hangars, fermés de toutes parts et recouverts de tuiles rouges. Au milieu de leurs toits bas et longs s'élèvent les pignons contournés et le faîte orné de grandes chimères de la pagode royale, où loge en ce moment le général Millot[1]. Près de la pagode, dans une cour ombragée par de grands pins maritimes, sont rangés les trophées que le général de Négrier a conquis sur l'ennemi ; il y a des fusils et des armes blanches de tous les modèles : des lances, de grandes fourches à trois dents au bout desquelles les Chinois ont coutume de promener les têtes des vaincus, et aussi de nombreux pavillons de toutes formes et de toutes couleurs. Je remarque, entre autres, le grand drapeau impérial, en soie jaune, orné de caractères bleus, qui flottait au sommet de la tour de Bac-ninh, et l'étendard en soie verte avec bordure grenat du général Hoang-Ké-Lang, qui commande l'armée du Kouang-Si[2]. Une mitrailleuse Christophle et une batterie de six canons Krupp sont rangées le long du mur d'enceinte ; les culasses des canons sont couvertes de caractères chinois.

La citadelle est entourée de hautes murailles en briques et d'un large fossé plein d'eau ; sur le haut des murs, l'ennemi a disposé des rangées de chevaux de frise en bambous ; des ponts de briques en dos

1. D'après cette description, et en se fondant sur les plans anciens de la citadelle, on peut penser que l'ambulance du docteur Hocquard devait se trouver au nord de la citadelle, d'où il pouvait en effet apercevoir les magasins au premier plan et, un peu plus loin, la pagode royale et le mirador.
2. Hocquard veut désigner Houang Kouei Lan, le général en chef de l'armée régulière chinoise.

RÉGULIER CHINOIS

d'âne sont jetés au-dessus du fossé, au niveau de chacune des portes ; ces portes, d'aspect monumental, sont surmontées de miradors à deux étages dont les toits recourbés et garnis de sculptures font le plus joli effet[1].

La ville, massée autour de la citadelle qui en occupe le centre, est elle-même enfermée dans une muraille d'enceinte percée de portes du même style architectural que celles de la citadelle. On peut évaluer à environ cinq mille ou six mille âmes la population qu'elle renfermait avant l'arrivée de nos troupes. À l'heure actuelle tous les habitants ont fui et les maisons sont occupées par nos soldats.

Une seule grande rue, toute droite, traverse la ville, du nord au sud ; elle est pavée, dans son milieu seulement, avec de gros moellons inégaux, commodes peut-être pour les Annamites qui vont nu-pieds, mais sur lesquels nos pieds chaussés de gros souliers glissent à chaque pas. De chaque côté de l'étroite bande de pavés, le sol de la rue est incliné en pente douce pour permettre aux eaux des pluies de s'écouler facilement dans les ruisseaux creusés de chaque côté, parallèlement à la ligne des maisons. Ces ruisseaux, qui en ce moment sont remplis par une eau croupissante dans laquelle on a jeté toutes sortes de détritus, répandent une odeur infecte[2].

Je me heurte à chaque pas contre des tonnelets de poudre, des armes, des sacs de riz éventrés. Dans l'intérieur des maisons, dont les portes sont restées ouvertes, tout est en désordre et sens dessus dessous. Je ne vois que caisses brisées laissant échapper leur contenu, meubles renversés, livres déchirés, cartouches, poires à poudre, parasols en papier huilé, etc. : c'est un fouillis indescriptible. On dirait que les habitants, pressés de fuir, ont tout bouleversé pour trouver plus tôt les objets précieux qu'ils voulaient emporter avec eux.

---

1. La citadelle visitée par Hocquard n'était plus celle d'époque Lê (qui se trouvait à Thị-Câu), mais celle construite par Gia-Long en 1804, et largement restaurée par Minh-Mạng (en 1839 notamment). Ce dernier souverain avait fait remplacer les remparts de terre par une enceinte de pierre et de brique, et il avait fait agrandir et renforcer les quatre portes (qui passèrent de quatre à six mètres de haut). L'ensemble du bâtiment conserva cependant sa forme typique, celle d'un vaste hexagone dont le rempart intérieur avait un développement de plus de deux kilomètres, et qui était protégé par des courtines et des bastions formant lunettes d'angle. L'enceinte extérieure évoquée par Hocquard existait sans doute dès l'époque de Gia-Long, mais il semble que le fossé (large de vingt mètres) et la berme qui le précède aient été construits postérieurement.

2. La gravure présentée dans cet ouvrage (p. 151) a été réalisée à partir d'une photographie prise par Hocquard, photographie absolument exceptionnelle qui constitue le seul témoignage subsistant de l'ancien Bắc-Ninh. Si l'on examine de près non point la gravure mais le cliché original à partir duquel le graveur a travaillé, on s'aperçoit que le plan était plus large et qu'il incluait la moitié du pilier de la pagode situé à gauche de la gravure. Or ce pilier comportait des caractères chinois (en l'honneur du général Kouan-Yu, de l'époque des Trois-Royaumes) qui permettent d'identifier cette pagode et le lieu de la prise de vue. Notons aussi que les personnages qui, au deuxième plan, apparaissent sur la gravure n'existent pas sur la photographie originale.

PORTE DE LA CITADELLE DE BAC-NINH

Dans une maisonnette située près des remparts, il y a une telle quantité de munitions répandues sur le sol que nous enfonçons dans la poudre jusqu'aux chevilles. Ce qu'on a ramassé et noyé de caisses de cartouches et de poudre dans les deux jours qui ont suivi la prise de la ville est inimaginable[1].

C'est à dessein que les Chinois avaient répandu partout des matières explosibles ; il est prouvé qu'ils avaient l'intention de mettre, avant de fuir, le feu aux quatre coins de la ville ; seule la rapidité avec laquelle le général de Négrier a conduit son attaque les a empêchés d'exécuter leur projet.

En rentrant de ma promenade, j'ai de la peine à reconnaître la grande salle noire, boueuse et malpropre dans laquelle je m'étais éveillé le matin. On a percé à coups de pioche, dans la muraille, des brèches par lesquelles le jour et l'air entrent librement ; on a balayé et approprié le sol de fond en comble ; la cuisine a été installée dans la cour, sous un petit arbri organisé avec quatre pieux et un paillasson ; Haï, aidé de ses deux acolytes, s'empresse, affairé autour de ses marmites. La table est posée dans un coin sur deux caisses renversées ; elle est recouverte d'une belle natte sur laquelle brillent nos assiettes et nos gobelets d'étain.

Les malades et les blessés commencent à affluer ; nous recevons une douzaine de coolies du service des vivres qui ont été brûlés sur tout le corps par suite de déflagration de poudre. Ces malheureux, entrés de nuit dans Bac-Ninh à la suite de notre colonne, se sont répandus immédiatement dans la ville pour piller ; ils ont pénétré dans les cagnas avec des torches allumées et ils ont mis le feu à des amas de poudre.

Cette sévère leçon ne corrigera pas ces maîtres maraudeurs. Les gens du peuple ont pour le pillage un goût extrêmement prononcé ; chaque fois qu'on fait halte en colonne, il faut avoir la précaution de bien encadrer les coolies, sinon ils vont fureter dans les maisons, dans les pagodes même, cherchant quelque chose à voler.

Lorsqu'ils entrent dans une case, ils sondent immédiatement le sol et les murailles avec un bâton et ils percutent soigneusement les gros bambous creux qui soutiennent la toiture. Les Annamites ne connaissent pas, comme nous, les placements d'argent ; ils ont tous, dans leurs maisons ou aux environs, un petit coin dissimulé avec art dans lequel ils enfouissent leurs économies. Les coolies ont un flair inouï pour découvrir ces cachettes.

---

1. Cette description est confirmée par le récit du capitaine Carteron, qui conclut ainsi : « En un mot, Bắc-Ninh présentait l'aspect singulier d'une cité populeuse, évacuée précipitamment. »

RUE PRINCIPALE DE BAC-NINH

Je reçois l'ordre de demeurer à Bac-Ninh avec les malades pendant que les troupes des deux brigades vont poursuivre les débris des bandes chinoises sur les routes de Tai-Nguyen et de Lang-Son. J'en profite pour faire quelques excursions aux environs, sous la garde de mes ordonnances armées de leurs fusils[1].

La ville de Bac-Ninh est située au centre d'une grande plaine couverte de champs de riz. Au milieu des rizières émergent de distance en distance de petits mamelons, hauts tout au plus de quinze ou vingt mètres ; sur quelques-uns des ces monticules, les Chinois ont construit des forts et des redoutes ; les autres sont couronnés par de jolis bouquets de pins au milieu desquels apparaissent de temps en temps les toits rouges d'une pagode.

PETITE REDOUTE CONSTRUITE PAR LES CHINOIS

Les fortins construits presque en rase campagne pour défendre les approches immédiates de la ville se ressemblent tous : ce sont de petites redoutes carrées, protégées par des murs en terre hauts de deux ou trois mètres et crénelés ; à l'intérieur, la muraille est doublée d'un parapet également en terre qui court tout autour de l'enceinte et sur lequel montaient les soldats pour tirer par les créneaux.

---

1. Probable occasion, pour notre auteur, d'aller prendre quelques photographies.

À chacun des quatre angles de l'ouvrage se dresse un mirador dont le toit de paille dépasse un peu la muraille d'enceinte ; c'est là que se postaient les sentinelles chargées d'observer la campagne. On a de la peine à se figurer comment un homme pouvait demeurer pendant des heures dans ce frêle abri, tellement étroit qu'on ne peut s'y coucher, tellement bas qu'il faut y rester accroupi. Les pieux qui le supportent sont si longs et si minces qu'ils devaient osciller à chaque mouvement de la sentinelle ; celle-ci se tenait, comme un coq sur son perchoir, en équilibre sur les cinq ou six bambous horizontaux et très espacés les uns des autres qui constituent l'unique plancher de l'édifice[1].

LA PLAINE DE BAC-NINH

En suivant la voie mandarine qui va de Bac-Ninh au fleuve Song-Cau, on fait une promenade charmante : la route, après avoir traversé les rizières, s'élève peu à peu pour serpenter entre des collines

1. Les redoutes décrites par Hocquard – qu'il ne faut pas confondre avec les forts proprement dits – formaient tout un système de défense qui entourait l'enceinte extérieure de la citadelle de Bắc-Ninh. Par rapport à celle-ci, elles étaient situées à une distance variant de cent cinquante à cinq cents mètres, et séparées entre elles par une distance allant de trois cents mètres à un kilomètre. Cette couronne de redoutes était en position surélevée par rapport à la plaine environnante. La fragilité des édifices évoque moins un ouvrage défensif qu'un simple poste de garde et d'observation.

verdoyantes ; de coquettes villas chinoises, à demi enfouies dans les arbres, semblent accrochées aux flancs des coteaux. C'est là que les grands mandarins chinois qui commandaient à Bac-Ninh avaient fait construire leurs maisons de campagne ; suivant une habitude chère aux lettrés de l'Extrême-Orient, ils s'y réunissaient à certains jours pour y dîner entre amis et composer des vers.

J'ai trouvé, en visitant une de ces villas, une grande toile blanche, accrochée à la muraille, comme un kakémono japonais. Sur cette toile, un des raffinés de littérature dont je viens de parler avait écrit une pièce de vers de sa composition, que je me suis fait traduire par un interprète et qui m'a paru remarquable. Je ne puis résister au désir de citer cette traduction, que j'ai fidèlement écrite sous la dictée de mon lettré :

Il y a ici des fleurs dont le parfum se répand partout.
Les jeunes filles qui les voient se disent entre elles-mêmes :
Demeurerons-nous toujours aussi belles et aussi pures que ces plantes dont les tiges et les racines durent si longtemps ? Leurs branches sont flexibles comme une svelte jeune fille, et le zéphyr qui les caresse porte au loin leur parfum.

TOUR ET MAGASINS À RIZ A BAC-NINH

CHARRUE ANNAMITE

CHAPITRE VI

RETOUR À HANOÏ PAR LA VOIE MANDARINE. – MAISONS EN POTERIES. – MANTEAUX EN FEUILLES DE PALMIERS. – LA CHARRUE ET LES BUFFLES. – RESTAURANT EN PLEIN VENT. – MENU ANNAMITE. FORTS CHINOIS. – CHANGEMENTS SURVENUS A HANOÏ. – MARCHANDES DE CHARBON ET FLEURISTES. – UNE MARCHANDE DE GAUFRES. – VISITE A UNE FUMERIE D'OPIUM. – PROMENADE DANS HANOÏ. – MENUISIERS ET CHARPENTIERS. – LE SONNEUR DE PIASTRES. – UN POUSSE-POUSSE. – LA RUE DES BAMBOUS. – LE COMMERCE DU SEL ET DE L'HUILE. – LA DOUANE. – LES VIEUX QUARTIERS. – LE *NUOC MAM.* – LA RUE DU CHANGE. – LES SAPÈQUES. – LES FONDEURS DE BARRES D'ARGENT. – LA RÉSIDENCE DE FRANCE.

Les deux colonnes lancées à la poursuite des fuyards chinois sont rentrées à Bac-Ninh après huit jours de marches forcées ; elle n'ont pu atteindre que l'arrière-garde de l'armée ennemie ; elles rapportent des canons Krupp et de nombreux trophées.

Nous quittons Bac-Ninh le 24 mars, à la suite de la 1ère brigade. Nous allons prendre à Hanoï quelques jours de repos bien gagnés ; les marches ont été rudes et, dans le milieu du jour, la température commence à devenir chaude. Malgré le surmenage des troupes, auxquelles on a beaucoup demandé ce mois-ci, l'état sanitaire du corps expéditionnaire est demeuré satisfaisant ; nous n'avons eu à soigner que quelques fièvres intermittentes, des embarras des voies digestives peu graves, et beaucoup de plaies aux pieds et aux jambes produites par les marches dans l'eau des rizières. Mais nos hommes ont perdu leurs belles couleurs de France ; on voit qu'un sang déjà appauvri circule sous leur peau hâlée par le grand air.

Nous suivons pour revenir la grande voie mandarine que nous avions évitée avec tant de soin pendant notre marche sur Bac-Ninh. Depuis la déroute de l'armée chinoise, les habitants ont peu à peu regagné leurs villages ; ils ont repris la culture de leurs champs et la campagne est devenue très animée. C'est un véritable plaisir pour nous de marcher sur cette route unie où les kilomètres se font sans fatigue et sans à-coups.

La province de Bac-Ninh entretient un important commerce de poteries. Il y a, aux environs de la ville, des villages dont tous les habitants sont occupés à cette industrie[1]. Ils fabriquent exclusivement des vases communs en argile cuite ; c'est de leurs fours que sortent les grandes jarres cylindriques, hautes de près d'un mètre, dans lesquelles les indigènes conservent l'eau et l'huile[2] ; ils font aussi les petits cercueils rectangulaires en terre de brique dans lesquels les Annamites enferment les ossements de leurs morts après qu'ils ont séjourné plusieurs années dans la terre. Ces cercueils ont de cinquante à soixante centimètres de longueur sur quinze à vingt de large et autant de haut ; leurs parois sont percées de nombreux trous ronds[3].

Beaucoup de maisons des faubourgs de Bac-Ninh sont construites avec des rebuts de ces poteries ; de grandes jarres cylindriques remplies de terre en forment les soubassements ; les murs sont bâtis avec de petits cercueils d'argile superposés comme des briques.

Nous commençons à subir les brusques écarts de température qui, au Tonkin, précèdent les changements de saisons. Le matin, quand nous nous mettons en marche, nous sommes enveloppés par un brouillard froid et humide, qui se résout souvent vers dix heures en

---

1. Notamment le village de Thổ-Hà (actuellement Vân-Hà), situé sur un promontoire de la berge du Sông Cầu, ou encore celui de Bát-Tràng, face à Hà-Nội. Construire les maisons à l'aide des rebuts de poteries et de maçonnerie était une solution économique, qui présentait surtout l'avantage d'éviter les incendies que les nombreux fours auraient pu allumer si l'on avait construit de simples paillotes.

2. Ces jarres hautes et ventrues sont appelées *chum* (d'où vient le terme colonial *chum-chum* qui désigne l'alcool de riz conservé dans ces jarres) ; celles qui contiennent les différentes saumures, un peu plus étroites au col, sont appelées *chĩnh*.

3. Voir note 4 page 84 et note 1 page 85. Le premier enterrement (*hung táng*) se faisait dans le cimetière du village puis, après trois ans, à la fin du deuil officiel, les ossements étaient exhumés (de bon matin, à l'abri des rayons du soleil), nettoyés avec de l'eau parfumée et transférés dans le petit cercueil de terre cuite décrit par l'auteur (cette cérémonie était appelée *thay áo* : « changer les vêtements »). C'était alors l'inhumation définitive (*cát táng*).

une petite pluie fine, serrée et pénétrante. À midi, le thermomètre monte brusquement de huit ou dix degrés. On ne voit jamais le soleil ; ses rayons ne peuvent traverser l'épaisse couche de nuages qui masque constamment le ciel ; mais il fait une chaleur humide, lourde, énervante. De temps à autre, le ciel se couvre tout à fait et nous verse une véritable douche de pluie, sous laquelle nous marchons en courbant le dos, sans avoir rien à lui opposer que nos misérables caoutchoucs, qui sont traversés au bout d'un instant.

COOLIE VÊTU DE SON MANTEAU DE FEUILLES

Nos coolies sont mieux pourvus que nous : pour se protéger, ils ont des manteaux faits avec des feuilles de palmier imbriquées les unes au-dessus des autres comme les tuiles d'un toit. Pendant les haltes, quand la pluie tombe trop fort, ils s'accroupissent et, dans cette position, avec leurs grands chapeaux qui les recouvrent comme un toit conique et leurs manteaux de feuilles qui les enveloppent de tous côtés, on dirait autant de guérites placées le long du chemin.

Les Annamites sont occupés à labourer leurs champs. Leurs charrues ont la forme de gigantesques hameçons de bois dont la pointe serait pourvue d'une armature en fer ; elles sont traînées soit par un buffle, soit par un petit bœuf à bosse. La façon dont ces animaux sont attelés est très simple : un morceau de bois recourbé repose par son milieu en avant du garot où il est maintenu par une corde qui fait le tour du cou ; deux autres cordes, fixées à chacune des extrémités de ce bois, passent, l'une à droite, l'autre à gauche de l'animal, pour aller s'attacher au timon. La main droite du laboureur appuie sur le soc de la charrue, tandis que de la gauche il dirige l'attelage, en tirant sur une longue ficelle, fixée par un bout dans un trou fait au naseau du bœuf. Les grands buffles au poil gris fer, aux longues cornes recourbées et très pointues, ont un aspect sauvage. Quand nous passons trop près d'eux, ils s'arrêtent pour nous fixer avec leurs gros yeux farouches, lèvent leur museau couvert d'une écume blanche et se campent sur leurs quatre pattes comme s'ils voulaient nous charger. Un mot bref de leur conducteur leur fait baisser la tête et reprendre le labourage. L'Annamite est très doux pour ces utiles auxiliaires ; jamais il ne les frappe ; au contraire, il leur parle comme à des amis, leur prodiguant les mots tendres et les encouragements.

De distance en distance, on trouve, le long de la voie mandarine, des marchands de comestibles, de légumes et de fruits installés sur le bord du chemin, soit en plein air, soit sous de petites cases en paillotes dont un des côtés est relevé au-dessus du toit en forme d'auvent. Le voyageur s'assied devant la boutique, sur un banc de bois placé à cet effet ; sur le comptoir, les mets tout préparés sont disposés devant ses yeux dans de petites soucoupes en porcelaine bien propres. Il peut faire son choix entre des morceaux de canard rôti à cinq sapèques le plat, de grosses crevettes à une sapèque la paire, des crabes, des poissons frits à l'huile de sésame, du porc rôti à la broche, découpé en petits morceaux et dressé sur de la salade de pourpier[1], de la purée faite avec de la farine de pois de Chine, de grosses fèves de marais à la saumure, etc. De petites baguettes de bois sont placées sur les soucoupes ; ce sont les cuillers et les fourchettes des indigènes. Toutes

---

1. Pourpier (*cây rau sam*, *Portulaca oleracea*) : légume à petites feuilles charnues et à fleurs jaunes, consommé vert.

PETITS RESTAURANTS ET DÉBITS DE THÉ

les viandes sont découpées à l'avance en menus morceaux car les Annamites ne se servent jamais de couteau en mangeant.

Un Tonkinois peut faire un excellent dîner dans un de ces restaurants moyennant trente sapèques de zinc, qui équivalent à peu près à trois centimes de notre monnaie. À ce prix, on lui servira successivement deux plats de viande, une tasse de bouillon, qu'il prendra avec une petite cuiller en porcelaine à manche court et recourbé, enfin un ou deux bols de riz cuit à l'eau, qu'il mangera en plaçant la tasse près de ses lèvres et en poussant avec ses baguettes le riz dans sa bouche grande ouverte.

Après s'être curé minutieusement les dents avec un éclat de bambou, il ira à côté, au petit débit de thé qui avoisine toujours la boutique du restaurateur. Là, comme il n'a rien bu pendant tout le repas qu'il vient de faire, il s'offrira pour deux sapèques une ou deux tasses d'une infusion de thé vert récolté dans le pays qu'il fera suivre au besoin, mais très rarement, d'une cuillerée de vin de riz ; il trouvera sur le comptoir une pipe à eau à très petit fourneau dans laquelle il mettra une pincée de tabac opiacé tiré de sa ceinture ; il humera une ou deux bouffées, puis se remettra en route en mâchant une chique de bétel. Il aura admirablement dîné.

Mais il faut être riche pour s'offrir cette dépense ; nos coolies font beaucoup moins de frais pour satisfaire leur appétit et varier leur ordinaire ; ils s'adressent aux petits marchands ambulants qui sont venus, apportant leurs marchandises sur leur dos aux deux extrémités d'un long bambou. Ceux-ci sont accroupis en plein air, devant les paniers ronds qui contiennent le plat du jour, les fruits et les pâtisseries. J'en vois qui vendent des choses étranges ; l'un débite par tranches un gâteau fait avec du sang coagulé ; un autre détaille au couteau un morceau de gélatine légèrement sucrée, ou du vermicelle transparent qui ressemble à de la colle[1].

Les Chinois avaient construit, pour défendre la route mandarine, un certain nombre d'ouvrages en terre dont quelques-uns sont très remarquables. Je viens d'examiner en détail une de ces défenses qui se trouve près du village de Dinh-Ban[2], sur le bord du canal des Rapides, à cent mètres environ de la digue que nous suivons. Elle se compose d'une muraille en terre haute de deux mètres ; cette muraille, percée

1. La description est bien vague, mais il pourrait s'agir, pour le « gâteau fait avec du sang coagulé », du *tiết canh*, pour la « gélatine légèrement sucrée », du *kẹo mạch nha* ou du *thạch*, et, pour le « vermicelle transparent », du *miến*.
2. Đình-Bảng, à quinze kilomètres à l'est de Hà-Nội, est réputé pour sa magnifique maison communale du XVIIIe siècle, mais aussi parce qu'il s'agit là du village natal du fondateur de la dynastie des Lý.

de nombreuses meurtrières, est recouverte de mottes de gazon formant toiture et destinées à la préserver des atteintes de la pluie ; elle s'étend, en forme de ligne brisée et parallèlement à la route, sur une longueur d'environ vingt mètres. Pour en défendre les approches, on a creusé en avant un remblai suffisamment élevé pour abriter une deuxième ligne de tireurs à genoux.

Pendant les trente-cinq kilomètres qui séparent Bac-Ninh de Hanoï, la route traverse une interminable plaine de riz. Les arbres sont rares ; à part l'inévitable bambou dont les haies touffues et épineuses entourent et protègent les villages, on ne rencontre guère que d'immenses banians dont le feuillage sombre ombrage les pagodes ou les lieux consacrés, et des flamboyants dont les grandes fleurs d'un rouge de sang commencent à s'ouvrir dans cette saison[1]. Les Annamites professent une grande vénération pour le banian qu'ils appellent l'arbre de Bouddha ou l'arbre des Pagodes[2]. Ils affirment que les mille esprits subtils, sylphes, lutins ou farfadets, dont leur imagination superstitieuse peuple les espaces de l'air, viennent se reposer sous son ombre. Certains de ces esprits sont fantasques, facilement irritables et toujours disposés à jouer de méchants tours au malheureux voyageur qui passe à leur portée. Pour conjurer le danger, on place sur un petit autel de pierre, dans l'endroit où habite le malin esprit, un vase rempli de cendres dans lequel les voyageurs plantent des baguettes d'encens allumées ; d'autres fois on suspend aux branches un pot contenant de la chaux éteinte[3].

---

1. Non point des « flamboyants » mais, pour être exact, des « faux-kapokiers », qui fleurissent de février à avril (les flamboyants fleurissent en été, de mai à juillet).

2. Il faut pourtant distinguer le banian proprement dit (*cây da*) de « l'arbre de Bouddha ». Dans le lexique religieux, ce dernier (une variété de ficus) était en effet désigné par un terme qui référait à la fois à l'arbre et au bouddhisme : *cây đề*, abréviation de *bồ-đề*, provenant de *bồ-tát* (bodhisattva). L'expression *cửa bồ-đề* (« la porte de [l'arbre de)] Bouddha ») – que l'on trouve par exemple dans le *Kim Vân Kiều* (vers 2989) – désigne la pagode elle-même. À Hué, au bord de la rivière des Parfums, la célèbre pagode de Linh Chơn Điện (« temple des Vérités spirituelles ») porte aussi le nom de Am Bồ-Đề (« pagode du Banian ou du Bodhisattva »). C'est cette conjonction de sens (*banian, bouddha, pagode*) qui explique les propos de Hocquard. On ajoutera que, d'après la légende, le *bồ-đề* ne donne tous les trois mille ans qu'une seule fleur, que celle-ci, après trois mille autres années, ne produit qu'un seul fruit, et que ce fruit contient précisément les cent huit graines qui correspondent aux cent huit grains des chapelets bouddhiques. Précieux parce qu'il apporte de l'ombre, le banian est souvent planté dans la cour des maisons ou à l'entrée des pagodes, des marchés, des villages et dans les lieux de réunions publiques. Pour se concilier les génies censés l'habiter (voir les contes populaires, notamment celui du candidat Cần), un autel est fréquemment logé au sein de ses gigantesques racines. De nombreux proverbes soulignent le caractère sacré de cet arbre, tel *kính thần thì trọng cây da* (« qui honore le génie doit respecter le banian »), ou encore celui-ci qui illustre la nécessité des services réciproques : *cây da cậy thần, thần cậy cây da* (« le banian compte sur le génie, le génie compte sur le banian »). Notons enfin que cet arbre était également vénéré par certains groupes ethniques, tels que les Sédang de la région de Kontum (divinité Yan Lon, « génie de l'Abre »).

3. La cruche à chaux ainsi suspendue est appelée « Monsieur cruche à chaux ».

En rentrant à Hanoï, nous sommes surpris des changements qui se sont produits dans la ville pendant notre absence : à la suite des événements de Bac-Ninh, les indigènes ont repris confiance ; ceux qui avaient fui par crainte des Chinois sont rentrés dans leurs maisons. Certains quartiers qui, avant notre départ, étaient absolument déserts, sont maintenant des plus animés.

DÉFENSE EN TERRE CONSTRUITE PAR LES CHINOIS

Nous avons repris notre logement dans la citadelle. Le coin que nous occupons est maintenant des plus bruyants et des plus fréquentés. Chaque matin, une foule d'industriels indigènes vient nous offrir ses produits ; mon grand bonheur est, aussitôt éveillé, de m'asseoir devant ma porte et d'assister à leur défilé.

Voici d'abord nos petites marchandes de charbon, deux enfants de dix ou douze ans qui ploient sous le poids de leurs grands paniers ronds, remplis bien au-dessus des bords. Leur maigre poitrine est à peine masquée par un triangle d'étoffe blanche, échancré au niveau du cou, sur lequel s'ouvre une vieille robe brune, toute couverte de pièces et de reprises[1].

_____

1. D'après la gravure (p. 164), il semble que ces deux adolescentes portent le grand deuil (étoffe blanche en guise de turban).

En Annam, chez les gens du peuple, on travaille dès le jeune âge. La famille est presque toujours nombreuse ; il n'est pas rare qu'elle compte douze ou quinze personnes. Si la nourriture est peu coûteuse, il y a beaucoup de bouches à nourrir ; aussi l'on met aux filles comme aux garçons un bambou sur l'épaule dès qu'ils sont en état de le porter, et on les loue comme coolies. Grâce à cette sorte d'entraînement qui commence dès l'enfance, les indigènes, malgré leur apparence un peu frêle et leur musculature qui semble peu développée, arrivent à porter sur l'épaule des charges considérables sous lesquelles ils succomberaient bien certainement si on les leur plaçait sur les reins ou sur le dos. En revanche, chez tous les coolies un peu âgés, on constate au sommet de l'épaule une sorte de durillon, ou de callosité, produit par le frottement du bambou. Certains d'entre eux présentent même, au-dessus de la peau, à ce niveau, comme une petite bourse séreuse.

Un marchand d'objets d'art vient m'offrir ses services ; il s'approche avec toutes sortes de précautions obséquieuses, son grand chapeau conique à la main, après m'avoir fait de loin une série de profonds saluts. Un homme de peine le suit, portant un sac de toile grise d'où il tire successivement des coffrets incrustés, des boîtes à chiques, des brûle-parfum et des plateaux en cuivre. Hélas ! voilà déjà que ces gens que l'on prend pour des sauvages cherchent à frauder : dans les incrustations qu'on me montre, la nacre est remplacée par des écailles de moules communes et le bois de *trac*[1] à grain violet si fin et si serré, par du vulgaire bois blanc, à peine sec, qu'on a passé dans un bain de fuchsine et qu'on a verni à l'huile de coco.

J'ai pour voisine une marchande de gaufres qui s'est installée sous la véranda de ma case. Elle active à coups d'éventail le feu de charbon qui brûle sur un petit réchaud portatif fait en terre réfractaire. Sur le feu chauffe une mince plaque de tôle ; elle verse dessus une cuillerée d'une pâte très claire, faite avec des œufs et de la farine de riz ; au contact de la tôle surchauffée, la pâte se prend en une mince galette qui se gondole en forme de tuile, comme une oublie.[2]

Deux jolies *congais*[3], conduites par une vieille femme, s'approchent pour me vendre des fleurs. Leurs bouquets sont arrangés d'une façon très originale ; elles ont dressé une petite pyramide de terre glaise sur une rondelle découpée dans un tronc de bananier ; dans cette glaise elles ont fixé des fleurs, de petites branches d'arbres, des baies rouges

---

1. Voir ci-dessus note 2 page 60.
2. Malgré l'étrange mention des œufs, il s'agit probablement de la fabrication du *bánh dá*.
3. *Jeunes filles* (note de l'auteur).

et violettes qui la masquent complètement et dont les couleurs savamment combinées font un effet ravissant.

Les Annamites montrent aussi un talent remarquable pour fabriquer avec des fleurs et des fruits toutes sortes d'animaux fantastiques[1]. Ils forment ainsi des corbeilles qui servent à orner les tables les jours de réjouissances, ou l'autel des ancêtres à l'époque des grandes solennités.

PETITES MARCHANDES DE CHARBON

Au moment où j'allais rentrer, je vois accourir, tout essoufflés, deux tirailleurs annamites en armes, suivis par un interprète de la résidence de France. L'interprète me présente un papier : c'est une réquisition du résident ; il me faut aller au bout de la ville indigène visiter un tirailleur tonkinois qui vient d'être grièvement blessé à la suite d'une dispute dans une fumerie d'opium.

Je me mets en route immédiatement, suivi de mes trois acolytes ; après vingt minutes de marche, nous pénétrons dans une espèce de magasin plongé dans une demi-obscurité. Une vieille femme se tient devant un comptoir ; elle a près d'elle cinq ou six pots en terre

1. Notamment à l'aide de papayes vertes entaillées – *tià hoa* – pour la fête de la mi-automne.

contenant de l'opium préparé[1]. Cet opium, de consistance demi-fluide, se débite avec une petite spatule ; il est brun comme du caramel, coule et s'étire comme de la mélasse ; quand on découvre les pots, il s'en dégage une odeur empyreumatique qui est très agréable.

L'opium se vend au poids de l'argent ; on le pèse avec une petite balance placée sur le comptoir devant la marchande ; cette balance est aussi sensible que les instruments de précision employés dans les pharmacies. L'acheteur met dans un plateau une barre d'argent ou une piastre mexicaine ; la vendeuse fait la tare dans l'autre plateau avec la drogue. Fumer l'opium est un passe-temps coûteux ; je connais des Chinois qui dépensent jusqu'à une piastre par jour pour satisfaire cette passion funeste.

Ce n'est pas sans inquiétude que la vieille marchande nous voit nous diriger vers une porte dissimulée dans le fond du magasin, derrière une draperie. Au moment où nous nous préparons à en franchir le seuil, un solide Chinois se dresse devant nous comme pour nous barrer le passage. L'interprète lui fournit quelques explications en annamite et le gardien s'efface. Nous sommes dans une petite cour, entourée de tous côtés par de hautes murailles et pavée de larges dalles ; à droite et à gauche sont rangés, sur des espèces de gradins, des pots de différentes formes, remplis de fleurs et d'arbustes rabougris, bizarrement contournés ; au fond de la cour, le toit d'un deuxième bâtiment s'avance pour former une sorte de véranda ; cette véranda prend accès du côté de la cour par un portique dont le cadre en bois, richement sculpté, est laqué or et rouge. Au-dessus du portique s'étalent, sur une même ligne horizontale, trois grands caractères d'or sur laque rouge : c'est peut-être l'enseigne de la maison, peut-être aussi une sentence appropriée au caractère de l'établissement[2].

Sous la véranda est dressé un lit annamite dont les panneaux sont sculptés à plein bois et dont les pieds contournés sont ornés de têtes de dragons. Sur ce lit, en ce moment inoccupé, sont placés un matelas cambodgien recouvert d'une étoffe de soie rouge un peu foncée et un petit oreiller rigide, en forme de billot, fait en treillis de bambous recouvert de cuir[3]. Une fine moustiquaire en soie rouge est fixée par

1. L'opium du fumeur est, à l'origine, le latex recueilli par scarifications du fruit du pavot (*Papaver somniferum*). Le produit brut subit de multiples transformations dans une fabrique appelée bouillerie, d'où il sort sous forme d'opium préparé : le *chandoo*. Le plus réputé était produit par le monopole britannique de Bénarès.
2. Oui, il s'agit d'un panneau horizontal appelé *hoành,* qui porte une inscription adaptée à l'esprit du lieu.
3. Non, ce type d'oreiller est simplement recouvert d'un vernis foncé qui, vu de loin, donne au bambou l'aspect du cuir.

ses quatre coins au plafond, juste au-dessus du lit ; elle est bordée, à sa partie supérieure et sur les quatre côtés, par de grandes bandes de drap rouge, large de trente à quarante centimètres ; ces bandes, sur lesquelles sont brodés en soies de diverses couleurs des oiseaux et des fleurs entremêlés de sentences, forment au-dessus du lit comme une sorte de dais.

Près du petit oreiller, un riche nécessaire de fumeur est disposé sur un grand plateau de bois noir incrusté de nacre. Le fumeur ne doit pas être bien loin ; il a sans doute interrompu son occupation favorite pour fuir les regards des indiscrets. On sent dans l'air une odeur de caramel mêlé d'encens : c'est le parfum de l'opium de bonne qualité quand il brûle. La petite lampe qui sert à chauffer la drogue flambe sous son globe de cristal, et la pipe, dont le tuyau cerclé d'argent se termine par un gros bout d'ambre jaune, est encore chaude.

À côté de cette véranda, qui sans doute sert de *buen retiro* à un habitué de marque, se trouve une grande salle commune où les fumeurs s'installent sur des lits de camp disposés le long des murs[1]. En entrant dans la salle, j'ai la gorge saisie par l'odeur âcre et pénétrante que donne en brûlant l'opium de qualité inférieure. Près de la porte, un grand vieillard à barbe blanche, d'une maigreur de squelette, est couché tout du long sur un lit. Surpris par le sommeil, il a laissé échapper sa pipe qui est tombée près de lui. Ses lèvres grandes ouvertes sont comme figées dans une sorte de rictus ; son corps, d'un jaune de cire, est à peine recouvert par une vieille loque trouée. Il apparaît dans l'ombre comme un cadavre : les bras pendent, inertes, le long du corps, et la vie semble s'être réfugiée tout entière dans les grands yeux noirs, profondément enfoncés dans l'orbite et qui regardent avec une effrayante fixité.

Deux tout jeunes hommes fument côte à côte dans un coin, couchés sur des nattes ; la tête relevée par un traversin, ils préparent leurs pipes ; déjà abrutis par l'opium, ils ne semblent pas s'apercevoir de ma présence. Ils ont près d'eux, à portée de leurs mains, l'attirail indispensable aux fumeurs : la pipe avec ses fourneaux de rechange, la petite lampe allumée, les aiguilles à chauffer, le pot en ivoire renfermant le narcotique.

La pipe est faite avec un morceau de bambou creux, mesurant de trente à quarante centimètres de longueur et fermé à l'une de ses extrémités par un opercule vissé. À quelques centimètres de

---

1. Par crainte de l'opprobre, les fumeurs aisés évitaient soigneusement d'être vus dans les fumeries publiques, lesquelles, au Việt-Nam du moins, avaient principalement pour clients les fumeurs désargentés ne possédant par les ustensiles nécessaires.

l'opercule, un trou est pratiqué dans la paroi du bambou pour loger le fourneau, qui est mobile et y entre à frottement. Ce fourneau peut être exactement comparé à une pomme d'arrosoir qui n'aurait qu'un pertuis étroit à son centre ; c'est par ce pertuis que le fumeur introduit l'opium.

FUMEURS D'OPIUM

Plus une pipe a servi, et plus elle est estimée des amateurs. Le bambou, qui à l'état neuf est blanc jaunâtre, prend à l'usage une teinte brun chocolat. La pipe acquiert alors une valeur relativement considérable : neuve, une pipe ordinaire coûte une piastre, toute montée ; culottée, elle se paye jusqu'à vingt piastres.

Un des fumeurs charge sa pipe ; il chauffe au-dessus de la petite lampe une aiguille d'argent emmanchée dans du bois, puis il l'introduit dans le pot à opium. Une petite portion de la drogue se coagule sous l'influence de la chaleur et se fixe à l'extrémité de l'aiguille ; celle-ci, toute chargée d'opium, est reportée au-dessus de la lampe et chauffée avec précaution en la tournant lentement. La pâte narcotique se gonfle, se boursoufle, forme une sorte de bille que le fumeur aplatit et allonge en l'appuyant sur le plateau de la pipe. Quand la bille d'opium est suffisamment pétrie, il l'introduit dans le petit trou du fourneau et il porte ce fourneau au-dessus de la lampe.

L'opium fond alors et se réduit en vapeurs, aspirées en cinq ou six bouffées. Il faut en moyenne dix minutes pour préparer une pipe et cinq ou six secondes pour la fumer. Le fumeur se livre à toutes les manipulations que je viens de décrire sans cesser de rester couché et en ne remuant guère que les mains et les avant-bras.

Le poison ne produit jamais le résultat cherché dès la première pipe, même chez les individus qui ne sont pas habitués à ses effets. Il faut en absorber dix ou douze, quelquefois même vingt ou trente, avant d'éprouver la moindre sensation. Le pertuis du fourneau s'encrasse vite ; on est obligé de le nettoyer souvent à l'aide d'un mince crochet de fer emmanché dans un morceau de bambou.

Chaque fumerie d'opium occupe de nombreux domestiques qui ont des fonctions multiples. Les uns sont chargés d'apporter aux clients du thé dans les tasses posées sur de petites soucoupes et munies d'un couvercle d'étain ; presque toujours, ce thé est mélangé avec des graines de certains fruits ou des fleurs d'espèces variées ; d'après les médecins annamites, ces fleurs et ces fruits auraient la propriété de combattre et d'atténuer jusqu'à un certain point les lésions organiques produites par l'usage prolongé de l'opium.

D'autres serviteurs sont spécialement chargés de nettoyer les pipes des habitués. Ils recueillent avec soin les cendres et les scories qu'elles contiennent ; ils vendent ces résidus, encore très riches en opium, aux gens du peuple qui les fument après les avoir desséchés et pulvérisés[1].

Un certain nombre de coolies sont également attachés à chaque fumerie ; ils ont pour mission de débarrasser les lits de camp en emportant les fumeurs, une fois qu'ils sont endormis, dans un réduit obscur situé ordinairement dans une partie isolée de la maison, où ils les déposent pêle-mêle sur le sol recouvert de nattes.

C'est dans ce réduit qu'on avait placé le cadavre du tirailleur annamite que j'étais venu examiner. Le malheureux avait reçu un coup de couteau qui lui avait tranché les trois quarts du cou ; les carotides avaient été coupées et la mort était arrivée rapidement par hémorragie. Cette hideuse blessure avait été faite par un vieil habitué de l'endroit, fumeur endurci chez qui l'opium déterminait souvent des accès de délire furieux. C'est dans un des ces accès qu'il avait assassiné le soldat, au moment où il fumait près de lui.

---

1. Appelé *dross*, ce résidu de combustion noirâtre est, à poids égal, aussi riche en morphine que l'opium (*thuốc phiện*). Parce qu'en lui se concentrent l'acide et certains alcaloïdes, on le tenait pour particulièrement nocif. Le *dross* (*xái ba,* « troisième résidu ») était la drogue de prédilection des plus démunis ; il pouvait être fumé ou chiqué pour un coût moitié moindre que le *chandoo*, et il était considéré comme « l'assommoir » du pauvre.

Ces exemples de folie furieuse sont assez rares chez les fumeurs d'opium. En général, le poison produit au contraire une sorte d'hébétude, d'anéantissement physique et moral, de torpeur du corps et de l'esprit extrêmement agréables, au dire de ceux qui les recherchent.

Il ne faut pas croire cependant que les sensations perçues soient tout à fait analogues à celles que décrivent avec complaisance les auteurs des romans à la mode. J'ai interrogé à ce point de vue un grand nombre de fumeurs d'opium, chinois, annamites et même français, et voici à peu près ce qu'ils m'ont répondu[1] :

« Quand on a fumé l'opium, on se sent le cœur plus heureux et l'esprit plus léger ; les préoccupations morales et les douleurs physiques s'évanouissent ; on se roule sur un dur plancher comme sur un lit de plumes, sans en ressentir ni les aspérités ni les chocs. On dirait que l'air qui vous entoure est plus pur ; on éprouve un grand bonheur à le respirer ; on se complaît dans une sorte de paresse voluptueuse, dans un état physique absolument analogue à celui d'un convalescent relevant d'une grave et longue maladie et qui, pour la première fois, se retrouverait pelotonné dans un grand fauteuil, près d'une fenêtre ouverte, par un beau soleil de printemps. »

Presque tous les matins, nous nous rendons de la citadelle à la Concession pour assister au rapport de notre médecin en chef ; quand nous avons le temps, nous rentrons en flânant par les rues, bras dessus, bras dessous, en prenant le chemin des écoliers. Nous nous arrêtons à chaque pas pour noter un détail curieux, pour faire sur le vif une étude de mœurs intéressante. En France, les Annamites sont encore considérés comme des sauvages par bien des gens ; ils possèdent cependant une civilisation plus ancienne que la nôtre, et qui, pour être toute différente, n'en est ni moins complète, ni moins raffinée.

Malgré l'heure matinale, les rues sont déjà pleines de monde ; on a de la peine à circuler dans la grande allée de la Concession, bordée d'acacias : les ouvriers indigènes, loués par le génie militaire à raison de quatre-vingts centimes par jour en moyenne, arrivent en foule ; les femmes portent les grandes balances dans lesquelles elles chargent la terre et les briques ; les hommes ont en main leurs outils ; remarquez les varlopes et les scies des menuisiers, le fil à plomb et l'équerre des

---

1. Il semble ici que l'auteur, faute d'avoir conçu une opinion propre, balance sur les effets présumés de l'opium qui passait alors, en Occident, pour la muse des poètes. L'opium et le décorum qui l'entourait étaient en Europe l'objet de nombreux fantasmes débouchant sur une expression artistique orientalisante, notamment dans le domaine de la littérature et des beaux-arts. Les discours mettant en avant les dangers de la drogue, et en interdisant l'usage aux fonctionnaires coloniaux, n'apparaîtront qu'en 1907, juste après la prohibition en Chine (1906). Le discours hésitant de Hocquard est donc assez bien daté.

charpentiers, et vous trouverez comme moi que nous n'avons rien inventé. En quelques jours, ces hommes du peuple ont appris à compter avec nos mesures de France ; ils se servent maintenant du mètre tout comme nous[1].

Arrêtons-nous un instant près du bâtiment du Trésor : le payeur vient de s'asseoir à la caisse et le sonneur de piastres est à son poste, sous la véranda. Ce sonneur, un Annamite à l'air intelligent, se tient debout devant une petite table sur laquelle se trouve une rondelle de bois dur, bien polie ; nous allons le voir opérer, car voici justement un gros entrepreneur chinois qui vient effectuer un payement. Au Tonkin, on ne connaît guère la monnaie d'or ; tous les payements importants se font en piastres mexicaines, qui sont très lourdes : aussi le Chinois s'est-il fait suivre d'un coolie qui fléchit sous le poids du sac d'argent. Ce numéraire donne lieu à de nombreuses fraudes de la part des Célestes et des Annamites ; ceux-ci savent très bien alléger la pièce d'une partie de son métal et remplacer le manquant par du plomb ou de l'étain. Mais le sonneur est là qui démasque bien vite la supercherie ; il laisse rebondir les pièces une à une sur son billot de bois dur : celles qui ne rendent pas le son clair de l'argent sont impitoyablement refusées. En dix minutes il a vérifié cinq cents piastres et il en a trouvé trois fausses[2].

1. Cette affirmation est sans nul doute un peu rapide. En réalité, même à Hà-Nội, ce n'est vraiment qu'après 1945 que le système occidental des mesures a véritablement éliminé l'antique système hérité de la Chine et adapté à leur pays par les Vietnamiens. Si l'on s'en tient aux unités de longueur utilisées dans la vie courante, les Vietnamiens employaient essentiellement le pied (*thước*) et le pouce (*tấc,* un dixième du pied), l'accolement de ces deux vocables signifiant d'ailleurs « mesure » (*thước-tấc*). La valeur du pied dépendait non seulement des régions, mais elle variait aussi selon les corps de métiers, passant, par exemple à Hà-Nội, de 42,5 centimètres pour les charpentiers à 64,4 centimètres pour les tailleurs. En 1897, la cour imposa une valeur unique pour le *thước* (40 centimètres), preuve qu'il était encore employé ; à partir de cette date, cependant, on commença à distinguer le *thước ta* (« notre pied ») du *thước tây* (« le pied occidental », c'est-à-dire le mètre), ce dernier ne l'emportant définitivement, du moins pour les mesures techniques et industrielles, qu'après 1945. Dans les années 50, une tunique ou un pantalon se coupait encore d'après les mesures anciennes…

2. La question des monnaies jadis utilisées au Viêt-Nam est extrêmement complexe. Contentons-nous ici de rappeler que si on utilisait les sapèques de cuivre ou de zinc pour l'usage courant, la monnaie de commerce était, quant à elle, faite de pièce d'argent. Au XIXᵉ siècle, le Mexique exportait son argent – et donc la piastre mexicaine (24,44 g. d'argent fin) évoquée par Hocquard – dans l'ensemble de l'Extrême-Orient, où elle faisait concurrence aux autres monnaies utilisées, désignées sous le nom générique de *dollar*, telles que la piastre espagnole, le *trade dollar* américain (24,49 g.) ou même le *british dollar* (24,26 g.). En 1885, les autorités françaises tentèrent d'imposer la « piastre de commerce », analogue aux pièces étrangères alors en circulation mais de meilleur aloi et, la même année, la Cochinchine passa sous le régime de l'étalon-argent, à contre-courant du mouvement asiatique qui tendait vers le monométallisme or (1893 aux Indes, 1897 au Japon, 1902 au Siam, par exemple). En 1902, la piastre mexicaine fut interdite d'entrée et, en 1904, la piastre de commerce (française) fut interdite de sortie, donnant ainsi naissance au système monétaire en vase clos qui prévalut par la suite. Face à la chute des cours mondiaux de l'argent, la piastre fut finalement rattachée à l'or en 1930 puis, l'année suivante, démonétisée et transformée en billet de banque.

Comme nous voulons faire une longue promenade, nous allons prendre, à la porte de la Concession, une de ces petites voitures japonaises à deux roues, traînées par deux coolies, auxquelles les troupiers ont donné en arrivant ici le nom caractéristique de *pousse-pousse*. Un des coolies s'attelle au brancard de devant ; l'autre pousse par derrière. Moyennant deux ou trois sous, ils nous mèneront pendant des heures à travers tous les quartiers de la ville[1].

RUE DES MARCHANDS DE BOIS À HANOÏ

Prenons à droite et longeons le fleuve. Nous voici dans la rue des Marchands de bois ; elle est bordée de chaque côté par de petites maisons recouvertes de chaume devant lesquelles sont dressés en ordre, et par rang de qualité, les spécimens des bois à vendre. Il y a de longs bambous appartenant aux cinq ou six espèces qui croissent au Tonkin et des piles de bois d'essences très diverses[2]. Je reconnais dans le nombre le *cay-ven-ven* (*Anisoptera sepulchrorum*), essence

---

[1] La paternité du pousse-pousse, ou plutôt le « mérite » de l'avoir introduit au Viêt-Nam, est très disputée, une majorité d'auteurs s'accordant néanmoins pour l'attribuer à Rheinard, alors résident général. Cela dit, on trouve déjà mention d'un « palanquin à roues » dans le récit de voyage laissé par Samuel Baron en 1682...

2. Il y a, au Viêt-Nam, au minimum quatorze variétés de bambou, dont les principales sont le *tre hóa* ou *tre gai*, le *trúc* (dit « bambou d'ivoire »), le *tre giang* (pour les clôtures), le *nứa* (qui croît en forêt), le *mai* et le *luồng*.

incorruptible avec laquelle les Annamites fabriquent leurs cercueils[1] ; et aussi quelques pièces de *cay-go* (*Nauclea orientalis*), bois très rare, d'un prix élevé, et qui est très apprécié des Annamites parce qu'il peut rester plus de quarante années sous l'eau sans pourrir[2]. Le plus cher de tous ces bois de construction indigène est le *cay-liem* (bois de fer), dont la pièce, de cinq mètres de long sur cinquante ou soixante centimètres de diamètre, vaut près de cent francs de notre monnaie[3]. Tous ces morceaux de bois ont été amenés par eau des forêts qui bordent les rives du haut fleuve Rouge ou de la rivière Noire jusqu'à Hanoï. Chacun d'eux est percé d'un trou à l'une de ses extrémités. Ce trou a servi à fixer la corde de liane ou de rotin qui a permis de remorquer le tronc d'arbre à l'aide d'un buffle ou même d'un éléphant, depuis l'endroit où il a été abattu jusqu'au bord de l'eau.

Les sauvages *Muongs* s'occupent à peu près seuls de l'exploitation des forêts au Tonkin. Les Annamites de la plaine, surtout les habitants du Delta, ont une peur affreuse des bois ; ils se les figurent habités par des esprits méchants qui ne se laissent pas piller impunément et qui se vengent tôt ou tard des audacieux venus pour troubler leurs retraites. J'ajouterai que les tigres, hôtes habituels des grandes forêts, et les fièvres pernicieuses contractées en parcourant ces couverts humides où les détritus organiques s'accumulent depuis des siècles contribuent pour beaucoup à entretenir chez les indigènes ces craintes superstitieuses[4].

Nous sommes arrivés à l'extrémité de la rue des Bambous ; continuons droit devant nous par la rue des Sauniers, où se fait en grand le trafic du sel et de l'huile.

---

1. Le *cây vên-vên* est un terme générique qui regroupe plusieurs essences de la famille des Diptérocarpacées, notamment *l'Anisoptera cochenchinensis*, *l'Anisoptera robusta* et *l'Anisoptera glabra*. L'*Anisoptera sepulchrorum* mentionnée par l'auteur est en revanche beaucoup plus mystérieux. Quoi qu'il en soit, le *cây vên-vên* est un arbre qui atteint trente-cinq à quarante mètres de hauteur et un mètre de diamètre, et que l'on trouve surtout au sud du Việt-Nam et au Cambodge. Le tronc de cet arbre laisse exsuder une sorte de résine, qui est employée pour calfater les barques, les sampans mais aussi les cercueils. Léger et facile à travailler, ce bois est employé en ébenisterie (notamment pour les cercueils à bon marché, car il résiste mal à la putréfaction et aux insectes).

2. Le *go* ou *gụ* n'apparaît pas dans les nomenclatures sous le nom proposé par Hocquard (*Nauclea orientalis*) ; il s'agit sans doute de ce que les botanistes appellent maintenant *Sindora tonkinensis*. C'est un grand arbre d'une trentaine de mètres, d'une belle coloration rouge, veinée de noir. Bien qu'extrêmement dur, ce bois facile à travailler est utilisé en ébénisterie et en menuiserie de luxe (pagodes, palais, etc.).

3. Le « cay-liem » de Hocquard doit être le *cây lim*, dont la variété la plus recherchée est le *lim xanh*. C'est un bois très résistant, imputrescible et inattaquable par les termites (voir note 2 page 60). L'arbre est haut de quinze à trente mètres, et son tronc peut atteindre un mètre cinquante de diamètre dans le Thanh-Hoá. C'est par excellence le bois des grosses charpentes, des colonnes, des panneaux, des lambris et du mobilier de luxe. Pendant la période coloniale, ce bois était importé en métropole où on l'utilisait pour le pavage des rues de Paris et la confection de parquets.

4. Pierre Gourou confirmera ces remarques de Hocquard, en précisant que les « fièvres pernicieuses » sont en réalité le paludisme, dont le vecteur, l'anophèle, abonde là où les étendues d'eau stagnante sont importantes.

La vente du sel est une des branches les plus importantes du commerce de Hanoï. Ce produit vient en majeure partie des provinces de Thanh-Hoa et de Nghé-An, dont les habitants sont presque tous d'excellents sauniers ; il arrive à Hanoï par grandes jonques chargées à pleins bords ; il est ensuite réexpédié dans le Yunnan. Le sel tonkinois est estimé et connu sur les marchés chinois où il se vend très cher. Il se paye à Hanoï un peu plus de trois francs le *hoc*, mesure annamite qui équivaut à la charge d'un homme et qui représente environ soixante-seize litres. Les barques chargées de sel sont obligées, en remontant vers Lao-Kai, de s'arrêter aux nombreuses douanes indigènes, échelonnées sur le fleuve Rouge, et d'y payer un droit de passe[1].

Les magasins de la rue des Sauniers sont confortablement installés dans de belles maisons en briques. Le sel est empilé au fond de la boutique en énormes tas ; l'huile est contenue dans de grandes jarres en terre de Bac-Ninh ou dans de petites bouteilles d'argile cuite dont la forme rappelle les anciennes amphores.

La rue des Sauniers aboutit juste au bord de l'eau. On peut suivre ce bord jusqu'au bâtiment de la douane[2] : c'est une grande construction carrée dont l'aspect rappelle les anciens forts des environs de Paris.

Le personnel de la douane est encore peu nombreux à Hanoï : il se compose du directeur, M. de Montagnac, de deux employés français, anciens sous-officiers libérés, et de cinq ou six miliciens indigènes qui portent un uniforme spécial. C'est avec ce personnel restreint qu'on

---

1. Depuis 1825, le *hộc* valait partout vingt-six *thăng*, soit presque soixante-douze litres (et non soixante-seize) ; il fut définitivement ramené à soixante litres par les autorités coloniales. L'histoire du sel au Việt-Nam n'est pas encore bien connue, notamment parce que la cour impériale s'est préoccupée assez tard de cette denrée : le sel n'a été assujetti à l'impôt qu'en 1720. C'est au XVIIIe siècle que l'on voit officiellement apparaître le terme de « saunier » (*táo dinh* : « employés du foyer », parce que les Vietnamiens obtenaient le sel en faisant réduire dans de grandes chaudières l'eau de mer concentrée). Les autorités prélevaient alors un cinquième de la production (sel d'État). Les négociants, quant à eux, devaient être accrédités par l'État, et ils avaient obligation d'acheter d'abord le sel d'État, puis seulement après le sel privé des sauniers (qui était moins cher). Les contrôles incessants, les taxes et les droits de douanes rendirent cette nouvelle imposition peu productive, et ils entraînèrent une augmentation très forte des prix, à tel point que l'impôt sur le sel fut aboli dès 1732. Il fut partiellement rétabli en 1746, mais dans des conditions réglementaires plus souples et mieux appliquées qu'auparavant (impôt annuel de quarante *hộc* de sel par foyer producteur, perçu en deux fois). On institua des « surveillants généraux » [de la production] du sel dans les provinces du Thanh-Hoá et du Nghệ-An (celle du Sơn-Nam restant curieusement sous contrôle direct du ministère des Finances). La véritable réglementation concernant le négoce du sel date de 1759, mais elle ne concerne que les seules provinces de Hưng-Hoá et Tuyên-Quang (le commerce restant entièrement libre jusqu'à la province de Sơn-Tây incluse) : des centres d'approvisionnement furent créés aux carrefours des voies fluviales ; le sel d'État fut exempté de taxe à l'achat (mais pas le sel privé), les marchands devaient être agréés et munis d'une licence ; les droits de douanes internes furent précisément fixés. Il faut enfin signaler la valeur du sel comme produit d'échange non seulement avec le Yunnan, comme le signale l'auteur, mais aussi avec l'ensemble des minorités ethniques (notamment contre de l'opium).

2. Voir ci-dessus note 1 page 51.

essaye de faire la police commerciale d'une ville de plus de cent mille habitants. Malgré son zèle, il ne peut être partout. Pour juger de son insuffisance au point de vue numérique, il suffit de se rappeler que Hanoï occupe avec ses faubourgs un carré de cinq kilomètres et plus de côté ; aussi les douaniers se contentent-ils de surveiller le fleuve Rouge. Ils ont à leur disposition un petit sampan et une équipe de rameurs ; dès qu'un bateau arrive devant la douane, il doit jeter l'ancre ; un employé monte sur le sampan et va vérifier la cargaison ; le droit à payer est établi proportionnellement à la valeur des marchandises. Il arrive souvent que l'employé français ne connaît même pas de nom ces marchandises : ce sont des plantes médicinales, dont la valeur varie à l'infini et dans des proportions considérables, ou bien des produits comme la cannelle, les griffes de tigres, les peaux d'oiseaux, dont il est très difficile d'établir le prix de vente, même approximatif, quand on n'est pas au fait des coutumes et des habitudes du pays. Comment, dans ces conditions, imposer un droit *ad valorem* ? Il doit y avoir forcément bien des erreurs. Et puis rien n'empêche les négociants chinois ou annamites d'arrêter leurs jonques à deux kilomètres en amont ou en aval de la ville, de débarquer leurs marchandises et de les faire entrer pendant la nuit, puisqu'il n'y a personne pour surveiller les routes.

Néanmoins, malgré les lacunes énormes de son organisation, la douane tonkinoise rapporte encore, bon an mal an, deux millions de francs, dans une période de guerre, pendant que les pirates annamites et chinois battent la campagne et pillent les arroyos. D'après cela, on peut supputer quels seront les bénéfices quand la tranquillité sera revenue dans le pays, et quand la grande voie du fleuve Rouge, débarrassée des bandits qui l'exploitent, pourra être définitivement ouverte au commerce, depuis Haï-Phong jusqu'à Lao-Kai.

Nous allons tourner derrière le bâtiment de la douane et prendre la rue de la Saumure. On y entre par une vieille porte qui faisait autrefois partie de l'enceinte fortifiée de la ville, et dont les murs en briques ont bien deux mètres d'épaisseur[1]. Les façades des hautes maisons, dont les toits s'étagent les uns au-dessus des autres comme des gradins, sont complètement privées de fenêtres ; elles sont pourvues de grands appentis en treillis de bambous, qui masquent en partie les portes et

---

1. Actuelle rue Hàng Mắm, composée de l'ancienne rue Hàng Trứng et de celle de Hàng Mắm proprement dite. La seule « vieille porte qui faisait autrefois partie de l'enceinte fortifiée » que Hocquard a vue se trouvait non pas à l'entrée de la rue de la Saumure mais, à quelques centaines de mètres plus au nord, au débouché de la rue des Nattes (sur cette porte et les enceintes, voir détails ci-dessus, note 1 page 59).

INTERROGATOIRE DE PIRATES

s'avancent tellement sur la rue qu'il ne reste plus entre eux qu'une voie étroite dans laquelle se presse la foule et où nos coolies sont obligés de ralentir le pas.

Tel était, avant l'arrivée des Français, l'aspect de presque toutes les rues de Hanoï. Il fallait que le roi, qui la traversait quelquefois, pût s'y promener sans que Sa Majesté fût exposée aux regards des profanes. Voilà pourquoi les façades des maisons devaient être aveugles, pourquoi aussi les portes, qu'il fallait clore aussitôt que les coureurs annonçaient l'approche du souverain, étaient à l'avance dissimulées et masquées par de grands auvents en bambous[1].

C'est dans la rue de la Saumure que sont installés les marchands de conserves et de *nuoc-mam*. À l'étalage des magasins sont suspendus en longs chapelets des centaines de canards désossés, fumés et tapés ; des files de poissons de mer, préparés comme des harengs saurs, sont attachées aux poutres du plafond, et d'énormes jarres de *nuoc-mam* répandent par toute la rue leur odeur nauséabonde.

Le *nuoc-mam* est une sorte de bouillie d'un gris violet[2], fabriquée avec des poissons fermentés. Les Annamites l'emploient dans tous les repas pour relever le goût des mets et pour stimuler l'appétit, identiquement comme nous nous servons de la moutarde. Dans le *nuoc-mam* entrent cinq ou six variétés de poissons qui se pêchent au Tonlé-Sap, ou Grand-Lac, situé sur la frontière du Cambodge et du royaume de Siam. Plus de quatorze mille Annamites s'y rendent tous les ans pour cette pêche[3].

En sortant de la rue de la Saumure, nous prenons par la rue des Cordiers et nous nous orientons à travers un labyrinthe de voies étroites pour arriver jusqu'à la rue du Change. Dans ces ruelles gîte une foule d'ouvriers et de commerçants ; trop serrés dans les misérables cases où ils s'abritent à deux ou trois ménages, ils encombrent la voie publique avec leurs étalages et leurs métiers.

Les Européens s'aventurent rarement dans ces vieux quartiers. Quand par hasard il en vient un, les ménagères se précipitent immédiatement sur le pas des portes pour voir passer l'étranger ; ce sont des conversations sans fin entre voisines, entremêlées d'éclats de rire aussitôt étouffés : « Voyez ce grand diable rouge ! Faut-il qu'il soit vieux pour avoir une aussi longue barbe ! Il a une peau qui

---

1. Voir détails dans la note 1 page 78.

2. Cette « bouillie d'un gris violet » n'est pas du *nước-mắm* (saumure obtenue par macération de chair de poisson et de sel) mais du *mắm-tôm* (saumure de crevettes).

3. Il n'était pas toujours nécessaire d'aller si loin car les meilleurs *nước mắm* provenaient de Vạn-Vân (Quảng-Ninh), de Cát-Hải, du Thanh-Hoá, de Phan-Thiết, ou encore de l'île de Phú-Quốc.

ressemble à celle d'un porc raclé ! Regardez ces deux imbéciles qui suent sang et eau pour traîner ce gros bœuf ! » Les quolibets continuent bien longtemps après qu'on est passé.

La rue du Change est une des plus belles de Hanoï ; comme son nom l'indique, elle est habitée par les changeurs ; ces derniers sont assis, les jambes croisées, dans leurs boutiques, devant une pile de sapèques et un petit coffret laqué qui leur sert de caisse.

La sapèque annamite est une monnaie ronde, d'un diamètre un peu plus petit que nos pièces de cinq centimes ; elle est percée à son centre d'un trou carré et elle porte sur ses deux faces des caractères chinois indiquant le règne sous lequel elle a été frappée[1]. Cinq cents sapèques, enfilées par leur trou central dans un lien de rotin, constituent une « ligature » : il faut de cinq à sept ligatures pour faire une piastre. Pour éviter l'agiotage, auquel se livrent facilement les commerçants chinois et même les fonctionnaires annamites, le résident français de Hanoï fixe chaque mois officiellement la valeur de la piastre en sapèques. Mais cette cote officielle n'est pas rigoureusement appliquée dans la rue du Change : les Annamites estiment une piastre non seulement d'après son poids en argent, mais encore d'après la perfection de sa frappe, et même d'après la pureté du son métallique qu'elle rend. Une piastre dont l'effigie est très nette, qui donne en tombant sur un corps dur un son bien pur, bien prolongé, vaut pour un indigène une ligature de plus qu'une autre pièce de même poids et de même métal qui ne réunit pas les conditions indiquées.

En Annam comme en France, c'est le gouvernement qui bat monnaie ; aujourd'hui, c'est à Hué que se fabrique tout le numéraire nécessaire au commerce du royaume.[2]

---

1. La sapèque (*đồng*) est en effet une pièce ronde percée d'un trou carré ; à l'avers, elle porte toujours quatre caractères chinois en haut-relief : les deux premiers indiquent le nom du souverain (Gia-Long, Tự-Đức, etc.) et les deux derniers signifient « monnaie courante valable dans tout le pays » (*thông bảo*) ; au revers, après le XVIIIe siècle, il y avait parfois (mais pas toujours) des caractères ou, le plus souvent, de simples motifs décoratifs. Les sapèques étaient en général fondues en cuivre, sauf au XIXe siècle où le zinc commença à l'emporter, au sein des « sapéqueries » (à Hà-Nội, la plus importante se trouvait rue Tràng-Tiền). Depuis le XVe siècle (1439), pour faire une ligature, il fallait non pas cinq cents mais six cents sapèques, c'est-à-dire trois cents pièces (lorsqu'elles étaient en zinc) sur chacun des deux liens de rotin qui constituaient la ligature elle-même. Rappelons en quelques mots que deux systèmes ont longtemps coexisté : le *sử tiền* (« monnaie courante »), que l'État souhaitait promouvoir pour les transactions courantes et dont il fallait cent soixante sapèques pour faire une ligature (*quan*), et le *cổ tiền* (« ancienne monnaie »), dont il fallait six cents sapèques pour faire une ligature, et qui était utilisé pour s'acquitter des impôts. Le second l'emporta finalement sur le premier, et c'est donc bien la ligature de *cổ tiền* (à six cents sapèques) qui est ici évoquée par Hocquard.

2. C'était en effet le cas jusqu'au XVIIIe siècle, époque à laquelle la pénurie d'espèces conduisit la cour à déléguer aux autorités provinciales une partie de son privilège d'émission (au Sud, on alla même jusqu'à céder aux particuliers le droit de battre monnaie). L'apparition de sapèqueries provinciales aboutit à des frappes de monnaies très hétérogènes, de plus en plus éloignées des normes fixées par la cour, normes qui étaient d'autant moins respectées que les autorités provinciales affermaient très souvent la

Les sapèques constituent une monnaie extrêmement encombrante et incommode ; il faut un vigoureux coolie pour transporter un nombre de ligatures équivalant à dix francs de notre monnaie. Après la prise de Bac-Ninh, le général Brière de l'Isle trouva dans la citadelle de Tai-Nguyen pour environ vingt mille francs de sapèques ; pour mener ce numéraire jusqu'à Hanoï, il fallut quatre grandes jonques chargées à couler. La monnaie annamite est très difficile à manipuler non seulement parce qu'elle est lourde et encombrante, mais encore parce qu'elle est fragile ; elle est faite avec un alliage composé de zinc, d'étain et de terre qui n'offre aucune résistance au choc ; les liens de rotin qui forment les ligatures se dénouent et cèdent avec une extrême facilité ; les sapèques roulent par terre ; toutes celles qui se brisent n'ont plus de valeur ; une sapèque n'a cours qu'autant qu'elle est complète et qu'elle peut s'enfiler dans une ligature[1].

C'est dans la rue du Change qu'habitent les fondeurs de barres d'argent[2]. Ces barres sont de petits lingots quadrangulaires, mesurant quatre ou cinq centimètres de longueur, ayant un poids et une épaisseur variables ; elles sont faites en argent à peu près pur. Avant que les Européens et surtout les Chinois aient introduit au Tonkin les pièces mexicaines, elles formaient avec les sapèques l'unique monnaie du pays. Depuis l'adoption de la piastre, les barres d'argent et surtout les barres d'or sont devenues de plus en plus rares dans le commerce[3].

---

fonte des monnaies à de petites fabriques locales. Les émissions régionales, la grande diversité des frappes et des cotations, la multiplication de la monnaie de mauvaise qualité, tout cela explique les propos de Hocquard concernant la nécessité de vérifier la teneur en métal des pièces.

1. Les sapèques étaient essentiellement en cuivre, mais l'on employait aussi un alliage de cuivre et de zinc, le zinc seul et même parfois le fer (on comprend mal la notation de Hocquard concernant l'étain, et encore moins la terre). De même que le recours aux fonderies provinciales, l'usage du zinc était une réponse à la pénurie de numéraire : il fallait frapper de grandes quantités de sapèques mais les gisements de cuivre étaient rares au nord et inexistants au sud. Cet usage du zinc se répandit au XIXe siècle, notamment sous le règne de Tự-Đức. C'était une monnaie lourde, en effet, puisqu'une ligature pesait environ six cent trente grammes au début du XIXe siècle, jusqu'à près d'un kilo et demi à la fin du siècle...

2. La rue Hàng Bạc était jadis spécialisée dans la fonte de monnaie. Cette activité remonte au moins au XVe siècle, après que Lưu Xuân Tín – un haut mandarin retour de Chine – fut autorisé par le roi à fonder une frappe de monnaie dans la capitale. Il fit alors venir des ouvriers de son village natal, Châu-Khê (province de Hải-Dương), et il créa les premiers ateliers de fonte de monnaies. Les ouvriers recevaient la matière première des agents de l'État, ils travaillaient le métal puis ramenaient pièces et lingots à ces mêmes agents qui leur versaient un salaire. Cette industrie périclita au XIXe siècle lorsque la cour quitta Hà-Nội pour Huế, emmenant avec elle la sapèquerie d'État. De plus, c'est à ce moment que la frappe monétaire devint un privilège réservé à l'État, ruinant définitivement les petits ateliers de la rue Hàng-Bạc. À partir de cette époque, ceux-ci opérèrent une rapide reconversion vers la joaillerie et vers les activités de change de monnaie, activités précisément évoquées ici par l'auteur. Par la suite, seule la joaillerie parviendra à se maintenir (en 1926, deux tiers des patentés de la rue étaient bijoutiers-joailliers).

3. C'est surtout à partir du début du XIXe siècle, et pour les gros paiements, que l'on employa, comme monnaie d'échange, ces barres (thỏi) d'or et d'argent. À cette époque, l'or valait dix-sept fois le prix de l'argent, et une barre d'argent s'échangeait contre 2,8 ligatures de sapèques.

LETTRÉS CHINOIS DE LA RÉSIDENCE

Tout près des changeurs se trouve la rue du Chanvre, où habite le résident de France, dans une ancienne maison chinoise qui ne se distingue des autres habitations de la rue que par deux longs mâts de pavillon plantés devant la façade, et par un grand écriteaux ovale portant, en lettres d'or sur fond noir, ces mots reproduits en caractères annamites au centre du cartouche : *Résidence de France, Chancellerie*. En entrant par la rue, on trouve d'abord un petit vestibule dans lequel se tiennent des hommes de police, puis une grande pièce où travaillent les lettrés et les interprètes[1].

1. Voir, dans le chapitre I, la gravure intitulée *Résidence de France à Hà-Nội* (p. 64). Par le traité de protectorat (Harmand, 25 août 1883, article 12), le consulat avait cédé la place à la résidence, dont le premier hôtel fut en effet installé dans une maison particulière de la rue du Chanvre (Hàng-Gai), qui devint par la suite le siège de la célèbre imprimerie Lê Văn Phúc. En 1886, l'hôtel du résident fut reconstruit sur le site de l'ancien hôtel du consul, à l'intérieur de la Concession, à la place de l'actuel musée d'Histoire. Le cliché pris par Hocquard, notons-le au passage, est la seule trace qui reste de cette

Le résident a des fonctions multiples qui exigent un personnel assez nombreux. Chargé de faire respecter la loi, de maintenir l'ordre dans la ville et dans la province, de régler les différends entre les indigènes et les colons, il doit connaître aussi bien le code annamite que le code français.

Du côté des Tonkinois, et surtout du *tông-dôc*, il lui faut exercer une surveillance incessante, contrôler l'action des tribunaux indigènes, empêcher les abus de pouvoir, se tenir autant que possible au courant des rapports du gouverneur de la province avec la cour de Hué, entretenir un bureau de renseignements pour tout ce qui peut intéresser le corps expéditionnaire à l'aide d'espions qui parcourent les provinces environnantes et qui indiquent les actes et les mouvements des partis hostiles.

Outre une connaissance approfondie de la langue, du caractère, des habitudes annamites, il faut au résident de France un ensemble de qualités de premier ordre pour mener à bien sa délicate mission. Il doit dépenser beaucoup de tact, de finesse et surtout de patience et de ténacité dans ses relations avec les mandarins, qui sont si habiles à se servir des faux-fuyants, des réponses ambiguës et de la force d'inertie.

Vis-à-vis des colons européens, le résident exerce les fonctions de juge de paix, d'officier de l'état civil, et même de notaire pour ce qui a trait à la rédaction et à l'enregistrement des actes ; il est aidé dans cette partie de sa tâche par un chancelier[1].

JONQUES SUR LE FLEUVE ROUGE.

---

maison. Semblable à toutes les demeures hanoïennes en façade, elle était prolongée par un petit jardin où se trouvait l'habitation principale du résident Bonnal.

1. Ce passage reflète assez bien les attributions du résident qui, à lire l'article 12 du traité, étaient à la fois limitées dans le texte et très vastes en réalité : contrôle de l'administration vietnamienne, exercice de la justice lorsqu'un Européen était concerné, police urbaine, contrôle des impôts, gestion des douanes et des postes, répartition du produit des recettes, et même « défense du territoire ».

Le personnel de la résidence de France comprend aussi un certain nombre de lettrés et d'interprètes indigènes qui viennent pour la plupart de notre colonie de Saïgon et qui ont été élevés au collège de cette ville ; ils connaissent bien notre langue et ils écrivent couramment le chinois et le français. Un commissaire français nommé par le résident fait, avec l'assistance d'agents annamites, la police des rues et des marchés. C'est lui qui, avec l'aide des lettrés et des interprètes, procède au premier interrogatoire des rôdeurs, des pirates, des bandits de toute sorte que les agents de police ramassent dans leurs rondes de nuit ou que les chefs de canton[1] expédient, avec la cangue au cou, des villages environnants.

1. *Chánh-tổng.*

LE PONT DU PAPIER, PRÈS DUQUEL A ÉTÉ TUÉ LE COMMANDANT RIVIÈRE

CHAPITRE VII

DÉPART POUR HONG-HOA. – LA ROUTE DE HANOÏ À PHU-HOAI. – TRISTES SOUVENIRS. – FRANCIS GARNIER. – BALNY. – RIVIÈRE. – LES CADEAUX DE BIENVENUE. – TRACH-MOÏ. – LES POSTES DE VEILLE. – UNE MAISON DE NOTABLE. – LE CONSEIL DU VILLAGE.

Le 6 avril 1884, à huit heures du matin, la 1ère brigade, commandée par le général Brière de l'Isle, quitte Hanoï, ne laissant dans la ville qu'une faible garnison, et prend la route de Son-Tây pour marcher sur Hong-Hoa[1]. Notre ambulance accompagne ces troupes. Nous devons suivre le chemin direct de Hanoï à Son-Tây par Phu-Hoai-Duc et Don-Phung[2],

1. La campagne de Hưng-Hoá s'inscrit dans le droit fil de celle de Bắc-Ninh présentée par l'auteur dans le chapitre IV (voir le contexte note 1 page 124). Depuis la prise de Sơn-Tây par les Français (décembre 1883), la citadelle de Hưng-Hoá était devenue le centre de commandement des Pavillons-Noirs et des troupes vietnamiennes, et l'expédition narrée par Hocquard avait pour but de les repousser plus loin encore du delta. Depuis le XVe siècle, Hưng-Hoá était le nom d'un vaste gouvernement situé à l'ouest du fleuve Rouge, et qui ne comprenait pas moins de seize *châu* ; devenu province en 1831, il fut ensuite divisé par les autorités coloniales en plusieurs petites provinces différentes : Lào-Cai, Lai-Châu, Sơn-La, Yên-Bái, Phú-Thọ... La place-forte de Hưng-Hoá – avec sa citadelle construite en 1822 sur le modèle Vauban – était située à un coude de la rivière Noire, sur le territoire de l'actuel village de Trúc-Khê, à trente-cinq kilomètres de l'actuelle ville de Phú-Thọ.
2. *Phủ* (préfecture) de Hoài-Đức et district de Đan-Phượng. Comme celle de Bắc-Ninh, la campagne de Hưng-Hoá se fit avec deux colonnes : Hocquard faisait partie de la première, qui passa au sud de la route de Sơn-Tây à Hưng-Hoá, tandis que la seconde, dirigée par Négrier, suivait la digue du fleuve plus au nord.

gagner ensuite la rivière Noire[1], que nous traverserons vers Bat-Bac[2], et nous engager dans la route des montagnes, de façon à tourner Hong-Hoa et à prendre à revers les positions ennemies. Dès que ce mouvement tournant sera accentué, le général de Négrier et la 2e brigade, venus de Bac-Ninh, se dirigeront droit sur Hong-Hoa, qu'ils attaqueront de front.

Cette route de Hanoï à Phu-Hoai, que nous suivons en ce moment, a été le théâtre de nombreux et sanglants combats ; les Pavillons-Noirs nous ont disputé ses rizières avec acharnement et pied à pied ; ses digues ont été arrosées du meilleur sang français.

Voilà le petit bois de bambou où Francis Garnier a été tué à coup de lances. En cet endroit, la digue s'élève un peu au-dessus des rizières : c'est contre le remblai qu'elle forme qu'on a trouvé le corps de ce héros. La tête manquait ; la poitrine portait une plaie hideuse et béante par laquelle on avait arraché le cœur. Les féroces Hé-Kis[3] ont en effet, dit-on, une affreuse coutume : quand un chef ennemi d'une bravoure hautement reconnue tombe sous leurs coups, ils emportent son cœur, le font brûler sur des charbons ardents et s'en partagent les cendres, qu'ils avalent pour se donner du courage.

Un peu plus loin, le chemin fait un coude et passe près d'une petite pagode, ombragée par de beaux arbres, devant lesquels se dressent deux grandes colonnes sculptées. C'est là que, ce même jour, le dimanche 21 décembre 1873, un autre brave, l'enseigne de vaisseau Balny, a trouvé la mort sous les balles chinoises[4].

Enfin, toujours sur la même route, à moins d'un kilomètre de la pagode où a péri Balny, la voie traverse un pont de pierre jeté sur un petit arroyo : c'est le pont du Papier, près duquel a été tué, le 19 mai 1883, le commandant Rivière[5].

On éprouve une émotion poignante en se représentant toutes ces scènes, sur les lieux mêmes où elles se sont passées.

---

1. Un peu en amont de Hà-Nội, dans la région de Việt-Trì, le fleuve Rouge reçoit ses deux principaux affluents, qui sont la rivière Noire (*sông Đà*) sur sa rive droite (huit cent cinquante kilomètres de long), et la rivière Claire (*sông Lô*) sur sa rive gauche (trois cent soixante kilomètres).

2. Il s'agit très vraisemblablement du village de Bất-Bạt, qui se trouve sur la rive gauche de la rivière Noire, du côté de la province de Sơn-Tây, et qui permettait de déboucher à quelques kilomètres au sud de la citadelle de Hưng-Hoá.

3. *Noms chinois des Pavillons-Noirs* (note de l'auteur).

4. Appelée par les Français « pagode Balny », du nom de l'enseigne Balny d'Avricourt, qui y trouva la mort en décembre 1873 avec Francis Garnier, il s'agit là d'une très importante pagode de Hà-Nội. Érigée au XIe siècle, la pagode Voi-Phục (« Pagode des Éléphants prosternés ») honore Linh-Lang, une des quatre divinités cardinales qui protègent la ville de Hà-Nội, et dont les sanctuaires sont les suivants : au nord, Trấn-Võ (temple de Quán-Thánh), à l'est Bạch-Mã (temple du même nom), au sud, Cao-Sơn (temple de Kim-Liên) et, à l'ouest, précisément, Linh-Lang (temple de Voi-Phục).

5. En mai 1883, lors d'une sortie près du pont du Papier (*Cầu Giấy*), à l'ouest de Hà-Nội, Henri Rivière fut tué par les Pavillons-Noirs. Cet incident fournit le prétexte attendu par les Français qui décidèrent d'envoyer quatre mille hommes au Tonkin.

PAGODE OÙ A PÉRI L'ENSEIGNE DE VAISSEAU BALNY

À une heure et demie du soir nous arrivons à Phong, gros bourg situé près des rives du Day[1], à environ vingt kilomètres de Hanoï. Nous sommes installés dans une petite pagode bouddhique, enfouie dans un nid de verdure[2].

Le lendemain, le 6 avril[3], nous partons dans la direction de Son-Tây. Le temps est brumeux ; il tombe une pluie fine qui nous donne froid. C'est aujourd'hui le dimanche des Rameaux : combien nos dévotes de France seraient fières de porter à l'église, pour les faire bénir, les beaux bambous au feuillage de dentelle qui forment les haies près desquelles nous passons !

1. Sông Đáy : affluent du fleuve Rouge qui traverse les provinces de Hà-Tây et Ninh-Bình pour se jeter dans la mer par l'estuaire du Thần-Phù.
2. Situé à peu près à mi-chemin entre Hà-Nội et Sơn-Tây, sur la rive gauche du Đáy, le village de Phong avait déjà été le théâtre de violents combats lors de l'expédition envoyée contre Sơn-Tây, à la fin de l'année 1883 (combats des 1er et 2 septembre).
3. Le lendemain du départ était le 7 et non le 6 avril.

Nous côtoyons un gros village à l'entrée duquel la proclamation du général Millot au peuple annamite est affichée sous un grand parasol jaune, tout comme une ordonnance royale[1]. Les notables de l'endroit sont venus présenter leurs hommages aux chefs français ; ils entourent un petit autel, élevé sur le bord de la route avec des planches et surmonté de deux parasols ornés de pompons. Sur cet autel sont placées des poules vivantes, des œufs, des fruits : c'est la coutume d'offrir ainsi des cadeaux de bienvenue au grand mandarin qui visite le village pour la première fois.

Plus loin la colonne s'engage au milieu d'un hameau composé d'une douzaine de cabanes échelonnées le long de la route. Un vieillard revêtu de ses plus beaux habits attend sur le chemin, appuyé sur son bâton, le passage du général. À quelques pas en arrière sont groupés, peureux et tremblants, les notables de la commune ; à côté d'eux, un jeune enfant porte sur un plateau de bois de modestes présents. Aussitôt que le général paraît, le pauvre vieux s'agenouille en tenant les mains jointes devant son front incliné. On le relève avec bonté ; mais lui, qui ne comprend rien à cette bienveillance, croit que son salut n'a pas été assez profond et qu'il nous a déplu : alors il se prosterne tout à fait, si bien que son front touche le sol et que ses cheveux blancs balayent la poussière du chemin. Ces serviles hommages sont exigés, sous peine de punition sévère, par les mandarins annamites chaque fois qu'un de leurs administrés paraît en leur présence. Pour nous Français, ils nous gênent profondément et ils nous font souffrir.

Nous traversons le Day avec une grande célérité, moitié à gué, moitié sur des petits sampans indigènes. Cette rivière n'a guère plus de deux cent cinquante mètres de largeur ; elle est d'un accès facile. La pluie qui nous faisait grelotter le matin a fait place à une chaleur humide, énervante ; nos troupiers suent sang et eau sous le sac avec leurs grandes capotes de France.

À midi, nous faisons halte près du village de Trach-Moï où nous devons cantonner[2]. Devant le village, la digue est faite avec des

---

1. Cette « proclamation du général Millot » est souvent citée mais, jusqu'à présent, nous n'avons pu en retrouver le texte...

2. Dans l'*Histoire militaire de l'Indochine*, on lit que, après avoir franchi le Dáy, la colonne Brière de l'Isle a pris ses cantonnements dans les villages de Hoa-Giây et Bao-Loc (6 avril). Peut-être étaient-ils situés « près du village de Trach-Moï », mais nous n'avons pas pu localiser ce dernier, qui n'est mentionné dans aucune autre source concernant cette expédition. L'existence, à Trach-Moï, comme le montre la gravure (p. 187), d'un pont couvert pourrait indiquer qu'il s'agissait là moins d'un village proprement dit que d'un lieu de culte, donc d'un simple lieu-dit attenant à un village, peut-être l'un des deux cités ci-dessus.

mottes de terre séchées au soleil, auxquelles on a donné la forme régulière de briques ; un joli pont couvert, jeté sur un étang qui sert aux indigènes de vivier pour conserver le poisson, est construit sur pilotis ? en forme de dos d'âne. Sous sa couverture de tuiles, deux grands bancs de bois courent parallèlement au pont dans toute sa longueur ; ils sont destinés aux voyageurs, qui peuvent s'y reposer à l'abri du soleil pendant les heures chaudes du jour. Une haute porte en maçonnerie, enjolivée de sculptures et d'inscriptions, s'élève, à l'entrée du village, entre deux grands banians dont les branches s'entrelacent au-dessus d'elle pour former comme un gigantesque arceau de verdure. Cette porte d'aspect monumental, ce joli pont et cette digue si bien entretenue nous prouvent que nous sommes devant un village riche et populeux ; mais nous ne distinguons pas les maisons ; comme toujours, le village est entouré d'une levée de terre, haute d'environ deux mètres, plantée de cactus, de bambous et de lianes, qui forment une haie de quatre mètres de hauteur, inextricable et impénétrable à la vue.

La porte est fermée par deux battants massifs qu'il faut enfoncer à coups de bélier. Aussitôt qu'on l'a franchie, on trouve de chaque côté deux petits hangars couverts d'un toit de chaume et occupés par de grands lits de camp : ce sont les abris des guetteurs.

Ces guetteurs, placés sur un observatoire haut perché, surveillent pendant la nuit les abords du village. Lorsqu'une troupe suspecte est annoncée, ils la signalent aux habitants à l'aide d'une grosse crécelle en bois ou d'un tam-tam attaché à l'une des poutres du hangar[1].

Les paysans se lèvent, se barricadent dans leurs maisons, toutes entourées d'une haie ; ils s'arment de lances, de piques, de sabres. Les lances sont munies de longs et solides manches faits avec des bambous durcis au feu : elles permettent de blesser à travers la haie, tout en restant à couvert, l'audacieux qui tenterait de s'approcher pour pratiquer une brèche.

Quand, du haut de leurs perchoirs, les guetteurs jugent que la troupe ennemie est trop nombreuse et que la résistance n'est pas possible, ils l'indiquent au village à l'aide d'un appel spécial. Alors les habitants,

---

1. Comme dans tous les villages du delta, ces guetteurs (*tuần-đinh*) étaient nommés pour une année et rémunérés par la commune qui leur versait une fraction de la récolte joliment appelée le « riz de la rosée » (*lúa sương* ou *sương túc*), c'est-à-dire une javelle (*lượm*) de riz par arpent de rizières privées, sauf sur celles des notables qui en étaient exemptés. L'« observatoire haut perché » dont parle l'auteur s'appelle le *điếm* ou le *công-quán*.

PONT COUVERT DE TRACH-MOI

après avoir fermé toutes les portes des maisons et obstrué toutes les ouvertures des haies, s'enfuient dans la campagne par le côté opposé à l'endroit d'où l'on a signalé l'approche de l'ennemi. Ils chassent à travers champs les porcs, les volailles et les buffles ; ils emmènent les femmes et les enfants ; ils ne laissent dans l'intérieur des cases que les vieillards impotents ou trop âgés.

En général les habitants ne vont pas bien loin. Ils se tapissent dans les rizières qui entourent le village, et là, immobiles, l'œil au guet, accroupis dans l'eau qui leur monte jusqu'aux aisselles, le corps courbé de crainte de se laisser voir à travers les plants de riz, les malheureux attendent avec anxiété que l'ennemi ait quitté la place et que tout danger ait disparu.

Ces sortes d'alertes sont fréquentes dans les villages du delta exposés aux razzias des pirates et des Pavillons-Noirs. Les paysans nous connaissent mal encore : ils nous assimilent à ces voleurs de grands chemins et, quand nous nous présentons dans leurs villages, ils se dérobent par la fuite. Pourtant, après quelques heures de séjour, lorsqu'ils voient que nous ne démolissons rien, que nous n'incendions pas leurs maisons et que nous châtions au contraire les coolies qui cherchent à leur voler leurs provisions, ils se rapprochent peu à peu, finissent par lever le nez au-dessus de leurs champs de riz, et, rappelés par les tout vieux qui sont restés dans les cases, ils rentrent en tremblant pour se mêler à nous. Ils aident nos coolies à puiser de l'eau, nos boys à préparer la cuisine, et, comme nous leur payons toutes les provisions qu'ils apportent, ils installent à proximité un petit marché de légumes et de fruits. La conquête est faite ; quand nous reparaîtrons dans les environs du village, les habitants, au lieu de fuir, viendront au-devant de nous.

Après avoir pénétré dans l'enceinte du village de Trach-Moï, on trouve devant soi comme une sorte de labyrinthe formé par de petites ruelles étroites et tortueuses. Quand on en suit une, on ne tarde pas à aboutir à un cul-de-sac sur lequel donne la porte d'entrée d'une habitation.

Nous sommes logés chez un notable. Sa maison est construite avec les même matériaux que celles des paysans pauvres ; mais elle est plus vaste, plus confortable et mieux entretenue. Quand on a dépassé la haie qui l'environne de toutes parts, on se trouve dans une belle cour plantée d'aréquiers. Le palmier aréquier n'est pas seulement un arbre de luxe, c'est une plante d'excellent rapport : les noix qu'il produit entrent dans la composition de la chique de bétel ; elles se vendent relativement cher, et chaque pied d'aréquier rapporte, bon an mal an, environ un franc à son propriétaire[1].

Les haies de bambous qui entourent les maisons et les villages sont également pour les habitants une source de revenus. Avec l'enceinte d'un arpent de terre, l'indigène peut se faire de cinquante à soixante francs de rente annuelle.

La case de notre notable est construite sur un petit tertre, élevé de cinquante à soixante centimètres au-dessus du niveau de la cour, pour éviter l'humidité. Le sol est recouvert d'une sorte de béton très dur ; le toit, qui forme auvent tout autour de la maison, est fait avec une épaisse couche de paille de riz ; il est supporté par huit colonnes en gros bambous, reliées entre elles par des fermes de même bois. La maison est séparée en trois pièces par des cloisons de grosses nattes. Dans la chambre du milieu, qui est la plus grande, un petit autel est juché dans une niche près du plafond ; de belles inscriptions sur papier rouge sont placées de chaque côté ; on a collé dans le fond de cette niche une grande image sur papier chinois, représentant un génie de grandeur naturelle dont la figure, aux sourcils contractés et à la bouche grimaçante, est peinte en vert. Devant cette image, une petite table laquée rouge et or supporte un brûle-parfum de cuivre, des vases remplis de fleurs et un de ces emblèmes taoïstes qui ressemblent à des miroirs.[2]

Sous la niche se trouve le lit du propriétaire : c'est une sorte de cadre en treillis de bambous supporté par quatre pieux. À côté, un grand coffre, monté sur quatre roulettes en bois, est fermé par un énorme cadenas : il constitue, avec des bancs de bois brut et une table, l'unique mobilier de la maison.

Les notables sont des hommes influents qui sont nommés à l'élection populaire pour former le conseil de la commune. Dans l'agglomération annamite, ils tiennent la place de nos conseillers municipaux, avec cette différence qu'ils ont des attributions beaucoup plus étendues et beaucoup plus de responsabilité. Tous les hommes du village ne concourent pas à la nomination du conseil : pour pouvoir faire acte d'électeur, l'Annamite doit être inscrit sur le registre de la

---

1. L'aréquier (*cây cau*) est en effet un arbre de bon rapport car, outre les noix employées pour le bétel, il est utilisé pour construire les cabanes ou les pontons de rivières, tandis que sa fibre est utilisée en médecine traditionnelle. Ses grandes feuilles servent encore de gouttières pour recueillir l'eau de pluie. La présence d'aréquiers dans un jardin domestique est un signe de prospérité.

2. Le sol n'est pas en « béton très dur » mais simplement en terre battue. Le « petit autel » désigne l'autel des ancêtres. En revanche, on ne sait à quoi correspond le « génie de grandeur naturelle » au visage vert... De même nous ne comprenons pas pourquoi les « emblèmes taoïstes », semblables à des « miroirs », se trouvent sur la table, devant l'autel, et non à l'extérieur, du côté de la cour de la maison, comme c'est d'habitude la règle...

commune et payer l'impôt[1]. Les inscrits sont tous des commerçants ou des propriétaires aisés, ayant, comme on dit, du bien au soleil. Les coolies et les manœuvres, qui n'ont aucun domicile fixe et qui peuvent quitter le village quand bon leur semble, n'ont pas le droit de vote pour les élections municipales[2].

Le titre de notable est très ambitionné, à cause de la considération qu'il donne. Les propriétaires aisés cherchent à se concilier par toutes sortes de procédés les suffrages de leurs concitoyens; ils vont jusqu'à faire au village des donations importantes, qui profitent à tous en augmentant les revenus de la commune[3].

VILLAGE ANNAMITE

---

1. Notation peut-être un peu rapide car ce n'est pas le corps des notables qui est élu (par les inscrits) mais les seuls agents communaux (chef du village, voyer, adjoints) ; une fois leurs mandats achevés, ceux-ci intègrent le conseil des notables (*hội đồng kỳ mục*).

2. Les inscrits (*dân đinh*) – sous-entendu : inscrits au rôle du village – n'étaient pas des gens aisés mais simplement ceux dont la famille était installée dans le village depuis au moins trois générations et qui y payaient des impôts. Les autres, installés dans un village qui n'était pas leur village natal, et comme tels astreints à de lourdes charges, étaient appelés « non-inscrits » ou bien *ngụ cư*. C'est l'enracinement local qui était pris en compte et non point, comme le suggère Hocquard, l'état de fortune.

3. Ce sont précisément ces « donations importantes » qui permettaient d'acquérir le titre envié de notable. Il s'agissait en réalité d'une vente déguisée de titre : comme l'accès au conseil des notables était très strict, les riches particuliers tournaient la difficulté en faisant don de terre ou de numéraire à la commune, puis le conseil des notables les « récompensait » en leur octroyant un titre qui leur permettait de siéger parmi eux.

VUE D'ENSEMBLE DE LA CITADELLE DE SONTAY

CHAPITRE VIII

LES JAQUIERS. – LES CRABIERS ET LES AIGRETTES. – DESCRIPTION DE SONTAY ; LES RUES ; LA CITADELLE. – LA DIGUE DE PHUSA. – UNE PROCLAMATION DE LUU–VINH–PHUOC. – LES ÉLÉPHANTS DU TONG–DOC. – LES FEMMES DES TIRAILLEURS TONKINOIS. – LE BÉTEL ; LA CHIQUE. – ARRIVÉE AU VILLAGE DE DONG–LAU ; LES MACHINES À DÉCORTIQUER. – LE CHIEN COMESTIBLE. – LA PAGODE DE L'ESPRIT PROTECTEUR ET LE TEMPLE DES CINQ–ÉLÉMENTS. – LES LETTRES PATENTES DU ROI. – UNE AUBADE. – CE QUE PEUT CONTENIR UN ESTOMAC DE TONKINOIS.

De Trach-Moï à Son-Tây il n'y a pas plus de dix kilomètres. On suit une large digue, tracée presque en droite ligne au milieu de la campagne admirablement cultivée ; à chaque instant le chemin passe à travers des plantations de beaux arbres, parmi lesquels je remarque d'énormes jaquiers couverts de fruits. Ces fruits ressemblent à de gros melons ; ils ont une écorce verte et rugueuse ; ils sont fixés par une queue très courte soit au tronc même de l'arbre, soit à la naissance des grosses branches. Beaucoup sont en état de maturité et ont été jetés à terre par le vent. Nos coolies et les tirailleurs tonkinois les ramassent avec empressement ; ils les ouvrent et en retirent les graines qu'ils serrent dans leurs ceintures ; à l'étape ils les feront griller sous la cendre: c'est un régal dont ils sont très friands[1].

Le pays est extraordinairement peuplé : à chaque pas nous rencontrons une petite maison ou une pagode, et de plus nous ne faisons pas cinq cents mètres sans découvrir, soit à droite, soit à gauche de la route, un gros village dissimulé dans son enceinte de bambous. À l'approche de la colonne, les appels du gong retentissent dans les pagodes, les chiens du village sortent en aboyant dans les rizières, et les paysans fuient à toutes jambes.

Nous traversons de jolis ponts couverts de chaume et jetés sur des mares pleines d'eau stagnante, dans lesquelles s'ébattent des canards et de petits plongeons à plumes grises qui ne dépassent pas la grosseur du poing. Sur le bord de l'eau, des aigrettes blanches se promènent gravement en guettant le poisson du coin de l'œil ; un gros crabier à robe grise, perché sur ses longues pattes comme sur des échasses, fouille la vase de son bec jaune pour y découvrir les crevettes et les crabes d'eau douce dont il fait sa nourriture. Ces animaux sont peu sauvages ; les indigènes ne les chassent guère. En général, les Annamites ne mangent pas de gibier ; les médecins du pays prétendent que cette viande est nuisible à la santé ; ils ordonnent cependant dans certaines maladies la chair d'aigrette bouillie, à laquelle ils attachent des propriétés thérapeutiques. Quant au crabier, dont la viande huileuse est douée d'un arrière-goût insupportable, si on le chasse quelquefois, c'est pour lui enlever le duvet qu'il porte sur la poitrine et à la naissance du cou. Les plumes de ce duvet sont fines, soyeuses et imprégnées d'une substance onctueuse ; les Tonkinois les emploient pour panser les plaies.

Une vieille femme lave à la mare la provision de riz qui doit servir au repas du matin. Elle est sourde ; elle n'a pas entendu venir la colonne. Accroupie sur un étroit parapet de bambous qui s'avance jusque dans la mare, elle lave son riz dans un panier rond à grosses mailles qu'elle maintient à la surface de l'eau. Quand l'avant-garde arrive près d'elle, elle se retourne au bruit, pousse un cri terrible et se sauve à travers la flaque en abandonnant sa corbeille. Alors nos coolies, laissant là charges et bambous, se précipitent pour s'emparer de cette aubaine. Ils se poussent, se culbutent ; vingt mains saisissent le panier, qui serait réduit en pièces si nous s'y mettions bon ordre.

---

1. Les jaquiers ou jacquiers (*Artocarpus heterophyllus*, famille des Moracées) sont de beaux arbres donnant des fruits à la pulpe savoureuse et très parfumée. Grosses comme la moitié du pouce, les graines sont riches en amidon. Le bois du jacquier sert à fabriquer les grosses poutres des temples et à sculpter certaines statues.

C'est à grand'peine que nous leur faisons lâcher prise et replacer la corbeille sur le bord du chemin, pour que la bonne vieille puisse la reprendre quand nous serons passés. Mais nous comptons sans nos maîtres voleurs : chaque coolie qui vient après nous se baisse prestement et, sans abandonner sa charge, sans même ralentir le pas, il saisit une poignée de grains qu'il fait disparaître vivement dans sa ceinture. Bien longtemps avant que la colonne ait défilé, le panier est vide.

Nous entrons dans Son-Tây par une porte massive en maçonnerie, construite à plein cintre. Quatre de ces portes, placées aux quatre points cardinaux, donnent accès dans la ville, qui est entourée d'un parapet en terre et d'un large fossé plein d'eau. À l'extérieur, le fossé est séparé du parapet par une bande de terre sur laquelle on a planté une épaisse haie de bambou ; la haie dépasse d'un ou deux mètres le parapet, dont elle dissimule les meurtrières. Ces meurtrières sont de deux sortes : les unes, petites et carrées, servaient pour le tir au fusil de rempart ; les autres, grandes et rectangulaires, étaient destinées aux canons. Plus de cent pièces d'artillerie, de tous les systèmes et de tous les calibres, défendaient la ville lorsqu'elle fut attaquée par l'amiral Courbet : presque toutes se chargeaient par la bouche. Beaucoup de petits canons en fonte sont restés à leur place, sur la muraille, où ils ont été abandonnés après qu'on les eut encloués.

Des quatre portes d'enceinte de la ville partent quatre grandes rues qui convergent vers la citadelle. Ces rues sont bordées de paillotes semblables à celle de Bac-Ninh ; quelques maisons en briques, construites à la chinoise, se montrent de distance en distance entre les paillotes, principalement aux environs de la citadelle.

La plus belle rue de Son-Tây se dirige vers le fleuve Rouge ; c'est dans cette rue que se fait presque tout le commerce de la ville. Avant la guerre, Son-Tây comptait près de vingt mille habitants ; elle entretenait un commerce important de soieries, de poteries, de tabac et de bétel. Aujourd'hui la ville est bien réduite : elle compte à peine cinq mille âmes. Le seul commerce qui s'y fait consiste à vendre à nos troupiers des aliments et des objets de première nécessité.

La citadelle occupe le centre de la ville ; elle est distante du fleuve Rouge d'environ deux kilomètres ; elle forme un carré parfait de cinq cents mètres de côté, entouré par un mur en briques haut de cinq mètres[1].

---

1. Cette citadelle a été construite sous le roi Minh-Mang, en 1822, sur un plan carré. Sur la question des anciennes citadelles vietnamiennes, voir note 1 page 108. Les descriptions de la citadelle de Son-Tây

Un fossé rempli d'eau et large d'à peu près vingt mètres entoure le rempart, dont il est séparé par une sorte de chemin de ronde auquel les Annamites ont donné le nom de *chemin des Éléphants*[1].

Au milieu de chacune des faces du carré d'enceinte se trouve une demi-tour circulaire, de trente mètres de diamètre, percée de meurtrières et de créneaux. La porte d'entrée de la citadelle est pratiquée dans le flanc de cette demi-tour, presque à son point de jonction avec le mur d'enceinte. Le pont en briques jeté sur le fossé et qui permet d'arriver à cette porte n'est pas placé en face d'elle ; il est construit vers le milieu de la tour. C'est une conception très ingénieuse au point de vue de la défense : les assaillants, après avoir traversé le pont, dont l'entrée est barrée par une porte faite avec de grosses traverses de bois, sont obligés de longer les murs de la demi-tour par le chemin des Éléphants avant d'arriver à la porte de la citadelle. Ils seraient tués à bout portant du haut des remparts sans pouvoir presque riposter.

À l'intérieur, la muraille est doublée par un parapet mesurant dix mètres de largeur, auquel on accède facilement grâce à une pente très douce ; sur ce parapet sont disposés des plates-formes pour l'artillerie et des abris pour les défenseurs. Au centre de la citadelle se dresse une tour de dix-huit mètres de hauteur ; le reste du terrain est occupé par la pagode royale, les logements des mandarins et les magasins à riz. Devant la tour, deux grandes citernes carrées, entourées de balustrades en maçonnerie, servaient, dit-on, l'une de réservoir d'eau pour la garnison, l'autre de vivier pour conserver le poisson destiné à la table de Luu-Vinh-Phuoc[2], le chef des Pavillons-Noirs.

Au sommet de la tour, nos hommes ont installé, à l'aide de planches et de madriers, une construction légère qui abrite des appareils pour la

---

sont rares, souvent très lacunaires, et nous sommes imparfaitement renseignés sur son histoire. L'enceinte de la ville formait un vaste pentagone, étiré sur sa partie occidentale et percé de quatre (ou cinq ?) portes.

1. Notons à ce propos que c'est précisément à Sơn-Tây, en 1885, que l'armée vietnamienne employa pour la dernière fois des éléphants qui, partout ailleurs, n'étaient plus utilisés à des fins militaires depuis le XVIIIe siècle. Toutefois, le corps militaire des éléphants a existé tout au long du XIXe siècle, et l'on continuait d'entraîner les animaux à l'attaque (ils devaient détruire trois palissades de bambou derrière lesquelles se tenaient des soldats armés qui faisaient exploser des pétards).

2. Lưu Vĩnh Phúc (en chinois Liu Yongfu) : né dans la province du Guangxi en 1837, il fut lieutenant de Oua-Tsong, un des chefs de l'insurrection de cette région de 1845 à 1865. Obligé de fuir devant les troupes régulières chinoises, Lưu Vĩnh Phúc se réfugia dans les montagnes du Việt-Nam du nord, et il s'empara de Lào-Cai en 1868. En 1873, on le retrouve à la solde de Hoàng Kế Viêm, gouverneur vietnamien de la province de Sơn-Tây, et il est à l'origine de l'attaque de Hà-Nội qui coûta la vie à Francis Garnier, en décembre 1873, et à Henri Rivière, en mai 1883. À partir de cette date, son quartier général était établi à Sơn-Tây, d'où il recula pour gagner Hưng-Hoá. Lưu Vĩnh Phúc trouva finalement refuge à Formose, où il prit part à la guerre sino-japonaise de 1894 ; après l'occupation de l'île par les Japonais, il se réfugia à Canton (1895). On retrouve cet extraordinaire personnage lors de l'insurrection des Boxers en 1900.

TOUR CENTRALE DE SONTAY

télégraphie optique. Ces appareils peuvent communiquer avec Hanoï, grâce à un poste intermédiaire établi au marché de Palang, sur le fleuve Rouge, à mi-chemin des deux villes[1].

La porte qui donne accès dans l'intérieur de la tour est ouverte ; je vais y monter pour jouir du coup d'œil. La tour renferme un escalier en colimaçon comprenant une cinquantaine de marches en pierre de taille ; cet escalier prend jour par de petites fenêtres rondes ; on croirait monter dans le clocher d'une de nos églises de village.

On jouit à cette hauteur d'un panorama superbe. La ville de Son-Tây est massée au pied de la tour : on ne voit que les toits de chaume de ses petites maisons. Les quatre rues droites de la citadelle ressemblent aux branches d'une croix ; l'une d'elles, bordée de chaque côté par les longs toits, bas et proéminents, des huit magasins à riz, aboutit à la pagode royale, qui se présente comme sur un plan en relief. C'est un grand quadrilatère dont le double toit à faîtières recourbées, à corniches saillantes, est orné de chimères grimaçantes faites avec des tessons de porcelaine bleue fixés au ciment. La pagode donne sur une vaste cour carrée, dallée de larges pierres bien polies, à l'entrée de laquelle deux beaux lions héraldiques, sculptés en grandeur naturelle, se dressent sur des blocs de granit gris.

On pénètre dans la cour par un portique monumental percé de trois portes et dont le double toit et les clochetons sont ornés, comme ceux de la pagode, de décors en porcelaine bleue.

En jetant les yeux au pied de la tour, j'aperçois mes camarades qui, le nez en l'air, m'adressent à tour de bras des gestes désespérés pour me faire descendre. L'un d'eux a rencontré à Son-Tây un de ses anciens amis de collège, actuellement médecin de la Légion étrangère ; cet aimable camarade, qui tient garnison dans la ville, veut bien nous servir de guide pour faire une promenade aux environs. Il faut nous hâter car nous partons le lendemain de bonne heure et nous n'avons qu'une demi-journée à nous.

Nous prenons la grande rue qui nous conduit directement au fleuve. Les bateaux peuvent accoster contre la berge, car à ce niveau les eaux sont profondes de trois ou quatre mètres. Le génie militaire a construit à deux ou trois cents mètres du bord de l'eau un blockhaus armé avec

---

1. Voir la gravure (p. 195). Ce mirador est du même modèle que celui de la citadelle de Hà-Nội mais, à Son-Tây, les terrasses intermédiaires sont construites non en brique mais en latérite. Jusqu'en 1875, le transport des courriers français s'effectuait par *trạm*, mais la modernisation des communications – qui n'a jamais éliminé l'antique système des coureurs – ne datait en fait que des quelques mois précédant l'arrivée de Hocquard au Tonkin. Les premiers postes de télégraphe ont été installés par les militaires, au sein de chacune des citadelles conquises entre la fin 1883 et 1884, et les bureaux officiels ne furent ouverts qu'après (celui de Son-Tây à la fin de l'année 1884).

un canon-revolver, dans lequel on a placé un poste de tirailleurs tonkinois.

Une grande digue, large de six ou sept mètres, part du débarcadère et longe le bord de l'eau dans la direction du sud : c'est la digue de Phu-Sa. Nous la suivons jusqu'au fameux village qui a tenu nos troupes en échec toute une nuit, et dont la prise a coûté la vie à tant de braves soldats[1].

Notre camarade de la Légion a assisté aux affaires de Son-Tây. « Vous voyez, nous dit-il, qu'à partir du village de Phu-Sa la digue bifurque dans la direction de Hanoï en deux branches secondaires qui s'écartent l'une de l'autre à angle aigu. Le 13 décembre de l'année dernière, à neuf heures du matin, nos troupes débouchaient en deux colonnes sur les branches du Y formé par cette digue ; elles enlevaient sans grande résistance deux petits ouvrages avancés qui barraient chacune de ces branches ; mais elles venaient se heurter au point de jonction, à l'endroit même où nous sommes, contre une solide barricade, formée de terre et de bambous, où elles furent reçues par un feu des plus meurtriers. Nos soldats combattirent toute la journée sans pouvoir franchir cet obstacle, et, la nuit venue, nous fûmes obligés de nous replier en arrière sur les digues secondaires, à l'abri des ouvrages accessoires enlevés le matin. Pendant toute cette nuit, nous sommes restés au contact d'un ennemi furieux qui ne lâchait pas prise, qui venait nous harceler jusque sur nos lignes, qui profitait de l'obscurité pour aller couper la tête à nos morts. Le lendemain au jour, il avait évacué la barricade, mais tous les corps de nos braves avaient été mutilés. Si les Pavillons-Noirs et les Chinois décapitent ainsi sur le champ de bataille les morts et les blessés, ce n'est pas tant pour se procurer des trophées, que parce que chacune des têtes qu'ils rapportent leur est payée très cher par leurs chefs. J'ai là un document officiel, pris à Son-Tây, qui vous prouvera ce que j'avance. »

En parlant ainsi, notre camarade tire de sa poche un grand papier rouge, couvert de caractères chinois, au bas duquel est apposé un grand sceau. « Ce sceau, nous dit-il, est celui du chef des Pavillons-Noirs ; le document était affiché contre une des portes de la citadelle ; en voici la traduction :

« Le *dé-dôc*[2] Luu-Vinh-Phuoc, le douzième jour du onzième mois[3] a décrété ce qui suit :

---

1. Les fortifications protégeant Son-Tây avaient en effet été construites essentiellement entre la digue et la citadelle, dans le petit village de Phù-Xá. Des combats meurtriers avaient eu lieu les 14 et 15 décembre 1883.

2. *Général de brigade* (note de l'auteur).

3. *11 décembre 1883* (note de l'auteur).

« Pendant la guerre, celui qui coupera la tête à l'ennemi sera récompensé de la matière suivante :

« – pour une tête de Français, 100 taëls[1], et, si ce Français a des galons, 20 taëls en plus pour chaque galon. Pour savoir s'il a des galons, il faut regarder sur les manches. Plus il y aura de galons, plus la récompense sera grande.

« – pour une tête de turco ou de soldat de la Légion étrangère, 50 taëls.

« – pour une tête de tirailleur annamite, 40 taëls.

« – pour une tête de catholique, 10 taëls.

« – La guerre sans merci qu'on nous fait dans ce pays, ajoute notre confrère, nous crée, à nous autres médecins, de nouveaux devoirs. Il faut nous hâter d'enlever nos blessés et, dans ces combats corps à corps, d'aller les chercher jusque sous les balles : si l'ennemi arrive jusqu'à eux, ils sont perdus. »

En repassant près du débarcadère, nous rencontrons les deux éléphants privés du *tông-dôc* de Son-Tây[2], qui viennent de prendre leur bain au fleuve, sous la conduite de leur cornac. Jamais je n'avais vu d'aussi beaux animaux : l'un d'eux mesure plus de deux mètres et demi au garrot et porte des défenses magnifiques. Ils ont été capturés dans les forêts du Tonkin qui confinent à la frontière laotienne. Le mandarin les fait figurer dans son cortège lorsqu'il paraît dans les cérémonies officielles ; ils sont alors couverts de broderies et de dorures. Aujourd'hui ils ont pour tout harnachement une longue chaîne qui fait le tour du corps en arrière des jambes antérieures, et qui sert à fixer sur leur dos la provision de fourrage qu'ils vont chercher chaque jour dans la campagne. Le cornac est à cheval sur le cou de l'éléphant ; chacune de ses jambes pend entre l'oreille et l'épaule de l'animal ; il a en main un crochet pointu muni d'un manche très court. L'éléphant porte au milieu du front une petite plaie de la grosseur d'une pièce d'un franc qu'on lui a faite à dessein et qu'on empêche de se refermer ; le cornac dirige sa bête en touchant la plaie avec la pointe de son crochet.

Les éléphants sont très dociles. Pour nous faire honneur, et aussi dans le secret espoir de gagner un bon pourboire, les cornacs leur font fléchir le genou devant nous. Nous jetons des pièces de monnaie à terre, et immédiatement les animaux les happent, par une sorte

---

1. *Le taël vaut 7 fr.50* (note de l'auteur).

2. Il s'agit de Nguyễn Đình Nhuận qui, en janvier 1883, avait refusé le poste de gouverneur de Hà-Nội alors occupé par Trần Đình Túc, le signataire de la convention de janvier 1875 par laquelle le gouvernement vietnamien cédait aux Français la parcelle de terrain qui forma, peu après, la Concession.

ÉLÉPHANT DU TONG-DOC DE SONTAY

d'aspiration de leur longue trompe. Il les passent ensuite par-dessus l'épaule à leurs maîtres, en remuant les oreilles avec un air de satisfaction.

Rien n'est plus amusant que de voir ces colosses traverser les haies de bambous qui entourent les maisons ; ils entrent sans effort, en écartant les épais fourrés comme une hache pénètre dans un morceau de bois tendre. La haie se referme sur eux immédiatement ; on se demande par où ils sont passés.

Ces gros animaux ne se montrent pas toujours d'aussi bonne composition. Un éléphant privé, qui habitait dans la citadelle de Hanoï, avait pris en grippe son cornac. Un jour, au moment où l'homme venait pour lui donner sa nourriture, il le saisit avec sa trompe, l'enlève, le secoue vigoureusement en l'air et, malgré les cris de sa victime affolée, l'emporte au milieu d'une mare qui se trouvait aux environs. Là, il le précipite dans l'eau et le piétine avec rage. On voulait le tuer à coups de fusil, mais les balles rebondissaient sans percer son cuir épais. Il fallut tirer à coups de Hotschkiss pour en venir à bout.

Avant de prendre congé de nous, notre camarade veut nous faire visiter la porte Ouest de Son-Tây, par laquelle la Légion étrangère est entrée la première dans la place[1]. Cette porte est presque entièrement démolie ; on l'a remplacée par une construction massive, élevée à la hâte par le génie, immédiatement après la prise de la ville, pour empêcher tout retour offensif des Chinois ; c'est une sorte de tour en briques, dont les murs sont percés d'une triple rangée de meurtrières. Un tirailleur tonkinois surveille la campagne du sommet de la tour en s'abritant sous un petit toit monté sur quatre pieux. Au rez-de-chaussée se tiennent les hommes du poste. Nous entrons pour les visiter.

Les soldats indigènes sont couchés sur un lit de camp en bambou qui fait le tour de la salle ; quelques-uns sont accroupis dans un coin, autour d'un grand plateau de bois sur lequel sont disposées une douzaine de petites soucoupes ; ils mangent le dîner que leurs femmes viennent d'apporter. Les tirailleurs annamites voyagent toujours avec leurs femmes ; aussitôt qu'elles connaissent l'endroit où l'on ira camper, elle prennent les devants, s'installent dans une paillote et préparent la nourriture de leurs maris qui, en arrivant, trouveront le riz cuit à point et n'auront plus qu'à se mettre à table. Nous avons dû tolérer ces usages ; il nous eût été impossible sans cela de garder à

1. Combats du 16 décembre 1883.

notre service un seul Annamite. Les femmes de nos tirailleurs sont du reste aussi peu gênantes que possible : une fois la compagnie rassemblée pour le départ, elles disparaissent. Elles prennent des chemins de traverse, grâce auxquels elles arrivent à suivre la colonne sans qu'on s'en doute ; elles sont même pour nous, à certains moments, d'excellents espions, capables de nous renseigner sur les intentions de l'ennemi et sur les ressources des villages.

Nous sortons de Son-Tây le 8 avril, à six heures et demie du matin, en passant sous la porte Nord qui a été si vigoureusement attaquée par les braves soldats d'infanterie de marine, sous les ordres du colonel de Maussion[1]. C'est la seule qui soit restée à peu près intacte. Avec son fronton couronné de fraises en bambous, ses pierres, noires et moussues, labourées par les éclats d'obus et par les balles, elle a l'aspect imposant et rébarbatif d'une vieille sentinelle mutilée.

Après Son-Tây, le pays change d'aspect : nous quittons les rizières et nous arrivons au pied des montagnes. De Haï-Phong à Son-Tây, sur une étendue de plus de dix mille kilomètres carrés, tout le sol est formé par des alluvions du fleuve Rouge et du Thai-Binh qui se sont déposées peu à peu. Le delta s'est donc constitué tout entier par une sorte de conquête lente et successive de la terre sur la mer. Cette conquête se continue tous les jours : le continent tonkinois augmente chaque année d'environ cinquante mètres. Vers l'an 600 de notre ère, si l'on en croit les historiens chinois, les flots baignaient Hanoï ; à une époque plus reculée encore, le mont Ba-Vi[2] et les montagnes de la rivière Noire formaient le littoral. La plaine au milieu de laquelle la ville de Son-Tây est bâtie était donc recouverte par la mer ; elle en est actuellement distante de plus de cent kilomètres[3].

La route monte peu à peu. Les rizières des plaines basses et inondées font place aux champs de maïs, de sorgho, de canne à sucre et de ricin. Au bambou, au ficus banian, à l'aréquier et au bananier qu'on rencontre presque exclusivement aux environs de Hanoï, se mêlent d'autres arbres, aux essences plus diverses et aux feuillages plus

---

1. Après les combats, le lieutenant-colonel de Maussion avait été nommé par l'amiral Courbet adjoint du commandant de la place de Son-Tây.

2. À propos du Mont Ba-Vì (ou Tân-Viên), voir ci-dessous texte et note p. 526.

3. Ces considérations géologiques sont un peu floues et largement trompeuses parce que le delta du fleuve Rouge était, depuis longtemps, un delta mort, un delta qui ne se modifiait plus. La cause essentielle est anthropique : la construction des digues par les hommes (plus de deux mille kilomètres au total) a empêché le nivellement naturel des zones alluvionnaires et elle a fixé des inégalités de relief qui n'auraient dû être que temporaires ; par exemple, en interdisant aux eaux fluviales d'y pénétrer, les digues côtières ont considérablement freiné le colmatage des zones basses du sud du delta. En quelque sorte, le réseau de digues a « bloqué » l'évolution naturelle du relief, sa régularisation, et il a donné naissance aux *casiers* hydrauliques (une région entière enfermée dans des digues).

variés. Les routes sont bordées de goyaviers, et les sommets sont couronnés de grands pins maritimes qui ombragent les pagodes.

Je remarque dans la campagne de jolies plantations d'arbres à thé, de figuiers à laque, de cotonniers et de mûriers. Partout, du reste, comme dans le delta, le sol est l'objet d'une culture admirablement soignée ; partout, aux flancs des coteaux, aux creux des vallons, de grands villages, de belles et somptueuses pagodes attestent cette exubérance de vie et de population qui caractérise le pays. Il est impossible que nous n'arrivions pas à tirer parti de toutes ces richesses : d'un côté une population douce et laborieuse, habituée à obéir ; de l'autre un sol d'une fertilité inouïe, depuis longtemps défriché et cultivé, ne demandant qu'à produire. En faut-il davantage pour édifier une colonie prospère ?

Au moment d'une halte, quelques-uns de nos coolies cherchent à s'esquiver comme toujours à la sourdine. Je les suis de l'œil et je les vois disparaître dans un champ qui borde la route. Ils ont découvert une plantation de bétel et ils s'empressent d'aller renouveler leurs provisions. Le poivrier-bétel est une plante grimpante qu'on élève en la faisant monter autour de tuteurs en bambous ; un champ de bétel ressemble un peu à une houblonnière de nos pays. Les Annamites cultivent cette plante pour en récolter les feuilles, qui sont larges, cordiformes, et qui entrent dans la composition de la chique en usage courant parmi eux. La culture du bétel est très difficile ; elle exige un terrain d'une composition spéciale, une orientation convenable, enfin des soins de tous les instants. La plante ne commence à rapporter qu'au bout de trois années de culture. En revanche, ses feuilles se vendent cher : à Hanoï, elles valent environ un centime pièce. C'est ce qui explique l'empressement que nos coolies ont mis à aller en faire provision.

La préparation de la chique est assez compliquée. Justement voici nos voleurs revenus près de leurs bambous ; chacun d'eux a rapporté un petit paquet de feuilles soigneusement choisies parmi les plus larges et les mieux venues. L'occasion est bonne pour les regarder faire.

J'en vois un qui s'assied près de moi et qui dispose sur ses genoux tous ses accessoires : un couteau pour couper l'arec, une grande aiguille et un étui gros comme un dé à coudre qui contient un lait de chaux. Il prend une feuille et il l'étale sur la paume de sa main gauche. Après avoir plongé l'aiguille dans la chaux, il l'essuie à plusieurs reprises sur cette feuille, puis il tire de sa ceinture un fragment de noix d'arec desséchée et une racine d'un rouge de sang dont il coupe un petit morceau. Il place les fragments d'arec et de racine sur la feuille qu'il enroule autour d'eux de façon à former un paquet gros comme l'extrémité d'un doigt : la chique est faite.

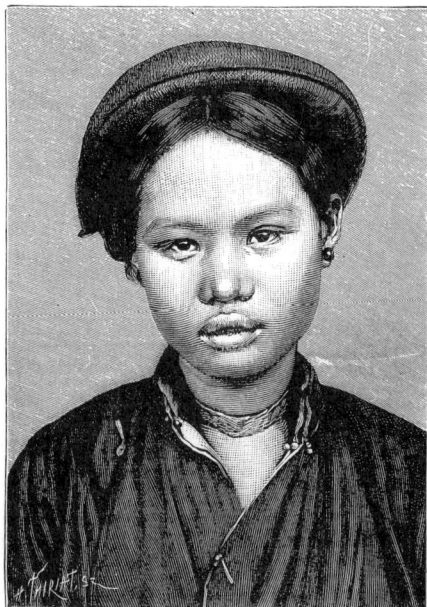

JEUNE FILLE ANNAMITE DONT LES LÈVRES SONT GONFLÉES PAR L'USAGE DU BÉTEL

Cette préparation jouit d'une grande vogue, non seulement au Tonkin mais dans toute l'Indo-Chine[1] ; il n'y a pas un Annamite qui n'en fasse un usage constant ; le mandarin, la femme de la haute classe en promenade ou en visite se font suivre par un domestique portant un crachoir de cuivre et une boîte à bétel richement décorée, qui contient tous les instruments nécessaires pour préparer la chique. Certaines femmes portent, attaché à la ceinture, un trousseau formé par ces instruments, dont chacun est suspendu à une petite chaînette d'argent. L'ouvrier qui se rend au travail, le coolie qui passe dans la rue, son bambou sur l'épaule, et jusqu'aux enfants de douze à quinze ans ont chacun entre les dents, à toute heure du jour, une chique qu'ils ne quittent guère que pour manger ou pour dormir. La vieille femme dont les dents déchaussées et branlantes ne peuvent plus mâcher l'arec

---

1. Par Indo-Chine, il faut ici entendre non point la construction administrative coloniale (« l'Union indochinoise », créée en 1887) mais l'expression géographique forgée au début du XIXe siècle par le géographe franco-danois Konrad Malte-Brun, fondateur de la Société de géographie de Paris, dans son *Traité de géographie universelle*.

a près d'elle un petit mortier en cuivre dans lequel elle réduit la noix en poudre, et, grâce à cet artifice, elle peut continuer son passe-temps favori. Deux commerçants ne traitent pas une affaire sans s'offrir au préalable une chique de bétel ; un fonctionnaire ne vous reçoit jamais en visite sans vous présenter sa boîte à chiquer. Une coutume aussi générale doit avoir sa raison d'être. Quand on interroge un Annamite à ce sujet, il répond : « Le bétel rafraîchit la bouche, calme la soif et empêche la faim. » J'ai voulu en essayer, moi aussi, et je dois dire que la mastication de bétel est assez agréable ; elle donne une sensation de fraîcheur et paraît avoir sur la faim le même effet que la coca.

La chique produit à la longue une sorte de gonflement des lèvres ; elles teint les dents en rouge brun et elle en attaque l'émail[1].

Il tombe une petite pluie fine et continue qui détrempe tous les chemins. Nous avons été obligés de descendre de nos montures qui glissent et s'abattent à chaque instant. Nos coolies se cramponnent de toute la force de leurs pieds nus pour ne pas tomber avec leurs bambous et leurs charges. L'eau ruisselle par tous les plis de nos vêtements et de nos salakos ; les troupiers baissent la tête sous l'averse et s'avancent silencieusement à travers les flaques d'eau et de boue. Un brouillard épais nous enveloppe de tous côtés, masquant le paysage. Les gros nuages gris qui couvrent tout le ciel semblent tellement bas qu'on dirait qu'ils vont nous choir sur la tête.

Je reçois l'ordre de partir en avant pour faire le logement de l'ambulance. Il me faut galoper pendant trois kilomètres pour rejoindre l'avant-garde. Je pars d'un train d'enfer, au risque de me rompre le cou, et je trouve la tête de la colonne arrêtée devant le village de Dong-Lau, où nous devons cantonner[2]. Les habitants de ce village ont élevé, en travers du chemin et devant de chaque porte d'entrée, de véritables barricades, faites avec des mottes de terre, des pieux et des branches d'épines. Nos sapeurs travaillent à la hache pendant une demi-heure pour nous frayer un chemin par lequel nous passons avec grande difficulté et un à un. Toutes les maisons sont à peu près désertes ; il ne reste, comme d'habitude, que quelques vieilles femmes, des chiens et des porcs.

J'erre à l'aventure, mon revolver à la main, à travers un vrai dédale de ruelles tortueuses, bordées par d'épaisses haies de bambous. Mon ordonnance me précède, armé d'une hache ; il me taille à grand'peine

---

1. L'attaque de l'émail par le bétel n'est pas prouvée ; en revanche, la coloration est évidente, et c'est une des raisons pour lesquelles, nous l'avons vu plus haut, les dents étaient laquées en noir.
2. En réalité : village de Đông-Cầu, atteint par l'auteur le 8 avril 1884.

un passage dans les clôtures qui entourent les maisons. Après une demi-heure de recherches à travers toutes sortes de circuits et de détours, nous arrivons au bord d'une petite mare, en face d'une jolie pagode, bâtie sur un tertre verdoyant. Nous heurtons sans résultat contre la porte fermée de la pagode : mon ordonnance l'enfonce d'un coup de hache : nous sommes chez nous.

Nous mettons tunique à terre, pour procéder, comme toujours, à un vigoureux coup de balai. Mon soldat veut repousser du pied un tas de loques rapiécées qui gisent dans un coin, mais, à sa grande stupéfaction, le tas s'anime, les loques s'agitent : il en sort une vieille femme dont la figure toute ridée est convulsée par la peur, dont les yeux grands ouverts se fixent sur nous avec une expression d'éprouvante. Elle joint ses mains tremblantes et murmure d'une voix cassée : *Lai-O ! Lai-O !*, ce qui veut dire « Pitié ! Pitié[1] ! ».

Je la rassure tant bien que mal à l'aide des quelques mots d'annamite que je connais déjà. Mon ordonnance, voyant qu'elle meurt de faim, lui tend un de ses biscuits de troupe ; la pauvre vieille se précipite dessus et essaye de mordre, mais ses dents branlantes ne peuvent pénétrer dans la croûte dure. Alors mon troupier écrase le biscuit sur une grosse pierre, en délaye les fragments avec un peu d'eau puisée à la mare et offre cette soupe à la vieille femme, qui la dévore gloutonnement.

L'ambulance a rejoint sur ces entrefaites. Nous procédons à une installation complète, car nous devons séjourner deux jours à Dong-Lau, en attendant que l'on ait refait les routes, fortement endommagées par la pluie, et que le général de Négrier ait rejoint avec sa brigade le poste qui lui est assigné pour l'attaque de Hong-Hoa.

Nous nous sommes divisés en deux groupes, pour aller plus vite : les uns partent avec une équipe de coolies pour chercher le biscuit et les vivres au convoi arrêté à l'entrée du village ; les autres surveillent les infirmiers qui installent les malades sur les brancards dans le bâtiment le mieux disposé et le plus convenable de la pagode. On organise le campement des coolies ; ceux-ci se sont déjà construit de petites huttes avec des bambous et des nattes qu'ils se sont procurés je ne sais où ; beaucoup d'entre eux, profitant du moment où notre attention était distraite par les détails de l'installation des malades, se sont répandus dans le village pour piller. Nous les voyons revenir avec une charge de bibelots et de mangeaille : porcs à moitié assommés, poules, riz, chiens, tout leur est bon. Les feux s'allument de toutes

---

1. Probablement : *lạy ông* ! (« Je vous en supplie ! »).

parts pour faire cuire le festin. Ils se réunissent par groupes de six ou sept et chacun s'occupe activement. Les uns plument une poule encore vivante qu'ils viennent de saigner avec une mince latte de bambou aiguisée comme un couteau ; d'autres raclent avec un vieux sabre de fer un chien à demi échaudé qu'ils ont traîné près de la mare.

Tout le riz que les coolies ont ramassé dans le village est à l'état de paddy, c'est-à-dire que la balle du grain n'est pas encore enlevée ; mais nos porteurs ne sont pas embarrassés pour si peu ; ils ont découvert, dans une maison qui avoisine la pagode, des moulins à décortiquer et ils s'occupent avec ardeur à cette besogne.

L'un d'eux triture le grain à l'aide d'un appareil assez original : un trou, large d'environ soixante centimètres et profond de quarante, est creusé dans le sol ; il est enduit sur toute sa surface d'une couche de ciment très dur ; il constitue le mortier. Un pieu très lourd, relié à angle presque droit à l'extrémité d'une pièce de bois longue de deux mètres à deux mètres cinquante, forme le pilon. Le coolie, pesant avec son pied sur l'extrémité de cette pièce de bois, soulève le pilon et le laisse ensuite retomber dans le mortier[1].

Avec ce système primitif, un homme ne peut guère préparer par jour plus de trente kilogrammes de riz ; mais l'Annamite est patient et la main-d'œuvre est à bon marché. D'ailleurs, quand le besoin s'en fait sentir, il a recours à des appareils susceptibles de fournir un travail plus rapide ; il organise alors une série de mortiers dont les pilons sont mis en mouvement à l'aide d'un arbre actionné par une roue hydraulique.

Je vois des coolies qui font passer leur paddy dans un moulin à bras formé par deux meules cylindriques superposées. Ces meules sont faites avec une masse de béton[2] très dure, et mêlée de fragments de bambous, qu'on a coulée dans des nattes enroulées en forme de moules. La meule supérieure ressemble à un gros ménisque bi-concave ; elle est mobile sur l'inférieure, dans laquelle elle s'emboîte. Cette dernière a la forme d'un tronc de cône ; elle se termine au sommet du cône par un morceau de bois qui passe dans un trou fait à la meule supérieure. Le trou est carré et plus large que le morceau de bois rond qui y pénètre. Il résulte de cette disposition que la meule supérieure exécute, outre son mouvement de rotation, un léger glissement qui favorise la décortication. De plus, le béton et les

---

1. Il ne s'agit point d'un « moulin à décortiquer » mais du mortier servant à blanchir le riz déjà décortiqué, en produisant des frottements qui séparent les téguments rougeâtres entourant le grain de riz – et qui formeront le son – de celui-ci. Cette opération s'effectue après celle qui est décrite un peu plus loin.
2. En réalité : de la terre glaise durcie, mêlée de bambous mâles.

fragments de bambous constituent une surface rugueuse qui empêche les deux meules de s'appliquer exactement l'une sur l'autre. Grâce à cette disposition, les grains que l'on verse dans la petite cupule ménagée aux dépens de la face supérieure de la première meule ne sont pas broyés mais énergiquement frictionnés en passant dans l'appareil. Une natte placée de champ tout autour du moulin empêche le riz de s'écarter en tombant et le force à s'entasser dans une grande corbeille placée au-dessous de l'appareil.

L'articulation de la manivelle à la première meule est d'une ingénieuse simplicité. Cette meule porte sur sa face externe tout près de son bord supérieur un petit piton en bois qui est fixe ; l'extrémité de la manivelle se termine sous forme d'anneau ; on entre cet anneau dans le piton et l'on n'a plus qu'à tourner.

La pagode dans laquelle nous sommes logés a été élevée en l'honneur de l'Esprit protecteur du village[1]. En furetant autour de l'autel, nos ordonnances ont fait tomber un grand étui en bambou laqué rouge et or, exposé à la place d'honneur sur une belle chaise sculptée et ornée de dorures. Dans cet étui sont enfermées des lettres patentes du roi, écrites sur un papier jaune, parsemé de paillettes d'or ; au bas des lettres sont apposées deux immenses empreintes à l'encre rouge, représentant la signature royale.

Le roi seul a le droit d'autoriser la fondation d'un village[2] ; quand un certain nombre de familles se fixent sur un point de territoire et désirent

---

1. Référence aux « génies tutélaires » qui sont honorés dans tous les villages vietnamiens. À l'origine, ces divinités pouvaient être des personnes ayant rendu de grands services à la communauté (souvent les fondateurs, réels ou mythiques, du village) ou bien des végétaux, des animaux et des choses (un arbre, une plante, une motte de terre, un tissu, etc.). À partir du XVe siècle, avec la vaste centralisation administrative initiée par le roi Lê Thánh Tông (1460-1497), l'État tenta de briser les autonomies villageoises en imposant une série de mesures ; du point de vue des cultes, il imposa aux villages de nouvelles divinités (dites *thành-hoàng*), souvent de hauts personnages de l'Histoire nationale, qui devaient désormais être agréées par la cour ; celle-ci se réservait le droit, à échéance régulière, de renouveler l'autorisation de culte en délivrant un brevet. Comme l'explique Hocquard un peu plus bas, ce « brevet d'élévation de la divinité » (*sắc phong thần*) était la marque officielle de l'agrément impérial, et donc l'empreinte de l'autorité centrale au cœur même des villages. Le grand problème pour l'historien, c'est que ces divinités de haut rang, factices et peu connectées à la vie sociale des communautés paysannes, ont chassé les divinités populaires endogènes à propos desquelles, désormais, nous ne savons que peu de chose.

2. La fondation d'un village, en général gagné sur des terres en friches, était en effet très réglementée par l'État. Par exemple, l'ordonnance de la dix-septième année du règne de Tự-Đức (1864) prévoyait de récompenser le fondateur du nouveau village selon un double critère : le nombre d'inscrits (donc de contribuables) recrutés, et la superficie de terrains défrichés : a) *de 20 à 30 inscrits et 50 à 60 mẫu* (environ 15 ha) : exemption perpétuelle de l'impôt personnel ; b) *de 40 à 50 inscrits et à peu près* (sic) *100 mẫu* : grade mandarinal 9-2 ; c) *plus de 100 inscrits et plus de 200 mẫu* : grade mandarinal 9-1. Ces chiffres étaient valables pour les provinces s'étendant du Nghệ-An au Bình-Thuận, mais, du Thanh-Hoá jusqu'au Tonkin, ils sont plus élevés car, dit le texte, « la terre est plus étendue et les hommes plus nombreux ». Après la fondation, l'État pouvait accorder des grades mandarinaux supplémentaires si le village gagnait en importance ou, au contraire, dégrader le fondateur si les terres étaient laissées en friches ou si le nombre d'inscrits diminuait.

s'ériger en agglomération officiellement reconnue, elles font transmettre au roi, par le mandarin sous la juridiction duquel elles se trouvent placées, une pétition dans laquelle elles s'engagent à payer à l'État la redevance pour les terres et à supporter toutes les charges imposées aux inscrits. Le roi leur envoie alors des lettres patentes dans lesquelles, en sa qualité de délégué du pouvoir céleste, il donne au village un nom et un Esprit protecteur. Les lettres royales sont reçues en grande pompe, à l'entrée du village, par une députation des habitants et portées processionnellement à une pagode élevée pour les abriter.

Il est pourvu aux frais de construction et d'entretien de ce monument soit à l'aide d'un impôt prélevé sur les habitants, soit à l'aide d'une donation faite par un des notables qui désire se créer des titres à la reconnaissance de ses concitoyens.

La pagode prend le nom de *temple de l'Esprit protecteur*, en annamite *dinh*. C'est là qu'ont lieu, à certaines époques, les cérémonies officielles du village : sacrifices à l'Esprit protecteur, grandes réunions des notables pour traiter des affaires de la commune et pour fixer la répartition de l'impôt[1].

À Dong-Lau, la pagode de l'Esprit protecteur du village est composée de trois bâtiments disposés en fer à cheval sur trois des côtés d'une grande cour rectangulaire ; le quatrième côté est occupé par une porte monumentale qui donne accès dans la cour. Le bâtiment qui se présente de face, quand on a franchi cette porte, est spécialement consacré au culte ; il a la forme d'un grand hangar, auquel on monte par trois marches qui occupent toute la longueur du bâtiment. Au milieu, un autel orné de vases remplis de fleurs artificielles et de tablettes votives[2] en laque rouge supporte la chaise et l'étui dont j'ai parlé ; devant l'autel, un grand vase en porcelaine bleue, rempli de sable fin dans lequel on a fiché de petites

---

1. La maison communale *(dình)* participe, elle aussi, de la centralisation administrative du XVe siècle. L'origine du monument est encore mal connue (le terme apparaît très tôt sans que l'on sache ce qu'il désignait exactement à ce moment), mais il est en revanche certain qu'au XVe siècle le bâtiment fut utilisé comme relais ou halte (c'est d'ailleurs le sens du caractère *dình*) pour les mandarins de district qui partaient en tournée dans les villages : il s'agissait, là encore, de faire descendre l'État le plus bas possible dans la société rurale, et à la charge financière de celle-ci. Pour faire bonne mesure, l'État imposa que les divinités officielles *(thành-hoàng)* fussent honorées dans ce monument même. Au village, le *dình* devint donc le symbole politique et religieux de l'État central. Ce qui est intéressant dans cette affaire, c'est que les villageois tentèrent peu à peu de reprendre la main, en faisant de ce monument le lieu de réunion du conseil des notables, instance locale par excellence, et cela tout en continuant d'y honorer, en cachette, les anciens génies locaux désormais interdits. Au XIXe siècle, lorsque écrit Hocquard, cette évolution est quasiment achevée. Au total, le *dình* est donc un bâtiment au sein duquel se cristallisent les tensions qui existaient entre pouvoir local et pouvoir central.

2. Ces « tablettes » sont de petits panneaux de bois portant en général la biographie légendaire de la divinité. Il est formellement interdit de les lire en dehors des périodes où se tiennent les cérémonies. L'étui dont parle Hocquard est celui qui contient le brevet d'investiture, lui-même enfermé dans une boîte laquée et rectangulaire qui est déposée dans une sorte de tabernacle *(khám)*.

baguettes d'encens, est posé sur une longue table rectangulaire. C'est sur cette table qu'on place les offrandes et qu'on fait les sacrifices à l'Esprit. Une grosse cloche de bronze est suspendue à l'une des poutres du toit, en avant de l'autel ; elle sert à appeler les habitants à la pagode les jours de réunion solennelle.

Les deux bâtiments étroits et longs qui flanquent la cour de chaque côté ont pour tout ameublement des lits de camp et des bancs de bois. C'est sous leur toit que se réunit le conseil du village et que l'on sert le repas pris en commun qui précède ordinairement les grandes délibérations[1].

Outre le *dinh*, le village de Dong-Lau possède, comme tous les villages tonkinois un peu importants, un temple dédié aux génies des Cinq Éléments[2]. C'est dans ce temple, qui porte le nom de *mieu*[3], que les habitants de la commune se réunissent au printemps pour la fête *Lé-hy-Yen*[4]. On invoque alors les Esprits pour obtenir la paix dans le village ; on leur offre sur leur autel un festin composé de porc, de buffle et de riz qui, après consécration, est consommé par les assistants. Dans le *mieu* se célèbre également la grande fête d'automne appelée *Lé-cau-bong*, dont le but est d'obtenir des Esprits de la terre et du ciel une abondante récolte de riz[5].

1. Remarque étrange : les séances du conseil des notables avaient habituellement lieu dans la salle principale de la maison communale. Dans certains de ces bâtiments, on peut encore voir aujourd'hui, à la base des piliers, les encoches dans lesquelles étaient insérées, horizontalement, des planches de bois formant toute une série de faux planchers qui, situés à des hauteurs différentes, permettaient à chacun des notables de siéger selon son rang.

2. Issus de la philosophie chinoise antique, les Cinq Éléments (*ngũ hành*), à la fois matière et énergie, sont l'eau (le salé, le nord, le sinueux), le feu (l'âcre, le sud, le pointu), le bois (l'acide, l'est, le long), le métal (le piquant, l'ouest, le rond) et la terre (le doux, le centre, le carré). Entre ces éléments existent des rapports de génération ou, au contraire, d'exclusion (le bois engendre le feu, la terre absorbe l'eau, le métal réduit le bois). On les retrouve, plus loin dans ce récit, lorsque l'auteur décrit les fameuses montagnes de Marbre qui sont appelées, en vietnamien, « montagnes des Cinq Éléments » (*Ngũ Hành Sơn*, ci-dessous p. 563).

3. Comme le vocabulaire employé par Hocquard est un peu flou, il convient de bien distinguer les grands types de monuments. La « pagode » (*chùa*), en principe consacrée au bouddhisme mais qui abrite bien souvent d'autres cultes (notamment taoïstes), est composé d'un sanctuaire en forme de H couché, d'une enceinte de galeries qui le clôt sur trois faces et d'une grande cour, souvent fermée par un portique. Le « temple » *(đên)* est un monument national ou régional, élevé à la mémoire d'un roi, d'un génie ou d'un personnage célèbre ; le plan du *đên* est très variable, mais il est presque toujours précédé d'une cour fermée par un mur ; à l'intérieur, à la différence de la pagode, il y a peu (voire *pas*) de statues, et celles-ci sont toujours enfermées dans le sanctuaire. Le *miếu* est quant à lui un « sanctuaire », à l'origine réservé soit au culte de Confucius soit aux mânes des rois défunts (*thái-miếu*), mais il est vrai que certains d'entre eux ont évolué vers le *đên*, ce qui rend ce paragraphe de Hocquard peut-être moins surprenant qu'il n'y paraît de prime abord.

4. Erreur de transcription pour *lễ kỳ yên* : « cérémonie pour demander la paix ». Chaque année, à la fin du printemps, cette cérémonie est destinée à chasser les mauvais esprits et les maladies ; on y représente le dieu des Enfers (*Minh-Vương*), assisté des cinq « mandarins des épidémies » (*quan ôn*) tous vêtus d'un costume de couleur différente et portant des épées et des oriflammes.

5. Même rétablie en *lễ cầu bóng*, l'expression « Lé Cau Bong » n'est pas très claire car elle est composée d'éléments hétérogènes. Deux hypothèses sont possible : ou bien il s'agit de la cérémonie d'invocation de la pluie dite *lễ cầu đảo*, qui permettait de se concilier les quatre déesses bouddhiques (*Tứ*

Toutes ces fêtes se font aux frais de la commune ou, si celle-ci n'est pas assez riche, à l'aide d'une contribution légère, prélevée sur tous les habitants inscrits au rôle de l'impôt.

ORCHESTRE IMPROVISÉ

Ces temples ne sont pas desservis par des ministres du culte, pas plus du reste que les pagodes bouddhiques. Il n'y a, au Tonkin comme en Annam, qu'un très petit nombre de bonzes ; la plupart des édifices religieux sont gardés et entretenus par des hommes de confiance payés à cet effet soit par les communes, soit même par de simples particuliers.

Il nous a été impossible de fermer l'œil de la nuit ; nos coolies étaient trop près de nous ; ils ont cuisiné, joué, chanté, sans s'arrêter un seul instant pour dormir. Le jour avait à peine paru qu'ils sont venus nous donner une aubade avec des instruments bizarres, recrutés dans le village. Il a fallu se lever, c'était un vacarme infernal. Pendant que deux d'entre eux grattaient d'une espèce de guitare à trois cordes, un autre raclait sur un petit violon, et un quatrième frappait à tour de bras sur un gros gong de bronze qui donnait des vibrations basses et prolongées comme des mugissements. Nos boys avaient voulu faire

---

Pháp : Nuage, Éclair, Tonnerre et Pluie) ; ou bien, comme nous le pensons, il faut lire *lễ hầu bóng,* qui désigne alors un culte de possession (médium) très répandu aujourd'hui encore.

leur partie dans le concert : l'un jouait de la flûte, un autre des castagnettes, tandis qu'un troisième soufflait à s'époumoner dans une espèce de conque faite avec une grande coquille[1]. Chacun jouait de son côté sans s'occuper de son voisin : c'était un charivari épouvantable. Nous leur avons jeté des sapèques pour les faire taire et nous sommes allés visiter le campement de nos coolies.

Nos porteurs sont en joie : ils ont bu du *chum-chum* et joué toute la nuit. Maintenant ils chantent, fument et mangent. C'est effrayant de voir ce qu'ils engloutissent : d'immenses gâteaux de riz, une douzaine de chiens, autant de porcs ont déjà disparu dans ces gouffres sans fond, et cependant ils cuisinent encore, ils mangent toujours. J'en vois un qui, la bouche pleine, tient de la main droite, entre ses deux baguettes, un morceau de porc, tandis que de la gauche il fait griller sur les charbons ardents un cuissot de chien qu'il se prépare à dévorer. Quand nous passons près d'eux, ils nous montrent en riant leur ventre rebondi et nous crient joyeusement : *Todt, todt, ké boum toldt* (« Bien, très bien, le ventre est bien[2] »). En temps ordinaire, tous ces hommes meurent presque de faim : pendant cette époque troublée, ils se dédommagent de leurs longs jours de jeûne.

PAGODE DE VILLAGE

1. La forme des deux instruments représentés sur la gravure (p. 210) évoque la « guitare-lune » (*dàn nguyệt*) ; mais comme Hocquard précise qu'elles avaient non deux mais trois cordes, il s'agit certainement du luth dit *dàn tam*. Le troisième personnage assis en partant de la gauche joue d'un « petit violon » à deux cordes appelé *nhị*. La « conque faite avec une grosse coquille » est un *tù và*, qui est habituellement utilisé comme tocsin par les veilleurs du village. Le texte et la gravure décrivent en fait un orchestre fantaisiste, un orchestre imaginaire, composé d'instruments qui, en général, ne s'utilisent pas ensemble : d'où, inévitablement, l'impression d'un « charivari épouvantable »...

2. *Tốt, tốt, cái bụng tốt !*

MOULIN À DÉCORTIQUER LE RIZ

CHAPITRE IX

Le 10 avril au matin, nous quittons Dong-Lau en deux colonnes : l'une, composée de la grosse artillerie, suit un chemin détourné qui va la conduire par une pente douce jusqu'au sommet d'un petit monticule d'où l'on a vue sur la rivière Noire et sur Hong-Hoa ; la colonne principale, dont l'ambulance fait partie, gagne la rivière par la route directe, plus accidentée et plus étroite.

Il a fait une claire journée et un beau soleil. Nos troupiers, remis par vingt-quatre heures d'un repos nécessaire, sont allègres et joyeux ; ils rient et causent entre eux tout en marchant, l'arme à la bretelle, et en relevant de temps à autre, d'un coup sec de l'épaule, le lourd sac de troupe qui commence à glisser. Quelques groupes se mettent même à chanter ; le refrain connu qu'on fredonnait les jours d'étapes sur les routes de France prend comme une traînée de poudre:

Nous le port'rons jusqu'au Congo
L'as de carreau[1] !

Décidément le caractère français est resté le même : dans ces jeunes troupes, gaies, courageuses, insouciantes, on retrouve les descendants de cette vieille armée française qui a fait le tour du monde et qui s'est battue en chantant.

COOLIE EN COSTUME D'ÉTÉ

---

1. Sac-à-dos.

La route monte peu à peu à travers de petites collines, couvertes d'herbe et de fougères ; à l'horizon se dressent de grandes montagnes aux sommets perdus dans les nuages, aux flancs couverts d'herbe et de forêts. Six pièces d'artillerie de montagne viennent d'être mises en batterie sur la gauche du chemin ; chacun des coups de canon qui se succèdent sans interruption fait tressaillir nos coolies, qui rasent le sol en tendant les épaules comme s'ils allaient être foudroyés. Les artilleurs tirent sur Hong-Hoa par-dessus la rivière Noire que nous n'apercevons pas encore.

La pente que nous suivons devient très raide et les coolies suent sang et eau pour porter leurs charges. Ils ont commencé par se débarrasser d'une de leurs tuniques, puis de deux, et ainsi de suite ; presque tout y a passé ; ils n'ont gardé sur le corps qu'un étroit langouti ; leur peau nue, toute mouillée de sueur, reluit au soleil comme du bronze poli. Les Tonkinois du peuple ont, hiver comme été, les mêmes habits en forme de longues chemises et faits avec des étoffes de coton très légères. En été ils s'en débarrassent presque entièrement ; en hiver ils les superposent. Aussitôt que les premiers froids commencent à se faire sentir, ils ajoutent un vêtement ; au fur et à mesure que la température baisse, ils en endossent un troisième, puis un quatrième. Nos coolies arrivent ainsi à prendre la forme de paquets ambulants.

Quand la chaleur survient, ils font l'opération inverse. En colonne, pas n'est besoin de thermomètre : les porteurs en tiennent lieu. Quand mon boy me réveille le matin, il me dit : « Capitaine, les coolies ont *tant* de vestes » ; je me règle là-dessus. Quand ils ont trois vestes, j'endosse une vareuse et, quand ils n'en ont qu'une, je mets un vêtement de toile.

Nous voici arrivés au sommet de la colline ; nous débouchons sur un immense plateau, couvert d'une herbe épaisse, entremêlée de belles bruyères à fleurs roses. Nous faisons halte pour déjeuner.

Du point où nous sommes, la vue s'étend au loin sur le cours de la rivière Noire, dont les eaux, vivement éclairées par le soleil, paraissent chargées de paillettes d'argent. Nous nous asseyons sur l'herbe, autour de nos caisses transformées en tables, et, tout en dévorant notre conserve de viande et nos biscuits, nous fouillons des yeux l'immense étendue de pays qui se présente à nous comme sur une carte en relief.

Au fond, une longue chaîne de montagnes, à demi masquée par la brume, dessine un grand cirque bleuâtre qui limite l'horizon. Des sommets les plus élevés du cirque descendent comme d'immenses gradins, formés par des mamelons couverts de forêts qui baissent de

PANORAMA DE LA RIVIÈRE NOIRE

plus en plus en s'approchant du bord de l'eau. Aux flancs de ces mamelons sont suspendus de beaux villages dont les toits de chaume, à demi enfouis dans les grands arbres, tranchent comme des plaques d'or au milieu d'un fouillis de verdure. La rivière Noire coule, large d'environ cinq cents mètres, entre des berges peu élevées ; elle est parsemée d'îlots de sables sur lesquels s'ébattent des troupes de grues et de canards. De notre côté, sur la rive gauche, s'étend une plaine aride, couverte d'une herbe rude et épaisse, au milieu de laquelle se montrent de place en place de petits bouquets de broussailles ou d'arbustes rabougris. Immédiatement au-dessous de nous, un village, composé d'une douzaine de pauvres maisons, se cache au milieu d'un bosquet d'aréquiers, de bananiers et de bambous. Tout autour de ce village, le terrain, cultivé sur une bande très étroite, est planté de patates, de tarots et de maigres rizières. L'immense plaine qui s'étend autour de nous, si aride et si nue, a dû être cultivée elle aussi ; c'est le voisinage des Pavillons-Noirs qui a déterminé l'abandon de tous ces champs. Les irréguliers chinois vivent aux dépens du pays ; au moment de la moisson, ils sortent de Hong-Hoa, parcourent les villages et enlèvent tout le riz qu'ils y trouvent, ne laissant au habitants que la quantité strictement nécessaire pour leur permettre d'attendre la prochaine récolte. Encore n'est-ce pas par pitié, mais par calcul, qu'ils agissent ainsi : au Tonkin, comme dans tous les pays, le paysan tient à sa terre : il ne l'abandonnera pas tant qu'elle lui donnera de quoi manger ; mais la faim le presse, il sera bien forcé d'émigrer, et alors, s'il n'y a plus personne pour faire venir le riz, les Chinois ne pourront plus en prendre. Voilà pourquoi les Célestes laissent au paysan de quoi ne pas mourir de faim. Mais ce dernier raisonne à son tour ; il se dit qu'il est inutile de se donner de la peine pour rien ; il ne cultive que la surface de terrain nécessaire pour le nourrir lui et sa famille.

Les canons tonnent à intervalles égaux, bombardant les villages de l'autre rive occupés par l'ennemi, dont, avec les lunettes de l'artillerie, nous apercevons les grands pavillons bleus. De temps en temps, les obus éclatent au milieu des maisons ; des colonnes de fumée s'élèvent au-dessus des arbres : ce sont des villages qui brûlent. En amont, sur la rivière, bien loin vers les limites de l'horizon, je distingue avec ma lorgnette une grande quantité de petits points noirs qui s'éloignent rapidement : ce sont les habitants de la rive gauche qui fuient en barques et qui font force de rames pour aller se mettre à l'abri dans quelque crique ignorée. Vers le soir, nous entendons une détonation formidable : d'épais tourbillons de fumée noire s'élèvent dans la direction de Hong-Hoa. Les artilleurs prétendent qu'ils viennent de faire sauter la poudrière de la citadelle.

Le ciel se couvre rapidement ; de gros nuages noirs s'amoncellent ; voici la pluie qui tombe en larges gouttes ; et rien pour s'abriter dans cette plaine nue. Nos tentes sont restées à Hanoï : on n'a pu nous octroyer à chacun qu'un seul coolie pour porter nos bagages ; sans cela il aurait fallu allonger la colonne d'une façon démesurée ; nous avons préféré charger notre porteur avec des conserves et des vêtements de rechange. Par malheur la nuit vient et la bourrasque augmente ; il faut aviser et abriter d'abord nos malades, qui grelottent sur ce plateau exposé à tous les vents. Avec les toiles cirées qui recouvrent les ballots de couvertures de l'ambulance et des paquets de brancards placés debout, nous construisons une espèce de tente carrée, que nous calons tant bien que mal avec nos caisses. Nous nous accroupissons aux angles, le dos appuyé contre les montants pour les consolider de notre mieux, et nous passons ainsi la nuit, dans la posture des momies péruviennes.

Nous nous réveillons avant l'aube, absolument perclus ; il a plu à torrents toute la nuit ; les toiles qui nous abritaient, surchargées par l'eau, nous ont versé dans le cou des cascades qui ont gâté notre sommeil. Il pleut toujours ; il est impossible d'allumer du feu ; nous faisons une promenade dans la rosée pour nous dégourdir les jambes ; mais la pluie redouble : c'est un déluge. Nous nous emballons comme nous pouvons dans nos caoutchoucs et dans les bâches de nos brancards, qui nous traînent sur les talons.

Heureusement, vers neuf heures, le soleil se montre et dissipe cette brume qui nous fait tousser et qui nous transit. Haï nous verse un verre de café brûlant qui nous réconforte. Les fronts s'éclairent en même temps que la campagne.

Un planton à cheval apporte les ordres ; immédiatement après, nous nous mettons en route ; nous nous dirigeons sur le village de Bat-Bac[1], au niveau duquel nous devons traverser la rivière Noire.

Nous côtoyons le bord de l'eau en suivant de petits sentiers bien ombragés, tracés au milieu d'épais et inextricables fourrés. Le paysage est superbe ; partout la végétation se montre luxuriante. Les letchis commencent à mûrir. Nous faisons halte près d'une petite pagode entourée par une plantation de ces beaux arbres: je goûte pour la première fois au fruit du letchi, qu'on dit être la meilleure de toutes les productions du Tonkin. Il a la grosseur d'une amande fraîche ; comme

1. Voir note 2 page 183.

cette dernière, il est entouré d'une écorce verte et rugueuse qui, dans certaines espèces très estimées, montre des taches d'un beau rouge vif. Entre l'enveloppe et un gros noyau brun marron se trouve la partie comestible : c'est une pulpe blanche, demi-transparente, de consistance un peu gélatineuse, dont le goût ressemble à celui de nos raisins blancs de treille, tout en étant plus acide. Les fruits du letchi tonkinois jouissent d'une grande réputation dans tout l'Annam ; ceux qui mûrissent les premiers sont envoyés au roi par des courriers spéciaux tellement rapides que leur vitesse est passée en proverbe. On dit en Annam : « Agile comme un courrier de letchi[1] ».

La rivière Noire est large vers Bat-Bac, dans le point où la 1ère brigade doit effectuer son passage ; le général n'a cependant à sa disposition qu'une vingtaine de barques indigènes (sampans et jonques). Commencé à cinq heures du soir, le 11 avril, le passage se continue toute la nuit.

Nous attendrons, couchés côte à côte sur le sable de la berge, notre tour de traverser le fleuve ; on nous réveille à trois heures du matin pour nous embarquer. L'artillerie vient de passer avant nous ; elle a perdu deux hommes qui se sont noyés avec leurs chevaux. La traversée de l'ambulance se fait sans encombre, malgré les embarras causés par les malades qu'il faut charger en brancards ; il est six heures du matin quand nous nous trouvons rangés au grand complet sur l'autre rive. Nous installons aussi bien que possible nos malades dans une jonque qui doit les conduire jusqu'à Son-Tây sous la garde de l'un de nous. Notre ambulance est bien réduite.

Nous longeons pendant une demi-heure environ la rive droite de la rivière Noire, en suivant un étroit sentier qui court sur le bord d'une rampe à pic. À notre gauche, le fleuve, large et tout ensoleillé, coule lentement. Malgré son nom, ses eaux sont restées rouges ; elles limitent de distance en distance de charmants îlots, couverts de verdure et de pagodes. À notre droite, une belle forêt touffue nous protège contre les ardeurs du soleil. Des arbres immenses projettent leurs rameaux au-dessus de nos têtes ; ils sont couverts d'un chevelu

---

1. Il s'agit là moins d'un proverbe vietnamien que d'une allusion littéraire chinoise qui fait partie des références classiques : c'était en effet une façon de brocarder les habitudes somptuaires et les goûts luxueux de Yang Yuhuan (*Yang Guifei*), la concubine du souverain Tang Xuanzong (VIIIᵉ siècle), qui ne cessait d'envoyer des courriers pour se faire livrer les letchis dont elle était friande. Notons encore que la gravure intitulée « Petite pagode au milieu des letchis » (p. 219) nous montre moins les silhouettes de letchiers que celles des longaniers, avec, au premier plan, une branche de manguier sauvage. Ce type de bosquet est caractéristique des formations végétales associées aux temples, dont les essences doivent exprimer la luxuriance de mise avec les manifestations surnaturelles propres aux lieux sacrés.

PETITE PAGODE AU MILIEU DES LETCHIS

de lianes qui descend le long des branches et vient baigner ses feuilles jusque dans la rivière en formant d'élégants arceaux de verdure.

Bientôt le sentier fait un coude brusque ; nous quittons le bord de l'eau et nous nous engageons sur la route des montagnes. Les accidents du chemin rendent la marche pénible, mais les beautés du site montagneux me font oublier les fatigues de la route.

Nous sommes entourés de mamelons dont les sommets arrondis et les flancs en pente douce sont couverts de forêts. Ces montagnes, coupées de vallons également boisés, s'élèvent par bonds successifs jusqu'aux nuages.

La marche commence à devenir difficile : ce ne sont plus des routes, que nous suivons, mais de petits sentiers escarpés qui montent presque verticalement au sommet des collines, descendent brusquement jusqu'au fond des vallons et passent au milieu de flaques d'eau boueuse, dans lesquelles nous enfonçons jusqu'aux genoux. Nous sommes à l'arrière de la colonne et, par conséquent, les moins favorisés ; il nous faut pendant des heures entières attendre, assis sur une pierre, que l'artillerie ait franchi les chemins difficiles. Les mulets attelés aux canons prennent alors le trot pour rattraper la tête de la colonne qui fuit devant eux ; l'infanterie de marine, qui suit immédiatement les batteries, s'élance au pas de gymnastique ; mais nous, l'ambulance, nous ramassons en route des malades qu'il faut porter en brancards et qui ne doivent pas être secoués, et nous suivons comme nous le pouvons, poussant nos coolies harassés et encourageant les infirmiers.

Nous arrivons ainsi, cahin-caha, jusqu'à un village perdu dans la montagne, où l'artillerie doit passer la nuit. Nous nous préparions à camper dans ce village quand nous recevons un ordre du général commandant la colonne qui appelle l'ambulance près de lui.

Le général est à dix kilomètres plus en avant, au-delà des hautes montagnes que nous apercevons à l'horizon ; il est cinq heures du soir et le jour baisse rapidement ; nous nous mettons en route malgré l'heure avancée, précédés par un guide annamite qu'on nous a envoyé.

Nous rencontrons dans un petit sentier sous bois une batterie de 80 de montagne qui revient en arrière. Le lieutenant nous apprend que les Chinois ont fui et que nos troupes occupent Hong-Hoa. Le général a l'intention de poursuivre l'ennemi ; il peut y avoir des blessés ; c'est sans doute pour cela qu'on nous appelle en avant[1].

---

1. Hưng-Hoá (et non Hong-Hoa) a en effet été occupé par le général Négrier sans coup férir. Juchés dans le ballon *La Vigie*, que Hocquard a évoqué ci-dessus (voir page 111, note 1), les aérostiers avaient pu faire une reconnaissance et observé que les troupes chinoises et vietnamiennes avaient évacué la place

Dans un carrefour en pleine forêt, nous trouvons un bataillon d'infanterie de marine bivouaquant tout entier sous un immense banian. Les soldats sont au repos et préparent le repas du soir ; de grands feux sont allumés partout ; ils donnent aux arbres de la forêt des lueurs d'incendie.

Les chemins deviennent de plus en plus escarpés ; à peine avons-nous grimpé une pente à pic qu'il s'en présente une autre. Jusqu'où nous faudra-t-il monter ; grand Dieu ! Un troupier crie à son camarade : « Baisse la tête, mon vieux : faut laisser passer la lune ! »

À force de monter, à cinq heures du soir nous arrivons au sommet du pic le plus élevé du massif. Tous les mamelons qui surgissent à mes pieds me font l'effet des énormes vagues d'une mer en fureur. On ne voit le sol nulle part : ce n'est que ciel et verdure.

FORT CHINOIS

(12 avril). Après quelques jours de repos, un détachement français quitta Hưng-Hoá pour les poursuivre sur la route de Lâm-Thao, mais il rentra dès le 17 avril.

Au sommet de la montagne que nous venons d'escalader se trouve un petit fort chinois qu'une douzaine de nos marins sont en train de détruire. L'enseigne qui les commande n'a pas reçu de vivres : il faut voir avec quelle reconnaissance il accepte sa part du vieux coq sec et dur qui, avec du biscuit moisi, fait tous les frais de notre repas du soir !

Ce n'était rien d'escalader le massif : il faut maintenant redescendre par une pente tellement raide que nos malheureux malades sont obligés de quitter leurs brancards. Il fait nuit noire : nous allumons les trois lanternes dont dispose l'ambulance et nous faisons brûler des nattes enroulées que nous tenons comme des torches.

Il est minuit quand nous arrivons, horriblement fatigués et trempés jusqu'aux os, dans un petit hameau dont j'ai oublié le nom et qui se trouve distant de Hong-Hoa d'environ deux kilomètres. Nous sommes logés dans une misérable case, étroite et puante ; je m'étends dans un coin, sur un cadre en treillis de bambous d'une propreté plus que douteuse, et je m'endors à poings fermés.

Le lendemain, de bon matin, je pars en avant avec deux soldats pour faire le logement de l'ambulance à Hong-Hoa. À peine sortis du village, nous rencontrons, à droite et à gauche de la route, des fortifications chinoises extrêmement curieuses : une grande plaine située près du chemin est parcourue par un réseau de tranchées en forme de lignes brisées, profondes d'un mètre cinquante environ, larges de quatre vingt centimètres ; chaque groupe de tranchées converge, comme les branches d'une étoile, vers un abri casematé, construit au ras du sol de la façon suivante : une fosse quadrangulaire, profonde d'environ un mètre cinquante, a été creusée dans le sol ; sur le trou, on a posé une sorte de toiture formant dôme et faite avec des troncs d'arbres. La toiture est dissimulée par des mottes de gazon qu'on avait mises soigneusement de côté en creusant la fosse. On a ménagé entre les bords du trou et la couverture de petites meurtrières également dissimulées par du gazon. L'ensemble de l'ouvrage, qui dépasse à peine la surface du sol, ressemble à une taupinière. Deux ou trois taupinières, placées dans la plaine à quelque distance les unes des autres, sont reliées entre elles par des chemins couverts, de telle sorte que les défenseurs peuvent passer de l'une dans l'autre sans se montrer à l'ennemi. La saillie de ces ouvrages est si faible, la couverture de gazon se confond si parfaitement avec la plaine environnante, qu'il faut presque marcher dessus pour les apercevoir. Chacune de ces taupinières possède, suivant les habitudes chinoises, un chemin de retraite : c'est une grande tranchée couverte, qui

CASERNES CHINOISES

s'amorce sur l'arrière de la casemate et qui se rend dans l'intérieur d'un fort élevé au milieu de la plaine, en arrière des taupinières. Les approches de ce fortin sont défendues d'abord par une véritable forêt de branches d'épines entrelacées et de bambous croisés, solidement reliés entre eux, ensuite par une muraille en terre, haute de deux mètres et percée de nombreuses meurtrières[1].

Avant d'arriver à Hong-Hoa, la route passe auprès de trois ou quatre grandes cases, d'aspect misérable, qui servaient de casernes aux Pavillons-Noirs et aux Chinois. En avant du poste, une taupinière casematée, semblable à celles que je viens de décrire, est entourée par un épais semis de bambous courts et pointus, fixés solidement dans le sol. Il est impossible de les traverser sans prendre de grandes précautions ; leurs pointes percent aisément les plus solides chaussures et peuvent blesser grièvement.

La ville de Hong-Hoa a été presque entièrement détruite par les Pavillons-Noirs, qui, avant de fuir, y ont mis le feu aux quatre coins. Les premiers soldats français qui y ont pénétré après le départ des Chinois ont trouvé, autour des rares habitations épargnées par l'incendie, des amas de bois et des traînées de poudre que l'ennemi avait oublié d'enflammer. La rue principale de la ville n'est plus qu'un amas de ruines, une ou deux pagodes et quelques pans de murs noircis sont seuls restés debout.

Hong-Hoa comptait à peine un millier d'habitants ; ils étaient logés dans de pauvres cases, couvertes de chaume et groupées autour de la citadelle. Celle-ci, qui est carrée et mesure huit cents mètres de côté, est ornée à son centre, comme toutes celles que nous avons vues jusqu'ici, d'une grande tour qui domine au loin. La ville est défendue par une muraille d'enceinte en terre, couronnée sur sa crête par une palissade faite avec des bambous entrecroisés. De distance en distance, la muraille est doublée à l'intérieur par de petites plates-formes, placées en regard de meurtrières carrées ou rectangulaires. Les plus grandes de ces meurtrières servaient pour le tir au fusil de rempart ; elles sont munies d'une espèce de chevalet, sur lequel on appuyait l'arme pour viser et pour obtenir un tir plus parfait.

Rien n'est plus curieux que de visiter la campagne autour de Hong-Hoa ; tout le pays, à sept ou huit kilomètres à la ronde, est couvert de redoutes, de tranchées et de forts construits par les Chinois. On ne peut se figurer à quel point les Pavillons-Noirs avaient bouleversé les

---

1. Notons ici l'extrême précision de la description sur un sujet dont on ne trouve aucune information par ailleurs.

environs et la quantité de terre qu'ils avaient remuée. Près de la petite maison où nous sommes logés, un monticule, élevé d'une douzaine de mètres au-dessus du niveau de la plaine, est couronné par un immense réduit entouré de palanques et construit sous un gigantesque banian qui devait fournir aux défenseurs de la fraîcheur et de l'ombre. Autour de ce réduit sont des casernes de soldats, qui logent en ce moment tout un bataillon de tirailleurs algériens. À cent mètres plus loin, sur la route, s'élève une grande redoute en terre, bâtie au flanc d'un mamelon : elle forme une triple rangée de tranchées et de banquettes étagées les unes au-dessus des autres, et dont les abords sont protégés par de longues lignes de palissades en bambous.

Les fortins ont surtout été accumulés le long de la rivière Noire ; on ne fait pas deux cents mètres dans cette direction sans en rencontrer un.

RUE PRINCIPALE DE HONG-HOA APRÈS L'INCENDIE

Si l'on songe que les Pavillons-Noirs n'ont ni voitures ni bêtes de somme et que toute la terre remuée a dû être déplacée dans les petits paniers que les indigènes portent au bout de leurs bambous, on est confondu en réfléchissant à la quantité de bras dont il a fallu disposer pour mener à bien cette tâche gigantesque, et l'on se demande comment il a été possible de se les procurer. La réponse est facile : pas un Chinois n'a touché à une motte de terre ; tout le travail a été fait par les malheureux paysans des environs. Les bandes de Luu-Vinh-Phuoc ont battu la campagne à dix lieues à la ronde ; elles ont fait le vide dans les villages en emmenant tous les individus valides, les femmes comme les hommes, et elles les ont forcés à coups de rotin ou de plat de sabre à travailler à leurs forteresses.

Quand nous avons pénétré dans Hong-Hoa incendié et pillé, nous n'avons trouvé aucun des habitants ; les Chinois les avaient emmenés de force, pour avoir des travailleurs à Phu-lam-tao et à Lao-kai, où ils allaient recommencer de nouveaux forts[1].

Nos coolies sont bien malheureux depuis notre arrivée à Hong-Hoa ; ils comptaient que, aussitôt entrés dans la ville, ils trouveraient, comme à Bac-Ninh, une grande quantité de provisions abandonnées dans les cases par les fuyards, et, dans cette espérance, ils ont dévoré en deux jours la ration de riz qu'on leur avait distribuée pour toute la semaine. Ils n'ont rien pu trouver à se mettre sous la dent dans la ville incendiée, et maintenant ils meurent de faim. De temps en temps ils viennent à nous d'un air piteux, nous faire toutes sortes de supplications dans leur jargon annamite auquel ils mêlent déjà quelques mots de français : *Ong quan ba ! Coolie malade ; Coolie konko mangié.* Ce qui veut dire : « Monsieur le Capitaine, les coolies sont malades ; les coolies n'ont pas mangé. » Un d'eux, plus démonstratif, appuie sur son ventre avec ses deux mains, en murmurant : *Ké boum tiet ! Ké boum tiet !* « Le ventre est mort, le ventre est mort ! » Malheureusement, les jonques qui amènent les vivres sont restées en détresse sur un banc de sable, en aval de Hong-Hoa. Le médecin-chef a pitié d'eux : il appelle un tirailleur tonkinois et, lui remettant quelques piastres, il l'envoie avec les *caïs* (caporaux) des coolies battre les environs pour tâcher de se procurer du riz ou des porcs.

Les coolies, voyant qu'on s'occupe d'eux, prennent patience et cherchent à tromper leur faim en fumant. Les indigènes usent du tabac d'une façon curieuse : ils ont une grande pipe à eau, munie d'un très petit fourneau qui n'admet qu'une pincée de tabac. En deux bouffées, la pipe est fumée ; on la passe à un voisin qui, à son tour, la remet à un troisième. Chacun tire une pincée de tabac de sa ceinture et l'allume ; la pipe seule est en commun. Le tabac des Annamites est grossièrement concassé ; il est d'excellente espèce, mais mal préparé ; on le récolte dans le pays même, sur les hauts plateaux. En le séchant, on y

---

1. Phủ de Lâm-Thao et Lào-Cai.

ajoute un peu d'opium ; c'est ce qui fait qu'en avalant la fumée les coolies arrivent assez bien à émousser la sensation de la faim[1].

Un de nos porteurs a découvert un trou à rat ; voilà nos indigènes dans la joie. Immédiatement la chasse s'organise : l'un d'eux fabrique un petit sac d'étoffe dont il maintient l'ouverture béante avec un cercle de laiton ; un autre s'approche du trou ; il percute doucement le sol aux environs ; après avoir pratiqué une contre-ouverture dans un endroit où la terre sonne creux, il allume à l'entrée un feu de paille mouillée ; immédiatement une épaisse fumée se dégage et remplit le terrier. Un gros rat à demi asphyxié veut s'élancer au dehors et va donner droit dans le sac, dont le coolie referme prestement l'ouverture. En un clin d'œil, le gibier est tué, dépouillé et grillé sur les charbons ardents ; nos porteurs se partagent sa chair, qu'ils mangent avec délices malgré la forte odeur de musc dont elle est imprégnée.

Le tirailleur annamite envoyé à la découverte revient, traînant triomphalement un gros buffle, qu'on abat séance tenante ; les coolies vont faire bombance. Nous avons mis les filets à part pour goûter de cette viande ; malgré les talents déployés par notre cuisiner, elle est déclarée détestable à l'unanimité ; on croirait mâcher un morceau de caoutchouc.

Nous quittons Hong-Hoa le 17 avril pour retourner à Hanoï. Toutes les troupes vont regagner leurs cantonnements d'été ; il ne restera plus à Hong-Hoa qu'une faible garnison. J'accompagne deux bataillons de tirailleurs algériens qui rentrent à Son-Tây et à Hanoï.

Nous prenons cette fois la route directe qui longe la rivière Noire. Au sud de Hong-Hoa, cette route traverse un petit arroyo défendu par un fort chinois.

Les tirailleurs traînent derrière eux une véritable armée de boys et de coolies : tous ces boys ont une tenue impossible. L'un d'eux disparaît presque dans une culotte bouffante de turco qui ressemble à un grand jupon, zébré de pièces et de reprises ; sa petite tête émerge au-dessus comme si elle sortait d'un gros sac ; ses bras sont passés dans deux trous percés au niveau des poches.

---

1. Cette pipe-à-eau s'utilise avec un tabac particulier (le *thuốc lào*). Elle fonctionne comme un narguilé, l'eau filtrant les substances toxiques. Le modèle décrit par Hocquard est la *điếu cày* (pipe de paysan), c'est-à-dire un simple morceau de bambou creux, bouché à son extrémité par un nœud de l'arbre et percé par un petit fourneau en bois. Le fumeur, en inspirant la fumée, fait chanter l'eau qui produit un « glou-glou » caractéristique : d'où le proverbe *điếu kêu tốn thuốc* (« plus la pipe est bruyante, plus elle consomme du tabac », en d'autres termes : plus on se montre talentueux et plus l'on est exploité). Bien que Hocquard en décrive l'usage un peu plus loin dans cet ouvrage (voir p. 360), la pratique consistant à fumer l'opium avec une pipe-à-eau nous est totalement inconnue.

Deux tout petits ont les pieds qui ballottent dans d'immenses souliers de troupiers ; ils font des enjambées énormes pour arriver à suivre la colonne avec ces grosses chaussures européennes qui blessent leurs pieds trop larges et dont les orteils sont très écartés. Les premiers marchands de souliers qui sont arrivés au Tonkin ont fait des affaires d'or avec les Annamites riches, qui tous ont voulu se chausser à la française ; mais les boys ne pouvaient se payer ce luxe. Ils ont tourné la difficulté ; beaucoup se sont loués aux soldats pour toute la campagne de Hong-Hoa, moyennant une vieille paire de bottines.

À chaque halte, les coolies se groupent pour fumer dans une pipe à eau qu'ils ont fabriquée de toutes pièces, en chemin, avec un bambou creux coupé dans une haie ; ils se la passent de main en main à tour de rôle. Un vieux tirailleur arabe atteint de plaie au pied, qui marche à côté de nous à l'arrière-garde, suit tout ce manège d'un œil d'envie. Depuis longtemps il a épuisé sa provision de tabac ; c'est un supplice pour lui de ne pouvoir imiter ces pauvres diables. Enfin, n'y tenant plus, il s'approche des porteurs et leur demande en arabe de lui vendre un peu de leur précieuse drogue. Ahurissement des Annamites, qui le regardent bouche béante, sans comprendre un traître mot. Le tirailleur répète sa phrase en français sans plus de succès. À bout d'arguments, il se tourne vivement vers nous en s'écriant : « Eux pas parler français, eux pas parler arabe, eux sauvages ! » Pour les turcos il n'y a en effet que deux peuples qui comptent : les Arabes, et les Français qui les ont vaincus.

Nous traversons cette fois la rivière Noire sur un beau pont de bambous construit par les soins du génie. Ce pont est installé d'une façon très originale : à l'époque où nous sommes, des radeaux de bambous, chargés avec des paquets de ces feuilles de palmiers séchées qu'on emploie dans le delta pour recouvrir les cases, descendent des points les plus éloignés de la rivière Noire pour gagner le fleuve Rouge et être débarqués à Hanoï. On a arrêté au passage un grand nombre de ces radeaux, qu'on a placés bout à bout en les reliant les uns aux autres par de grandes traverses, faites avec des faisceaux de bambous ; on a obtenu ainsi un pont flottant très solide. Des câbles tressés avec les rotins qui servent aux Annamites pour remorquer leurs barques courent de l'une à l'autre rive à travers le fleuve ; ils servent à fixer le pont et à l'empêcher d'aller à la dérive.

Nous passons sans nous y arrêter devant le village de Dong-Lau. Il commence à faire très chaud ; le soleil ne se montre presque jamais dans ce ciel gris, constamment couvert de nuages, mais l'atmosphère est lourde, étouffante, chargée d'électricité ; on éprouve pendant tout le jour ces mêmes sensations énervantes qu'on ressent en France, en été, à l'approche des gros orages. Les tirailleurs algériens, habitués cependant au soleil d'Afrique, ne sont pas exempts de cette impression de lourdeur et de gêne. Comme nous, ils sont couverts de sueur et ils s'éventent à tour de bras. Plusieurs ont même des coups de chaleur et perdent connaissance ; il faut les étendre à l'ombre et les frictionner énergiquement pour les faire revenir à eux.

Nous rentrons à Hanoï le 20 avril, et pour un certain temps, j'espère : la période des chaleurs est arrivée ; les soldats débarqués en même temps que nous commencent à ressentir sérieusement les effets du changement de climat et du surmenage. Les teints roses ont disparu et l'anémie commence à envahir les effectifs.

PONT DE BAMBOUS SUR LA RIVIÈRE NOIRE

Les nécessités de la guerre ont fait que nos troupes de France ont dû marcher à l'ennemi aussitôt après leur arrivée au Tonkin, sans que leur organisme ait été adapté au nouveau climat dont elles allaient avoir à supporter les effets. Il fallait agir vite : on n'était plus séparé que par une quarantaine de jours de la période des grandes chaleurs ; les Pavillons-Noirs et les Chinois commençaient à se remettre du coup que leur avait porté la prise de Son-Tây ; ils avaient repris courage et venaient nous harceler jusqu'aux portes de Hanoï. Nous devions profiter des derniers jours favorables pour les rejeter de l'autre côté du delta.

Nos jeunes troupes ont accompli ce tour de force grâce à leur énergie, à leur abnégation et à leur dévouement. Pendant les campagnes de Bac-Ninh et de Hong-Hoa, tous nos soldats ont tenu à cœur de faire plus que leur devoir. Personne ne se plaignait, malgré la fatigue et les indispositions fréquentes ; nos ambulances étaient presque vides. Le soir, à l'étape, les plus malades venaient seulement demander un remède ou un pansement et repartaient bien vite pour rejoindre leurs compagnies. « Nous n'avons pas le temps de nous soigner, disaient-ils ; nous ne sommes pas trop nombreux en ce moment ; nous voulons voir Bac-Ninh et Hong-Hoa et manger du Chinois. » Les médecins des ambulances ont pu mieux que personne apprécier combien étaient justes et vraies ces belles paroles que le général en chef a transmises à ses troupes par la voie de l'ordre, après la prise de Hong-Hoa : « Si j'ai été assez heureux pour ménager votre sang, vous m'avez en revanche prodigué votre énergie dans les circonstances si fréquentes où j'ai dû y faire appel et, je suis heureux de vous le dire, si vous avez agrandi nos possessions d'une belle province, vous avez de nouveau prouvé que la France compte toujours de vigoureux soldats et de hardis marins, animés du plus pur patriotisme. »

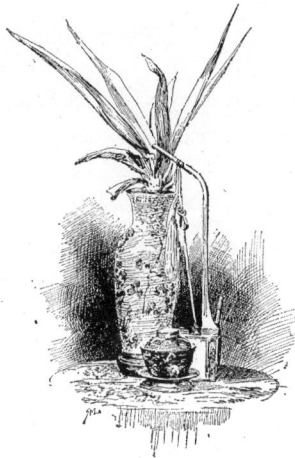

PORCELAINES ET PIPE TONKINOISES

CHEMIN CREUX CONDUISANT À LA PAGODE DE LA LITTÉRATURE

CHAPITRE X

ORGANISATION DES QUARTIERS D'ÉTÉ. – RÈGLES D'HYGIÈNE. – LA PAGODE DE LA LITTÉRATURE ET LE TEMPLE BOUDDHIQUE DES SUPPLICES DE L'ENFER – UNE NUIT MOUVEMENTÉE ; MOUSTIQUES, FOURMIS, CANCRELATS, GRENOUILLES, SERPENTS.

Nous voici au mois de mai. La période de repos est arrivée ; on s'organise le mieux possible pour résister aux chaleurs. Nos soldats ont été cantonnés à la Concession ou à la citadelle, dans de grandes cases bien couvertes, pourvues de lits de camp en bambou et de moustiquaires. Les officiers ont été disséminés un peu partout : dans des maisons chinoises, dans de grandes paillotes munies de vérandas, enfin dans les pagodes. Quelques-uns se sont même installés dans les miradors qui surmontent les portes de la citadelle ; ils ne sont pas les plus mal partagés.

On se lève tôt. C'est dans la matinée seulement qu'on peut aller faire ses provisions ; à partir de dix heures du matin, la retraite sonne pour les troupiers, et les sentinelles ont ordre de ne plus laisser sortir personne des casernes ; c'est le moment de la sieste, qui dure jusqu'à trois heures de l'après-midi. Après la sieste on prend sa douche : l'hydrothérapie est obligatoire au Tonkin pendant la saison chaude ;

les ferblantiers indigènes fabriquent à bon compte des appareils à douche très convenables sur des modèles européens.

Nous avons dû mettre de côté presque tous nos vêtements apportés d'Europe ; les jours de revue ou de visites officielles, c'est pour nous une pénible corvée que de revêtir nos dolmans et nos uniformes ajustés. En temps ordinaire, nous portons des vestons, des pantalons en calicot blanc, fabriqués par les Annamites, et de grands casques très légers, faits en moelle d'aloès.

La peau constamment excitée par la température est d'une sensibilité extrême. Pendant le premier été passé au Tonkin, les Européens n'échappent presque jamais à ces éruptions cutanées, connues dans les colonies sous le nom de *bourbouilles,* et qui sont si agaçantes à cause des démangeaisons qu'elles occasionnent ; aussi porte-t-on le moins possible des cols et des manchettes empesés. Beaucoup d'entre nous ont même remplacé la chemise de toile par une sorte de filet à mailles très lâches qui isole en quelque sorte la peau et la protège contre les frottements insupportables des vêtements.

Il est indispensable de prendre un peu d'exercice le soir, une fois la fraîcheur revenue. L'endroit que nous affectionnons le plus pour ces promenades est le tour d'un petit lac, creusé en pleine ville de Hanoï, à mi-chemin entre la Concession et la citadelle. Ce *Petit Lac*, comme on le nomme, n'a guère plus de deux kilomètres de tour ; ses bords sont couverts de ravissantes pagodes ou de belles maisons annamites, entourées de jardins verdoyants[1].

Bien souvent nous dirigeons nos pas vers une de ces pagodes, dédiée à la Littérature et bâtie sur un petit tertre entouré de toutes parts par les eaux. On y arrive par un chemin creux, dissimulé entre les maisons voisines. À l'entrée, un grand dragon sculpté dans la muraille semble défendre les approches du temple. La pagode est entourée des emblèmes des lettrés : à gauche, une colonne, haute de six ou sept mètres et terminée en pointe, figure le pinceau qui sert pour écrire ; au milieu du chemin, une vasque de granit, placée au-dessus d'un portique, reproduit la forme de l'encrier chinois. Un pont de bois jeté sur le lac permet d'arriver jusqu'au temple, d'où l'on domine les environs[2].

---

1. Il s'agit du lac de Hoàn-Kiếm (*lac de l'Épée restituée*), couvrant une superficie approximative de quinze hectares. Il doit son nom à la légende selon laquelle Lê-Lợi y aurait pêché une épée magique ; muni de cette arme, il chassa les Chinois Ming et fonda, sous le nom de règne de Lê Thái Tổ, la dynastie des Lê postérieurs (1428-1788). Au cours de la cérémonie qu'il offrit à l'occasion de sa victoire, l'épée miraculeuse jaillit d'elle-même du fourreau et se métamorphosa en un dragon de jade qui disparut dans le lac. D'autres versions attribuent à une tortue le soin d'offrir et de reprendre l'épée.

2. Il s'agit du temple de Ngọc-Sơn (*temple du Mont de Jade*), bâti sur un petit îlot, au nord-est du lac Hoàn-Kiếm, qui comprend en réalité deux édifices distincts. Érigé sous la dynastie des Trần mais

BORDS DU PETIT LAC

Très souvent aussi, nous allons visiter une vieille pagode bouddhi-que connue sous le nom de *pagode des Supplices,* et dont les clochetons, les portiques et les tourelles attirent les yeux de très loin[1].

reconstruit au XVIIIe siècle, le temple du Nord honore la mémoire du général Trần Hưng Đạo. Vers 1843, les lettrés édifièrent le second temple, celui qui est consacré à la « Splendeur des Lettres » (*Văn xương*). La « tour du Pinceau », située derrière le portique d'entrée, porte trois caractères signifiant « écrire sur le Ciel » ; la porte suivante est surmontée du « socle de l'Encrier » (la « vasque de granit » évoquée par Hocquard). Appelé pont de Thê-Húc (« au-devant des Lueurs matinales »), le petit pont de bois peint en rouge qui permet d'accéder jusqu'au temple est une construction du XIXe siècle, mais il n'existait déjà plus lorsque Hocquard le prit en photographie : c'était alors une simple passerelle faite de planches de bois mal ajustées.

1. Cette pagode avait été construite en 1848 par le gouverneur de Hà-Nội Nguyễn Đăng Giai. Directement inspirée des modèles chinois, à l'instar des monuments bâtis par les Nguyễn au centre du pays, elle portait le nom de Báo-Ân (ou Sùng Hưng, ou Quan-Thượng, ou encore Liên-Trì, « pagode du Lotus », parce que ses bassins étaient envahis par ces fleurs). Ses dimensions étaient impressionnantes : la pagode ne comportait pas moins de trente-six corps de bâtiments, une multitude de stûpa et plus de deux cents statues. Détruite par les autorités françaises en 1886-1888, elle se situait à l'emplacement de la poste actuelle, le long de la rue Tràng-Tiên. D'après les clichés de Hocquard (qui, à notre connaissance, sont les seuls existants) et les reconstitutions faites par l'École française d'Extrême-Orient, un petit chemin partait de la pagode pour aboutir au lac de Hoàn-Kiếm : c'est précisément au bord de celui-ci

Dans une grande salle, entre de belles colonnes rouge et or, sont rangés plus de deux cents dieux, déesses ou saints personnages appartenant au panthéon bouddhique.

Au centre, sur le principal autel et à la place d'honneur, trône le Bouddha hindou, haut d'un mètre cinquante et doré des pieds à la tête. Accroupi sur sa fleur de lotus, les paupières à demi closes, il fixe la paume de sa main droite placée sur ses genoux. Ses deux disciples favoris, un jeune homme et un vieillard, se tiennent à ses côtés. Autour de ce groupe central, une foule de statues, placées sur des autels distincts et rangées le long des bas-côtés de la pagode, forme comme un auditoire attentif. Ces saints personnages, parmi lesquels on remarque de vénérables patriarches, des mandarins en costume de cour portant des brûle-parfum ou des sceptres, des ascètes en méditation, ne sont encore arrivés qu'au premier degré de la sanctification ; mais déjà ils ont reçu le don de commander aux animaux sauvages, comme le montrent les tigres et les buffles couchés à leurs pieds.

La principale de ces statues représente exactement le type, la coiffure et les vêtements hindous. Ce bouddha tonkinois est absolument semblable à celui que nous avons vu dans les pagodes de Ceylan et de Singapour. Les personnages secondaires ont seuls changé d'aspect : ils sont franchement chinois.

Très peu d'indigènes peuvent expliquer ce que représentent la plupart des statues qui encombrent les temples bouddhiques. En général, ces temples sont fort mal entretenus ; beaucoup sont abandonnés. Celui que je viens de décrire tombe en ruines.

En rentrant de nos promenades du soir, nous trouvons toujours la table mise sous la véranda de la maison, et Haï, qui nous attend la serviette sous le bras, comme un maître d'hôtel bien stylé. Aussitôt qu'il nous aperçoit, il sonne le dîner sur un gros gong de bronze. Nos boys, armés de grands éventails en plumes d'aigrettes, viennent se placer derrière nous et agiter l'air au-dessus de nos têtes pendant tout le repas pour nous donner un peu de fraîcheur.

Nous dînons en musique : des millions d'insectes, qui ont dormi tout le jour cachés sous les touffes d'herbe, se réveillent pour jeter au vent leurs notes stridentes et monotones, qu'accompagne, sur un mode grave, la voix de basse des grosses grenouilles-bœufs rassemblées

---

qu'existe aujourd'hui encore un petit pagodon (le Hoà-Phong, ou « pagodon du Vent bénéfique »), qui est le dernier vestige de cette vaste pagode. Comme tous les Français à cette époque, notre auteur la dénomme « pagode des Supplices » en raison des nombreux bas-reliefs et gravures sur bois qui dépeignent les tourments endurés par les pécheurs dans l'autre monde.

PAGODE DES SUPPLICES

dans la mare voisine. Une foule de petites bêtes ailées, papillons de nuit, taupes-grillons, coléoptères de toutes nuances, bourdonnent autour de nos lumières qu'il faut garnir de globes de verre pour empêcher qu'ils s'y brûlent et qu'ils ne viennent ensuite tomber au beau milieu de nos assiettes.

Après le dîner, on s'étend sous la véranda, dans des hamacs suspendus aux poutres, ou sur de grands fauteuils en rotin. C'est le moment le plus agréable ; on cause de l'avenir, des chers êtres qui sont si loin, de cette vieille France pour laquelle on est prêt à travailler de toutes ses forces et de tout son cœur.

On retarde tant qu'on peut le moment où il faut aller s'enfouir sous sa moustiquaire ; on y respire si mal ; on s'y tourne et retourne tant de fois avant de pouvoir s'endormir ! Il a fallu supprimer les draps, qui donnent une sensation de chaleur intolérable. On couche sur une natte fine dont le contact est moins agaçant. À peine l'obscurité est-elle faite qu'on entend contre l'oreille un bruissement trop bien connu. On a beau chasser l'ennemi, il revient avec acharnement, d'autant plus insaisissable qu'il est plus petit. On allume une lumière pour faire justice de l'infernal moustique : on en trouve quarante, cinquante, qui s'agitent sous la moustiquaire. On l'a cependant fermée avec les plus grandes précautions, mais ils passent partout. Il n'y a au Tonkin ni puces, ni scorpions, ni punaises. Le moustique remplace tout cela, et certainement nous ne gagnons pas au change.

Pendant toutes les nuits de la saison chaude, les avanies que je viens de décrire recommencent avec de légères variantes. Très souvent les fourmis feront le siège de votre lit ; elles grimperont en bataillons serrés jusqu'à votre couverture et elles se répandront partout. Pour nous préserver de ces affreuses bêtes, nous n'avions qu'une ressource : mettre chacun des pieds de notre lit au milieu d'une boîte à sardines que nous remplissions d'eau à moitié, et encore, au bout de quelque temps, nous constations avec stupeur que les malins insectes avaient appris à se tenir sur l'eau.

Bienheureux étions-nous quand une araignée velue, grosse comme le pouce, ou un mille-pieds long de quatre ou cinq centimètres ne venaient pas se promener sur notre visage en y laissant une traînée rouge et cuisante, ou bien quand les gros cancrelats ailés, longs d'un pouce et demi, ne réussissaient pas à s'insinuer sur notre natte pour venir nous ronger les orteils.

Notre grand ennemi, le moustique, a un adversaire acharné qui en détruit des milliers. C'est un petit lézard transparent qui se montre par centaines sur les parois des cases et sous les toits en paillotes ; on l'appelle le *margouillat*[1]. Ses pattes sont munies de ventouses qui lui permettent de se tenir sur les corps lisses comme le verre. Il est d'une agilité et d'une acuité de vision extraordinaires. Il se familiarise très vite avec la présence de l'homme ; pour nous, c'est une véritable distraction, pendant les heures chaudes de la sieste, que de le voir guetter et poursuivre son imperceptible ennemi. Il distingue un moustique à une distance incroyable ; il s'en approche peu à peu, sans faire de bruit, avec des mouvements félins ; arrivé à un centimètre environ de sa proie, il lance dessus, avec une sûreté de coup d'œil surprenante, sa longue et étroite langue qu'il ramène avec l'insecte englué tout au bout.

ENTRÉE DE LA PAGODE DES SUPPLICES

Les serpents sont assez nombreux dans le delta ; il en existe de toutes les couleurs. Je n'ai jamais entendu dire qu'ils aient occasionné aucun accident grave. Tous ceux que j'ai vu prendre à Hanoï ne

---

1. Le margouillat, qu'il ne faut pas confondre avec le gecko, est appelé *thạch sùng* en vietnamien. Maurice Durand nous rappelle que Thạch Sùng (*Shichong*) était le nom d'un personnage chinois qui, sous les Ts'in, aimait à rivaliser en luxe et en richesse avec Vương Khải (*Wangkai*), le propre beau-frère de l'empereur Wou-Ti (265-290). Vương Khải prit ombrage de la fortune de son rival et le fit exécuter. « La légende rapporte qu'après sa mort il fut transformé en margouillat qui ne cessait de faire claquer sa langue en signe de regret de ses richesses. C'est en se fondant sur cette légende que les Vietnamiens appellent le margouillat *thạch sùng.* »

dépassaient pas une longueur d'un mètre. Ils s'introduisent souvent dans les cases par-dessous les portes mal jointes ; ils établissent domicile dans les grands bambous creux qui supportent la toiture et ils n'en sortent que pour faire la chasse aux insectes ou aux grenouilles.

Les grenouilles pullulent au Tonkin pendant la saison chaude. Elles appartiennent aux espèces les plus variées : à côté de la grenouille-bœuf, grosse comme les deux poings, on trouve la grenouille à lunettes, et une rainette verte qui grimpe aux arbres et qui se tient sur les corps lisses. Ceux d'entre nous qui ont le bonheur de posséder des vitres voient souvent cette dernière monter jusqu'à leur fenêtre, appliquer son corps contre les carreaux et regarder dans la case d'un air curieux.

COSTUME D'ÉTÉ DES OFFICIERS FRANÇAIS

Les serpents font une guerre acharnée aux grenouilles ; j'ai assisté un jour, du haut de mon hamac, à une chasse mouvementée. Une grosse grenouille-bœuf, en quête d'insectes, sautait lourdement sous ma véranda ; tout à coup elle s'arrête, ses deux gros yeux braqués sur un point de la haie de bambous qui entoure ma maisonnette ; elle pousse deux ou trois coassements brefs, puis se dirige en ligne droite vers la haie sans quitter des yeux le point qu'elle a fixé ; on dirait qu'elle est poussée par une force contre laquelle elle essaye en vain de réagir. Elle fait un bond, s'arrête comme si elle voulait résister à la puissance qui l'entraîne ; elle pousse deux ou trois appels désespérés, et elle repart ensuite comme attirée vers la haie par un fil invisible. En fouillant des yeux les bambous, j'aperçois une couleuvre verte dont les yeux, noirs et brillants, sont dardés sur le gros batracien. La grenouille résiste de moins en moins au fur et à mesure qu'elle se rapproche de la haie ; elle semble obéir à une sorte de courant magnétique qui la pousse droit dans la gueule entrouverte du reptile. Voulant continuer jusqu'au bout l'expérience, je prends la grenouille et je la reporte à quelques pas plus loin pour tâcher de vaincre le charme ; mais rien n'y fait ; au bout de quelques instants le manège recommence. Il m'a fallu chasser la couleuvre à coups de pierres pour voir se terminer le drame.

Ces grosses grenouilles-bœufs nous aident souvent à nous délivrer des moustiques à l'aide d'un stratagème assez original. On en prend deux ou trois dans la gueule desquelles on place une cigarette allumée. Dès qu'elles ont tiré une ou deux bouffées, elles restent immobiles et continuent à fumer jusqu'à ce que tout le tabac soit consumé. On les place, armées de leurs cigarettes, sur le bord de la table où l'on travaille ; elles fument comme des locomotives et les épaisses vapeurs de tabac qu'elles dégagent éloignent rapidement les insectes.

ÉTALAGE DES POTIERS

CHAPITRE XI

Tous les cinq jours, il y a grand marché à Hanoï dans les quartiers
annamites. La ville prend un air de fête ; les paysans affluent de tous
les environs. À partir de huit heures du matin, on a de la peine à
circuler dans les rues. Le marché s'ouvre à sept heures et dure jusqu'à
deux heures de l'après-midi. Il se tient dans toutes les rues commerçantes : rue du Cuivre, rue des Nattes, rue des Poteries, rue des
Pharmaciens ; il occupe une longueur de plus de deux kilomètres.

Dans la citadelle même, les petites marchandes qui vendent aux
troupiers sont beaucoup plus nombreuses que d'habitude ; elles sont
accroupies devant leurs paniers ronds ; pour se préserver du soleil,

elles se sont placées entre quatre bambous fichés en terre sur lesquels elles ont posé leurs grands chapeaux comme un toit. Elles débitent un peu de tout : du tabac de cantine, du fil et des aiguilles, de la cire, de la salade de pourpier, des légumes et des fruits de la saison : oranges et bananes. Elles vendent même un liquide épais, de couleur rouge violet, qu'elles décorent du nom de vin et qui a été fabriqué de toutes pièces, bien certainement, par le Chinois du coin. Toutes ces marchandes tiennent de l'alun en cristaux : dans le delta on fait un usage constant de ce sel pour éclaircir l'eau potable. À Hanoï, on ne boit guère que de l'eau du fleuve Rouge. Elle est excellente mais elle tient en suspension une grande quantité de matière argileuse ; cette argile lui donne une couleur d'ocre très prononcée, d'où le nom de fleuve Rouge par lequel on désigne le Song-Coi. Pour précipiter la matière terreuse, les Annamites battent leur eau avec un bambou dans lequel ils ont introduit un morceau d'alun. Aussitôt après l'opération, l'eau, recueillie dans de grandes jarres de Bac-Ninh, commence à déposer la terre qu'elle contient. Au bout de dix minutes, elle est parfaitement limpide, sans que son contact avec l'alun lui ait communiqué aucune propriété nuisible ni aucun goût désagréable.

Dans la rue des Poteries[1], tout près de la citadelle, les marchands ont organisé leurs étalages sur la chaussée même, sans souci des règlements de police. Certains objets méritent d'être examinés de près. Voici par exemple le pot en terre rouge ou blanche dans lequel on prépare le lait de chaux destiné aux chiques de bétel. Voici également deux variétés de théières en usage dans le pays : l'une est en porcelaine blanche ; elle porte deux anses de laiton ; on la vend dans un petit panier rond, en joncs tressés, dont l'intérieur est capitonné. Le panier est muni d'un couvercle fait avec un coussin rembourré d'ouate ; le bec de la théière passe par un trou pratiqué dans la paroi du panier. Avec cet appareil, l'infusion peut se conserver pendant longtemps à la même température. La théière de l'autre modèle est très petite ; elle peut à peine contenir vingt centilitres de liquide ; on dirait une théière de poupée. Elle est faite avec une terre rouge, assez rare paraît-il, et qui a la propriété de donner au thé un arôme plus pénétrant. Neuve, elle coûte une demi-piastre, ce qui représente un prix très élevé pour le pays ; quand elle a servi pendant un certain temps, elle acquiert une valeur beaucoup plus grande encore. Les Annamites la remplissent presque complètement de feuilles de thé sur

---

1. Future rue Vieille des Tasses, actuelle rue Bát Ðàn.

lesquelles ils versent très peu d'eau, de façon à obtenir une infusion concentrée.

Au milieu de tous ces objets de provenance indigène, des bouteilles en verre d'origine européenne sont rangées, bien en évidence, dans l'endroit le plus apparent du magasin. La plupart de ces bouteilles portent encore leurs étiquettes ; beaucoup ont le casque d'argent et la carte de nos meilleures fabriques de vin de Champagne. Les Annamites, qui ne peuvent pas sentir notre vin rouge, aiment beaucoup au contraire le vin blanc mousseux ; une caisse de champagne est un cadeau extrêmement apprécié des mandarins ; mais il ne faudrait pas croire que ce vin dont on commence à faire une assez grande consommation dans le pays a une origine bien authentique ; il existe à Hong-Kong des fabriques allemandes et anglaises de vins mousseux. Les propriétaires de ces fabriques placent sans scrupule sur leurs bouteilles les noms et les marques de nos producteurs les plus renommés : voilà pourquoi on trouve à Hanoï du *Moët et Chandon* carte bleue à une piastre la bouteille.

PLACE DES MERCIÈRES

À côté de la rue des Poteries est une petite place où les marchandes de mercerie se tiennent de préférence. Leur étalage est des plus curieux à examiner en détail ; elles vendent tous les menus objets dont les Annamites font usage à chaque instant pour leur toilette, leur table ou leur maison ; cinq minutes passées dans leurs petites boutiques en apprennent plus long sur les mœurs annamites que bien des gros livres.

J'y retrouve les boutons de verre que les femmes se mettent aux oreilles, les trousses d'ustensiles pour chiquer le bétel, les bourses brodées de perles dans lesquelles les bourgeois serrent leurs monnaies, les boîtes microscopiques, en cuivre fouillé au burin ou en argent repoussé, qui servent à placer le tabac à fumer, les lampes et les pots à opium, les peignes de bois incrusté de nacre avec lesquels les hommes et les femmes fixent leurs chignons, et jusqu'aux lunettes chinoises à gros verres ronds et épais, à montures d'écaille, qu'on voit à chaque instant sur le nez des vieux mandarins. Les produits européens commencent à apparaître aux étalages : on y voit des canifs anglais, des allumettes amorphes, de petites glaces rondes, de provenance allemande, et surtout de la parfumerie à bon marché. Les Annamites raffolent des parfums ; ils en inondent leurs vêtements et leurs cheveux ; plus ils sont pénétrants et plus ils sont de leur goût.

Toutes ces femmes ont entre les mains des cotonnades anglaises ; les Anglais sont nos maîtres, il faut bien le dire, pour le commerce d'exportation ; tous les pays d'Extrême-Orient sont inondés de leurs marchandises. On croit généralement que la vogue dont elles jouissent tient à leur bon marché relatif. Je pense pour ma part que, si les Anglais réussissent mieux que nous, c'est qu'ils connaissent aussi mieux que nous les besoins et les préférences du pays où ils expédient. Au lieu d'envoyer comme nos commerçants les rebuts de leurs magasins en Indo-Chine, ils fabriquent spécialement pour le pays des étoffes dont les dessins, les couleurs, les dimensions même sont conformes au goût et aux mœurs des indigènes. Les Annamites aiment les couleurs vives, les dessins chinois ; la coupe de leurs vêtements est minutieusement réglée par le *Livre des rites*[1] ; ils ne peuvent employer pour les confectionner que des étoffes dont la largeur est conforme aux prescriptions de leurs lois. C'est pour cette raison que les mandarins défendent aux Annamites de tisser, sauf dans certains cas déterminés, des étoffes dont la largeur dépasse soixante ou soixante-dix centimètres. Les Anglais connaissent ces usages : ils fabriquent en conséquence, et voilà pourquoi sur les marchés du pays leurs marchandises sont enlevées de préférence aux nôtres.

---

1. Comprenant une série de prescriptions sur les rites pratiqués au sein de la famille, dans les villages et à la cour impériale, le *Livre des rites* (*Kinh Lễ*) fait partie de l'ensemble des *Cinq Livres canoniques* (*Ngũ Kinh*) qui forment la base du confucianisme.

Tout près de la citadelle, à l'entrée de la rue des Paniers, se tient tous les cinq jours le marché aux chiens comestibles. Les plus petits des animaux à vendre sont placés dans de grands paniers à larges mailles dont la forme rappelle les corbeilles sous lesquelles on élève les poulets dans nos campagnes.

MARCHÉ AUX CHIENS

Les chiens trop âgés pour être ainsi mis en cage sont tenus en laisse avec une corde dans laquelle est enfilé un morceau de bambou ; le bambou permet de tenir l'animal à distance et d'empêcher qu'il morde. Tous ces chiens ressemblent, comme taille et comme aspect général, à des renards. Ils ont le poil assez long et rude, les oreilles abaissées, la queue relevée, le museau pointu ; leur robe est ordinairement jaune brun avec des taches grises ; quelques-uns cependant sont noirs : ce sont les plus estimés.

Le chien annamite, qui est extrêmement doux pour les indigènes, devient très hargneux quand il aperçoit un Européen. En colonne, lorsque nous entrions dans les villages, nous ne pouvions pas pénétrer les premiers dans les habitations sans risquer d'être mordus. Les chiens venaient au contraire lécher les mains de nos coolies, qui pouvaient sans difficulté s'en emparer pour les tuer et pour les mettre à la broche. À Hanoï, le chien rôti et laqué se vend couramment chez les marchands de comestibles. J'ai goûté une fois de cette viande, qui m'a paru coriace, mais pas trop désagréable.

Les Européens, et surtout les officiers du corps expéditionnaire, fréquentent souvent le marché aux bronzes qui se tient dans la ville annamite. On s'y promène par petits groupes ; on entre chez tous les marchands et l'on inspecte avec soin les boutiques, afin d'y découvrir un vieux cuivre ou un brûle-parfum ancien. Les marchands habitent de petites paillotes devant lesquelles ils étalent tout un assortiment de vieilles ferrailles : lampes de forme antique, plateaux, marmites, sabres ébréchés, etc. On dirait des magasins de bric-à-brac. Parmi tous ces rebuts, on découvre souvent des objets de réelle valeur ; mais il faut se méfier des Annamites : ils imitent l'ancien comme personne et, maintenant qu'ils savent que nous payons le vieux plus cher que le neuf, ils nous en fabriquent de toutes pièces.

On trouve quelquefois, sur le marché, des cuivres très anciens qui diffèrent absolument, comme forme et comme ornementation, des bronzes bouddhistes ou taoïstes. Ces vases rappellent l'art persan par leur forme ovale, l'évasement de leurs cols, leurs panses sphériques ou lenticulaires et leurs couvercles en forme de poires ; ils sont ornés de grands cartouches dans lesquels les versets du Coran sont gravés en caractères arabes. Ce sont en effet des bronzes musulmans, venus probablement du Yunnan, où les sectateurs de Mahomet sont encore très nombreux.

Les ouvriers tonkinois fabriquent des gongs en bronze d'une forme particulière, qui donnent des vibrations d'une pureté et d'une sonorité admirables. Ils ont un peu plus de cinquante centimètres de circonférence et leurs vibrations sont presque aussi profondes que celles de nos grosses cloches d'église.

Les Annamites fabriquent également de jolis plateaux en bronze, de couleur safran, qu'ils incrustent très finement avec des alliages de différentes teintes : noir, jaune d'or, rouge, blanc, etc. Ces plateaux sont presque toujours de forme ronde ; ils servent pour disposer les présents qu'on offre aux pagodes ou aux mandarins ; ils sont munis de trois pieds bas, ornés de dessins à la pointe ; leurs bords sont découpés en élégantes dentelures que l'artiste rehausse avec un léger bourrelet de cuivre jaune.

Les incrusteurs sur cuivre montrent une habileté manuelle peu commune, car ils se servent d'outils encore plus grossiers que les incrusteurs sur bois ; outre les plateaux dont je viens de parler, ils font de petites boîtes pour renfermer le tabac, des pots avec couvercle pour le bétel, des crachoirs, de petites chaufferettes à mains d'un travail original, et une espèce de brûle-parfum portatif, agencé d'une façon très ingénieuse. Ce dernier a la forme d'une sphère creuse, mesurant sept centimètres environ de diamètre et munie à chacun de ses pôles d'un anneau auquel est rattachée une chaînette ; il est percé de mignonnes découpures à jour dessinées comme des grecques. Au centre de la sphère, qui peut s'ouvrir en deux moitiés, se trouve un petit réchaud en forme de cupule dans lequel on place le charbon allumé et les parfums ; ce réchaud est attaché aux parois de la sphère par un système de cercles concentriques en métal, reliés les uns aux autres de façon à constituer ce que nous appelons en Europe une *suspension à la Cardan*[1]. Voilà encore une invention qu'il faudra rayer de nos papiers.

Depuis la prise de Hong-Hoa, le pays est redevenu tranquille. On peut parcourir les environs à plusieurs lieues à la ronde sans avoir à craindre une mauvaise rencontre ; seulement il faut se mettre en route de bonne heure : nous sommes au commencement de juin et, dès neuf heures du matin, la chaleur devient intolérable.

Aujourd'hui nous avons projeté une grande excursion : mes amis sont venus me prendre pour aller, à quatre kilomètres de la ville, visiter une importante fabrique de papier annamite, située sur un des affluents du Grand-Lac[2]. Nous nous sommes arrangés pour tout voir en détail : hier, pendant une visite que m'a faite mon ami le *tông-dôc*, j'ai obtenu de lui qu'il enverrait de bon matin un de ses mandarins subalternes prévenir de notre arrivée les notables du village occupé par cette fabrique, afin qu'ils puissent tout disposer pour nous recevoir.

Nous nous mettons en route à cinq heures du matin. On rirait bien, en France, en voyant notre accoutrement et nos montures : nous avons dû abandonner nos grands chevaux français, dont quelques-uns sont morts d'anémie ; nous les avons remplacés par de petits poneys

---

1. Système de suspension à mouvement libre, à l'origine conçu pour rendre la boussole insensible aux mouvements du navire, mis au point par Gerolamo Cardano (1501-1576).

2. L'auteur évoque cette question, en détail, un peu plus bas. Notons seulement ici que l'industrie du papier faisait vivre la zone située à l'ouest (autour du pont du Papier justement) et, surtout, au nord-ouest de Hà-Nội, et plus précisément les villages situés sur la rive méridionale du Grand-Lac : Thụy-Khuê, Hồ-Khẩu et Yên-Thái (Bười), le long de la rivière Tô-Lịch, qui fournissait l'eau nécessaire à cette industrie (voir ci-dessous p. 261 et 262, note 1).

annamites qui disparaissent à moitié sous nos grandes selles. On n'a pas besoin de faire d'efforts pour les enfourcher, il suffit d'enjamber.

Nous sommes vêtus de calicot blanc ; des galons mobiles posés sur nos manches permettent seuls de reconnaître notre qualité d'officier. D'immenses chapeaux en moelle d'aloès nous recouvrent la tête comme d'une cloche ; malgré la largeur de leurs bords, ils sont encore insuffisants pour nous garantir des rayons du soleil ; aussi portons-nous, même à cheval, de grandes ombrelles blanches, doublées d'étoffe verte. Chacun de nous est accompagné de son boy, qui, conformément à l'usage annamite, suit à pied à côté du cheval, la main appuyée sur la croupe de l'animal.

Nous passons près du Petit-Lac et nous gagnons les faubourgs. À cette heure matinale, les Annamites commencent à ouvrir leurs cases et à se montrer dans la rue. Ils sortent un à un sur leurs portes en s'étirant et en bâillant, les yeux gros de sommeil, leurs longs cheveux étalés sur le dos et prêts à être peignés.

Sur les bords du Petit-Lac, un grand nombre d'indigènes sont en train de faire leurs ablutions matinales. Aucun Annamite ne manque chaque matin de se laver les pieds, la figure et la bouche.

De vieilles femmes, une hotte sur le dos et tenant à la main une sorte de pelle à long manche, circulent le long des cases et se chargent de faire le service de la voirie ; elles ramassent soigneusement toutes les immondices, les os à demi rongés et surtout l'engrais humain que les agriculteurs des villages voisins leur achèteront un bon prix pour fumer leurs champs[1].

Les petits restaurants et les débits de thé sont envahis par les coolies et par les gens de bas étage, qui prennent leur repas du matin. Les rues, si calmes tout à l'heure, commencent à devenir bruyantes : de longues files de brouettes circulent près de nous et leurs roues en bois plein grincent affreusement.

---

1. La collecte de l'engrais humain était en effet une activité essentielle des villageois de Cô-Nhuế, village situé dans le district de Từ-Liêm, au nord-ouest de Hà-Nội. Les activités de collecte et de recyclage des déchets ont toujours été (et restent aujourd'hui) le fait de villageois qui venaient temporairement à Hà-Nội. À l'époque décrite par Hocquard, il s'agissait encore de villages proches, la plupart du temps situés dans le district de Thanh-Trì, au sud de la ville. À partir des années 30, le « monopole » passa définitivement à un groupe de villages du district de Xuân-Thuỷ, dans la province de Nam-Hà, au débouché du fleuve Rouge (à cent vingt kilomètres au sud-est de Hà-Nội). Au début des années 30, en effet, c'est un habitant originaire de ces villages qui devint directeur de la Compagnie sanitaire de Hà-Nội et qui, naturellement, recruta des ouvriers issus de son « pays ». En période de crise économique, c'était un bon placement, et la corporation des éboueurs de Xuân-Thuỷ veilla à le maintenir : aujourd'hui encore, à Hà-Nội, plus de la moitié des éboueurs sont originaires de ce district pourtant situé bien loin de la capitale... Ils résident d'ailleurs toujours dans le même quartier qu'avant, celui de Ô Chợ Dừa.

Les brouettes indigènes méritent une description spéciale ; elles sont entièrement construites en bois et leurs différentes pièces sont retenues avec des chevilles, également en bois ; elles sont munies comme les nôtres de deux pieds qui permettent de les poser d'aplomb à terre, mais elles en diffèrent absolument au point de vue du mode de répartition de la charge. La brouette indigène est disposée de telle façon que le chargement pèse le moins possible sur les bras qui la conduisent : la roue est placée non pas en avant de la charge, comme dans nos brouettes européennes, mais au-dessous. Dans ces conditions, et comme cette roue est assez haute, la plate-forme qui supporte le chargement est sur un plan relativement élevé par rapport aux montants. Il en résulte qu'il faut une certaine habitude pour conduire cette brouette bien en équilibre lorsqu'elle est chargée. Nos soldats ne peuvent y parvenir sans de grands efforts et sans verser à chaque instant. Les Annamites, au contraire, habitués, en marchant avec leurs grandes balances suspendues au bambou, à tenir compte de tous les effets de l'équilibre, tirent de leur brouette un excellent parti.

BROUETTE DES INDIGÈNES

En sortant de la ville[1], nous nous engageons dans un chemin bien ombragé, bordé à gauche par des rizières et à droite par une haie épaisse où des centaines de moineaux, un peu plus petits mais tout

---

1. Il faut bien rétablir l'échelle de la ville (ou de ce que les Français considéraient comme telle) en 1884 : la sortie de la ville s'effectuait au niveau de l'actuelle rue Tràng-Thi... qui en est le cœur aujourd'hui.

LE MATIN SUR LE PETIT LAC

aussi effrontés que les moineaux de France, nous assourdissent de leurs cris. Les hautes frondaisons des bambous s'inclinent au-dessus de nos têtes comme d'immenses panaches et, derrière leur verte clôture, des jeunes filles, qui en nous voyant venir ont laissé au milieu du chemin leurs seaux remplis d'eau pour fuir plus vite, risquent un coup d'œil craintif sur les « diables étrangers ». Elles ont suspendu à leur cou et à leurs oreilles des guirlandes de petites fleurs blanches d'une odeur suave et pénétrante ; elles ont jeté quelques-unes de ces fleurs dans l'eau qu'elles viennent de puiser à la fontaine, afin qu'elle s'imprègne de leur parfum.

À gauche du chemin que nous suivons se trouve une élévation de terrain placée au milieu des rizières. Elle est bordée de tous côtés par une muraille assez haute, qui forme un carré parfait de trois cents mètres environ de côté. La muraille est percée de deux portes qui se font face et qui sont situées l'une au milieu du côté est, l'autre au milieu du côté ouest du carré. Dans l'enceinte, une série de petits pavillons séparés, construits en torchis et qui ne comprennent qu'un rez-de-chaussée, sont disposés très régulièrement les uns à côté des autres, suivant des lignes droites en parallèles. Cet ensemble constitue ce qu'on appelle le *Camp des Lettrés*. C'est là que, tous les trois ans, se réunissaient les candidats qui venaient de tous les points de la province pour subir les examens du mandarinat[1].

Les pavillons sont divisés en plusieurs compartiments possédant chacun une porte et une fenêtre qui donnent sous la véranda de la case. Chaque candidat était enfermé dans une de ces cellules, où il trouvait des pinceaux, du papier, de l'encre de Chine délayée, bref, tout ce qu'il faut pour écrire. Une fois entré, on lui remettait une petite

---

1. Situé au sud-est de la citadelle, à l'emplacement des actuelles bibliothèque et archives nationales, le Camp des Lettrés (*tràng thi*) était déjà en ruine à l'époque où l'auteur le décrit. D'après le seul croquis ancien conservé (1875), la muraille ne constituait pas « un carré parfait de trois cents mètres environ », mais un rectangle allongé d'environ cent cinquante mètres sur deux cents. Il était bâti sur le modèle de tous les camps régionaux : une moitié destinée aux candidats, l'autre aux organisateurs et au jury, ceux-ci étant reclus dans le camp durant toute la durée du concours (un mois). Hà-Nội était un centre régional important car s'y regroupaient les candidats venus des provinces de Bắc-Ninh, Sơn-Tây, Cao-Bằng, Lạng-Sơn et Tuyên-Quang. En novembre 1873, peu avant l'attaque de la citadelle, les hommes de Francis Garnier y élurent domicile durant quelques semaines ; d'août 1875 à octobre 1876, pendant les travaux d'aménagement de la Concession, il fut de nouveau occupé par les Français, mais à titre provisoire, et le concours put donc se dérouler normalement en novembre 1876 (quatre ou cinq mille candidats pour soixante-quinze reçus), puis encore une dernière fois en 1879 (sept mille candidats). De 1882 à 1885, les autorités coloniales suspendirent les examens régionaux (exceptionnellement, ici, le récit de Hocquard est fondé sur de simples témoignages de seconde main), puis elles les déplacèrent à Nam-Định à partir de 1886. À la même date, le *kinh-lược* Nguyễn Hữu Độ (le même que Hocquard nous a présenté ci-dessus en tant que gouverneur de Hà-Nội, p. 113) établit ses bureaux à l'emplacement du Camp des Lettrés, qui devint par la suite le siège de la chambre de Commerce puis, jusqu'à aujourd'hui, celui de la Bibliothèque et des Archives nationales. Le système des concours fut supprimé au Nord en 1915 et au Centre en 1918.

planchette sur laquelle était inscrit le sujet de la composition, puis on l'enfermait pendant tout le temps fixé pour l'épreuve.

Les précautions les plus minutieuses étaient prises pour empêcher les candidats de communiquer soit entre eux, soit avec l'extérieur. Des surveillants se promenaient dans les allées qui séparent les cases ; pour plus de précaution, on collait sur la porte d'entrée de chaque cellule, et du côté extérieur, une bande de papier que le président des examens cachetait de son sceau[1].

Je trouve des fragments de ces scellés encore appliqués sur une ou deux portes avec de larges cachets rouges.

Depuis la conquête, les candidats tonkinois qui désirent concourir se rendent à Hué, et le Camp des Lettrés de Hanoï est complètement abandonné. Les pavillons tombent en ruines, les toits s'effondrent, l'herbe envahit les allées et même l'intérieur des cellules.

Les questions posées dans les concours littéraires se rapportent toutes à la littérature et à la philosophie chinoises[2]. Le concours du premier degré, ou *ti-huong*, est le seul qu'on pouvait passer à Hanoï ; il comprend plusieurs examens qui permettent de conférer les titres de *tu-taï*, ou bachelier, et de *cu-n'hon*, ou licenciés. Les licenciés sont seuls admis à subir le concours du deuxième degré, ou *ti-huoï*, mais pour le passer ils doivent se rendre dans la capitale du royaume. S'ils sont reçus, ils prennent le titre de *tam-si*, qui équivaut à notre titre de docteur[3].

À Hanoï comme dans les autres provinces du royaume, le concours des licenciés était présidé par deux mandarins de rang supérieur, envoyés par le roi. Ces hauts fonctionnaires étaient assistés d'un certain nombre d'examinateurs et de secrétaires désignés à l'avance ; celui des deux qui était le plus élevé en grade appartenait toujours à

---

1. Il existait même un mirador central et quatre petites tours, situées aux quatre coins du camp, pour permettre aux surveillants de contrôler l'ensemble des candidats.

2. Pour être un peu rapide, ce jugement n'est pas faux car les questions posées aux concours étaient en effet essentiellement puisées aux classiques chinois (les *Cinq Canons* et les *Quatre Livres*). Pour le concours régional, le candidat devait rédiger trois dissertations : une exégèse des classiques (genre *kinh-nghĩa*), une composition poétique en prose rythmée (genre *phú*), et une dissertation classique (genre *sách văn*). Hormis peut-être pour les mandarins militaires et les employés de bureaux, cette formation évacuait largement les connaissances techniques et la science appliquée.

3. Le système des concours littéraires permettait de recruter les futurs mandarins. Inaugurés sous la dynastie des Lý (en 1075), ils devinrent réguliers à partir de celle des Trân. Il comprenait trois niveaux : a) les concours régionaux (*thi-hương*), également appelés « concours triennaux », qui permettaient de nommer les licenciés (*cử-nhân*) et les bacheliers (*tú-tài*) parmi lesquels étaient respectivement recrutés les futurs mandarins directeurs des Études (*giáo-thụ*) et les instructeurs (*huấn-đạo*) ; b) le concours général (*thi-hội*), qui se tenait uniquement à la capitale, où se présentaient les licenciés qui postulaient au titre de docteur (*tiến-sĩ*) ou, pour les moins heureux sous les Nguyễn, au « second tableau » (*phó-bảng*) ; c) enfin, le concours de la cour (*thi-đình*), présidé par le souverain lui-même, qui permettait d'établir les différents degrés de doctorat (*hoàng-giáp, thám-hoa, bảng-nhãn, trạng-nguyên*).

l'Académie royale, assemblée qui siège près du roi dans la capitale et qui, comme notre Académie, réunit l'élite des lettrés de la nation[1].

Les secrétaires avaient pour mission de recopier toutes les compositions des candidats. Ces copies seules étaient remises aux examinateurs, qui jugeaient sans voir l'original. De cette façon les juges ne pouvaient être influencés par une écriture connue.

Les examens littéraires duraient plusieurs jours ; ils se terminaient par la proclamation solennelle des admis, dont on affichait les noms ; puis les lauréats se rendaient en grande pompe à la pagode de Confucius. Pour honorer les nouveaux élus dans l'aristocratie des lettres, les mandarins de la ville et de la province venaient à cette pagode en robes de cérémonie leur faire visite. Le président des examens offrait alors un sacrifice solennel à l'Âme du philosophe. Après le sacrifice on s'attablait dans la pagode même à un grand festin offert par le gouverneur ; aussitôt le festin terminé, les nouveaux gradés allaient rendre aux mandarins la visite qu'ils en avaient reçue[2].

Outre les examens littéraires, il y avait autrefois à Hanoï des concours pour les grades militaires. Ceux-ci différaient essentiellement des premiers : les candidats étaient surtout examinés au point de vue des aptitudes physiques, de la vigueur corporelle, de l'adresse et du courage. On les faisait tirer de l'arc, monter à cheval, s'escrimer avec la lance, courir sur une piste et sauter des obstacles. Les premières places n'étaient pas données aux plus intelligents mais à ceux qui possédaient les plus beaux muscles et les plus solides jarrets. C'est ce qui fait que les mandarins militaires jouissent en Annam d'une considération beaucoup moindre que les mandarins civils. En colonne, lorsque les troupes françaises se montraient pour la première fois dans un village, les notables étaient stupéfaits de voir que nos caporaux et même nos soldats savaient tous lire, écrire et compter. J'ai souvent vu des mandarins esquisser un sourire incrédule lorsque je leur affirmais qu'en France nos officiers et les fonctionnaires civils étaient également considérés.

En quittant le Camp des Lettrés, nous sortons de l'enceinte de la ville. Cette enceinte n'est fermée du côté où nous sommes que par une simple palissade, faite avec de gros pieux pointus ; au-delà s'étendent les

---

1. Cette Académie (*Hàn Lâm*, littéralement « Forêt de pinceaux ») a été organisée en 1495 par le roi Lê Thánh Tông, à partir d'un noyau préexistant dont l'existence est attestée dès le XIe siècle. Elle comprenait alors vingt-huit membres. Une de ses premières réalisations fut une vaste encyclopédie en dix volumes, encore bien utile aujourd'hui, le *Recueil composé pendant les loisirs du Céleste Sud* (*Thiên Nam Dư Hạ Tập*).
2. La « pagode de Confucius » désigne ici le temple de la Littérature (*Văn Miếu*) de Hà-Nội, construit en 1070, où étaient honorés les docteurs (quatre-vingt-deux stèles des XVe-XVIIIe siècles).

faubourgs[1]. Les habitants de ces faubourgs logent dans de petites maisons basses, disposées, sur une seule rangée, de chaque côté de la route bordée d'arbres qui côtoie la face sud de la citadelle. Cette route est extrêmement fréquentée ; il s'y tient tous les jours un marché de légumes et de comestibles où viennent s'approvisionner les habitants de la citadelle et de la ville. On a de la peine à circuler à cheval au milieu des marchands qui obstruent la chaussée et qui se dérangent à peine quand on passe. Les étalages sont encombrés de toutes sortes de fruits contenus dans de grands paniers : oranges, ananas, kakis, aubergines, petites tomates rondes, sans compter l'inévitable banane, les prunes sauvages, les pommes-canelle, les papayes et les pamplemousses.

Après avoir fait exécuter à nos chevaux une série de voltes et de demi-voltes compliquées pour ne rien écraser ni renverser des étalages, nous arrivons à la fameuse pagode de Confucius dont j'ai parlé tout à l'heure à propos des concours littéraires. La série des bâtiments qui la composent rappelle comme disposition et comme agencement le plan du temple élevé en Chine à la mémoire du célèbre philosophe[2]. Ces bâtiments sont construits dans une vaste enceinte, fermée de toutes parts par de hautes murailles ; on pénètre dans la pagode par une grande porte, devant laquelle quatre colonnes se dressent sur une même ligne, puis on traverse successivement quatre cours rectangulaires, bordées de chaque côté par de vieux arbres au feuillage sombre, au tronc noueux creusé par les ans[3].

De nombreuses familles de corbeaux ont élu domicile dans ces arbres et s'y sont multipliées en paix sous la protection du philosophe ; au fur et à mesure que nous approchons, ces oiseaux détalent en poussant des cris lugubres. Ils ont donné leur nom au temple et les Français qui habitent Hanoï ne le désignent que sous la rubrique de *pagode des Corbeaux*.

Les cours rectangulaires dont il vient d'être parlé sont séparées les unes des autres par des murailles élevées. Chacun de ces murs de

---

1. Remarque étrange car la seule « muraille » (et la plus proche) que Hocquard peut évoquer ici est celle qui ceint la ville commerçante, muraille d'ailleurs décrite plus haut (page 59) : or, vers l'ouest de la ville, cette muraille se trouvait non point au sortir du Camp des Lettrés (car c'est bien l'actuelle zone de Cửa Nam que l'auteur décrit plus bas) mais beaucoup plus loin, à hauteur de l'ancienne porte de Vạn-Bảo, c'est-à-dire au-delà de la citadelle. L'expression « simple palissade faite avec de gros pieux pointus » invite à penser qu'il s'agissait d'une construction, précaire et temporaire, bien différente en tout cas des enceintes historiques de la ville.

2. Temple de Qufu (*vietnamien : Khúc-Phụ*), dans la province du Shandong, modèle en effet du temple de Hà-Nội.

3. Après le portique d'entrée, précédé de quatre piliers rectangulaires, le temple comprend cinq cours successives, séparées par des portiques ou des pavillons (dont le *Khuê Văn Các*, ou « pavillon de la Constellation des Lettres », devenu le symbole de Hà-Nội aujourd'hui). Le temple mesure trois cent soixante mètres de long sur soixante et un mètres au sud, et soixante-quinze mètres au nord.

FAUBOURG DE HANOÏ

séparation est percé de trois ouvertures ; une grande, centrale, surmontée d'un beau portique sous lequel passent les mandarins, et deux petites, situées latéralement, qui servent pour l'entrée et pour la sortie des serviteurs et des soldats[1].

Au milieu de la quatrième enceinte est creusé un grand bassin carré dont les eaux verdâtres sont couvertes de plantes aquatiques ; ce bassin est entouré d'une belle balustrade à jours, construite avec des briques. Quatre escaliers à très larges dalles, disposés aux quatre points cardinaux, permettent de descendre jusqu'à la surface de l'eau[2]. À droite et à gauche de ce bassin, et contre les murs latéraux de la cour, on a disposé, debout sur deux lignes, de grosses pierres dont

1. Par exemple, les deux petites portes latérales du *Khuê Văn Các* s'appellent la « porte de la Concision des Lettres » (*Súc Văn Môn*) et la « porte de l'Embellissement des Lettres » (*Bí Văn Môn*).
2. Situé dans la troisième cour, ce vaste bassin carré, entouré d'une balustrade, est appelé le « puits de la Clarté céleste » (*Thiên Quang Tỉnh*). Sa forme carrée, qui évoque la terre, est précisément destinée à répondre à la forme ronde de la porte du *Khuê Văn Các*, qui évoque le ciel.

quelques-unes mesurent jusqu'à un mètre cinquante de hauteur. Ces pierres, qui sont couvertes de caractères chinois, sont terminées par une extrémité arrondie ; leur base repose sur un piédestal qui a la forme d'une tortue.

Ces rangées de monolithes, qu'on pourrait facilement prendre pour des pierres tombales, sont, m'a-t-on dit, des monuments élevés en l'honneur des lettrés tonkinois qui se sont le plus distingués soit par leur érudition, soit par le bien qu'ils ont fait au peuple lorsqu'ils occupaient les fonctions publiques. Quelques-unes de ces pierres sont très anciennes ; le temps, qui les a recouvertes d'une couche grise, uniforme, a en partie effacé les inscriptions qui y étaient gravées[1].

À droite et à gauche du bassin, au milieu de chacune des doubles rangées formées par ces pierres commémoratives, on a construit de petits pavillons, dont les toits recouverts de tuiles présentent des arêtes recourbées et ornées de volutes dans le goût chinois.

Au centre de chaque pavillon se dresse un autel en briques. Sur cet autel, on offre des sacrifices aux Esprits des Lettrés défunts dont les noms figurent sur les pierres commémoratives.

Après avoir franchi la quatrième enceinte que je viens de décrire, nous arrivons dans une grande cour pavée de larges dalles carrées et bordée de trois côtés par trois bâtiments disposés en fer à cheval. L'édifice principal, qui fait face au portique d'entrée, est occupé par trois autels en bois admirablement sculptés. Ces autels sont vernis à la laque rouge et recouverts de dorures ; chacun d'eux supporte une espèce de trône tout doré sur lequel est placée une petite tablette rectangulaire, montée debout sur un pied en portant une inscription en lettres d'or. L'inscription de la tablette placée sur l'autel central porte le nom de Confucius[2].

---

1. Il s'agit bien évidemment des stèles honorant les docteurs. Par un jeu d'écho avec l'architecture même de cette cour, le piédestal des stèles, qui est en forme de tortue – animal symbole de longévité dont la carapace est ronde et bombée mais le ventre carré et plat –, évoque l'union du Ciel et de la Terre. Cette cour comprend quatre-vingt-deux stèles (quarante et une de chaque côté), disposées en deux rangs faisant face au bassin central ; elles commémorent les candidats reçus au doctorat entre 1442 et 1779 (quatre-vingt-deux promotions, mille trois cent six docteurs, soit environ quatorze élus par concours). Parmi ces stèles, quatorze datent des XVe et XVIe siècles (elles mesurent cent cinq centimètres), vingt-cinq du XVIIe siècle (cent cinq à cent soixante-dix centimètres) et quarante-trois du XVIIIe siècle (cent soixante-dix à cent quatre-vingt dix centimètres). La décision d'ériger des stèles fut prise en 1484 par le roi Lê Thánh Tàng, qui confia à trois grands mandarins de l'Académie le soin de réaliser dix stèles, correspondant aux années passées (1442-1484). Chaque stèle porte l'année du concours, l'année de l'érection, les noms du lauréat, du graveur et du calligraphe et, souvent, une courte biographie du docteur.

2. Précédée par la « porte de la Grande Synthèse » *(Đại Thành Môn)*, cette dernière cour constitue le temple de la Littérature proprement dit. « L'édifice principal faisant face au portique d'entrée » évoqué par Hocquard est un vaste bâtiment à huit toits superposés reposant sur quarante piliers ; il est appelé « salle des Prosternations rituelles » *(Bái Đường)* et il comprend neuf travées avec, au centre, un triple autel : celui de Confucius avec le tabernacle contenant la tablette (dont « l'inscription en lettres d'or » signifie en l'occurrence *le très saint maître Confucius*) et, de part et d'autre, l'autel et les statues de ses quatre disciples (à gauche Tăng-Tử et Mạnh-Tử ; à droite Nhan Tử et Tử-Tư).

PIERRES COMMÉMORATIVES

Les deux bâtiments qui flanquent de chaque côté l'édifice princi-pal sont de longs et étroits hangars ayant la forme de rectangles très allongés. Ils sont occupés sur toute leur longueur par une série d'autels en pierre, rangés côte à côte ; sur ces autels sont disposées de petites tablettes rectangulaires montées sur pied, au nombre d'une soixantaine environ. Chaque tablette porte, écrit en lettres d'or, le nom d'un disciple de Confucius célèbre par son érudition ou par ses vertus. Les lettrés viennent dans cette pagode honorer et invoquer l'âme des philosophes fameux de l'antiquité chinoise devant leurs tablettes, comme les catholiques vont honorer et invoquer les saints en s'agenouillant, à l'église, devant leurs images ou devant leurs statues[1].

Depuis que nous avons pénétré dans la pagode, nous sommes suivis par une troupe de gamins tout déguenillés et même à peu près nus, que nous avons trouvés jouant au volant au milieu de la première cour. Ce volant était fait avec une banane dans laquelle ils avaient fiché deux ou trois plumes de poule[2] ; au lieu de se servir de raquettes comme en Europe, ils se le renvoyaient adroitement l'un à l'autre à coups de pied. Notre entrée a interrompu les jeux et dispersé la troupe des joueurs. Ils nous ont suivis de loin, très intrigués, se demandant ce que nous allions faire dans cette enceinte consacrée, et s'attendant sans doute à nous voir foudroyés par les génies dont nous allions troubler les retraites. Ils sont restés à nous observer sous un des portiques, et ce n'est pas sans étonnement qu'ils nous voient sortir sains et saufs.

La route qui conduit du temple de Confucius au Grand-Lac côtoie la face ouest de la citadelle[3] ; elle passe devant de pauvres cabanes dont les habitants sont occupés à fabriquer des baguettes d'encens. Ces baguettes se vendent par centaines, pour être brûlées dans les pagodes, devant l'image du Bouddha, ou pour être allumées dans l'intérieur des maisons, sur l'autel des ancêtres ; elles sont longues de trente centimètres environ et grosses comme des tuyaux de plume. On les fait avec un bois spécial qui se consume lentement, sans produire de flamme ; on les enduit sur la moitié de leur longueur d'une sorte de pâte noire qui contient une résine odoriférante, mélangée à de l'encre de Chine ou à du charbon fin et léger[4].

---

1. Ces deux bâtiments latéraux sont en effet destinés à honorer les « dix philosophes » (*Thập Triết*), auquel il faut ajouter deux sages vietnamiens du XIVᵉ siècle : Trương Hán Siêu et Chu Văn An.
    ² Curieuse manière de fabriquer un volant, peu crédible en vérité...
    3. Actuelle rue Hùng-Vương où se trouvent le mausolée du président Hồ Chí Minh et l'Assemblée nationale.
    4. La plupart du temps, cette « résine odoriférante » est faite de citronnelle (*sả*), de bois d'aigle (*trầm hương*) et de cardamome.

En arrivant sur le bord du Grand-Lac, nous mettons encore une fois pied à terre pour visiter en passant une pagode bouddhiste qui jouit d'un grand renom dans toute la province de Hanoï ; elle abrite une statue colossale du Bouddha, coulée en bronze et tout d'une pièce[1]. À peine avons-nous franchi le seuil de la pagode que les bonzes, flairant une bonne aubaine, viennent nous faire la révérence. Ils portent un costume en toile marron assez grossière qui ressemble comme coupe au costume indigène ; le vêtement de dessus est seulement un peu plus long. Quand ils sortent pour quêter, ils s'abritent sous un immense chapeau, au moins aussi large mais d'une autre forme que celui des femmes tonkinoises. Ils sont assez mal tenus et ils n'ont certainement pas fait vœu de propreté. En nous parlant, ils ont en main une espèce de chapelet dont ils tournent machinalement les grains entre leurs ongles en deuil.

Un poste de tirailleurs tonkinois est établi sous le portique par lequel on entre dans la pagode. Nous confions nos chevaux aux soldats et nous pénétrons d'abord dans une première salle, où nous trouvons, sur un autel formé par des gradins appuyés contre le mur du fond, une foule de dieux et de saints personnages bouddhiques. Cette première salle n'est guère éclairée que par une lampe fumeuse, suspendue à la voûte et qui brûle devant l'autel : dans la pénombre, les statues, peintes en couleurs vives et couvertes de dorures, forment comme autant de taches brillantes. Quand nos yeux sont habitués à la demi-obscurité, nous les examinons de plus près et, en faisant le tour de chacune d'elles, nous constatons avec étonnement qu'elles portent dans le dos une ouverture en forme de gouttière, creusée récemment, comme si l'on avait voulu leur extraire une ou deux vertèbres. Nous aurions cherché longtemps la cause de cette mutilation bizarre, si l'interprète qui nous accompagne ne nous en avait fourni l'explication. Les pieuses personnes qui offrent ces statues aux pagodes y enferment souvent des pièces de monnaie, quelquefois même des barres d'argent, qu'on introduit dans une gouttière creusée dans le dos de la statue ; cette gouttière est ensuite

---

1. Il s'agit du temple de Quán-Thánh, également appelé temple de Trấn-Vũ. Ce *quán* est un édifice réservé au culte taoïste du « Guerrier sombre » (*Huyên-Vũ*), la figure qui personnifie le nord, le froid, l'hiver, la nuit et la mort, et qui a en charge la garde de la partie septentrionale du Ciel (symboles : étendard noir, tortue et serpent). Rappelons qu'il s'agissait là d'un des quatre grands temples protecteurs de Hà-Nội (voir note 4 page 183) érigés par le premier souverain de la dynastie des Lý. Cet édifice fut entièrement restauré à la fin du XVIIe siècle, date à laquelle la statue, qui était auparavant en bois, fut fondue en bronze (1677). Posée sur un piédestal de trois mètres, la statue elle-même mesure près de quatre mètres de hauteur et pèse quatre tonnes. Le temple fut encore une fois totalement restauré (et largement détruit) en 1893, après la visite de Hocquard, donc.

bouchée et la trace en est effacée par une couche de peinture. Pendant la période troublée de ces dernières années, la pagode a sans doute été visitée par des bandes de pirates ou de Pavillons-Noirs qui, connaissant cette coutume, ne se sont fait aucun scrupule de dévaliser les dieux.

ENFANTS ANNAMITES

Après avoir allumé une bougie à la petite lampe fumeuse qui éclaire la salle où nous sommes, un des bonzes nous invite à le suivre dans un des deux couloirs étroits, ménagés de chaque côté de l'autel. Ces couloirs aboutissent à une sorte de chapelle très élevée où règne une obscurité profonde. La statue que nous sommes venus voir occupe le centre de cette chapelle. Le guide tire un grand rideau qui la masque et lève sa bougie pour nous permettre de la mieux voir.

Nous sommes en présence d'une œuvre colossale qui nous arrache à tous un cri d'étonnement et d'admiration. Ce bouddha en bronze, qui semble massif, a bien trois mètres de hauteur. Il paraît avoir été coulé tout d'une pièce car, en promenant la bougie, on ne trouve sur aucune de ses parties la trace d'une solution de continuité ou d'une soudure ; le métal presque noir et admirablement poli dont il est fait ne présente même pas un seul défaut. Cette statue laisse bien loin derrière elle toutes celles que j'ai vues sortir des mains des indigènes. On se demande si ce sont bien les Tonkinois qui ont produit une pareille œuvre ; ni les bonzes ni les interprètes ne peuvent nous fournir aucun détail sur son origine[1].

Le soleil est déjà haut à l'horizon lorsque nous quittons cette pagode pour nous engager dans le chemin qui côtoie le Grand-Lac et qui doit nous conduire au village du papier. La route, heureusement pour nous, est ombragée par de beaux arbres dont le feuillage épais forme comme une voûte au-dessus de nos têtes. Nous longeons des haies d'hibiscus aux fleurs d'un rouge de sang et de frais bosquets formés de cocotiers qui portent des fruits énormes[2].

Le Grand-Lac a plusieurs lieues de tour ; on en distingue à peine l'autre bord[3]. Ses eaux calmes scintillent au soleil ; de beaux îlots bien ombragés se montrent de distance en distance, couverts de cases et de pagodes ; des bandes de sarcelles, de hérons et de canards prennent leurs ébats dans les roseaux de la rive.

La fabrique que nous sommes venus visiter nous apparaît, au détour du sentier, dans un paysage ravissant : ses petites cases, étroites et recouvertes de paille de riz, sont alignées sur le bord de l'eau et s'y reflètent comme dans un miroir ; au-dessus d'elles, les panaches des cocotiers secoués par la brise s'agitent comme d'immenses éventails.

Les notables, rassemblés par le mandarin que leur a dépêché le gouverneur, sont venus nous attendre sur la route avec les présents d'usage : nous faisons honneur aux mandarines et aux citrons doux qui nous sont offerts sur des plats en bois. Les notables ont fait toilette

---

1. Le travail a bel et bien été réalisé par les Vietnamiens, mais il est vrai que le moule avait été fabriqué en Chine.

2. Arrivé au sud du Grand-Lac, Hocquard s'est donc dirigé à gauche, vers l'ouest, en longeant la rive du lac, le long de l'actuelle rue Thuy-Khuê. D'après cet itinéraire, la « fabrique de papier » qu'il a visitée pourrait être située dans l'un des trois gros villages producteurs qui s'égrènent sur cet axe : Thuy-Khuê, Hô-Khẩu ou Yên-Thái (Kẻ Bưởi). C'est dans le village de Thuy-Khuê, sur le lieu même de production, que se fixera en 1893 la première grande imprimerie française (Schneider).

3. Il occupe une surface de plus de cinq cents hectares (contre vingt et un pour Trúc Bạch et treize pour Hoàn-Kiếm) et sa circonférence est de vingt kilomètres.

pour nous recevoir, c'est-à-dire qu'ils ont passé par-dessus leurs vêtements de tous les jours leur plus belle robe de cérémonie, sans se préoccuper si le costume de dessous était plus ou moins propre.

FABRIQUE DE PAPIER

Dès le premier coup d'œil, nous nous apercevons que le *tông-dôc* a tenu sa promesse. La fabrique est sens dessus dessous ; tous les ouvriers sont à leur poste et font assaut d'habileté.

Le papier est fabriqué avec des pousses de bambous, suivant des procédés imités de la Chine. Le bambou est d'abord placé dans une grande fosse remplie d'eau, où on le laisse tremper pendant plusieurs semaines pour pouvoir le débarrasser plus facilement de l'écorce verte qui le recouvre. On le fait ensuite bouillir avec de la chaux dans de grandes cuves montées sur des cubes en maçonnerie à la base desquels se trouve une ouverture pour le foyer ; après quoi on le lave, puis on le fait macérer dans une lessive de cendres. Toutes ces manipulation ont pour but de ramollir les fibres du bambou ; on broie ensuite ces fibres dans des mortiers en pierre, avec des pilons de bois manœuvrés par des hommes, de façon à les réduire en une sorte de pâte. Quand cette pâte est bien travaillée et qu'elle est devenue bien homogène, on la délaye dans l'eau contenue dans de grandes auges. C'est alors que l'opération commence à devenir intéressante[1].

Les auges sont placées sous de petits abris, faits avec quelques pieux et une couverture de paille ; devant chaque auge opèrent un ou deux ouvriers vêtus seulement d'un pantalon de toile ; ces ouvriers ont en main la *forme*, c'est-à-dire un cadre de bois rectangulaire sur lequel est tendu un fin treillis de bambous. L'ouvrier prend cette forme à deux mains ; il la glisse sous l'eau dans une direction très oblique et même presque parallèle à la surface du liquide, sans l'enfoncer très profondément ; puis il la ramène verticalement, chargée d'une mince couche de pâte de papier. L'excès d'eau s'écoulant par les pores du treillis, il retourne alors la forme sens dessus dessous, de façon à laisser tomber sur une planche bien unie placée à proximité la feuille qu'il vient de faire. Un ouvrier un peu adroit fabrique à peu près deux de ces feuilles par minute ; il les pose les unes au-dessus des autres jusqu'à ce qu'il en ait obtenu une épaisseur convenable. Le paquet est mis sous presse pour faire couler l'excès d'eau qu'il contient, puis les feuilles sont portées au séchoir. Le séchoir est formé, comme chez les Chinois, par deux petits murs espacés de quatre-vingt centimètres environ, et placés parallèlement ; ces murs sont faits avec des briques recouvertes de ciment, de telle façon que leur paroi extérieure soit bien lisse. On allume du feu dans l'intervalle des murs, qui s'échauffent peu à peu ; on cesse de chauffer dès que la main ne peut plus supporter le contact de la muraille. Les feuilles de papier encore humides sont enlevées avec précaution les unes après les autres à l'aide d'une petite pince ; puis elles sont appliquées avec une brosse douce contre les murs cimentés, où elles sèchent rapidement[2].

---

1. Le papier provient non de l'écorce du bambou mais de celle du *cây dó* (*Rhamnoneuron balansae*), du mûrier à papier (*cây dướng, Broressonetia papyrifera*), ou encore du *bồ-đề* (*Ficus religiosa*, commercialement appelé *benjoin*). C'est surtout le *cây dó* qui était employé, provenant essentiellement de la région de Thái-Nguyên et des collines de la moyenne région. Un hectare de bois de *cây dó* fournissait soixante-cinq piculs de bois à la première coupe (environ quatre tonnes), puis cinquante à la deuxième et quarante à la troisième ; à l'époque où écrit Hocquard, une coupe sur un hectare valait en moyenne sept cents piastres. La description de notre auteur est parfaitement juste. Précisons que l'écorce était séchée, puis détrempée dans une mare (ou une « grande fosse ») durant une journée avant d'être plongée pendant deux jours dans un deuxième bain contenant un peu de chaux ; après un troisième bain de lait de chaux, la matière première était chauffée au-dessus d'un four pendant deux journées en continu, puis lavée ; c'est à ce moment que l'on triait les fibres en trois catégories qui, au sortir du processus, formaient les trois qualités de papier (fibres noires, grises et blanches). Chaque lot était ensuite plongé dans un quatrième bain contenant beaucoup d'eau et un peu de chaux, puis le tout était pilé au mortier ; on rinçait alors cette pâte avant d'y ajoutant énormément d'eau (trente volumes d'eau pour un volume de pâte) : cette première phase achevée, on obtenait la pâte à papier.
2. Il n'y a rien à rajouter à cette description parfaitement exacte et dont il faut admirer l'extrême précision.

Le papier confectionné à Hanoï appartient à l'espèce dite *demi-fine* ; sa fabrication n'est pas très soignée, de sorte que les lettrés ont de la peine à s'en servir pour écrire. Il contient une assez grande quantité de corps étrangers qui le rendent rugueux ; mais, étant donnée l'habileté des ouvriers qui ont opéré devant nous, il est évident qu'on arriverait à fabriquer un produit de qualité supérieure si l'on triait avec plus de soin la matière première et, surtout, si l'on prenait plus de précautions pendant les lavages de la pâte pour éviter les impuretés[1].

La fabrique de papier dépend d'un important village situé à quelques centaines de mètres plus loin, à la bifurcation d'une grande digue qui rejoint la route de Son-Tây[2]. Les notables qui nous ont accompagnés pendant toute notre visite aux ouvriers nous font prier de pousser jusqu'à ce village où le thé est préparé pour nous dans la maison commune. Nous acceptons de grand cœur et nous leur demandons de nous conduire. J'ai près de moi Tam, l'interprète que le résident de Hanoï a eu l'obligeance de mettre à notre disposition pour cette promenade. C'est un jeune Saïgonnais, très intelligent, que je questionne chemin faisant, et qui me fournit sur les indigènes des renseignements qui m'intéressent vivement :

« Regardez, Monsieur le capitaine, ce vieillard qui marche à côté de nous, là, à votre gauche, appuyé sur sa longue canne : c'est le *huong-than*[3]. On donne dans la commune ce titre honorifique à un homme bien posé et jouissant de la considération de tous ; il a pour mission de faire respecter les usages et les coutumes du village, de trancher à l'amiable les différends qui surviennent parmi les habitants ; il tient une place prépondérante dans le conseil de la commune. Celui-ci a

1. Le village de Bưởi était précisément spécialisé dans la fabrication du « papier épais, grossier » (*giấy thô*) – tout comme celui de Hồ-Khẩu (*giấy moi*) – mais, parallèlement, il produisait aussi du papier pour la cour (*giấy lệnh*), variété qui a d'ailleurs servi pour imprimer le premier exemplaire du *Testament de Hồ-Chí-Minh* ; certains villages voisins produisaient des qualités un peu meilleures, comme le papier jaune à filigrane pour brevets à Nghĩa-Đô (*giấy sắc*). À cet égard, la légende locale est très intéressante car elle nous dit que le fondateur de cette industrie locale du papier, un certain Thái-Luân, serait passé de village en village pour en enseigner la fabrication mais en spécialisant chacun d'eux dans une variété et une qualité déterminées.

2. La fabrique visitée par Hocquard était donc très probablement située dans le village de Yên-Thái (*Kẻ Bưởi*), ou du moins elle dépendait de lui : ce qui explique qu'il ait assisté à la fabrication d'un papier de qualité médiocre.

3. Entendre *hương-thân*, adjoint administratif du « maire » du village (équivalent méridional du *phó-lý*). Les termes vietnamiens qui suivent sont fournis à Hocquard par le « jeune Saïgonnais » qui lui servait d'interprète. Il s'agit par conséquent de vocables en usage dans les villages du sud du Viêt-Nam, très rarement au nord. Le discours indirect employé par l'auteur est sans doute destiné à nous mettre en garde contre ces termes importés. À l'origine, le *hương-thân* était un personnage que le village souhaitait distinguer en raison de ses qualités ou, plus fréquemment encore, parce qu'il était le fondateur du village. Par la suite, et notamment à partir de la deuxième moitié du XIXe siècle, l'État prit l'habitude de pourvoir lui-même – par chef de district interposé – aux nominations du *hương-thân* et du *hương-hào*, et de réduire leur rôle à la simple administration pour le premier et à la simple police pour le second.

occupé autrefois un emploi du gouvernement ; aussi le voyez-vous marcher les coudes écartés comme un mandarin. Cette espèce de domestique qui s'empresse derrière lui avec des façons obséquieuses, c'est le *truong,* chargé de maintenir l'ordre dans les rues comme vos agents de police[1].

« Voilà plus en avant le *huong-hao,* autre important notable, qui s'occupe surtout de la mise en état de défense du village en cas d'assaut des pirates, de la répartition des postes de police et de l'organisation des gardes de nuit. Le *huong-than* et le *huong-hao* sont les présidents honoraires du conseil de la commune.

– Je croyais que chaque commune annamite avait, outre le conseil municipal, un maire, comme en France.

– En effet : on l'appelle *ong-xa*[2] ; mais ce n'est pas, comme chez vous, le premier des notables ; c'est, au contraire, le plus jeune et le moins considéré d'entre eux. Ce choix s'explique facilement quand on réfléchit qu'en Annam le maire a des fonctions ennuyeuses, quelquefois même pénibles et humiliantes : c'est lui qui se présente comme agent du conseil devant le mandarin qui vient faire le recensement, lui aussi qui est responsable vis-à-vis de l'autorité de la rentrée de l'impôt ; or chacun sait que les mandarins ont le verbe haut et la main leste. C'est ce même *ong-xa* que vous voyiez, pendant les colonnes, se présenter tout tremblant à la porte du village, quand la troupe s'y arrêtait pour cantonner ; jamais les principaux notables ne se seraient hasardés à montrer leur précieuse personne dans une bagarre où il pouvait y avoir des horions à recueillir. Voilà pourquoi, dans la commune, c'est le dernier élu qui prend les fonctions de maire ; il ne les conserve guère que trois ou quatre ans et il les regarde comme un stage, une sorte d'épreuve qu'on lui fait subir pour le rendre digne du titre envié de notable. Ce maire, jeune et inexpérimenté, a besoin d'être guidé ; c'est pourquoi on lui adjoint le *huong-hao* et le *huong-than*, qui sont censés l'aider de leurs conseils, mais qui en réalité gouvernent la commune en s'abritant derrière lui comme derrière un bouclier[3]. »

Tout en parlant, nous arrivons devant l'entrée du village. Une foule compacte y est massée, pour nous voir venir, devant une belle porte en briques flanquée de deux colonnes sculptées qui sont terminées par

1. Entendre les *trưởng,* habitants désignés pour aider le « maire » dans les fonctions d'exécution ou, en cas de nécessité, pour la police des marchés.

2. *Ông xã* est en effet le terme populaire qui, au sud, désigne les « maires » des communes rurales (*xã-trưởng, lý-trưởng, thôn-trưởng*).

3. Parfaitement exact, et assez bien analysé à la date de 1884 où, somme toute, l'organisation communale et le rôle de chacun des dignitaires villageois n'étaient pas très bien connus.

deux grandes lanternes de pierre. De chaque côté de la porte s'étendent de longs et étroits hangars en maçonnerie, recouverts de toits en tuiles. D'autres bâtiments semblables sont rangés sur deux côtés et face à face le long de la grande rue qui mène au village. Ces constructions forment ce qu'on appelle le marché (en annamite, ké-cho[1]). Tous les deux jours, de nombreux paysans viennent se placer sous ces hangars pour vendre leurs légumes et leurs fruits ; ils les étalent sur de petites tables en pierre, disposées dans ce but sur toute la longueur du bâtiment. Chaque paysan paye sa place comme sur nos marchés de France, et ces grands hangars sont d'un excellent rapport pour la commune qui les possède. Ils ont été construits il y a une vingtaine d'années par un ancien fonctionnaire qui, après avoir fait fortune dans la carrière administrative, a voulu doter son village d'une œuvre utile et capable de perpétuer sa mémoire parmi ses concitoyens[2].

Nous prenons congé des braves indigènes qui nous ont si bien accueillis en leur laissant quelques menus cadeaux en souvenir de notre visite. Nous quittons le village escortés par une troupe d'enfants qui nous poursuivent longtemps de leurs cris joyeux, et nous nous engageons, au grand galop, sur une haute digue bordée de cactus qui rejoint la route de Son-Tây[3]. Cette route, qui court au milieu des rizières, nous ramène en ligne directe jusque sous les murs de la citadelle. On pénètre de ce côté dans l'enceinte de Hanoï par une vieille porte en ruines, flanquée de deux pans de murailles à moitié démolis : c'est tout ce qui reste des fortifications extérieures de la ville. Les pans de murs ont deux mètres cinquante d'épaisseur ; ils sont solidement construits avec des briques reliées au ciment[4].

Le grand palais de marbre des rois du Tonkin dont parlent avec admiration les anciens voyageurs devait se trouver du côté de cette porte. Nous avons souvent cherché sans succès, mes amis et moi, dans nos promenades, à en retrouver les ruines. Baron, qui les a vues vers 1680, prétend que ce palais, construit au XIIe siècle sous la dynastie des Ly, occupait une étendue de plusieurs milles[5]. Sans doute les

---

1. C'est par ce nom populaire que l'on désignait jadis la ville de Hà-Nội elle-même, mais il faut corriger un peu : kẻ chợ ne signifie pas le marché mais « les gens du marché », « ceux du marché ». Le terme désigne les hommes, non point le bâtiment ou le lieu d'échange.

2. Nous n'avons retrouvé aucune information complémentaire à propos de la création de ce marché.

3. Actuelles rues Ngọc-Khánh et Kim-Mã.

4. En dépit de la confusion latente entre l'enceinte de la ville et celle de la citadelle, on peut penser que Hocquard veut ici désigner les vestiges de la porte de Van-Bảo (voir note 1 page 253).

5. Fils d'un marchand hollandais en poste à Thăng-Long (Hà-Nội) et d'une femme vietnamienne, peut-être naturalisé anglais à la fin de sa vie, Samuel Baron écrivit vers 1680 une *Description of the Kingdom of Tonqueen*, qui fut publiée en 1685 à Madras, puis en 1732 à Londres. Son ouvrage était une

ruines se sont enfoncées peu à peu dans la terre car, malgré le soin que nous y avons mis, nous n'en avons pu découvrir le moindre vestige. En revanche, on rencontre du côté ouest de la citadelle quantité d'anciennes pagodes, dont quelques-unes sont très curieuses.

PORTE D'ENTRÉE DU VILLAGE DONT DÉPEND LA FABRIQUE DE PAPIER

En suivant la route qui longe le rempart, nous en trouvons une dont la vieille porte à clochetons tombe en ruines et dont les toits crevés en maints endroits disparaissent à demi sous les mousses et sous les lichens. Elle est habitée par deux vieux gardiens qui ont établi leur domicile dans un petit bâtiment curieusement construit. Il est juché comme un nid au sommet d'un gros pilier de pierre, planté debout juste au milieu d'une mare couverte de conferves[1] et de larges feuilles de nénuphar. Il est retenu à ce pilier par des traverses de bois qui viennent s'y fixer comme les baleines au manche d'un parapluie[2].

---

réponse directe au récit de Daniel Tavernier, le frère de Jean-Baptiste, qui avait publié une *Relation du royaume du Tonquin* (Paris, 1679) que Baron estimait, à juste titre, peu exacte et souvent bien fantaisiste.

1. *Conferve* : algue verte et filamenteuse.

2. Cette curieuse description renvoie-t-elle à la pagode au Pilier unique (*chùa Một Cột*) ? Si tel est le cas, ce qui nous semble probable, l'indication fournie par Hocquard est passionnante : contrairement à ce que l'on croit souvent, l'ancien pilier de cette pagode était donc non en bois mais en *pierre* et, en outre, ce qu'en dit notre auteur correspond parfaitement à un pilier qui, aujourd'hui, gît dans le lac de xã-Đàn, et qui pourrait donc être le pilier originel de la pagode *Một Cột*. Les descriptions de Hocquard sont encore très utiles.

C'est l'ancienne bibliothèque de la pagode. Les gardiens y vivent au milieu d'un amas de bouquins poudreux, couverts de caractères chinois et à demi rongés par les rats. À côté de ces livres sont rangées en tas les plaques de bois gravées en relief qui ont servi à les imprimer. Les bonzes sont d'habiles graveurs sur bois, et beaucoup de pagodes ont leur imprimerie.

Tout à l'heure, en parlant des anciens palais de Hanoï, il m'est revenu à l'esprit deux excursions que j'ai faites et qui m'ont laissé un profond souvenir : la première est une visite à une vieille descendante de l'ancienne famille royale des Lé, qui régna sur le Tonkin pendant plus de quatre siècles[1] ; la seconde est une promenade à une pagode que nous désignions entre nous sous le nom de « pagode des Héroïnes tonkinoises ».

La vieille descendante des Lé (« madame Lé », comme disent les troupiers) habite un des coins les plus retirés et les plus sauvages de la citadelle. Sa maison est entourée d'une épaisse clôture de bambous épineux. Sur la porte extérieure, toujours close, est affichée une grande pancarte, signée du général Millot et portant ces mots : « Défense expresse d'entrer sans autorisation ». Cette défense ne nous concerne pas. La veille, nous avons pris la précaution d'envoyer, en guise de cartes, de grandes feuilles de papier rouge sur lesquelles nos noms s'étalaient en beaux caractères chinois, et nous avons demandé à la vieille dame la permission de venir lui faire visite. Cette permission nous a été gracieusement octroyée ; aussi la porte s'ouvre-t-elle toute grande pour nous laisser pénétrer.

L'enceinte limitée par l'épaisse clôture en bambous est presque tout entière occupée par un banian gigantesque, dont les racines tortueuses rampent sur le sol comme d'immenses serpents, et dont les branches énormes suffiraient pour abriter sous leur feuillage un bataillon tout entier. Sous cette puissante ramure, la petite maison annamite, très étroite et très basse, paraît ensevelie et comme écrasée. La bonne dame, en entendant nos pas crier sur le sable, en sort pour nous recevoir et s'avance vers nous les mains tendues.

Elle est vieille, très vieille ; ses traits sont restés réguliers, mais son visage d'un blanc de cire est couvert d'innombrables petites rides ; ses cheveux, séparés sur le milieu du front large et bombé, descendent sur les tempes en deux bandeaux blancs, bien tirés ; ses yeux très noirs et

---

1. La dynastie des Lê régna de 1428 à 1788. Challan de Belval (*Au Tonkin, 1884-1885*, p. 173-174) écrit avoir lui aussi rendu visite à « la vieille descendante de l'illustre famille des Lê », et il emprunte d'ailleurs à Hocquard, sans le citer, quelques éléments de description : « le coin retiré de la citadelle », « le front large et bombé », « les superbes banians », etc.

très doux semblent s'animer quand elle parle. Malgré son grand âge, sa taille est à peine voûtée et sa démarche est noble et gracieuse. Elle nous prend par la main et nous conduit sous la véranda de la maison où sont disposés quelques-uns de ces sièges chinois, de forme ronde et basse, qui sont faits en terre vernie et qui ressemblent à des pots à fleurs renversés. Une servante s'empresse autour de nous, offrant du thé, de petits gâteaux ronds, gros comme une piastre, faits avec de la farine de riz et de la pâte de jujube, des berlingots et des espèces de sucres d'orge.

Après nous avoir contemplés longtemps en silence, la vieille dame nous fait dire par l'interprète qu'elle aime beaucoup la France et les Français ; puis elle nous fait apporter une grosse liasse de papiers, parmi lesquels nous trouvons de nombreux permis de séjourner dans la citadelle, délivrés par les différents commandants français qui se sont succédé au Tonkin ; la signature du docteur Harmand[1] et celle de l'infortuné Rivière s'étalent à côté des paraphes du général Millot et de l'amiral Courbet.

« Les Français sont bons et généreux, dit-elle d'une voix lente et très douce, aux inflexions musicales ; ils ont accueilli la pauvre vieille femme et ils lui ont permis de terminer sa triste existence sous le toit où elle a toujours vécu. Ce grand arbre que vous voyez a été planté bien avant ma naissance : aujourd'hui il s'élève orgueilleusement dans le ciel et couvre un grand espace avec ses rameaux touffus. La famille des empereurs était autrefois semblable à cet arbre magnifique ; mais on a coupé ses branches solides et vigoureuses ; elles gisent maintenant, desséchées et sans vie, autour du vieux tronc qui, lui aussi, va bientôt mourir. Venez, je veux vous montrer tout ce qu'il en reste. »

Elle nous précède à travers la maison et elle nous fait entrer dans une grande salle où sont dressées sur le sol nu des pierres couvertes de caractères chinois et semblables à celles que nous avons vues dans la pagode de Confucius. Toute cette partie du bâtiment est dans un

---

1. En 1865, le docteur François-Jules Harmand (1845-1921) partit en Cochinchine comme médecin auxiliaire de la marine, et il y séjourna jusqu'en 1868. Il fut envoyé au Tonkin, avec Francis Garnier, et participa à la campagne de Nam-Định en 1873. Reçu docteur en médecine en 1875 et nommé membre de la Commission archéologique aux ruines du Cambodge, il parcourut pendant deux ans le Cambodge, l'Annam et la Cochinchine. En 1878, il était responsable de la section indochinoise de l'Exposition universelle. En 1882, Harmand débuta une carrière diplomatique : il fut nommé commissaire de la République et consul à Bangkok puis, l'année suivante, au mois de juillet, commissaire général du gouvernement au Tonkin. Il fut l'artisan du traité de protectorat qui porte son nom (traité Harmand, 25 août 1883). En désaccord avec l'amiral Courbet, il fut rappelé à Paris en décembre 1883, puis nommé consul général à Bangkok (1884), et à Calcutta (1885) ; en 1890, il fut chargé de gérer la légation de Santiago et, en 1894, on le retrouve à Tokyo comme ministre plénipotentiaire. Médecin comme Hocquard, il écrivit comme lui dans la revue *Le Tour du Monde* (« Le Laos et les populations sauvages de l'Indochine », 1887), et dans des revues de géographie et de médecine.

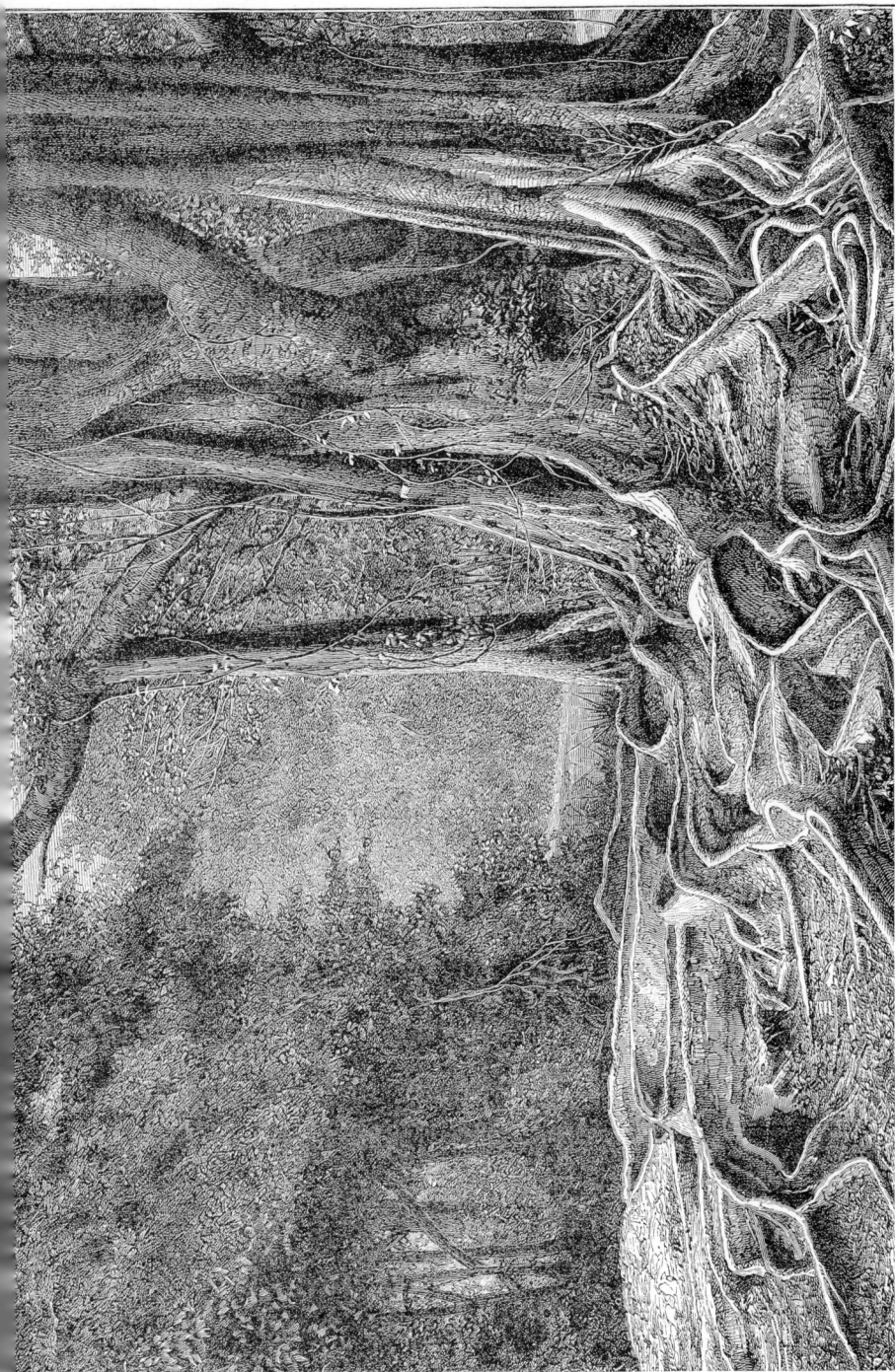

LE GRAND BANIAN PRÈS DE LA MAISON DE LA DESCENDANTE DES LÊ

navrant état de délabrement et d'abandon ; le toit s'est effondré à moitié et le sol est jonché de tuiles et de plâtras.

La vieille femme s'est agenouillée au milieu des décombres. De grosses larmes coulent en ruisseaux sur ses joues ridées ; sa poitrine est soulevée par des sanglots qu'elle cherche en vain à réprimer. Quant à nous, debout et nos chapeaux à la main, nous nous tenons immobiles, à quelques pas derrière elle, tout remués par le spectacle de cette profonde douleur.

En contemplant la pauvre vieille prosternée devant ces tombes, j'évoque par la pensée l'image de ses puissants aïeux, tels que je me les suis figurés d'après les annales annamites. C'est d'abord le brave Lê-Loi, le fondateur de la dynastie qui, après avoir chassé honteusement les Chinois du Tonkin, fut proclamé *vua* (« roi ») par ses compagnons d'armes dans un élan d'enthousiasme[1]. Ses descendants régnèrent sans interruption pendant plus d'un siècle, renommés et puissants. Mais ils eurent pour successeurs toute une série de rois fainéants qui, durant un siècle encore, abdiquèrent complètement le pouvoir entre les mains de leurs *chuas*, ou « maires du palais » ; à tel point qu'il semblait y avoir à cette époque deux rois sur le même trône, dont le plus puissant n'était pas celui qui en portait le titre[2].

Le dernier de ces princes fut renversé par une tourmente révolutionnaire connue sous le nom de révolte des Tây-Son, et il dut fuir

---

1. Voir note 1 page 232.

2. Les premiers souverains Lê étaient en effet les suivants : Lê Thái Tổ (Lê-Lợi) de1428 à 1433, puis son second fils, Lê Thái Tông (1434-1442), puis son troisième fils, Lê Nhân Tông (1443-1459), puis son quatrième fils, Lê Thánh Tông (1460-1497), puis son fils aîné Lê Hiến Tông (1497-1504). La lignée directe s'interrompit ici puis, après quelques règnes très brefs, marqués par des révolutions de palais, la dynastie des Mạc usurpa le pouvoir (1527 à 1592). À partir de cette date, en raison des rivalités pour la couronne, le pouvoir passa des mains des souverains Lê (les « rois fainéants » évoqués par Hocquard) à celles de leurs « maires du palais » (*chúa*), en l'occurrence la famille des Trịnh. Bien que les Lê fussent nominalement sur le trône, les seigneurs Trịnh se firent donner, dès 1599, le titre de *vương* (que l'on pourrait traduire ici par « roi feudataire »), et les textes chinois les qualifiaient d'ailleurs de « second [ou vice] roi d'Annam » (*An Nam Phó Quốc Vương*). Les Trịnh s'étaient en outre dotés d'un nom de règne : *Tây Định Vương* était celui de Trịnh-Tạc, tandis que Trịnh-Căn prit celui de *Định Nam Vương* (« roi qui a pacifié le Sud », les deux derniers mots – *Nam Vương* – ayant donné naissance au titre fantaisiste de *Nambuon* que l'on trouve dans les *Mémoires* de l'abbé de Choisy, 1644-1724). Leur pouvoir ne se bornait cependant pas à ces simples questions de titulature. Les Trịnh signaient eux-mêmes les actes royaux, les ministères étaient situés dans leur propre palais et leurs fonctions étaient héréditaires : Trịnh-Tùng laissa sa charge à son fils Tráng (1623), celui-ci à son fils Tạc (1657), celui-ci à son fils Căn (1682), celui-ci à son arrière-petit-fils Cương (1709), celui-ci à son fils Giang (1729), etc. Parallèlement, au centre et au sud du pays, les seigneurs Nguyễn occupaient la même situation, à partir de Huế (Phú-Xuân). Le premier d'entre eux fut Nguyễn-Hoàng, le propre fils de Nguyễn-Kim, qui avait largement contribué à restaurer les Lê en 1532 (contre les Mạc). Comme les Trịnh, les Nguyễn étaient à la fois *chúa* et *vương*, et le pays fut pratiquement coupé en deux, surtout à partir de 1620 : les Trịnh prétendant faire respecter l'autorité des Lê dans tout le pays (contre les Nguyễn), et les Nguyễn affirmant œuvrer pour rendre aux Lê leur autorité usurpée par les Trịnh. L'histoire politique des XVIe et XVIIe siècles fut donc marquée par la lutte entre les Trịnh et les Nguyễn, les seconds l'emportant au début du XIXe siècle, après les troubles provoqués par l'épisode des Tây-Son (voir note suivante).

jusqu'en Chine[1]. Depuis ce temps, le malheur s'est acharné sur les infortunés descendants de Lê-Loi. Pendant plus d'un demi-siècle, ils luttèrent pour reconquérir leur couronne usurpée par les fils de leurs anciens vassaux. Il succombèrent les uns après les autres à cette tâche, et le dernier de tous, le meilleur et le plus vaillant, le chrétien Lê-Phung, l'élève chéri des missionnaires, l'ami de la France, finit par tomber, lui aussi, entre les mains de Tu-Duc, qui lui fit subir le supplice le plus infamant et le plus horrible, le supplice du *lang-tri*, dans lequel la chair vivante est coupée par morceaux[2].

La « pagode des Héroïnes tonkinoises », dont il me reste à parler, est située au sud-ouest de Hanoï, à quelque distance de la route des Mandarins[3]. La vie des deux jeunes femmes en l'honneur desquelles elle a été construite forme une des plus belles pages des annales annamites, beaucoup plus riches qu'on ne le croit généralement en actes de bravoure et de patriotisme. J'ai deux raisons pour céder à mon désir de la résumer ici : la première, c'est que cette histoire aide à comprendre les détails dans lesquels je vais entrer relativement à la pagode, une des plus curieuses et des plus intéressantes du Tonkin ; la

1. Il s'agit du dernier roi des Lê, Lê-Mạn (1787-1793), écarté du pouvoir par Nguyễn Văn Huệ (Quang-Trung à partir de 1792). Dans un contexte de paupérisation rurale et de crise agraire, les frères Tây-Sơn combattirent la seigneurie des Nguyễn, aidés par les seigneurs Trịnh, qui en profitèrent pour attaquer par le nord et prendre Phú-Xuân (Huế). En 1777, suite à une campagne victorieuse, les Tây-Sơn exécutèrent les princes Nguyễn. Parmi eux, seul Nguyễn Ánh (le futur Gia-Long) en réchappa et, vers 1782 ou 1783, il demanda le secours de la France, par l'intermédiaire de monseigneur Pigneau de Béhaine, vicaire apostolique de la Cochinchine. Le jeune prince partit pour la France. Après avoir éliminé les Nguyễn, les Tây-Sơn s'emparèrent du Nord et chassèrent définitivement les Trịnh (1786). Finalement, les troupes de Nguyễn Ánh reconquirent le Sud, à partir de 1792, puis le Centre (Huế en 1801) et le Nord (1802). Le pays était réunifié au profit des Nguyễn.
2. Supplice du *lăng-trì*. S'il y a bien eu quelques révoltes menées par d'authentiques descendants des Lê, surtout dans les années 1830, la plupart des insurgés n'appartenaient pas à la famille royale et c'était par pure politique qu'ils agitaient cet étendard. De plus, et Hocquard le souligne bien, la plupart de ces révoltes étaient liées aux chrétientés, ne serait-ce que parce que la prétendue protection de la religion chrétienne pouvait laisser espérer une aide extérieure contre les Nguyễn : tant et si bien que les persécutions contre les prétendus derniers Lê se distinguent mal des persécutions contre les catholiques... Celles-ci furent nombreuses de 1825 (édit de Minh-Mạng contre « la religion perverse des Européens ») jusqu'en 1883 (mort de Tự-Đức) ; elles culminèrent après 1848 : l'édit de mars 1848 prévoyait la mort pour les prêtres étrangers et le supplice pour les prêtres vietnamiens ; celui de mars 1851 condamnait les prêtres vietnamiens à être « coupés par le milieu du corps ». Collusion des faux Lê et des vrais chrétiens : Hocquard cite ici le cas « exemplaire » de Lê Duy Phụng, de son vrai nom Tạ Văn Phụng, personnage assez mal connu mais dont on sait qu'il avait été élevé par les Missions et qu'il fomenta, au nom des Lê avec lesquels il n'avait aucun rapport, une modeste insurrection, en 1854, dans le Quảng-Yên ; il dut finalement s'enfuir à Hong-Kong. Quelques années plus tard, en 1861, monseigneur Retord, évêque du Tonkin, fit appel à lui en tant que « roi chrétien protégé par la France » ; appuyé par les Missions, le fameux sergent Duval et, très certainement aussi, par des bandes de pirates, Lê Duy Phụng réussit à mener quelques insurrections victorieuses au Nord : il s'agissait pour les Français (et les Espagnols) de faire pression sur la cour afin d'obtenir un cessez-le-feu ; lorsque celui-ci fut signé, en juin 1862, la cour réprima d'autant plus facilement les révoltés que ceux-ci ne bénéficiaient plus d'appuis extérieurs ; Lê Duy Phụng fut capturé et exécuté en 1864.
3. Située au sud de Hà-Nội, la pagode Hai Bà Trưng (*chùa Hai Bà*) est un vaste bâtiment édifié au XIIe siècle. Elle se trouve à proximité non de la « route des Mandarins », qui se trouve plus à l'ouest, mais de l'ancienne route de Huế.

seconde, c'est qu'elle montre que le peuple tonkinois, qu'on s'accorde à peindre sous des couleurs peu flatteuses, est cependant capable de grandes actions pour la défense de ses institutions et de son foyer. Il a su à différentes reprises résister vigoureusement aux invasions étrangères et, si nous parvenions à lui inspirer confiance dans la sagesse et dans la fermeté de notre gouvernement, nous n'aurions pas à nous préoccuper outre mesure du voisinage du puissant empire de la Chine, qu'on nous présente comme un épouvantail chaque fois qu'il est question de notre nouvelle colonie.

En l'an 36 de Jésus-Christ, le Tonkin était sous la domination des Chinois, qui avaient chassé ses rois légitimes ; c'était une province *chinoise*, administrée par un gouverneur et par des fonctionnaires *chinois*[1]. Le peuple tonkinois, impatient du joug de l'étranger, ne tarda pas à se soulever : deux jeunes sœurs de famille noble, Chin-Se et Chin-Eul, se mirent à la tête des révoltés ; très braves et montant admirablement à cheval, elles groupèrent autour d'elles une armée de volontaires avec laquelle elles réussirent à chasser les Chinois de leur pays. Partout où elles se présentaient, elles soulevaient un enthousiasme immense et le peuple les acclamait. L'empereur chinois Koang-Ti envoya pour les combattre une formidable armée qu'il mit sous les ordres de May-Ven, un de ses plus fameux généraux. Cette armée pénétra au Tonkin par la frontière du Kouang-Si ; elle rencontra une vigoureuse résistance qu'elle ne vainquit qu'à la longue et en perdant beaucoup de monde. Les deux sœurs lui disputèrent le terrain pied à pied et firent des prodiges de valeur. L'action décisive eut lieu aux environs de la capitale. Les Tonkinois eurent d'abord le dessus ; mais pendant l'action plusieurs de leurs généraux passèrent à l'ennemi. Cette lâche trahison donna la victoire aux Chinois. May-Ven poursuivit l'armée tonkinoise, dont il fit un horrible carnage. Les deux sœurs, héroïques jusqu'au bout, furent tuées à l'arrière-garde, où elles étaient restées à combattre pour protéger la retraite de leurs soldats[2].

---

1. La période de domination chinoise s'étend de 179 avant notre ère (annexion du royaume de Âu-Lạc par le général Triệu-Đà, voir ci-dessous p. 532) à 938 (victoire de Ngô-Quyền), soit plus de mille cent ans. Elle a été marquée par plusieurs insurrections, et celle qui est relatée par Hocquard, dans les lignes qui suivent, est la première d'importance. Elle fut suivie par celles de Bà Triệu (249), Lý Nam Đế (542), Mai Hắc Đế (722), Phùng Hưng (766-791) et Ngô-Quyền (938). Au début, les Chinois modifièrent peu les institutions locales et, bien que contrôlé par des gouverneurs (*thái-thú*), dont certains étaient des autochtones (au Giao-Chỉ par exemple), l'ensemble de l'administration vietnamienne resta en place. Mais, au commencement de l'ère chrétienne, la politique chinoise devint plus rude, plus pressante, et un afflux soudain de colons et de commerçants contribua à répandre la langue et les coutumes chinoises. Désormais laissée de côté, peu associée au pouvoir, l'aristocratie de l'ancien royaume de Âu-Lạc était mécontente, et c'est dans ce contexte général que se situe la révolte des deux sœurs Trưng (voir note suivante).

2. En l'année 34, le gouverneur chinois du Giao-Chỉ fit assassiner Thi-Sách, un aristocrate qui avait pris la tête de la contestation. Sa femme et sa belle-sœur – Trưng-Trắc et Trưng-Nhị (les *Chin-Se* et *Chin-*

C'est pour perpétuer ce beau fait d'armes qu'on a élevé, sous la dynastie des Lê, une pagode aux héroïnes, à l'endroit même où, suivant la tradition, elles ont trouvé la mort en combattant.[1] Cette pagode est habitée par une vingtaine de femmes, qui y vivent cloîtrées à peu près comme des religieuses

Le temple est entouré de toutes parts par de hautes murailles. Ses portes extérieures sont constamment fermées ; il faut une autorisation spéciale pour y pénétrer. Il comprend trois bâtiments composés seulement d'un rez-de-chaussée et qui sont séparés par des cours pavées. Le premier est comme une sorte de grand vestibule, orné de belles colonnes en bois de tek ; au centre se trouve un lit de camp carré dont les panneaux sont très finement sculptés ; il représente, m'a-t-on dit, le lit sur lequel les sœurs donnaient leurs audiences. L'habitude au Tonkin n'est pas de s'asseoir sur des chaises ou des fauteuils, mais de s'accroupir sur des lits de camp recouverts de nattes et d'autant plus ornés que le propriétaire occupe un rang plus élevé.

À droite et à gauche du lit, sont dressés, sur des supports, des attributs guerriers en bois laqué et doré (sabres, lances, piques, etc.) et deux grands parasols de commandement peints en jaune comme ceux du roi.

Deux éléphants en carton peint, admirablement imités en grandeur naturelle, occupent les bas côtés du vestibule[2] ; ils portent chacun une paire de défenses en véritable ivoire qui, sans doute, ont été offertes à la pagode par quelque souverain. Ils se font face et représentent les éléphants qui marchaient en tête du cortège des héroïnes quand elles partaient en expédition.

Eul de Hocquard) – fédérèrent l'ensemble de l'aristocratie contre le gouverneur qui dut battre en retraite. En 40, les deux sœurs se proclamèrent reines à Mê-Linh (actuelle province de Vĩnh-Phú). L'année suivante, l'empereur Kouang Wou Ti (le *Koang-Ti* de l'auteur) dépêcha le général Ma Yuan (Mã-Viện, le *May-Ven* de Hocquard) qui défit les armées des sœurs Trưng dans la région de Bắc-Ninh. En 43, les deux sœurs se suicidèrent en se jetant dans la rivière Hát (au confluent du fleuve Rouge et du Đáy). Selon une autre version, elle seraient mortes sur le champ de bataille, à Lãng Kha Sơn (non loin de Bắc-Ninh).

1. L'auteur se trompe lorsqu'il affirme que la pagode des deux héroïnes a été construite « à l'endroit même où, suivant la tradition, elles ont trouvé la mort en combattant ». La légende indique, à l'inverse, qu'après leur mort les deux sœurs se changèrent en une statue de pierre (ou en une bille de bois, selon d'autres sources) qui, portée par le courant, glissa par voie d'eau pendant des siècles pour finalement, au XIIe siècle, atteindre Thăng-Long (Hà-Nội), où elle fut tirée du fleuve par les villageois de Đồng-Nhân (quartier de Hà-Nội où elle se trouve encore aujourd'hui) qui érigèrent un temple (en 1142). En réalité, si un temple a bien été construit au sud de Hà-Nội, c'était probablement en référence au combat du lac Tây-Hồ (à Hà-Nội donc). Mais, immédiatement emporté par le fleuve Rouge, ce temple fut reconstruit à l'endroit où il se trouve aujourd'hui. À notre connaissance, aucune légende ne fait mourir les deux sœurs à Hà-Nội même.

2 Notation étrange mais, vérification faite, ces deux éléphants noirs sont bel et bien en carton, ou plutôt en carton plâtré sur armature de bambou, puis peint ; sauf cas de substitution, très improbable, ils ne sont en tout cas pas en terre, comme on le lit chez Dumoutier ou Madrolle par exemple.

Dans un coin de ce premier bâtiment, on remarque également un cheval en plâtre peint, aussi grand que nature et qu'on a enfermé dans une cage dont les barreaux sont en bambous ; c'est encore une allusion à la vie des deux sœurs, qui, comme je l'ai dit, étaient des écuyères de premier ordre. Leur monture est représentée toute sellée et toute harnachée, prête à leur être conduite.

Les statues des deux héroïnes se trouvent dans le deuxième bâti-ment ; elles sont placées côte à côte sur un autel en pierre, et elles sont revêtues de riches étoffes de soie. Devant elles brûle une petite lampe que les femmes de la pagode ont le soin de ne jamais laisser s'éteindre[1].

Les deux sœurs sont représentées debout en grandeur naturelle[2]. À côté d'elles, on conserve dans de petites châsses vitrées un grand nombre de belles chaussures annamites ; j'en ai compté au moins huit paires, dont quelques-unes sont très anciennes. Ce sont sans doute des *ex-voto* qui n'ont pas une bien grande importance, car la femme annamite qui nous montrait la pagode n'a fait aucune difficulté pour troquer contre une pièce blanche une paire de ces chaussures dont un de nous avait une grande envie.

Le troisième bâtiment, qui occupe l'endroit le plus reculé du temple, forme avec ses deux ailes de retour un fer à cheval qui embrasse les trois côtés d'une vaste cour. C'est dans ce bâtiment que logent les femmes dont j'ai parlé : elles vivent très retirées et ne sortent presque jamais. Elles passent leur temps à travailler pour la pagode ; elles s'entretiennent à l'aide d'aumônes et de certains revenus dont dispose le temple. Elles ne prononcent aucun vœu et elles portent un costume semblable à celui des autres femmes indigènes. Celle qui nous servait de guide dans notre visite au temple paraissait jeune et intelligente ; elle était assez jolie.

Ces femmes vivent en communauté. Elles obéissent à une vieille supérieure qui paraît avoir sur elles une assez grande autorité. Cette supérieure loge à part, dans une vaste chambre dont les murs, blanchis à la chaux, sont recouverts de peintures représentant les phases les plus importantes de la vie des deux sœurs[3].

1. Voilé par de grandes tentures rouge, le sanctuaire se compose d'une vaste plate-forme en pierre, haute d'un mètre, sur laquelle sont déposées les deux statues.
2. Les deux héroïnes ne sont pas sculptées debout mais à genoux, les mains levées vers le ciel. Elles étaient vêtues de riches étoffes, en soie jaune pour Trưng-Trắc et rouge pour Trưng-Nhị. Toutes les deux portaient une coiffure compliquée, mêlée de fleurs d'hibiscus en papier doré. Aujourd'hui encore, le sanctuaire qui les abrite n'est ouvert que deux fois par an, notamment lors de la cérémonie du premier jour du huitième mois.
3. Pendant toute une période, à coup sûr dans les années 1885-1887 au moins, cette communauté a été dirigée par une bonzesse directement placée sous la direction de la femme d'un ancien gouverneur de la

La règle du couvent m'a paru très sévère : les recluses s'adressent rarement la parole entre elles et, quand elles le font, c'est toujours à voix basse. Elles n'entrent jamais dans la salle où se trouvent les statues des héroïnes sans laisser leurs chaussures à la porte et sans faire une ou deux prosternations devant l'autel. Elles agissent de même quand elles pénètrent dans l'appartement de la supérieure. Celle-ci donne ses audiences assise dans un grand fauteuil, placé sur une estrade comme un trône. Les recluses s'agenouillent devant elle et lui parlent à mi-voix avec les marques du plus profond respect.

UNE RECLUSE DE LA PAGODE DES HÉROÏNES

province de Hà-Nội. Bien que la communauté soit toujours active aujourd'hui, nous n'en savons guère davantage sur son origine et son fonctionnement ancien, ce qui donne d'autant plus de valeur à la relation de Hocquard.

PAGODE DU GÉNÉRAL BRIÈRE À NAM-DINH.

CHAPITRE XII

DÉPART POUR NAM-DINH. – LE POSTE DES BAMBOUS. – MADAME TI-SAU, PROFESSEUR D'ANNAMITE. – LA MOISSON ET LE BATTAGE DU RIZ. – NAM-DINH – LES COMMIS CHINOIS. – LA CITADELLE, LES CASERNES, L'AMBULANCE. – CONSIDÉRATIONS SUR LE CLIMAT DU TONKIN. – UN COUP DE TYPHON.

Le 30 juin 1884, à midi, pendant le moment de la sieste, je dormais profondément, étendu sur mon fauteuil, portes et fenêtres closes, quand un coup de poing vigoureusement appliqué contre mes volets me réveille en sursaut : c'est un planton de l'état-major qui vient m'annoncer que je suis désigné pour partir le jour même à Nam-Dinh[1], où le service de santé se propose d'installer une ambulance. Je n'ai pas de temps à perdre, le bateau chauffe en ce moment dans le port.

---

1. Située à quatre-vingt-dix kilomètres au sud de Hà-Nội, Nam-Định était un centre commercial important (de nombreux Chinois y résidaient) qui, outre ses ressources propres, redistribuait une grande partie des produits que les négociants du Sud venaient, par bateaux, déposer ici (par exemple une écorce tinctoriale de Hà-Tiên, à l'autre extrémité du pays). Nam-Định était aussi une cité vouée aux lettres : centre d'examen où un Camp des Lettrés avait été bâti dès 1845, et, à partir de 1886, ville où se déroulaient les concours triennaux du Nord. Cette place fut prise en décembre 1873 par Francis Garnier, restituée le mois suivant, puis reprise par Henri Rivière en 1883.

J'entasse vêtements sur vêtements ; une nuée de coolies s'abat sur mes bagages et les emporte au pas gymnastique jusqu'au quai.

Un coup de sifflet retentit ; la machine ronfle : en route !

Je suis dans un tout petit canot à vapeur conduit par un pilote annamite et par un quartier-maître de la marine. Je me suis réfugié dans l'étroite cabine de l'avant, d'où j'ai vue sur les deux rives. Sous le double effort du courant et de la machine, le bateau file rapidement en traçant un profond sillage dans les eaux couleur d'ocre du fleuve Rouge.

Les rives qui se déroulent à droite et à gauche ont un aspect monotone : ce sont d'interminables champs de riz, des villages bordés de bambous et d'aréquiers. Le sol, argileux et absolument plat, est occupé tout entier par les cultures. En revanche, les eaux du fleuve sont sillonnées par une multitude d'embarcations de toutes sortes qui offrent un spectacle toujours nouveau et toujours pittoresque. De grosses jonques remplies de sel remontent péniblement, remorquées à la cordelle par des coolies à demi nus. D'énormes radeaux chargés de paillotes et de bambous descendent le courant, conduits tantôt à la perche, tantôt à la pagaie, par des équipes nombreuses de bateliers qui déploient une adresse et une vigueur remarquables pour manœuvrer dans les sinuosités du fleuve. Ces radeaux ont jusqu'à dix mètres de long ; ils sont munis à l'avant et à l'arrière d'une sorte de gouvernail. Le patron se tient à la barre et commande la manœuvre ; ses commandements sont exécutés avec un ensemble admirable par les bateliers qui, placés à droite et à gauche sur le radeau, au nombre de huit ou dix, rament avec de courtes pagaies dont l'extrémité très large est faite souvent d'un vieux fond de tonneau.

Des bancs de sable se montrent de distance en distance et forment quelquefois de véritables îlots, fréquentés par les pêcheurs qui viennent y préparer la pose de leurs filets. Le poisson est la base de la nourriture des Annamites : aussi les pêcheurs sont-ils nombreux sur le fleuve et dans tous les arroyos du delta. Ils usent de différents procédés pour prendre le poisson ; j'en vois qui se servent de grands filets semblables à celui qu'on connaît en France sous le nom d'épervier ; ils les rassemblent sur l'épaule gauche, comme nos pêcheurs, et les jettent en se tenant debout sur l'avant de leurs sampans. Souvent ils réunissent plusieurs barques pour cette pêche et les disposent en rond de façon à circonscrire une partie de la rivière. À un signal donné, les barques s'avancent et le cercle se resserre peu à peu ; pendant ce mouvement, on fait le plus de bruit possible dans chaque bateau en frappant des morceaux de bois les uns contre les

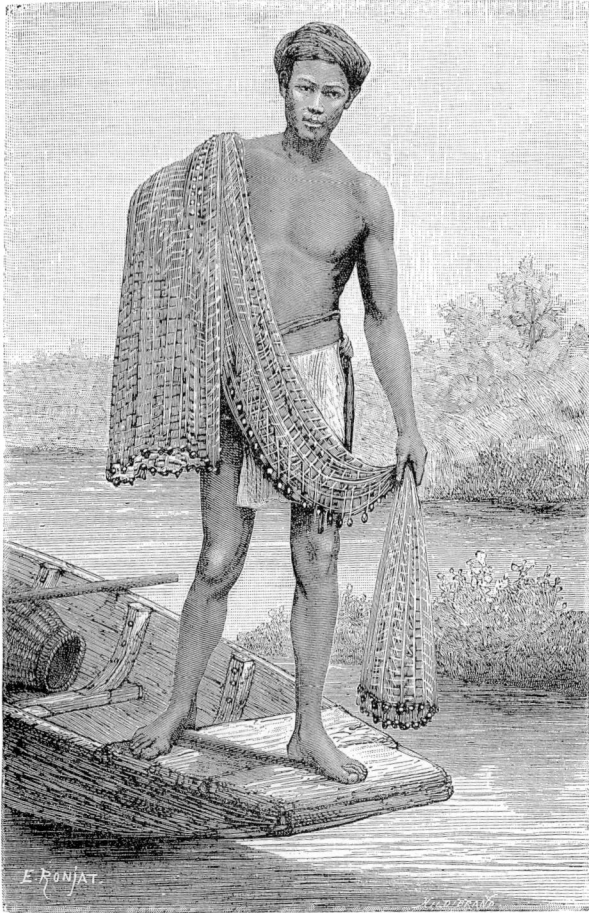

PÊCHEUR ANNAMITE

autres pour effrayer le poisson et le chasser devant soi. Quand les embarcations sont tellement rapprochées qu'elles se touchent presque, les filets sont lancés tous à la fois, de façon à couvrir la plus grande surface possible et à englober la masse des poissons ainsi réunis sur un petit espace. J'aperçois de pauvres diables qui, tête et corps nus sous le soleil, traînent le long de la rive, dans la vase où ils enfoncent jusqu'aux cuisses, de grandes poches en treillis de bambous attachées à de longs manches : chacun d'eux porte une petite corbeille ovoïde, fixée à sa ceinture par une corde, et dans laquelle il place le produit de sa pêche. Ils draguent devant eux le lit de la rivière avec un gros bambou qu'ils manient à l'aide d'une anse de rotin. Des femmes se livrent également à cette pêche fatigante ; leur costume est presque aussi primitif que celui des hommes, mais elles ont la précaution d'étendre sur leurs épaules et sur leur poitrine de grandes feuilles de bananier qui les protègent contre les ardeurs du soleil.

Nous arrivons à cinq heures du soir devant le « poste des Bambous », établi au confluent du canal de ce nom et du fleuve Rouge[1]. Nous jetons l'ancre en face de la maison du chef de poste, une petite paillote très basse au-dessus de laquelle flotte le drapeau français. Cinq autres maisonnettes, d'aspect misérable, sont bâties le long du bord de l'eau ; elles servent de casernes à vingt ou trente tirailleurs tonkinois qui gardent en ce point la ligne télégraphique reliant Hanoï à Haï-Phong et au cap Saint-Jacques. Un appareil de télégraphie optique, installé au sommet d'une tour en bois haute de six ou sept mètres, établit la communication entre Nam-Dinh et Hanoï[2].

Le lieutenant d'infanterie de marine qui commande le poste accourt sur la berge et me reçoit à bras ouverts : « Soyez le bienvenu, docteur ; voilà plus de deux heures qu'on m'a télégraphié votre arrivée de Hanoï. Venez, le dîner est prêt et votre couvert est mis. »

Nous pénétrons dans la petite maison en soulevant le store qui en masque l'entrée. Le sol est battu comme l'aire d'une grange. Les quatre murs, faits en terre gâchée, sont recouverts de nattes grossières.

---

1. Le canal des Bambous (*sông Luộc*) permettait de relier le fleuve Rouge au fleuve Thái-Bình ; il partait de Phủ Ninh-Giang pour aboutir non loin de Hưng-Yên. Parvenu à l'intersection entre le canal des Bambous et le fleuve Rouge, Hocquard a parcouru à peu près la moitié de l'itinéraire qui va le mener à Nam-Định.

2. Ce poste de télégraphie optique – une grosse lampe à pétrole, munie de réflecteurs, qui transmettait des signaux en morse – était précisément un relais situé sur la ligne qui permettait de joindre Hà-Nội. D'autres postes existaient au même moment à Nam-Định, Bắc-Ninh, Ninh-Bình et Sơn-Tây. Le « poste de Bambous », comme on l'appelait, fut fermé et transféré à Hưng-Yên en 1889. Voici un bref historique de l'implantation du télégraphe au Viêt-Nam :

Au Sud du pays. En 1862, la première ligne de télégraphe électrique par câble fut installée entre Saïgon et Biên-Hoà (vingt-huit kilomètres) et la seconde, la même année, entre Saïgon et Cholon (sept kilomètres). La liaison entre le cap Saint-Jacques et Singapour (donc l'Angleterre) fut décidée, en 1869, par un contrat passé avec la *China Submarine Telegraph Company*, et le premier télégramme par câble entre la France et la Cochinchine fut échangé le 31 juillet 1871. Pendant le décennie 1862-1872, six mille six cents kilomètres de lignes ont été construits, et il y avait alors seize bureaux en Cochinchine. À ce travail avait participé, en tant qu'« agent auxiliaire de deuxième classe », Auguste Pavie, qui y avait gagné son surnom d'*apôtre du télégraphe* (Réveillère), et qui s'était en outre chargé de la construction de la ligne qui unissait Phnom-Penh à Battambang, puis de celle de Saïgon à Bangkok (1881).

Au Nord et au Centre du pays. L'article 9 du traité de protectorat (25 août 1883) prévoyait la construction d'une ligne télégraphique entre Saïgon et Hà-Nội (via Quy-Nhơn, Tourane, Huế et Vinh) ; les travaux commencèrent dès 1884, lors du séjour de Hocquard, mais la ligne ne fut achevée qu'en 1888. La liaison Hải-Phòng-cap Saint-Jacques, dont parle Hocquard plus haut, a été une solution imaginée pour parer au plus pressé : en novembre 1883 avait été signée une convention avec *l'Eastern Extension Australia and China Telegraph Company*, par laquelle cette entreprise s'engageait à immerger et à entretenir pendant vingt ans un câble sous-marin entre le cap Saint-Jacques et Đồ-Sơn, avec raccordement à Hải-Phòng. Dans le delta du Tonkin, de citadelle en citadelle, l'armée employait au même moment la télégraphie optique (le morse), comme à Bắc-Ninh par exemple. En 1885 furent construites les lignes télégraphiques de Huế à Tourane, de Phủ Lạng Thương à Kép (dix-huit kilomètres) et de Phủ Lạng Thương à Chũ (cinquante et un kilomètres). À la fin 1885, le Nord comptait vingt et un bureaux de télégraphe et, deux ans plus tard, il y en avait soixante-cinq.

Mon hôte y a suspendu son sabre d'ordonnance, son fusil de chasse et d'assez jolies panoplies d'armes indigènes. Dans un coin, le lit, formé d'un simple cadre en bambou, d'un matelas cambodgien et d'une moustiquaire rouge ; au milieu de la chambre, une table chargée de livres, des bancs de bois à peine rabotés ; voilà tout le mobilier de la maison.

« Vous regardez mon installation, me dit mon camarade ; dame ! elle n'est pas brillante encore. Je suis ici depuis huit jours à peine ; mes *linhs* (soldats indigènes) ont fait de leur mieux. En une demi-journée ils m'ont construit cette case sans un clou, sans une corde, rien qu'avec des bambous et avec leurs coupe-coupe.

– Vous devez vous ennuyer ici ?

– Assez ; mais je me suis créé de l'occupation : j'apprends l'annamite. Au commencement, ça n'allait pas tout seul ; mais j'ai pris le bon moyen : j'ai acheté une *congaie* qui me rabâche les mots et qui finit par me faire entrer leur intonation dans la tête. Au fait, je ne vous l'ai pas encore présentée. Allons, Ti-Sau, viens saluer le capitaine. »

Ti-Sau (*la Sixième*) est une grande fille de seize à dix-huit ans, proprement vêtue d'un *ké-ao* (*robe*) de soie violette et d'un *ké-kouan* (pantalon) de calicot blanc. Elle est chaussée de petites mules et porte aux doigts de jolies bagues d'or[1].

« Nous sommes mariés à l'annamite, me dit mon hôte en riant, c'est-à-dire que je l'ai achetée dix piastres (quarante-cinq francs) à ses parents. En retour, ceux-ci m'ont signé, devant les notables de leur village, un contrat par lequel ils m'abandonnent tous leurs droits sur elle. Je puis en faire ce que je veux et même la renvoyer à sa famille, si tel est mon bon plaisir ; ses parents sont obligés de la reprendre, et c'est bien plus commode que le divorce. En revanche, elle ne peut pas me quitter sans ma permission, et si elle s'enfuyait, son père serait responsable ; il lui faudrait ou me la ramener, ou me rembourser la somme versée : telle est la loi annamite[2].

– C'est très pratique et très économique.

– Pas autant que vous le pensez. Je donne quinze piastres par mois à Ti-Sau pour sa toilette, sans compter les cadeaux que je lui fais de

---

1. À la campagne, certaines familles donnaient à leurs enfants des prénoms (souvent provisoires, mais qui duraient parfois) en forme de « numéros d'ordre ». Par Thi-Sau, il faut entendre un nom de famille (*Nguyễn* par exemple) suivi de *Thị* (marque du féminin) et *Sáu* (la sixième). Le « ké-ao » et le « ké-kouan » désignent respectivement la tunique (*cái áo*) et le pantalon *(cái quần).*

2. En l'occurrence, et il n'est guère besoin de commenter davantage, il s'agit moins de la « loi annamite » que de la règle coloniale. On remarquera à ce propos que Hocquard emploie ici le discours indirect : il fait parler le chef de poste, il prête des propos ambigus à un tiers, mais n'affirme rien lui-même ; de la même façon, plus haut dans ce récit, il faisait critiquer les domestiques par un Français tout en se gardant bien de prendre lui-même parti.

temps en temps et les surprises désagréables qu'elle m'occasionne. Ainsi, tenez, pas plus tard que l'autre jour, elle était sortie avec une robe magnifique en soie brochée que je venais de lui acheter. Elle entre chez une de ses amies dont la maison se trouvait sur la route et voit une partie de cartes organisée. Elle est passionnée pour le jeu, comme toutes ses pareilles ; elle s'assied, perd successivement son argent, ses bijoux et jusqu'aux vêtements qu'elle porte, et elle me revient le lendemain matin avec des loques rapiécées qu'on lui avait données par charité pour se vêtir. Ce n'est pas tout : le contrat que nous avons passé stipule que je dois la nourrir. Elle n'était pas ici depuis deux jours que toute sa famille (et vous savez si elles sont

TI-SAU

nombreuses dans ce pays) venait s'installer dans mon voisinage. Chaque fois que j'entre dans ma cuisine, je trouve mon boy en train de préparer le riz pour tous ces affamés. J'ai beau leur faire mille avanies, ils tendent le dos sans broncher mais ne bougent pas d'une semelle et ne sortent que bien repus. »

Le lendemain, dès l'aube, après avoir pris congé de mon nouvel ami, nous levons l'ancre et nous continuons à descendre le fleuve. Plus nous approchons de la mer, et plus les cultures paraissent abondantes et prospères. Le pays est d'une richesse et d'une fertilité inouïes. C'est avec juste raison qu'on a appelé cette province de Nam-Dinh le *Grenier du Tonkin*[1]. Le sol disparaît sous les touffes de riz déjà mûres que les paysans commencent à moissonner. Des troupes nombreuses de femmes, rangées sur de longues files dans les champs, coupent les épis à ras du sol avec de petites faucilles recourbées dont la forme rappelle celles qui nous servent en France pour moissonner les blés. Déjà, dans les villages du bord de l'eau, les paysans sont occupés à faire fouler les gerbes par leurs buffles pour en retirer le grain. Les Tonkinois ne se préoccupent pas de recueillir la paille de leur riz, qu'on n'utilise guère que dans les pauvres villages pour couvrir les toits des maisons.

Les femmes qui moissonnent dans les rizières ont de l'eau jusqu'aux genoux : elles travaillent le corps courbé, sous un soleil de plomb, dont elles se protègent comme elles peuvent à l'aide de leurs grands chapeaux. Il faut se hâter de rentrer le grain pour avoir le temps de repiquer le riz de la prochaine moisson ; dans ces riches contrées, on fait deux récoltes par an et la terre ne chôme jamais.

Nous entrons vers neuf heures dans le canal de Nam-Dinh[2]. La ville s'allonge le long des bords de ce canal sur une étendue de plus de quatre kilomètres ; une seule grande rue la traverse dans toute sa longueur, coupée de distance en distance par de petites ruelles qui ont une direction perpendiculaire. Lorsqu'on arrive en plein jour par le fleuve, l'aspect général est fort joli ; les maisons, bâties en briques et recouvertes de tuiles rouges, feraient croire à une ville de France. Les embarcations du pays sillonnent par centaines le canal, ou sont amarrées le long de ses bords : c'est un fouillis de mâts, de voiles, de

---

1. Les rizières occupaient globalement trois quarts de la surface totale du delta du fleuve Rouge, mais cette proportion était encore plus importante dans les basses terres du sud-est. La région de Nam-Định était réputée pour ses excellents rendements : trois tonnes de paddy à l'hectare, contre par exemple deux tonnes et demie à Sơn-Tây, deux tonnes à Hải-Dương et une moyenne générale d'une tonne et demie pour l'ensemble du delta (chiffres des années 30).

2. Ce canal se situe sur la rive droite du fleuve Rouge et permet de relier celui-ci au Đáy. Il double, en quelque sorte, le canal de Phủ-Lý, qui emprunte le même trajet un peu plus au nord.

bateaux de formes curieuses et de toutes dimensions, depuis la vieille jonque de mer échouée sur le sable pour n'en plus bouger jamais, jusqu'à l'alerte et coquet sampan annamite conduit à la perche par de jolies *congaies* à la longue robe flottante, au nez retroussé, à l'œil fripon. Toutes ces barques sont ornées de flammes et de drapeaux multicolores. Sur le pont de chacune d'elles, des indigènes à demi nus, couchés sur des nattes, lézardent au soleil. Une population dense et affairée encombre les quais ; Nam-Dinh, qui compte environ quarante mille habitants, entretient avec l'Annam et la Chine méridionale un commerce très important de soieries et de riz. Ce commerce est ici, comme à Haï-Phong et à Hanoï, tout entier entre les mains des Chinois, qui ont à Nam-Dinh une confrérie nombreuse et prospère[1]. Une armée de coolies, dont la peau tannée par le soleil a pris la couleur de la brique, décharge pour eux, sur les quais, les marchandises apportées de la frontière chinoise, et remplit de sacs de riz et de balles de coton les lourdes jonques de mer qui remonteront ensuite à Hong-Kong en louvoyant le long des côtes.

Tous ces travailleurs sont surveillés par d'élégants commis chinois qui tiennent d'une main leur ombrelle et qui manœuvrent de l'autre leur éventail. Ces commis sont vêtus avec une propreté et même avec une recherche remarquables : ils ont un pantalon de soie brochée, gris perle ou lilas clair, fortement serré au-dessus des chevilles afin de découvrir les chaussettes en soie blanche et les souliers de satin à épaisse semelle, dont la pointe est ornée d'arabesques de velours ; ils portent la courte tunique d'été en soie bleue ou vert d'eau, boutonnée sur le côté droit, dont les manches très longues vont en s'élargissant vers le bas et se replient sur le poignet de façon à montrer le satin crème qui les double. Beaucoup sont coiffés d'une petite calotte noire, ornée au sommet d'un pompon rouge. Leurs cheveux sont soigneusement tressés en une épaisse natte qui pend dans le dos. La mode veut que cette natte descende jusqu'aux talons, et ceux d'entre eux qui n'ont pas les cheveux assez longs y remédient en ajoutant une tresse faite en cordonnet de soie noire ou bleue.

Le premier Européen que je rencontre en sautant du bateau sur le quai est un jeune Lyonnais, M. T..., chargé des intérêts d'une grande maison française de soieries et, en ce moment, le seul représentant du

---

1. Les Chinois du Tonkin se répartissaient essentiellement en trois foyers : Hải-Phòng, Hà-Nội et Nam-Định (en 1930, ces trois centres comprenaient respectivement treize mille, quatre mille et trois mille Chinois). Ainsi, en proportion de la population totale, c'est la petite ville de Nam-Định qui était la plus sinisée.

commerce européen à Nam-Dinh[1]. Il se met gracieusement à ma disposition pour me conduire jusqu'à la citadelle, au logement du général Brière de l'Isle, qui commande la province.

COMMIS CHINOIS À NAM-DINH

Nous passons devant la douane française, installée dans une vaste et confortable maison chinoise, et, après avoir suivi pendant dix minutes une rue habitée presque exclusivement par des brodeurs et par des marchands de soie, nous arrivons à l'entrée de la citadelle. Cette citadelle, dont l'enceinte mesure plusieurs kilomètres de tour, a été

1. Nam-Định sera plus tard réputé pour son industrie textile et ses filatures, notamment la fameuse *Société cotonnière du Tonkin*, fondée en août 1900, qui y avait son siège social et la plus grande de ses deux usines, l'autre étant située à Hải-Phòng.

VUE DE NAM-DINH

autrefois une des places fortes les plus importantes du Tonkin : c'est aujourd'hui une sorte de grand terrain vague, coupé de flaques d'eau et de fondrières, entouré de murailles qui s'écroulent et de portes à demi démolies[1].

On y a construit de grandes cases en bambous où logent les hommes de la section d'infanterie de marine qui tient garnison à Nam-Dinh. On y a bâti également pour les officiers de petits pavillons isolés, entourés de jardins bien cultivés. Toutes ces constructions, d'aspect riant et confortable, sont récentes ; elles s'élèvent le long d'une route large et bien tracée qui conduit du rempart à la pagode royale.

La pagode royale, habitée par le général Brière de l'Isle, occupe le centre d'une grande cour carrée, pavée de larges dalles et entourée d'un mur haut de deux mètres[2]. Du côté de l'entrée, le mur est percé de deux petites portes à clochetons qui ne donnent pas sur le bâtiment de la pagode, mais de chaque côté. La portion du mur qui fait face à ce bâtiment est exhaussée de façon à représenter une sorte de paravent orné de peintures et de sculptures assez fines. Cette disposition bizarre, qu'on remarque souvent dans les monuments annamites, répond à une croyance populaire : les esprits malfaisants qui habitent les airs se font, disent les Tonkinois, un malin plaisir de pénétrer dans les habitations pour tourmenter leurs propriétaires ; mais comme ils ne peuvent s'avancer qu'en ligne droite, il suffit de placer devant la porte d'entrée une haute barrière : ils s'y heurtent sans pouvoir y pénétrer et l'on se trouve à l'abri de leurs maléfices[3].

Mon ambulance est située tout près de la pagode du général ; elle occupe trois bâtiments en briques, disposés en fer à cheval sur les trois côtés d'une petite cour au milieu de laquelle est planté un massif de beaux palmiers.

---

1. Érigée en 1833, sur un plan carré, la citadelle de Nam-Định était déjà extrêmement endommagée à l'époque où Hocquard l'a visitée ; seul le mirador était encore debout, avec cette particularité d'être surmonté d'une seconde tour, circulaire, construite après 1883. La citadelle fut définitivement rasée en 1890-1891.

2. Comme tous les Européens, Hocquard appelle « pagode royale » un type de pagode qui, à dire vrai, n'était consacré à aucun culte et qui portait le nom de *vọng-cung* : dans la plupart des chefs-lieux du centre et du nord du Việt-Nam, en général près des citadelles, on trouve ce monument qui était exclusivement destiné à recevoir le souverain lorsque celui-ci était de passage dans la province.

3. Notation tout à fait exacte, et l'on trouve ces écrans protecteurs (*bình-phong*) en maçonnerie à la fois devant certaines pagodes, à la tête des tombeaux, et devant la porte cochère des maisons de lettrés à la campagne. En outre, parce qu'il valait mieux multiplier les précautions contre les influences néfastes, le chemin qui conduisait du portail à l'habitation devait être sinueux, ou tout du moins ne pas permettre d'arriver en droite ligne jusqu'au seuil de la maison. À une autre échelle, ce principe de l'écran s'appliquait de la même façon aux grands sites : la colline de *núi Và*, par exemple, était considérée comme un paravent naturel protégeant la ville de Bắc-Ninh : de même, la colline de Ngự-Bình (« écran royal »), comme son nom l'indique, était censée protéger la ville de Huế contre les mauvaises influences venues du sud (voir ci-dessous p. 591).

Les salles destinées aux malades sont convenables ; les lits en fer, pourvus de draps blancs, sont tous garnis de moustiquaires ; d'immenses *pankas* suspendus au plafond sont mus de l'extérieur par des domestiques annamites qui se relayent pendant les heures chaudes du jour. Les larges fenêtres, munies de stores, donnent sous une véranda qui fait le tour de la maison et qui protège les murs contre la grande chaleur.

Pendant ce mois de juin si pénible à passer au Tonkin, et surtout à Nam-Dinh, où la chaleur est étouffante, toutes les salles de l'ambulance sont envahies par les malades atteints de dysenterie et de fièvre. Nos pauvres petits troupiers sont épuisés par les fatigues de toutes sortes endurées pendant les longues colonnes et dans les marches forcées à travers les rizières inondées. La maladie une fois greffée sur ces constitutions délabrées ne veut plus lâcher prise ; le plus léger accès de fièvre est chose grave ; le moindre frottement, la petite piqûre causée par un moustique, tout est prétexte à l'éclosion de cet ulcère rongeur, si difficile à guérir, auquel on a donné le nom de *plaie annamite*. Les grosses pertes subies par le corps expéditionnaire dans le premier été qui a suivi les expéditions de Son-Tây, de Bac-Ninh et de Hong-Hoa ne doivent être attribuées que pour une part minime au climat de notre colonie ; ce qu'il faut incriminer surtout, c'est l'état de surmenage dans lequel se trouvaient nos soldats à cette époque. Pendant plusieurs mois, ils avaient couru dans les rizières, avec de l'eau jusqu'au ventre, à la poursuite des Chinois et des pirates qui, à peine dispersés sur un point, se reformaient sur un autre ; ils couchaient où ils pouvaient : dans les pagodes humides, dans les cases annamites au sol fangeux, au toit crevé par les pluies, et quelquefois à la belle étoile. Il fallait, avec un effectif des plus restreints, garder un pays conquis grand comme la moitié de la France, et l'organiser de façon à avoir le moins possible à marcher pendant l'été. Mais quand cet été est arrivé, avec son cortège habituel de maladies, les organismes usés de nos soldats n'ont plus eu assez de force pour résister, et les effectifs ont fondu peu à peu malgré le dévouement des médecins qui, en trop petit nombre, se multipliaient pour soigner les malades, malgré les efforts du commandement qui s'ingéniait à améliorer la situation matérielle des troupes qui lui étaient confiées.

Quoi qu'on ait dit, le Tonkin est une de nos colonies les moins malsaines : la période des chaleurs est rude à passer, mais on a entre deux étés une saison d'hiver qui dure près de six mois, et pendant laquelle l'Européen placé dans de bonnes conditions hygiéniques a le temps de se remettre des fatigues de la saison chaude. Du mois de novembre au mois d'avril, le climat est celui de nos automnes de France : le thermomètre oscille entre 8 et 19 degrés centigrades ; bien rarement il dépasse 20 ou 22. On se sent renaître alors ; on reprend de nouvelles forces : c'est à cette bienfaisante saison d'hiver que certains de nos résidents et plusieurs de nos missionnaires ont dû de garder une santé excellente malgré un séjour de dix ou quinze années au Tonkin.

EFFET D'UN TYPHON À NAM-DINH

L'été, malgré tout, est rude à supporter. Ce n'est pas que la température se montre très élevée : en juin, le mois le plus chaud de l'année, le thermomètre atteint bien rarement 35 ou 36 degrés et ne dépasse pas en tout cas cette limite ; mais il règne dans cette saison une humidité persistante qui place l'organisme dans des conditions extrêmement défavorables. L'air surchauffé est en même temps sursaturé d'humidité, si bien que l'évaporation cutanée ne se fait plus : on ressent constamment une impression de pesanteur et d'angoisse analogue à celle qu'on éprouve dans un bain de vapeur ; la peau est couverte d'une transpiration continuelle et tellement abondante que des gouttes de sueur perlent au bout des doigts et qu'il est impossible d'écrire, parce que la main placée sur le papier le mouille au fur et à mesure. Non seulement on ne peut guère se livrer à un travail intellectuel, mais le moindre effort musculaire est pénible ; on hésite à étendre le bras pour prendre un livre : il semble qu'on va soulever une montagne. On est réduit à passer une partie de la journée étendu sur un hamac, au-dessous du grand *panka* suspendu au plafond, qu'un coolie agite de l'extérieur pour renouveler les couches d'air.

Dans cette atmosphère humide et surchauffée, les champignons et les moisissures se développent avec une rapidité qui tient du prodige ; du jour au lendemain, sur les murs des cases qui suintent l'eau de toutes parts, naissent de petites plaques de moisissures qui s'étendent à vue d'œil comme des taches d'huile. Les viandes se corrompent avec une facilité extrême : au marché, un poulet qui a été tué le matin même diminue de prix au fur et à mesure que la journée s'avance. À sept heures du matin il vaut quatre-vingts centimes ; vers onze heures, le marchand le laisse pour cinquante ; et il l'offre pour vingt ou trente à la fin du marché, vers une heure de l'après-midi.

Juin est le mois des orages : je suis à Nam-Dinh depuis huit jours à peine et déjà j'ai assisté à un de ces violents ouragans, qu'on connaît sous le nom de *typhon* au Tonkin et sur les côtes de Chine. Il était environ dix heures du soir et il faisait ce calme de plomb qui précède les grandes tempêtes. Tout à coup, un gros nuage sombre s'étend sur le ciel comme un vaste rideau noir ; une rafale d'une violence inouïe arrive du point extrême de l'horizon en soulevant des tourbillons de poussière ; le vent courbe les plantes, tord les arbres, arrache les toits des maisons, déplace les pierres de la route. Une pluie de sable et de cailloux tombe sur mon toit de paille, tandis que les poutrelles de ma case gémissent comme si elles voulaient se briser. Les sautes de vent qu'on voit en France semblent des orages d'opéra-comique à côté de ces vraies tempêtes ; je me souviendrai toujours de l'impression pénible que celle-ci m'a procurée.

AU BORD D'UN ARROYO

DANSEUSES DE NAM-DINH

CHAPITRE XIII

LES FÊTES DU 14 JUILLET AU TONKIN. – GUIGNOL, CHANTEURS BOUFFES ET COMÉDIENS. – COURSE AU COCHON ET A LA CHÈVRE. – LES RÉGATES. – LE CORTÈGE OFFICIEL. – LES JEUX DU TAROT ET DE LA SAPÈQUE. – DÎNER DE GALA À LA PAGODE DES MANDARINS MILITAIRES. – DEUX PLATS RENOMMÉS. – LES DANSEUSES. – LA POÉSIE ET LA MUSIQUE. – TROUBADOURS TONKINOIS. – DIFFICULTÉ DE LA LANGUE ANNAMITE. – UN BIZARRE QUIPROQUO.

Aujourd'hui, 14 juillet et jour de fête nationale, Nam-Dinh offre un coup d'œil féerique : toutes les rues sont traversées par des guirlandes de lanternes aux couleurs françaises et, devant chaque maison, un drapeau tricolore flotte à l'extrémité d'un long bambou. Le *tông-dôc*, sur l'invitation du résident de France, a ordonné à chaque habitant d'avoir à arborer devant sa case un pavillon tricolore, et personne n'y a manqué. Il ne faudrait pas croire cependant que les gens de Nam-Dinh sont devenus tout à coup français et républicains de cœur : sans doute les cinquante ligatures d'amende dont le *tông-dôc* a menacé ceux qui n'exécuteraient pas ses ordres sont pour beaucoup dans l'empressement qu'ils ont tous mis à pavoiser leurs rues.

UNE RUE DE NAM-DINH LE 14 JUILLET

Quoi qu'il en soit, la ville tout entière offre depuis hier un spectacle à la fois joyeux et original : sous ce clair soleil, les gaies et vives couleurs françaises réjouissent les yeux. Dans la rue des Chinois, qui se déroule en ligne droite sur une étendue de quatre kilomètres, les drapeaux flottent, serrés sur deux lignes, à perte de vue, et finissent par se rejoindre d'un côté de la rue à l'autre. Dans le port, sur le canal, toutes les jonques, toutes les petites barques ont arboré des pavillons.

À sept heures du matin, vingt et un coups de canon tirés de la citadelle annoncent l'ouverture de la fête ; nous sortons en bande malgré la chaleur. À chaque pas, nous sommes accueillis par des salves de pétards chinois partant dans toutes les directions ; ces pétards, très petits et reliés les uns aux autres par série comme dans une brochette, dégagent une épaisse fumée et font un bruit de toile qu'on déchire. Les rues sont encombrées par la foule, à tel point qu'on peut à peine circuler. Les Annamites, tout joyeux et la figure épanouie, ont revêtu leurs plus beaux costumes : les robes vert ardent, rouge feu, violet pensée, produisent en se rapprochant les unes des autres des effets criards et inattendus. Les riches pagodes ont étalé sous leurs portiques de belles étoffes de soie couvertes de broderies ; devant la maison du *tông-dôc*, le grand étendard d'Annam flotte entre deux drapeaux tricolores.

Une estrade en bambou ornée de tentures et abritée sous un immense vélum est installée sur les bords du fleuve ; elle est destinée aux officiers de la garnison et aux autorités annamites, qui pourront assister de là aux jeux populaires organisés par les soins du *tông-dôc*. Devant cette tribune s'étend un terrain bien battu et bien aplani, sur lequel ont été dressés des mâts de cocagne, des balançoires et des théâtres en plein vent. Les mâts sont soigneusement frottés à l'huile de coco ; au sommet sont exposées les ligatures de sapèques qui doivent récompenser le vainqueur. Les Annamites grimpent avec une agilité merveilleuse en se servant de leurs pieds comme organe de préhension, absolument comme les singes. Quand ils sont fatigués, ils peuvent s'arrêter pour se reposer, au milieu de leur ascension, en saisissant en quelque sorte le mât entre le gros orteil, fortement convulsé en dedans, et les autres doigts du pied.

Dans un coin de la place, un théâtre de marionnettes, agencé comme nos guignols du Luxembourg ou des Tuileries, attire un nombreux public qui applaudit à tout rompre et qui rit à gorge déployée. Les petits acteurs en bois, hauts de vingt centimètres, vont, viennent et se démènent comme des personnes naturelles. Ils sont admirablement façonnés, et plusieurs d'entre eux ont des masques exécutés de main de maître. Le personnage principal a comme celui de nos théâtres en plein vent le geste prompt et la main leste ; il est armé d'un solide gourdin et tape dur sur le mandarin et sur les gens de police, à la grande joie des badauds, qui s'amusent comme des enfants.

À côté, un *phuong-chéo*, sorte de chanteur bouffe, a étendu sur le sol sa natte de deux mètres carrés. Autour de cette natte, une grande corde, reliée à des pieux fichés dans le sol, sert de barrière aux spectateurs, qui sont nombreux, car le menu peuple est très friand de ces représentations. Le *phuong-chéo* est revêtu d'un long habit rouge, fendu latéralement comme une étole et orné dans le dos et sur la poitrine d'un dragon grimaçant ; il représente des scènes burlesques mi-partie chantées ou déclamées, mi-partie mimées, et dont les passages principaux sont scandés de grands coups d'éventail, de ronds de bras et de pirouettes. Un gamin assis les jambes croisées sur un coin de la natte, devant un gros tambour, souligne d'un coup de son instrument les mots à double sens et les tirades à effet. Les monologues comiques du bouffon sont entremêlés de quiproquos, de calembours et même d'allusions érotiques et grossières. À en juger par ce qu'il débite, on pourrait croire le peuple annamite beaucoup plus dépravé qu'il ne l'est en réalité : ce peuple, qui, au fond, est très décent dans ses actes, admet dans le langage courant des locutions et des propos qui feraient rougir un portefaix[1].

Le *phuong-chéo* exerce souvent sa verve aux dépens de ses auditeurs ; il interpelle celui d'entre eux qui paraît le plus prêter au ridicule ; il l'arrange de la belle manière, à la grande joie des autres spectateurs. On se le montre du doigt, si bien que le malheureux, moitié rougissant et moitié riant, est obligé de se dérober par la fuite

---

1. Le *hát chèo* désigne le théâtre populaire du delta du fleuve Rouge. Il peut être totalement profane ou, au contraire, à fortes résonances religieuses. Attesté dès le XIe siècle, sous la forme de la pantomime, c'est cependant au XIVe siècle qu'il commença d'être formalisé. La légende indique que, lors de l'enterrement du roi Trân Nhân Tông, en 1310, la foule était si nombreuse, si compacte, que le cortège funéraire ne pouvait sortir du palais ; le commandant de la place eut alors l'idée de faire diversion en ordonnant à ses soldats de s'éloigner et de chanter la pièce *Long Ngâm* (« la Complainte du Dragon ») : la foule se précipita pour écouter, et le cercueil put sortir du palais. Sous sa forme funéraire, le *hát chèo* était né. Aux XVIIe et XVIIIe siècles, fécondé par la littérature populaire (en caractères *nôm*) qui se développait au même moment, le *chèo* connut son apogée. Les pièces de *chèo* étaient surtout des pièces satiriques et grinçantes, qui ironisaient lourdement sur les mandarins, les notables et sur l'ensemble des dysfonctionnements sociaux villageois. Ici, Hocquard emploie à mauvais escient le terme de *phường chèo*, qui désigne non point un personnage précis mais l'ensemble de la troupe, l'association des comédiens (dirigée par un directeur doté du titre de *trùm chèo*). C'est sans doute le *hê chèo* qu'il voulait évoquer, c'est-à-dire le bouffon de comédie. Il y avait deux types de bouffon : celui à tunique courte, qui personnifiait le valet, l'homme du peuple roublard et sarcastique se moquant d'autrui, et celui à tunique longue, qui incarnait de hauts personnages se ridiculisant eux-mêmes : c'est celui-ci, vêtu d'un « long habit rouge », qui est ici décrit par l'auteur.

aux malices du bouffon, qui hausse la voix au fur et à mesure qu'il s'éloigne et qui le poursuit longtemps de ses lazzi.

THÉÂTRE EN PLEIN VENT

Devant la grande estrade sur laquelle nous sommes postés, on en a dressé une autre, un peu moins élevée, qui sert de scène de théâtre. Celle-ci est recouverte d'un toit en paille supporté par quatre bambous. Les spectateurs indigènes sont debout et se protègent comme ils peuvent contre le soleil à l'aide de leurs grands chapeaux et de leurs ombrelles. On représente sur ce théâtre de véritables drames historiques dans le goût chinois et des comédies en prose ou en vers[1]. Les *phuong-nha-tro,* ou comédiens, qui y jouent sont de vrais

---

1. Ce théâtre classique (appelé *tuồng* ou *hát bội* qui signifie littéralement « chanter en marchant ») – tragédie d'inspiration historique, fortement inspirée des pièces chinoises, mais qui comprenait aussi des saynètes comiques – s'est développé au Việt-Nam à partir du XIIIe siècle, et il a connu un succès croissant.

artistes, très connus et ayant acquis une réputation méritée dans toute la province. Les Annamites établissent entre eux et le *phuong-chéo*, dont il vient d'être question, une différence aussi grande que celle que nous faisons entre les artistes de la Comédie-Française et les baladins des foires. Ces *phuong-nha-tro* appartiennent à un village dont les habitants s'exercent de père en fils à la déclamation et à la comédie. Le village est exempté par le roi de tout impôt, à la condition qu'il fournira chaque année un certain nombre de sujets, capables et bien stylés, pour le recrutement des troupes de théâtre qu'on entretient à la cour et aux chefs-lieux de certaines provinces importantes[1].

Les troupes des provinces figurent dans les fêtes populaires organisées par les soins du gouvernement au premier jour de chaque année, à l'anniversaire de la naissance du roi ou à l'occasion de tout autre événement national. Dans l'intervalle de ces fêtes, elles parcourent le pays ; elles s'arrêtent dans les villages populeux, où souvent une représentation est donnée dans la maison commune et même dans la pagode transformée pour la circonstance en salle de spectacle. Les frais de ces représentations sont faits soit par les habitants, qui se cotisent entre eux, soit par un des principaux notables, qui choisit le prétexte d'un anniversaire de famille pour offrir à ses concitoyens ce spectacle toujours fort goûté. D'autre fois, les comédiens sont appelés par les mandarins à l'occasion d'une réception de fonctionnaire ou des dîners qu'ils s'offrent entre eux. Même dans ces cas, le public est presque toujours de la fête : le théâtre se dresse dans une cour ; les invités du mandarin assistent à la représentation depuis la salle du festin ; le public, toujours très nombreux, envahit la cour, et ceux qui ne peuvent y trouver place montent sur les murs ou sur le toit de la maison[2].

La troupe que nous avons sous les yeux a pour chef un vieux comédien à barbe grise qui a joué autrefois à la cour de Hué devant le feu roi Thieu-Tri[3]. Sa face glabre et comme tannée par l'usage du fard, ses sourcils constamment rapprochés par une sorte de plissement du

---

Parmi les « comédies en prose ou en vers » du répertoire, citons par exemple *Le Belon, l'huître, l'escargot et la moule* (*Nghêu, sò, ốc, hến*) qui fait le procès d'une société rurale dévastée par la concussion, le vol et l'injustice.

1. Sous les Nguyễn, la troupe royale ne comptait pas moins de trois cents comédiens et musiciens, qui avaient d'ailleurs un statut militaire. En revanche, les troupes populaires, que l'auteur évoque plus bas, étaient beaucoup plus modestes et peu considérées (rappelons que les fils de comédiens n'avaient pas le droit de se présenter aux examens triennaux, donc de devenir mandarins).

2. À la différence du théâtre de cour, les troupes de théâtre populaire itinérantes, qui allaient de village en village, ont été mises sur pied tardivement, pas avant le XIXe siècle, mais elles ont fonctionné jusqu'à la Seconde Guerre mondiale.

3 Thiệu-Trị, qui régna de 1841 à 1847.

front, ses gestes étudiés et prétentieux lui donnent je ne sais quel air de ressemblance avec les vieux cabotins qu'on voit chez nous courir de ville en ville dans les troupes de province. Quant aux acteurs, ils sont vêtus de longues robes en soie brochée, recouvertes de riches broderies de diverses couleurs. Ces robes, aux grandes manches pendantes, sont semblables à celles que portent les mandarins de rang supérieur quand ils prennent le costume de cour. Les comédiens sont coiffés de diadèmes en papier doré, ornés de pompons, de petites glaces et de verroterie : tous ces ornements sont placés à l'extrémité de fils de laiton et s'agitent à chaque mouvement de la tête. Les principaux acteurs ont de longues barbes en crin blanc, retenues par des cordons qui passent sous le menton et qui s'ajustent derrière les oreilles ; ils sont chaussés de bottes de cérémonie dont la pointe très longue se recourbe en avant. Tous sont grimés de la plus étrange manière : ceux qui représentent les princes et les mandarins ont des plaques de vermillon appliquées sur chaque joue ; d'autres, qui figurent des génies ou des personnages fantastiques, ont le visage complètement peint en rouge, avec de grands traits blancs dessinant les moustaches ou l'arc des sourcils. Un de ces derniers, qui apparaît avec un air terrible à chaque scène importante du drame, a la face très régulièrement partagée en triangles égaux, alternativement blancs et rouges, qui se rejoignent tous sous le nez et sur la partie moyenne de la lèvre supérieure, et qui vont s'élargissant comme les rayons d'une roue vers les oreilles, le menton et le front[1].

Le théâtre annamite ressemble beaucoup au théâtre chinois[2] : il ne comporte pas de décors. L'orchestre, composé d'instruments bruyants, couvre souvent la voix des acteurs ; il est placé sur la scène même,

---

1. Dans le théâtre *tuồng*, les comédiens étaient grimés de façon conventionnelle : le visage maquillé en rouge symbolisait l'homme vertueux ; peint en noir, il signifiait la droiture, l'honnêteté, la probité ; les grandes raies noires et rouges personnifiaient la violence la guerre, l'homme d'armes, etc. Une autre série de codes concernait la teinte et la forme des sourcils et de la barbe (le traître, par exemple, porte toujours la barbe en collier).

2. Le théâtre vietnamien est en effet très lié à la Chine. Selon une demi-légende, le théâtre aurait été enseigné aux Vietnamiens par un taoïste chinois, au cours du XIIe siècle ; un siècle plus tard, c'est encore un soldat chinois (Li Yuan Ki, en vietnamien Lý Nguyên Cát) qui, fait prisonnier par les troupes du général Trần Hưng Đạo, en 1362, aurait appris aux Vietnamiens les secrets du théâtre de son pays. Sous le règne du roi Minh-Mạng (1820-1840), le maître de ballet était un Chinois. Dans l'ensemble, il faut admettre que les thèmes, le jeu, la scène, le maquillage et les costumes sont en effet très semblables à ce que l'on trouve en Chine. Les pièces les plus célèbres étaient directement tirées de l'histoire chinoise (voir le répertoire de Đào Tấn, l'auteur le plus célèbre du XIXe) ; comme en Chine, on distinguait les rôles masculins (*kép, cheng* en Chine), féminins (*đào, tan*), les bouffons (*hề, tchou*) ; comme en Chine encore, le décor était dépouillé, sinon inexistant, mais, ici comme là-bas, même goût pour les riches costumes et le maquillage. Cependant, le théâtre vietnamien s'est peu à peu distingué du théâtre chinois, d'une part en promouvant des pièces plus courtes, inspirées de l'histoire locale et intégrant de plus en plus la « langue vulgaire » vietnamienne, et, d'autre part, en agrémentant les représentations d'une musique fort différente de la musique chinoise.

qui, dans la représentation à laquelle nous assistons, est encore envahie par des spectateurs privilégiés et par les domestiques chargés de disposer les accessoires. Ces accessoires sont des plus rudimentaires : des chaises, une ou deux petites tables, hautes et étroites, une natte et des tabourets constituent tout le mobilier de la scène.

Les comédiens récitent leurs rôles en chantant de la gorge et du nez, ce qui est le comble de l'élégance annamite. Les emplois de femmes sont, comme dans le théâtre chinois, tenus pas des jeunes gens ; mais les acteurs tonkinois m'ont paru crier moins fort et chanter sur un mode moins aigu que les acteurs chinois.

Le spectacle, commencé à dix heures du matin, doit durer toute la journée et même une partie de la nuit. Nous abandonnons la place pour aller sur le bord du fleuve voir courir les régates annamites. Tous les préparatifs nécessités par ces régates ne sont pas encore terminés. En attendant qu'ils s'achèvent, on organise sur le rivage plusieurs divertissements populaires : combats de coqs, de buffles, de poissons, courses au cochon et à la chèvre. Ces derniers divertissements sont des plus originaux ; voici en quoi ils consistent :

Dans une sorte de piste circulaire, de sept ou huit mètres de diamètre, fermée de toute part par une palissade en bambous, on a fait entrer un homme dont les yeux sont couverts d'un bandeau, et une chèvre. Pour gagner le prix, composé de quatre ligatures accrochées au sommet d'une perche, plantée debout au centre de la piste, il faut que l'homme cherche à tâtons, sans déranger son bandeau, à s'approcher de la chèvre et à s'en emparer en la saisissant par les cornes. Mais la piste est semée d'obstacles, pieux, flaques d'eau, petits talus, contre lesquels le chasseur se heurte tandis que l'animal les franchit ou les tourne. Quand l'homme est parvenu à saisir la bête par une touffe de ses poils et qu'il cherche à remonter jusqu'à la tête, la chèvre, par un brusque saut de côté, le fait trébucher contre un des obstacles et le jette à terre, à la grande joie des assistants[1].

La course au cochon a lieu en plein fleuve, et les gens qui y prennent part doivent être d'excellents nageurs. Les Annamites du delta vivent dans un pays couvert d'un véritable réseau de fleuves et de rivières ; ils sont habitués dès l'enfance à la navigation et à la pêche ; ils sont d'une habileté rare dans les exercices de natation : l'eau est pour ainsi dire leur élément ; ils s'y meuvent comme de vrais poissons.

Le porc et les chasseurs sont embarqués dans un sampan et conduits au milieu de l'arroyo. L'animal est jeté à l'eau et cherche à gagner le

---

1. En vietnamien, cette variante du jeu de colin-maillard s'appelle *bịt mắt bắt dê*.

rivage. Quand il a un peu d'avance, les chasseurs se jettent à la nage à un signal donné et se lancent à sa poursuite. Celui qui parvient à l'atteindre avant qu'il ait touché le bord, à le saisir par la queue et à le ramener au sampan gagne le prix. La manœuvre n'est pas facile ; l'animal se débat tant qu'il peut. On a coupé ses soies au préalable afin qu'il offre moins de prise, et il est défendu de le saisir par les oreilles ou par les pattes.

Tout à coup, ces jeux cessent comme par enchantement. Le chef de quartier qui préside à la fête vient d'emboucher son grand porte-voix et d'annoncer le départ des régates. Un grand remous se produit dans la foule qui se porte tout entière sur le bord de l'eau, contenue à grand'peine par les gens de la police ; ceux-ci, armés d'un solide rotin, frappent à droite et à gauche à tour de bras.

Les embarcations qui doivent prendre part à la course sont rangées, au nombre de huit ou dix, sur une même ligne, à la station de départ, marquée par un grand mât de pavillon. Très longues et très étroites, elles sont montées par des équipes de dix-huit ou vingt rameurs qui portent un costume dont la couleur diffère pour chacune d'elles. Le patron se tient debout à l'arrière, appuyé sur le gouvernail et dominant tout son personnel.

Chaque barque appartient à un village distinct ; elle est montée par l'élite des rameurs et par le patron le plus renommé de ce village. Il y a une grande émulation entre les différentes communes à propos de ces joutes nautiques, et de gros paris y sont toujours engagés entre les principaux notables des villages rivaux.

Les grands bateaux de course sont faits en très beau bois et coûtent cher ; ils sont construits à frais communs et ne servent qu'une ou deux fois l'an, à l'occasion des régates. Pendant tout le reste de l'année, ils sont remisés sur une des places du village, à l'abri d'un petit hangar bien couvert.

Au signal du départ, donné par le *tông-dôc* en personne, les barques filent avec une vitesse surprenante. Chaque patron dirige ses rameurs à l'aide d'une sorte de claque-bois qu'il tient d'une main et grâce auquel il arrive à faire exécuter des manœuvres d'ensemble d'une perfection remarquable : on voit de la rive les vingt paires de rames s'élever et s'abaisser le long de chaque barque avec une précision automatique. L'arrivée au but du vainqueur nous est signalée par de bruyantes acclamations.

Pour rentrer, je prends place dans le cortège officiel du résident et du *tông-dôc*. Une section de tirailleurs annamites ouvre la marche ; nous suivons, flanqués à droite et à gauche par des soldats d'infanterie de marine, le fusil sur l'épaule. Derrière nous viennent les mandarins de la suite du gouverneur.

Le peuple se découvre et s'écarte sur notre passage ; des milliers de pétards chinois éclatent sous nos pas. Ces pièces d'artifice sont les accessoires obligés de toutes les fêtes annamites ; sans elles la cérémonie ne serait pas complète.

Ainsi escortés, nous avançons lentement à travers les rues, dont les guirlandes de lanternes s'allument les unes après les autres, car la nuit est presque venue. À chaque carrefour sont installés des jeux de hasard où les Annamites sont en train d'exposer leurs économies de plusieurs semaines. Je ne connais pas de peuple chez qui la passion du jeu soit plus invétérée et plus répandue que chez celui-là : des hommes, des femmes et jusqu'à des enfants se pressent autour des petites tables, disposées le long de la chaussée, sur lesquelles on joue au toton ou à la sapèque, à la lueur douteuse d'une lanterne de papier.

Pour le jeu du toton, la table est divisée en autant de compartiments que le dé a de faces, à l'aide de grands traits noirs tracés à la peinture. On mise dans ces compartiments qui sont marqués chacun d'un caractère chinois reproduit sur une des faces du toton. Le dé, monté sur pivot, est ensuite mis en mouvement dans une petite soucoupe, et quand il s'arrête, c'est le caractère qui se présente sur la face tournée en haut qui gagne la partie[1].

Le jeu de la sapèque, ou *xuc-dia*, repose à peu près sur les mêmes principes. La table est alors divisée en deux cases seulement ; le banquier fait pivoter une sapèque de cuivre sur sa tranche dans une petite soucoupe qu'il recouvre immédiatement avec une tasse retournée ; quand la pièce a cessé de s'agiter, il la découvre, et la face de cette pièce qui se présente alors indique le gagnant[2].

Des tas de sapèques sont alignés sur chaque casier des tables de jeu. Pour ne pas perdre de temps à compter la monnaie, le banquier a près de lui une vergette de bois creusée de deux rainures parallèles, disposées comme le double canon d'un fusil à deux coups. Il ramasse le tas de sapèques du gagnant, en fait une pile qu'il place de champ dans une des rainures et forme rapidement dans l'autre une pile de la même hauteur qui paye la partie.

---

1. Il s'agit sans doute là du jeu dit « crevette-poisson » (*chơi tôm cá*), qui se joue avec un dé sur les faces duquel sont figurés des animaux (oiseau, poisson, crabe, crevette, etc.) : chaque joueur mise sur l'un des ces animaux dessinés sur la natte et, lancé dans une soucoupe, le dé indique le gagnant.
2. Le jeu de *xóc đĩa* (« agiter la soucoupe ») consiste en effet à parier sur la face de la pièce qui apparaîtra après avoir été secouée sous un bol par le croupier. En général, pourtant, il n'y a pas une seule pièce mais quatre, et le pari consiste à deviner si le nombre de sapèques ayant le côté face (portant le nom du souverain) en l'air sera pair ou impair.

Les Annamites perdent ou gagnent en beaux joueurs ; de temps en temps, quand la chance leur a été trop longtemps défavorable, ou lorsqu'ils viennent de perdre un gros enjeu, on voit un éclair passer dans leurs yeux noirs et leur face jaune prendre une teinte terreuse ; heureux ou décavés, ils s'éloignent sans souffler mot. Seuls les boys qui jouent soit à pile ou face, soit à pair ou non pair dans la rue, crient et se chamaillent sans cependant en arriver jamais jusqu'aux coups.

Parmi les Européens qui figurent dans le cortège officiel, se trouve un employé des postes accompagné de sa jeune femme. Celle-ci vient de débarquer et c'est la première fois que les habitants de Nam-Dinh voient une Française : aussi la foule est-elle grande autour de nous. Les femmes surtout la dévorent des yeux et se montrent du doigt les unes aux autres toutes les parties de sa toilette en faisant les réflexions les plus extraordinaires. C'est un bonheur que notre élégante compatriote ne connaisse pas encore la langue du pays : d'abord elle a les yeux bleus, ce qui pour les Annamites est le comble de la laideur ; ensuite elle porte une tournure[1] de dimension respectable, et cet accessoire de toilette a le don d'intriguer au plus haut point les indigènes qui croient à une difformité naturelle et qui ne ménagent pas les plaisanteries. C'est bien pis encore quand ils voient la jeune femme prendre le bras de son mari : cette façon de se tenir en public les choque extrêmement. On entend partout dans la foule des *tia*, des *ia*, interjections qui, dans ce cas, ont une signification identique au *shocking* des Anglais.

Je suis invité par le résident de France à un dîner de gala, qu'il offre au gouverneur et aux principaux mandarins de la province à l'occasion de la fête nationale. Ce dîner a lieu dans la pagode des Mandarins militaires, la plus vaste et la plus riche de Nam-Dinh.

Deux longues tables sont disposées dans la salle du banquet, parallèlement à ses grands côtés : les fonctionnaires annamites s'assoient devant elles sur des bancs de bois, à la place qui leur est assignée d'après le rang qu'ils occupent dans l'administration de la province ; les officiers et les fonctionnaires européens sont installés, avec le résident et le *tông-dôc*, à la table d'honneur qui est dressée à part.

Le repas annamite ne comprend pas, comme chez nous, plusieurs services : les mets sont apportés tous à la fois et à l'avance sur de petites soucoupes ; les viandes sont toutes découpées en menus morceaux. Le couvert est des plus simples : chaque convive a devant

---

1. *Tournure* : rembourrage porté sous la robe, au bas du dos.

JEU DE LA SAPÈQUE

soi une paire de baguettes, un bol plein de riz cuit à l'eau, qui pour les Annamites remplace le pain, et une cuiller en porcelaine pour puiser les sauces ou le bouillon. Ni couteau, ni verre ; on ne boit qu'à la fin du repas. Chaque convive prend avec ses baguettes dans les plats disposés devant lui le morceau qui convient à son goût ou à son appétit ; il le trempe à droite ou à gauche dans les soucoupes contenant les sauces ou le *nuoc-mam,* et il le porte ensuite à sa bouche. Le menu a été confectionné par un cuisinier annamite des plus renommés, qui s'est, paraît-il, surpassé pour la circonstance. Je goûte sans grande conviction à deux de ses plats qui jouissent d'une grande réputation parmi les gourmets indigènes : c'est, d'une part, une sorte de pâté aux vessies de poissons qui m'a paru d'un goût assez délicat, et, d'autre part, une friture de *con-ruoi*. Ces *con-ruoi* sont de petits vers qu'on ne récolte guère au Tonkin que dans quelques cantons des provinces de Nam-Dinh et de Ninh-Binh. À une certaine époque de l'année, ils sortent par milliers des bancs de vase et de sable qui forment le bord des arroyos[1].

À la fin du banquet, l'interprète de la résidence se lève et s'avance, un papier à la main, pour lire la traduction annamite d'une allocution adressée aux mandarins par le résident de France. Le *tông-dôc* répond dans la même langue ; puis nous sortons tous ensemble dans la cour de la pagode, où nous attendent des danseuses indigènes que le gouverneur a mandées pour nous divertir.

Ces danseuses, au nombre de huit ou dix, ont de seize à vingt ans, tout au plus ; quelques-unes d'entre elles sont très jolies. Comme les comédiens dont j'ai parlé plus haut, elles sont soumises dès l'enfance à une éducation spéciale dont le but est de les préparer à la pratique de leur art. Elles paraissent très intelligentes et elles sont pour la plupart lettrées. Elles se déchaussent pour leurs exercices et elles dansent toujours nu-pieds ; la partie la plus originale de leur costume consiste en deux lanternes quadrangulaires en papier transparent qu'elles portent tout allumées au-dessus de chaque épaule. Ces lanterne, ornées aux angles de touffes de fleurs, sont attachées sur le dos par une sorte de « T » en bois.

Les danseuses forment à Nam-Dinh une nombreuse colonie : elles occupent une longue rue, située au nord-ouest de la ville, dans un des

---

1. Ces *con rươi* sont de petits vers de mer comestibles, généralement appelés en français *néréides* ou *palolos*. C'est en effet une spécialité des provinces de Nam-Định et Ninh-Bình. Les « pâtés aux vessies de poissons » sont appelés *bong bóng cá.*

quartiers les plus reculés[1]. Dans la journée, cette rue est silencieuse et déserte : les maisons en sont si hermétiquement closes qu'on ne les croirait pas habitées ; mais dès que vient la nuit, les cases commencent à s'illuminer à l'intérieur. Des chants et des sons d'instruments de musique se font entendre de toutes parts à travers les murs en torchis ; on voit des ombres raser les maisons et s'introduire subrepticement dans l'entrebâillement des portes qui s'entrouvrent prudemment à un signal particulier et qui ne laissent passer que des visages bien connus : ce sont de riches bourgeois de la ville qui viennent fumer l'opium, ou de gros commerçants chinois qui se sont donné rendez-vous pour sabler le vin de riz et pour souper en compagnie joyeuse.

GRANDE PAGODE DES MANDARINS MILITAIRES

1. D'abord destinées à distraire les mandarins et les personnes riches, ces danseuses – qui étaient aussi et surtout des chanteuses (cô dâu) – se retrouvaient dans la plupart des villes un peu importantes. Comme l'explique l'auteur un peu plus bas, elles devinrent par la suite un objet de distraction – mais pas forcément sensuel – pour les riches commerçants ou les notables qui allaient les voir à la nuit tombée. Mal considérées par la société d'alors, elles habitaient toujours dans des quartiers bien déterminés, en périphérie. À Hà-Nội, par exemple, elles se groupaient toutes dans le quartier de Thái-Hà, au sud de la ville.

Je ne sais si c'est parce qu'elles se produisent devant un public auquel elles ne sont pas habituées, mais les danseuses qui sont réunies dans la cour de la pagode me semblent assez embarrassées et même, je dois l'avouer, un peu maussades. Elles se sont placées debout sur deux rangs, au milieu de la natte large et fine étendue pour elles sur le sol. Nous nous sommes assis pêle-mêle sur la triple rangée de bancs qui a été disposée autour de cette natte. La cour n'est éclairée que par les petites lanternes que les ballerines portent sur leurs épaules.

Les musiciens, accroupis dans un coin, préludent avec leurs instruments. L'un d'eux tire d'une grande guitare à long manche des sons assez harmonieux ; les autres accompagnent avec le tambour et les castagnettes. Les danseuses entonnent un récitatif lent et monotone qu'elles chantent du nez et en chevrotant[1] ; en même temps elles commencent leur danse, si l'on peut appeler ainsi une marche posée et solennelle, faite de pas rythmés et glissés, assez semblables à ceux de l'ancienne pavane. La danse comprend une succession de figures d'ensemble qui rappelle notre quadrille et dans lesquelles les lanternes vertes s'enchevêtrent avec les rouges pendant que chaque danseuse se livre à des mouvements compliqués des mains et des avant-bras.

Pour les Annamites, une ballerine atteint le comble de l'habileté et de l'élégance chorégraphiques lorsque, en dansant, elle parvient à faire exécuter aux doigts de ses mains et de ses pieds des mouvements successifs et suffisamment étendus. Plusieurs des femmes qui dansent devant nous sont arrivées, à force d'exercice, à dissocier si complètement les mouvements de leurs orteils, qu'ils s'agitent séparément et en divers sens. Cette manœuvre singulière fait pousser aux indigènes des exclamations admiratives. Nous en rions, mais avec cette arrière-pensée que les Tonkinois nous rendraient la pareille s'ils nous voyaient prodiguer nos applaudissements et nos bravos à un premier sujet qui fait des effets de pointes.

Le ballet est dirigé par une vieille femme qui se tient debout près des danseuses et qui ne se fait aucun scrupule de stimuler d'un coup d'éventail vigoureusement appliqué les maladroites, reléguées comme chez nous au dernier rang.

---

1. Appelé *hát nói* (« chant parlé »), ce chant est composé de phrases simples, ordinaires, qui comptent en général onze vers de sept, huit ou neuf pieds. Les thèmes classiques de ces chansons sont les regrets du lettré déçu dans ses ambitions, la complainte des pessimistes qui trouvent la vie trop fade, la séparation des amants, des descriptions de paysage, etc.

Un domestique vient, pendant les repos qui succèdent à chaque figure, inspecter les lanternes de ces dames et moucher les bougies qui brûlent mal.

Les ballerines chantent, ou plutôt psalmodient en dansant une sorte d'épopée du genre que les Annamites désignent sous le nom de *van*. Ces *van* sont de grands poèmes épiques, composés, dans le goût de l'*Iliade* ou de l'*Énéide,* pour célébrer les hauts faits des héros de l'ancien temps. Je me sers de cette comparaison d'autant plus volontiers que, dans la poésie appelée *van*, les Tonkinois se préoccupent beaucoup moins de la rime et du nombre de pieds que de la césure et de la cadence du vers, pour la formation duquel ils distinguent, comme les Grecs et les Latins, des syllabes longues et des syllabes brèves[1]. Ils connaissent la rime cependant[2] ; ils l'appliquent même fréquemment dans un autre genre de poésie moins sérieux et qu'ils appellent *tho*. Les *tho* sont des poèmes lyriques qui tiennent en Annam la place qu'occupent chez nous l'ode et la chanson. Ils sont composés de strophes de trois vers, dont les deux premiers ont de six à huit pieds chacun et riment entre eux, tandis que le troisième n'a que deux pieds et ne rime avec rien[3].

Voici, dans ce genre de poésie, un exemple déjà cité par L. Villard :

Cang cao thi gio cang lay
Cang cao danh vong cang day
Lang Van[4]

---

1. Les *van* sont en effet de longues pièces peu soumises aux règles classiques de la prosodie. Bien qu'il y ait de nombreuses irrégularités, les *van* sont généralement composés en vers de deux pieds (*van hai*), de quatre pieds (*van tu*), de sept pieds (*van that-ngôn*) ou en distiques alternés dits « six-huit » (*luc-bát*). Les *van* écrits « pour célébrer les hauts faits des héros de l'ancien temps » sont le plus souvent des *van that-ngôn*.

2. C'est le moins que l'on puisse dire en effet : la prosodie vietnamienne – mesure, rime et rythme – est extrêmement compliquée, extrêmement codée. Bien qu'il soit vain de vouloir en donner un aperçu ici, rappelons que le jeu des rimes fonctionne non seulement sur le son mais aussi, et surtout, sur les tons (registres *trác* et *bang*). La place de la rime elle-même est variable.

3. On réservait jadis le terme *tho* – qui signifie maintenant « poésie » au sens large – aux seules compositions rimées de cinq ou sept pieds, en général bâties sur le modèle classique de la prosodie des Tang. Ce sont précisément les *tho* à vers *irréguliers*, d'ailleurs assez rares, qui étaient utilisés par les chanteuses. Mais, hormis ce cas particulier, on ne peut pas dire avec Hocquard que le *tho* était un genre « moins sérieux ». De plus, il n'est que rarement composé de trois vers : il en compte en général quatre ou huit. Il semble, en fait, que Hocquard confonde le *tho* avec les *proverbes chantés* qui, eux, sont en effet versifiés en six-huit (*luc-bát*), un vers de huit pieds succédant à un vers de six (comme dans l'exemple fourni par l'auteur, qui se trompe cependant à propos du « vers de deux pieds [qui] ne rime avec rien »). Ce que Hocquard veut dire, c'est qu'il y a en fait deux grands genres poétiques : le *thi-cú*, qui désigne la poésie régulière soumise à de strictes règles de prosodie, et le *van-vè*, qui regroupe des pièces dont la cadence des phrases est agréable à l'oreille mais qui ne comporte que peu de règles prosodiques. Le *tho*, avec toutes ses variantes, relève du premier genre, tandis que le *van* relève du second.

4. Hocquard reproduit ici l'erreur commise par L. Villard (*Étude sur la littérature annamite : poésies et chants populaires*, Saigon, 1882) qui s'était trompé sur les deux derniers mots de cet adage. En effet, il

ce qui signifie : « Plus l'arbre est élevé, plus il est exposé aux injures du vent : plus la réputation est grande, plus elle est exposée à la calomnie. »

Outre leurs comédiens et leurs danseuses, les Annamites ont leurs chanteurs populaires, qui vont de ville en ville, leur instrument sous le bras, comme nos troubadours d'autrefois. Ces chanteurs abordent tous les genres, la ballade, la poésie sentimentale, mais surtout l'épigramme, car l'Annamite est moqueur par tempérament et par tournure d'esprit. Quand ils sont à court, ils inventent au besoin et ils font usage, dans ce cas, d'un troisième mode de poésie, appelé *phu*, qui se prête tout à fait à l'improvisation : le chanteur n'a pas alors à s'occuper de la longueur du vers ni de la césure ; il n'est astreint qu'à une seule règle, qui consiste à faire revenir de temps en temps une même rime dans le débit. L'artiste scande sa phrase comme il l'entend, de façon à lui donner une apparence de cadence[1].

Ces chanteurs ambulants s'installent n'importe où, dans un coin de la rue ou sous l'auvent d'une case. Outre leur guitare, ils n'ont pour tout bagage qu'une natte de jonc dont ils se couvrent le dos quand il pleut et qu'ils étalent sur le sol pour s'accroupir lorsqu'ils veulent donner un concert.

Les Tonkinois ne comprennent pas la musique de la même façon que nous : pour eux, le comble de l'art consiste à chanter du nez et à traîner en chevrotant sur certaines notes. Leurs airs sont très peu variés ; ils ressemblent un peu à notre plain-chant. La phrase est attaquée sur un mode aigu, en intercalant souvent une appogiature ; elle se termine sur une note grave, qui, à la fin de chaque strophe, est prolongée à bouche fermée.

J'ai voulu essayer une fois l'effet que produirait sur mes boys un morceau de musique française bien chanté ; j'avais fait venir pour cette expérience un soldat d'artillerie qui possède une voix superbe et qui, autrefois, a suivi les cours du Conservatoire ; à peine eut-il ouvert la bouche et lancé quelques notes que mes Annamites se mirent à rire aux éclats, à la grande mortification de l'artiste qui les aurait volontiers battus.

---

faut lire *Càng cao thì gió càng lay / càng cao danh vọng càng dày gian nan*, ce qui signifie : « Plus l'arbre est élevé et plus il est secoué par les vents, plus la réputation est grande et plus elle a de détracteurs ».

1. Le terme *phú* (traduit en général par « prose rythmée »), qui désigne un genre très proche de la prose, signifie à l'origine « description ». Il est utilisé pour décrire des paysages, des scènes vécues, des peintures de mœurs, etc. Bien que ce ne soit pas une règle stricte, le *phú* comporte en général une seule rime (*phú độc vận*) et les différentes parties du texte sont liées ensemble par deux phrases parallèles : souvent, on place la rime à la fin de chaque seconde phrase, sachant que chacune des parties comprend un nombre irrégulier de phrases et que le nombre de mots dans chacune de ces phrases n'est pas limité. Parmi les *phú* célèbres, citons le *Ngũ canh phú* (anonyme) et le *Khổng Tử mộng Chu-Công phú* de Nguyễn-Nghiễm, le père de Nguyễn-Du, qui relate un épisode de la vie de Confucius.

Les Tonkinois ont cependant l'oreille extrêmement juste et cette qualité leur est indispensable pour se faire comprendre dans leur langue. Cette langue est composée de mots monosyllabiques ; elle ne comprend qu'un petit nombre de ces mots, et pourtant les indigènes arrivent à exprimer complètement leur pensée, parce que chaque syllabe a une signification variable suivant le ton dont on la prononce. La syllabe *moi*, par exemple, peut signifier tout à la fois « lèvres », « fourmi », « tromper », « obscur », « appât », « extrémité », « nourriture », « butin », suivant qu'elle est prononcée sur un ton aigu ou sur un ton grave, en accentuant ou en glissant, en haussant la voix ou en la laissant tomber[1]. Il en résulte que, pour se faire bien comprendre, l'Annamite est obligé d'insister sur le ton de chaque mot, si bien que les phrases sont prononcées plutôt en chantant qu'en parlant. La voix des indigènes, quand elle n'est pas forcée, est très douce, et, dans la conversation, leur langue, modulée et chantante, est très agréable à entendre, surtout lorsque ce sont des femmes qui la parlent. Déjà, en 1623, le père Alexandre de Rhodes[2] avait fait cette remarque : « J'avoue, dit-il, que, quand je fus arrivé à la Cochinchine et que j'entendis parler les naturels du pays, particulièrement les femmes, il me sembla entendre gazouiller des oiseaux. »

Cette voix très douce, aux inflexions câlines, que possèdent les femmes annamites devient perçante et désagréable quand elles se mettent en colère. Il n'est pas rare de voir, dans la rue, des femmes du peuple qui se disputent ; elles s'invectivent alors sur un ton suraigu qui s'entend de très loin.

Quand ils lisent ou quand ils prononcent une harangue, les Tonkinois accentuent encore les intonations chantantes de leur langage et leur donnent des inflexions nasillardes en traînant les sons à bouche fermée à la fin des mots. Cette façon de prononcer constitue à leur avis le comble de l'élégance dans la déclamation. Les Annamites sont extrêmement formalistes et leur langage s'en ressent : ils ont une façon toute différente de répondre « oui » à une question posée, suivant que cette question leur est faite par un inférieur ou par un

---

1. *Môi* (« lèvre ») ; *môi* (« termite » et non « fourmi ») ; *môì* (« appât ») ; *môi* (« extrémité ») ; *môi* (« nourriture »). En revanche, il semble que Hocquard se trompe à propos des mots « tromper », « obscur » et « butin » qui ne relèvent pas de la syllabe « moi »... Le vietnamien comporte six tons.

2. Le père Alexandre de Rhodes (1591-1660) était un missionnaire de l'ordre des Jésuites ; après un long séjour à Goa (1620-1623) puis à Macao (1624), il fut envoyé au Đàng-Trong (sud du Đại-Việt, 1624-1627) puis au Đàng-Ngoài (centre et nord, avril 1627). Il fut expulsé et retourna à Macao et Canton jusqu'en 1640, date à laquelle il revint en « Cochinchine », d'où il fut une nouvelle fois banni en 1646. Alexandre de Rhodes a dressé une carte du Đại-Việt du sud et, surtout, rédigé un dictionnaire vietnamien-latin-portugais (*Dictionarium annamiticum lusitanum et latinum*, Rome, 1651) qui a posé les bases de la langue vietnamienne romanisée (*quốc-ngữ*). La citation de Hocquard est probablement tiré du *Sommaire des divers voyages et missions du père Al. De Rhodes depuis l'année 1618 à 1653* (Paris, Lambert, 1653).

SALLE DU BANQUET DANS LA PAGODE DES MANDARINS MILITAIRES

mandarin. Au premier, ils lanceront un *Ia* énergique sur le ton du commandement ; au second, ils répondront *Phai*, d'une voix presque basse et les yeux modestement baissés[1].

La prononciation est le grand écueil contre lequel se heurtent les Européens lorsqu'ils cherchent à apprendre la langue annamite ; ce n'est qu'à la longue et à force de pratique qu'ils arrivent à se faire comprendre des indigènes. Il faut même s'attendre, dans les commencements, aux quiproquos les plus bouffons et les plus inattendus. Voici un exemple qui m'est personnel : je venais de prendre à mon service un jeune boy récemment arrivé d'un village perdu du fond de la province, et qui ne connaissait pas un seul mot de français. J'avais la prétention de parler très suffisamment l'annamite parce que mon ancien serviteur indigène, depuis longtemps habitué à mon accent, n'hésitait jamais quand je lui donnais un ordre dans sa langue. Le jour de l'arrivée de mon nouveau domestique, je lui commande d'aller me chercher mon cheval ; il me répond par un *Ia* (« oui ») énergique et part comme un trait. J'attends dix minutes, vingt minutes, et, ne le voyant pas revenir, je sors impatienté sous ma véranda : plus de boy ! Ce n'est qu'au bout d'une grande heure que je l'aperçois à l'extrémité de l'avenue, accourant tout essoufflé, suivi de deux coolies portant un beau cercueil. La syllabe *ma* peut en effet signifier « cercueil » ou bien « cheval », suivant le ton qu'on lui donne : j'avais prononcé légèrement au lieu d'appuyer, voilà tout[2].

INSTRUMENTS DE MUSIQUE

1. Ces renseignements ont été fournis à Hocquard par son interprète venu du Sud où l'on utilise « ya » (« dạ » prononcé à la manière du Sud) et « phải » là où, au Nord, on emploie davantage « có » et « dạ ».
2. *Mã* (« cheval ») / *mả* (« tombe, tombeau »). Cette anecdote a probablement été inventée de toutes pièces par l'auteur car ces deux termes sino-vietnamiens sont peu employés dans le langage courant, *a fortiori* par un domestique (« cheval » se disant *ngựa* et *mả* désignant la « tombe » et non pas le « cercueil »).

UN MISSIONNAIRE EN TOURNÉE

CHAPITRE XIV

L'ÉGLISE DE LA MISSION CATHOLIQUE ; CURIEUSE FACON DE PRIER. – MISSIONS
FRANÇAISES ET ESPAGNOLES. – GENRE DE VIE ET OCCUPATIONS DES MISSIONNAIRES. –
LE CLERGÉ INDIGÈNE, SON RECRUTEMENT. – LA QUESTION DES RELIGIONS. – MÉDECINE
ET MÉDECINS INDIGÈNES. – LE FROID ET LE CHAUD. – LES PHARMACIENS ET LES
DROGUISTES. – REMÈDES TONKINOIS. – COMMENT ON SE FORME UNE CLIENTÈLE. – UNE
EXÉCUTION CAPITALE. – LES BOURREAUX ANNAMITES. – LA VIE DE FAMILLE AU
TONKIN. – LES FEMMES DE PREMIER ET DE SECOND RANG. – LES MARIAGES.

La mission catholique, où loge en ce moment un prêtre français, le
père Girod, est située dans un des quartiers les plus retirés et les plus
silencieux de Nam-Dinh. On y pénètre par une petite porte, surmontée
d'une croix de pierre, qui donne dans une cour étroite, entourée de
trois côtés par une sorte de promenoir couvert. De cette cour, on a vue
sur l'église. Celle-ci est grande et bien bâtie ; elle a été construite tout
entière par les Annamites avec des briques qu'ils savent fabriquer en
abondance ; ses murs sont recouverts à l'extérieur d'un enduit de
chaux qui, sous le soleil de midi, est d'une blancheur aveuglante. Son

clocher à triple étage, dont les quatre faces sont couvertes d'inscriptions en gros caractères chinois, est orné aux angles de quatre piliers surmontés chacun d'une grenade de pierre. En Annam, la grenade est le symbole de la fécondité et, en même temps, de la félicité parfaite, puisqu'il n'est pas pour les Annamites de bonheur plus complet que celui de posséder une nombreuse famille[1]. Cet emblème, placé au sommet de la maison de Dieu, a pour but d'indiquer que l'Église catholique est une mère féconde dont l'heureuse postérité se multiplie à l'infini.

Le père Girod lit son bréviaire sous le promenoir couvert de la petite cour. Il est vêtu d'une longue soutane noire en étoffe légère, boutonnée sur le côté, comme la robe des Annamites ; sa figure pâle est encadrée par une barbe blonde et clairsemée qu'il porte longue, comme tous les missionnaires. Il a vingt-cinq ans tout au plus, mais ses traits amaigris et ses joues creusées par les fatigues et les privations lui font paraître deux fois son âge. Aussitôt qu'il m'aperçoit, il vient à moi la main tendue ; la présentation est vite faite dans ces pays lointains : deux compatriotes deviennent deux amis dès la première entrevue.

Le père m'emmène visiter l'église. Un grand nombre d'indigènes y sont réunis ; agenouillés sur les nattes qui couvrent le sol, ils récitent leur chapelet en criant du nez et de la gorge avec des intonations tellement bizarres que j'ai peine à retenir une folle envie de rire. C'est leur façon à eux de montrer leur ferveur : on les gênerait beaucoup, paraît-il, en les obligeant à prier à voix basse.

L'autel est une simple table de bois qui n'est pas même fixée au sol. « Nous ne pouvons pas avoir d'autel fixe, me dit le père Girod, parce qu'au Tonkin on n'est jamais sûr du lendemain. Qui sait si, dans quelques jours, les pirates ne viendront pas nous attaquer et nous piller ? Cette table est facile à enlever et à cacher à la moindre alerte. C'est pour la même raison que nous ne consacrons jamais nos églises, comme on le fait en pays civilisé. Il est même très rare qu'elles soient construites en briques. Dans la plupart des chrétientés, ce sont de grands hangars en bois recouverts de paille de riz ou de feuilles de palmier ; ils sont disposés de telle façon que toutes les pièces de la charpente peuvent s'enlever avec une extrême facilité. En temps de persécution, ou quand le pays est troublé par la guerre, les chrétiens

---

1. En raison de ses innombrables grains roses, d'ailleurs désignés par le caractère *tử* signifiant « enfant », la grenade (*quả lựu*) était en effet le symbole de la fécondité. On l'offrait aux jeunes mariés en gage de descendance et pour leur porter bonheur. La grenade est un motif décoratif très fréquent, que l'on retrouve par exemple au tombeau de Minh-Mạng, à Huế.

les démontent et en cachent les matériaux ; les païens sont bien attrapés quand ils se présentent pour brûler ou pour profaner le temple : ils trouvent à la place qu'il occupait un champ labouré et tout

ÉGLISE CATHOLIQUE DE NAM-DINH

ensemencé ; on appelle cela « plier l'église ». L'opération est conduite avec une rapidité incroyable ; quand l'alerte est passée, on rebâtit en aussi peu de temps qu'on a mis à défaire. »

Le père me fait ensuite visiter la petite chambre qu'il occupe au premier étage d'un bâtiment en briques construit à l'ombre du temple. On monte à cette chambre par une espèce d'échelle ; elle a pour unique mobilier un cadre en bambous recouvert d'une mince natte ; c'est le lit, qui ne diffère pas de celui des plus pauvres paysans. Le père Girod n'a pas même un escabeau pour s'asseoir : il travaille devant une petite table basse, les jambes croisées à la façon des tailleurs, sur la natte qui recouvre le plancher. Cette natte est d'une blancheur immaculée ; ici, comme au Japon, la politesse veut qu'on laisse ses sandales à la porte.

Dans un coin, un costume complet d'Annamite est accroché à la muraille. Tout y est : le *ké-ao* et le *ké-kouan* en calicot blanc, le grand chapeau conique, la pièce de crépon dont on fait un turban pour la tête, et jusqu'aux sandales en peau de buffle qui ressemblent si bien à celles des capucins[1]. C'est le costume de voyage du missionnaire. Les prêtres français sont constamment par monts et par chemins ; ils parcourent sans cesse les villages et les chrétientés, et, pour ne pas attirer l'attention, ils portent dans leurs tournées les vêtements du pays.

Deux grandes congrégations, l'une française, l'autre espagnole, propagent depuis plus de deux siècles la religion catholique au Tonkin. Pour éviter toute contestation entre elles, elles se sont partagé le pays suivant une ligne de démarcation très nette, qui répond au tracé du fleuve Rouge et de la rivière Claire. Toutes les provinces situées entre la rive gauche de ces deux cours d'eau et la Chine, c'est-à-dire Lang-Son, Cao-Bang, Tuyên-Quang, Tai-Nguyen, Bac-Ninh, Haï-Duong, Quang-Yen, Hong-Yen et la plus grande partie du Nam-Dinh, sont sous la juridiction spirituelle des pères dominicains espagnols. Toutes les provinces qui correspondent à la rive droite des mêmes fleuves, savoir : Hong-Hoa, Son-Tây, Ha-Noï, une partie du Nam-Dinh, Ninh-Binh et Thanh-Hoa, sont administrées, sous la dénomination générale de « Mission du Tonkin occidental », par des prêtres de la société des Missions étrangères de Paris. Ces derniers, au nombre de quarante-trois seulement, ont à diriger environ deux cent mille chrétiens, groupés autour de quatre cents églises, sur une étendue de douze mille kilomètres carrés[2].

---

1. Respectivement *cái áo* (chemise), *cái quần* (pantalon) et *khăn* (turban).

2. En 1848, l'ancien vicariat du « Tonkin oriental » (créé en 1679) fut divisé en « Tonkin oriental » et « Tonkin central » (Hưng-Yên et trois quarts de la province de Nam-Định, où se trouve Hocquard). Ils

Pour mener à bonne fin cette tâche écrasante, ils ont dû former un nombreux clergé indigène. Ce clergé, pour la seule « mission du Tonkin occidental », ne comprend pas moins de quatre-vingt-dix-sept prêtres et de trois cent cinquante catéchistes[1].

Une agglomération de chrétiens habitant des villages rapprochés et groupés autour d'une église prend le nom de « chrétienté » ; vingt ou trente de ces chrétientés réunies constituent une « paroisse », administrée par un prêtre indigène qui demeure à poste fixe dans la chrétienté la plus importante, où il remplit à peu près les fonctions d'un curé de campagne. La réunion de cinq à six de ces paroisses constitue un « district », qui est placé sous la surveillance d'un missionnaire européen. Tous les chefs de district sont à leur tour sous les ordres de l'évêque, chef suprême de la mission, qui les utilise comme il l'entend, suivant leurs aptitudes et les besoins du moment.

Le missionnaire n'a pas, comme le prêtre indigène, de domicile fixe ; il parcourt constamment les paroisses placées sous sa juridiction, logeant chez les fidèles, s'arrêtant aussi longtemps que sa présence est nécessaire, et ne repartant que lorsqu'il a reconnu que tout est en ordre. Il fait ordinairement ses tournées à pied, accompagné de ses catéchistes, qui l'aident pour les cérémonies du culte, et suivi d'un coolie, qui porte les ornements et les vases consacrés dans deux grandes boîtes rondes, laquées en noir et suspendues aux extrémités d'un bambou.

Le père vit pauvrement, à la façon du pays, aux frais de la chrétienté qu'il visite. Comme il ne possède presque rien en propre, puisque toutes les aumônes venues d'Europe sont employées à l'entretien des

---

furent tous les deux placés sous la juridiction des dominicains espagnols. Les six autres vicariats apostoliques relevaient de la société des Missions étrangères. Les dominicains portugais (depuis Malaca avec Gaspard de Cruz) puis espagnols (depuis Manille avec Ordenez de Cavallo puis Diego Aduarta), avaient été les premiers à pénétrer au Viêt-Nam (XVIe siècle) ; au XVIIe siècle, les jésuites leur succédèrent à partir de la « province de Chine et du Japon » qui avait son siège à Macao (Buzomi, Carvaille, Barret, de Pina, etc.). Au même moment fut créé le séminaire des Missions étrangères qui voulut nommer en Extrême-Orient des « vicaires apostoliques » (Mgr Pallu au Tonkin), provoquant un conflit avec les jésuites portugais qui, eux, revendiquaient au Viêt-Nam le « droit de patronage (*patroado*) sur les terres à convertir », droit qui leur avait été concédé par le pape Alexandre VI (traité de Tordesillas, 1493). Le Portugal s'opposa donc à la nomination des vicaires apostoliques français ; en 1693, les dominicains espagnols de Manille obtinrent de prendre en charge le vicariat du Tonkin oriental. À cette date, le Viêt-Nam était donc divisé en deux parties : le vicariat de la Cochinchine, qui relevait de la société des Missions étrangères, et le vicariat du Tonkin, que l'on partagea entre les Missions étrangères et les dominicains. En 1884, dans le Tonkin occidental, il y avait quarante-quatre missionnaires pour une population chrétienne généralement estimée à cent cinquante mille personnes.

1. Sous l'autorité de Mgr Puginier, la mission du Tonkin occidental recouvrait les provinces de Thanh-Hoá, Ninh-Bình, Hà-Nội, Sơn-Tây, Hưng-Hoá et la partie méridionale de la province de Tuyên-Quang. La résidence épiscopale était située à Kẻ Sở. On remarquera la fiabilité des renseignements fournis par Hocquard puisque d'autres sources indiquent, pour 1884, des chiffres très proches : quatre-vingt-six prêtres vietnamiens et trois cent soixante-douze catéchistes.

ENFANTS DE LA MAÎTRISE

collèges et des séminaires de la mission, chaque famille de la paroisse le nourrit à tour de rôle ainsi que ses catéchistes. Bien que les chrétiens soient pauvres pour la plupart, chacun tient à honneur de le traiter de son mieux ; mais il doit se contenter de la cuisine annamite et manger, avec les petites baguettes, le riz, le poisson salé, les herbes au vinaigre[1], auxquels on ajoute, dans les grandes circonstances et pour lui faire fête, quelques morceaux de porc. Depuis qu'il a mis le pied sur la terre tonkinoise, il a abandonné l'usage du pain ; il ne boit à ses repas que de l'eau et une infusion de ce thé vert, récolté dans le pays, qui a une saveur astringente et un peu métallique. Tous les ans, il reçoit bien de Hong-Kong quelques bouteilles de vin qu'envoie le père procureur, mais il les garde précieusement pour dire sa messe. On ne récolte pas de vin au Tonkin ; la vigne y pousse à l'état sauvage, et le raisin qu'elle produit donne un jus acide et désagréable au goût.

Dès que l'arrivée du missionnaire est signalée dans une chrétienté, tous les habitants se réunissent et viennent en corps à l'entrée du village pour le saluer. On l'accompagne ensuite jusqu'à la maison qui lui a été préparée pour le temps de son séjour.

Tous les jours, dès quatre heures du matin, les chrétiens se réunissent à l'église. Après une heure ou deux d'exercices de piété faits en commun, ils se séparent et chacun va s'occuper de ses affaires ou de son champ.

Pendant toute la journée, le prêtre se tient dans sa maison, où il reçoit tous ceux qui ont quelque communication à lui faire, ou quelque conseil à lui demander. Il juge tous les procès qu'on lui soumet, statue sur les mariages, réconcilie les ennemis, tranche les questions en litige : le père est juge et arbitre en même temps que prêtre. « Il faut bien, dit le père Girod, empêcher les chrétiens d'aller plaider devant le mandarin qui ne les aime guère et chez qui on ne peut jamais se présenter les mains vides. La fable de *L'Huître et les Plaideurs* semble faite pour les juges annamites. »

Pendant que le missionnaire s'occupe de toutes ces affaires, les catéchistes courent de divers côtés pour instruire les néophytes, réchauffer le zèle des négligents et préparer ceux qui désirent se confesser au prêtre. Ces confessions sont reçues avec une simplicité touchante qui rappelle les mœurs de l'Église primitive : dans les villages annamites, les maisons sont généralement construites en torchis ; elles présentent toujours dans une de leurs parois une petite ouverture carrée en forme de fenêtre, qu'on recouvre souvent d'un

---

1. Entendez : les légumes fermentés.

treillis de bambous à mailles extrêmement lâches. Le père s'assied dans l'intérieur de la maison, à côté de cette fenêtre, et le pénitent vient s'agenouiller en dehors contre le treillage en bambous.

Les détails dans lesquels je viens d'entrer montrent que, pour remplir leur ministère, les prêtres européens doivent connaître à fond la langue et les mœurs des indigènes. Ils acquièrent ces notions si précieuses pour eux en un temps relativement court, grâce à l'excellence de la méthode suivie. Dès qu'il a débarqué au Tonkin, le jeune prêtre français est installé au collège de la mission devant une grammaire annamite. Cette grammaire a été composée par les premiers missionnaires portugais venus au Tonkin, il y a deux siècles ; la prononciation et le ton de chaque syllabe y sont indiqués à l'aide d'un système ingénieux de signes et d'accents, aussi exactement qu'un air peut être noté sur un cahier de musique. Un catéchiste intelligent sachant parler latin, et pouvant par conséquent être facilement compris du père, est attaché à sa personne pour lui chanter l'intonation et pour l'aider dans ses débuts. Au bout de six ou huit mois, le jeune missionnaire est déjà capable de prêcher. Après douze ou quinze mois, il peut commencer son premier voyage à travers le district.

Pour être à même de remplir le rôle important qui leur est dévolu dans la mission, les membres du clergé indigène doivent être intelligents, instruits et dévoués ; aussi leur admission est-elle l'objet d'une réglementation minutieuse. Voici l'excellente méthode suivie pour assurer leur recrutement : il y a dans chaque paroisse une maîtrise où l'on reçoit les enfants qui paraissent montrer des aptitudes pour l'état ecclésiastique. Les élèves y sont admis dès l'âge de dix ou treize ans ; ils y apprennent la littérature, les caractères chinois, les premiers principes du latin et le plain-chant ; on leur enseigne aussi à servir au chœur pour les cérémonies du culte. Au bout de six ou sept ans de séjour à la maîtrise, les jeunes Annamites sont classés en deux catégories, suivant leur intelligence et les progrès qu'ils ont accomplis.

Ceux dont les talents, le caractère et la vertu sont reconnus suffisants sont envoyés au collège de Hoang-Nguyen, près Hanoï, ou à celui de Phuc-Nhac, près de Ninh-Binh, pour y achever leur cours de latin et de littérature[1]. Ils y demeurent ordinairement six ou sept ans, puis ils sont placés comme catéchistes auprès des missionnaires et des prêtres indigènes chefs des chrétientés importantes ; ils font dans cette

---

1. Situé à Hoàng-Nguyên, le collège Saint-Pierre regroupait, en 1883, trois missionnaires, sept enseignants vietnamiens, de nombreux catéchistes et cent soixante-dix étudiants. Dirigé par le père Cosserat, ce collège était une réplique du séminaire jurassien où il avait été formé.

situation un stage plus ou moins long, mais qui ne dure guère moins de six ans. Leurs fonctions principales consistent alors à enseigner le catéchisme aux enfants, à présider aux réunions des fidèles, à visiter

ÉLÈVES DU COLLÈGE DE HOANG-N'GUYEN

les chrétientés éloignées, en un mot à seconder le prêtre et quelquefois à le suppléer dans son ministère. Après leur stage et sur un rapport favorable établi par le supérieur auprès duquel ils sont placés, les catéchistes sont admis au grand séminaire. Ils n'arrivent guère dans ce dernier établissement avant l'âge de vingt-sept ou de trente ans ; ils y passent trois années pendant lesquelles ils étudient la théologie, la liturgie et les autres sciences ecclésiastiques : c'est alors seulement qu'ils sont promus au sacerdoce. Il ne serait pas possible d'ailleurs de leur conférer la dignité de prêtre avant une trentaine d'années. L'Annamite se développe lentement, au moral comme au physique : à vingt ans c'est encore un véritable enfant au point de vue du caractère.

Les élèves des maîtrises classés dans la deuxième catégorie au bout de leur sixième année d'étude ne sont pas envoyés au collège, comme ceux de la première catégorie. On les garde dans le district en qualité de postulants et, vers l'âge de vingt ou de vingt-cinq ans, on les fait entrer dans la classe des aspirants au diplôme de catéchiste. Au bout de deux ou trois ans de séjour dans cette classe, on leur délivre ce diplôme ; mais ils ne vont pas plus loin et ils ne peuvent prétendre à aucune fonction supérieure.

Les catéchistes de la classe supérieure sont en général admirablement doués au point de vue intellectuel ; la plupart d'entre eux montrent une facilité d'assimilation et une vivacité d'esprit absolument remarquables. Ces jeunes gens apprennent comme en se jouant la langue latine, qui n'offre pas le moindre rapport avec la leur. Ils arrivent à la parler fort bien, en prononçant très distinctement à la manière italienne et avec un léger accent qui ne manque pas de grâce. Leur mémoire surtout est prodigieuse : pour obtenir le diplôme de catéchiste, ils sont obligés de réciter par cœur, *et sans en changer un mot*, une instruction sur la façon de réfuter les superstitions des idolâtres qui ne comprend pas moins de deux gros volumes.

Le clergé indigène et les chrétiens eux-mêmes sont extrêmement dévoués aux missionnaires. Il en résulte que ces derniers disposent au Tonkin d'une force considérable et d'une influence dont nous avons intérêt à tenir compte. Les dominicains espagnols établis au nord de notre colonie n'ont pas toujours très bien servi notre cause[1] ; mais les pères des Missions étrangères se sont constamment montrés d'excellents patriotes et de bons Français ; jamais ils n'ont refusé à nos généraux l'aide de leurs conseils et de leur expérience du pays, et,

---

1. L'auteur fait sans doute référence au soutien, très fort, apporté à la rébellion de Lê Duy Phụng par les pères Colomer, Riaño et Rives : en protégeant ce prétendu descendant des Lê, l'Espagne a caressé, un court moment, le projet d'une aventure coloniale au Tonkin (1863-1864).

en différentes occasions, leurs émissaires nous ont fourni sur les agissements de nos ennemis des renseignements précieux qu'il nous eût été impossible d'obtenir autrement[1].

Les Missions n'ont fait que s'accroître au Tonkin depuis le père de Rhodes. Les prêtres catholiques rencontrent cependant dans leur propagande des difficultés, des résistances, qu'il leur serait impossible de vaincre sans leur patience à toute épreuve et sans leur ténacité.

En débarquant au Tonkin, les missionnaires ont trouvé un peuple indifférent en matière de religion, mais très superstitieux et en même temps très fortement attaché à ses anciens usages. Ce peuple suivait trois doctrines religieuses différentes : le bouddhisme, le taoïsme et le confucisme[2].

Le bouddhisme, importé au Tonkin vers le 1er siècle de notre ère, après avoir été très florissant, a perdu peu à peu le terrain conquis. Le peuple ne le suit plus guère aujourd'hui que par habitude ; ses temples tombent en ruines ; ses bonzes ont presque tous disparu, et ceux qui restent ne jouissent pas d'une considération bien grande. Quand un Annamite montre dans une pagode une statue du Bouddha, c'est en riant, sans aucun respect, comme nous montrerions une statue de Jupiter.

Le taoïsme, venu de Chine, est tombé dans un discrédit encore plus complet. Son fondateur, Lao-Tseu, une des plus grandes figures de l'antiquité chinoise, est devenu chez les Annamites, sous le sobriquet de *Lao-Papa* (« le père Lao »), le patron des devins, des sorciers et des charlatans de bas étage qui exploitent la crédulité publique[3].

Si les Tonkinois font assez bon marché des doctrines de Bouddha et de Lao-Tseu, ils sont au contraire très attachés à celle de Confucius. Le confucisme est la religion officielle ; c'est celle du roi et du corps des lettrés tout entier. Le terme *religion* appliqué au cas particulier n'est peut-être pas très exact : bien que Confucius ait admis sous le nom de *Âm* (*Yin* des Chinois) un principe immatériel auquel le roi et les mandarins offrent chaque année des sacrifices, sa doctrine est moins une religion qu'un ensemble de préceptes ayant pour but d'assurer le respect et la conservation des anciens usages. Quoi qu'il

---

1. La remarque est évidemment très juste. L'aide apportée par les missionnaires à la colonisation apparaît par exemple très clairement à travers la correspondance laissée par Mgr Puginier.

2. Entendre : *confucianisme*.

3. Notation un peu rapide. Si le taoïsme a certes perdu de son influence à partir du règne des Lê, il n'a jamais cessé d'exister pour autant ; c'est d'ailleurs le roi Lê Thân Tông (1619-1628) lui-même qui autorisa la fondation de la secte taoïste Nội-Tràng. On trouve encore de nombreux temples consacrés au culte des déesses-mères ou à Liễu-Hạnh. Cela dit, il est vrai que les « sorciers » et les magiciens se sont emparés du culte taoïste qui, dans ce cas, se pratiquait dans des sanctuaires appelés *điện* ou *tĩnh*.

en soit, cette doctrine et le culte des ancêtres qui en découle forment la base et comme le point de départ des lois organiques qui régissent le royaume. Battre le confucisme en brèche comme le fait le christianisme, c'est s'attaquer aux lois du pays ; c'est encourir en même temps les soupçons et la haine des princes et des mandarins qui ne se maintiennent que par ces lois et qui leur doivent toute leur puissance. Voilà pourquoi les hauts fonctionnaires indigènes ne tolèrent les catholiques qu'avec une certaine impatience ; c'est aussi pour la même raison que les missionnaires ont à différentes reprises arrosé de leur sang la croix qu'ils ont plantée.

ÉTALAGE DE DROGUISTE

Un matin, au moment où je m'apprêtais à sortir pour faire ma visite quotidienne à l'ambulance, mon boy introduit dans ma chambre un Annamite très confortablement vêtu et tenant à la main le parapluie de provenance européenne qui indique l'homme de qualité. Après les saluts d'usages faits avec une lenteur calculée, le visiteur tire solennellement de sa ceinture une feuille de papier grand format, couverte de caractères chinois et sur laquelle s'étale une douzaine de larges cachets rouges. Très intrigué, je tourne et je retourne le papier entre mes mains, aussi embarrassé que je l'aurais été devant une page d'hiéroglyphes. L'inconnu fouille alors de nouveau dans son inépuisable ceinture ; il en sort une large enveloppe dont la suscription à mon adresse est cette fois écrite en bon français ; c'est une lettre du directeur des Affaires civiles de Hanoï, qui contient la traduction du grimoire et des renseignements complémentaires sur le personnage qui l'apporte. Voici d'abord la traduction :

« Moi, Nguyen-Hu-Do, *tông-dôc* de Hanoï et de Ninh-Binh, conformément aux instructions du directeur des Affaires civiles et politiques prescrivant de choisir des médecins annamites jeunes, intelligents et studieux, pour être présentés au docteur français qui leur apprendra à vacciner les enfants, à faire certaines opérations faciles et surtout à soigner les maladies d'yeux, qui sont très fréquentes, j'ai choisi le sieur Ngô-Daï, qui est admis au nombre des médecins employés par l'État. C'est pourquoi je lui délivre ce *bang-cap* (« brevet »). Il lui permettra de se présenter à la Concession devant le directeur des Affaires civiles, qui l'expédiera au docteur chargé de lui donner les leçons nécessaires.

Fait le 13 du 6e mois de la 1ère année de Kien-Phuoc (25 juillet 1884). »

Le directeur m'écrit en outre qu'ayant été informé de mon départ de Hanoï, il m'envoie par jonque le médecin annamite ; celui-ci demeurera près de mois tout le temps nécessaire et il s'installera, avec sa famille qu'il a amenée, dans une des maisons du *tông-dôc* de Nam-Dinh.

Tout en prenant connaissance de ce document, je jette de temps à autre un coup d'œil curieux sur mon confrère, qui attend avec une impassibilité apparente que j'aie terminé ma lecture. Rien, ni dans son costume, ni dans son allure, ne le distingue d'un indigène quelconque de la classe aisée. Il peut avoir une trentaine d'années ; son front bombé et large, ses yeux noirs et très vifs lui donnent un air intelligent qui me le rend tout de suite sympathique.

Je l'emmène immédiatement avec moi à l'ambulance. Chemin faisant, il me raconte avec un certain orgueil qu'il est le fils adoptif et l'élève de Phong-Nan-Trach, célèbre médecin autrefois au service du *tông-dôc* de Hanoï.

Ce Phong-Nan-Trach est sans doute un chef d'école. Au Tonkin, il n'y a aucune institution qui rappelle nos facultés de médecine ; les jeunes gens qui veulent étudier cette science s'attachent à la personne d'un médecin renommé qui consent à les initier dans la pratique de son art ; quand ils jugent qu'ils sont assez habiles, ils quittent leur maître pour chercher une clientèle. S'ils parviennent à se créer une réputation, ils tâchent de se faire attacher à la personne d'un fonctionnaire de haut rang qui leur confère le titre de « médecin de l'État » et qui quelquefois demande pour eux au roi un grade dans le mandarinat[1].

N'GO DAI

Les médecins annamites ont pour les guider dans l'exercice de leur art les livres chinois qui traitent de la médecine : c'est d'abord le *Y-hoc*, qui indique les signes des maladies et les différences des

---

1. La plupart des médecins étaient jadis recrutés parmi les candidats recalés aux concours triennaux. Aucun diplôme n'était nécessaire pour exercer, et certains de ces médicastres (*lang băm* ou *lang vườn*) étaient tournés en ridicule par la population, parfois injustement, d'ailleurs, car ils rendaient de grands services et leurs connaissances n'étaient pas négligeables.

tempéraments ; c'est encore le *Ban-thao,* ou *Table des herbes*, qui est célèbre dans tout l'Extrême-Orient ; il contient une foule de recettes sur les vertus et la préparation des plantes[1].

Les documents puisés dans ces livres constituent ce qu'on pourrait appeler la médecine classique ; elle repose sur la connaissance de deux principes, le froid et le chaud, qui jouent un rôle capital dans les théories médicales chinoises. De la combinaison de ces deux principes résulte un équilibre parfait qui constitue l'état de santé ; la rupture de l'équilibre produit la maladie. Le rôle du médecin consiste à ramener la bonne harmonie entre les deux. Au dire des Annamites, l'alimentation joue un grand rôle dans l'évolution des maladies : certains aliments renforcent le principe chaud, d'autres le principe froid et, mal choisis, ils peuvent détruire la bonne harmonie nécessaire au maintien de la santé. « Si tant de Français tombent malades chez nous, me disait mon confrère tonkinois, c'est parce qu'ils abusent de la viande de bœuf, qui est une nourriture *trop échauffante* pour eux dans ce pays. »

Les médecins tonkinois admettent deux méthodes pour soigner les malades : la méthode chinoise, ou *Thuoc-Bac*, reposant sur des théories écrites dans les livres dont j'ai parlé plus haut, et la méthode annamite, ou *Thuoc-Nam*. Celle-ci est ordinairement beaucoup moins en faveur que l'autre ; elle est tout empirique et elle se compose d'une foule de recettes dont l'efficacité a été plus ou moins consacrée par le temps. Les maîtres enseignent comme ils l'entendent ces recettes à leurs élèves ; quelques-unes sont tenues secrètes ; le monopole en est exploité par certaines familles, qui se les transmettent de génération en génération, comme un héritage. Les médecins en vogue ne parlent du *Thuoc-Nam* qu'avec dédain ; on croirait entendre nos professeurs de faculté se moquer agréablement des remèdes de bonnes femmes[2].

---

1. Le *Y-Học* est certainement une version du célèbre *Hoàng Đế Nội Kinh* (*Livre de médecine interne de l'empereur*) qui est un ouvrage chinois datant du IVe siècle avant notre ère. La légende veut que ce livre ait été écrit après que l'empereur eut demandé à son médecin de lui fournir une lotion permettant de faire disparaître ses cheveux blancs ; c'est ce livre là – et non le suivant – qui traite des plantes, en établissant une distinction entre celles qui sont médicales et celles qui sont alimentaires. Le *Bản Thảo Cương Mục* (*Répertoire des matières médicales*), ouvrage chinois lui aussi, date quant à lui de la fin du XVIe siècle.

2. La médecine se divisait en effet en deux grandes écoles : celle « du nord », c'est-à-dire de la Chine (*thuốc Bắc*) et celle « du sud », c'est-à-dire du Viêt-Nam même (*thuốc Nam*). Alors que la première était fondée sur une doctrine articulée, exposée notamment dans les deux ouvrages cités à la note précédente, la seconde, bien qu'elle s'inspirât aussi de la doctrine chinoise, adaptait ses prescriptions aux conditions locales d'un pays méridional et en utilisant les ressources médicinales. Les deux plus grands médecins vietnamiens – Tuệ-Tĩnh (XVIIIe siècle ?) et Lãn-Ông (1720-1792) – tirèrent toute leur gloire d'avoir réussi, dit-on, à allier l'une et l'autre de ces deux traditions médicales.

La plupart des médicaments en usage dans la médecine chinoise arrivent tout préparés du Céleste Empire ; la médecine annamite, au contraire, n'emploie que les plantes et les produits récoltés dans le pays.

Les drogues chinoises font l'objet d'un négoce important ; elles sont fortement taxées en douane. La Chine en exporte chaque année pour plusieurs centaines de mille francs dans le pays d'Annam ; elles sont connues dans le commerce sous le nom général de « médecines chinoises ». Quelques-unes ont une composition des plus bizarres, qui ne le cède en rien à notre fameuse thériaque.

Les indigènes font une telle consommation de ces drogues qu'il y a dans chaque ville un peu importante du Tonkin un quartier spécialement affecté aux marchands qui les vendent. Ces marchands occupent à Nam-Dinh, comme à Hanoï, de grandes boutiques, remplies de bocaux de toutes formes et de toutes grandeurs, soigneusement étiquetés et rangés avec ordre sur des étagères, comme dans nos pharmacies d'Europe. Ces officines sont ordinairement tenues par des Chinois, qui y débitent des pilules, des pommades, des onguents de toutes sortes et de toutes couleurs dont il est bien difficile de connaître au juste la composition.

Un des coins de la boutique est toujours réservé pour y installer l'autel du patron de la médecine : c'est une sorte d'Hippocrate chinois qui, il y a bon nombre de siècles, s'est acquis une réputation immense par son savoir et par les découvertes qu'il a faites dans l'art de guérir. Sa mémoire est l'objet d'un culte très suivi de la part des médecins et des pharmaciens, qui lui offrent des sacrifices à certaines époques de l'année, et qui l'honorent comme le fondateur de la thérapeutique chinoise.

À côté de ces grandes boutiques, on trouve généralement les étalages plus modestes des droguistes annamites. Les plantes conservées sont réunies en petites bottes ; les racines sont coupées en minces rondelles ; les minéraux, les graines, les fruits desséchés sont placés dans de grands paniers ronds qui encombrent la chaussée.

Quand les médicaments ne se trouvent pas tout préparés chez les pharmaciens chinois, les médecins annamites les confectionnent eux-mêmes avec des herbes ou des plantes qu'ils achètent chez les droguistes : ce sont, la plupart du temps, d'abondantes infusions d'une couleur noirâtre, d'une odeur fade ; les médecins en gorgent leurs malades à toute heure du jour et de la nuit, jusqu'à ce que l'estomac se révolte. Il faut vraiment avoir bonne envie de guérir pour absorber ces brouets peu engageants. Les missionnaires, qui sont souvent, faute de mieux, obligés de se confier aux praticiens indigènes, ne parlent qu'avec dégoût de leurs drogues. Le père Marette disait d'un de ses collègues malades : « On peut évaluer à cent écuelles[1] toutes les potions médicales qu'il a prises : c'est là un grand courage[1]. »

Pendant tout le temps de mon séjour à Nam-Dinh, mon confrère Ngô-Daï fut très assidu aux visites de l'ambulance ; chaque matin il m'attendait à l'entrée des salles et nous examinions ensemble les entrants. On lui avait donné un grand tablier blanc qu'il attachait par-dessus sa longue robe ; il m'aidait dans tous mes pansements, retenant très exactement ce qu'il me voyait faire et réglant sur les miens ses gestes et son allure. Une fois la visite finie, il s'asseyait dans un coin et il rédigeait consciencieusement les notes qu'il devait présenter chaque semaine au mandarin comme preuve des progrès accomplis.

Chaque fois qu'un nouveau malade arrivait, je ne manquais jamais de demander à Ngô-Daï comment il le traiterait suivant la méthode annamite ; c'est ainsi que j'ai appris une foule de recettes absolument analogues à celles que prônent en Europe les vieilles commères qui s'occupent de médecine. Pour la colique, Ngô-Daï applique sur le ventre un large cataplasme fait d'oignons cuits hachés ; dans les cas d'entorse et de foulure, il entoure l'articulation malade d'un emplâtre composé d'os de canard crus et broyés ; une espèce de poule qu'on rencontre dans le pays a des os noirs dont on fait un bouillon excellent pour les convalescents. Ceux-ci se rétablissent plus vite encore si on leur fait avaler chaque jour un petit paquet de poudre obtenue en triturant la carapace d'une sorte de crabe de mer.

Les Annamites connaissent différents procédés pour amener la révulsion sur la peau : dans les cas de migraine, ils appliquent sur les tempes de petits vésicatoires faits avec une couche de chaux vive étendue sur une feuille de bétel. Ils posent des ventouses, et ils pratiquent la saignée en plaçant sur la veine un os de poisson très dur, taillé à son extrémité en forme de lancette et qu'ils frappent sur l'autre bout d'un coup de doigt pour le faire pénétrer.

Ils utilisent aussi les moxas, et ils emploient alors deux procédés différents : tantôt ils enflamment au contact de la peau une feuille d'arbre séchée qu'ils ont enduite d'encre de Chine et battue dans un mortier, tantôt ils touchent la partie à cautériser avec un jonc bien sec auquel ils ont mis le feu après l'avoir trempé dans l'huile.

---

1. François-Xavier Marette, missionnaire né vers 1804 dans le canton de Bâle (Suisse), est parti pour le Tonkin en février 1841. C'est lui qui, le premier, expédia à Lyon des tableaux vietnamiens représentant des scènes de martyre.

Les médecins indigènes font un usage fréquent de ces moxas dans les maladies chroniques des articulations. Ils prennent alors des mesures sur la jointure malade avec un soin minutieux pour déterminer le point exact où doit porter la brûlure ; la plus mince erreur commise en mesurant pourrait avoir, prétendent-ils, les plus fâcheuses conséquences.

Nous avions, dans une des annexes de l'ambulance, une petite salle où étaient installés une douzaine de coolies tombés malades à notre service. Je me donnais souvent le spectacle de les faire examiner par mon médecin annamite suivant la méthode indigène. Il prenait alors un air sérieux et considérait longuement le patient sans rien dire, inspectant la langue, promenant le dos de sa main sur les joues, sur les bras, pour se rendre compte du degré de chaleur de la peau ; il s'asseyait ensuite et prenait le pouls, qu'il tâtait gravement pendant un temps infini, avec une attention recueillie et minutieuse, en alternant entre le côté droit et le côté gauche. Il avait bien soin d'explorer le pouls droit avec la main droite et le pouls gauche avec la main gauche ; l'examen eût été défectueux en ne procédant pas ainsi. Il appliquait à chaque fois trois doigts sur l'artère, et cela successivement en commençant à poser l'index, puis le médius, enfin l'annulaire. En agissant de la sorte il voulait se rendre compte de l'état de chaque organe. D'après les livres chinois, les battements ressentis par l'index permettent de juger de l'état de la tête ; les pulsations communiquées à l'annulaire indiquent comment se porte le ventre ; quand au médius, celui du côté droit explore le foie, et celui du côté gauche le cœur[1].

Les médecins annamites n'ont aucune notion certaine sur la situation des organes internes. Quand je demandais à Ngô-Daï de me désigner l'endroit où est placé le cœur, il me montrait invariablement la base du cou. Ils ignorent complètement l'anatomie, et il leur est impossible de l'étudier à cause du respect que les indigènes professent à l'égard des morts ; la pratique des dissections serait considérée par eux comme un crime horrible. Je me souviens toujours de l'impression pénible que ressentit mon médecin annamite la première fois que je le fis entrer dans la salle des autopsies de l'ambulance pour

---

1. C'est en effet l'examen du pouls qui permettait de déterminer la maladie elle-même, et donc d'établir le diagnostic. Les médecins distinguaient douze sortes de pouls (six à chaque poignet) : d'une part trois « pouls profonds » renvoyant aux « cinq viscères » (*ngũ tạng* : cœur, poumons, reins, foie, rate) et au principe femelle, et d'autre part trois « pouls superficiels » renvoyant aux « six organes annexes » (*lục phủ* : vésicule biliaire, estomac, vessie, gros intestin, intestin grêle et le « triple réchauffeur ») et au principe mâle. Hocquard a donc raison de penser que son collègue, « en agissant de la sorte, voulait se rendre compte de l'état de chaque organe ».

lui faire voir au moins la place des principaux viscères du corps humain ; à peine eut-il jeté les yeux sur les pièces que je lui présentais, qu'il devint pâle et se mit à trembler. Je suis sûr que ce jour-là il ne vit absolument rien de ce que je voulais lui montrer. Il s'aguerrit cependant ; au bout de sept ou huit jours, il prit goût à ces travaux, et il se mit à écouter toutes mes explications avec une avidité incroyable ; mais là où son enthousiasme ne connut plus de bornes, ce fut quand je lui fis appliquer son oreille contre la poitrine d'un malade pour écouter les bruits de la respiration : alors les cahiers de notes atteignirent des proportions fantastiques.

Au fur et à mesure qu'il avançait dans ses études, Ngô-Daï prenait de plus en plus confiance dans la médecine française ; il me comblait de prévenances et m'entourait de tous les témoignages de respect que les élèves indigènes apportent dans leurs rapports avec leurs maîtres ; chaque semaine il arrivait avec un cadeau composé de fruits de la saison, qu'il fallait accepter pour ne pas le mortifier.

Ses récits enthousiastes m'avaient procuré une véritable clientèle annamite : les habitants des villages environnants, les lettrés et jusqu'aux grands mandarins affluaient à nos consultations ; deux ou trois cures inespérées mirent le comble à notre renommée. Je suis convaincu qu'on pourrait obtenir par ce procédé une véritable influence sur les indigènes, qui servirait mieux la cause française que les gros bataillons[1].

Ngô-Daï n'était pas du tout jaloux de ma réputation croissante ; il y aidait même de toutes ses forces. Je m'en étonnai au début, mais je m'aperçus bientôt qu'il y trouvait son profit. Les médecins annamites ne fixent pas comme nous leurs honoraires d'après le nombre de visites qu'ils font à leurs clients : ils débattent une fois pour toutes avec la famille la somme qui leur sera versée à la fin de la cure. Cette somme n'est exigible que si le malade guérit ; s'il meurt, le médecin en est pour ses frais. Ngô-Daï, qui faisait si bien la propagande, s'occupait à mon insu de tous ces détails et, quand je croyais donner des conseils gratuits, je travaillais au contraire pour mon avisé confrère qui s'enrichissait aux dépens de mes malades tonkinois.

Un jour que, après la visite du matin à l'ambulance, nous sortions de la citadelle, Ngô-Daï et moi, pour aller faire des emplettes dans la ville annamite, nous fûmes arrêtés dans une petite rue étroite par un singulier cortège : en tête marchait un indigène portant un faisceau de

1. Cette remarque n'est pas surprenante dans la bouche d'un Hocquard, mais elle n'en était pas moins audacieuse en 1884...

verges dans un grand étui rouge ; puis venait un homme d'une trentaine d'années, ayant le cou emprisonné dans une cangue de bois vert, tenue de chaque côté par deux soldats ; derrière lui s'avançait le bourreau, portant un sabre nu dont la large lame étincelait au soleil. Un vieux mandarin flanqué de deux porteurs de parasols terminait le cortège. De chaque côté de la route, une haie de soldats armés de longues lances écartait la foule qui suivait à distance et qui allait en augmentant de minute en minute. Tous ces gens montraient une figure sérieuse et triste qui contrastait avec l'air rieur qu'ont ordinairement les Annamites.

« C'est un pirate qu'on va exécuter, me dit Ngô-Daï, il a été saisi les armes à la main par les satellites du mandarin dans un village des environs qu'il venait de piller avec sa bande ; il a été jugé il y a deux mois ; la sentence a été approuvée et il va payer sa dette. Les gens qui forment ce petit groupe derrière les soldats sont des parents à lui ; ils vont assister à l'exécution pour recueillir le corps et lui rendre les honneurs funèbres. Dans un quart d'heure le condamné aura la tête tranchée, à deux pas d'ici, en dehors de l'enceinte de la ville[1].

Nous suivons de loin le lugubre cortège, qui s'avance lentement dans la rue étroite, pendant que les passants se rangent de chaque côté en enlevant leurs grands chapeaux pour saluer celui qui va mourir. Lui marche tranquillement, sans émotion apparente, la tête baissée, les yeux fixés à terre. Il a les poignets liés derrière le dos avec un brin de rotin ; son large front, son teint mat, ses mains soignées et ses ongles longs indiquent qu'il n'appartient pas au bas peuple.

Après avoir dépassé les dernières maisons de la ville, les soldats s'engagent en pleine campagne dans un chemin bordé de chaque côté par des champs de riz. Bientôt ils font halte à l'entrée d'un terrain vague, couvert d'une herbe épaisse et courte : c'est le lieu de l'exécution.

Les satellites écartent les curieux avec le bois de leurs lances et les maintiennent à distance en formant autour du terrain réservé un grand cercle dans lequel ils ne laissent pénétrer que les gens du cortège. Grâce à un pourboire adroitement glissé, nous pouvons franchir la ligne des soldats et nous placer à dix pas environ du condamné.

Celui-ci a été débarrassé de sa cangue ; il est debout, les mains liées, la figure impassible, les yeux toujours fixés à terre. Ses parents se sont groupés au milieu du chemin ; ils regardent d'un air farouche

---

1. On distinguait jadis cinq types de châtiments : le rotin, le bâton, la servitude, l'exil et la mort. Cette dernière condamnation comportait plusieurs degrés (strangulation, décapitation, décollation avec exposition de la tête et, enfin, supplice de la mort lente).

tous les préparatifs, sans un cri, sans un geste, sans une larme dans les yeux ; il y a pourtant des femmes dans le nombre, et aussi deux petits enfants qui, peut-être, viennent voir mourir leur père. Un frêle piquet de bambou, haut de quatre-vingts centimètres au plus, a été fiché dans le sol ; sur un ordre bref du mandarin aux parasols, le condamné s'agenouille devant ce piquet, auquel on l'attache par l'anse de rotin qui lie ses mains. Le piquet est peu solide, le moindre effort suffirait pour l'arracher ; mais le pirate ne fait aucun mouvement.

Le cercueil qui doit recevoir son corps est posé sur le sol à quelques pas de lui, de sorte qu'en jetant un coup d'œil de côté il peut voir la funèbre boîte toute béante.

Le bourreau s'approche, son sabre à la main ; d'un geste rapide il déboutonne la tunique du condamné, en rabat le col, en rejette les pans en arrière, de façon à mettre à nu le torse et les épaules. Il relève les longs cheveux sur le sommet de la tête pour bien dégager la nuque. L'homme se laisse faire sans opposer la moindre résistance : il obéit, avec une docilité qui me serre le cœur, à la pression des mains du bourreau, qui tranquillement, sans se presser, le dispose pour recevoir le coup, comme un sculpteur placerait son modèle, lui faisant baisser la tête, saillir la poitrine, écarter les genoux.

Je ne suis pas sensible et j'ai passé par bien des émotions poignantes, eh bien jamais, je dois le dire, je n'ai eu les nerfs aussi fortement tendus que pendant ces interminables préparatifs auxquels le condamné se prête comme s'il ne savait pas à quoi ils doivent aboutir.

L'exécuteur relève son large pantalon au-dessus des genoux pour ne pas être gêné dans ses mouvements ; puis, lançant dans sa main ouverte un jet de salive colorée en rouge par la chique de bétel qu'il mâche entre ses dents, il marque sur la nuque du patient, avec un doigt imprégné de cette salive, la place où devra porter le coup. Alors le mandarin fait un signe ; le bourreau saisit son sabre à deux mains ; la large lame décrit dans l'air un demi-cercle lumineux, la tête vole et roule sur le sol en avant du tronc, qui s'affaisse, tandis qu'un jet de sang rouge s'échappe des artères ouvertes.

Pendant que le bourreau essuie son sabre sur l'herbe, un soldat s'avance, plante dans le sol une petite planchette sur laquelle la sentence est écrite en caractères chinois, puis il prend la tête coupée par ses longs cheveux et il la place dans un grand panier rond. Le jugement porte que cette tête sera envoyée au village pillé et incendié par les pirates ; elle sera suspendue aux branches d'un arbre à l'entrée de ce village et elle y restera exposée pour l'exemple.

CORTÈGE D'UN PIRATE CONDAMNÉ À MORT

Après le départ des soldats, la famille du défunt s'approche pour recueillir le corps, qu'ils ont laissé sur le sol à la place même où il est tombé.

L'ÉXÉCUTION

Je m'éloigne fortement ému ; le spectacle auquel je viens d'assister me fait considérer les Annamites tout autrement que je ne l'avais fait jusqu'à ce jour. Des hommes capables de recevoir la mort avec une pareille tranquillité, j'oserai même dire avec une indifférence si prodigieuse, ne peuvent pas être taxés de poltronnerie. D'où vient alors que, sur le champ de bataille, lorsqu'ils se présentent en nombre contre une poignée de nos soldats, ils fuient comme des lâches, presque sans attendre le choc, à tel point que Garnier avec ses trois cents marins a pu conquérir le delta, habité par plusieurs millions d'individus ? Cette contradiction dans leur conduite s'explique probablement par ce fait qu'avec notre haute stature, notre figure et nos vêtements si différents des leurs, nous leur apparaissons comme des êtres d'une essence particulière, contre lesquels il n'y a pas à résister parce qu'ils doivent nécessairement remporter la victoire. La preuve en est qu'une fois encadrés dans nos rangs les Tonkinois se montrent au contraire très résolus et presque aussi braves que des Français.

LA TÊTE DU SUPPLICIÉ MISE DANS UN PANIER

En rentrant en ville, nous rejoignons le bourreau qui revient tranquillement, son sabre sous le bras. J'ai une envie folle d'acheter l'arme en souvenir de l'émotion qu'elle m'a procurée ; Ngô-Daï, auquel je fais part de mon désir, entre immédiatement en pourparlers avec l'homme ; le marché est conclu moyennant une piastre.

Ce sabre mesure quatre-vingts centimètres de longueur totale ; la poignée, qui est droite et terminée par un anneau, a été garnie de petites cordes pour empêcher la main de glisser. La lame a huit centimètres dans sa plus grande largeur, vers la pointe, le tranchant n'est presque pas affilé, mais l'arme est très lourde ; elle doit surtout agir par son poids.

Ngô-Daï m'explique, chemin faisant, le mode de recrutement des bourreaux annamites. Il y a dans tout l'empire d'Annam plusieurs écoles où l'on forme ces bourreaux. Les jeunes gens qui y entrent s'exercent d'abord à manœuvrer leurs sabres contre de jeunes bananiers qu'ils essayent de couper à la volée. Quand ils sont devenus assez adroits, ils sont répartis dans les provinces. Les gouverneurs et même les préfets[1] ont chacun leur exécuteur des hautes œuvres. Dans les chefs-lieux, ces bourreaux sont d'habiles hommes ; mais, dans les préfectures moins importantes, ce sont, la plupart du temps, des élèves à peine stylés qui s'y reprennent à deux ou trois fois pour abattre une tête.

La campagne aux environs de Nam-Dinh est d'une monotonie désespérante : la ville est bâtie en plein delta tonkinois, c'est-à-dire dans le pays le plus plat et le plus inondé du monde. De quelque côté qu'on se dirige, on aboutit fatalement à une immense plaine entrecoupée de flaques d'eau stagnante qui scintillent au milieu des champs de riz. Les hautes digues qui courent à travers cette plaine sont inégales et mal entretenues ; elles ne sont pas ombragées par le plus petit arbuste et il ne serait pas prudent de les parcourir dans la journée, lorsque le soleil, qui y tombe d'aplomb, échauffe le sol fangeux des rizières et produit des vapeurs toutes chargées de miasmes et de fièvre.

Le soir, au contraire, quand la chaleur est un peu tombée, je m'y engage volontiers sur mon petit cheval tonkinois dont le pied très sûr sait tourner tous les obstacles. La digue que je suis le plus souvent court en droite ligne vers un village caché au milieu des bambous ; c'est là que Ngô-Daï habite avec sa famille. J'arrive au moment où les hommes se délassent des travaux de la journée en causant entre eux et en fumant, pendant que les femmes vaquent aux diverses occupations du ménage. Tout le monde se lève immédiatement et vient me faire fête ; puis on se serre pour me donner la place d'honneur sur le plus beau des lits en bambous, à côté du vieux chef de la famille. On

---

1. Ici, chefs d'une préfecture (*phủ*) ou d'un district (*huyện*).

m'offre le thé et le bétel, je caresse les enfants, je prends des nouvelles de tous et je me fais présenter les amis de la maison que je ne connais pas encore. Ces devoirs une fois remplis, je m'étends comme les autres sur le cadre en bambous, avec un petit oreiller d'osier sous ma tête, et je me laisse vivre à l'annamite pendant de longues heures, en compagnie de tous ces braves gens qui me considèrent comme un des leurs.

Pendant l'été, les panneaux en treillis de bambous qui ferment la maison du côté de la cour sont tous enlevés pour laisser passer l'air frais du soir. À travers mes paupières demi-closes, je vois circuler les ménagères, qui marchent sans bruit grâce à leurs pieds nus ; la brise qui arrive de la mer m'apporte, en même temps que l'odeur capiteuse des fleurs d'aréquier, tous les bruits du village : les vibrations du gong de la pagode voisine où l'on célèbre un sacrifice, les mugissements des buffles qui rentrent du travail, les coassements des grenouilles de la mare, auxquels se mêlent l'appel du margouillat en quête d'insectes et les cris stridents des cigales.

C'est pendant ces longues heures passées chez mon ami Ngô-Daï, dans l'intimité de sa maison, que j'ai pu étudier tout à mon aise la vie de famille, telle qu'elle se pratique chez les Annamites. C'était pour moi une occasion bien rare et dont j'ai profité tant que j'ai pu.

En général, l'indigène n'accueille pas volontiers les étrangers ; il les considère comme des intrus et un peu comme des ennemis. Toujours en garde, et pour cause, contre l'avidité des mandarins, il se figure volontiers que nos visites n'ont d'autre but que de l'espionner et de chercher un procédé pour le rançonner. C'est ce qui fait que, lorsque nous entrons dans une maison tonkinoise, nous y sommes reçus avec politesse, mais avec une extrême réserve ; chacun des membres de la famille pèse scrupuleusement ses paroles et ne répond qu'avec prudence à nos questions ; tous les yeux sont braqués sur notre visage pour en étudier l'expression ; on surveille avec anxiété chacun de nos gestes, et tout le monde pousse un soupir de soulagement quand nous sommes partis. Il faut bien dire aussi que, souvent, nos actes justifient cette conduite ; notre ignorance des coutumes des Annamites nous expose, à chaque visite, à les choquer et même à les blesser profondément.

Mon confrère Ngô-Daï a deux femmes : une *vo-chiûh*, ou « femme de premier rang », et une *vo-bé*, ou « femme secondaire ». La polygamie est autorisée en Annam, mais la loi, qui permet aux indigènes de prendre autant de femmes secondaires qu'ils peuvent en nourrir, ne leur tolère par contre qu'une seule femme de premier rang.

Celle-ci jouit de prérogatives presque identiques à celles que nous attachons au titre d'épouse : le code la considère comme une égale du mari. Les *vo-bés*, au contraire, ne sont que de simples servantes, tolérées dans la maison tant qu'elles plaisent au maître, renvoyées quand bon lui semble, sans autre forme de procès [1].

Ce qu'il y a de vraiment admirable dans la maison de Ngô-Daï, comme dans tous les intérieurs tonkinois, c'est le respect dont chacun entoure les parents âgés et surtout le chef de la famille : mon confrère, qui est déjà vieux [2], qui est marié depuis longtemps et qui a lui-même plusieurs enfants, ne parle jamais à son père qu'avec la plus extrême déférence ; il s'empresse pour obéir à ses moindres ordres et, dans certaines cérémonies, il se prosterne devant lui pour lui faire honneur [3]. La loi annamite donne du reste au chef de la famille une autorité considérable sur ses descendants, en même temps qu'elle le rend responsable des fautes que ceux-ci pourraient commettre envers la société : autrefois l'enfant qui frappait son père devait être décapité ; aujourd'hui encore, le père juge en premier ressort tous les différends de famille et ses sentences sont exécutées sans murmure ; il n'y a guère que les vagabonds ou les étrangers qui viennent demander justice au mandarin [4].

Ce respect que les indigènes ont pour leurs parents est tellement enraciné et universel qu'il est le point de départ et comme l'origine des nombreuses formules de politesse en usage courant parmi eux. En Annam, quand on veut honorer une personne, on fait précéder son nom dans la conversation du qualificatif *ong*, qui veut dire « grand-père » et qui s'emploie comme le mot « monsieur » dans notre langue ; ainsi pour désigner un fonctionnaire, on dit *ong quan*, ce qui signifie littéralement le « grand-père mandarin ». Si l'on veut être plus poli encore, on dit *ong gia*, ce qui signifie « vieux grand-père », expression qui correspond au titre de « monseigneur ».

---

1. Respectivement *vợ chính* et *vợ bé*. L'épouse principale, la seule qui fût reconnue par la loi, était également appelée *chính-thất* (« la vraie maison »), *nghi-thất* (« celle qui est convenable »), *thất-trung* (« qui est au centre de la maison ») ou encore *nguyên-phối* (« la vraie associée »). Les épouses secondaires, qui s'apparentaient en effet à des servantes, étaient en général appelées *thứ-thất* (« à la suite dans la maison »).

2. Hocquard affirmait pourtant plus haut (p. 322) que Ngô-Daï avait une trentaine d'années.

3. Vertu cardinale, pétrie de confucianisme, la piété filiale (*hiếu*) était en effet au centre des relations qui régissaient les rapports familiaux. Elle était notamment illustrée par un ouvrage chinois, jadis connu de tous, les *Vingt-Quatre Exemples de piété filiale* (*Nhị Thập Tứ Hiếu*).

4. Si l'on peut être globalement d'accord avec l'auteur sur le fait que la plupart des différends se règlent à l'intérieur de la famille, dire en revanche qu'il n'y a « guère que les vagabonds ou les étrangers [c'est-à-dire ceux qui n'ont pas de famille dans le village] qui viennent demander justice au mandarin » est très largement exagéré. Les archives montrent au contraire que le recours à la justice mandarinale était extrêmement fréquent, y compris pour régler des conflits proprement familiaux.

Deux égaux qui s'abordent dans la rue s'appellent chez nous « Mon cher ami ». En Annam, ils se traitent, suivant les circonstances, de *bac* ou de *chu*. *Bac* veut dire « frère aîné du père » : c'est un nom honorable que se donnent l'un à l'autre deux amis du même âge. *Chu* signifie « frère cadet du père » : c'est un qualificatif affectueux mais légèrement protecteur dont on se sert seulement pour parler aux jeunes gens.

Un inférieur s'adressant à un supérieur ne lui dit pas « Votre serviteur » mais « Votre fils ». Les chrétiens, pour montrer leur profond respect vis-à-vis des missionnaires, les appellent *co*, ce qui veut dire « trisaïeuls[1] ».

La loi annamite reconnaît donc au chef de la famille une autorité absolue sur ses descendants, qu'il administre comme il l'entend, mais dont il est responsable vis-à-vis des pouvoirs publics. Elle donne à cette autorité une sanction pénale en ce sens que le père peut faire comparaître ses enfants coupables devant son tribunal de famille et leur infliger des châtiments qui, dans certains cas, sont graves et sans appel[2]. Quand ces enfants sont devenus grands et qu'ils ont quitté la maison paternelle pour fonder une famille à leur tour, ils demeurent quand même sous la dépendance et sous l'autorité du père. Ce dernier prend alors le titre de « chef de parenté » ou *truong-toc*[3].

Le *truong-toc* n'a pas à s'immiscer dans la discipline intérieure de chaque ménage, qui est régi par son chef immédiat, mais il a autorité sur ce chef et il règle comme arbitre les différends qui peuvent diviser deux branches collatérales de la famille. Il prend ou il provoque toutes les décisions d'ordre général qui peuvent intéresser la famille tout entière ; il surveille le partage des héritages et il prend les intérêts communs des mineurs. Après le décès du *truong-toc*, c'est le plus âgé

---

1. En vietnamien, les pronoms personnels sont en effet calqués sur la structure familiale et, selon son âge, on désigne son interlocuteur suivant la place qu'il occuperait dans la famille : *em* (frère cadet, sœur cadette), *anh* (frère aîné), *chị* (sœur aînée), *chú* (oncle cadet), *bác* (oncle aîné), *ông* (grand-père), *cụ* (arrière-grand-père), etc. Cependant, pour marquer le respect, on peut se désigner en rabaissant son rang et/ou en augmentant celui de son interlocuteur (oncle cadet à oncle aîné par exemple).

2. Les châtiments corporels étaient tolérés, et le décès d'un enfant battu à mort n'était puni que si les coups avaient été portés à des endroits réputés mortels... La responsabilité paternelle s'entend aussi au pénal puisque, pour les crimes très graves, la loi prévoyait la mise à mort non seulement du coupable mais aussi de son père, de sa mère et de sa femme (loi dite de « l'anéantissement des trois lignées », *tru di tam tộc*).

3. Hocquard confond le chef de famille et le chef de clan. Le *trưởng-tộc* (« chef de clan ») était l'aîné des descendants de la branche aînée du clan. C'est donc la situation au sein du clan, toutes branches confondues, qui conférait cette dignité, si bien que le chef de clan pouvait fort bien être un enfant, pour peu qu'il fût l'aîné de la branche aînée. Le *trưởng-tộc* présidait les cérémonies familiales, veillait à ce que chaque branche honorât ses ancêtres, il était le témoin essentiel de toutes les réunions de famille, il contresignait les testaments, approuvait les mariages, etc. On notera que la famille royale, comme toutes les autres familles, possédait son *trưởng-tộc,* mais, étant donné sa place éminente, ses affaires étaient réglées par un bureau spécial appelé *tôn nhân phủ* (« bureau des hommes nobles »).

de ses fils – et à défaut l'aîné des petits-fils – qui prend ce titre avec toutes ses prérogatives, si bien que, lorsque la famille a atteint cinq ou six générations, le chef de parenté peut arriver à disposer d'une influence très considérable, en ce sens qu'elle est toute-puissante et qu'elle s'exerce sur un grand nombre d'individus.

Une des principales attributions du chef de parenté consiste à assurer le culte des ancêtres et à présider aux réunions générales de la famille, qui ont lieu à cet effet presque tous les ans, à certaines époques fixées par les rites. Ce culte des ancêtres, que les Tonkinois ont emprunté à la Chine[1], repose sur une croyance touchante qu'il faut bien connaître parce qu'elle est le point de départ d'une foule de coutumes et de pratiques superstitieuses auxquelles les Annamites tiennent par-dessus tout, et qu'ils se transmettent de génération en génération avec un soin jaloux. Les aïeux qui ont été honorés pendant leur vie ne peuvent, disent les indigènes, se détacher complètement après leur mort de ceux qu'ils ont aimés ; leurs âmes reviennent planer aux environs de la maison habitée par la famille et prendre part aux sacrifices qu'on célèbre en leur honneur à certains anniversaires[2] ou dans les circonstances solennelles (mariages, naissances, etc.), à l'occasion desquelles tous les parents sont réunis.

Les ancêtres défunts protègent la famille ; ils veillent sur elle constamment ; ils prennent part au bonheur qui lui arrive ; ils souffrent des calamités qui l'atteignent et dont ils cherchent à la préserver ; voilà pourquoi, dans la joie comme dans la tristesse, on voit l'Annamite se précipiter au pied de l'autel des Ancêtres et invoquer les esprits des aïeux.

Mais ces esprits ne sont vraiment heureux que lorsqu'on ne les oublie pas et qu'on célèbre avec exactitude le culte auquel ils ont droit. Il faut que des baguettes d'encens, pieusement renouvelées par les soins de l'aîné, entourent constamment d'un nuage parfumé les tablettes qui, sur l'autel de la maison, portent leurs noms écrits en lettres d'or ; il faut qu'à chaque festin on leur offre sur ce même autel un plat de riz bien blanc, une tasse d'eau-de-vie et la meilleure part des viandes cuites à point ; sinon les esprits des ancêtres souffrent cruellement ; ils errent, tristes et désolés, dans les espaces aériens, où ils finissent par devenir de méchants génies qui tourmentent les hommes.

---

1. La question de l'origine du culte des ancêtres est en définitive assez mal connue. Rien ne permet d'affirmer qu'il ait été emprunté à la Chine.
2. Ces anniversaires (de la mort des ancêtres) sont appelés *giỗ*.

Dans certaines familles riches, on élève pour le culte des aïeux une jolie pagode, placée au milieu de bocages bien entretenus et plantés de beaux arbres, afin que les esprits puissent venir s'y reposer et aiment à y séjourner[1]. C'est le *truong-toc* qui est chargé de l'entretien du temple et du bois consacré. La loi lui alloue à cet effet une sorte de majorat prélevé, avant partage, sur l'héritage, et qui correspond à la dixième partie environ des immeubles. On désigne ce majorat, qui est inaliénable, sous le nom de *huong-hoa*, ce qui veut dire littéralement « encens et feu ». L'expression est bien choisie pour indiquer que les revenus du majorat doivent être exclusivement consacrés au culte[2].

Cette idée qu'ils seraient très malheureux après leur mort si personne ne leur rendait le culte des ancêtres fait que les Tonkinois attachent une extrême importance à avoir une postérité, et surtout des enfants mâles. Les lois du royaume elles-mêmes se sont occupées avec sollicitude de cette question capitale de la descendance. « Le fils, dit le code de Gia-Long, hérite des prérogatives attachées à la lignée ; à son défaut c'est la fille ; mais, dans le cas où celle-ci est unique, elle ne peut épouser un fils également unique, parce que dans ces conditions deux familles seraient absolument confondues dans un seul mariage et il y aurait confusion aussi pour le culte des aïeux. »

« Si le mariage d'une fille unique est stérile, dit encore le code, son père doit acheter un fils et l'adopter pour perpétuer sa postérité. Dans le cas où il mourrait avant d'avoir pu faire acte d'adoption, le devoir de ses proches est d'y suppléer[3]. »

Telle est l'origine de cette coutume d'acheter et de vendre des enfants, qui est commune au Tonkin comme en Chine et qui a donné naissance à tant de fables grossières colportées en Europe. L'Annamite pauvre vend son enfant non pas pour en faire un esclave, mais pour que, étant adopté par une famille riche, il y vive plus heureux que chez lui. Cet enfant adoptif (*con nuoi*) aura sa part

---

1. Ce pagodon destiné au culte des ancêtres (*nhà thờ họ*) est très répandu dans les villages vietnamiens.

2. La « part de l'encens et du feu » (*hương hoả*) n'était pas réservée au *trưởng-tộc* mais, plus simplement, au fils aîné de la famille, et celui-ci n'en possédait que l'usufruit. Il s'agissait souvent d'une dotation en rizières, dont le produit devait exclusivement servir à financer le culte des parents défunts (cérémonies, entretien des bâtiments et des tombeaux, offrandes, etc.). La loi était cependant très souple car aucune quotité n'était prévue pour cette part, et elle n'était même pas obligatoire. De plus, bien qu'en théorie le *hương hoả* fût inaliénable et transmissible par ordre de primogéniture mâle, il n'était pas rare qu'il fût vendu (en tout ou partie) ou même confié à la fille aînée (et ce dès le XVe siècle).

3. Notons d'ailleurs que l'adoption « de postérité » n'avait lieu que lorsqu'un homme n'avait pas d'enfant ou, comme le rappelle l'auteur, lorsqu'il avait une fille stérile. C'était un dernier recours. Dans le cas contraire, s'il avait une ou plusieurs filles, celles-ci héritaient normalement, et le *hương hoả* revenait à la fille aînée (et à la famille de son mari).

d'héritage après la mort de celui qui l'a acheté et qui l'a traité comme son propre fils[1].

Cette préoccupation constante qu'ont les Annamites d'assurer la continuation de leur race est la principale cause de la polygamie qu'on observe dans ce pays[2]. La loi permet aux indigènes de prendre autant de femmes qu'ils peuvent en nourrir, mais il y en a relativement peu qui profitent de la permission. Certains riches et quelques mandarins ont un nombreux sérail par ostentation, pour montrer leur fortune ou pour le service de la maison ; les commerçants chinois achètent, comme je l'ai déjà dit, des femmes secondaires pour les placer à la tête de leurs différents comptoirs ; mais ces cas sont assez rares et, quand un Tonkinois se résout à prendre une seconde femme, c'est en général parce que la première est restée stérile et qu'il a peur de mourir sans laisser d'enfant. Dans ces conditions, c'est quelquefois sa propre femme qui lui en cherche et qui lui en choisit une seconde ; elle trouve la chose toute naturelle ; elle ne s'en formalise en aucune façon.

D'ailleurs, la femme secondaire que le mari prend ainsi a loin d'avoir dans la maison le même rang que la première femme. Celle-ci est *toujours* unique, tandis que le nombre de femmes de second rang n'est limité que par des considérations de fortune. La femme de premier rang jouit en Annam de prérogatives presque identiques à celles que nous attachons au titre d'épouse ; elle occupe dans la maison une place presque égale à celle de l'époux, qui ne peut la répudier que dans certains cas prévus par les lois, et après un acte de divorce dûment établi par les notables. Les femmes de second rang, au contraire, ne sont considérées que comme des espèces de servantes, que le mari traite bien tant qu'elles lui plaisent, mais qu'il peut renvoyer quand bon lui semble, sans autre forme de procès.

« L'épouse de premier ordre ou *vo-chiûh*, dit le code annamite, est une égale ; elle tient un rang semblable à celui de l'époux. Les *vo-bés,* ou femmes de second ordre, sont simplement admises dans la maison. Si l'époux n'est pas dans les sept cas qui motivent le divorce, il ne peut de son autorité privée renvoyer la *vo-chiûh*. La *vo-bé,* au contraire, n'est

---

1. Il faut bien distinguer l'adoption officieuse, qui consistait à prendre soin d'un enfant par nécessité ou par affection, et l'adoption « de postérité », qui, elle, était juridiquement officielle. L'adopté (*con nuôi*), toujours un garçon, devenait l'enfant de la famille, jouissant de tous les droits attachés à cette qualité. En général, l'adoption de postérité se faisait à l'intérieur du clan familial, en respectant le rang de génération.

2. Parfaitement exact. Il faut bien comprendre le système : si un homme n'avait pas d'enfant et que le fait était imputable (ou réputé tel) à sa femme, il y suppléait par la répudiation ou la polygamie ; en revanche, si c'était lui qui était stérile, il se créait une descendance par l'adoption. Répudiation, polygamie et adoption étaient donc de simples moyens d'assurer sa descendance.

qu'une personne de peu d'importance dont la condition est presque vile. Si l'époux l'aime, il la garde ; s'il ne l'aime pas, il la renvoie : ce n'est pas une question grave, et la femme de second rang ne peut jamais être considérée comme la véritable épouse[1]. »

Beaucoup de colons européens et d'officiers français arrivés depuis un certain temps au Tonkin ont contracté de ces mariages secondaires avec des femmes du pays. Les formalités à remplir sont des plus simples ; elles ne diffèrent pas de celles que la loi annamite prescrit pour les ventes et pour les achats de biens. Le preneur passe devant les notables du village habité par les parents de la jeune fille un contrat écrit, dans lequel il s'engage à payer une certaine somme à la famille de celle-ci, en retour de la femme secondaire qu'elle lui donne, et à subvenir aux besoins de cette femme pendant le temps qu'il la gardera près de lui. Les notables appliquent leur cachet au bas de l'acte que signent les parties contractantes, et tout est terminé.

Les femmes secondaires sont généralement prises dans les familles pauvres ; celles que trouvent les Européens appartiennent ordinairement à la plus basse classe du peuple ; aussi arrive-t-il fréquemment que les parents de la jeune fille ne sachent même pas signer leur nom. Ils s'en tirent en apposant au bas de l'acte leurs *diem-chi*[2], c'est-à-dire le contour ponctué au pinceau des deux premières phalanges de l'index de leur main gauche.

Cette facilité qu'ont les indigènes de contracter des mariages de second ordre fait que la prostitution est pour ainsi dire inconnue en Annam ; d'autre part la loi considère la première femme comme la mère légale des enfants donnés au mari par les femmes secondaires ; il résulte de ces dispositions que les enfants naturels sont inconnus dans ce pays. La loi punit du reste la femme adultère avec la dernière rigueur : celle qui est convaincue d'avoir trompé son mari est condamnée à être foulée aux pieds par un éléphant.

Si les mariages de second ordre se font et se défont avec une extrême facilité, ainsi que je viens de le dire, les mariages de premier rang ne se contractent au contraire qu'après une période de fiançailles qui peut être fort longue et qui est précédée de toutes sortes de formalités ; ces mariages s'accompagnent en outre de cérémonies civiles et religieuses que les coutumes et les lois règlent minutieusement[3].

---

1. D'après l'article 108 du code de Gia-Long, repris du *Livre des rites de la famille*, les sept cas qui motivent le divorce sont : *n'avoir pas d'enfant, inconduite, ne pas servir le beau-père et la belle-mère, bavardage et médisance, vol, jalousie, infirmité rendant impropre à la génération.*
2. Điểm-chí.
3. Le mariage comprend au minimum trois cérémonies, qui sont aussi trois étapes, décrites par Hocquard dans les lignes qui suivent : la demande en mariage (dạm ngõ), où interviennent les

Un jeune homme aime-t-il une jeune fille et veut-il en faire sa première femme ? il faut d'abord qu'il formule sa demande à son propre père ou, s'il est orphelin, à celui de ses parents qui lui en tient lieu. Si, après informations prises, le père consent, il s'adresse pour régler le mariage à un intermédiaire, ou *lam-moi*, chargé de pressentir les parents de la jeune fille et de régler avec eux les questions d'intérêts. En Annam, c'est le mari qui dote sa femme ; le *lam-moi* discute la quotité de cette dot, qui est réversible sur la tête des enfants en cas de séparation des époux.

Une fois la question d'argent tranchée, le futur va faire sa visite à la famille de sa fiancée ; il est suivi d'un domestique qui apporte les cadeaux. Ces présents varient suivant la fortune de celui qui les donne ; chez les gens riches, ils consistent en bijoux et en étoffes de prix ; les parents de la fiancée offrent en retour une boîte à bétel richement incrustée, un pot à tabac ou quelques autres ustensiles à l'usage des hommes. Mais un ingrédient qu'on n'oublie jamais dans ces sortes de cérémonies, c'est la chique de bétel. L'offre du bétel est l'acte capital des fiançailles : en le présentant à la jeune fille, le jeune homme indique qu'il la désire comme épouse ; en l'acceptant, celle-ci le choisit comme fiancé. Cette cérémonie a lieu devant les deux familles assemblées ; elle se termine par un sacrifice aux ancêtres de la jeune fille et, souvent, par un festin auquel les notables du village sont conviés. À partir de ce moment, le futur est admis dans la maison de la jeune fille ; il fait sa cour aux parents de celle-ci en les aidant dans leurs travaux. Quand un visiteur lui demande qui il est, il répond aussitôt : *An trâu cau*, c'est-à-dire « J'ai mangé le bétel[1]. »

Le temps des fiançailles peut être fort long. Souvent il survient des empêchements majeurs qui retardent le mariage pendant des mois et même pendant des années. Un de ces empêchements, le plus fréquent et le plus grave, c'est le deuil de la famille ou le deuil du roi. Aucun Annamite ne peut légalement se marier pendant qu'il est en deuil d'un de ses parents, et ce deuil est plus ou moins long suivant que le parent défunt est plus ou moins proche : une femme porte pendant trois ans le deuil de son mari ; la loi fixe le même laps de temps pour le deuil du père ; en revanche, le mari ne porte que pendant un an le deuil de sa

---

intermédiaires (*làm môi*), la demande officielle *(ăn hỏi)*, qui correspond aux fiançailles, et, après un à trois ans, la cérémonie de mariage (*lễ cưới*) proprement dite. Le mariage était en effet très réglementé et, dans le code de Gia-Long, on trouve un chapitre entier le concernant (articles 94 à 109).

1. *Ăn trâu cau : «* manger le bétel et la noix d'arec »*, qu'une ancienne légende définit comme les symboles du mariage.

UNE CÉRÉMONIE DE MARIAGE AU TONKIN

femme[1]. Les lois du pays n'admettent aucune dispense pour ces sortes d'empêchements, et, si quelqu'un était accusé de ne pas en avoir tenu compte, il serait puni d'une amende considérable, il recevrait un certain nombre de coups de rotin, et son mariage serait rompu[2].

Un jeune homme sur le point de se marier peut tomber tout à coup en deuil et se voir obligé de différer la cérémonie. Si, avant que le temps de ce deuil soit écoulé, il en arrive un autre, soit dans la famille de sa fiancée, soit dans la sienne propre (et le fait se produit fréquemment, attendu que les familles annamites sont généralement très nombreuses), il lui faudra attendre un nouveau laps de temps pour contracter le mariage. On conçoit fort bien que, dans ces conditions, il ne soit pas rare de rencontrer des Annamites qui ne se sont jamais mariés pour cause de deuil. Cependant, ces cas ne se produisent guère que chez les pauvres gens, parce qu'avec les mandarins tonkinois il est toujours facile d'éluder la loi pourvu qu'on paye bien[3].

Lorsque le temps fixé pour la durée des fiançailles est écoulé et qu'aucun empêchement ne s'est produit, on procède au *nop-chéo*, cérémonie qui rend, disent les Annamites, le mariage ferme et durable[4]. Les deux familles se réunissent, on convie les notables du village de la jeune fille, qui dressent l'acte et qui perçoivent le tribut. Ce tribut est très minime et ne dépasse guère un ou deux francs quand la jeune fille ne doit pas changer de résidence ; il devient plus élevé (cinq, dix et même vingt francs) quand le nouveau ménage doit aller s'établir ailleurs.

Lorsque la cérémonie de l'enregistrement de l'acte est terminée, le nouvel époux offre aux assistants un abondant festin ; après quoi il se lève, va saluer respectueusement les parents de la jeune fille et se prosterner devant l'autel de leurs ancêtres ; il offre un sacrifice aux divinités protectrices du mariage, envoie quelques présents à la pagode, et tout est terminé.

---

1. Voir article 98 du code de Gia-Long. La durée de trois ans correspond en fait aux vingt-sept mois lunaires pendant lesquels on doit porter l'habit de deuil.

2. Se marier pendant la période de deuil du père ou de la mère était puni de cent coups de rotin ; se marier pendant le deuil d'un aïeul, d'un oncle, d'une tante, d'un frère ou d'une sœur de quatre-vingts coups de rotin. Ceux qui concluaient les mariages de personnes endeuillées étaient également punis et, dans tous ces cas, les mariages étaient cassés.

3. Même sans devoir payer le mandarin, on s'arrangeait pour tourner les prescriptions rituelles. Lorsque l'un des parents était gravement malade, on hâtait le mariage en éliminant la phase de présentation et même la cérémonie de sacrifice ; si la mort était subite, on organisait très vite le mariage (d'ailleurs plaisamment appelé « mariage-course ») avant la *déclaration* du décès.

4. *Nộp cheo* : les règlements coutumiers des villages imposaient au fiancé de verser à la caisse communale une certaine somme d'argent (ou de nourriture), contribution qui lui donnait le droit de se marier.

Chez les gens de condition, les visites de noce ont lieu trois jours après le mariage ; les invités offrent alors des présents au jeune couple en échange de l'honneur qu'ils en ont reçu.

Les enfants viennent vite, en général ; les femmes annamites considèrent la stérilité comme un déshonneur. Une singulière habitude qu'elles ont, c'est de donner un an d'âge à leur enfant à partir du moment de sa naissance et de tenir compte, pour le dénombrement de ses années, non pas du jour où il est venu au monde, mais du premier de l'an du calendrier chinois. Voici un exemple : un enfant naît le 31 janvier ; si ce jour-là même vous demandez à sa mère l'âge qu'il a, elle vous répondra un an. Le jour de l'an annamite tombant dans les environs du 15 février, retournez après cette date (vers le 17 par exemple) dans la même famille et demandez de nouveau l'âge de l'enfant : on vous répondra cette fois qu'il a deux ans, tandis qu'en réalité il ne compte guère plus de quinze jours. C'est pourquoi il ne faut tenir qu'un compte approximatif des renseignements que fournit un Annamite sur son âge et sur celui de ses enfants[1].

Les Tonkinois ont une autre coutume, tout aussi singulière que la première et qui est pour les Européens une cause d'embarras : c'est celle de changer deux ou trois fois de noms au moins.[2] L'enfant mâle est seul inscrit sur le registre de la commune, et encore lorsqu'il a atteint l'âge viril et qu'il peut en être tenu compte pour les corvées ou pour les charges militaires ; jusque-là, il n'existe pas pour la société. Les parents, dès qu'il commence à marcher, lui donnent un nom provisoire qu'on appelle le *tên-tuc* ou « nom vulgaire ». La coutume est de choisir ce nom dans le calendrier chinois parmi les caractères servant à désigner les degrés du cycle décimal ou du cycle duodénaire qui constituent ce calendrier. On donne ce nom aux filles comme aux garçons. Il y a par exemple : *Niau-Ngo* (« le petit buffle »), *Niau-Mui* (« la petite chèvre ») ; ou encore *Niau-Ti* (« le petit rat »), *Niau-Dan* (« la petite poule »), etc. Très souvent on désigne dans l'intimité les enfants par leur numéro d'ordre.[3]

---

1. Les remarques de Hocquard concernant la détermination de l'âge sont exactes. De plus, le zéro n'existant pas, l'on commençait le décompte à 1, tout comme pour les étages d'une maison (le 1er étage équivalant à notre rez-de-chaussée). Mais notre auteur a tort de fournir des exemples fondés sur le calendrier grégorien, et il se méprend lorsqu'il semble dire que le système de décompte vietnamien n'est pas fiable.

2. Le nom officiel des Vietnamiens est composé d'un patronyme, hérité du père, suivi d'un nom personnel (*tên*), entre lesquels s'interpose parfois, mais pas toujours, un nom intercalaire (*tên lót* ou *tên dệm*). Les patronymes, presque tous hérités de la Chine, sont au nombre d'environ cent (contre environ mille en Chine).

3. Durant sa prime jeunesse, le véritable prénom (« postnom » serait plus exact) d'un enfant était toujours soigneusement dissimulé de manière à éviter d'attirer sur lui les influences malsaines et les mauvais génies. Donné en général un mois après la naissance, lors de la cérémonie dite *lễ khẩm tháng*, il

Les filles conservent ordinairement le nom provisoire jusqu'au mariage, à moins qu'elles n'aient reçu de leurs familles un surnom en rapport avec les événements qui se sont passés à la fin de leur première enfance. Quant aux garçons, dès qu'ils ont atteint l'âge de puberté, on leur donne un second nom, le *ten-goi* ou « appellatif ». Ce nom est choisi soigneusement parmi les caractères de l'écriture chinoise, selon les aptitudes du jeune homme ou selon les sentiments que ses parents nourrissent à son endroit. Ainsi on l'appelle *Linh*, ou « spirituel », *Hoa*, qui veut dire « concorde », etc.

On ajoute souvent au *ten-goi* deux noms fictifs, dont le premier est pris parmi les noms des huit ou neuf grandes familles du royaume, et dont le second n'est autre que les deux titres *van* ou *vu* (« lettres » et « armes ») qui indiquent la noblesse du pays. Ainsi on dira *Nguyen-Vu-Linh, Lé-Van-Hoa*, etc.[1]

L'imposition du nom viril est une des plus grandes solennités de la famille : elle marque l'entrée du jeune homme dans la vie civile. Dès ce moment, il laisse pousser ses cheveux, porte un turban et se noircit les dents. Son père et sa mère changent de nom pour prendre celui de leur fils devenu homme ; jusque-là ils n'étaient pas considérés comme ayant des enfants ; on les désignait simplement sous la vague rubrique

---

n'était employé que pour le rôle du village ou les pièces officielles ; dans la vie courante, il était en revanche soigneusement évité. Certains proverbes sont, du reste, tout à fait significatifs : *tên cữ, chữ đọc* (« le prénom ne se prononce pas mais il se lit »), *nhập gia vấn tục* (« en entrant dans une maison, il faut demander quels sont les noms cachés pour ne pas risquer de les prononcer »), *tên ông thì chôn, tên mẹ thì nệ, tên cha thì phá, tên mẹ thì nệ* (« le prénom du grand-père doit être enterré, celui de la grand-mère caché, celui du père déformé et celui de la mère évité »). Pour garder son prénom secret et se protéger ainsi du mauvais sort, on en déformait parfois la prononciation (Công devenait Cuông, Thì devenait Thời, etc.). À la campagne, afin de tromper les esprits, on procédait plus radicalement encore en donnant à l'enfant un surnom provisoire, souvent grossier ou désignant une chose peu noble. Par la suite, on s'inventait un nom d'emprunt qui pouvait être un autre prénom, une expression *(đại nhân*, « grand homme », pour les mandarins), un titre ou même une devise tout entière qui tenait lieu de périphrase. Les littérateurs, quant à eux, se donnaient un pseudonyme (*tên hiệu* ou *tên tự*), en général puisé dans les classiques chinois : par exemple, le fameux Bùi Kỷ avait pour pseudonyme *Ưu-Thiên* (« Crainte du Ciel ») en référence au passage classique comportant une partie de son vrai nom, *kỷ nhân ưu thiên*. Hocquard commet une légère erreur : *ngọ* désigne le cheval et non le buffle (celui-ci se dit *sửu*) tandis que *dậu* (et non *dan*) désigne la poule (en vérité le coq).

1. Lorsqu'une dynastie était renversée, les nouveaux souverains imposaient aux habitants qui portaient le patronyme de la dynastie défunte de changer le leur : par exemple, après la chute des Lý, en 1225, tous les gens appelés Lý durent prendre le patronyme de Nguyễn. Au Việt-Nam, les noms de famille étaient donc très peu variés (Nguyễn, Trần, Lê, Phạm, Đinh, etc.). Pierre Gourou a montré que, dans la province de Bắc-Ninh, il y avait seulement quatre-vingt-treize noms pour quatre cent cinquante mille habitants et soixante-seize mille trois cents familles. Le nom intercalaire était précisément destiné à distinguer les individus porteurs du même patronyme (et donc les branches d'un même clan) : le plus souvent, il s'agit de *Văn* (pour les hommes) et *Thị* (pour les femmes), mais l'on trouve encore *Hữu, Mạnh, Trọng*, etc. Certaines familles conservent le même nom intercalaire pour toute la descendance, tandis que d'autres le font varier afin de rendre l'appellation plus plaisante (par exemple Huỳnh *Văn* Ngọc deviendra Huỳnh *Như* Ngọc qui signifie « semblable à une pierre précieuse »).

de *Mê-Do, Bô-Do* (« mère rouge », « père rouge »)[1]. Dès que le fils a l'âge viril, la famille est constituée ; elle tient son rang dans l'État ; les parents peuvent mourir : ils auront une sépulture et leurs esprits seront en paix, car le culte leur sera assuré. Voilà pourquoi cette date est célébrée avec une grande pompe dans les familles. Tous les parents se réunissent autour d'un grand festin auquel on convie souvent tout le village.

AUTEL DES ANCÊTRES

1. À la naissance de son premier enfant (garçon ou fille), le père prenait son nom, tandis que le sien propre devenait sinon tabou, du moins rarement employé. Par exemple : à la naissance de son fils nommé Sinh, Nguyễn Văn Tuấn devenait Nguyễn Văn Sinh. Son ancien prénom, Tuấn, disparaissait. D'autre part, pour n'avoir pas à le nommer, on appelait le nourrisson *con đỏ* (« enfant rouge ») et, par extension, *mẹ đỏ* et *bố đỏ* sa mère et son père. Par la suite, lorsque l'enfant avait grandi, s'appliquaient les règles de dénomination expliquées ci-dessus (cf. notes précédentes et texte de Hocquard).

Outre le *ten-tuc* et le *ten-goi*, les hommes ont encore deux autres appellatifs qui sont le « nom civique » et le *ten-hêm*, ou « nom caché[1] ».

D'après les lois du royaume, une partie du territoire appartient au souverain, qui la cède moyennant certaines redevances (impôts fonciers et de capitation) à nombre d'hommes valides, chargés de la mettre en valeur. Chaque commune a une liste de noms portés sur les actes par lesquels le roi distribue son territoire : ces noms sont donnés aux hommes rendus par l'État responsables des charges que ces cessions de terres imposent. Telle est la signification du « nom civique », ou *tên-bô*.

Quant au *ten-hêm*, ou « nom caché », c'est celui qu'on donne aux ancêtres au moment de leur mort et qu'on inscrit en lettres d'or sur les tablettes placées pour les représenter sur l'autel de la famille. On ne peut le prononcer sans faire une grave injure aux parents du défunt et sans s'attirer la malédiction des esprits.

BRONZES

---

1. Le *tên hèm* (ou, de manière plus juste, *tên thuy*) est un nom posthume donné aux personnes de rang élevé après leur mort (généraux, hommes de lettres, hauts fonctionnaires, etc.). Uniquement utilisé lors des cérémonies, ce nom est inscrit sur les banderoles et sur la tablette funéraire.

CITADELLE DE NINH-BINH

CHAPITRE XV

BRUITS DE GUERRE. – L'AUTEUR QUITTE NAM-DINH. – NINH-BINH ET SON ROCHER. – LE DAY ET LES GRANDS FILETS DE PÊCHE. – KE-SO ET SA CATHÉDRALE. – LE PHU-LY. – PAVILLONS-NOIRS AU SERVICE DE LA FRANCE. – UNE ALERTE.

Je me croyais oublié à Nam-Dinh jusqu'au jour du retour en France : la paix était signée avec la Chine, le départ était annoncé pour un temps prochain, le désarmement des troupes à rapatrier avait déjà commencé, quand, tout à coup, la malheureuse affaire de Bac-Lé est venue suspendre les préparatifs d'embarquement et tout remettre en question. Bien plus : les Chinois qui, au moment de la signature du traité de paix, commençaient à évacuer nos frontières, sont revenus sur leurs pas plus nombreux que jamais ; les rebelles indigènes, excités par les lettrés, s'agitent de tous côtés dans les provinces : tous ces signes indiquent que la lutte va recommencer à brève échéance. Le général Millot, très fatigué par le climat, s'est embarqué pour la

France ; il a remis le commandement en chef au général Brière de l'Isle, qui a quitté Nam-Dinh pour Hanoï[1].

C'est donc sans aucune surprise que je reçois, à la fin du mois de septembre 1884, une dépêche du général en chef qui me rappelle à Hanoï pour prendre part aux colonnes actives. À cette époque les médecins de la marine s'étaient réservé le service exclusif des hôpitaux sédentaires du Tonkin ; les médecins militaires avaient le périlleux honneur (qu'ils ont gardé jusqu'à la fin de la guerre) d'accompagner les troupes dans les marches contre l'ennemi, de ramasser les blessés pendant les colonnes et d'en assurer le transport jusqu'aux hôpitaux établis à l'intérieur du territoire.

L'ordre qui m'arrive est très pressant : je dois me mettre en route aussitôt que possible en profitant de la première occasion qui se présentera. Justement une petite chaloupe à vapeur, le *Fi-Yen*, affrétée par des Chinois qui font le commerce entre Nam-Dinh et Hanoï, repart le soir même par la voie du Day. J'y retiens passage avec d'autant plus d'empressement qu'elle doit s'arrêter en route à Ninh-Binh, Phu-Ly et Ké-So, trois petites villes que je n'ai pas eu jusqu'ici l'occasion de visiter.

J'embarque à dix heures du soir. Mon ordonnance m'a installé mon lit de voyage sur le pont du *Fi-Yen*, encombré par les marchandises et par les Chinois qui sommeillent déjà, roulés dans leurs couvertures. À

---

1. *Contexte* (*ce chapitre et chapitres suivants*) : depuis le mois de mai 1884, les soldats chinois avaient envahi le nord du Tonkin, notamment la vallée du sông Thương (places de Thanh-Moi, Bắc-Lê, Cao-Sơn et Kép) et la vallée du sông Lục-Nam (place de Chũ, actuelle bourgade de Lục-Ngạn) ; cependant, par la convention de Tiên-Tsin, signée le 11 mai 1884, la Chine reconnaissait la politique de la France au Việt-Nam et s'engageait à évacuer les montagnes du Tonkin. Croyant être ainsi débarrassé du problème chinois, le gouvernement français imposa à la cour de Hué le traité Patenôtre (6 juin 1884), qui venait remplacer le traité Harmand (25 août 1883). Mais la France alla trop loin : en détruisant solennellement le sceau qui, jusque-là, symbolisait la vassalité symbolique du Việt-Nam envers la Chine, elle violait l'article 4 du traité de Tiên-Tsin, qui prévoyait que l'accord signé entre la France et le Việt-Nam devait évacuer « tout ce qui pouvait offenser la dignité de la Chine ». Cette politique maladroite provoqua la colère de Pékin, qui ordonna aux troupes chinoises de faire demi-tour, donc de rester au Tonkin. Les soldats du général Millot, en route pour se rendre de Bắc-Ninh à Lạng-Sơn et occuper cette ville, furent assaillis à mi-chemin par les Chinois et, malgré l'aide d'une colonne de secours commandée par Négrier, ils furent obligés de rebrousser chemin (épisode dit du *guet-apens de Bắc-Lê*). En représailles, la France envoya l'amiral Courbet bombarder Fuzhou, s'emparer des îles Pescadores (actuelles Penghu) et, finalement, entreprendre le blocus de Formose. La paix définitive avec la Chine ne fut signée qu'en juin 1885. Parallèlement, les troupes françaises tentèrent de reprendre pied dans les montagnes du Tonkin : défense de Phù Lạng Thương, prise du fort de Chũ (11 octobre 1884), prise de Kép (8 octobre), ratissage du massif de Đông-Triều... Décrits par Hocquard dans les pages suivantes, ces assauts victorieux n'étaient cependant pas décisifs. On imagina alors de porter un coup direct en attaquant la trouée de Lạng-Sơn (*Une campagne au Tonkin*, chapitre XVIII). Cette ville fut occupée dès le 13 février 1885 par le général Brière de l'Isle (voir note 1 page 128), tandis que le général Négrier s'emparait de la porte de Chine (*Nam-Quan*). À la fin du mois de mars, une contre-attaque chinoise conduisit les Français à se replier sur Chũ : c'est le « désastre de Lạng Sơn », largement surévalué, qui provoqua en France la chute du ministère Ferry et un protocole de paix avec la Chine, qui aboutit finalement au deuxième traité de Tiên-Tsin (8 juin 1885). Fin mai 1885, toutes les troupes chinoises avaient évacué le Tonkin.

peine étendu sur ma couchette, je m'endors, bercé par les mouvements du bateau qui s'est mis en marche ; une jolie brise me caresse le visage et rafraîchit l'atmosphère autour de moi.

À cinq heures du matin je suis brusquement réveillé par deux vigoureux coups de sifflet de la machine ; nous entrons dans le canal de Ninh-Binh. Il fait nuit encore, je distingue vaguement les bords de l'arroyo, dont les contours indécis se perdent dans la brume du matin. J'ai un Chinois à droite de mon lit, un autre à gauche ; un Annamite, pelotonné à mon chevet, sous sa natte, pousse des ronflements sonores. Il me faut sauter par-dessus tous ces obstacles avant d'arriver à la proue du navire où je m'installe, résolu à attendre le jour pour voir le paysage.

Peu à peu le ciel s'éclaire de teintes jaunes et orangées. Les grands rochers à pic qui bordent l'horizon sortent de la brume ; ils sont noir-bleu, nus, arides. Près de l'arroyo, très étroit, apparaissent de nombreuses petites cases, séparées de distance en distance par des bouquets de bambous : c'est Ninh-Binh. Un grand pont couvert, construit sur pilotis, relie les deux bords de la petite rivière de Van-San qui passe au milieu de la ville[1].

En disant « la ville », j'exagère : Ninh-Binh n'est qu'un ramassis de huttes en paillotes, coupé par des rues étroites qu'on a pavées de grosses pierres bleuâtres et mal taillées ; elle possède cependant une citadelle entourée de murailles en briques et de fossés[2] ; c'est là qu'est logée la petite garnison, comprenant deux compagnies d'infanterie de marine, une section d'artillerie, deux cents tirailleurs tonkinois. Les officiers habitent des cases assez confortables, bâties autour de la demeure du mandarin annamite ; ce mandarin est un des rares fonctionnaires indigènes dont ont ait toléré la présence dans une citadelle occupée par les troupes françaises.

Ninh-Binh est le chef-lieu d'une sous-province, ou *tinh-xep*, et le mandarin qui la gouverne porte le titre de *tuan-phu*[3]. Je ne sais pas si

1. La ville est construite au confluent du Đáy et de la rivière Vân-Sàng.
2. Citadelle construite en 1824 sur le territoire de la commune de Đại-Đăng.
3. L'essentiel de cette construction administrative date du règne de Minh-Mạng (1820-1840). En 1831, celui-ci avait en effet créé les provinces (*tỉnh*), qui se divisaient en deux grands types : les « provinces principales » (*tỉnh chính*), avec à leur tête un *tổng-đốc* (gouverneur), et celles que Hocquard appelle les « sous-provinces », qui étaient dirigées soit directement par le gouverneur de la province principale (auquel cas la province dépendante prenait le nom de *kiêm hạt*), soit indirectement par un *tuần-phủ*. Le *tuần-phủ* était donc l'équivalent du *tổng-đốc*, mais dans une petite province en situation de dépendance : la plupart du temps, le *tuần-phủ* était, pour les affaires importantes, sous l'autorité du *tổng-đốc* de la grande province de tutelle. On appelait *liên tỉnh* la réunion d'une province principale et d'une « sous-province » ; en 1831, il y en avait quatorze, notamment – pour reprendre l'exemple de Hocquard – le Hà-Ninh, composé de la province de Hà-Nội (avec son *tổng-đốc*) et de celle de Ninh-Bình (avec son *tuần-phủ*).

j'ai dit quelque part que le territoire tonkinois est divisé en un certain nombre de grandes circonscriptions administratives qui portent le nom de *tinh-chinh*, ou « grandes provinces », et qui ont à leur tête trois mandarins supérieurs ; un *tông-dôc*, ou « gouverneur », assisté d'un mandarin des finances (*bô-chinh* ou *quan-bô*) et d'un mandarin de la justice (*an-sat* ou *quan-an*). Certaines de ces provinces sont extrêmement étendues. Pour en faciliter l'administration, le gouvernement annamite a groupé, sous le nom de « sous-province » (*tinh-xep*), la portion de leur territoire la plus éloignée du chef-lieu où réside le *tông-dôc*. Ce dernier garde l'autorité nominale sur la sous-province créée aux dépens de son gouvernement ; mais en fait elle est administrée par un gouverneur spécial, nommé par la cour de Hué et qui porte le nom de *tuan-phu*. C'est ainsi que le gouverneur de Hanoï a bien le titre nominal de *tông-dôc* de Hanoï et de Ninh-Binh, mais qu'il n'entre dans aucun des détails administratifs de cette dernière province, qui s'administre séparément sous l'autorité effective de son *tuan-phu*.

Au beau milieu de la citadelle de Ninh-Binh se dresse un grand rocher tout dénudé, dont la forme rappelle vaguement celle d'un éléphant couché et dont le sommet est surmonté d'une pagode[1]. C'est dans cette pagode que s'étaient réfugiés, après la mort de Garnier, les quelques soldats européens qui gardaient la citadelle depuis la prise de Ninh-Binh par le lieutenant de vaisseau Hautefeuille. Complètement bloquée sur son rocher par les nombreuses bandes de Chinois et d'Annamites qui tenaient la campagne, cette poignée de braves, presque sans vivres et à peu près sans eau, attendit pendant plus d'un mois qu'on vînt la délivrer[2].

Ninh-Binh, malgré sa piètre apparence, est un centre de commerce important ; ses marchés regorgent de riz, d'indigo, de coton égrené et d'une espèce de jonc marin qu'on emploie pour l'ameublement.

Le coton, qui se sème en février pour être récolté au mois de juin, est de bonne qualité malgré le peu de longueur de sa fibre. On l'égrène sur place à l'aide d'une machine assez simple : c'est une sorte de laminoir construit avec deux rouleaux de bois, dont l'un est manœuvré à la manivelle et dont l'autre, relié avec le premier par un engrenage,

---

1. Il s'agit de la pagode de Non-Nước, située sur le tertre du même nom.
2. Après la prise de Hà-Nội le 20 novembre 1873, Francis Garnier envoya ses lieutenants conquérir les citadelles provinciales. L'un d'eux, Paul Hautefeuille, s'empara de celle de Ninh-Bình le 5 décembre 1873. Après la mort de Garnier, Hautefeuille fut assailli par les Vietnamiens et les Chinois, et il résista, à la tête de sa petite troupe, jusqu'au 16 janvier 1874, date à laquelle il fut sommé d'évacuer la citadelle. En 1883-1884, au moment où débute le récit de Hocquard, Hautefeuille était officier d'ordonnance du général Millot. Il fut gouverneur de la principauté de Monaco et nommé contre-amiral en juillet 1909.

en reçoit un mouvement en sens inverse. Pendant que le coton est pris et attiré entre les deux cylindres, l'ouvrier retient la graine qui finit par se séparer de son contenu, mais en en gardant toujours une petite partie, ce qui occasionne un déchet assez considérable. Les paysans recueillent avec soin les graines vides ; ils en tirent de l'huile qui sert pour l'éclairage.

Les indigènes vendent leur coton brut aux Chinois, qui l'envoient en Chine pour le faire ouvrer ; il en revient sous forme de filés, qu'on revend ensuite aux Annamites. Malgré le prix du fret aller et retour, les commerçants chinois trouvent dans cette opération un assez joli bénéfice. Le coton filé dans le pays est mal travaillé ; il est beaucoup moins estimé que l'autre parce qu'il donne une étoffe plus grossière et bien inférieure à celle qu'on obtient avec le filé de Chine. Une filature de coton installée au Tonkin même, avec l'outillage européen, ferait fortune ; d'autant mieux que la main-d'œuvre indigène est peu coûteuse et que l'ouvrier annamite, très docile et très adroit, arriverait rapidement à se mettre au courant de nos procédés de fabrications. Les tissus de coton se font dans les villages des environs de Ninh-Binh. Beaucoup de maisons de paysans possèdent un métier à tisser. Ces métiers, de petite dimension, sont pour la plupart manœuvrés par les femmes. Les pièces d'étoffe qu'elles fabriquent ont de sept à huit mètres de longueur et une largeur qui ne dépasse presque jamais cinquante centimètres ; le tissu en est assez grossier, mais très résistant. Ces cotonnades, teintes dans le pays même, soit avec du bleu d'indigo, soit surtout avec une couleur végétale brune et très solide, servent à confectionner les vêtements des gens du peuple et des coolies[1].

La grande route mandarine qui relie Hué à la frontière chinoise passe par Ninh-Binh ; cette place a donc une importance stratégique considérable dans l'hypothèse d'une invasion du Tonkin par les armées annamites du roi de Hué[2] : « Si Hanoï est la tête du Tonkin, dit un proverbe indigène, Ninh-Binh en est le cou. » Cette grande route, très bien entretenue, traverse également la province de Thanh-Hoa[3] dans toute sa longueur. Les innombrables troupeaux de bœufs qu'on élève en Thanh-Hoa et les superbes échantillons de cannelle qu'on y récolte arrivent facilement, par la voie mandarine, sur les marchés de

---

1. Tubercule d'igname à la chair rouge, contenant une forte proportion de tanin, le *củ nâu* est pilé et filtré afin d'en extraire un jus, de couleur marron, utilisé pour teindre les vêtements des paysans et des bonzes.
2. Entendez la conquête du Tonkin, contrôlé par les seigneurs Trịnh, par les armées des seigneurs Nguyễn établis à Hué (voir note 2 p. 270).
3. Thanh-Hoá.

Ninh-Binh, où ils trouvent un débouché assuré. La cannelle de Thanh-Hoa est tellement estimée qu'elle se vend au poids de l'or et que le roi s'en est réservé le monopole ; la destruction d'un pied de cannelier est punie de mort par les lois annamites[1].

Ninh-Binh est l'un des principaux centres d'approvisionnement des *Muongs* du Lac-Tho. Ces montagnards y viennent échanger contre les produits de la plaine les beaux bois de construction qu'ils abattent dans leurs forêts ; ils forment avec ces bois de grands radeaux qu'ils amènent par la rivière de Phu-No[2] ; au retour, ils emportent des charges de sel provenant des grandes salines du littoral dont Ninh-Binh a l'entrepôt.

Nous ne nous sommes arrêtés que juste le temps nécessaire pour débarquer les marchandises que le *Fi-Yen* apporte à une maison de commerce chinoise ; à dix heures du matin nous reprenons notre route. En passant, nous saluons le vieil aviso *La Surprise,* qui fait la police des arroyos dans ces parages infestés de pirates, et qui est à l'ancre devant les rochers situés en amont de la ville.

Le passage est illuminé par un radieux soleil, mais la température est supportable grâce à un vent frais qui glisse de l'avant à l'arrière du bateau. Le *Fi-Yen* est d'ailleurs couvert sur toute sa longueur par un petit toit formé avec plusieurs doubles de nattes de bambou et de feuilles de palmier[3].

Nous sommes en plein Day ; le bateau file rapidement et sans secousse sur ces eaux profondes. Les Chinois qui le dirigent ont une grande habitude de la rivière, ils ne s'arrêtent pas une seule fois pour sonder.

À tribord, je vois se dérouler de belles rizières, coupées de nombreux ruisseaux et parsemées de bouquets d'aréquiers qui abritent les villages. À bâbord se dresse une chaîne de montagnes dont les flancs sont pelés et arides, et dont les hauts sommets limitent l'horizon comme un mur, en se découpant nettement sur un fond de nuages blanc gris : c'est la chaîne du Day, qui sépare le bassin du Mékong de celui du fleuve Rouge et qui forme la frontière ouest du Tonkin. La région qu'elle occupe est célèbre dans l'histoire annamite : c'est l'ancien royaume d'Ai-Lao, habité jadis par des clans de fiers

---

1. La cannelle (*quê*) était surtout employée en parfumerie et en médecine (pour les maux de ventre). Parce qu'elle était très précieuse, très coûteuse (plus cher que l'or pour la qualité supérieure), l'essence de cannelle, tirée de l'écorce des petites branches, faisait toujours partie des cadeaux diplomatiques ; nous ignorons tout de la loi qui prévoyait la peine de mort pour celui qui aurait arraché un pied de cannelier...

2. S'agit-il du sông Bôi, qui permet de joindre Ninh-Bình à Hoà-Bình (via Kim-Bôi) ?

3. *Sic.* Sans doute l'auteur veut-il dire plusieurs *épaisseurs* de nattes de bambou et de feuilles de palmier.

montagnards qui, pendant de nombreux siècles, guerroyèrent pour résister à la civilisation chinoise et pour conserver leurs anciennes coutumes féodales. Ces gens d'Ai-Lao avaient déclaré une guerre à mort aux peuplades de la plaine, et pendant dix siècles ils revinrent à la charge, toujours écrasés par le nombre, jamais vaincus, profitant, pour reprendre l'offensive, des troubles amenés par chaque changement de dynastie. Il fallut, pour en venir à bout, que Than-Tong, le petit-fils du fondateur de la race royale des Lé, dépeuplât ces montagnes et fît transporter dans la plaine la majeure partie de leurs habitants[1].

Les montagnes, d'abord très éloignées de la rivière, se sont rapprochées peu à peu ; elles arrivent maintenant jusqu'à la berge ; l'eau passe avec effort entre leurs digues de granit ; le Day modifie à chaque instant son cours pour pouvoir les tourner ; il devient très sinueux et le bateau ralentit sa marche. Nous longeons une ligne de rochers à pic dont les sommets sont couverts d'une végétation courte et drue, de couleur vert sombre. À leurs pieds sont amarrés de grands radeaux, formés avec des bambous rangés côte à côte et rattachés entre eux par des lanières transversales en rotin. À l'avant du radeau est installée une immense machine qui sert pour la pêche. Figurez-vous deux triangles isocèles en bambous, mesurant environ deux mètres et demi de hauteur et réunis l'un à l'autre, à angle aigu, par leur petit côté, de façon à former comme un « V » gigantesque. L'arête de ce « V » est fixée transversalement sur l'avant du radeau, de sorte que les deux branches peuvent se mouvoir autour d'elle comme autour d'une charnière ; au sommet du triangle antérieur est fixée une grande truble, capable de couvrir une surface considérable ; au sommet du triangle postérieur est attachée une corde, dont l'extrémité pend à l'entrée d'une petite hutte basse, construite à l'arrière du radeau, et dans laquelle se tient le pêcheur. Il suffit de tendre ou de lâcher cette

---

1. Ce nom d'un ancien royaume à vrai dire mal connu subsiste encore dans la toponymie : le col de Ai-Lao – à quatre cents mètres d'altitude – par lequel passe la route de Quảng-Trị à Savannakhet au Laos. Attesté depuis le VIe siècle de notre ère, le royaume de Ai-Lao est souvent assimilé au Laos, et c'est d'ailleurs par le terme de *Lào* que Nguyễn Trãi désignait les tribus locales dans sa *Géographie*. On sait que les Hán ont divisé cette région en deux grands districts : le Ai-Lao et le Bắc-Nam (Yunnan ?), et il se pourrait fort bien que le Ai-Lao correspondît au Laos, du moins dans sa partie septentrionale. Comme le col de Ai-Lao est situé plus au sud, la toponymie actuelle serait donc trompeuse... Avec le Champa, le royaume montagnard de Ai-Lao menait de fréquentes opérations de pillage sur les frontières du Đại-Việt, à l'emplacement des actuelles provinces du Thanh-Hoá et du Nghệ-An. En 1423, les Ai-Lao s'unirent aux Chinois contre Lê-Lợi. En 1447, pourtant, ils perdirent le contrôle du royaume thaï de Bồn-Man qui passa sous la coupe du Đại-Việt. Le Ai-Lao fut finalement soumis par Lê Thánh Tông (1460-1497). Au XIXe siècle, le roi Tự-Đức y créa la préfecture de Cam-Lộ. Le rôle de cet état montagnard a été essentiel car il faisait office de tampon entre le Đại-Việt et le Siam.

corde pour manœuvrer facilement le filet, le triangle postérieur faisant l'office de contrepoids.

Au moment où notre bateau change de direction pour contourner une des sinuosités que décrit le fleuve, le Chinois qui tient la barre à l'avant se tourne vers moi et, étendant son bras droit dont le poignet est orné d'un beau bracelet de jade, il me montre un point éloigné de l'horizon. Je fouille avec ma lunette la rangée de grands arbres qui, à bâbord, s'étend dans le lointain comme un immense rideau vert, et j'aperçois au-dessus les deux hautes tours de la cathédrale de Ké-So. Bientôt je distingue les petites maisons recouvertes en paille qui forment le village et, un peu à l'écart, les bâtiments plus grands et mieux construits de la mission catholique[1].

MONTAGNES DU DAY ET ENGINS DE PÊCHE

1. La cathédrale de Kẻ Sở, siège du vicariat du Tonkin occidental, a été achevée en 1881. Bâtie sur des plans tracés par Mgr Puginier lui-même, elle devint le modèle de la plupart des églises qui furent construites au Viêt-Nam (notamment celle de Hà-Nội en 1885, construite par le même Puginier dans un style « néogothique » discutable, rehaussé de décorations orientales). La cathédrale avait en effet des « proportions monumentales » : cinquante mètres de long sur vingt-quatre mètres de large, cinq portails en façade flanqués de deux hautes tours. Kẻ Sở était un vaste complexe de plusieurs hectares, situé à quelques kilomètres au sud de Phủ-Lý ; on y trouvait le séminaire, l'imprimerie, des greniers à riz, un presbytère, des chapelles, des dortoirs, des potagers, un cimetière, etc.

L'église, bâtie sur un tertre, a des proportions monumentales. On est surpris quand on pense qu'une pareille cathédrale a été construite tout entière par les Annamites avec des matériaux du pays et sur des plans fournis par Mgr Puginier, l'évêque actuel du Tonkin, qui n'a fait aucune étude d'architecture[1]. Les petites huttes basses qui se pressent autour d'elle comme des poussins autour de leur mère semblent de misérables taupinières à côté de ce colosse.

Sur mes instances, le patron chinois consent à s'arrêter pendant une heure pour me permettre de faire visite au prélat français. La mission est à quelques pas de l'église : elle comprend une série de grands bâtiments, situés au milieu de jardins fort beaux. L'évêque, entouré des quelques missionnaires qui se trouvent en ce moment à Ké-So, me reçoit avec beaucoup d'affabilité dans une grande salle toute tapissée de livres. Mgr Puginier, évêque du Tonkin occidental, est de taille moyenne et de belle prestance ; une longue barbe blanche, qui descend jusqu'au milieu de sa poitrine, encadre son visage aux traits distingués et bienveillants tout à la fois ; deux petits yeux gris, toujours en mouvement sous d'épais sourcils en broussailles, donnent à sa figure une singulière expression de finesse. Un étroit ruban rouge, passé à la boutonnière de son camail violet, se dissimule modestement sous la croix pastorale. Le prélat a été décoré sur la proposition du général Millot pour les services qu'il a rendus à la cause française. Jamais croix n'a été mieux portée, ni mieux méritée.

Monseigneur veut bien me guider lui-même à travers les bâtiments de la mission. Nous visitons successivement l'imprimerie, d'où sortent des livres en langue annamite et en langue française, imprimés avec des caractères latins[2], et les jardins, qui renferment des échantillons de la plupart des fleurs et des fruits du pays, où l'on essaye également d'acclimater certaines plantes d'origine européenne, comme le blé et

---

1. Mgr Puginier est né près de Tarbes en 1835. Il partit pour l'Extrême-Orient en 1858 et, après un an et demi passé à Hong-Kong, il se rendit à Saïgon (avril 1860), où il fonda la première école française (qui devint le collège d'Adran). Il parvint à Kẻ Sở en décembre 1862. Il fut provicaire en 1865, sacré évêque en 1868 à Hoàng Nguyên, puis nommé vicaire apostolique chargé du vicariat du Tonkin occidental. Il joua un rôle politique important, notamment en renseignant l'armée française et, surtout, en servant d'intermédiaire entre elle et les autorités vietnamiennes (affaire Dupuis en 1872, affaire Garnier en 1873, affaire Rivière en 1883-1884). Mgr Puginier est mort à Hà-Nội en avril 1892. Sa correspondance et ses rapports, extrêmement bien documentés, constituent une source historique précieuse.

2. *Les missionnaires ont à Phuc-Nhac, près de Ninh-Binh, une autre imprimerie, tenue par des religieuses indigènes, d'où sortent des livres édités en caractères chinois* (note de l'auteur). L'impression des livres fut une priorité des Missions étrangères. D'abord installée non loin de Kẻ Sở, où elle produisait des livres à partir de xylographies, la première imprimerie missionnaire fut par la suite transférée à Kẻ Sở même et dotée de caractères mobiles en plomb (vers 1869-1870). La plupart des livres publiés étaient des ouvrages religieux (il y eut très peu de livres scolaires et de dictionnaires), essentiellement en chinois.

la vigne ; le blé y pousse assez bien, il n'en est malheureusement pas de même de la vigne qui, jusqu'ici, n'a donné que des fruits de mauvaise qualité.

MONSEIGNEUR PUGINIER

On me montre aussi un magnifique herbier qui renferme des échantillons de toutes les plantes du Tonkin, admirablement conservés et très bien classés. Cette œuvre considérable, commencée il y a une dizaine d'années, a été menée à bonne fin par un prêtre de la mission, auquel elle fait le plus grand honneur.

Les missionnaires s'occupent également de topographie. On me fait voir, à Ké-So, des cartes et des plans très réussis. Je connaissais d'ailleurs ces travaux ; au début de la campagne, nos généraux les ont utilisés pour rectifier certaines de leurs cartes dressées d'après les renseignements fournis par les Annamites et qui contenaient de graves erreurs.

CATHÉDRALE DE KÉ-SO

Je prends congé de Mgr Puginier en lui promettant d'aller le voir dans sa résidence de Hanoï. Maintenant que les hostilités sont sur le point de recommencer, l'évêque va quitter Ké-So pour se rapprocher du général en chef, afin de se tenir à sa disposition dans le cas où il aurait besoin de renseignements sur le pays. Monseigneur a du reste à Hanoï une fort jolie habitation, construite dans le voisinage de la citadelle, sur un terrain appartenant à la mission.

Nous levons l'ancre et nous nous mettons en route avec assez de difficulté. Une foule de sampans et de jonques, qui sont venus s'accoler au *Fi-Yen* pendant notre arrêt, ont formé tout autour de lui comme un grand village flottant dont nous avons mille peines à nous dépêtrer. La machine à beau lancer trois ou quatre coups de sifflet, pas une embarcation ne bouge ; tous les patrons font la sieste dans le fond de leurs barques. De guerre lasse, le mécanicien renverse la vapeur, ce qui produit un ronflement épouvantable et un remous qui soulève comme des coques de noix tous les petits bateaux. Les bateliers, réveillés en sursaut et se voyant entraînés dans notre sillage, poussent des cris de paon et s'empressent de couper les cordes en rotin qui les retiennent à nous.

Les commerçants chinois fument l'opium quatre fois par jour au moins dans la cabine d'arrière ; il m'arrive à chaque instant une odeur de caramel indiquant que l'un d'entre eux se livre à son passe-temps favori. De temps à autre, un domestique vient nettoyer sur le pont les pipes de ces sybarites ; il démonte le fourneau et il passe dans la cheminée un petit crochet emmanché dans un morceau de bois. Il ramène ainsi des scories noirâtres et poisseuses d'opium mal brûlé, qu'il divise en petits paquets en les enveloppant dans du papier chinois[1]. Il vend ces paquets aux coolies de l'équipage moyennant une dizaine de sapèques. Ceux-ci en broient le contenu avec un peu d'huile, de façon à en faire une sorte de pâte ; ils fument cette pâte dans une pipe d'un genre particulier, qu'ils viennent de fabriquer de toutes pièces avec un bambou creux et une petite bouteille en terre haute d'un doigt.

Le bambou a été coupé de façon à avoir une de ses extrémités fermée par un nœud, tandis que l'autre reste ouverte. La bouteille, dont le fond plat a été percé d'un petit pertuis, est fixée par son goulot dans un trou pratiqué latéralement dans le bambou, un peu au-dessus du nœud. Les coolies, couchés à demi nus sur les planches du pont avec un paquet de cordes sous la tête, passent des heures entières à s'enivrer avec leur affreuse drogue ; la fumée qu'elle dégage est tellement nauséabonde qu'elle me force à abandonner la place.

À quatre heures du soir, nous jetons l'ancre devant Phu-Ly-Nhon. C'est une misérable bourgade, construite au milieu de rizières basses et marécageuses, à l'entrée du canal de Phu-Ly, qui fait communiquer le Day avec le fleuve Rouge[2]. Elle ne comprend qu'une seule rue, bordée de chaque côté par une rangée de huttes en torchis. Cette rue, qui n'est pas pavée, est d'une malpropreté dont ceux-là seuls qui ont

---

1. Il s'agit du *dross* (voir note 1 p. 168).
2. Situé sur la rive droite du fleuve Rouge, le canal de Phủ-Lý permet de relier celui-ci au Đáy. Il est doublé plus au sud par le canal de Nam-Định, qui emprunte le même trajet. La bourgade de Lý-Nhân était, depuis le XVᵉ siècle, le siège du *phủ* (préfecture) du même nom, d'où l'appellation de Phủ Lý-Nhân. Cette préfecture, qui relevait de la province de Hà-Nội, recouvrait à peu près le territoire des futures provinces de Hà-Nam (1890) et Nam-Định.

RUE PRINCIPALE DE PHU-LY-NHON

voyagé en Extrême-Orient peuvent se faire une idée. On y jette toutes les immondices et, à certaines places, elle est transformée en cloaques infects, remplis d'une boue noire et gluante dans laquelle on enfonce jusqu'aux mollets.

Phu-Ly-Nhon, malgré son aspect misérable, est le siège d'une préfecture annamite et possède une garnison, composée d'une demi-compagnie d'infanterie de marine. Les soldats sont logés dans de grands bâtiments à demi ruinés, situés près de la demeure du *phu* (« préfet »), et qui servaient autrefois de magasins à riz. Ce poste est dangereux pour les Européens à cause des plaines marécageuses qui l'entourent ; pendant mon séjour à Nam-Dinh, c'est de là que j'ai reçu presque tous mes malades graves ; aussi relève-t-on fréquemment la garnison.

En parcourant l'unique rue de Phu-Ly, je ne suis pas peu étonné d'y rencontrer un grand nombre de soldats chinois, vêtus d'un uniforme très propre et coiffés d'un petit chapeau conique ; ils entrent dans les misérables boutiques du lieu pour y faire leurs provisions. La plupart de ces Célestes, qui tranchent au milieu des Annamites grâce à leur haute stature et à leur corps vigoureusement charpenté, ont des physionomies peu engageantes ; quelques-uns ont même l'air de véritables bandits. Ce sont en effet d'anciens Pavillons-Noirs des contingents de Luu-Vinh-Phuoc[1]. Ils formaient une compagnie forte d'environ deux cents hommes, qui, un beau jour, s'est présentée tout entière, officiers en tête, aux avant-postes de Tuyên-Quang, demandant à passer au service de la France. Sur l'ordre qu'il reçut du général en chef, le commandant de Tuyên-Quang les expédia sur Hanoï. Arrivés là, ils furent examinés en détail ; on renvoya un certain nombre d'entre eux, qui furent trouvés trop vieux ou trop épuisés par les excès d'opium pour pouvoir rendre des services ; on en garda cent cinquante environ, qui reçurent un uniforme dans le goût chinois, composé d'un pantalon court et d'un justaucorps à larges manches, sur le devant duquel s'étalait un grand rond en calicot blanc avec une inscription chinoise signifiant : *Soldat de la France*. On les arma de fusils à piston et on leur donna des cadres composés d'officiers et de sous-officiers d'infanterie de marine ; après quinze jours environ de manœuvres, on les envoya sur le Day, occuper un poste à proximité de Phu-Ly[2].

---

1. Voir note 3 p. 75 et note 2 p. 194.
2. *Un mois plus tard et sans qu'on sût pourquoi, ces Chinois abandonnèrent leur poste tous à la fois, et depuis on n'en entendit plus parler* (note de l'auteur). Formée en juillet 1884, après la prise de Hưng-Hoá et l'occupation de Tuyên-Quang, cette compagnie, qui comprenait en réalité cent trente Pavillons-

Les hommes du bateau ont activé tant qu'ils ont pu le déchargement de leurs marchandises. Ils ont hâte de reprendre leur route, et ils voudraient profiter des dernières heures du jour pour franchir le canal de Phu-Ly et pour gagner le fleuve Rouge. Ils ont compté sans les difficultés de la navigation ; l'arroyo de Phu-Ly est sinueux, il offre beaucoup de passages difficiles, qui nous retardent d'autant. La nuit, qui vient tout à coup et qui est très noire, nous force à jeter l'ancre au beau milieu du canal.

Les Chinois ont ancré leur bateau à égale distance des deux rives, et je leur vois prendre des précautions inusitées. Ils tiennent entre eux un long conciliabule, suivi d'une discussion animée, puis ils placent des sentinelles à chaque bord du bateau. Ces sentinelles sont armées d'un morceau de bois creux, dont elles frappent un coup à intervalles égaux et éloignés, tant pour se tenir éveillées que pour indiquer qu'elles n'aperçoivent rien de suspect. J'ai toutes les peines du monde à m'endormir à cause de ce vacarme.

Vers deux heures du matin, je me réveille furieux : tous les Célestes sont sur le pont ; ils piétinent autour de moi et ils s'entretiennent à mi-voix ; impossible de dormir. À bâbord, à trois ou quatre cents mètres du fleuve, j'aperçois une lueur rougeâtre, sinistre, d'abord limitée à un point, mais qui s'étend peu à peu, de proche en proche, et qui finit par illuminer tout l'horizon. À cent mètres en amont de la rivière, je distingue, malgré la nuit assez profonde, des ombres qui s'agitent sur le rivage ; ce sont des Annamites qui se précipitent dans des barques amarrées le long du bord de l'eau et qui coupent les cordes pour s'enfuir plus vite.

Sans aucun doute, une bande de pirates tient la campagne aux environs. Ces bandes sont quelquefois fortes de trois ou quatre cents hommes déterminés et bien armés ; leur voisinage peut être très dangereux pour nous, dont le bateau contient un riche butin. Le patron chinois est dévoré d'inquiétude ; penché sur le bordage, il sonde les ténèbres avec anxiété.

Voilà que deux nouveaux foyers viennent de s'allumer à quelque distance du premier ; l'incendie s'étend maintenant sur toute la rive gauche ; il y a au moins quatre villages qui brûlent. Décidément, le danger est encore plus grand que je ne l'avais cru. Les pirates doivent être très nombreux pour opérer sur une pareille étendue de pays. Que

---

Noirs, formait une espèce de « corps-franc », dirigé par le lieutenant Bohin. Ce n'était pas la première expérience : en 1883, l'année précédente, un négociant de Hà-Nôi, dit « Monsieur Joseph », avait enrôlé sept cents Pavillons-Jaunes (« l'armée Joseph »), mais ils furent licenciés quelques mois plus tard.

faire s'ils arrivent sur nous ? Je suis le seul Européen, je n'ai qu'un revolver. Les Chinois et les Annamites sont affolés.

Les villages de la rive droite ont pris l'alarme ; les tam-tams retentissent partout dans la nuit, alternant avec le gros tambour qui a la forme et la dimension d'un tonneau, et qui sert à appeler aux armes les hommes valides en cas de danger pressant. Au Tonkin, c'est ainsi qu'on sonne le tocsin ; ces sons bizarres font dans la nuit un effet lugubre.

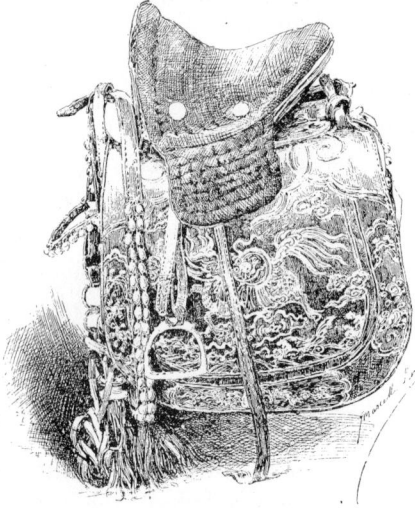

SELLE

Les Chinois ont dressé un petit autel à l'arrière du bateau ; ils l'ont garni de bougies roses et de baguettes d'encens. Ils se prosternent le front dans la poussière, invoquant je ne sais quelle divinité, en l'honneur de laquelle ils brûlent des papiers dorés, qu'ils jettent tout enflammés dans le fleuve.

Heureusement voici le jour, le danger cesse. Aussitôt qu'il fait suffisamment clair pour se conduire, les Chinois lèvent l'ancre et s'empressent de s'éloigner en faisant force vapeur. Je cherche partout mon boy, qui a disparu dans la bagarre avec le sac aux provisions, et je finis par le découvrir dans un trou à fond de cale, à genoux, la tête plongée dans une caisse et murmurant entre ses dents qui s'entrechoquent de terreur : « *An cap ! An cap !* (« Les pirates ! les pirates[1] ! »).

---

1. *Ăn cắp*, qui ici signifie plutôt « au vol ! ».

Les pirates sont loin, Dieu merci ! Nous naviguons maintenant en plein fleuve Rouge, et nous venons de dépasser Hong-Yen, qui, au XVIIe siècle, était le siège d'un important comptoir espagnol et portugais, et qui, aujourd'hui, n'est plus qu'une pauvre bourgade annamite[1]. À cinq heures du soir, nous sommes en rade de Hanoï.

1. En empruntant le canal de Phủ-Lý, Hocquard a rejoint le fleuve Rouge à hauteur de Hưng-Yên. Cette bourgade était située non loin de l'ancien site de Phố-Hiến, dont on pense qu'il a initialement été fondé par des Japonais (sous le nom de Phố-Khác, le « marché des étrangers »). Le commerce étranger fut d'abord le fait des Portugais, dès le XVIe siècle, puis des Hollandais au siècle suivant (mais l'on ne trouve pas d'Espagnols comme le prétend Hocquard), notamment grâce à la Compagnie des Indes orientales fondée en 1602. À la différence des Portugais, les Hollandais s'intéressèrent davantage au nord, et ils s'installèrent à Phố-Hiến en 1637, rejoints par les Anglais en 1672 et les Français en 1680. En 1688, un voyageur étranger écrivait que la ville comptait deux mille maisons. Dès 1700, pourtant, les Hollandais abandonnèrent le site et tâchèrent de concentrer leurs activités à Kẻ-Chợ (Hà-Nội), tout comme les Anglais, qui avaient transféré leur comptoir dès 1683. Ainsi, dès la fin du XVIIe siècle, Phố-Hiến périclita.

UNE DIGUE DANS LES RIZIÈRES

CHAPITRE XVI

INVASION CHINOISE. – LE PLAN DU GÉNÉRAL EN CHEF. – ROUTE DE PHU-LANG-THUONG. – LES VERS À SOIE ET LE DÉVIDAGE DES COCONS.– DE YEN-LE À BAO-LOC : MARCHE PÉNIBLE SOUS LE SOLEIL. – BATAILE DE KEP. – UNE NUIT À L'AMBULANCE. – LE CONVOI DES BLESSÉS.

Les nouvelles que je recueille en arrivant à Hanoï sont des plus graves : depuis l'affaire de Bac-Lé, les Chinois ont rassemblé de nombreux corps de troupes dans le Yunnan, et surtout dans la province du Kouang-Si. Des effectifs considérables, équipés et armés à Lang-Chéou, ville frontière de cette dernière province, ont déjà envahi le Tonkin par Lang-Son, That-Khé et Cao-Bang. Leurs éclaireurs sont descendus le long du cours du Thai-Binh ; on les a vus à Phu-Lang-Thuong sur le song Thuong, à Lam sur le Loch-Nam ; ils débouchent par toutes les routes des montagnes ; si nous n'y mettons bon ordre, ils envahiront le delta, et tout sera à recommencer.

Pour faire face à cette nouvelle invasion, le général en chef a formé deux colonnes. L'une, placée sous les ordres du colonel Donnier, partira des Sept-Pagodes, remontera en bateaux le cours du Thai-Binh,

LA RIVIÈRE SONG-THUONG

puis celui de son affluent, le Loch-Nam, et viendra débarquer vers le village de Lam. L'autre, sous les ordres du général de Négrier, suivra la route mandarine qui va de Bac-Ninh à Lang-Son et se concentrera à Phu-Lang-Thuong. Ces colonnes opéreront parallèlement, de façon à refouler les Chinois dans les montagnes. Pendant ce mouvement en avant, et pour éviter toute surprise, une troisième troupe, sous les ordres du commandant de Mibielle, marchera à égale distance des deux colonnes, en combinant son action de façon à pouvoir se porter immédiatement au secours de celles des deux qui sera le plus menacée[1].

Il faut en effet procéder avec la plus grande prudence ; les renseignements fournis par les espions sont très vagues ; les troupes vont opérer dans un pays à peu près inconnu et contre un ennemi dont on ne connaît à l'avance ni la situation, ni l'importance.

Je dois suivre la colonne Négrier[2]. Arrivé à Hanoï le 2 octobre, j'en pars le lendemain matin avec le bataillon du 23e de ligne[3] qui se dirige sur Phu-Lang-Thuong. Le même jour, nous couchons à Dap-Cau, où nous recevons, des artilleurs qui tiennent garnison dans ce poste, une cordiale hospitalité. Depuis l'expédition de Bac-Ninh, Dap-Cau est devenu un centre stratégique important : c'est là que se forment tous les convois de jonques employés au ravitaillement des troupes qui opèrent vers Phu-Lang-Thuong ou sur le Loch-Nam. Les artilleurs ont construit sur le bord de la rivière song-Cau un quai d'embarquement commode ; ils ont même fondé un cercle militaire, tenu par un ancien éditeur parisien très connu dans le monde scientifique et qui, à la suite de je ne sais plus quel revers de fortune, est venu échouer dans ce petit poste[4].

Le 4 octobre au matin, après avoir traversé le song-Cau sur des jonques du pays remorquées par un canot à vapeur, la colonne se remet en marche. Pendant une heure ou deux, nous suivons une digue

1. Sur ces événements, voir note 1 p. 350.
2. Composée de trois bataillons et de deux batteries, cette colonne commandée par le général Négrier emprunta la vallée du sông Thương, s'empara de Kép (8 octobre 1884), où elle laissa un bataillon, et occupa les places de Lam et Chũ, verrouillant ainsi les voies d'accès au delta. À partir de ces trois points d'appui, de nombreuses expéditions furent lancées pour poursuivre les Chinois : colonne Servières puis Dugenne dans le Đông-Triều, contre les Chinois chassés de Chũ, colonne Dominé dans la région de Bố-Hạ (au nord-ouest de Kép). Parallèlement, une autre colonne, commandée par le lieutenant-colonel Donnier, fut chargée de contrôler la vallée du Lục-Nam ; elle partit de Đáp-Cầu (près Bắc-Ninh) pour rejoindre Lam, d'où elle refoula les Chinois vers Chũ. Enfin, une troisième colonne dirigée par le commandant de Mibielle se tenait en réserve à Phù-Lạng-Thương.
3. Bataillon Godard, composé des compagnies Gignoux, Gaillon et Pécoul.
4. Le nom de cet éditeur est inconnu, y compris d'Ardant du Picq, auteur d'une intéressante monographie sur la citadelle de Bắc-Ninh (*in Bulletin des amis du vieux Hué,* 1935), qui cite tels quels les propos de Hocquard mais sans y ajouter aucun commentaire...

étroite qui s'avance presque en ligne droite à travers des rizières basses et marécageuses. Malgré la saison avancée, il fait un soleil de plomb ; l'ardeur de ses rayons est encore augmentée par la réverbération produite sur les nappes d'eau qui nous entourent. Pas un arbre, pas même un buisson pour nous donner un peu d'ombre. Les soldats ploient sous leurs sacs et de grosses gouttes de sueur ruissellent sur leurs joues bronzées.

Dans l'eau verdâtre et croupissante des mares près desquelles nous passons poussent de beaux lotus roses dont les fleurs ont dix centimètres de diamètre et dont les feuilles atteignent jusqu'à cinquante centimètres de largeur. Les coolies et les boys cueillent de ces grandes feuilles et, les tenant par l'extrémité de leurs tiges, ils s'en servent comme de parasols pour s'abriter. Quelques-uns les replient par les bords et se confectionnent ainsi des espèces de bonnets d'une forme gracieuse. Nos hommes ne tardent pas à les imiter ; ces larges feuilles charnues placées sous le casque donnent une sensation de fraîcheur délicieuse.

Les Annamites ne laissent pas improductives ces grandes flaques d'eau ; à la bonne saison, ils y repiquent du riz, qui y pousse fort bien. On voit déjà les paysans qui préparent les prochaines semailles ; ils labourent sous une nappe d'eau qui atteint jusqu'à soixante centimètres de hauteur. La charrue y disparaît tout entière ; les grands buffles qui la traînent s'enfoncent jusqu'au poitrail dans la vase ; dans certains endroits, leur tête, ornée de longues cornes, émerge seule à la surface. Le laboureur lui-même a de l'eau jusqu'aux aisselles ; c'est pour ainsi dire à tâtons qu'il dirige son attelage.

Il est huit heures du soir quand nous atteignons le bord du song-Thuong en face de Phu-Lang-Thuong[1]. Il est trop tard pour franchir la rivière et nous couchons sur la berge. Le paysage, doucement éclairé par un rayon de lune, est ravissant. Le song-Thuong, qui semble charrier des paillettes d'argent, décrit les courbes les plus gracieuses entre deux rives très boisées sur lesquelles se profilent de distance en distance les silhouettes de quelques grands arbres. Devant les faisceaux de fusils rangés en ligne, les hommes, éreintés par la marche, dorment étendus de tout leur long dans l'herbe, la tête sur le sac. Les chevaux sont groupés en avant du camp, sous l'œil des sentinelles qui se promènent, baïonnette au canon, en inspectant le fleuve.

---

1. Actuelle Bắc-Giang.

Le lendemain, aussitôt que le jour paraît, nous traversons le song-Thuong pour aller nous installer à Phu-Lang-Thuong, où nous devons demeurer un jour. Les deux colonnes du général de Négrier et du commandant de Mibielle sont réunies dans cette petite bourgade. Les rues sont encombrées de troupes et nous avons toutes les peines du monde à nous caser dans les maisons.

Chaque habitation est entourée d'un jardin planté de mûriers, protégé par une haie vive en bambous épineux. Les habitants de cette province pratiquent tous l'élevage des vers à soie. Dans la maison où je loge, les indigènes ont abandonné sur le sol une grande quantité de ces vers. Ils sont amassés dans un coin de la chambre en un tas qui mesure dix centimètres de hauteur ; on leur a jeté quelques feuilles de mûrier pour les empêcher de mourir de faim ; ils font en les mangeant un bruit qui s'entend à cinq pas de distance. Ils paraissent très vigoureux et extrêmement voraces.

PETITS INDIGÈNES DÉVIDANT DES COCONS

Dans une autre pièce de la maison, deux petits indigènes sont occupés à dévider des cocons à l'aide d'un système qui m'a paru assez primitif : les cocons sont jetés dans une grande marmite en fonte placée sur trois briques et remplie d'eau bouillante. Un des jeunes ouvriers tourne un dévidoir sur lequel les fils de soie s'enroulent, tandis que l'autre, armé de deux baguettes semblables à celles qui servent aux Annamites pour prendre leur repas, maintient séparés, pendant qu'ils se dévident, les cocons toujours immergés dans l'eau chaude, et empêche qu'ils s'embrouillent. À l'aide de ce procédé, des indigènes peuvent dévider trois ou quatre cocons à la fois sur le même métier. les chrysalides débarrassées de leur soie sont soigneusement conservées. Les Tonkinois les mangent frites à l'huile : c'est pour eux un mets de haut goût, qui est très recherché.

Le général de Négrier est venu nous rejoindre ; le 6 au matin nous quittons Phu-Lang-Thuong. Notre colonne se compose de neuf compagnies d'infanterie de ligne, de deux compagnies de tirailleurs tonkinois, de deux batteries d'artillerie et de quelques chasseurs d'Afrique, en tout mille cinq cents hommes environ.

Nous prenons la route mandarine qui conduit vers Lang-Son. De Phu-Lang-Thuong à Kep, cette route est large et facile. Mais nous n'avançons qu'avec prudence car l'ennemi est signalé par les éclaireurs. Cependant, la journée se passe sans que nous ayons rien aperçu de suspect, et le soir nous bivouaquons à l'embranchement d'un chemin de montagne qui se dirige vers Bao-Loc, à l'est de la route mandarine.

À l'endroit même où la colonne est arrêtée se trouve un marché comme on en rencontre souvent dans la campagne annamite. Au Tonkin, une commune comprend la plupart du temps plusieurs hameaux, qui sont quelquefois assez éloignés les uns des autres ; le marché de la commune peut être construit sur un point situé à égale distance des hameaux et par conséquent en pleine campagne ; dans ce cas, on ne fait pas grande dépense pour le bâtir. Les constructions se réduisent à une douzaine de petits toits en paille reposant chacun sur quatre pieux ; mais, pour être primitifs, ces abris n'en sont pas moins très appréciables, et nous nous entassons pêle-mêle sous les paillotes qui nous protégeront au moins contre la rosée de la nuit.

Le lendemain, 7, laissant à la bifurcation des deux routes les bagages et le convoi qui pourraient embarrasser les mouvements des troupes, nous nous engageons à la file indienne sur une série de petites digues qui courent au milieu des rizières dans la direction de Bao-Loc. Je monte un grand cheval blanc venu de France qui ne se meut que difficilement sur ce terrain nouveau pour lui. À chaque instant je suis obligé de descendre et de prendre ma monture par la bride. Après toutes sortes d'efforts et après avoir pataugé pendant deux grandes heures, nous finissons par sortir des mares et des champs de riz, et par atteindre un terrain sec mais accidenté et couvert de grandes herbes au milieu desquelles nous disparaissons jusqu'au cou et où nous avons peine à nous frayer un passage. Le soleil est plus ardent que jamais. Les soldats, empêtrés dans les broussailles au milieu desquelles ils ont mille peines à se mouvoir, sont haletants et couverts de sueur. Malgré leur énergie, ils commencent à ralentir le pas et à fléchir sous le poids de leurs sacs et de leurs cartouches.

Tout à coup, des coups de feu retentissent à l'avant-garde ; c'est l'ennemi qui a pris le contact ; on crie de toutes parts : « En avant ! » Les officiers augmentent encore l'allure, et les soldats, comme galvanisés par l'approche de la lutte, font un suprême effort pour arriver plus vite.

Heureusement ce n'était qu'une fausse alerte ; l'ennemi, après avoir reçu nos premiers coups de fusil, a pris la fuite dans la direction de Kep ; mais quand les compagnies, enfin arrivées sur un terrain découvert, se mettent à se compter, beaucoup d'hommes manquent à l'appel. Épuisés par la chaleur et par les fatigues de la route, ils se sont affaissés au milieu des hautes herbes où ils sont restés comme ensevelis. Il faut se hâter de voler à leur secours : étendus sur ce sol surchauffé, au milieu de ces broussailles où l'air ne circule pas, ils sont voués à une mort certaine si l'on ne se hâte de les enlever.

PETITE PAGODE OÙ LES MALADES ONT ÉTÉ RECUEILLIS

Pendant que les troupes font halte à l'ombre, je retourne en arrière avec un certain nombre de coolies portant des brancards ouverts. Toute la route suivie par la colonne à travers cette plaine funeste est comme jalonnée par les corps inertes des malheureux soldats frappés par le soleil. Nous en relevons quarante ou cinquante, respirant à peine, que je fais transporter aussi rapidement que possible dans une petite pagode bâtie sur une hauteur. Nous éventrons à coups de pioche les murs de la pagode pour faciliter l'arrivée de l'air ; les malades sont étendus sur des lits annamites en bambous où des soins leur sont prodigués. Peu à peu ils reviennent à eux ; nous n'en aurons laissé aucun dans la broussaille ; mais il était temps d'en sortir.

Vers le soir, nos malades sont suffisamment rétablis pour pouvoir suivre à pied la colonne, à l'exception de cinq ou six d'entre eux que nous ramenons en civière. Nous revenons sur nos pas pour regagner la route mandarine et retrouver notre convoi que nous avons laissé au marché de Yen-Lé ; mais la nuit nous surprend dans les rizières et le général de Négrier, redoutant les inconvénients d'une marche dans l'obscurité à travers ces fondrières, nous fait faire halte au milieu d'un champ de riz où nous bivouaquons en attendant le jour.

Dès l'aube, nous nous remettons en route : les hommes ont à peine le temps de boucler leur sac ; ils mangent, en marchant, un morceau de biscuit arrosé d'un peu de café. L'ennemi est tout près, dans le village de Kep ; il s'agit d'aller vite et de tomber sur lui sans qu'il s'en doute.

Dès qu'elles sont engagées sur la route mandarine, les troupes prennent la formation de combat ; deux compagnies du 111e de ligne partent en avant, précédées par quelques chasseurs d'Afrique. À peine ont-elles dépassé deux petits mamelons qui bordent le chemin à droite et à gauche et qui, jusque-là, leur avaient masqué la vue, qu'elles aperçoivent tout à coup, à moins de cinq cents mètres, les positions ennemies. C'est d'abord le village de Kep, entouré d'un mur en terre percé de créneaux, flanqué à l'est par une redoute fortifiée et à l'ouest par un petit enclos couvert de bouquets de bambous et de hautes herbes. La route passe au milieu de cet enclos ; les Chinois ont dressé en travers une forte barricade en terre. En arrière du village et à un kilomètre environ de cette première ligne de défense, l'ennemi en a établi une seconde, appuyée à droite sur le village de Cham et comprenant une série de fortins et de pagodes fortifiées au-dessus desquelles flottent de nombreux étendards.

Au moment où nos troupes d'avant-garde débouchent entre les mamelons qui les masquaient, quelques soldats chinois sont occupés à garder des mulets dans le petit enclos qui avoisine le village. Surpris à l'improviste, ils fuient en chassant leurs animaux devant eux et en nous saluant de coups de fusil dont l'un atteint à la jambe le lieutenant Berge, officier d'ordonnance du général. Les compagnies du 111ᵉ s'élancent alors au pas de charge. Culbutant les Chinois qui occupent l'enclos de bambous et passant à gauche du village, elles balayent la route mandarine jusqu'à une petite pagode située au nord de Kep. Grâce à cette pointe hardie, le village est entouré de trois côtés par nos troupes, au nord, à l'ouest et au sud.

Pendant ce temps, le gros de la colonne arrive au niveau des monticules, d'où l'on a vue sur les positions ennemies. L'artillerie s'installe rapidement sur le mamelon de gauche et foudroie le village ; on voit les obus tomber au milieu des maisons ; tous les coups portent ; l'incendie éclate de toutes parts, toutes les cases sont en feu ; leurs parois de bambous éclatent et crépitent comme des pièces d'artifice. Rapidement, le général de Négrier porte les deux dernières compagnies du 111ᵉ au secours de leurs camarades engagés sur la route mandarine, puis il envoie, pour achever de cerner le village, deux compagnies du 23ᵉ chargées de contourner Kep par le côté est. Il était temps : pendant que l'effort de nos soldats se portait tout entier sur le village, les troupes chinoises de deuxième ligne qui occupaient la série de redoutes et de pagodes situées à mille mètres en arrière de Kep se formaient en deux fortes colonnes qui essayaient de tourner le village et nos positions, l'une par le côté est et l'autre par le côté ouest. La première de ces colonnes vient se heurter contre le 23ᵉ, qui exécute le même mouvement en sens inverse ; après un engagement court mais meurtrier, dans un terrain coupé par le bois et les hautes herbes, les Chinois, refoulés, se débandent et prennent la fuite ; mais la deuxième colonne ennemie, beaucoup mieux conduite, réalise presque son mouvement tournant. Profitant habilement de tous les accidents de terrain, se masquant derrière chaque bouquet de bambous, marchant à demi courbés dans les hautes herbes, rampant au milieu des touffes de riz sans presque les déplacer, les Chinois arrivent, sans être aperçus, jusqu'au pied du mamelon occupé par l'artillerie. Tout à coup nous les voyons se dresser à moins de cent cinquante mètres des pièces et escalader la rampe en poussant des hurlements de bêtes fauves. Les artilleurs n'ont que le temps de tourner leurs canons ; ils tirent dans le tas à mitraille, pendant que deux compagnies du 143ᵉ, postées dans le voisinage, exécutent des feux rapides sur les assaillants.

Fauchés par une grêle de projectiles tirés presque à bout portant, les Chinois tiennent bon pendant dix minutes ; on les voit bondir dans les

COMBAT CORPS À CORPS DANS LE VILLAGE DE KEP

hautes herbes, essayer de gravir la pente, puis tomber foudroyés. Écrasés par la mitraille, ils finissent par se replier, laissant sur le terrain les trois quarts de leurs hommes dont les cadavres disparaissent entre les touffes de riz. Un de leurs derniers coups de feu frappe à la jambe le général de Négrier, qui, debout sur le mamelon de l'artillerie, surveillait le combat.

Le mouvement offensif des deux colonnes ennemies venues de la seconde ligne a donc échoué, mais Kep tient toujours, malgré les flammes qui dévorent ses maisons, malgré la grêle d'obus qui tombe au milieu de ses défenseurs : on entend dans le village l'appel répété des grandes trompes chinoises, dont les sons rauques et prolongés, se succédant à intervalles très courts, font un effet lugubre au milieu des crépitements de l'incendie et du fracas de la fusillade. Deux fois, les compagnies du 111e tentent d'escalader le mur d'enceinte qui avoisine la porte sud : deux fois elles sont fusillées à bout portant par les défenseurs du village. Nos soldats, excités par un soleil brûlant et par l'ardeur de la lutte, répondent par des cris de rage aux hurlements des Chinois ; nos blessés jonchent le petit enclos entrecoupé de bouquets de bambous qui avoisine le rempart du côté de l'attaque ; mais la chaleur étouffante qui règne dans le chemin creux transformé en fournaise par le soleil de midi fait encore plus de victimes que les balles chinoises parmi nos hommes épuisés qui combattent à jeun depuis bientôt trois heures.

La digue qui va du mamelon de l'artillerie au village passe entre deux larges mares qu'il est impossible de tourner. J'ai mille peines à entraîner les coolies qui portent les brancards d'ambulance sur ce chemin découvert, balayé constamment par les feux de l'ennemi. Ces poltrons font trois pas en avant en rasant le sol, puis, jetant leurs brancards, ils reviennent vivement en arrière pour se terrer dans la rizière en tremblant de tous leurs membres. C'est une misère d'être obligé d'employer de pareils auxiliaires ; je mets plus de vingt minutes pour leur faire parcourir les cent mètres qui nous séparent des fossés du village. Une fois à l'abri derrière le rideau de bambous, ils se tranquillisent un peu ; mais comment les faire sortir de là pour retourner en arrière ? Les quatre premiers que je renvoie portant un blessé sur leur civière ne font pas dix pas sans recevoir des coups de fusil ; les deux brancardiers de tête sont foudroyés ; les deux autres se sauvent en hurlant, abandonnant leur blessé sur le bord de la route ; mon grand cheval blanc sert de cible aux Chinois ; il vient de s'abattre avec une balle en plein poitrail. Impossible de continuer ainsi : il vaut mieux coucher les blessés avec leur sac sous la tête dans le petit enclos de bambous où ils resteront tout au moins invisibles à l'ennemi.

Mais cet enclos est en contrebas ; le soleil y tombe d'aplomb ; les blessés y sont comme dans une fournaise ; quelques-uns, pris de délire furieux, se dressent debout sur leurs jambes brisées. Le colonel Chappuis[1], du 25ᵉ, vient d'être frappé d'insolation ; moi-même, je sens ma tête prête à éclater sous ce soleil de feu. L'artillerie a fait une brèche énorme à la porte sud du village ; les clairons sonnent de toutes parts l'assaut ; nos soldats sont dans la place. Pour comble de bonheur, le ciel se couvre et une petite pluie fine vient nous apporter un peu de fraîcheur.

Les Chinois, cernés de toutes parts, font une résistance désespérée : se sentant perdus, ils veulent vendre chèrement leur vie. Maintenant, Français et Pavillons-Noirs se sont rejoints ; ils luttent corps à corps entre les maisons en feu, au milieu des grandes broussailles, plus hautes que les hommes, qui poussent à l'entour du village. Le capitaine Kerdrain a la tête fendue par trois coups de lance ; un soldat a le cou scié par un Chinois ; le commandant Godard, qui a déchargé son revolver, est aux prises avec un Pavillon-Noir qu'il crible de coups de canne. Enfin la redoute, dernier centre de résistance de l'ennemi, est emportée d'assaut ; les Chinois vaincus fuient en hurlant, salués par les derniers coups de fusil. À trois heures du soir, tout est fini. Les troupes, à jeun depuis le matin, se sont battues sans interruption pendant cinq heures ; les Chinois ont laissé sur le terrain plus de six cents cadavres ; dans certains endroits où la lutte a été vive, ils sont entassés en si grand nombre qu'ils obstruent le chemin.

Kep était un des centres de concentration de l'armée chinoise du Kouang-Si ; les Célestes y avaient accumulé des munitions et des approvisionnements de toutes sortes. Nous trouvons dans les pagodes du village, qui servaient d'habitation aux chefs ennemis, de riches costumes chinois, de l'argent, des étoffes précieuses, des uniformes de mandarin et aussi des tentes, des vêtements ayant appartenu aux officiers français qui, le mois précédent, ont fait partie de la malheureuse colonne de Lang-Son commandée par le colonel Dugenne. Grâce au général de Négrier, nos morts de Bac-Lé sont bien vengés[2].

---

1. Identique chez Challan de Belval, mais orthographié Chapuis par l'*Histoire militaire de l'Indochine française*.

2. Rappel du « guet-apens de Bắc-Lệ » (voir note 1 p. 350) qui eut lieu non pas « le mois précédent » la bataille de Kép mais en *juin* 1884, donc cinq mois auparavant. La colonne commandée par le lieutenant-colonel Dugenne avait été attaquée les 23 et 24 juin : elle dut donc rebrousser chemin, et la marche sur Lạng-Sơn fut provisoirement abandonnée.

Nous payons nous-mêmes notre victoire assez cher : la vigoureuse résistance des Chinois nous coûte trente-deux Français tués et soixante et un blessés, sans compter ceux qui, pendant la lutte, ont succombé aux coups de chaleur. Nous venons de retrouver le corps du capitaine Planté, frappé d'une balle en plein front en escaladant une barricade à la tête de sa compagnie ; nous l'avons placé sur l'herbe, à côté du brave colonel Chappuis, foudroyé par le soleil au moment où il commandait l'assaut. Le soir, nous nous réunissons tous pour rendre les derniers devoirs à ces deux héros morts pour la patrie. On leur a construit à grand'peine des cercueils avec des planches de caisses vides prises au convoi ; on les y a couchés dans un linceul aux trois couleurs de France, fait en cousant ensemble trois drapeaux pris aux Chinois.

HALTE PRÈS D'UNE PAGODE

L'ambulance a été établie dans une pagode bâtie sur une hauteur, au sud-est du champ de bataille. Au fur et à mesure que les blessés y arrivent, ils sont couchés côte à côte, sur de la paille de riz, dans une immense salle qui occupe toute la longueur du bâtiment. Les pansements sont soigneusement visités ; les médecins extraient les balles et placent les premiers appareils à la lueur de deux bougies. Il est près de minuit quand toutes ces opérations sont terminées ; comme il faut que chacun de nous prenne un peu de repos, nous nous relayerons à tour de rôle pour veiller le reste de la nuit.

Quand je prends mon tour de garde, l'immense salle n'est plus éclairée que par la lueur douteuse de deux lanternes de marine fixées au plafond par des cordes ; presque tous les blessés dorment d'un sommeil lourd ; je distingue à peine dans la pénombre les contours de leurs corps dissimulés sous des couvertures grises ; de temps en temps, l'un d'eux se dresse sur le coude pour me crier : « À boire ! » sur un ton bas et monotone qui ressemble à une plainte. Tout est calme au dehors. Sur l'immense étendue de ce champ de bataille jonché de cadavres, on n'entend que le bruit strident et monotone des cigales ou le *qui-vive* des hommes de garde qui va se répercutant le long du cordon des sentinelles, diminuant d'intensité au fur et à mesure qu'il s'éloigne dans la nuit. Quelle chose triste que la guerre quand on la voit ainsi ! J'aurai toute ma vie présente à la mémoire l'impression lugubre de ma nuit de veille dans cette grande salle de pagode encombrée de blessés.

Le lendemain, au jour, nous faisons nos préparatifs de départ. Tous les malades doivent être ramenés à Phu-Lang-Thuong où ils seront mieux placés pour recevoir les soins que réclame leur état. Les moyens de transport dont nous disposons sont absolument insuffisants : nous n'avons apporté qu'un petit nombre de brancards et presque tous nos coolies ont pris la fuite pendant la nuit. Le général a envoyé un exprès à Phu-Lang-Thuong pour avoir d'autres porteurs. En attendant, les infirmiers fabriquent avec des bambous et des toiles de tente une cinquantaine de civières improvisées.

La matinée se passe à attendre nos coolies. Vers midi nous voyons arriver une troupe nombreuse de jeunes femmes encadrées par des soldats du bataillon d'Afrique qui les escortent d'un air joyeux.

Le médecin en chef interpelle du plus loin qu'il l'aperçoit l'officier qui commande l'escorte : « Eh ! grand Dieu ! que voulez-vous que je fasse de pareils auxiliaires ?

– Ne vous fâchez pas, docteur, dit le lieutenant en riant ; nous avons fait ce que nous avons pu : mes hommes ont battu tous les villages aux environs de Phu-Lang-Thuong sans pouvoir mettre la main sur un seul coolie. Heureusement les femmes étaient restées sans méfiance pour garder les maisons ; vous savez qu'elles sont habituées à porter des charges aussi lourdes que les hommes ; j'ai pensé qu'elles feraient tout aussi bien notre affaire et je les ai amenées faute de mieux. »

Quand on se met en route, l'ambulance, avec ses cinquante brancards rangés à la file indienne, s'étend sur une longueur de plus d'un kilomètre. En tête, le général de Négrier, dont la jambe blessée est entourée de bandelettes, est porté par quatre vigoureuses *congaies*[1] sur une espèce de chaise où il se tient assis. Les officiers et les soldats blessés viennent ensuite ; ils ont chacun pour se préserver du soleil un petit parasol chinois en papier huilé pris à Kep sur les Pavillons-Noirs, qui en étaient tous pourvus. Les Célestes ne voyagent jamais sans cela : le parapluie comme l'éventail fait partie intégrante de l'équipement du soldat chinois.

Toutes ces femmes qui transportent les blessés, tous ces parasols ouverts au-dessus des brancards donnent à notre ambulance en marche un aspect original et pittoresque.

LES BOYS PRENANT LE THÉ

Nous faisons halte vers midi à côté d'une jolie pagode, située sur le bord de la route ; nos blessés pourront y passer à l'ombre les heures chaudes du jour. Je m'installe sur l'herbe pour faire la sieste, mais il m'est impossible de dormir ; derrière moi, de l'autre côté du mur, j'entends une conversation joyeuse, entremêlée d'éclats de rire qui n'en finissent plus : quatre petits vagabonds à demi nus, qui nous suivent depuis Hanoï et que nous avons commis à la garde de nos

1. « Jeunes filles », du vietnamien *con gái*.

chevaux, se sont installés pour festiner sous le toit de la pagode ; ils ont étalé devant eux de belles pipes, une théière et des tasses en fine porcelaine qu'ils ont pillées à Kep dans les bagages de l'ennemi ; ils sont en train de faire bombance avec le tabac et le thé dérobés aux Chinois. Ils ne m'ont pas aperçu et ils font les mines les plus drôles du monde en prenant leur thé et en tirant des bouffées de leurs grandes pipes. Un *quos ego* énergique que je leur lance depuis mon mur met fin à cette belle fête et les fait détaler à travers les hautes herbes comme une volée de pierrots.

Le temps, si beau tout à l'heure, s'assombrit tout à coup : le soleil se cache sous d'épais nuages noirs et, au moment où nous nous remettons en marche, il tombe une petite pluie fine qui dégénère rapidement en un véritable déluge. Nous sommes complètement inondés quand nous rentrons à Phu-Lang-Thuong, à la nuit noire et à la lueur des torches.

Après avoir installé nos blessés, je me mets en quête d'un logement pour la nuit. Toutes les maisons sont bondées de soldats ; il n'y a place pour moi nulle part. Où aller ? L'obscurité est profonde ; la pluie tombe à torrents, le village est un vrai labyrinthe dont les rues me sont totalement inconnues. J'entre dans la première case qui se présente ; je suis chez un tisserand. Tous les lits en bambous sont occupés par des camarades, mais j'avise dans un coin un immense métier à tisser sur lequel se trouve tendue une large et solide pièce de soie. Voilà un matelas superbe, et j'y vais dormir comme un bienheureux !

FORT CHINOIS

EMBARQUEMENT SUR LA RIVIÈRE CLAIRE

CHAPITRE XVII

BRUSQUE DÉPART POUR LA RIVIÈRE CLAIRE. – SINISTRE ÉPAVES. – UNE LÉPROSERIE. – LES VILLAGES FLOTTANTS. – NAVIGATION DIFFICILE. – ÉCHOUÉS. – DUPLICITÉ DES INTERPRÈTES. – UN ATELIER DE FORGERON. – SINGULIER REMÈDE CONTRE LES PIQÛRES DE GUÊPES. – UN COURRIER ET SON BATEAU. – LE MARCHÉ DE LANG-SAO. – MAGICIENS ET SORCIERS. – CHAM. – LE SERPENT-VERT. – L'ARÉQUIER. – GIOM. – LA VARIOLE.

« Tiens ! c'est vous, docteur ! D'où venez-vous ?

– De Phu-Lang-Thuong, mon général.

– Et vous êtes arrivés... ?

– À l'instant même, par le bateau qui vient d'accoster.

– Vous tombez bien : j'ai besoin d'un médecin pour accompagner une colonne qui va remonter la rivière Claire ;

– À vos ordres, mon général. Quand faut-il que je parte ?

– Dans un quart d'heure, sur cette canonnière qui est sur le point d'appareiller. »

C'est ainsi que, arrivé à Hanoï avec l'espoir d'y demeurer un bon mois pour me refaire de mes fatigues dans les délices de la Capoue tonkinoise, j'en repars aujourd'hui, 2 décembre, un quart d'heure après mon arrivée, pour une destination à peu près inconnue.

Pendant que le bateau remonte à toute vapeur le fleuve Rouge, je regarde vaguement les villages succéder aux villages sur ces rives plates et monotones que je connais déjà ; je songe à tout le chemin que j'ai parcouru depuis que je suis en pays tonkinois, et mes courses ininterrompues du nord au sud, de l'est à l'ouest, me font l'effet des allées et venues d'une balle que deux joueurs se lancent l'un à l'autre sans s'arrêter.

Je suis tiré de mes réflexions par une exclamation du capitaine du bateau, qui, depuis un instant, se promène de long en large devant sa cabine. Il me montre du doigt trois petits points noirs qui flottent sur l'eau ; ces points augmentent de dimension au fur et à mesure qu'ils se rapprochent ; on dirait maintenant trois paquets entraînés par le courant. Je me penche, pour mieux voir, au-dessus du bordage quand nous passons près d'eux. Horreur ! Ce sont des cadavres atrocement mutilés. Il y a deux hommes et une femme ; les hommes, empalés dans un pieu qui leur sort par la bouche, ont leurs mains et leurs pieds coupés et attachés sur la poitrine par une corde qui fait le tour de leur cou comme un collier. Les bourreaux ont taillardé les seins de la femme et, par dérision sans doute, en ont fixé un morceau dans sa bouche. Les corps, ballonnés par l'eau, sont horribles à voir ; les longs cheveux, détachés et épars, flottent autour d'eux à la surface. Les remous des vagues communiquent à ces cadavres des mouvements de va-et-vient grotesques ; une troupe de corbeaux perchés sur ces sinistres épaves s'acharnent du bec et des ongles sur les orbites déjà vides.

« Voilà encore trois malheureuses victimes des pirates et des Pavillons-Noirs, me dit le capitaine : ce qu'on rencontre de cadavres depuis quelque temps en naviguant dans les arroyos est inimaginable ; il ne se passe guère de jour où mes yeux ne soient attristés par un pareil spectacle. Avant-hier j'ai vu quatre corps qu'un même pieu traversait par le milieu comme une brochette d'alouettes. Ceux que nous venons de rencontrer descendent probablement de la rivière Claire, où nous allons. Il n'y a pas longtemps que le colonel Duchesne a infligé une sanglante défaite aux bandits chinois venus du Yunnan pour tenter d'enlever notre petite garnison de Tuyên-Quang. Mais leurs bandes, toutes dispersées qu'elles sont, tiennent encore la campagne le long de la rivière Claire. On ne peut envoyer à Tuyên-Quang un seul convoi de vivres sans le faire accompagner par une forte escorte, de peur qu'il ne soit pillé. La colonne dont vous faites partie a précisément pour but d'escorter un de ces convois[1]. »

Nous arrivons à Son-Tây à trois heures du soir. Nous devons y embarquer la compagnie de tirailleurs algériens et la section d'artillerie de marine qui forment l'effectif de notre colonne. En attendant que cet embarquement s'effectue, le résident de Son-Tây, qui est venu nous visiter à bord, me propose de l'accompagner à un village de lépreux, situé tout près de là. J'accepte avec d'autant plus d'empressement que j'ai souvent entendu parler depuis mon arrivée au Tonkin des léproseries indigènes sans avoir eu jamais l'occasion d'en visiter une seule.

« Ma visite a été annoncée, me dit le résident ; vous allez voir les principaux notables venir à notre rencontre ; regardez-les bien, c'est un véritable musée pathologique, et vous serez étonné, malgré l'habitude que vous avez de ces sortes de spectacles. »

En effet, par une ouverture de la grande haie de bambous qui s'étend comme un rideau vert devant les petites cases du village, je vois surgir la plus étrange collection de difformités et d'horreurs qu'il m'ait encore été donné de contempler. Des être hideux et comme rabougris s'avancent, les uns en boitant, les autres en rampant sur les mains et sur les genoux ; leur visage est boursouflé, rempli de plaques livides, d'ulcérations saignantes, de grosses élevures rougeâtres ; la peau qui le recouvre, devenue épaisse et comme durcie, a perdu sa souplesse, si bien que les traits se sont immobilisés en une sorte de masque rigide, effrayant et grotesque tout à la fois, et qui n'a plus rien d'humain. Les membres amaigris sont convulsés, tordus ; les doigts des mains, dont la lèpre a rongé les extrémités, se sont recourbés comme des griffes.

Accompagnés de ce cortège, digne du pinceau de Jacques Callot, nous entrons dans le village. Le cadre répond au tableau : de chaque côté des rues malpropres, boueuses, encombrées de détritus de toutes sortes, sont rangées de petites cases, basses comme des chenils, où l'on ne peut pénétrer qu'en se courbant en deux ; des enfants demi-

---

1. Depuis la prise de Hưng-Hoá (voir chapitre VII, p. 182), les Pavillons-Noirs et les Vietnamiens s'étaient retirés dans la haute région de la rivière Claire (sông Lô) ; en mai 1884, le colonel Duchesne mena une opération éclair sur Tuyên-Quang, prit la citadelle sans coup férir et y installa un chef de bataillon et une petite garnison de la Légion. Mais la pression des assaillants était très forte et la garnison fut attaquée sans discontinuer pendant une semaine, en octobre 1884. Le colonel Duchesne prit la tête d'une colonne qui, le 19 novembre 1884, entra dans la ville. Il confia celle-ci au commandant Dominé. Cependant, dès le lendemain du départ de la colonne, Tuyên-Quang était de nouveau assiégé : c'est dans ce contexte que le docteur Hocquard fut appelé pour participer à un convoi destiné à ravitailler la ville en vivres et en munitions. Le siège de Tuyên-Quang ne fut finalement levé qu'en mars 1885 ; la garnison avait perdu un tiers de son effectif.

nus, à la peau livide, aux yeux noirs cerclés par la misère, se vautrent sur le sol en compagnie de hideux petits porcs. Un peu de paille de riz jetée dans un coin représente le grabat sur lequel couchent pêle-mêle tous les membres de la famille. Malgré cette promiscuité, aucun des enfants que j'ai examinés ne m'a montré trace de l'affreuse maladie. J'ai trouvé également, dans les cabanes, des jeunes femmes qui allaitaient leurs nourrissons et qui ne m'ont pas non plus semblé malades. La lèpre ne se communique donc pas aussi facilement qu'on pourrait le supposer. Pourtant les Annamites la considèrent comme contagieuse et c'est pour cette raison qu'ils isolent les lépreux dans certains villages déterminés qu'il leur est défendu de quitter. Ces villages sont dégrevés de tout impôt, et comme les malheureux qui les occupent ne peuvent travailler pour vivre, le gouvernement leur alloue à différentes époques une quantité de riz tout juste nécessaire pour les empêcher de mourir de faim.

La lèpre est une maladie assez commune au Tonkin ; les provinces où elle se montre le plus fréquemment ont chacune une léproserie, qui presque toujours est établie dans le voisinage du chef-lieu, pour faciliter la surveillance[1]. Depuis la guerre, les malheureux lépreux ont été un peu délaissés. Les fonctionnaires indigènes, préoccupés par des affaires plus pressantes, ont oublié souvent de leur faire parvenir les maigres subsides qui les aidaient à prolonger leur misérable vie. Il y eut alors dans les léproseries une mortalité effrayante et, comme les mandarins s'étaient relâchés dans leur surveillance, les lépreux qui ont survécu se sont répandus dans les villages environnants pour mendier.

Il en est résulté des abus, contre lesquels il a bien fallu sévir : exploitant la répugnance qu'ils inspiraient, les lépreux parcouraient en bandes les marchés et les rues, s'arrêtant pour tendre la main devant chaque boutique. Quand on leur refusait l'aumône, ou même lorsqu'ils jugeaient cette aumône insuffisante, ils se vengeaient en plongeant la main dans un panier de légumes ou de fruits. Ces fruits et ces légumes étaient alors perdus pour le marchand, qui n'avait d'autre ressource que de les jeter ou de les leur abandonner ; personne n'aurait voulu acheter des provisions souillées par le contact impur d'un lépreux.

Un de nos boys m'a raconté à ce sujet une histoire curieuse : un mandarin de haut rang devait, pour célébrer un anniversaire, offrir à ses ancêtres un grand sacrifice, suivi, comme c'est l'habitude, d'un plantureux festin auquel tous les membres de sa famille avaient été

---

1. Par exemple celle de Tương-Sơn, dans la province de Bắc-Ninh, sur une colline située à quelques centaines de mètres de la citadelle.

conviés. Ayant eu connaissance de la cérémonie, le chef de la léproserie voisine se présenta au fonctionnaire et lui demanda de faire à cette occasion une aumône à son village. Sur le refus brutal du mandarin, le lépreux se retira sans insister ; mais pendant que les convives étaient à la pagode, il revint suivi d'une foule de ses administrés, s'installa avec eux dans la salle du festin, goûta à tous les plats, qui, suivant l'usage, étaient déjà tout préparés et dressés sur les tables. Lorsque les invités revinrent et qu'ils virent tous ces mendiants assis à leur place, ils s'enfuirent pour ne pas être touchés par eux et abandonnèrent le repas, qui fut entièrement consommé par les lépreux.

EMBOUCHURE DE LA RIVIÈRE CLAIRE

Le lendemain, dès qu'il fait jour, nous levons l'ancre et nous continuons à remonter le fleuve Rouge ; vers les huit heures du matin nous sommes en vue de Bac-Hat, au confluent de la rivière Claire[1]. Aussitôt engagés dans cette rivière, nous voyons l'eau changer brusquement d'aspect : de rouge et limoneuse qu'elle était, elle devient extrêmement limpide et si transparente qu'on distingue le

---

1. Bạch-Hạc, au confluent du fleuve Rouge et de la rivière Claire, non loin de la bourgade de Việt-Trì, localité célèbre en tant que « berceau de la nation vietnamienne ».

fond, composé de galets et de gravier. Le nom de rivière Claire est donc tout à fait justifié ; les Annamites appellent ce cours d'eau le song-Ca[1].

Le song-Ca atteint à son embouchure une largeur de trois cent cinquante mètres ; au moment des hautes eaux, les canonnières peuvent le remonter à la rigueur jusqu'à Tuyên-Quang ; mais, à l'époque où nous sommes, la navigation est beaucoup plus difficile. À deux ou trois milles de l'embouchure, le bateau commence à ralentir son allure ; il n'avance plus qu'avec prudence, en sondant à chaque instant le fond. De temps en temps, on stoppe pour chercher la passe. Le commandant du bateau a l'ordre de nous mener le plus loin possible et, dès qu'il ne pourra plus avancer, de nous laisser sur la berge, pour retourner à Hanoï, pendant que nous gagnerons Phu-Doan par terre en suivant la rive du song-Ca.

Avant de s'engager dans la rivière Claire, le cuisinier chinois a eu soin de puiser au fleuve Rouge une grande jarre d'eau pour la table. L'eau de la rivière Claire jouit d'une réputation détestable parmi les Tonkinois ; ils prétendent qu'elle donne la colique et qu'elle peut occasionner des empoisonnements. Je me demande si cette opinion n'a pas pour point de départ ce fait que le song-Ca passe, dans la première partie de son trajet, au milieu d'une contrée qu'on dit fort riche en minerais de toutes espèces et principalement en filons de cuivre arsenical. J'ai remarqué d'ailleurs que plus une eau est boueuse et plus elle est estimée des Annamites ; ils préféreront de beaucoup l'eau limoneuse de leur fleuve Rouge à celle qu'ils pourraient puiser dans une source plus limpide. Ils apportent aussi une très grande attention à la température de leur boisson : ils ne peuvent pas sentir l'eau fraîche, qui pour eux est la source de beaucoup de maladies ; ils ne boivent que de l'eau tiède, par hygiène et par goût, et ils s'étonnent de nous voir mettre de la glace dans nos verres.

Si l'eau de la rivière Claire était mauvaise, ses poissons ne jouiraient pas parmi les Annamites d'une réputation aussi justifiée ; on y pêche entre autre une variété de carpe dont le goût fin et délicat se rapproche de celui de la truite ; elle est si prisée des Tonkinois qu'ils l'achètent fort cher, de sorte qu'elle ne peut guère figurer que sur la table des mandarins ou du roi.

Dans la région du song-Ca, les pêcheurs habitent sur l'eau, dans des maisons en bambous construites sur des radeaux. À chaque instant notre bateau croise des agglomérations de ces petites maisons réunies

---

1. À proprement parler, le sông Cả désigne la partie de la rivière Claire située en aval, du côté de Việt-Trì.

au nombre d'une vingtaine sur un point du fleuve pour former un véritable village flottant. Ces villages, dont l'aspect est des plus pittoresques, sont administrés, comme ceux bâtis en terre ferme, par un maire et par un conseil des notables ; leurs habitants payent l'impôt. Chaque famille a son radeau, long de cinq mètres environ et large de trois ; sur ce radeau s'élève une case rectangulaire, haute de deux mètres, dont les parois sont faites avec un grossier treillis de bambous et dont le toit est recouvert d'une couche imperméable de feuilles de palmiers. La surface du radeau est plus grande que celle de la maison, si bien qu'il existe tout autour de cette dernière un petit parapet sur lequel on peut circuler facilement. C'est là que la famille du pêcheur s'installe pour prendre le frais après le travail de la journée.

Dans chacune des parois de la case est ménagée une ouverture qui sert à la fois de porte et de fenêtre et qui peut être fermée à volonté par un volet qu'on maintient relevé à l'aide de deux piquets. À l'intérieur, l'habitation est ordinairement divisée par une cloison transversale en deux compartiments inégaux, dont le plus grand sert de logement pour la famille et dont le plus petit est aménagé pour y faire la cuisine. Le foyer, placé au milieu de la chambre, y repose sur une épaisse couche de terre gâchée. Ces pauvres demeures n'ont d'autres ornements que les grands filets de pêche accrochés à la muraille, la marmite en cuivre qui sert à cuire le riz, et les deux ou trois tasses en porcelaine commune dans lesquelles la famille prend son repas de chaque jour ; quatre ou cinq marmots crasseux grouillent dans chacune d'elles ; plus l'Annamite est pauvre et plus il a d'enfants ; ils soigne sa progéniture comme un capital : ces enfants fourniront plus tard par leur travail une source de revenus.

Tous les radeaux sont réunis les uns aux autres par des liens de rotin sur lesquels sont jetés de petits ponts en bambous ; on peut ainsi aller d'une maison à l'autre. Quand le village flottant est très important, les maisons sont rangées sur deux ou trois lignes parallèles qui forment de véritables rues. En général, il y a dans chaque agglomération une case plus spacieuse et mieux construite que les autres : c'est la maison commune.

Les villages flottants s'établissent dans les endroits de la rivière les plus favorables pour la pêche. Quand le poisson commence à se faire rare dans la région qu'ils exploitent, les notables se réunissent et décident qu'ils changeront d'emplacement. Au jour dit, on détache les radeaux, après avoir enlevé les petits ponts de bambous qui les réunissent les uns aux autres. La maison du chef du village prend la

VILLAGE FLOTTANT

tête ; toutes les autres suivent en descendant le cours de l'eau jusqu'à ce qu'on ait trouvé un emplacement convenable. Alors le chef fait faire halte et fixe la place de chacun ; on arrête les radeaux en enfonçant dans le lit de la rivière de grands bambous auxquels on les attache.

Notre canonnière est flanquée à droite et à gauche par deux grosses jonques chargées jusqu'au bord des bagages de la colonne, qu'elle remorque péniblement en remontant le courant. Les tirailleurs ont élu domicile sur le toit de ces jonques ; ils y ont installé avec eux l'armée de boys et de coolies qu'ils traînent partout à leur suite. Les grosses barques annamites accolées au bateau l'alourdissent singulièrement et lui donnent une largeur considérable qui le gêne beaucoup pour évoluer dans les méandres du fleuve. De temps en temps nous rencontrons de petits îlots boisés qui occupent le milieu de la rivière Claire. Le passage est très étroit au niveau de ces îlots que nous rasons à les toucher ; l'eau s'y engouffre avec d'autant plus de force que le lit du fleuve est plus rétréci ; le pont du bateau vibre à chaque coup de piston de la machine, dont la pression atteint le maximum et dont l'hélice a de la peine à vaincre le courant. Dans certains endroits nous sommes obligés de larguer une de nos jonques et de l'attendre de l'autre côté de la passe.

Le cours de la rivière devient de plus en plus sinueux au fur et à mesure que nous nous éloignons de l'embouchure ; le sol est plus inégal, il commence à changer d'aspect ; les alluvions du delta font place au sable et au gravier ; des mamelons s'élèvent à droite et à gauche sur les deux rives, et tout au bout de l'horizon je commence à voir surgir les grandes montagnes bleues du *pays muong*[1]. Le fleuve s'encaisse davantage ; dans certains endroits, les rives, taillées à pic, forment une tranche profonde sur laquelle il est facile de reconnaître un sous-sol composé de roches stratifiées.

Le tam-tam, manœuvré par un matelot indigène, venait de nous appeler à la table du commandant, et nous étions déjà installés dans la petite cabine du bord, devant le potage fumant, quand tout à coup nous recevons une secousse épouvantable qui fait sauter toute la vaisselle ; le pilote entre comme un coup de vent, la figure toute décomposée :

« Commandant, le bateau est allé à la dérive ; il vient de toucher contre un banc et de s'ensabler ; la machine ne fonctionne plus. »

---

1. Le « pays mường » désigne une vaste région, s'étendant de Yên-Bái au nord jusqu'au Thanh-Hoá au sud, qui constitue l'aire de peuplement de l'ethnie *mường* (surtout dans la région de la rivière Noire, à partir de Hoà-Bình).

Nous abandonnons le dîner commencé pour courir sur le pont ; la canonnière est immobile, échouée sur un banc de sable qui touche à la rive. Une de nos jonques s'est ouverte en deux ; les bagages ont coulé à fond et les soldats ont pris un bain forcé, pendant lequel heureusement il n'y a eu aucun accident à déplorer. Devant nous, le long du bord de l'eau, s'étend un rideau de bambous qui masque un grand village.

Le commandant descend immédiatement à terre pour s'aboucher avec le chef de ce village ; dix minutes après on entend retentir le gros tambour qui appelle les notables dans la maison commune.

La délibération dure longtemps : le commandant demande cent cinquante hommes avec des sampans et des buffles pour relever son bateau. Les notables voudraient gagner du temps pour pouvoir en référer au mandarin : « Des coolies, nous n'en avons pas. Les buffles ont été enlevés par les pirates ; les sampans sont partis pour la pêche », etc. En attendant, on nous offre des chiques de bétel, du thé et des citrons doux.

La conversation est des plus laborieuses ; l'interprète du bateau, comme beaucoup de ses pareils, sait à peine le français. Il traduit avec la plus grande difficulté, en ânonnant et en s'aidant des circonlocutions les plus amusantes, les réponses du vieux chef indigène. Celui-ci a bien la mine d'Annamite la plus drôle que j'aie vue jusqu'ici. Il porte un collier de barbe blanche, formé de poils rares et longs qui sont durs et rigides comme des soies de sanglier ; deux maigres touffes de ces poils, implantées de chaque côté de la lèvre supérieure au-dessus de la commissure, lui donnent un air de vieux chat en colère.

Après toutes sortes de tergiversations et de réticences, il finit par nous promettre pour le lendemain les coolies demandés. Nous lui assurons que nous indemniserons largement les travailleurs et, en prenant congé de nous, le vieux malin insiste pour que cet argent lui soit remis, afin, dit-il, de le répartir équitablement et proportionnellement à la besogne faite par chacun. J'ai idée que si l'on procède ainsi, une bonne partie de la somme restera entre ses mains, suivant le proverbe annamite qui dit : « Le peuple plante, le mandarin moissonne. » Je fais part de mes réflexions au commandant en rentrant à bord.

« N'ayez crainte, me répond-il, nous serons plus fins que lui. Je sais bien qu'il va réquisitionner, pour nous tirer d'affaire, les hommes de corvée que tout village annamite est obligé par la loi de tenir prêts pour les travaux d'utilité publique, et qu'il a l'intention d'empocher tout l'argent promis en leur faisant croire qu'ils travaillent par réquisition du mandarin ; mais je m'arrangerai de telle manière que mes piastres parviendront à leur adresse. Je connais trop la façon d'agir des Annamites pour me laisser duper par eux. »

Dès l'aube, les coolies promis sont rangés sur la berge ; ils ont amené avec eux quelques buffles et une dizaine de sampans. Le niveau de la rivière a encore baissé pendant la nuit et la coque du bateau est presque tout entière à découvert.

LE VIEUX CHEF ANNAMITE

Les coolies se mettent à l'eau après s'être dépouillés de leurs vêtements ; avec des buffles et des charrues, ils ont vite fait de creuser un chenal, que d'autres travailleurs déblayent rapidement à la pelle et à la pioche. Aussitôt que le chenal est assez profond, ils jettent les amarres aux sampans, qui font force de rames pour entraîner le bateau. Après une journée de travail acharné, pendant laquelle les indigènes et les buffles sont restés, sans prendre de repos, dans l'eau jusqu'aux épaules, la canonnière est remise à flot.

Le vieux notable vient tout empressé pour toucher l'argent ; il a mis sa plus belle robe de cérémonie et il apporte au commandant quatre poules vivantes et des mandarines. Le commandant a fait ranger sur la berge tous les coolies qui ont pris part à la manœuvre, et, sans rien remettre au chef du village, il leur distribue par parts égales la totalité de la somme promise.

Je me faisais une fête de voir la mine déconfite du vieux fonctionnaire frustré dans ses espérances ; mais il est trop fin pour rien laisser paraître et il reçoit avec le sourire aux lèvres la bouteille de *peppermint* qu'on lui offre en échange de ses cadeaux. Notre interprète, qui s'était arrangé pour toucher sa part de l'aubaine, n'est pas aussi parfaitement maître de lui. Il regarde d'un air furieux les coolies qui serrent joyeusement leur pécule dans leur ceinture.

Quand donc connaîtrons-nous suffisamment la langue du pays pour nous débarrasser de ces auxiliaires peu scrupuleux qui volent sous notre nom et qui nous compromettent vis-à-vis des populations du Tonkin ? Les serviteurs d'un mandarin, qui touchent une solde dérisoire, ont l'habitude d'exploiter l'influence de leur maître pour augmenter leurs émoluments ; les Annamites à notre solde, bien que grassement payés, cherchent à notre insu à agir de même. Lorsqu'un indigène a une affaire à traiter avec un fonctionnaire français, il faut bon gré mal gré qu'il passe par l'intermédiaire de son interprète ; s'il ne s'est pas rendu au préalable cet interprète favorable par un cadeau, celui-ci s'arrange pour mal présenter la requête, qui n'aboutit pas. Voilà pourquoi les interprètes et les lettrés que nous employons font si vite fortune ; j'en connais qui, pauvres et déguenillés en entrant à notre service, se sont retirés au bout d'un an ou deux avec une maison et de belles rizières. L'exemple suivant est bien fait pour montrer avec quelle incroyable impudence ils trafiquent de notre nom pour s'enrichir. Un interprète demeurant à Hanoï avait, pour pénétrer dans la Concession, un laissez-passer signé du général et timbré du cachet de la place. Il se rendit un jour dans un village situé à une grande distance de la ville, loin des routes les plus fréquentées, et là, exhibant sa pièce officielle, il annonça aux notables qu'il était envoyé par les Français pour percevoir l'impôt. Il se fit ainsi donner un certain nombre de barres d'argent qu'il se garda bien de porter à son maître.

Les mandarins annamites ne se formalisent pas outre mesure de ces procédés. L'un d'eux, auquel je racontais le trait qu'on vient de lire, me répondit en riant : *Tang qui quai !* (" C'est un fin matois ! ")[1] ».

L'ardeur du commandant de la canonnière s'est refroidie depuis son échouage ; il ne veut pas s'aventurer plus avant et il nous invite à descendre sur la berge. Nous allons continuer notre route à pied en suivant le chemin de halage que les remorqueurs de jonques ont tracé tout le long de la rive gauche. Nos bagages sont chargés sur des sampans que des coolies, loués dans le village, remonteront jusqu'à Phu-Doan à la cordelle ou à la perche. Une fois rangée en ordre de route, notre petite colonne a fort bon air. En tête marchent les tirailleurs, puis vient l'artillerie avec ses deux canons de 4 de campagne, traînés par les coolies.

Le chemin de halage est étroit et sinueux ; tantôt il est bordé par d'épaisses touffes de bambous épineux, tantôt il passe au milieu d'immenses roseaux, qui atteignent deux ou trois fois la hauteur d'un homme et qui balayent l'air de leurs panaches. Autour de nous l'herbe pousse tellement longue que notre colonne y disparaît tout entière. Le terrain est très inégal ; le sentier longe des collines abruptes auxquelles les lataniers et les palmiers-éventails forment comme une auréole de verdure, ou bien il descend dans de grands ravins au fond desquels écument des torrents qui vont se précipiter dans la rivière. Nous passons ces torrents sur de frêles ponts de bois jetés par les indigènes ; ces ponts, formés souvent d'une simple planche ou d'un gros tronc d'arbre reposant sur une série de bambous croisés en « X », ont, au moment où l'on s'y engage, des oscillations qui me donnent le vertige. Je ferme les yeux pendant que le petit cheval tonkinois que je monte et auquel je me cramponne les traverse d'un pied sûr avec la bride sur le cou.

Comme la chaleur est encore forte au milieu du jour malgré la saison avancée, nous faisons halte vers midi. La colonne bivouaque en plein air ; on déjeune n'importe où, sur une nappe de verdure, à l'ombre d'un gros banian tout couvert de lianes. Tout près de nous, la forêt vierge, inextricable, étale sa végétation splendide. Quelle fête pour nos yeux habitués aux plaines de riz du bas Tonkin ! Voici des camélias hauts de trois mètres, dont le tronc est plus gros qu'un bras d'homme ; leurs superbes fleurs rouges, que becquètent de jolis oiseaux pas plus gros que le pouce, tracent au milieu du feuillage vert sombre comme autant de taches de sang. Des orangers couverts

---

1. *Thằng quỷ quái.*

d'excellentes mandarines, et des pamplemousses auxquels pendent des fruits énormes nous fournissent un dessert quasi royal. Nous faisons la sieste, bercés par le murmure de la rivière qui coule à nos pieds entre deux rives verdoyantes et, pendant que nous dormons sous la garde des sentinelles, les longues graminées, secouées par la brise, s'agitent autour de nous comme de grands éventails.

RENFLOUEMENT DE LA CANONNIÈRE

À deux heures, les clairons nous réveillent par une éclatante fanfare que renvoient les échos de la forêt ; les aigrettes blanches, dérangées de leur sommeil, fuient à tire-d'aile vers l'autre rive, et les petites perruches vertes qui nichent en famille dans les fourrés voisins jettent leur note criarde au milieu du bruit.

« Sac au dos ! ». On rompt les faisceaux et la colonne s'ébranle. Les habits bleus des turcos et leurs ceintures rouges tranchent sur la verdure ; les rayons du soleil font étinceler les baïonnettes ; les troupiers entonnent gaiement le vieux refrain qui délasse.

Toutes les heures, nous faisons halte pendant dix minutes pour laisser reposer les soldats ; nous nous arrêtons tantôt en pleine campagne, tantôt au milieu d'un grand et populeux village. J'ouvre à chaque fois mon cahier de notes, car j'ai toujours un détail curieux à y inscrire. Tout à l'heure, à l'entrée du village de Ti-Coun, je m'étais arrêté pendant un de ces repos horaires devant la case d'un forgeron : deux ouvriers presque entièrement nus étaient accroupis sur leurs talons, de chaque côté d'une petite enclume enfoncée dans le sol ; ils martelaient une tige de fer rougie au feu, pendant que le maître, debout derrière eux, surveillait le travail en agitant son éventail. Un petit apprenti entretenait un feu de charbon à la forge avec un appareil des plus primitifs qui rappelait en tout point la soufflerie en usage chez nos aïeux de l'âge du bronze. Cet appareil se composait d'une boîte rectangulaire, placée debout sur son petit côté, au bas de laquelle étaient fixés deux tubes recourbés plongeant dans le foyer. La boîte était divisée en deux compartiments, renfermant chacun un piston, que l'apprenti, debout derrière la soufflerie, manœuvrait à la main à l'aide d'une tige en bambou.

Le chemin décrit mille courbes capricieuses pour contourner les petits monticules qui se dressent de tous côtés au fur et à mesure que nous avançons ; ces monticules sont couverts de bouquets de lataniers, dont quelques-uns atteignent jusqu'à quatre mètres de hauteur. Le latanier, appelé vulgairement *arbre à paillotes*, est une source de richesse pour les habitants de cette contrée : ils en expédient par énormes paquets les feuilles séchées au soleil dans les provinces du delta, où elles sont employées à recouvrir les toitures des maisons[1].

Rien de plus joli que ces bosquets de palmiers dont le feuillage élégant s'agite sous la brise et miroite au soleil ; les lataniers y sont tellement serrés les uns contre les autres que la lumière ne peut les traverser. Sous leur couvert un peu humide croissent de belles fougères qui tapissent complètement le sol et parmi lesquelles on voit voltiger de magnifiques papillons, larges comme la main.

En passant près de ces petits bois, je quitte un instant la colonne avec un de mes boys pour m'aventurer, entre les palmiers, à la poursuite d'un de ces papillons. Tout occupé de ma chasse, je viens donner comme un étourdi contre un gros nid de guêpes cartonnières. Les insectes irrités nous entourent aussitôt et nous criblent de leurs piqûres ; attirés par les cris du boy, les coolies viennent à notre secours. Il s'empressent de sortir de leur ceinture l'étui contenant de la chaux éteinte, qu'ils portent constamment sur eux pour la préparation

---

1. Il existe plusieurs variétés de latanier ; celle qui est utilisée pour recouvrir les toits des habitations, et dont les jeunes feuilles sont en outre employées dans la fabrication des chapeaux coniques, s'appelle *cọ*, *cây lá gôi* ou *kè nam* (*Livistona cochinchinensis*).

de leur chique de bétel. Avec l'aiguille imprégnée de chaux, ils touchent chacune des petites piqûres dont, grâce à ce traitement, la cuisson cesse comme par enchantement au bout de dix minutes.

UNE FORGE ANNAMITE

Les dards de ces maudites guêpes m'ont causé une telle fièvre que je suis obligé de me faire porter en civière à la suite de la colonne. Heureusement, notre avant-garde nous a trouvé pour la nuit un logement princier dans une superbe pagode, à laquelle nous arrivons par une grande allée plantée de pins maritimes. J'ai donné une consigne sévère pour qu'on me laisse reposer tranquille ; mais je n'étais pas couché depuis dix minutes qu'une députation de nos coolies fait irruption dans ma chambre. L'un d'eux, qui marche en tête, tient à la main une soucoupe remplie de petits morceaux de graisse qui nagent dans une sauce huileuse. Il m'offre son plat en m'adressant en annamite un grand discours auquel je ne comprends rien. Pour me débarrasser de ces fâcheux, je fais venir l'interprète ; celui-ci m'explique que les coolies veulent me guérir avec un remède de leur pays. Ils ont enfumé le nid des guêpes cartonnières et ils l'ont emporté dans un sac. En arrivant au cantonnement, ils l'ont jeté dans l'eau bouillante et en ont retiré les larves qu'il contenait : ce sont ces larves, frites à l'huile, qu'ils m'offrent en m'assurant que la fièvre sera calmée dès que j'en aurai mangé. Merci bien ! le remède est pire que le mal. J'aime mieux garder mon malaise que de m'exposer aux nausées que produirait sur moi une pareille médication.

Le lendemain matin, complètement remis de mon indisposition par une bonne nuit de sommeil, je reprends ma route à la suite de la colonne : nous nous dirigeons vers Giom, ancien nid de pirates, bombardé à différentes reprises par nos canonnières. À l'endroit où nous sommes, le chemin de halage n'existe plus ; il est remplacé par un sentier étroit qui traverse une série de collines et de vallons très boisés, sans toutefois s'écarter beaucoup de la rivière Claire.

Nous rencontrons de distance en distance des traces de cultures abandonnées et des monceaux de cendres qui marquent l'emplacement d'anciens villages incendiés par les Chinois. Ceux-ci, d'un pays riche et prospère, ont fait presque partout un désert. Depuis que je voyage sur la rivière Claire, je n'ai pas encore vu descendre une seule barque de commerce ; le trafic qui se faisait autrefois par cette voie était pourtant considérable : de nombreuses jonques venant du song-Gam[1] suivaient la rivière Claire pour apporter dans le delta du Tonkin les tubercules de *cunao*[2] qui se cultivent dans les régions montagneuses de la frontière, les saumons[3] de cuivre, les feuilles d'or et les lingots d'argent provenant des pays miniers qui avoisinent Cao-Bang. Les tubercules de *cunao* fournissent cette couleur brun marron, si solide, avec laquelle les Annamites du delta teignent leurs vêtements ; le cuivre servait à alimenter la fabrique de monnaie de Hanoï ; il était tellement commun que tous les ustensiles de cuisine en usage au Tonkin en sont faits.

C'est à partir de 1867, à la suite de la fameuse insurrection du Kouang-Si[4], que le trafic de la rivière Claire a commencé à diminuer. À cette époque, les insurgés chinois, rejetés par le général Fung de l'autre côté des frontières du Céleste Empire, envahirent le Tonkin sous la conduite de leur chef Ou-Tsong et se divisèrent en deux bandes, dont l'une, composée des *Hékis,* ou Pavillons-Noirs, établit son quartier général à Lao-Kai, sur le fleuve Rouge, et dont l'autre,

---

1. Le sông Gấm est un confluent de la rivière Claire. Ces deux cours d'eau se rejoignent à quelques kilomètres au nord de Tuyên-Quang.

2. Voir note 1 p. 353.

3. Lingots.

4. Probable référence aux insurrections musulmanes qui, à cette date, embrasèrent le sud de la Chine et plus particulièrement le Yunnan (et non le Kouang-Si) et qui ne furent réduites qu'à partir de 1873. Mais comme Hocquard évoque plus bas la question des Pavillons-Noirs et Jaunes, sans doute s'agit-il plutôt d'une erreur de datation pour la fameuse révolte des Taïping – née au Kouang-Si – qui s'acheva en 1864 (prise de Nankin). Les insurgés, défaits, se réfugièrent au Viêt-Nam à partir de 1867. Nous ignorons à qui l'auteur fait référence en évoquant, plus bas, le « général Fung » (pour l'essentiel, c'est Zuo Zongtang qui fut chargé de réduire la rébellion Taïping, ainsi que celle des musulmans du Shenxi).

CAMPEMENT DANS UNE GRANDE PAGODE

formée par les *Hoang-Kis,* ou Pavillons-Jaunes, s'installa à Ha-Giang, dans le point où la rivière Claire passe sur le territoire tonkinois[1]. Tant que les Pavillons-Noirs et les Jaunes restèrent sous l'unique commandement de Ou-Tsong, le commerce ne souffrit pas beaucoup : les Chinois avaient établi à Ha-Giang et à Lao-Kai des postes de douane où les barques qui faisaient le trajet entre la Chine et le Tonkin payaient un droit de passage ; le général chinois se serait bien gardé d'entraver ce trafic, puisqu'il en tirait toutes ses richesses. Mais Ou-Tsong mourut et les Bannières-Jaunes et Noires ne purent s'entendre pour lui trouver un successeur. Chacune d'elles se choisit un chef : les *Hoang-Kis* prirent pour général Hoang-Anh, qui demeura à Ha-Giang, et les *Hékis* installèrent à Lao-Kai Luu-Vinh-Phuoc, dont le nom devait bientôt devenir atrocement célèbre dans tout le Tonkin[2]. De pareils auxiliaires, opérant dans un voisinage aussi rapproché, ne pouvaient longtemps s'entendre : les anciens amis devinrent bientôt des adversaires acharnés. Pour faire pièce aux Pavillons-Noirs, les *Hoang-Kis* vinrent s'installer sur le fleuve Rouge, en aval de Lao-Kai ; ils fusillaient toutes les jonques qui remontaient le fleuve et les forçaient à faire demi-tour, de sorte que la douane des Pavillons-Noirs ne faisait plus aucune recette. Ceux-ci, pour se venger, incendiaient les villages de la rivière Claire et coulaient les barques qui s'y montraient. Cette lutte dura jusqu'au jour où les Pavillons-Jaunes furent décidément vaincus dans un combat sanglant[3]. Les *Hékis*, devenus maîtres de tout le Haut-Tonkin, s'établirent à la fois sur les deux fleuves, mais le commerce qui s'y faisait avait été presque complètement anéanti. La guerre avec la France vint lui porter le dernier coup ; les Pavillons-Noirs, appelés par la cour de Hué, s'avancèrent jusqu'à Son-Tây et finirent même par envahir le delta. Les riverains de la rivière Claire, dépouillés par eux et ruinés de fond en comble, se firent pirates à leur tour. Ils relevèrent leurs villages incendiés et, les entourant de toutes parts de haies de bambous épineux et de parapets en terre, ils en firent des forteresses imprenables. Chacun de ces villages fortifiés avait un poste sur la rivière ; ce poste percevait pour le compte des habitants un droit de douane sur toutes les barques qui passaient à sa portée. On comprend qu'avec de pareils procédés les commerçants aient oublié le chemin de ces régions.

---

1. *Hékis, Hoang-Kis* : francisation du sino-vietnamien *Hắc-Kỳ* (Pavillons-Noirs) et *Hoàng-Kỳ* (Pavillons-Jaunes). Pour Oua-Tsong, l'un des chefs de l'insurrection du Kouang-Si (1845-1865), voir note 2 p. 194.

2. Voir note 2 p. 194.

3. Bataille de Lào-Cai, en 1868 ou 1869.

Nous venons d'atteindre le sommet d'un monticule d'où l'on a vue sur une grande étendue du song-Ca. L'officier qui commande la colonne braque depuis quelques instants sa lorgnette sur un petit

PAVILLONS-NOIRS

bateau plat qui descend rapidement le cours de l'eau. Ce bateau est monté par deux Annamites, dont l'un fait force de rames pour s'approcher de nous et dont l'autre, se sentant en vue, agite dans notre direction un grand bâton fendu à l'extrémité duquel il a enfourché une lettre. C'est sans doute un courrier qu'on nous expédie ; la colonne fait halte et nous descendons sur la berge pour le recevoir.

La lettre vient de Tuyên-Quang : elle nous annonce que la canonnière *Éclair* nous attendra à quelques kilomètres de Lang-Sao pour nous transporter par eau jusqu'à Phu-Doan.

L'embarcation dans laquelle le courrier est venu est extrêmement curieuse : elle porte au Tonkin le nom tout à fait justifié de *bateau-panier* : c'est en effet une sorte de panier ovale, fait en treillis de bambous et monté sur une carcasse de même bois. Ce bateau est enduit à l'intérieur d'une couche de terre, à grains très fins, qui constitue un mastic imperméable. Deux bambous placés transversalement forment les sièges peu confortables sur lesquels se tiennent les rameurs et les passagers. Le bateau-panier est très commode pour naviguer sur les ruisseaux et même sur les rizières au moment des inondations ; il peut, grâce à son faible tirant d'eau, accoster partout sans toucher le fond. Il est si léger que les Annamites le transportent au besoin sur leur dos ; en revanche, il faut une grande habitude pour s'y tenir sans chavirer. Les indigènes tirent de cette espèce de barque un parti remarquable ; les porteurs de dépêches parcourent avec elle et très rapidement des distances incroyables. Ils la manœuvrent avec des avirons à manches courts, qu'ils plongent complètement dans l'eau, et ils lui impriment ainsi une vitesse prodigieuse[1].

Lang-Sao, où nous nous arrêtons pour déjeuner, est un grand village composé d'une cinquantaine de maisons, qui sont placées les unes à la suite des autres sur le bord de l'eau. Nous y entrons un jour de marché et le village présente une animation inaccoutumée. Tout le long de la rive sont rangés les sampans et les *bateaux-paniers* qui ont amené les indigènes ; la circulation est difficile sur la grande place où sont établies les cases du marché. En amont, à l'ombre de deux grands banians qui projettent au-dessus de l'eau leurs branches feuillues, tout un peuple de baigneurs prend des ébats dans la rivière ; hommes, femmes et enfants se baignent pêle-mêle, sans que personne s'en

---

1. Calfatés avec un mélange de certaines résines et de bouse de vache (ce que Hocquard appelle une couche de terre), ces bateaux étaient extrêmement légers, très maniables et évidemment peu coûteux. On en trouvait de toutes les tailles, depuis le minuscule bateau faisant office de panier pour y déposer les plantes d'eau (bateau-panier ou *thuyên thúng*) jusqu'au bateau de charge, qui pouvait atteindre vingt mètres de long. Ces bateaux de bambou n'existaient pas sur les rivières du sud.

effarouche : c'est l'habitude ici, et les Européens eux-mêmes finissent par n'y plus prendre garde.

Deux ou trois heures avant l'arrivée de la colonne, un de nos boys avait été dépêché en avant pour prévenir les notables et les charger de rassurer les habitants. Sans cette précaution l'arrivée des soldats aurait produit une panique épouvantable ; les maisons auraient été barricadées et les habitants des villages voisins se seraient rembarqués en toute hâte avec les marchandises qu'ils ont apportées. La vue de nos tirailleurs algériens, qui parcourent les rangées des étalages pour renouveler leurs provisions, produit bien quelques mouvements de recul parmi les vieilles paysannes, toujours promptes à s'effrayer, mais les *truongs*[1], ou gardes champêtres, qui surveillent le marché, les calment instantanément avec un coup de rotin sur leur grand chapeau et une admonestation bien sentie.

Le marché de Lang-Sao est abondamment pourvu de fruits et de légumes de toutes sortes : on y trouve, outre le tabac, de l'indigo vendu sous forme de boules grosses comme des billes de billard, de la fleur de soufre qu'on récolte, dit-on, dans la province de Tuyên-Quang, des rotins, de la laque et toutes sortes d'herbes à médecine. Parmi ces drogues, qui presque toutes me sont inconnues, je remarque de la poudre de bois d'aigle, qui dégage en brûlant un parfum suave et qui sert pour les cérémonies du culte[2], du gingembre et de la réglisse, qui entrent dans la composition de toutes les potions indigènes, et aussi des feuilles de *datura stramonium,* que les Annamites emploient en infusion contre la rage[3].

Des marchands de fretin parcourent en tous sens les rues du marché, portant sur l'épaule, au bout d'un bambou, les seaux pleins d'eau qui contiennent leurs poissons. Les Annamites achètent pour deux ou trois sous, à ces industriels, la semence nécessaire pour repeupler les étangs que chaque ménage entretient auprès de sa maison.

J'aperçois au bord de la rivière un grand attroupement de gens qui se pressent autour d'un homme accroupi sur une natte, devant une petite boîte carrée, vernie à la laque noire. L'homme a la figure sérieuse et presque impassible ; il s'évente lentement avec un de ces

---

1. *Tuân-trưởng* : agent municipal chargé du maintien de l'ordre public.
2. Également connu sous le nom de *calembac* ou *calembouc*, le bois d'aigle provient de *l'Aquilaria agallocha*. On trouve aussi le mot *agula*, qui semble être le terme générique de ce bois comportant de nombreuses variétés. Le parfum provient de la sève du bois qui, souvent, se coagule en une masse formant la matière première pour l'encens.
3. Hocquard a dû confondre les feuilles de la « pomme épineuse » (*Datura stramonium*), plante européenne, avec celles de *Datura metel*, de la même famille, qui pousse au Viêt-Nam dans les terrains vagues, et que l'on utilisait en infusion non contre la rage mais contre les crises de frayeur.

éventails communs en papier violet qu'on voit entre les mains de tous les Annamites ; il est complètement aveugle et il a près de lui, pour le renseigner et sans doute pour le guider quand il se déplace, un petit boy à la mine intelligente et futée. De temps en temps un indigène, prenant un air mystérieux, ou bien une jeune fille toute rougissante, s'approche de l'aveugle et lui murmure quelques mots à l'oreille ; celui-ci, après avoir fermé son éventail, qu'il plante dans son turban, tire de sa boîte trois sapèques et les jette à trois reprises différentes sur le sol, en les tâtant du doigt chaque fois qu'elles sont par terre, pour savoir sur quelle face elles sont tombées ; il marmotte ensuite plusieurs patenôtres entre ses lèvres, puis il rend son oracle. C'est un

BATEAU-PANIER

sorcier ambulant qui court les marchés pour dire la bonne aventure :
on le consulte, moyennant finance, sur toutes les affaires importantes
et sur l'avenir.

UN SORCIER AMBULANT

Le boy, m'ayant aperçu, dit quelques mots à l'oreille de son maître, qui s'empresse de lever la séance : ils rentrent dans la boîte les sapèques et l'éventail et ils s'en vont, le petit domestique guidant l'aveugle et celui-ci marchant derrière, une main appuyée sur l'épaule du boy pour ne pas le perdre en chemin. Les aveugles annamites n'ont jamais de chien pour les conduire ; ils prennent ordinairement un petit enfant qui marche devant eux en écartant les obstacles ; mais cet auxiliaire, qu'il faut rétribuer et nourrir, coûte cher ; aussi les pauvres diables se réunissent-ils quelques fois à trois ou quatre pour économiser le guide : ils marchent les uns derrière les autres, à la file, ayant chacun une main appuyée sur l'épaule de celui qui précède ; la troupe est conduite par un borgne ou par un perclus qui s'appuie sur un grand bâton : c'est un tableau original et bien digne de tenter un peintre.

Les Annamites, crédules et superstitieux à l'excès, ont chez eux tout un peuple de sorciers et de charlatans qui les exploite. Ces industriels appartiennent à plusieurs castes, dont chacune a sa spécialité. Les uns prédisent l'avenir en jetant en l'air des sapèques, en regardant dans un miroir ou même en inspectant les pattes d'une poule. D'autres sont consultés pour des malades gravement atteints ou incurables que le médecin a abandonnés ; ces derniers procèdent de la façon la plus curieuse : partant de cette idée que la maladie est produite par un *than*, ou génie malfaisant, dont le patient est possédé, ils cherchent d'abord à faire sortir le *than* du corps de sa victime par des procédés de douceur ; pour cela ils se prosternent devant lui ; ils lui prodiguent les épithètes les plus flatteuses ; ils l'invitent, avec les formules les plus respectueuses, à s'asseoir devant un splendide festin qu'ils ont fait préparer aux frais de la famille pour lui faire honneur ; ils mangent même la meilleure part de ce festin pour lui donner l'exemple. Puis, comme la maladie continue de plus belle, ils injurient le *than* qui ne veut pas céder ; ils font faire autour du patient un charivari épouvantable avec toutes sortes d'instruments bruyants pour effrayer le génie ; quelques-uns font même préparer une grande jarre, dans laquelle ils prétendent l'enfermer par une conjuration puissante ; puis, après avoir fermé et scellé cette jarre de leur sceau, il la font jeter à la rivière.

Il y a une classe importante de magiciens, que les hommes du peuple et même les lettrés consultent chaque fois qu'il s'agit de bâtir une maison ou de fixer le lieu d'une sépulture[1]. Ces magiciens voyagent

---

1. Ce sont les géomanciens (*thầy địa-lý*) qui déterminaient le site et l'orientation des tombes et des maisons. L'action du géomancien ne remplaçait pas pour autant celle du « sorcier » (*thầy phù-thuỷ*) qui procédait souvent de la manière suivante : il fabriquait une maquette en papier de la nouvelle maison, sur laquelle il fixait cinq roseaux (un à chaque coin et un au centre) munis chacun d'un mannequin en paille

toujours avec une boussole chinoise et un grimoire qui leur servent à rendre leurs oracles. Le grimoire traite du *am-duong*, ou science du froid et du chaud ; il contient quelques bons principes d'hygiène, noyés au milieu d'un fatras de sentences incompréhensibles, même pour le magicien chargé de les expliquer[1].

La boussole[2] sert à reconnaître la « route du Dragon », conformément à la légende suivante, dans laquelle tous les indigènes ont une foi absolue : « Dans les temps les plus reculés, le grand Dragon (*Long*), source du bonheur, descendit du ciel pour se cacher au sein de la terre. Il s'y creusa différentes routes tortueuses allant d'un pôle à l'autre et il ramassa, chemin faisant, toutes les richesses enfouies dans l'intérieur du globe, déclarant qu'il en ferait part aux enfants de tous ceux qui seraient enterrés sur son passage[3]. »

Quand le malheur vient fondre sur une famille, les magiciens consultés accusent souvent la maison d'être placée dans le voisinage d'influences néfastes, et son crédule propriétaire fait abattre un pan de mur ou la maison tout entière pour conjurer le sort. Quelquefois le remède est moins radical : on se contente de placer, dans les endroits les plus apparents de la muraille ou de la toiture, des papiers sur lesquels sont figurés des têtes d'animaux fantastiques ou des signes cabalistiques ayant pour but d'effrayer les méchants génies. D'autres fois encore, c'est le mauvais emplacement d'une sépulture qui cause tout le mal ; il faut déterrer le corps et l'enfouir ailleurs. Les magiciens vont jusqu'à faire changer trois fois la place d'une tombe, et ces imposteurs ont tellement d'influence qu'ils sont toujours écoutés, malgré les grosses dépenses que nécessitent de pareilles transformations.

De Lang-Sao à Cham et à Giom, le chemin s'écarte peu de la rivière Claire, mais la végétation devient tellement puissante et serrée qu'elle masque complètement le cours du song-Ca derrière un rideau impénétrable, formé de bambous épineux et de hautes herbes. Nous foulons un sol composé d'argile ferrugineuse et, à gauche de la route, nous venons de croiser une fabrique de briques et de poterie qui semble abandonnée. Les Annamites modèlent à la main leurs

---

(*môi*) ; il faisait ensuite brûler cette maquette et, avec elle, les « cinq diables » (*ngũ quỷ*) qui auraient pu hanter la nouvelle demeure...

1. Ces « grimoires » sont plus probablement des livres de géomancie, tels que le *Thiên Cơ*, le *Bình Dương Toàn Tu* ou le *Tuyết-Tâm*.

2. Il s'agit ici de la boussole divinatoire (*địa-bàn*), qui indique les directions et orientations favorables.

3. Plus précisément, la géomancie repose sur l'idée qu'il faut éviter de bâtir près du souffle destructeur (celui du tigre blanc) et lui préférer la proximité du souffle bénéfique (celui du dragon bleu). Comme ces deux souffles coexistent toujours, le rôle du géomancien est de déterminer, à l'aide de la boussole justement, l'endroit le plus propice, le plus proche du dragon.

ustensiles en terre commune en s'aidant d'un tour à pivot dont le plateau est établi au ras du sol, au-dessus d'un trou creusé à cet effet. Aussitôt qu'elles sortent des mains du mouleur, les pièces sont mises à

ALLÉE D'ARÉQUIERS DU VILLAGE DE CHAM

sécher pendant quelques heures au soleil pour leur donner un peu de consistance, puis elles sont cuites dans un four en briques chauffé au bois.

On arrive au village de Cham par une belle allée bordée d'aréquiers. Les habitants, sachant que nous n'avons fait aucun mal à ceux de Lang-Sao, sont restés à nous attendre sans prendre la peine de barricader leurs maisons. Pendant la halte ils nous examinent en silence, accroupis derrière les touffes d'herbe. Je ne me lasse pas d'admirer la souplesse des articulations des indigènes : ils peuvent demeurer des heures entières sans se fatiguer dans la position accroupie, si pénible pour nous, mais qui est pour eux l'attitude du repos. Ils ne font presque jamais usage de siège, et s'ils en ont dans leurs maisons, c'est plutôt comme ornements que comme objets d'utilité : au lieu de s'asseoir sur son banc, l'Annamite préfère monter dessus et s'y accroupir dans la posture d'un singe perché.

Mes boys ont lié connaissance avec une troupe d'enfants demi-nus qui nous observaient de loin ; le cadeau que je leur fais d'une bouteille de verre les apprivoise complètement. Me voyant chercher des insectes au milieu des aréquiers, ils se mettent immédiatement en chasse et ils me rapportent en un clin d'œil une riche moisson. Mon flacon d'alcool se remplit de superbes coléoptères, parmi lesquels un *melanauster punctata*, plusieurs *aristothiae* et deux beaux échantillons de *batocera maculata*. Ils me découvrent aussi, sur les arbres à thé voisins, des *hotorrhinae* aux vives couleurs et, parmi les bambous qui forment les haies du village, des coccinelles et de nombreux spéci-mens de cette étrange *deloyala* qui ressemble si bien à une goutte d'or.

Pendant que je suis occupé à admirer toutes mes richesses, j'entends soudain un de mes petit pourvoyeurs pousser un cri déchirant : au moment où il se lançait à la poursuite d'un hérisson au milieu des broussailles, il s'est senti tout à coup piqué par un minuscule serpent noir, long comme le petit doigt et gros comme une forte ficelle : c'est le *rau-giun* ou « serpent-ver », dont on connaît au Tonkin trois espèces des plus dangereuses[1]. En dix minutes, le pied puis la jambe de l'enfant se gonflent et prennent une teinte bleuâtre. Malgré les soins que je lui prodigue immédiatement, le pauvre petit, dont j'ai fait prendre des nouvelles après coup, est resté malade pendant une huitaine de jours des suites de cette morsure.

Notre cuisinier annamite a acheté aux indigènes deux cœurs d'aréquiers, avec lesquels il nous prépare une salade délicieuse. Ce

---

1. Plutôt *răn-giun* (serpent-lombric).

mets jouit d'une réputation méritée dans tout le corps expéditionnaire : officiers et soldats l'apprécient infiniment.

L'aréquier pousse une tige droite, très grêle et très haute, qui se termine par un bouquet de feuilles formant panache. À la jonction de la tige et des feuilles se trouve une portion renflée en fuseau qui, dépouillée de son enveloppe verte, se présente sous l'aspect d'un gros cône blanc mat : c'est le cœur de l'aréquier. Ce cœur, découpé en petites rondelles et accommodé avec du vinaigre, a un goût exquis qui rappelle à la fois les cerneaux et les fonds d'artichauts. Les indigènes le mangent mêlé à de jeunes pousses de bambous.

Nous passons la nuit à Cham, et, le lendemain, la colonne, continuant sa route, se dirige, toujours en remontant la rivière, vers le village de Giom.

Giom ne comprend guère qu'une vingtaine de pauvres maisons en paillotes. Les rues sont désertes ; presque toutes les cases sont fermées ; au-dessus de chaque porte close se voit un pot suspendu par des cordes et dans lequel on a planté un pied de taro. Ce taro, d'après la coutume annamite, indique que les habitants de la maison sont atteints de maladie épidémique et qu'il ne faut pas y pénétrer, de peur de contagion[1]. L'officier qui commande la colonne envoie trois de ses cavaliers en éclaireurs pour avoir des renseignements. Ils reviennent au bout de dix minutes, ramenant deux petits indigènes qu'ils ont trouvés en dehors du village, conduisant des buffles à l'abreuvoir.

Ces enfants montent leurs animaux d'une façon singulière : ils sont couchés à plat ventre sur leur dos et ils les dirigent avec une longue corde dont l'extrémité est fixée dans un des naseaux. Ils nous apprennent que le village de Giom est décimé par la petite vérole. La colonne se hâte de le traverser pour aller camper à deux kilomètres plus loin, en plein campagne, dans un lieu où les soldats seront hors d'atteinte.

Chaque année, la variole fait au Tonkin des ravages épouvantables : presque aucun Annamite n'y échappe ; le tiers environ des enfants succombe au redoutable fléau. La maladie atteint très souvent les yeux, et je ne crois pas qu'en aucun pays elle ait fait autant de borgnes et d'aveugles.

Les autorités françaises se sont préoccupées de ce déplorable état de choses : la vaccination obligatoire a été décrétée en principe ; déjà tous les villages des environs de Hanoï sont obligés, sous peine

---

1. On trouve la même observation dans Challan de Belval, *Au Tonkin, 1884-1885*, p. 108, mais cette coutume n'est signalée nulle part ailleurs et nous est inconnue.

d'une forte amende, de venir faire vacciner leurs enfants au dispensaire créé dans cette ville. Les vaccinations y sont faites par des médecins français et par les praticiens indigènes qu'ils ont instruits.

Le petit village de Giom, perdu au fond de la rivière Claire, est bien trop éloigné des grandes villes pour avoir été visité par les médecins vaccinateurs : aussi presque toutes les maisons contiennent-elles deux ou trois malades. Dans l'une d'elles je trouve quatre enfants couchés côte à côte sur une mauvaise natte, n'ayant que des vêtements troués pour couvrir leurs corps en pleine éruption. Le traitement qu'on leur fait suivre est des plus étranges : sous le cadre en bambous où ils se tiennent pelotonnés, tout frissonnants de fièvre, on a placé une espèce d'anguille. Ce poisson sans écailles, déjà tout décomposé, doit, dans l'esprit des indigènes, attirer à lui et pomper peu à peu le poison de la variole, dont les malades seront débarrassés au fur et à mesure. Ceux-ci, qui sont frottés deux fois par jour avec de l'urine, dégagent une odeur épouvantable[1].

BUFFLE À L'ABREUVOIR

1. On connaissait de nombreux rites liés à la lutte contre la variole (disposer des jarres sur le seuil de la maison, recouvrir le malade d'un filet de pêche, frotter le corps avec des feuilles de figuier, etc.), mais celui-ci nous était encore inconnu...

Les indigènes de Giom expliquent d'une façon curieuse le développement de leur épidémie : le premier frappé a été le mandarin de la région ; nouvellement arrivé dans le pays, il s'était fait construire aussitôt et sans bourse délier une belle et spacieuse habitation en réquisitionnant pour son usage personnel, comme tout bon mandarin sait le faire, les gens de corvée du village. « Hélas ! disent les pauvres paysans, le mandarin aimait tant le luxe qu'il veut être bien logé dans le royaume des esprits : chaque jour il revient chercher des travailleurs qu'il emmène dans l'autre monde pour construire sa maison. »

PAGODE DU GÉNIE PROTECTEUR

CHAPITRE XVIII

Nous bivouaquons depuis deux jours en plein air, sur le bord de la rivière Claire, à quelques kilomètres en amont de Giom, attendant *L'Éclair* qui n'arrive pas. La variole sévit avec une intensité toujours croissante sur les villages voisins, et la colonne campe à la belle étoile pour éviter la contagion. Les jonques pleines de vivres, que nous sommes chargés d'escorter jusqu'à Tuyên-Quang, sont amarrées côte à côte le long du bord de l'eau. Les tirailleurs ont dressé sur la rive leurs petites tentes basses en toile blanche ; ils passent leur temps à cuisiner ou à dormir, étendus sur l'herbe, pendant que les officiers chassent dans les fourrés voisins pour remplacer les conserves par un peu de viande fraîche.

Le gibier est très abondant dans ces parages : au milieu des touffes de bambous s'agitent de petits écureuils gris dont la chair est très savoureuse ; des pigeons verts nichent sur les grands flamboyants qui poussent au bord de l'eau, et les boys, que nous employons comme rabatteurs, font lever dans les broussailles de beaux coqs sauvages dont les pattes sont armées de formidables ergots ; ces ergots, extrêmement durs et aigus, mesurent jusqu'à quatre centimètres de longueur ; ils constituent une arme redoutable dont il faut se garder quand l'oiseau est blessé.

Les haies qui entourent les villages sont remplies de ces jolis oiseaux à longue queue qu'on appelle « coqs de pagode » ; des tourterelles grises à collier blanc y nichent également en grand nombre, en compagnie de petites perruches vertes qui, chaque soir, avant de se percher, font un vacarme infernal.

Soir et matin, depuis deux jours que nous sommes campés dans ces parages, les habitants des villages environnants se rendent en procession à une petite pagode, située sur un monticule qui domine la rivière.

Cette pagode a été élevée en l'honneur d'un *than*[1], ou génie protecteur, célèbre dans toute la contrée ; elle ne contient aucune statue, mais seulement une de ces petites tablettes rectangulaires dont j'ai déjà parlé, qui, en lettres d'or sur fond rouge, porte le nom du génie et dans laquelle les crédules Tonkinois se figurent qu'il réside.

Les notables, précédés du chef de canton et suivis d'habitants en costume de cérémonie, apportent deux fois par jour au génie des présents destinés à le rendre favorable et à obtenir de lui qu'il s'emploie à faire cesser l'épidémie qui décime la contrée. Ces présents sont disposés sur une belle civière toute dorée, à l'abri de deux grands parasols ; on offre au génie du thé, du vin de riz, des poulets, de la viande de porc et aussi des pyramides énormes d'un beau riz blanc, cuit à l'eau, dans lesquelles sont piqués des grains de nénuphar ou des semences d'arachides. Pendant la cérémonie, on brûle devant la tablette force baguettes d'encens et papiers dorés, tandis que les aides de l'officiant font retentir l'air des sons du gong ou du tam-tam.

L'offrande faite et les prosternations terminées, tout le monde s'attable dans une des salles de la pagode, et l'on dévore en un clin d'œil les provisions apportées au génie. C'est ainsi qu'au Tonkin se terminent presque toutes les fêtes religieuses ; chaque séance à la pagode est toujours suivie d'un bon repas.

---

1. *Thân.*

Ce matin on a varié le cérémonial : la tablette du *than*, que les habitants sont venus chercher en grande pompe, a été revêtue d'une belle robe de soie brochée, offerte par les villages réunis ; puis elle a été promenée en procession dans la campagne avec des drapeaux, des oriflammes, des insignes de toute sorte prêtés par les bonzes. Si l'épidémie vient à cesser, les indigènes en rapporteront tout le mérite à leurs pratiques superstitieuses et à la puissance de leur génie ; une pétition sera adressée au roi par le mandarin de la contrée pour lui rendre compte de ce miracle, et le roi récompensera le génie en lui conférant, comme à un vulgaire mortel, un grade supérieur dans la hiérarchie officielle. Si, au contraire, malgré les processions, les promenades de la tablette et les sacrifices solennels, l'épidémic continue à sévir, le *than* sera dégradé par le roi, sa tablette sera fouettée à coups de verges, chargée de chaînes, puis jetée au beau milieu de la rivière.

Nous ne saurons sans doute jamais quel sort heureux ou malheureux l'avenir réserve au génie de Giom, car *L'Éclair* est venu enfin nous rejoindre et nous nous embarquons après quatre longs jours d'attente. Le commandant du bateau nous raconte son odyssée, la même pour toutes les canonnières qui se hasardent dans ces parages à l'époque des basses eaux. En descendant de Tuyên-Quang, il est allé donner, en amont de Phu-Doan, contre un banc de sable, et il y est resté échoué pendant huit heures avec une branche de son hélice faussée. Le bateau (*La Bourrasque*) qui l'accompagnait est demeuré complètement à sec sur ce malencontreux banc ; on ne pourra le remettre à flot qu'à la saison prochaine. À cause du voisinage des Pavillons-Noirs, on construira en attendant, pour le garder, un petit fortin sur le bord de la rivière. On armera ce fortin avec un ou deux canons-revolvers empruntés à la canonnière et, une fois le ravitaillement de Tuyên-Quang opéré, la colonne que j'accompagne viendra tenir garnison dans ce fortin, qu'elle gardera jusqu'aux beaux jours.

Décidément, la rivière Claire n'est guère navigable pour nos bateaux : ceux de l'ancien type qui calent un mètre cinquante ne peuvent la remonter qu'à l'époque des hautes eaux ; il leur faut par conséquent rester à l'ancre à l'embouchure pendant dix mois de l'année ; ceux du type Claparède, comme *L'Éclair* et *La Trombe*, qui calent soixante-quinze centimètres seulement, gouvernent mal et, dans ce cours d'eau sinueux, risquent à chaque instant, en tournant un coude, de donner contre un banc de sable ou contre la berge ; seules les barques du pays peuvent aller jusqu'à Ha-Gian[1] et atteindre la frontière chinoise.

---

1. Hà-Giang, en amont de la rivière Claire, non loin de la frontière avec la Chine.

Entre Giom et Phu-Doan, le pays prend un aspect sauvage ; les rives sont couvertes de forêts et de hautes herbes, au milieu desquelles les villages se font rares. En revanche, on rencontre à chaque instant, amarrés au bord de l'eau, des radeaux en bambous supportant les petites maisons de paille occupées par les indigènes. Les pauvres habitants de ces régions vivent dans des transes continuelles à cause du voisinage des Pavillons-Noirs. Ils ont renoncé à se bâtir des maisons en terre ferme ; ils se sont construit des abris flottants qui leur permettent de se déplacer rapidement, eux et leurs familles, à la moindre alerte. On n'en voit aucun occupé aux travaux des champs : tous se nourrissent de poissons, laissant en friche leurs anciennes cultures. Ici, comme aux environs de Hong-Hoa, le raisonnement est le même : à quoi bon semer et labourer, quand on est à peu près sûr de ne pas récolter ? Les irréguliers Chinois, qui depuis dix ans sont les maîtres incontestés de tout le haut pays, en ont chassé les Annamites à force de mauvais traitements et de rapines. À l'heure actuelle toutes ces populations continuent à émigrer vers le delta, qui regorge d'habitants, pendant que la région des montagnes est presque complètement déserte. Quand la tranquillité sera revenue et que nous serons partout les maîtres, il nous faudra déterminer une répartition plus uniforme de la population annamite sur toute l'étendue de son sol, et favoriser, par tous les moyens en notre pouvoir, une nouvelle émigration vers les hauts plateaux.

Les tirailleurs algériens ont complètement envahi le pont de *L'Éclair* : assis par groupes sur leurs sacs, avec leur fusil entre les jambes et leurs paquets rangés en tas, ils lézardent au soleil dans un débraillé des plus pittoresques ; leurs coolies, relégués dans un coin du bateau, jouent avec ardeur aux cartes annamites. Ces cartes sont absolument semblables à celles des Chinois : elles sont faites avec des morceaux de carton longs de huit centimètres et larges de deux ; chaque carte est doublée à l'envers, comme les nôtres, avec un papier de couleur ; à l'endroit, elle est divisée en deux cases par un trait transversal. La case supérieure est occupée par un grand caractère chinois tracé à l'encre noire ; ce caractère diffère pour chaque carte et en indique la valeur ; sur les cartes principales, il est accompagné d'un cachet rouge reproduisant le signe du bonheur ; la case inférieure est tout entière remplie par un médaillon au milieu duquel sont imprimés deux caractères de petite dimension ; ces caractères, ainsi que le médaillon qui les contient, sont tracés à l'encre rouge ; ils sont les mêmes pour toutes les cartes d'un même jeu.

Nous jetons l'ancre vers cinq heures du soir devant Phu-Doan. Les

LA RIVIÈRE CLAIRE DEVANT PHU-DOAN

deux compagnies d'infanterie de marine que le colonel Duchesne a laissées pour garder ce poste sont réunies tout entières sur la berge pour nous voir débarquer.

Phu-Doan, qui est le siège d'une préfecture, a été entièrement détruit par les Chinois[1]. La bourgade, composée exclusivement de cases en paillotes, a été si bien anéantie par l'incendie qu'il n'en reste plus aucune trace. La citadelle du préfet couronnait un mamelon escarpé qui surplombe la rivière. Le tracé de l'enceinte est encore indiqué par un mur en terre, un fossé plein d'eau croupissante et deux belles portes en pierres taillées ; tout le reste a été démoli. Les habitants ont fui au loin ou se sont dispersés dans les villages voisins. Deux pagodes sont seules restées à peu près intactes au milieu de ces ruines : l'une, construite au pied de la colline qu'occupait autrefois la citadelle, est assez vaste pour loger facilement les deux compagnies d'infanterie de marine ; l'autre, toute petite, située au sommet même du mamelon, est habitée par le préfet annamite qui, seul de tous ses administrés, est revenu après le départ des Chinois.

La vieille pagode où les troupes sont logées est précédée de deux statues gigantesques, artistement faites avec des briques, du ciment et de la chaux. Ces statues, qui mesurent trois mètres de hauteur, représentent les *phis*, ou génies gardiens du temple : elles sont recouvertes d'une couche de peinture aux tons criards. Ces *phis*, qui sont revêtus du casque et de la cuirasse, ont un air terrible avec leurs gros yeux noirs à fleur de tête et leurs sourcils fortement accusés. L'artiste leur a fait une barbe et des moustaches avec des crins de cheval ; ils sont assis, les deux poings sur les genoux, devant un petit autel, sur des tigres fantastiques qui ouvrent des gueules énormes et dont les globes saillants louchent affreusement[2].

---

1. Phủ-Đoàn était située à la confluence même de la rivière Claire et de la rivière Chảy (ou rivière Lôi), à vingt-six kilomètres au nord de l'actuelle Phú-Thọ. Cette bourgade, où se trouvait l'ancienne citadelle de Đoan-Hùng, porte maintenant le nom de Quả-Cảm (district de Tây-Quan). Sur sa situation stratégique, voir ci-dessous p. 438.

2. Il semble que l'auteur veuille ici faire référence aux statues représentant les gardiens de pagodes, connus sous le nom de Hộ Pháp (protecteurs du dharma, c'est-à-dire de l'enseignement de Bouddha). Il se nomment Thiện (le bienveillant, le gardien aux yeux doux) et Ác (le malfaisant, le gardien à face sombre). La légende rapporte que Thiện et Ác étaient deux frères vivant en Chine sous la dynastie des Tang. De haute stature et dotés d'une force colossale, ils étaient aussi très pauvres. Un jour, Ác tua des bateliers pour s'emparer de leurs barques, et les deux frères exercèrent quelques temps la profession de passeurs de fleuve. Lorsque la guerre éclata entre les Tang et les Chu, ils combattirent pour les premiers et s'illustrèrent par leur force et leur bravoure ; en signe de reconnaissance, l'empereur les nomma gardiens des portes de son palais. Excité par une favorite, l'empereur tortura et exécuta la reine légitime, puis il confia aux deux frères le soin de mettre à mort ses descendants ; mais Thiện et Ác désobéirent à leur souverain et cachèrent les enfants. Ayant appris leur traîtrise, l'empereur chassa ses gardiens, et parvint finalement à tuer ses fils. La guerre reprit entre les Tang et les Chu, l'empereur fut finalement vaincu et les deux frères trouvèrent la mort dans le dernier combat. Bien qu'ils fussent des ennemis, le roi Chu demeura fidèle à leur mémoire et les éleva à la dignité de « divinités » (les génies Hộ Pháp), avec pour

Nous devons demeurer plusieurs jours à Phu-Doan, en attendant l'organisation du convoi de vivres et le retour des espions que nous avons envoyés pour explorer le pays sur la route de Tuyên-Quang. Les tirailleurs algériens ont pu, en se serrant un peu, s'installer dans la pagode, près de leurs camarades de la marine ; les officiers organisent leur logement dans des sampans loués aux indigènes. Ces barques ont toutes à l'arrière une petite cabine fermée avec des planches et recouverte d'un toit en nattes ; ce compartiment, qui ne mesure pas plus de trois mètres de long sur deux et demi de large, et dans lequel

STATUE D'UN GÉNIE GARDIEN DU TEMPLE À PHU-DOAN

mission de veiller au passage des temples : Hộ Pháp Ác, le mauvais, surveillant les hommes méchants, et son frère Hộ Pháp Thiện, le doux, suivant des yeux les hommes bons...

on ne peut se tenir que couché ou accroupi, loge habituellement toute la famille du propriétaire du sampan, c'est-à-dire au moins deux grandes personnes et plusieurs petits enfants ; convenablement aménagé avec des nattes, il peut offrir, à la rigueur, après un nettoyage indispensable, un abri sinon confortable du moins suffisant pour passer la nuit.

Une fois à terre, nous ne tardons pas à recevoir la visite officielle du préfet de Phu-Doan qui, du haut de son monticule, a surveillé notre débarquement ; il a voulu sans doute se présenter à nous dans toute sa splendeur ; il nous arrive précédé d'un domestique marchant à pas comptés et portant un tam-tam dont il frappe à intervalles égaux ; un autre serviteur tient ouvert au-dessus de sa tête un grand parasol de commandement, orné de bouffettes et de pompons ; derrière lui marchent trois petits boys qui tiennent respectueusement sur leurs deux mains ouvertes, l'un le crachoir en laiton, l'autre la boîte à chiques, et le troisième la pipe en porcelaine du mandarin. Il a campé sur son nez (sans doute pour produire plus d'effet sur nous) une vieille paire de lunettes chinoises ; leurs verres ronds et épais, sertis dans une grosse monture de buffle, lui obscurcissent tellement la vue que, lorsqu'il ne regarde pas au-dessus, il trébuche à chaque pas ; l'étui brodé de ces lunettes est attaché, bien en évidence, sur le devant de sa tunique neuve, par un petit cordonnet de soie orné de deux glands.

Après les salutations d'usage, le mandarin prend à part le commandant de la colonne et entame avec lui et l'interprète un colloque des plus animés : « Le mandarin a besoin de vous, docteur, me dit le commandant ; son père, qui habite avec lui, est au plus mal. L'interprète, qui vous a connu à Nam-Dinh, prétend que vous pouvez le guérir, et le *phu* vous prie de venir le visiter en toute hâte ; il assure qu'il y a place pour vous dans sa pagode. Je vous conseille de vous laisser faire : vous serez toujours mieux là-haut que dans un sampan. »

J'accepte avec empressement l'offre du fonctionnaire indigène et, cinq minutes après, accompagné de mon ordonnance qui porte mon lit de campagne, je grimpe à la suite du mandarin les soixante et quelques marches, taillées de main d'homme dans le flanc de la colline, qui conduisent à la pagode où il a établi sa demeure. Cette pagode est formée de deux corps de logis séparés par une étroite cour ; les serviteurs se tiennent dans le premier ; le second, qui est occupé par le mandarin et par sa famille, est divisé en trois chambres par deux cloisons de grosses nattes. Le *phu* m'a réservé une des chambres de côté, il occupe l'autre avec sa suite ; la pièce du milieu est une sorte de parloir qui sert pour les audiences et pour les visites.

Le malade est couché dans un coin obscur, le corps enroulé dans une natte et la tête reposant sur un petit billot en bambous ; son état est tel qu'il n'y a plus rien à tenter et qu'il mourra probablement cette nuit.

Très fatigué de ma journée, je me retire de bonne heure dans le compartiment qui m'est réservé ; j'ai gardé près de moi, par précaution, un de mes boys, ancien tirailleur annamite, qui parle un peu le français. Vers quatre heures du matin je suis réveillé par des allées et venues, des gémissements et un remue-ménage dont le bruit m'arrive de la chambre à côté, à travers la cloison de nattes contre laquelle mon lit est adossé. Poussé par la curiosité, je fais avec mon couteau un trou à cette cloison et j'y applique mon œil.

Le parloir est éclairé par une lampe fumeuse, construite avec un godet d'étain monté sur un grand pied ; le moribond y a été transporté ; il est couché sur un lit recouvert de nattes fines et dressé au milieu de la pièce : son fils, le mandarin, est accroupi près de lui, surveillant ses moindres mouvements et plaçant de temps en temps près de ses narines un petit flocon de coton, afin de s'assurer s'il respire encore. La famille est réunie tout entière autour du lit, attendant le dernier moment.

Une des femmes apporte une pièce de soie blanche qu'on place sur l'épigastre du moribond : dans l'esprit des Annamites, cette soie a pour but d'arrêter l'âme quand elle s'échappera du corps et de la retenir dans ses plis jusqu'au jour de l'inhumation définitive ; c'est pour cette raison qu'ils désignent ce morceau d'étoffe sous le nom de *hon-bach*, littéralement « l'âme en soie » ; ils la placent sur l'épigastre parce qu'ils s'imaginent que c'est par cette région que l'âme quittera le corps[1].

Le vieillard vient de rendre le dernier soupir ; aussitôt un des serviteurs monte sur le toit de la maison et se place exactement au-dessus du lit sur lequel le corps a été étendu. Il tient entre ses mains un des habits du défunt, et, se tournant vers l'orient, le nord et l'occident, il interpelle à haute voix et à trois reprises différentes l'âme du mort, l'adjurant de revenir au milieu de sa famille : « Ô vous, les trois âmes et les neuf esprits vitaux du grand mandarin Lé-Van-Tong, s'écrie-t-il,

---

1. Lorsqu'une personne était à l'agonie, on posait sur sa poitrine cette pièce de soie blanche (*hôn-bạch*, « l'âme blanche ») destinée à recevoir le dernier souffle du mourant. Elle était ensuite nouée de façon à représenter une sorte de marionnette (la tête, les oreilles et deux jambes, voir illustration ci-dessous, p. 423), puis placée devant l'autel funéraire (le « lit de parade » évoqué par l'auteur) pendant la cérémonie ; finalement, cette pièce de soie blanche était enterrée avec le cercueil et remplacée, sur l'autel, par les tablettes funéraires elles-mêmes.

revenez vite au milieu de vos enfants désolés[1]. » Pendant qu'il répète cette phrase trois fois de suite, d'autres domestiques qui se sont répandus dans les environs poussent des clameurs et frappent sur des instruments bruyants, comme des gongs et des tam-tams, pour effrayer l'âme et la forcer à rentrer dans la maison.

SAMPAN LOUÉ AUX INDIGÈNES

Après cette invocation, le serviteur descend du toit et vient remettre l'habit à une des femmes, qui le place sur la poitrine du mort ; elle en retire ensuite le *hon-bach* et, avec cette pièce de soie blanche qui mesure plusieurs mètres de longueur, elle confectionne en la pliant et la repliant une sorte de figure grossière qui ressemble de loin à un corps d'homme : les jambes sont indiquées par deux grands pans

---

1. « Les trois âmes et les neuf esprits vitaux » : Hocquard commet une erreur car, puisqu'il est un homme, le mandarin défunt possédait *sept* esprits vitaux et non neuf. En effet, si l'homme et la femme possèdent chacun trois *hôn* (trois âmes-souffles, trois principes supérieurs issus du *Dương,* ou élément mâle, actif et lumineux), l'homme possède sept *vía* (sept âmes-sang, sept principes inférieurs issus du *Âm* ou élément femelle, passif et ténébreux) mais la femme en possède neuf (deux de plus : les seins et le sexe, encore que la chose soit discutée car l'on connaît le nombre, neuf, mais non la localisation). Dans le récit de Hocquard, la prière du serviteur s'explique ainsi : après la mort, les trois *hôn* rejoignent le Ciel (le *Dương*) tandis que les sept (ou neuf s'il s'agit d'une femme) *vía* s'éloignent vers la Terre (le *Âm*) ; la prière mortuaire, et le culte des ancêtres par la suite ont précisément pour fonction de réunir les *hôn* et les *vía* afin que l'esprit du défunt soit un esprit heureux. Dans le cas contraire – par exemple un homme sans descendance pour lui rendre un culte – *hôn* et *vía* restent à jamais séparés et, livrés à eux-mêmes, les seconds se transforment en esprits malfaisants qui viennent hanter l'existence des vivants.

d'étoffe, les bras par deux pans plus petits placés de chaque côté d'un gros nœud qui représente le corps et qui est surmonté d'une anse d'étoffe figurant la tête. Pour les Annamites, cette pièce ainsi disposée est la représentation matérielle de l'âme du mort ; c'est en elle que cette âme chassée du corps est venue se réfugier pour y résider. Pendant tout le temps que dureront les cérémonies compliquées des funérailles, on lui rendra les mêmes honneurs qu'au défunt lui-même : on lui construira près du cercueil un lit de parade, recouvert de grands rideaux derrière lesquels elle sera enfermée chaque soir. Tous les matins, on l'en sortira respectueusement pour l'installer sur un siège, à la place d'honneur, et, deux fois par jour, au moment des repas, le chef de la famille fera devant elle des libations de vin de riz.

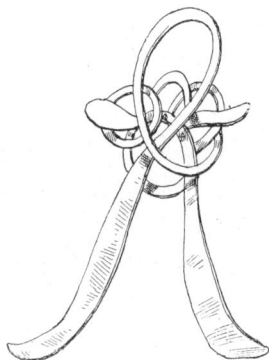

L'ÂME EN SOIE

Le fils du défunt a voilé la face du cadavre avec un morceau d'étoffe après lui avoir mis dans la bouche un petit bâton destiné à la lui maintenir ouverte. Puis tous les membres de la famille se sont prosternés devant le corps et, après avoir poussé des gémissements bruyants pour marquer leur douleur, ils se sont retirés dans la pièce voisine afin de permettre à l'aîné de procéder à la dernière toilette de son père. Les rites veulent que le corps du défunt soit lavé avant la mise en bière ; le fils aîné peut seul procéder à cette besogne en s'aidant d'un serviteur ; les étrangers et les autres parents se tiennent à l'écart, par respect.

L'aide apporte de l'eau bouillante qu'il a parfumée avec du bois d'aigle, de l'encens, de l'anis étoilé, de la cannelle et du santal ; le mandarin s'est prosterné. « Qu'il soit permis, dit-il, de laver la tête et le corps pour le purifier de la poussière ancienne. » Cette prière faite, il se redresse et, trempant un linge dans l'eau parfumée, il le passe sur la figure du cadavre ; il peigne ses longs cheveux, qu'il enroule ensuite dans un morceau d'étoffe ; il lave les mains et les pieds avec un nouveau linge, puis, s'aidant d'un petit couteau que lui tend le serviteur, il taille les ongles des doigts et des orteils. Il met soigneusement à part les rognures d'ongles de chaque membre, dont il fait un paquet séparé, en les enveloppant de papier chinois. Chacun des quatre paquets sera déposé, à côté du membre correspondant, dans le cercueil. Il recueille également avec un soin méticuleux tous les cheveux tombés pendant la toilette, afin de les placer dans la bière sans en oublier un seul. Tous les ustensiles qui ont servi pour l'opération des ablutions, le linge, le peigne, le reste de l'eau parfumée, le couteau pour les ongles, sont placés dans un vase neuf que l'aide va enterrer immédiatement dans un endroit fixé à l'avance.

LE PRÉFET DE PHU-DOAN

Après les ablutions, il reste à procéder au dernier repas du mort. La famille et les amis sont revenus dans la chambre mortuaire. Ils ont apporté une soucoupe remplie de riz cuit, une petite cuiller en porcelaine et trois pièces d'argent. Le mandarin, en sa qualité de fils aîné du défunt, procède à la cérémonie ; il s'agenouille, s'incline jusqu'à terre et, interpellant le mort, il lui demande la permission de lui offrir à manger pour la dernière fois. S'étant relevé, il s'approche du lit de parade et, soulevant un des coins du voile qui recouvre la face du défunt, il lui enlève le petit bâton qui maintient les mâchoires ouvertes ; il saisit alors la cuiller pleine de riz que lui tend un aide, y dépose une pièce d'argent et verse le tout dans la bouche du mort ; il recommence à trois reprises cette opération, en soulevant légèrement chaque fois un coin du voile et en prenant bien garde de laisser voir la figure du cadavre, ce qui serait considéré comme un manque de respect. Une fois le repas terminé, tous les assistants se mettent à pousser des gémissements et à se répandre en lamentations sur la perte qu'ils viennent de faire[1].

Les enfants du défunt accomplissent ce long et minutieux cérémonial prescrit par les rites avec un grand respect, mais aussi avec un sang-froid étonnant. Je ne vois pas chez eux cette émotion profonde, cet anéantissement moral que nous éprouvons nous-mêmes en pareil cas : le fils du défunt officie comme le ferait un prêtre ; ses autres parents attendent pour gémir le moment prescrit par l'usage ; ils se taisent dans l'intervalle comme s'ils étaient des pleureurs à gages. Chez les Tonkinois, cependant, les liens de famille sont plus puissants que chez nous ; la piété filiale y est au moins aussi grande. Sans doute ces gens de l'Extrême-Orient sont organisés autrement que nous au point de vue des sensations nerveuses ; chez eux, les impressions sont peut-être moins vives ; en tout cas, ils peuvent plus facilement commander à leurs nerfs. Il n'est guère d'Européens, en effet, qui aient assez de courage pour donner au cadavre d'un de leurs proches les soins compliqués que je viens de décrire et qui ont duré tout un jour.

Le lendemain, au matin, un serviteur introduit près du mandarin un vieil Annamite auquel la famille fait mille prévenances ; c'est un notable très au courant des rites funéraires, qu'on est allé quérir dans un village des environs pour surveiller l'ensevelissement du corps et sa mise en bière. Cet homme apporte avec lui les différents matériaux

---

1. En plaçant dans la bouche du mort une poignée de riz et trois sapèques en cuivre, ce rite est destiné à fournir au défunt un viatique, de quoi voyager dans l'autre monde. Il est parfois complété par le rite de la « double bolée de riz », qui consiste à placer sur le cercueil un bol plein de riz, recouvert par un autre bol vide, placé à l'envers, comme un couvercle, le tout surmonté d'un œuf dur.

nécessaires pour cette opération délicate et compliquée : le vernis pour calfater le cercueil, les coussins qu'on mettra autour du mort et les nombreuses pièces d'étoffe qui serviront à l'envelopper. La forme, les dimensions, la composition même de tous ces objets sont minutieusement indiquées dans le *Van Cong Gia Lè* ou *Rituel des funérailles*, volumineux ouvrage en quatre volumes qui fait loi en Annam dans le cas particulier[1]. On les trouve tout préparés dans les boutiques d'ornements pour le culte des ancêtres, qui existent non seulement dans toutes les villes, mais même dans les bourgades un peu importantes du royaume.

Le cercueil est depuis longtemps dans la maison ; c'est un meuble familier que tout bon Tonkinois s'empresse d'acheter dès qu'il en a le moyen. Le vieil Annamite le fait apporter dans la chambre mortuaire. Après en avoir luté tous les joints avec un mélange de sciure de bois et de goudron, il place au fond une couche de cendre, une feuille de papier blanc, puis une planche mince, percée de sept trous. Cette planche couvre complètement le fond de cercueil, de sorte que les cendres ne peuvent pas passer au-dessus et venir souiller le corps ; les sept trous dont elle est percée sont disposés exactement comme les sept étoiles de la constellation de la Grande Ourse[2].

Une fois le cercueil préparé, le vieux maître des funérailles s'occupe d'ensevelir le corps. Il s'agenouille devant le lit de parade, en même temps que les enfants du défunt qui ont assisté à tous ces préparatifs. « Qu'il soit permis, dit-il, d'ensevelir le corps. » Cette prière faite, il met un turban sur la tête du mort, remplit les oreilles avec de petits bourrelets de coton, pose sur les yeux un bandeau muni de deux cordons qu'il noue derrière la tête, bourre la paume des mains et la plante des pieds avec des tampons de papier qu'il maintient en place à l'aide d'une bande d'étoffe nouée par-dessus, en prenant bien garde de replier les doigts et les orteils. Il s'assure que les habits portés par le mort sont bien en nombre impair (le nombre pair serait funeste), il arrange minutieusement les pans de ces habits, de façon à éviter le moindre pli, puis il attache solidement les bras le long du corps avec un morceau de soie qui passe sur le ventre comme une ceinture.

Ces préliminaires terminés, il fait transporter le défunt sur les deux linceuls qu'il a étendus l'un au-dessus de l'autre au beau milieu du lit

---

1. *Van Công Gia Lễ* (*Rituel domestique des funérailles*), plus connu sous sa forme abrégée intitulée *Thọ Mai Gia Lễ*.
    2. Voir note 4 page 84 et note 1 page 85.

de parade[1] ; puis il dispose autour du cadavre les coussins qu'il a apportés et qui doivent lui donner la forme prescrite par les rites. Ces coussins sont au nombre de onze ; ils sont rectangulaires ou pyramidaux, suivant la région du corps qu'ils sont destinés à recouvrir ; leurs dimensions et leur épaisseur sont exactement indiquées dans le *Livre des funérailles*, d'après la place qu'ils doivent occuper : deux se posent le long des jambes, deux autres le long des cuisses ; il y en a deux également qui s'appliquent sur les oreilles, un autre sur la bouche, un troisième qui se met derrière la tête comme un oreiller. Quand ils sont tous en place, maintenus par les deux linceuls qu'on replie et qu'on noue par-dessus à l'aide de longues bandes d'étoffe, le corps du défunt a la forme d'un grand paquet rectangulaire dont les dimensions sont calculées de telle sorte qu'il remplit à peu près exactement l'intérieur du cercueil.

Le vieux notable s'agenouille de nouveau, ayant autour de lui les parents du défunt, qui se sont également mis à genoux et qui poussent des gémissements. « L'heure est venue, dit-il ; qu'il soit permis de mettre le corps dans le cercueil. » Tous les assistants, après s'être inclinés jusqu'à terre, se relèvent, et les aides, ayant placé le cadavre sur le *ta-quan*, ou drap mortuaire, saisissent ce drap par les quatre coins et descendent doucement le corps dans la bière. Après avoir soigneusement rempli tous les vides avec du papier roulé en tampon et replié le drap par-dessus le cadavre, ils clouent le cercueil, pendant que tous les assistants se remettent à pleurer.

Les Annamites prennent le deuil quatre jours après l'ensevelissement du défunt. Les vêtements qu'ils portent alors sont de couleur blanche ; ils sont confectionnés d'autant plus grossièrement et avec des étoffes d'autant plus communes que celui qui les revêt est plus proche parent du mort. La première fois que j'aperçus le mandarin de Phu-Doan en habit de deuil, je le pris pour un mendiant, tant son costume avait l'air misérable : il portait une sorte de jupon court pardessus lequel il avait passé une longue chemise dont le bas était effiloché comme une guenille, et dont l'étoffe était tellement grossière qu'elle ressemblait à la toile d'emballage[2]. Il avait les reins ceints

---

1. Le petit linceul intérieur est dit *tiểu liệm*, le grand linceul *đại liệm*. Les extrémités du premier sont découpées en trois franges afin de servir de liens pour envelopper le cadavre. Comme l'indique bien notre auteur, ces deux linceuls, cousus ensemble, sont déposés sur un lit sur lequel on vient ensuite poser le corps du défunt.

2. C'est ce qu'on appelle « l'habit de deuil en gaze à ourlet effiloché » *(áo sô sổ gấu)*, qui marque le grand deuil de trois ans (vingt-sept mois), c'est-à-dire celui des enfants à la mort d'un parent, de la belle-fille à la mort de ses beaux-parents, de la femme à la mort de son mari... En général, par souci d'humilité, le vêtement de deuil (*tang phục*) est en effet d'autant plus grossier que celui qui le porte est proche du défunt : le fils du mort était souvent vêtu d'une tunique de grosse toile de jute, d'un turban blanc, sorte de

d'une corde ; ses longs cheveux dénoués pendaient épars sur son cou ; il était coiffé d'une couronne en grosse paille tressée et il marchait courbé en deux, s'appuyant sur un bâton de bambou. Ce bambou, que les Annamites appellent « bâton de pleurs », est pour eux un emblème : il indique la constance dans la douleur. *Le bambou*, dit le *Livre des rites, ne change pas pendant les quatre saisons de l'année ; la douleur du fils qui pleure son père doit de même traverser le froid et le chaud sans en être influencée.* La longueur du « bâton de pleurs » est exactement calculée, car elle a par elle-même une signification symbolique. *Ses dimensions*, dit le code, *doivent être telles qu'il arrive à la hauteur du cœur*, et il ajoute : *Les pleurs d'un fils pieux n'ont pas de nombre ; son corps en est malade, le bâton est l'aide des malades ; la maladie lui vient du cœur, c'est pourquoi la longueur du bâton est déterminée par la hauteur du cœur*[1].

Il serait trop long de décrire en détail les différentes cérémonies qui ont été célébrées trois ou quatre fois par jour pendant la semaine tout entière où le cercueil est resté exposé dans la chambre mortuaire, ayant à droite le lit de l'âme en soie recouvert de ses rideaux et devant lui une table sur laquelle les parents et les visiteurs brûlaient des baguettes d'encens.

Les visites se succédaient nombreuses à la pagode du mandarin ; les notables et les vieux chefs des villages placés sous sa juridiction s'empressaient de venir lui apporter leurs compliments de condoléances. Tous, par honneur pour le mort, arrivaient en vêtement de deuil, c'est-à-dire habillés complètement de blanc. À chaque visite, un serviteur placé à l'entrée de la salle des réceptions annonçait respectueusement au défunt les noms et qualités de chacun des personnages. Le mandarin, vêtu de ses habits de deuil, s'avançait pour les recevoir, courbé en deux sur son bâton de bambou et comme écrasé par la douleur. Presque tous apportaient des présents pour le mort : les uns du riz, de l'eau-de-vie, des baguettes d'encens, des chiques de bétel ; d'autres, des objets plus extraordinaires : c'était ou bien un grand cheval en carton avec une belle selle peinte sur le dos, ou bien une poupée magnifiquement vêtue, ou encore des chapeaux, des vêtements en papier de riz. Un grand nombre arrivaient portant des paquets de petites boîtes, dorées ou argentées, ayant la forme et les

---

couronne en paille tressée, et d'une ceinture de corde. La couleur du chapeau indique le degré de parenté par rapport au défunt : blanc pour les enfants et petits-enfants, jaune pour les arrière-petits-enfants, et rouge à la génération suivante.

1. *Le code annamite, traduction Philastre, t. I, p. 75* (note de l'auteur). Le bâton est en bambou dans le cas du deuil du père, en bois plus tendre (l'érythrine ou *vông*) pour celui de la mère.

dimensions des barres d'argent et d'or dont on se sert comme monnaie dans le pays d'Annam.

Tous ces objets étaient brûlés solennellement devant le cercueil. Les Tonkinois se figurent que ces offrandes, une fois réduites en fumée, accompagneront le défunt dans le royaume des Esprits, et que chacune d'elles se changera pour son service en l'objet dont elle avait la forme. La fumée du cheval en carton qu'on brûle dans le monde réel se transformera, chez les Esprits, en un coursier fougueux à l'usage du mort ; la poupée deviendra pour lui une compagne charmante ; les vêtements en papier formeront un costume somptueux et les petites boîtes dorées se changeront en autant de lingots d'or qui garniront son escarcelle.

Un certain nombre de visiteurs sont venus à cheval ou en palanquin ; c'est la façon de voyager des gens de marque. Le palanquin en usage au Tonkin n'est autre chose qu'un grand hamac suspendu à un bambou et recouvert d'un petit toit ; deux stores qui peuvent être relevés à volonté descendent de chaque côté et permettent à la personne transportée couchée de se dissimuler aux yeux des passants. Le palanquin est porté par deux coolies qui vont ordinairement à une allure assez rapide, et qui sont assez habiles pour n'imprimer aucune secousse au hamac. Le voyageur est toujours suivi d'un ou deux domestiques qui courent derrière les porteurs, tenant l'un la boîte à chique qui accompagne partout l'homme de qualité en voyage, et l'autre les petites fourches sur lesquelles on pose le palanquin quand on s'arrête.

Si j'étais mieux au courant des lois somptuaires d'Annam, je pourrais, par la simple inspection des palanquins arrêtés devant le seuil de la maison mortuaire, connaître le rang qu'occupent leurs propriétaires dans la hiérarchie officielle. Les dorures, la couleur du hamac et jusqu'à la forme des ornements indiquent le grade du fonctionnaire indigène, comme les couronnes héraldiques peintes sur les panneaux d'une voiture indiquent, chez nous, le rang de son propriétaire dans la hiérarchie nobiliaire[1].

Le mandarin a fait venir à grands frais de Phu-Ninh un fameux *tay-dia-ly,* ou sorcier, ayant pour spécialité de reconnaître les emplacements favorables pour les tombes. Ce sorcier, s'aidant d'une boussole

---

1. Les grands mandarins utilisaient des palanquins (*cáng*) rouges, munis de quatre parasols jaunes ; les mandarins de rangs plus modestes n'avaient droit qu'à deux parasols noirs ; le candidat qui avait réussi au concours à la capitale pouvait revenir dans son village natal dans un palanquin rouge muni de parasols rouge et or.

chinoise et de différentes incantations, a indiqué pour y creuser une fosse un petit monticule situé à deux kilomètres environ de la pagode[1].

Les Annamites n'ont pas de cimetières ; ils enterrent leurs morts en plein champ, dans l'endroit que le *tay-dia-ly* a fixé. Ordinairement, la place d'un tombeau est simplement indiquée par un petit tertre, sans aucune fleur ni aucun ornement. Il n'y a d'exception que pour les mandarins d'un rang élevé, pour les riches Chinois qui font les frais d'un monument, ou bien encore pour les bonzes, qu'on enterre au voisinage des temples bouddhiques et sur les tombeaux desquels on élève de petites tourelles d'un aspect pittoresque[2].

Les sépultures annamites, dispersées un peu partout aux environs des villes et des bourgades, ne peuvent être déplacées sans infliger aux familles un grave affront. Elles seront certainement pour nous une source d'embarras quand il s'agira de tracer les routes et d'exécuter les différents travaux d'utilité publique que nous projetons de faire au Tonkin, aux environs des villages populeux[3].

Le jour des funérailles est arrivé : des équipes nombreuses de porteurs vêtus de blanc ont été envoyées par les villages voisins pour figurer au cortège. Ils ont amené les brancards funéraires laqués en rouge, avec les châsses dorées qui servent pour les enterrements et que chaque village annamite garde dans la maison commune pour les mettre, toutes les fois qu'ils en ont besoin, à la disposition des habitants.

La famille a fait préparer de son côté toutes sortes d'accessoires qui doivent servir à rehausser la pompe du cortège : grandes lanternes emblématiques, oriflammes, chasse-mouches, éventails montés sur tiges, etc.

Les Tonkinois mettent leur amour-propre à enterrer leurs parents avec le plus d'éclat possible ; il en est qui se ruinent en frais de funérailles. Le convoi d'un riche Annamite comprend quelquefois plus de cent personnes et occupe une longueur d'un kilomètre.

Le mandarin, fils aîné du défunt, conduit le deuil ; il a près de lui un maître des cérémonies, chargé de mettre l'ordre dans le cortège et d'en régler la marche ; celui-ci, tout affairé, court à droite et à gauche, devant la maison, pour ranger les figurants, leur assigner leur rôle et

---

1. Voir note 1 p. 406.

2. Il s'agit du *stûpa,* où sont déposées les cendres des bonzes bouddhiques qui étaient les seuls à se faire incinérer au Việt-Nam, dérogeant ainsi à la coutume du retour lent à la terre nourricière par décomposition du cadavre.

3. La dispersion des tombes sur les terres du village posait aussi des problèmes pour la mise en valeur du sol, notamment des rizières. Actuellement, d'ailleurs, on voit se dessiner une nette tendance au regroupement des tombes dans de petits cimetières communaux.

leur indiquer la place qu'ils doivent occuper. C'est lui qui fait l'office de héraut et qui, lorsque le convoi est prêt à partir, s'agenouille devant le cercueil pour demander au mort la permission de l'emporter en terre. « Le moment est venu, lui dit-il à voix haute ; veuillez partir ! Quand l'heure est favorable, on ne doit pas demeurer davantage ; qu'il soit donc permis de transporter le cercueil sur les traces qu'ont suivies les ancêtres. »

ARRIVÉE D'UN VISITEUR EN PALANQUIN

Une fois développé dans la campagne, le cortège funéraire offre un spectacle extrêmement original mais qui n'inspire nullement la tristesse ; on croirait plutôt à une mascarade qu'à un enterrement. En tête s'avancent deux figurants armés de boucliers et de lances en bois peint, et vêtus de robes rouges sur lesquelles sont brodés des dragons grimaçants ; ils portent de formidables moustaches en crins de cheval et leur figure est zébrée de grandes raies rouges et vertes. Ils représentent les *phuong-tuong*, ou guerriers, chargés d'écarter du chemin suivi par le défunt les mauvais esprits qui seraient tentés de venir le tourmenter[1] ; ils sont suivis d'une douzaine d'hommes

---

1. Ces figurants sont déguisés, ou bien ils portent deux mannequins en papier chargés d'écarter les mauvais génies. Les uns et les autres sont appelés *phương tướng*.

habillés de blanc et placés sur deux rangs, qui tiennent des oriflammes en calicot suspendues à des branches de bambou dont l'extrémité supérieure est garnie d'un bouquet de feuilles. Ces oriflammes sont couvertes d'inscription en gros caractères qui célèbrent les louanges du défunt : il y est traité de grand, de magnifique, de superbe, de fidèle, de vertueux[1].

LE CATAFALQUE

Après les bannières viennent quatre coolies portant la châsse de l'encens (*huong-an*), dans laquelle se trouvent un brûle-parfum de cuivre, un vase de même métal contenant une petite pelle, deux chandeliers et différents objets précieux qui sont là pour la parade : des plateaux, une branche de corail montée sur pied, un miroir taoïste en marbre blanc, des fleurs artificielles, etc. Cette châsse est abritée sous un parasol de mandarin porté par un serviteur qui marche à côté d'elle. Une autre châsse toute semblable, mais couverte de fruits, de riz et de gâteaux, lui succède, séparée de la première par une nouvelle équipe de porteurs de bannières[2]. Viennent ensuite les notables, amis

---

1. On trouve d'abord une grande banderole blanche (*thẻ kỳ*), mais c'est plus loin seulement qu'apparaissent les oriflammes portant des caractères exprimant les qualités du mort (le plus souvent « fidélité » et « loyauté »).

2. En général, cette « châsse de l'encens » (*hương án*) se trouve en arrière du panneau rectangulaire qui vante les qualités du défunt. La châsse de l'encens porte non seulement l'encens, mais aussi des vases

de la famille, qui marchent à pied, en habits de deuil, puis le *minh-sinh*, immense colonne quadrangulaire, haute de deux mètres et demi, large de cinquante centimètres, formée d'un cadre en bois sur lequel sont collées des bandes de calicot. Cette colonne représente la tablette qu'habitera l'Esprit du défunt dès qu'il aura sa place marquée sur l'autel des ancêtres. Son nom, son âge, ses titres y sont inscrits en caractères gigantesques[1].

Le *minh-sinh* est relié au *char de l'âme*, qui vient après, par une longue bande de calicot que des femmes, vêtues de blanc et rangées deux à deux, soutiennent avec des arceaux en bambous au-dessus de leurs têtes. Le *linh-toa* ou char de l'âme[2], dans lequel l'âme en soie est enfermée, est une petite châsse en bois de forme très gracieuse, portée par quatre coolies ; elle est peinte en rouge et enjolivée de dorures. La bande de calicot qui la relie au *minh-sinh* représente le chemin que suivra l'Esprit du défunt après le sacrifice qui terminera les funérailles, lorsqu'il quittera l'âme en soie pour passer dans la tablette qu'il habitera désormais.

Le plus jeune des petits-fils du mort se tient sous le char de l'âme. Cette disposition, prescrite par les rites funéraires, a pour but d'indiquer que l'âme de l'aïeul doit planer sur ses descendants jusqu'à la génération la plus reculée. Le fils aîné, appuyé sur le bâton de pleurs, ses cheveux épars sur le cou et sur les épaules, marche à reculons devant le cercueil[3]. Il est accompagné du maître des cérémonies, qui frappe à intervalles égaux sur un tam-tam pour régler la marche du convoi. Le cercueil est recouvert d'un catafalque superbe, en laque rouge ornée de dorures, qui a été prêté par un des villages. Les Annamites appellent ce catafalque *nha-thang*, c'est-à-dire la « maison funéraire » : il a en effet la forme d'une maison, dont les quatre parois seraient très finement sculptées, et dont le double toit, surmonté d'un emblème en forme de bouteille, se terminerait à chaque angle par des faîtières recourbées[4].

---

de fleurs, les trois objets sacrés (deux cierges et un brûle-parfum) et les cinq fruits cultuels. En arrière se trouve la « châsse de la nourriture ».

1. Cette « colonne » est plutôt un long panneau de bois sur lequel est inscrit l'état civil du défunt. Il est appelé *minh-tinh* ou bien *minh-sinh* (« vie brillante »).

2. Confusion de Hocquard : le « char de l'âme » s'appelle *linh-xa*, tandis que *linh-toa* désigne l'autel qui, placé devant le cercueil pendant la veillée funèbre, portait notamment l'âme en soie blanche. Celle-ci a donc quitté le *linh-toa* pour être transportée sur le *linh-xa*. Ce « char de l'âme » est une sorte de palanquin en bambou, parfois orné par le portrait du défunt.

3. Non : le fils aîné marche à reculons quand il précède le cercueil de sa mère ; en revanche, il suit celui de son père (voir l'adage « On suit son père et on accueille sa mère »).

4. Pour être plus précis, le catafalque *(dai du)* est composé d'un brancard sur lequel est posé le cercueil, lui-même surmonté d'une petite maison dite *nhà táng* qui, chez les pauvres, est faite de simples bambous assemblés.

TOMBEAUX DE BONZES

Sur chacune des faces du *nha-thang* s'étalent de grandes inscriptions en lettres d'or, tirées des sentences de Confucius et exaltant le
culte de la famille. On y lit : *La tendresse filiale est immense comme*

le ciel et la terre ; on ne l'oublie pas après cent ans, ou bien : *Les trois liens[1] sont aussi grands et aussi durables que l'univers éternel.*

Des stores décorés de belles peintures ferment les ouvertures ménagées de chaque côté du catafalque, pour masquer aux curieux la vue du cercueil. Quatre domestiques le flanquent à droite et à gauche, tenant à la main un plateau rempli de chiques de bétel toutes préparées qu'ils offrent aux passants ; quatre autres serviteurs suivent à quelques pas, répandant, de distance en distance, des poignées de petits papiers dorés ; c'est une manœuvre dirigée contre les mauvais génies : si, par aventure, il s'en trouvait en train de folâtrer dans le voisinage, ils s'arrêteraient pour ramasser ces objets brillants éparpillés sur le sol, et le défunt pourrait passer inaperçu au milieu d'eux, csquivant ainsi les méchants tours que ces esprits taquins ne sont que trop disposés à jouer aux morts.

Le cortège s'avance lentement, avec des pauses fréquentes pendant lesquelles les femmes, qui suivent le corps sous un dais de soie blanche, poussent des gémissements bruyants. À deux reprises différentes, le convoi fait une longue pause pour permettre à des groupes d'amis du défunt, rencontrés en route, de lui offrir leurs derniers hommages. Le cérémoniaire les annonce ainsi au mort pendant qu'ils s'agenouillent devant le cercueil arrêté au milieu des champs :

« Voici qu'il y a des présents à recevoir ; des amis que nous avons rencontrés en chemin demandent à vous les offrir. »

On arrive enfin devant la fosse ouverte. Les *phuong-tuong* qui marchent en tête la frappent aux quatre coins avec leurs boucliers, pendant que le sorcier fait des incantations pour conjurer le mauvais sort. Le cérémoniaire brûle devant le cercueil, qu'on a placé sur deux rouleaux de bois disposés au-dessus de la fosse, des pièces de soie et la grande bannière sur laquelle sont inscrits les noms et qualités du défunt. La bière, enveloppée d'un drap noir et d'un drap violet, est ensuite descendue lentement et recouverte de terre jusqu'à ce que la fosse soit comblée à moitié. Alors s'avance un notable tenant à la main un papier sur lequel est écrite une invocation à la « reine des Génies de la Terre » ; il récite cette invocation à genoux, priant la reine des Esprits de protéger le sépulcre afin que le défunt puisse y reposer en paix. On achève ensuite de recouvrir le cercueil et, après que les parents et les amis ont brûlé encore quelques papiers et versé sur la terre fraîchement remuée quelques coupes de vin de riz, tout le monde se retire.

---

1. *Premièrement, lien du roi avec ses sujets ; deuxièmement, lien des enfants avec leur père ; troisièmement, lien de l'épouse avec l'époux* (note de l'auteur).

LE CORTÈGE FUNÉRAIRE

Tel est, dans ses grandes lignes, le cérémonial usité en Annam pour rendre les derniers devoirs aux défunts[1]. Les Tonkinois ne manquent jamais de l'accomplir dans tous ses détails ; ne pas y procéder serait pour eux un crime horrible et inouï. L'âme d'un défunt ne peut, d'après leur croyance, être tranquille et heureuse que lorsque le corps qu'elle habitait a reçu une sépulture convenable. C'est à tel point que, quand un indigène a péri dans des circonstances qui ne permettent pas de retrouver son corps (lorsqu'il est tombé dans la mer ou qu'il a été dévoré par un tigre), la coutume est de lui faire un enterrement simulé. Les parents ont alors recours à une cérémonie appelée *chien-hon-dap-nan*, ce qui veut dire qu'ils évoquent son âme pour lui construire un tombeau. La famille du défunt fait fabriquer un mannequin qu'on revêt de vêtements ayant appartenu au mort, et qu'on place dans un cercueil. Après avoir conjuré l'âme de quitter sa vie errante et de venir habiter le corps qu'on a reconstitué, on enterre ce mannequin selon le rituel que je viens de décrire.

Les Annamites poussent encore plus loin leurs scrupules : convaincus que les âmes des morts qui n'ont pas reçu une sépulture convenable s'irritent, s'inquiètent et finissent par devenir de méchants esprits prêts à tourmenter les vivants, ils offrent tous les ans, vers la cinquième lune[2], un sacrifice solennel aux suppliciés, aux soldats tués pendant la guerre et même à tous ceux dont les tombeaux ont été violés ou détruits par une cause indépendante des hommes, comme un tremblement de terre ou une inondation. Ils espèrent ainsi calmer l'irritation de ces esprits privés de sépulture qui, d'après leurs croyances, sont condamnés à errer pendant toute l'éternité sans avoir jamais de repos[3].

Les environs de Phu-Doan se sont repeuplés depuis notre arrivée ; les habitants reviennent en foule se mettre sous la protection du drapeau français ; ils savent que partout où ils le voient apparaître il n'y a plus rien à redouter des Chinois ni des pirates. Les villages flottants qui descendent le cours de l'eau, fuyant les Pavillons-Noirs, s'arrêtent tous aux environs de notre campement. Des centaines de

---

1. Il manque à la relation du docteur Hocquard une précision essentielle : lors de la cérémonie d'inhumation, quand la fosse est à demi comblée, l'âme en soie blanche est remplacée par la tablette funéraire (*bài-vị*) qui devient seule dépositaire de l'âme du défunt. C'est à ce moment précis qu'intervient le rite dit « mettre le point » *(dễ chủ)*, qui consiste à ajouter un point au-dessus d'un caractère chinois qui avait été tracé auparavant sur la tablette mais de manière incomplète ; en traçant ce point, on forme soudain le caractère *chủ* (« maître ») et c'est ce geste qui fait passer l'âme de la pièce de soie vers la tablette funéraire. Celle-ci est ensuite ramenée à la maison, déposée sur l'autel des ancêtres et honorée par la famille tout entière (aujourd'hui, elle est souvent remplacée par une simple photographie du défunt).

2. Plus exactement : la *septième* lune.

3. Ces âmes errantes *(âm-hồn)* étaient honorées dans de petits temples, construits dans les villages.

petits radeaux sont amarrés le long des deux bords ; tous les jours leur nombre augmente ; ils finiront bientôt par obstruer toute la rivière.

Phu-Doan occupe une situation stratégique des plus importantes, à la jonction d'un grand nombre de routes, dont les unes descendent jusqu'au delta, et dont les autres au contraire remontent vers Tuyên-Quang, Phu-An-Binh et gagnent même Tan-Quan sur le fleuve Rouge. Le song-Chai, petit cours d'eau sinueux, aux rives très boisées, qui, à l'époque des hautes eaux, est navigable jusqu'à Vinh-Khé, se jette dans la rivière Claire immédiatement au-dessus du poste. Pour toutes ces raisons, le général en chef laissera très probablement une garnison en permanence à Phu-Doan, et la présence de cette garnison suffira pour amener le repeuplement de toute cette riche contrée. Une fois qu'ils nous auront vus procéder à une installation définitive, les indigènes auront vite fait d'abandonner leurs maisons flottantes pour en construire d'autres en terre ferme. Déjà le petit fortin armé de canons, que les tirailleurs viennent de bâtir à deux kilomètres en amont pour protéger *La Bourrasque*, a produit l'effet que je signale : quatre villages annamites se sont élevés comme par enchantement juste en face de ce fortin, sur la rive gauche du song-Ca.

Les émissaires envoyés pour explorer la route de Tuyên-Quang sont revenus avec des rapports favorables ; la voie de la rivière Claire est à peu près libre pour l'instant ; le gros des forces chinoises s'est reporté un peu plus à l'ouest, vers Vinh-Khé et Phu-An-Binh.

Nous nous mettons en route sans perdre de temps le lendemain du retour des espions. Les vivres que nous escortons sont chargés dans des sampans qui remonteront la rivière à la voile et à la rame, pendant que la compagnie de tirailleurs algériens suivra le bord de l'eau pour être prête à porter secours à la flottille en cas d'attaque.

De Phu-Doan à Hoa-Moc, la route, qui est excellente, suit exactement le tracé de la rivière Claire[1] ; celle-ci, profondément encaissée entre deux rives couvertes de hautes futaies, est souvent complètement masquée par des taillis tellement serrés qu'on ne peut y pénétrer sans s'aider de la hache. Le pays, très accidenté, est des plus sauvages. Figurez-vous une série de mamelons, les uns dénudés et cailloux, les autres couverts de forêts au feuillage sombre et épais ; entre ces mamelons, des vallées étroites, pleines de grands roseaux qui atteignent une hauteur de près de deux mètres ; pas de traces de culture, plus de villages ni de pagodes.

---

1. Hoà-Mục se trouve à peu près à mi-distance entre Phủ-Đoàn et Tuyên-Quang, en suivant la rivière Claire.

LA FLOTILLE DE SAMPANS REMONTANT LA RIVIÈRE CLAIRE

Le soir, pour éviter toute surprise, nous bivouaquons près de nos sampans amarrés à des pieux fichés dans le lit de la rivière. Nous nous arrêtons de préférence pour camper sur les grands bancs de sable qu'on rencontre fréquemment au bord de l'eau ; nos soldats y sont bien mieux qu'au milieu des roseaux qui bordent la route : ces herbes, toutes chargées de rosée, dégagent pendant la nuit des miasmes qui donnent la fièvre.

Une ou deux fois nous avons aperçu dans les taillis de superbes paons sauvages perchés sur les arbres. Ces oiseaux, beaucoup plus grands que leurs congénères d'Europe, ne sont pas rares dans les forêts du Tonkin. Les Annamites prétendent qu'ils annoncent la présence du tigre. Le tigre existe à n'en pas douter dans ces parages. Une ou deux fois, pendant les nuits que nous avons passées sur la rivière, nous avons entendu son cri qui faisait trembler nos bateliers indigènes ; mais nous ne l'avons pas rencontré une seule fois. Je ne l'ai même jamais vu pendant tout le temps que j'ai passé au Tonkin ; presque tous les officiers que j'ai interrogés à ce sujet étaient dans le même cas que moi. Très probablement le tigre, qui enlève très facilement un Annamite, redoute la présence d'un Européen et, comme tous les fauves, évite surtout avec soin les troupes nombreuses.

Un peu avant d'arriver à Hoa-Moc, la route traverse un grand ravin au fond duquel coule un beau ruisseau d'eau vive. Ce ruisseau contient une grande quantité d'excellentes anguilles, que nos coolies pêchent très adroitement à l'aide de pièges faits avec des bambous creux. Sur les flancs du ravin se voient encore les profondes tranchées que les Chinois avaient creusées pour arrêter les troupes du colonel Duchesne. Au détour du sentier, nous nous trouvons brusquement en face de deux cadavres déjà dévorés aux trois quarts par les fourmis : c'était un poste de sentinelle double. Les Célestes ne laissent jamais un de leurs hommes seul en grand'garde : deux sentinelles accouplées se surveillent mieux et se soutiennent mutuellement ; celles-ci ont été surprises à leur poste et fusillées à bout portant sans avoir eu le temps de donner l'alarme.

Le principal centre de résistance des Chinois se trouvait sur une colline complètement boisée, entourée de tous côtés par d'inextricables fourrés, dans lesquels il est impossible de se frayer un chemin sans la hache ; d'énormes lianes s'y enchevêtrent avec les arbres, les broussailles et les hautes herbes. C'est dans ces fourrés épais que nos troupes s'étaient engagées pour tourner l'ennemi, retranché dans le fort qui couronne encore la colline. Nos soldats s'avançaient à tâtons, sous ces couverts où jamais le soleil ne pénètre ; les premiers, une hache à la main, traçaient la route aux autres qui faisaient le coup de feu par-dessus leurs têtes, tirant au jugé dans la direction présumée de l'ennemi. Tout blessé qui ne pouvait suivre était irrévocablement perdu ; impossible de le retrouver au milieu de ces futaies où le chemin frayé à grand'peine, en écartant les branches, s'effaçait au fur et à mesure que l'on avançait. Les corbeaux à col blanc qui planent en grand nombre au-dessus de cette funeste forêt connaissent seuls l'emplacement des cadavres qui y sont restés ensevelis comme dans un tombeau.

CAMPEMENT DES TIRAILLEURS ALGÉRIENS

Un peu au-dessus de Hoa-Moc, la route se dirige vers l'ouest pour contourner une série de collines boisées qui la séparent de la rivière Claire. Ces collines forment une chaîne continue et de plus en plus élevée qui se prolonge jusqu'à Tuyên-Quang, de sorte qu'à partir de cet endroit la colonne ne peut plus surveiller de la route la flottille de sampans qui remonte le courant. Les officiers décident que les embarcations achèveront seules les trois ou quatre kilomètres qui les séparent encore de leur destination ; chacune d'elles aura à bord une petite escorte de soldats qui suffira pour la garder pendant ce court trajet ; le reste de la troupe campera à l'endroit où nous sommes, en attendant le retour des barques.

Nous établissons notre bivouac sur la rive même du song-Ca, à quelque distance de l'ancien camp chinois, dans une petite clairière entourée de grands bouleaux. Les tirailleurs, qui ont laissé leurs tentes à Phu-Doan, se construisent, avec l'aide des coolies, des abris de roseaux et de branches d'arbres. Mes boys ont vite fait de m'installer une petite hutte basse dans laquelle je puis à peine tenir couché et où je ne m'introduis qu'en rampant : mes bagages sont éparpillés tout autour.

MA PETITE HUTTE SUR LA RIVE DU SONG-CA

Mon installation une fois prête, je m'assieds sur une caisse, et je donne en plein air des consultations aux malades qui m'arrivent en assez grand nombre. Nos tirailleurs, qui viennent d'Algérie, ont déjà eu presque tous des accès de fièvre ; les haltes sous bois, au milieu des grandes herbes, leur ont ramené ces accès.

Nos sampans reviennent le matin du troisième jour, complètement débarrassés de leur chargement, mais ramenant une trentaine de malades que le médecin de Tuyên-Quang envoie se refaire dans les hôpitaux du delta. Toute la colonne s'embarque aussitôt, et nous voilà descendant rapidement le courant de la rivière, qui nous entraîne vers Phu-Doan. Les soldats, heureux de voyager sans fatigue, s'interpellent en riant d'un bateau à l'autre, pendant que les coolies, qui ont hissé leurs voiles de nattes pour profiter de la brise, poussent l'aviron en comptant d'une voix nasillarde pour marquer la cadence : *Mot, hai, ba, boun, nam, sau* (« un, deux, trois, quatre, cinq, six »). Elle est bien curieuse, la façon de ramer de ces indigènes : ils ont de grands avirons, qu'ils manœuvrent depuis le toit de leurs jonques en les attachant à de petits pieux fixés dans le bordage ; à chaque coup de rame, ils se redressent, cambrent les reins et, projetant leur pied droit en avant de leur jambe gauche, ils décrivent, avec un ensemble parfait, une sorte d'entrechat qui ferait l'admiration d'un maître de danse.

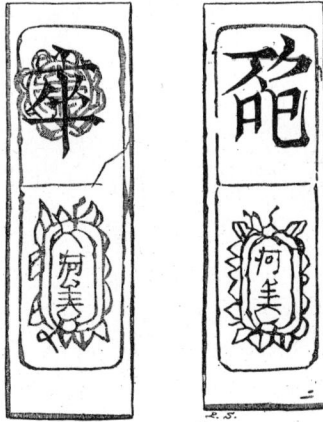

CARTES À JOUER ANNAMITES

CAMP DE CHU

CHAPITRE XIX

EN ROUTE POUR LANG-SON. – LE LOCH-NAM. – LE CAMP DE CHU ; UNE ARMÉE DE
COOLIES. – LES DÉFILÉS DU DÈO-VAN ; A L'ASSAUT DES FORTS CHINOIS. – DONG-SONG.
–LES TÊTES COUPÉES ; UN TRISTE CADEAU. – DÉROUTE DE L'ARMÉE ENNEMIE. – LE
SERVICE DES AMBULANCES CHEZ LES CHINOIS. – BATAILLE DE BAC-VIAI ; UNE
AMBULANCE DANS UN CHAMP DE RIZ. – LANG-SON ; LA PLAINE ; LA CITADELLE ; LE
MARCHE DE KY-LUA. – UNE FABRIQUE DE CHANDELLES. – LE JEU DU *DAN-HO*. – LES TOS.
– DÉPART POUR LA FRONTIÈRE. – COMBAT DANS LA MONTAGNE. – DONG-DANG. – LA
PORTE DE CHINE ; L'HERBE QUI BIFURQUE. – LA ROUTE TAT KHÉ. – RETOUR PAR LE COL
DE DÈO-QUAN ; LES CYCAS ET LES CHMÆROPS. – RETRAITE DE LANG-SON ; LES RÉCITS
DES BLESSÉS. – SIGNATURE DES PRÉLIMINAIRES DE LA PAIX : LA COMMISSION
CHINOISE. – ARRIVÉE DU GÉNÉRAL DE COURCY : ORGANISATION DU PAYS.

Me voici de retour dans le delta depuis quinze jours. Rappelé par
dépêche à Hanoï, j'ai trouvé cette ville en pleine effervescence : avec
la saison d'hiver vont recommencer les colonnes, les marches en
avant, la vie au grand air dans la broussaille, cette existence faite
d'imprévu, de sensations vives et toujours neuves, si rapides qu'il faut
les noter au vol de peur qu'elles ne s'oublient, si variées qu'elles

tiennent l'attention constamment en éveil et qu'en écartant l'ennui elles font perdre jusqu'à la notion du temps.

L'objectif est Lang-Son, la ville inconnue que le colonel Dugenne n'a pu atteindre l'an dernier, sur laquelle on n'a que des renseignements vagues et incertains[1]. C'est justement cet inconnu qui nous passionne tous, depuis le général jusqu'au dernier soldat ; et puis voici que viennent d'arriver en baie d'Halong deux nouveaux bataillons de tirailleurs algériens et de légionnaires, avec deux batteries d'artillerie ; d'autres renforts plus importants encore sont en route ; l'effectif du corps expéditionnaire va tripler. La France, pour en finir, a décidé de porter la guerre non seulement au Tonkin, mais sur les côtes de Chine, et c'est la première fois que des troupes aussi nombreuses vont opérer en pays annamite.

Le ravitaillement de toute cette armée qu'on s'apprête à lancer dans une région accidentée et sans route préoccupe à bon droit le commandant du corps expéditionnaire. Le général Brière de l'Isle a fait appel à toutes les lumières et à toutes les bonnes volontés : dans le parc de l'artillerie et dans les ateliers de l'administration, de nombreuses équipes d'ouvriers travaillent nuit et jour à transformer les barriques de vin et d'eau-de-vie, les lourdes caisses de vivres et de munitions en colis plus légers et susceptibles d'être portés à dos d'homme.

Le 15 février 1885, tous les préparatifs sont terminés : vivres, colis, matériel ont été transportés par jonques ou par convois de terre et réunis à Chu sur le Loch-Nam, base d'opération de la colonne de Lang-Son. Une partie des troupes est rassemblée dans ce dernier poste : le reste va se mettre en route. Déjà le général de Négrier, récemment arrivé à Chu, a eu un brillant engagement avec les troupes chinoises : il leur a pris, à Noui-Bop, des étendards, des canons Krupp, des armes à tir rapide[2]. Tous ces trophées viennent d'arriver à Hanoï ; ils sont exposés en avant de la Concession, le long de la route qui mène au fleuve ; ils attirent un concours nombreux d'officiers et de soldats qui se pressent autour d'eux, examinant, discutant avec animation. Ce spectacle surexcite au plus haut point l'ardeur de nos troupiers : jamais je n'ai vu pareil enthousiasme.

Notre ambulance quitte Hanoï le 25 janvier, pour aller rejoindre par Bac-Ninh et Dap-Cau la brigade du colonel Giovanninelli[3], dont elle

---

1. Sur le contexte général de cette opération, les toponymes de la région de Lạng-Sơn et l'affaire du « guet-apens de Bắc-Lệ » en juin 1884, (voir note 1 p. 350 et note 2 p. 377).

2. Opération de janvier 1885. Nui-Bop se situe à une quinzaine de kilomètres au nord-est de Chũ (Lục-Ngan).

3. Pour cette opération, la colonne avait été divisée en deux brigades : la première commandée par Négrier et la seconde par Giovaninelli. André Giovaninelli (1837-1903) est entré à Saint-Cyr en 1885. Il

fait partie. À Dap-cau nous trouvons une canonnière qui nous conduit à Trai-Dam, sur le Loch-Nam, d'où nous gagnerons Chu, point de rassemblement de la brigade. Le Loch-Nam est un affluent du Thai-Binh, au cours capricieux, dont les eaux calmes coulent entre deux rives couvertes de hautes futaies. À chaque instant nous rencontrons des jonques marchant à la perche ou traînées par de petits remorqueurs à vapeur portant fièrement à l'arrière les couleurs françaises et conduits avec habileté par des patrons chinois. Toutes ces barques, qui sont chargées jusqu'au bord de sacs et de caisses, se dirigent vers le même point que nous ; elles deviennent de plus en plus nombreuses au fur et à mesure que nous approchons du port, et quand, en tournant un coude de la rivière, nous nous trouvons brusquement en face de Trai-Dam, nous avons peine à nous frayer un passage à travers la foule des embarcations qui encombrent le cours de l'eau.

Nous jetons l'ancre vers les cinq heures du soir, et, de l'endroit où nous sommes, le petit port offre un coup d'œil inoubliable : le soleil couchant descend lentement derrière les montagnes boisées qui se dressent devant nous, tout au fond du paysage ; son disque nous apparaît derrière la buée qui commence à monter de la surface du fleuve et qui forme autour de lui comme une légère poussière d'or. Plus près de nous, les rayons obliques criblent l'eau de paillettes, dessinent le long des jonques immobiles de grandes ombres qui s'allongent de minute en minute, donnent au vert tendre des touffes de bambous, dont les extrémités se détachent sur le ciel, des reflets dorés qui contrastent avec la couleur noire des grands banians tout chargés de lianes.

Nous débarquons aussitôt ; une escouade de coolies qui nous attend sur la berge charge nos bagages et nos caisses et, guidés par le sergent d'infanterie de marine qui commande ces coolies, nous nous mettons en route pour le camp de Chu, distant de trois kilomètres environ du point où nous avons pris terre. Le Loch-Nam passe au pied de ce camp, et les petites barques peuvent remonter, à deux kilomètres plus haut, au port de Lam qui y confine ; mais les canonnières ne vont pas jusque-là, et les grosses jonques doivent, pour faire ce trajet, être allégées à Trai-Dam de la moitié de leur chargement, à cause du peu de profondeur des eaux. Ces différents transbordements augmentent beaucoup les difficultés du service des vivres ; aussi a-t-on mis près de

---

devint sous-lieutenant de la Légion étrangère et participa aux campagnes d'Algérie, d'Italie et du Mexique. Arrivé au Tonkin en décembre 1883, il reçut le commandement de la première brigade formée pour la marche sur Lạng-Sơn. Il devint général de division en juillet 1890.

PORT DE TRAI-DAM

deux mois pour rassembler à Chu les approvisionnements nécessaires à la campagne qui va s'ouvrir.

Entre Trai-Dam et le camp, la route, quittant presque immédiatement les rives boisées du Loch-Nam, serpente dans une plaine aride, semée de petits monticules qui n'ont pour toute végétation qu'une herbe rude et courte. Le fort de Chu, qu'on aperçoit de la plaine, a été construit sur un de ces sommets. De loin il ressemble à une forteresse chinoise ; une muraille en terre, consolidée en dehors avec des bambous, forme une enceinte circulaire qui abrite dans son intérieur une vingtaine de petites paillotes et les tentes des généraux. Au centre, une plate-forme, exhaussée de plusieurs mètres, supporte un canon *Hotchkiss* dont la silhouette menaçante se découpant sur le ciel s'aperçoit de tous les environs. La plate-forme sert en même temps d'observatoire ; les lunettes de marine dont elle est munie, braquées sur les hautes montagnes qui tracent à l'horizon comme une grande ligne sombre, permettent d'y voir flotter les innombrables pavillons de l'armée chinoise qui garde les défilés du Dèo-Van.

Tout autour du fort et en dehors de son enceinte, les troupes réunies pour prendre part à la campagne de Lang-Son ont établi leurs cantonnements. Il y a là huit mille hommes répartis en deux brigades, sous les ordres du général de Négrier et du colonel Giovanninelli. Les uns sont logés dans de petites huttes en bambous construites à la hâte par les coolies, les autres sous de grandes tentes blanches en forme de bonnets de police, prises aux Chinois pendant les combats de Chu et de Noui-Bop. Tous ces abris sont disposés à flanc de coteau, le long d'une grande route qui va du camp au Loch-Nam. Les vivres sont installés au bord de la rivière, dans de longues constructions en bambous où sont empilées des caisses de biscuits et de conserves, des montagnes de sucre et de café, des tonneaux de vins et surtout de tafia. Pour alléger les coolies, le général a décidé que, pendant la colonne de Lang-Son, les troupes recevraient de l'eau-de-vie au lieu de vin : on diminuera ainsi le poids et le volume de la ration journalière d'alcool nécessaire au soldat en marche.

Il est difficile de se faire une idée de l'animation, du mouvement qui règnent dans ce camp où loge toute une armée ; dès la pointe du jour, les clairons sonnent le réveil, les portes des cagnas s'ouvrent, les toiles de tente se soulèvent ; devant chacune d'elles, des troupiers bras et poitrines nus font leurs ablutions matinales : les boys s'empressent, apportant des brassées de bois, courant chercher de l'eau à la rivière ; les feux s'allument de toutes parts. Un peu à l'écart, près d'une petite pagode ombragée par de grand arbres, des centaines de chevaux annamites, rassemblés dans un enclos de bambous, hennissent et s'ébrouent ; plus loin paissent les bœufs qui doivent suivre la colonne pour approvisionner les troupes en viande fraîche ; sur la rivière un bac fait constamment le va-et-vient entre les deux bords ; des officiers d'administration affairés, un carnet à la main, prennent livraisons des jonques qui arrivent à chaque instant et qu'on décharge au fur et à mesure. Beaucoup de ces jonques sont, en prévision d'une attaque pendant le trajet, armées d'un petit canon de cuivre. En avant du camp, le long du front de bandière, les femmes des tirailleurs tonkinois ont établi un marché ; elles entament des discussions sans fin avec les troupiers qui leur marchandent du tabac et des légumes.

Le campement le plus pittoresque est celui de l'artillerie : les grands mulets d'Algérie[1], qui doivent porter sur leur dos les affûts et les canons démontés, sont entravés au piquet devant les tentes chinoises qui abritent les servants et les officiers. Au centre du bivouac, les voitures, les harnais et les caisses d'obus sont rangés en tas et bien en ordre. Les coolies, leurs couvertures rouges en sautoir, vont et viennent, distribuant le fourrage, tandis que les officiers, assis sur un sac ou un affût, parcourent avidement les journaux qu'ils viennent de recevoir. Le courrier attendu depuis quinze jours est enfin arrivé : on se passe les nouvelles, qui ont trois mois de date ; les mieux partagés lisent à l'écart les longues lettres de famille qui donnent comme une vision de France, très lointaine et très douce.

Le lendemain de notre arrivée au camp est un dimanche et un jour de fête. L'abbé G..., l'aumônier de l'ambulance, qui doit nous suivre partout, a voulu dire sa messe en grande pompe sous le petit hangar en feuilles de palmier qui lui sert d'habitation. L'autel est une table en bois blanc recouverte d'une serviette ; le servant, un boy indigène, agenouillé sur une mauvaise natte, nasille les répons dans un latin impossible ; un tirailleur tonkinois en sentinelle a pour mission d'écarter les chiens errants ou les chevaux échappés qui pourraient venir troubler la cérémonie. L'auditoire se compose d'officiers, de soldats et de quelques coolies catholiques. Tous se tiennent debout, en plein air, devant la pauvre maison.

Vers midi, les coolies arrivent de Trai-Dam ; ils sont près de six mille et presque aussi nombreux que les soldats des brigades[2] : chacun d'eux porte un bambou sur l'épaule et une longue corde autour des reins. Du haut du monticule sur lequel le camp est assis, nous voyons

---

1. À l'occasion de la campagne de Lạng-Sơn, cent mulets furent expédiés au Tonkin.
2. Outre les sept mille deux cents combattants, l'*Histoire militaire de l'Indochine* recense quatre mille cinq cents coolies et non six mille.

leurs longues files serpenter à perte de vue dans la plaine comme un grand ruban noir ; quatre mille d'entre eux porteront le matériel à la suite de la colonne ; les deux mille autres seront occupés à faire la route au fur et à mesure que nous avancerons. Ils viennent de tous les points du delta, et il a fallu beaucoup de patience et d'énergie pour les réunir en aussi grand nombre[1]. Leur recrutement s'est fait par l'intermédiaire des autorités indigènes, et de la curieuse façon que voici :

MARCHANDES INDIGÈNES

Chaque village doit, d'après la loi annamite, fournir sur la réquisition des mandarins un nombre de travailleurs calculé suivant son importance, pour les travaux d'utilité publique comme les digues, les canaux et les chemins[2]. Il existe de plus, le long des routes royales, un service postal fait par des hommes spéciaux, chargés de transmettre à distance les ordres du roi ou des mandarins supérieurs et, au besoin, d'assurer le transport du matériel que ces différentes

1. Comme l'enrôlement des coolies était difficile et que l'effectif ne suffisait pas, il avait fallu recruter environ deux cents coolies en Chine (mission Delestrac à Shangaï).
2. La corvée était appelée *việc bua quan* (« ouvrages du roi et des mandarins »), et l'on remarquera la survivance de la forme *bua*, qui désigne ici le souverain (normalement appelé *vua*) selon la transcription qui figure dans le *Dictionnaire* du père de Rhodes et qui est restée en usage, au nord, pour certaines expressions telles que celle-ci.

autorités peuvent avoir à envoyer d'un point sur un autre. Les relais, qui en annamite portent le nom de *trams*, sont fournis par les villages échelonnés sur les routes royales[1]. Ces villages doivent tenir constamment prêts pour le service postal un certain nombre d'hommes qui, en revanche, sont exemptés de l'impôt. Pour rassembler l'armée de coolies qui nous arrive, les autorités annamites ont réquisitionné les corvées des villages et les hommes des *trams* de presque toutes les provinces. Beaucoup de ces hommes viennent de très loin, de Quang-Yen, de Nam-Dinh et même d'Haï-Phong ; il faudra les surveiller attentivement si nous ne voulons pas qu'ils nous brûlent la politesse. L'Annamite, en effet, n'aime pas s'éloigner de son village, surtout lorsqu'il faut voyager dans les régions montagneuses pour lesquelles il éprouve une horreur insurmontable ; d'autre part nous sommes à la fin de l'année chinoise ; c'est l'époque où les Tonkinois se réjouissent en famille et se réunissent à la maison paternelle pour fêter les ancêtres. Toutes ces raisons font que le général en chef craint des désertions nombreuses dans le personnel des porteurs, et qu'il a pris pour les éviter les précautions les plus minutieuses ; les charges seront réparties de façon que les coolies ne portent pas plus de trente kilos chacun ; ils seront abondamment nourris, bien vêtus, bien payés. Au départ, la grande poche qu'ils suspendent en bandoulière et dans laquelle ils serrent leurs provisions a été garnie de riz blanc ; ils ont reçu un beau chapeau neuf, un manteau de feuilles et, pour deux hommes, une grande couverture rouge (en Annam le rouge est le signe dc la joie). Ils toucheront par jour une ligature (0 F,90), juste la somme qu'ils gagneraient en un mois s'ils travaillaient pour les mandarins. De plus, comme on ne saurait prendre avec eux des précautions trop grandes, ils ont été fortement encadrés : vingt coolies forment une escouade commandée par un *caï*, ou caporal

---

1. Les *trạm*, ou « relais de poste », étaient organisés depuis le Xe siècle en un service d'État régulier et extrêmement efficace. Les *trạm* étaient évidemment choisis parmi les jeunes gens robustes des villages, capables, par un jeu de relais distants entre eux de quarante kilomètres environ, de couvrir en huit jours la distance de Huế à Hà-Nội. Le secrétaire du relais tenait à jour un rôle où il notait l'heure de départ et d'arrivée des différents coursiers, ceux-ci étant essentiellement chargés de l'acheminement des correspondances officielles (et plus rarement des bagages). Les courriers étaient enfermés dans des tubes de bambou scellés à leurs extrémités et transportés soit à pied (par les *lính trạm*) soit à cheval (par les *mã-thượng*). À l'arrivée à un relais, le coursier remettait au secrétaire son fanion où était inscrite l'heure de départ du précédent relais, et il la notait sur son rôle ; il inscrivait l'heure de départ du nouveau coureur qui se mettait immédiatement en route pour le poste suivant. En raison de son rôle capital pour les communications administratives, l'homme qui portait le courrier était un personnage important, tous s'effaçaient sur son passage et la loi punissait de mort toute atteinte à sa personne. Fait notable : même pendant les périodes troublées et les insurrections, le dépositaire de la parole écrite du souverain ou de ses mandarins parvenait à circuler librement.

indigène ; deux escouades sont réunies en section sous les ordres d'un *doï*, ou sergent ; cinq de ces sections sont dirigées par un lieutenant français.

Le 2 février au matin, les troupes quittent le camp pour s'organiser au pied du fort en ordre de marche ; elles vont pouvoir s'étendre à l'aise dans cette plaine aride qui se poursuit sur une étendue de trois kilomètres dans la direction des montagnes. Nous attendons à l'écart, dans un champ en friche, notre tour de prendre place dans la colonne. Nos coolies, rangés en ligne et appuyés sur leurs grands bambous, ont déposé dans la boue leurs caisses et leurs ballots. Il fait froid ; il pleut ; un brouillard humide et épais nous enveloppe et masque tout à dix pas.

Pendant deux grandes heures, nous voyons l'armée défiler devant nous : c'est d'abord un peloton de chasseurs d'Afrique aux grands chevaux efflanqués, puis une section du génie, avec de nombreux coolies armés de pics et de pioches pour refaire les routes et jeter les ponts ; deux compagnies d'infanterie et une section d'artillerie complètent l'avant-garde.

Un intervalle, et voici le gros de la colonne : infanterie de ligne, bataillon d'Afrique et légionnaires, tirailleurs algériens et tonkinois, troupe de marine en uniforme sombre, tous rangés sur quatre lignes et ployant sous le sac, qu'on a été obligé de faire trop lourd ; il faut que chaque homme porte des vivres pour cinq jours, sa tente, ses cartouches ; c'est un poids de trente-sept kilos. L'artillerie leur succède ; les grosses pièces démontées sont chargées sur des mulets ; deux batteries de 4, traînées par des mules ou de petits chevaux, tracent dans les herbes de profondes ornières.

Vers dix heures, le soleil finit par percer la brume ; le brouillard se déchire, découvrant toute la plaine et notre immense colonne qui se déroule à perte de vue, toute hérissée de fusils. On avance lentement, avec des pauses fréquentes ; il faut donner le temps aux troupes d'avant-garde de fouiller l'entrée des défilés et de voir si aucune embuscade ne nous guette derrière ces montagnes d'aspect sinistre qui, au fur et à mesure que nous approchons, se montrent de plus en plus sauvages et désolées.

Le terrain monte peu à peu ; la route, qui commence à s'encaisser, contourne de petits bouquets d'arbres et de broussailles ; l'herbe courte de la plaine fait place aux fougères ; le sol devient dur, caillouteux, couleur d'ocre ; des mamelons surgissent de toutes parts.

Vers cinq heures du soir, nous rencontrons au village de Lam-Lung un poste de tirailleurs tonkinois qui garde l'entrée du Dèo-Van. Les

ARRIVÉE DES COOLIES

linhs se sont installés dans un fortin chinois, planté au sommet d'un mamelon comme une sentinelle avancée ; avec sa muraille en terre rouge couronnée de créneaux, sa petite porte qu'on ferme à l'aide d'une herse, le ruisseau moussu qui coule à ses pieds et le joli cadre d'arbres verts qui l'entoure, ce petit fort a de loin un air à la fois pimpant et hospitalier. Nous nous y arrêterions bien volontiers pour passer la nuit et nous nous contenterions même, ce soir, des quatre ou cinq masures en terre gâchée qui forment le village et qui se cachent comme honteuses derrière les fourrés voisins ; mais il nous faut marcher encore trois ou quatre kilomètres et aller camper à la belle étoile, sur un monticule tout dénudé, d'où nous avons vue sur les rampes à pic que nous commencerons à escalader demain. Dans ce pays désolé et sauvage, nous n'aurons plus pour camper, le soir, les grandes et confortables pagodes qu'on rencontre partout dans le delta ; nous allons dormir à la belle étoile, serrés les uns contre les autres pour éviter le froid de la nuit. Le feu même nous est interdit aujourd'hui : sa lumière pourrait nous attirer des coups de fusil ; les Chinois, bien certainement, nous observent des massifs montagneux qui nous entourent de toutes parts comme une haute muraille circulaire.

Le lendemain, de bonne heure, nous nous engageons dans l'étroit sentier tracé avec une pente de quarante-cinq degrés au flanc de la montagne ; il côtoie à gauche des rochers à pic tapissés de plantes grimpantes et d'arbustes rabougris ; il surplombe à droite un précipice qui se creuse davantage au fur et à mesure que nous montons, en nous laissant voir, tout au fond, les cimes aiguës des grands arbres qui poussent dans la vallée. Les soldats, malgré leur charge pesante, grimpent allègrement, vivement intéressés par le spectacle grandiose dont les aspects varient à chaque tournant du chemin. Malgré leur habitude des pentes, les mulets qui portent les canons glissent à chaque instant sur le sol boueux, détrempé par les pluies de la veille : l'un d'eux, dans un faux mouvement, dépasse la rampe et, après avoir fait en l'air une ou deux pirouettes, va s'écraser au fond du ravin avec l'affût dont il était chargé.

Nous arrivons au point culminant après deux heures d'ascension pénible, et notre horizon, qui jusque-là était des plus bornés, s'élargit tout à coup. Devant nous, à perte de vue, s'étend une succession non interrompue de montagnes nues et arides dont les derniers échelons se confondent au loin avec les nuages gris qui masquent le ciel. Ces croupes séparent d'étroits et profonds vallons dans lesquels nos regards plongent comme à vol d'oiseau.

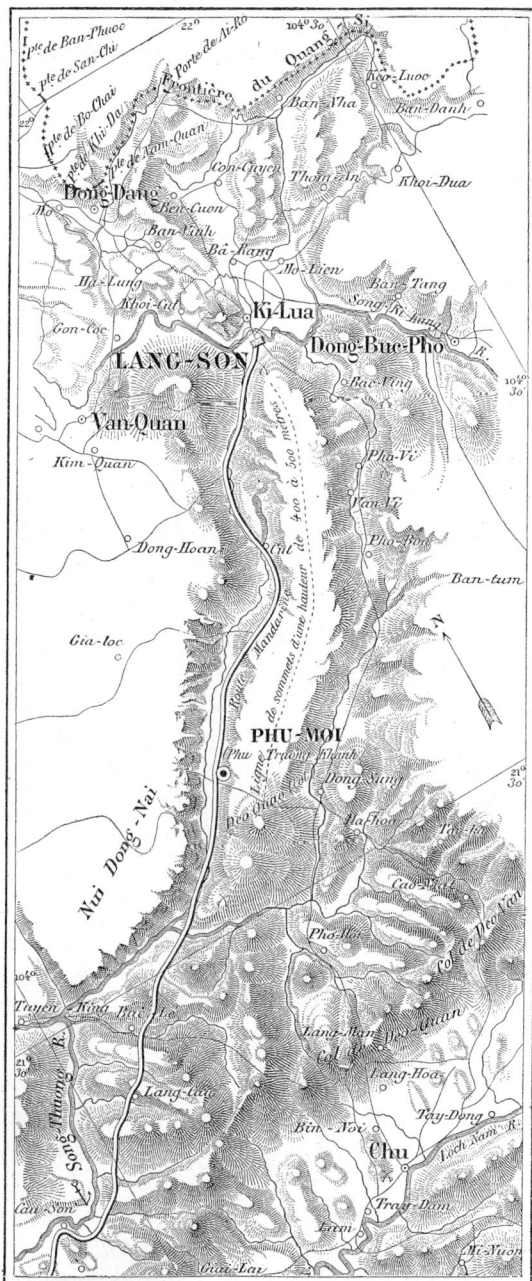

ROUTE DE LANG-SON, D'APRÈS LES OFFICIERS TOPOGRAPHES
DU CORPS EXPÉDITIONNAIRE

À nos pieds s'ouvre une passe étroite et tortueuse, bordée à droite et à gauche par deux lignes continues de montagnes pelées : les flancs profondément ravinés de ces montagnes descendent en pente assez douce jusqu'à nous. La route de Lang-Son longe ce ruisseau ; c'est un tout petit sentier qui trace une étroite bande claire au fond de la passe et qui disparaît bientôt entre deux montagnes.

La colonne a fait halte : nous contemplons cette contrée morne et désolée qui étale comme à plaisir devant nous son sol profondément bouleversé, et qui semble vouloir nous montrer d'un seul coup l'ensemble des obstacles que nous aurons à vaincre. Nulle part on ne découvre ni une habitation, ni une culture. Les soldats comprennent bien maintenant pourquoi leurs sacs sont chargés de vivres, et l'utilité de cette armée de coolies qu'ils traînent derrière eux au risque de retarder leur marche. Des trois routes qui conduisent à Lang-Son, c'est celle du Dèo-Van qui est la plus accidentée et la plus difficile. Jamais les Chinois, qui la connaissent bien, n'auraient pu supposer que nous nous y engagerions de préférence. Aussi ont-ils négligé de défendre l'entrée des défilés, concentrant la majeure partie de leurs forces sur la route du Dèo-Quan et surtout sur celle de Bac-Lé, où ils avaient accumulé des défenses tellement formidables que tous nos efforts s'y seraient brisés à coup sûr[1].

Après une halte d'une demi-heure pour laisser reposer les soldats et les coolies, la colonne reprend sa marche en avant ; l'artillerie, l'ambulance, le convoi descendent les pentes pour aller retrouver le petit chemin aperçu des hauteurs. Afin d'éviter toute surprise, les troupes de ligne suivent les crêtes à droite et à gauche de cette passe profonde ; du fond de la vallée nous voyons chaque soldat découper nettement sur le ciel une petite silhouette pas plus haute que le doigt. Pesamment chargés, arrêtés à chaque instant par un rocher qu'il faut escalader, un ravin qu'il faut franchir d'un bond, les fantassins n'avancent pas vite ; à cinq heures du soir nous n'avons encore parcouru que la moitié de la passe. Déjà la nuit vient : le ciel se couvre de gros nuages noirs, la pluie tombe à torrents. À la rigueur, les éclairs qui sillonnent le ciel de minute en minute nous permettraient encore de continuer notre route : mais les violents coups de tonnerre qui leur succèdent presque aussitôt et qui se répercutent dans la montagne en roulements formidables jettent la terreur parmi les coolies, qui refusent d'avancer : d'ailleurs les troupes qui suivent les hauteurs

---

1. Voir la localisation de ces cols *(dèo)* et villages sur la gravure fournie par l'auteur (p. 455). Bắc-Lệ se trouve à l'ouest, sur la route Mandarine, tandis que les deux cols de Đèo Vân et Đèo Quan se trouvent plus à l'est.

risqueraient, par cette nuit obscure, de tomber dans quelque fondrière. Nous faisons halte au milieu du défilé et nous bivouaquons à l'endroit où nous sommes, le long de la route, contre le pied de la montagne, au milieu des hautes herbes toutes dégouttantes de pluie.

Le 4, de grand matin, nous quittons avec empressement ce campement humide. Le défilé va s'élargissant et nous permet de marcher plus à l'aise ; la chaîne des montagnes qui le bordent de chaque côté s'abaisse peu à peu ; les petites collines qui lui succèdent sont séparées par d'étroits vallons couverts de beaux arbres.

COL DU DÈO-VAN

Bientôt le sentier et le ruisseau qui l'accompagnent font un coude brusque ; nous débouchons dans une vallée spacieuse, au village de Cao-Niat, misérable hameau composé d'une douzaine de masures qui menacent ruine. La brigade du général de Négrier y a campé la veille ; elle a trouvé dans les cabanes désertes des corbeilles de poudre abandonnées par les Chinois et quelques sacs de riz avec lesquels les coolies ont fait bombance.

Les patrouilles qui, pendant toute la matinée, ont battu les environs, ont essuyé à différentes reprises des coups de feu de l'ennemi. Les Chinois ne sont pas loin de nous ; nous déjeunons vivement, prêts à tout événement.

Au nord de la vallée dans laquelle toute la colonne est massée, le sentier, toujours très étroit mais bien tracé, s'incline vers l'ouest pour passer entre une série de montagnes couvertes de hautes herbes et de broussailles. La brigade du général de Négrier prend la tête et s'engage dans ce sentier, flanquée à droite et à gauche par des groupes d'éclaireurs qui fouillent les mamelons voisins. Nous avançons avec la plus grande prudence ; le pays est absolument inconnu ; il faut s'attendre à rencontrer l'ennemi derrière chaque pli de terrain. Un grand silence règne dans la colonne ; chacun de nous fouille anxieusement du regard toutes les collines et tous les buissons. Nous marchons sans songer à la fatigue, fouettés par cette émotion bizarre que ressent le chasseur de gros gibier quand le danger est proche.

Bientôt nous quittons la route pour nous enfoncer à droite entre les mamelons. L'ambulance a recruté d'excellents compagnons : d'abord l'abbé G..., qui, pour ne pas être gêné par les broussailles, a relevé sa longue soutane autour des reins ; il fait des enjambées énormes, s'appuyant sur une longue lance volée aux Chinois. Nous avons aussi deux reporters étrangers, envoyés par leurs journaux pour suivre la campagne et qui, montés sur de petits chevaux du pays, fouillent sans cesse les environs avec leurs lorgnettes. Personne ne connaît au juste leur nationalité ; ils ne parlent pas français et nous ne nous entretenons que par gestes ; ce sont à coup sûr des Anglais ou des Américains. Très aimables compagnons, eux aussi, malgré leur mutisme forcé, leurs lunettes et leurs voiles verts.

Halte ! Voilà l'ennemi ! À droite, à deux kilomètres en avant, au sommet d'un massif de collines dont les pentes à pic sont presque inaccessibles, des forts chinois barrent la route. Comme pour nous braver, leurs défenseurs agitent au-dessus des créneaux de nombreux pavillons de toutes couleurs. L'artillerie reçoit l'ordre de se porter sur un mamelon situé à environ mille cinq cents mètres des ouvrages ; les mulets grimpent aux pentes comme des chamois ; les artilleurs poussent par la croupe les bêtes récalcitrantes, pendant que leurs conducteurs les tirent par la bride ; pas de route, mais des cailloux roulants, des trous masqués par les herbes, des crevasses qu'on est obligé de tourner. De temps en temps un mulet s'abat ; il faut le décharger pour le relever.

La brigade du général de Négrier s'est formée en deux colonnes :
l'une, composée de troupes d'Afrique, prend par la droite ; l'autre,
formée par l'infanterie de ligne, attaque à gauche. Pendant qu'elles
descendent les pentes, elles restent invisibles, masquées par les
inégalités du terrain ; mais bientôt nous devinons leur marche au fond
du ravin grâce aux ondulations des hautes herbes. L'artillerie fait un
feu d'enfer au-dessus d'elles, les obus éclatent près des forts chinois,
qui restent muets, mais dont les grands pavillons flottent toujours.

L'ARTILLERIE ESCALADE LES CRÊTES

À droite, un soldat vient de se hisser à bout de bras hors du ravin en
s'aidant des hautes herbes et des lianes ; dix autres le suivent, et
bientôt la troupe tout entière gravit la pente raide qui nous fait face et
qui aboutit au fort chinois le plus rapproché. Les soldats montent

tranquillement sac au dos ; on les compterait presque ; le bataillon de la Légion est là tout entier, avec deux compagnies du bataillon d'Afrique. Les hommes, penchés en avant, s'accrochent aux branches d'arbres et aux aspérités du sol, car la pente est raide et inégale. L'artillerie, craignant de les atteindre, s'est tue.

Le fort chinois est toujours muet : rien ne semble bouger derrière ses créneaux menaçants que nous fouillons sans relâche avec nos lunettes.

Les légionnaires vont toujours. Les voilà maintenant à moins de quatre cents mètres des retranchements ennemis ; une émotion poignante me saisit ; il me semble que chacun de leurs pas retentit jusqu'à moi.

Tout à coup les créneaux se couvrent de fumée ; une fusillade formidable éclate. Nos soldats ont reçu la décharge sans broncher ; ils ont déposé leurs sacs et ils continuent à avancer l'arme à la main, prêts à tirer. À deux cents mètres du fort, leurs clairons sonnent la charge ; nous les voyons bondir, sauter dans les fossés, se cramponner aux créneaux et disparaître derrière les murs en terre. Une fumée intense enveloppe les retranchements et masque toute l'action.

Le fort est à nous après un combat corps à corps qui dure dix minutes ; les Chinois dégringolent les pentes, abandonnant leurs étendards.

Les troupes de ligne qui forment la colonne de gauche ont, elles aussi, débusqué les Chinois. La brigade du colonel Giovanninelli, doublant les bataillons du général de Négrier, s'est avancée en même temps sur l'extrémité opposée de la route, délogeant l'ennemi d'une longue crête qu'il occupait. Mais tout n'est pas fini ; cette rude journée n'a servi qu'à nous faire gagner quelques kilomètres de terrain. Les Célestes défendent la route pied à pied ; il faut leur prendre leurs forts un à un ; déjà ils se sont reformés, en arrière de la ligne conquise, sur une série de hauteurs qui, de l'endroit où nous sommes, paraissent presque inexpugnables. Les troupes campées dans les forts enlevés de haute lutte et qui dominent tous les environs peuvent voir, disposées devant elles comme sur une carte en relief, les formidables défenses qu'il leur reste à conquérir.

Nous avons reçu pendant cette première journée de combat un certain nombre de blessés et nous avons dû dresser, pour les abriter pendant la nuit, les grandes tentes en toile blanche que nous traînons derrière nous à dos de coolies depuis le commencement de la campagne. Au jour, quand nous ouvrons les portes de ces tentes tout humides de rosée pour laisser pénétrer l'air frais du matin, les troupes ont déjà repris leur marche et l'action a recommencé sur toute la ligne. Les officiers blessés prêtent l'oreille aux coups de feu, qui les renseignent exactement sur l'emplacement des combattants : très loin, sur la gauche, la fusillade des tirailleurs d'avant-garde nous arrive, étouffée par la distance, comme une sorte de crépitement sourd. Plus rapprochés, les feux d'une compagnie lancée contre un fortin parviennent à notre oreille, semblables au bruit d'une toile qu'on déchire, soulignés de temps en temps par les salves de notre grosse artillerie que les échos de la montagne nous renvoient comme un roulement de tonnerre.

Vers dix heures, le soleil réussit à percer l'épaisse brume qui nous enveloppe et notre horizon s'agrandit peu à peu. Nous sommes campés dans une vallée étroite, plantée de grands roseaux et séparée de la route par un petit bois touffu. Les hautes montagnes pelées qui nous environnent de toutes parts sont couronnées par les fortins en terre conquis la veille et sur lesquels flottent encore de grands étendards chinois.

À quelque distance de nos tentes, le parc d'artillerie et le convoi de la colonne campent à l'ombre des arbres rabougris qui poussent dans le vallon ; devant les tonneaux rangés sur l'herbe, une sentinelle se promène de long en large, l'arme au bras, tandis que des centaines de petits chevaux, le bât sur le dos et tout sanglés, paissent sous la garde des coolies.

À midi un chasseur d'Afrique nous apporte l'ordre de lever le camp. Les premières affaires ont été chaudes, la section d'avant-garde de l'ambulance est encombrée de blessés ; il faut partir au plus vite pour la dégager.

Les tentes sont ployées et nous nous mettons en route. Les blessés que nous avons déjà sont couchés sur des civières pour être transportés à dos de coolies. Il est impossible de les envoyer en arrière : les effectifs de la colonne sont trop restreints pour qu'on puisse en détacher les troupes nécessaires pour les accompagner jusqu'à Chu.

Le sentier, très étroit, bordé de chaque côté par de longues herbes desséchées, serpente entre de hautes collines absolument nues et arides. Chacun de ces sommets est surmonté par un fort chinois abandonné. Nous en comptons, à mesure que nous avançons, plus de trente, disposés non seulement au point culminant de chaque montagne, mais même à flanc de coteau. Tous les défilés en sont hérissés sur une longueur de quinze kilomètres et sur une largeur de sept ou huit.

La plupart de ces ouvrages sont pourvus de casemates semblables à celles que j'ai décrites pendant la campagne de Hong-Hoa ; tous sont construits avec de la terre gâchée, des bambous et des broussailles[1].

L'ambulance, précédée par le chasseur d'Afrique qui lui sert de guide, est flanquée à droite et à gauche par les infirmiers, qui ont pris leurs fusils. Dans ce terrain accidenté, nous pouvons nous trouver subitement, à un tournant du chemin, en contact avec un gros de fuyards ennemis, et il faut que nous soyons prêts à nous défendre au besoin. Avec nos brancards chargés qui ne peuvent passer qu'un à un, notre convoi occupe plus d'un kilomètre. Chaque civière nous prend quatre coolies, dont il a fallu répartir les bagages sur les autres porteurs. Les pauvres diables ploient sous leur charge trop lourde ; ils sont obligés de se reposer fréquemment et nous n'avançons pas vite ; vers cinq heures du soir nous sommes encore à cinq ou six kilomètres des troupes. Il faut les rattraper à tout prix cependant : nous ne pouvons passer la nuit isolés comme nous sommes et exposer nos blessés à avoir le cou scié par les rôdeurs chinois.

Le chasseur d'Afrique qui nous guide quitte le chemin frayé et coupe à travers les mamelons pour abréger la route. Nos coolies sont trop chargés pour gravir et descendre ces pentes raides ; cinq ou six absolument fourbus se couchent près de leurs paquets et refusent d'avancer. Pour leur donner du cœur, nous saisissons, l'officier d'administration et moi, un gros ballot que portent trois des plus harassés et nous reprenons notre route le bambou sur l'épaule. Entraînés par l'exemple, les porteurs finissent par reprendre leurs charges ; mais pendant tous ces pourparlers, le jour, qui commençait à baisser, a fait place à une nuit profonde. On n'y voit plus à dix pas, et le guide, désorienté au milieu de ces mamelons pelés qui se ressemblent tous, vient nous avouer qu'il ne reconnaît plus son chemin. Nous continuons quand même à avancer à tâtons dans la direction que nous présumons avoir été prise par la première brigade et, vers neuf heures du soir, nous arrivons heureusement sur la ligne des sentinelles françaises.

Nos troupes se sont battues toute la journée, grimpant aux flancs des montagnes, traversant les broussailles et les ruisseaux à la poursuite des Chinois. Quand la nuit est venue, elles ont bivouaqué sur place, demeurant en contact avec l'ennemi qui n'abandonnait le terrain que pied à pied. Les Chinois sont si près qu'on les entend s'appeler des avant-postes ; nos soldats sont couchés pêle-mêle dans les champs ;

---

1. Voir ci-dessus page 222.

les officiers dorment étendus de tout leur long sur le sol, ayant près d'eux, pendus à la poignée de leur sabre fiché en terre, leurs revolvers et leurs lorgnettes.

LES FORTS CHINOIS

Nous enjambons par-dessus tous ces corps endormis pour arriver jusqu'à la petite digue séparant deux rizières boueuses, qui nous est assignée comme emplacement jusqu'au lendemain. Nous installons sur cette digue nos blessés couchés sur leurs brancards, après quoi nous nous étendons sur les remblais obliques de la chaussée, les pieds dans la boue du champ de riz, et nous nous arrangeons tant bien que mal pour y passer le reste de la nuit.

À l'aube nous quittons ce marais pour nous organiser dans un champ voisin où nos blessés seront mieux placés pour recevoir les soins que réclame leur état. Les Chinois se sont retirés pendant la nuit, abandonnant l'immense camp retranché qu'ils avaient construit devant Dong-Song, emportant tout ce qu'ils pouvaient de leur matériel et mettant le feu au reste ; sur plusieurs points, leurs forts sont transformés en de vastes brasiers.

Les troupes se sont lancées à la poursuite de l'ennemi ; nous les suivons de loin, gênés dans notre marche par les malades et les blessés que nous transportons en civières. Vers six heures du soir nous arrivons à Dong-Song. La première brigade a dépassé ce village pour aller camper à deux ou trois kilomètres en avant sur la route de Lang-Son ; les troupes du général de Négrier bivouaquent aux alentours dans les fortins chinois.

Dong-Song est un pauvre hameau annamite dont les habitants ont tous fui et dont les cases en terre ont été presque toutes détruites par les Chinois. Ceux-ci y avaient construit de grandes casernes ; leurs soldats logeaient dans de petites maisons basses en bambous et recouvertes de paille de riz. Comme toujours, ces huttes sont d'une malpropreté sordide, et nous passons une partie de la soirée à les mettre en état. Les lits de camp sur lesquels couchaient les Chinois s'y trouvent encore : ce sont de grandes claies en treillis de bambous reposant horizontalement sur des piquets ; elles sont adossées contre les pans de chaque case dont elles occupent toute la longueur.

Nous installons nos malades sur ces couchettes après les avoir bien matelassées avec des tiges de riz fraîches et des feuilles de fougères. Les ambulances des deux brigades sont réunies et nous avons une centaine de blessés ; le village est transformé en un vaste hôpital. Le général en chef habite à quelques pas de nous, dans une petite pagode ombragée par de beaux arbres.

Dong-Song est un point stratégique d'une importance capitale parce qu'il est situé à la bifurcation de trois routes qui permettent soit d'atteindre Lang-Son, soit de descendre dans le delta. Deux de ces routes, celle du Dèo-Van que nous avons suivie, et celle du Dèo-Quao, plus directe et plus facile, aboutissent au village de Chu, qui est notre centre de ravitaillement et la base de nos opérations. Le troisième chemin suit le col de Dèo-Quao, au nord-ouest de Dong-Song, et va rejoindre à angle droit la grande route mandarine qui relie Bac-Lé à la frontière chinoise[1].

Avant de s'engager plus avant, le général en chef a résolu de séjourner à Dong-Song pour laisser prendre aux troupes, surmenées par trois jours de combats incessants, un repos qu'elles ont bien gagné. De cette façon, le convoi de vivres frais qui nous est envoyé du delta aura le temps de nous rejoindre, et l'escorte de ce convoi pourra prendre au retour et ramener à Chu ceux de nos blessés qui seront capables de supporter le transport.

Aux alentours de notre campement, le pays est des plus pittoresques : le village est situé dans une étroite et longue vallée, plantée de

1. Sur la gravure, Dông-Sông est noté Dông-Sung. D'autre part, Hocquard confond ici les cols de Dèo Quan et Dèo Quao. Les deux existent mais, lorsqu'il évoque la route « du Dèo-Quao, plus directe et plus facile... », il faut comprendre celle du Dèo-Quan ; en revanche, le « troisième chemin » suit bel et bien le col de Dèo Quao qui se trouve plus au nord.

grandes herbes rudes et desséchées au milieu desquelles serpente une petite rivière ; à droite et à gauche s'élèvent de hautes montagnes, dont quelques-unes sont couvertes de beaux arbres ; elles forment à l'ouest une grande chaîne interrompue seulement par l'amorce de la route du Dèo-Quao. Sur les sommets les plus élevés, les Chinois ont construit des forts dont les créneaux se découpent nettement sur le ciel ; à flanc de coteau et dans la vallée même, ils ont bâti plusieurs

ENVIRONS DE DONG-SONG ET CAMP RETRANCHÉ CHINOIS

camps retranchés dans lesquels logeaient leurs soldats. Toutes ces constructions animent et embellissent le paysage un peu sévère. Les camps surtout offrent de loin un aspect très original : figurez-vous un espace circulaire, de cent à cent cinquante mètres de rayon, entouré par un mur en terre haut de deux mètres, crénelé, et par un fossé peu profond. Dans l'enceinte, où l'on entre par deux portes placées l'une en face de l'autre, une douzaine de petites huttes basses, occupées par des lits de camp ; de distance en distance, à l'entrée des huttes, de grandes jarres en terre à moitié remplies d'eau ; dans les cases, des marmites à cuire le riz, des soucoupes en terre commune, quelquefois une pipe à opium oubliée. À l'entrée d'un de ces camps, fiché à un bambou de la porte d'enceinte, j'ai vu un crâne desséché ; sans doute un espion, un malheureux coolie qu'on aura mis à mort pour l'exemple. Tout près de notre campement, sur un arbre mort qui se dresse sur le bord de la route, il y a une autre de ces têtes coupées, noircie et momifiée par les rayons du soleil. Ces sinistres exhibitions sont choses fréquentes dans tous les pays d'Extrême-Orient : pendant une colonne, un jour qu'il faisait une chaleur accablante, le général Brière de l'Isle vit s'avancer à sa rencontre les notables d'un village voisin, précédés du maire tenant le plateau aux présents. Sur ce plateau était posé un panier en bambou contenant trois objets ronds soigneusement enveloppés dans des feuilles de bananiers : le général se figurait recevoir des pamplemousses, lorsque, en ouvrant le panier, il aperçut tout à coup trois têtes humaines fraîchement coupées. Une bande de pirates opérait dans le voisinage, et les gens du village avaient pensé que rien ne serait plus agréable au mandarin français que de recevoir les têtes des trois chefs de bandits.

Le 10 février au matin, la colonne reprend sa marche en avant, laissant à Dong-Song une faible garnison qui s'installe à l'est de la route, dans un fortin chinois. Le chemin, très facile et très bien entretenu par les Célestes, longe le cours de la rivière et décrit avec elle des courbes capricieuses pour contourner les mamelons[1].

Vers huit heures nous rejoignons le campement de la 1ère brigade ; elle est installée sur une petite colline ombragée par des pins ; les soldats campent sous la tente depuis trois jours, à cette même place. Nous nous arrêtons pendant une heure pour leur permettre de plier bagage ; l'ambulance a fait halte dans une prairie où poussent de belles violettes qui malheureusement sont sans odeur ; je découvre également parmi les broussailles quelques fraisiers sauvages, mais les fraises, de couleur très appétissante, sont, elles aussi, sans aucun parfum.

À côté de nous, la section de télégraphie optique s'apprête à lever son camp ; avant de se mettre en route, le lieutenant Saillard, qui la commande, passe la revue de ses appareils. Ces petites boîtes carrées, montées sur trois pieds et armées d'une grande lunette qui reluit au soleil, ne disent rien qui vaille à nos coolies ; ils se tiennent à distance

---

1. La colonne se dirige alors vers Pho-Vy, en passant par le fort de Pho-Bou (voir gravure). Comme ces toponymes n'existent plus, nous sommes incapables de restituer leur orthographe originale.

respectueuse de ces machines inconnues qu'ils prennent pour un puissant engin de guerre. Ils ne se trompent qu'à moitié, car les lampes inoffensives nous ont rendu dans plusieurs circonstances d'aussi importants services que les gros canons[1].

Le soleil est déjà haut à l'horizon quand nous reprenons notre marche. Le chemin qui serpente dans la vallée est égal et facile ; il ne s'éloigne guère d'un ruisseau aux eaux vives qui coule entre une double rangée d'arbustes et de hautes herbes. De distance en distance, nous trouvons des traces d'anciennes rizières, depuis longtemps abandonnées et en friche ; aucun village n'apparaît aux environs ; le pays semble absolument désert.

REVUE DES APPAREILS DE TÉLÉGRAPHIE OPTIQUE

La route est ravissante ; à gauche elle longe une chaîne continue de montagnes dont les sommets, dénudés pour la plupart, atteignent jusqu'à cinq cents mètres de hauteur ; cette chaîne la sépare de la route de Bac-Lé qui lui est parallèle ; à droite se dressent de distance en distance des mamelons boisés dont les taillis sont presque impénétrables. Nous traversons de temps en temps des bosquets où

---

1. Ici, le poste de télégraphie optique permettait de maintenir le contact avec Chū. Sur ces instruments, voir note 2 p. 279.

poussent le bancoulier[1], le pin maritime, une espèce de bouleau et plusieurs variétés de chêne. Sur les vieux troncs moussus, des orchidées forment des grappes élégantes ; le chemin est bordé de petites clochettes bleues et blanches, de chrysanthèmes lilas, de violettes, sans compter les cycas, l'ortie de Chine et les grandes fougères.

Sur tout le parcours nous trouvons des traces évidentes du passage de troupes ennemies : la terre argileuse, ramollie par les pluies, a gardé de nombreuses empreintes de pieds, nus ou chaussées de sandales chinoises ; elle est creusée de profondes ornières, produites par les roues des canons Krupp dont les Célestes sont pourvus. Nos troupiers ramassent des paniers en bambous, des baguettes à manger le riz, des soucoupes en porcelaine commune que les soldats chinois ont semés dans leur fuite. Tout indique du reste que, loin de battre en retraite en bon ordre, l'ennemi est en débandade complète ; il fuit par groupes isolés qui n'ont plus entre eux ni cohésion ni rapport. Des tas de cendres, des troncs d'arbres à moitié carbonisés, montrent l'endroit où ces groupes se sont arrêtés pour faire cuire le riz à la hâte ; sur le bord du chemin, les grandes herbes foulées qui gardent encore l'empreinte des corps indiquent l'emplacement où les fuyards ont passé la nuit.

Les Chinois ont perdu beaucoup de monde pendant les dernières affaires ; près de chacun de leur campement, nous découvrons des tombes récentes : ce sont de petits tertres de forme quadrangulaire, n'ayant guère plus de soixante à quatre vingts centimètres de hauteur et orientés tous dans la même direction. Vers midi, après avoir traversé l'étroite rivière qui nous a accompagnés jusque-là et qui passe de l'est à l'ouest de la route, nous tombons sur un de ces camps fortifiés dont j'ai parlé plus haut : les champs qui l'environnent forment un véritable cimetière dans lequel nous comptons plus de soixante tombes rangées côte à côte. Quelques-unes de ces tombes ont été fermées tout récemment : la terre qui les couvre n'est pas encore complètement sèche.

Plus nous avançons et plus les traces de la déroute de l'armée ennemie deviennent nombreuses et évidentes ; ce ne sont plus des chapeaux, des vêtements, des ustensiles de cuisine que nous trouvons semés le long de la route : les Chinois ont laissé, dans les hautes herbes qui bordent le chemin, leurs morts et même leurs blessés qu'ils

---

1. Le bancoulier ou « noyer des Moluques » (*Aleurites moluccana*) était surtout cultivé pour ses noix, qui permettaient de produire de l'huile.

COL DE PHO-BOU

avaient réussi à traîner jusque-là. Il faut qu'ils soient bien pressés de fuir pour les abandonner ainsi ; ils réussissent presque toujours à les faire disparaître en battant en retraite : rarement, depuis que nous sommes au Tonkin, nous avons trouvé leurs corps sur le champ de bataille, et bien souvent nous nous sommes demandé comment ils arrivaient à les enlever aussi rapidement. Les cadavres que nous rencontrons sur la route fournissent l'explication cherchée : quelques-uns d'entre eux ont les jambes prises dans un nœud coulant fait à l'extrémité d'une corde ; ils paraissent avoir été traînés par les pieds pendant un assez long trajet. D'autres ont les pieds et les mains attachés et passés dans un bambou qui servait à les porter à dos de coolies comme des paquets. Un de ces Chinois porté en bambou respire encore : c'étaient sans doute les blessés qu'on emmenait ainsi ; les cadavres étaient seuls traînés à la corde. Près d'un de ces blessés, je trouve une petite pharmacie chinoise : sur un grand morceau de toile sont cousues côte à côte en certain nombre d'étroites poches de même étoffe ; chaque pochette renferme un médicament spécial : racines desséchées, poudre brune, noire ou blanche, des pilules et aussi des espèces de petites dragées rondes, diversement colorées. Les bambous et la pharmacie montrent qu'il existe vraiment un service d'ambulance dans l'armée chinoise, service qui doit occuper un personnel nombreux et bien dressé si l'on en juge par la rapidité avec laquelle les blessés sont enlevés. Les médecins chinois emploient presque exclusivement pour panser les plaies le coton brut qu'on récolte dans le pays et dont je trouve un gros sac abandonné par eux dans les fossés de la route. Ce coton, tel qu'il est extrait de la graine, a des fibres très courtes, réunies très étroitement en flocons séparés qui forment autant de petits tampons excellents pour l'usage auquel on les destinait.

Après avoir traversé une deuxième fois la rivière[1], qui ne nous a pas quittés depuis Dong-Son, nous pénétrons dans une vallée couverte de belles forêts dont les essences variées me sont presque toutes inconnues. L'herbe y pousse tellement haute qu'elle dépasse presque nos têtes : des centaines de petites perruches caquettent dans les halliers, tandis que de jolies bergeronnettes sautillent au bord de l'eau. La rivière devient de plus en plus étroite, encaissée et rapide : de distance en distance elle disparaît sous un berceau complet d'arbres, de lianes et de fleurs. Autrefois les indigènes avaient déboisé en partie la vallée et le flanc de quelques montagnes, sans doute pour y planter

1. Le sông Hoa.

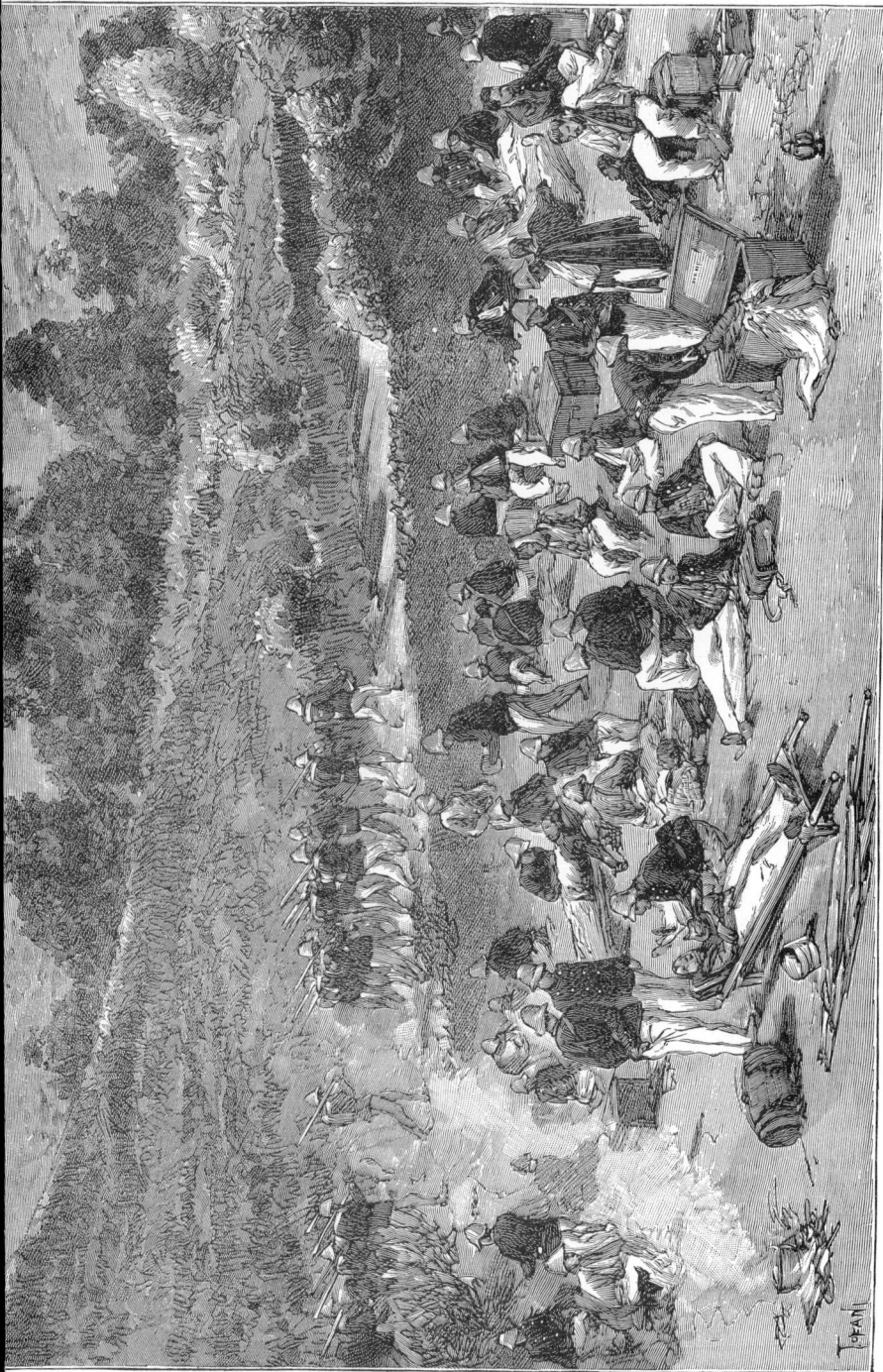

CHAMP DE BATAILLE DE BAC-VIAÏ

du riz. On voit encore d'anciennes rizières, bien reconnaissables à leurs petits talus et aux travaux de canalisation faits pour y amener l'eau de la rivière ; sur certains contreforts, les arbres ont été coupés à ras du sol et le terrain a été débroussaillé et défriché sur une assez grande étendue ; mais ces essais de culture sont abandonnés depuis longtemps et l'on n'aperçoit nulle part les petites cases des indigènes.

La vallée se termine en un cul-de-sac étroit ; la route grimpe à flanc de coteau sur une pente de quarante-cinq degrés pour contourner une chaîne de montagnes. Aussitôt que nous avons dépassé cette chaîne, le paysage change brusquement d'aspect, comme par un coup de baguette magique : tout à l'heure c'était une contrée riante, des bois ombreux, remplis de fleurs et de chants d'oiseaux ; de ce côté c'est un chaos de hautes montagnes, arides comme celles du Dèo-Van, mais encore plus tristes, plus désolées et plus lugubres. Les Annamites ont trouvé l'expression qui convient pour peindre d'un seul coup ce désert : ils l'appellent *le pays de la faim et de la mort*.

Nous arrivons, par une route accidentée et difficile qu'il a fallu refaire en partie, à un endroit appelé Pho-Bou[1], où existait autrefois un village de montagnards, mais où l'on ne trouve plus que des ruines. L'ambulance campe sur une colline couronnée par un fortin chinois. Les Célestes ont mis le feu à ce fort avant notre arrivée ; ses ruines fument encore. Les troupes sont disséminées tout autour sur les hauteurs voisines ; l'artillerie elle-même, qui passe partout avec ses mulets, a gravi les pentes de la montagne et bivouaque sur un mamelon.

Le lendemain, 11 février, la colonne s'ébranle de bonne heure malgré le brouillard. Tout le monde sait que l'ennemi est proche et que la route sera difficile ; c'est aujourd'hui que nous devons franchir les sommets les plus élevés du massif montagneux qui nous sépare de Lang-Son, et les Chinois pourraient bien profiter des inégalités du terrain pour nous attaquer à l'improviste. Le chemin, fait tout entier de main d'homme, suit d'abord une vallée resserrée entre deux hautes montagnes. Il la quitte bientôt pour s'accrocher aux flancs des mamelons, contourner des contreforts à pic ; en certains endroits, il se resserre tellement que les soldats ne peuvent passer qu'un à un. Le sentier, heureusement, a été récemment refait par les Chinois qui, dans les endroits où la montée est le plus rapide, ont taillé dans le flanc des mamelons des centaines de marches d'escalier. Mais les Célestes se sont empressés en fuyant de détruire

---

1. Probablement Phố-Bu (voir la gravure p. 469).

les ponts qu'ils ont jetés sur les torrents grossis par les pluies. Il nous faut, pour traverser ces cours d'eau, descendre dans les ravins qui séparent les mamelons et remonter ensuite par des lacets raides et glissants, et presque toujours défoncés. Parfois le chemin traverse des digues faites à la hâte dans lesquelles hommes et mulets enfoncent jusqu'à mi-jambes. À cause de tous ces obstacles, notre colonne s'est allongée outre mesure ; l'ambulance et le convoi occupent à eux seuls deux kilomètres. La batterie attelée avec les petits chevaux, qui nous avait suivis jusqu'ici au prix d'efforts inouïs, a dû être laissée en arrière avec une compagnie d'escorte ; seuls les mulets portant les canons vont toujours.

Malgré toutes ces difficultés, la colonne avance d'un mouvement lent mais continu, s'élevant petit à petit dans la montagne masquée par le brouillard. Vers dix heures, son avant-garde arrive au point culminant du massif. Bientôt la brigade du général de Négrier, qui marche en tête, est réunie tout entière au col de Dèo-Vy, qui traverse la chaîne de partage des eaux de la Chine et du Tonkin.

Nous faisons halte pour permettre aux différentes fractions de la colonne de se rejoindre ; puis les troupes commencent à descendre bien en ordre le sentier à pente raide qui conduit dans la vallée de Pho-Vi. Nous les laissons filer en avant pour attendre le convoi et les coolies retardés par les difficultés du chemin montagneux. La brigade du général de Négrier a pris la tête ; les troupes du colonel Giovanninelli demeurent près de nous, en réserve.

Vers dix heures, des coups de feu éclatent dans le lointain, d'abord espacés à d'assez longs intervalles, puis se succédant sans interruption sous forme de salves ; l'artillerie se met de la partie ; la 2e brigade a rencontré l'ennemi ; elle donne tout entière. Nous déjeunons au bruit du canon et des coups de fusil.

Nous reprenons notre route à trois heures : le chemin côtoie d'abord le flanc de la montagne, traverse quelques ravins et arrive dans la plaine, où il serpente au milieu de rizières en friche. Nous ramassons, chemin faisant, une douzaine de nos blessés qui, après avoir été pansés par les médecins des régiments, nous attendent à l'ombre, dans les champs de riz : ils nous donnent des renseignements sur le combat. À peine descendues dans la plaine, les troupes du général de Négrier ont rencontré l'ennemi, posté sur une série de collines qui encadrent le village de Pho-Vi. Brillamment attaqués par nos soldats, les Chinois ont d'abord bravement soutenu le choc ; puis ils ont reculé lentement, de position en position, s'arrêtant sur chaque monticule qu'ils défendaient pied à pied. La distance entre les deux armées ennemies était si faible que nos troupiers pouvaient voir les chefs chinois encourageant leurs soldats et se multipliant pour renforcer les lignes engagées ; quelques-uns agitaient avec fureur leurs pavillons. Forcés de se replier, ils se sont retirés sur une seconde ligne de hauteurs, plus élevées encore et plus escarpées, où nos troupes, harassées par une journée de lutte, n'ont pu les poursuivre. Là, au lieu de fuir, ils affectaient de se montrer à nous pour bien nous indiquer qu'ils attendaient de pied ferme notre attaque du lendemain.

Quand nous arrivons au campement de Pho-Vi, où la 2ᵉ brigade est réunie tout entière, il fait nuit noire et nous sommes obligés de nous éclairer avec des torches. Nos blessés n'ont pas trop souffert du transport, mais nous avons semé dans les ravins la moitié de nos porteurs de bagages.

À peine installés, nous recevons quelques blessés chinois ramenés par les brigades. Ils disent qu'après la prise de Dong-Song les troupes ennemies, démoralisées, s'étaient complètement débandées et avaient pris la fuite, mais que leurs chefs, furieux, avaient obligé les fuyards à s'arrêter, menaçant de mort ceux qui ne retourneraient pas au combat. S'ils ont repris l'offensive, c'est que de nouveaux renforts leur sont arrivés de Bac-Lé. Ils doivent en recevoir d'autres de Lang-Son et des postes de l'Est, si bien que, demain peut-être, nous aurons contre nous l'armée chinoise tout entière. Ces renseignements concordent avec ceux que nous avons reçus par la télégraphie optique de notre poste de Dong-Song : les vedettes de ce poste, qui surveillent la route de Dèo-Quao, ont vu, pendant toute la journée du 10, de longues colonnes chinoises remonter vers le Nord.

12 février 1885. – Il est quatre heures du matin : le jour point à peine ; les soldats, réveillés un à un par leurs sous-officiers, se dressent, s'étirent et, après avoir chargé leurs sacs, mis leurs fusils en bandoulière, ils viennent se ranger silencieusement dans les compagnies pour l'appel. Point de joyeuse sonnerie de clairon pour annoncer le réveil : l'ennemi est trop près de nous. Déjà l'artillerie est massée tout entière dans un coin de la plaine ; les mulets, chargés de leurs lourdes pièces, sont prêts à partir.

En avant ! La colonne se déroule peu à peu dans le brouillard ; chaque fraction de troupe prend sa place et s'ébranle à son tour. Les généraux, groupés au pied d'un mamelon pour nous voir défiler, arrêtent impitoyablement au passage et renvoient au convoi les coolies porteurs de bagages qui suivent ordinairement chaque compagnie ; l'action pourra être chaude ; il ne faut pas que les troupes soient gênées dans leurs mouvements. Les grandes tentes de l'ambulance elles-mêmes ne trouvent pas grâce devant eux : il faut d'abord arriver, on s'abritera ensuite comme on pourra.

Nous laissons à Pho-Vi nos blessés, nos bagages, avec un personnel suffisant. Je marche à l'avant-garde avec une section d'ambulance portant des brancards vides tout montés.

Après avoir traversé la vallée, le chemin décrit des lacets nombreux entre une série de petits mamelons couverts de grandes herbes sèches : c'est sur ces hauteurs que les Chinois étaient massés la veille. Un brouillard intense masque tout aux environs ; aussi avançons-nous avec la plus grande prudence. L'avant-garde fait halte à chaque instant pour attendre que ses éclaireurs soient revenus lui annoncer que le sentier est libre.

Vers neuf heures, la brume s'est un peu dissipée ; les troupes commencent à s'engager dans un vallon occupé par d'anciennes rizières et entouré de toutes parts par des collines assez élevées ; mais voilà que tout à coup les Chinois couronnent les crêtes à gauche de la route et engagent contre les tirailleurs algériens un feu des plus nourris. Ceux-ci ripostent de leur mieux et, poussant des *hourras* formidables, quittent le chemin frayé pour grimper à l'assaut des mamelons. Les tirailleurs ont de nombreux blessés qu'il faut aller relever et secourir. Nous nous engageons, mes infirmiers et moi, dans un petit chemin creux qui conduit dans la vallée en côtoyant les mamelons battus par les feux de l'ennemi ; mais nos coolies sont bien trop poltrons pour nous suivre à travers les balles, et nous arrivons à peu près seuls dans un champ de riz où sont déjà installés une dizaine d'hommes hors de combat. À chaque instant, on en apporte d'autres, si bien qu'à midi nous avons près de quatre-vingts blessés autour de nous, couchés côte à côte dans ce champ boueux, sur des couvertures de campagne, la tête appuyée contre un sac de troupe ou sur le talus de la rizière.

Pendant que nous procédons aux premiers pansements, la fusillade continue au-dessus et autour de nous. Les tirailleurs tiennent toujours tête aux troupes chinoises et le colonel Giovanninelli fait canonner plusieurs grands ouvrages fortifiés qui occupent une deuxième ligne de collines en arrière de notre front d'attaque. À une heure, ces ouvrages sont suffisamment battus par l'artillerie pour que le colonel donne l'ordre aux troupes d'infanterie de marine qui forment le reste de sa brigade, et qu'il a laissées en repos jusque-là, de les attaquer en franchissant le plus rapidement possible l'espace qui les en sépare, et en ne s'arrêtant que lorsqu'elles auront atteint le col qui y mène.

Les marins descendent en courant les pentes et passent comme une avalanche tout près de nous. Ils nous attirent de la part des Chinois une grêle de balles qui vient s'abattre sur notre ambulance, nous tuant trois blessés et brisant entre les mains d'un quatrième le bidon qu'il portait à sa bouche. Ils culbutent tout sur leur passage, semant de distance en distance leurs hommes fauchés par les balles ennemies : leurs colonnes, toujours en bon ordre, se reforment au fur et à mesure pour combler les vides. Les Chinois, pris de panique, n'attendent même pas leur choc ; ils évacuent leurs ouvrages en hâte et fuient rapidement à travers la montagne. Les deux forts voisins du col qui mène à Lang-Son sont à nous.

Cependant les compagnies chinoises que les tirailleurs ont devant eux depuis le matin tiennent toujours. Encouragées par l'inertie apparente de nos soldats, elles s'enhardissent ; elles tentent un mouvement tournant à l'abri des mamelons et des ravins, et elles réussissent à arriver sans être vues jusqu'à environ trente mètres de nos lignes. C'est le moment d'agir pour les Arabes, qui piétinent sur place, rongeant leur frein depuis trois heures, retenus à grand'peine par leurs officiers qui les empêchaient à la fin de répondre au feu des Chinois pour ménager leurs munitions. Baïonnette au canon, hurlant comme des possédés, ils se précipitent avec une furie inouïe contre les Chinois. Ceux-ci les attendent d'abord de pied ferme, mais bientôt refoulés, culbutés partout par ces grands diables noirs grisés par la poudre et par la bataille, ils se débandent et disparaissent en désordre derrière les mamelons, malgré l'appel désespéré de leurs grandes trompes qui font retentir la montagne de sons lugubres et précipités.

Nos pertes sont sérieuses : nous avons deux cent trente tués et blessés, dont beaucoup d'officiers. Parmi les morts se trouvent le chef de bataillon Levrat, qui commandait l'artillerie de la 1ère brigade et qui a été frappé d'une balle à la tête à côté du colonel Giovanninelli, et le sous-lieutenant Bossant, de l'infanterie de marine, officier d'ordonnance du général en chef, tué raide par une balle égarée à plus de mille cinq cents mètres en arrière de notre ligne de bataille[1]. Mais les résultats acquis par cette journée sont inappréciables : la dernière résistance sérieuse de l'ennemi est brisée ; une seule de nos brigades a vaincu et refoulé toute l'armée chinoise, six fois plus nombreuse qu'elle et retranchée dans des positions qu'on pouvait croire inexpugnables.

---

1. L'*Histoire militaire de l'Indochine* donne trente tués (dont Bossand, l'ordonnance du commandant en chef, et le chef d'escadron Levrard – et non Levrat) et cent quatre-vingt-huit blessés.

Depuis le commencement de l'action, je suis resté dans mon champ de riz, occupé à soigner les blessés qui m'arrivaient de tous les points du champ de bataille. J'en ai maintenant plus de cent autour de moi, couchés côte à côte, sur le sol, en longues lignes parallèles, entre lesquelles j'ai fait ménager d'étroits passages pour pouvoir courir plus facilement de l'un à l'autre.

Mes camarades sont venus me rejoindre avec une équipe d'infirmiers. Ceux-ci ont fait du feu ; ils préparent du bouillon et du thé ; mais le jour baisse rapidement ; la nuit va venir ; de larges gouttes de pluie commencent à tomber et le vent charrie de gros nuages noirs qui présagent une tempête. Nos tentes sont restées à Pho-Vi ; on ne pourra les avoir avant demain. Que faire pour abriter nos pauvres mutilés déjà secoués par un commencement de fièvre ? Heureusement, une compagnie de tirailleurs tonkinois passe près de nous. Les *linhs* sont habiles et adroits : ils savent construire rapidement des abris improvisés ; en un clin d'œil, ils ont ramassé dans les environs des bambous et des branches d'arbres ; une série de petites huttes en feuillages s'élève rapidement au-dessus de nos blessés. Il était temps : la pluie tombe maintenant à torrents, accompagnée de fulgurants éclairs qui zèbrent la nuit noire, et de formidables coups de tonnerre qui se répercutent dans la montagne. Serrés les uns contre les

ENTRÉE DE LANG-SON

autres autour d'une touffe de bambous qui nous protège tant bien que mal, nous tendons le dos à l'averse, en nous emballant le mieux possible dans nos caoutchoucs.

Le lendemain, de bonne heure, nos blessés sont enlevés par de nombreuses équipes de coolies envoyées par le directeur des ambulances ; ils retournent en arrière, à Pho-Vi, où l'on a préparé pour les recevoir une installation provisoire dans les cases du village. Une petite garnison restera pour les garder jusqu'à ce qu'ils soient en état d'être transportés dans les hôpitaux du delta.

Nous plions bagage et nous reprenons notre marche à la suite de la colonne. La plaine de Bac-Viaï, où s'est produit l'engagement de la veille, est semée de cadavres de Chinois, les uns étendus sur le bord du chemin, d'autres couchés dans les grandes herbes. Cette fois, les Célestes n'ont pas eu le temps de les emmener avec eux ; ils se sont contentés d'emporter leurs armes : aucun de ces morts n'a son fusil.

Nous franchissons vers les onze heures du matin la dernière chaîne de montagnes qui nous sépare de Lang-Son. À droite de la route se dressent les forts chinois si brillamment enlevés par l'infanterie de marine et qui sont encore couverts de tentes et de pavillons ; le chemin qui y mène est complètement à pic. Les troupiers vont un train d'enfer ; ils ont oublié leurs fatigues de la veille ; ils sentent que Lang-Son est tout près et qu'ils vont enfin toucher au but de leurs efforts.

Le chemin, toujours très étroit mais bien tracé, serpente pendant environ quatre kilomètres entre les collines, puis tout à coup il descend brusquement dans la direction du nord. Nous passons entre deux grands rochers de granit, géants énormes, placés debout à droite et à gauche de la route comme pour en défendre l'accès, et nous débouchons soudain dans une vaste plaine, parsemée de maisons et de pagodes, si différente par son aspect des contrées sauvages et désolées que nous venons de traverser que la colonne tout entière, subitement prise d'enthousiasme, pousse un *hourra* formidable répercuté par les échos.

La route traverse la plaine dans toute son étendue du sud au nord, coupe un petit ruisseau, que nous passons sur un pont de bois construit à la chinoise, côtoie à gauche un grand massif de rochers couverts de broussailles et de plantes grimpantes, puis longe la rive du song-Ki-Kung jusqu'à la citadelle de Lang-Son dont l'enceinte constitue à elle seule presque toute la ville[1].

---

1. La ville de Lạng-Sơn était alors située au sud (sur la rive gauche) du sông Kỳ-Cùng.

Cette citadelle forme un carré de cinq cents mètres de côté qui n'a ni fossé ni bastion. Ses murs sont en grosses briques ; ils ont à peu près trois mètres de hauteur et sont percés de quatre portes à plein cintre qui occupent le milieu de chacun des côtés du carré ; la porte ouest est depuis longtemps obstruée par un amas de terre et de cailloux qui va du sol à la voûte. Au centre de la citadelle se dresse la pagode royale qui n'offre rien d'extraordinaire ; devant cette pagode, sur une terrasse carrée, est planté un mât de pavillon qui servait à faire flotter les couleurs annamites, mais qui depuis ce matin est surmonté par le drapeau français. De la terrasse partent à angles droits quatre grandes rues ou plutôt quatre chemins boueux, bordés de distance en distance de grandes mares d'eau stagnante, ct d'une ou deux maisons en briques. C'est dans ces maisons qu'habitaient les autorités annamites : un gouverneur ayant le rang de *tuan-phu*, assisté d'un mandarin des finances et d'un mandarin de la justice ; les secrétaires et les employés étaient logés dans les cases en bambous.

VUE DE KY-LUA

La route par laquelle nous sommes venus file droit vers le nord en côtoyant la face est de la citadelle. Cette route est bordée d'un côté par le mur d'enceinte et de l'autre par une ligne de maisons, bâties les unes en briques sur des modèles chinois, les autres simplement en bambous : c'est l'unique rue de Lang-Son, qui était habitée avant

notre arrivée par des commerçants chinois et par des soldats montagnards à la solde du *tuan-phu*.

Arrivée à l'angle nord de la citadelle, la rue débouche sur la place
du marché, puis se continue, toujours en ligne droite, jusqu'au bord du
song-Ki-Kung, où elle se termine par une belle porte, formée de deux
grandes colonnes en pierre, taillées à quatre pans, portant sur chacune
de leurs faces des inscriptions en gros caractères chinois et surmontées
de deux lions héraldiques en beau granit gris. À droite et à gauche de
cette porte s'élèvent deux grandes pagodes, dont l'une sert de demeure
au général en chef.

INSTALLATION DE L'AMBULANCE À KY-LUA

La 2ᵉ brigade s'installe dans la citadelle et dans les maisons environnantes : les troupes du colonel Giovanninelli traversent le song-Ki-
Kung sur un pont en bambou et vont cantonner à un kilomètre plus
loin, dans la petite ville de Ky-Lua[1].

Ky-Lua ressemble absolument à une ville chinoise : bâtie sur un
terrain en pente, près de la route qui mène à la frontière, elle
comprend plusieurs rues, larges, spacieuses, bordées de jolies

1. Le marché de Kỳ-Lừa remonte au XVᵉ siècle lorsque, après la victoire des Lê sur les Chinois Ming
(1428) et l'éviction de ceux-ci, des centres frontaliers furent peu à peu ouverts au commerce sino-
vietnamien ou, en l'occurrence, sino-tày.

constructions en briques. On y entre par une petite porte qui est encore couverte d'affiches de toutes sortes et de toutes couleurs. C'est à Ky-Lua qu'habitaient les réguliers chinois à la solde de l'Annam ; ils y avaient attiré une foule de commerçants de leur nation et la petite ville avait fini par devenir un centre plus riche et plus populeux que Lang-Son. La comparaison entre ces deux résidences, situées à deux pas l'une de l'autre, montre bien d'ailleurs l'influence différente que possédaient dans ces contrées éloignées les deux éléments annamites et chinois : les mandarins indigènes, isolés dans leurs misérables paillotes, au milieu de leur grande citadelle démantelée, n'avaient plus qu'une autorité nominale ; ils étaient complètement à la merci de leur puissant voisin, le chef militaire chinois, qui était le véritable maître du pays et qui allait jusqu'à forcer le gouverneur annamite à descendre de son palanquin lorsqu'il passait devant sa demeure[1].

À Ky-Lua, les habitations, étroites et longues, sont presque toutes recouvertes de tuiles vernissées. Les toits, qui offrent une pente très accusée, dépassent de beaucoup la façade, de sorte qu'il existe en avant de chaque maison une spacieuse véranda. Les habitants étant presque tous des commerçants, c'est sous cette véranda qu'ils disposaient leurs étalages. Au moment de notre arrivée, toutes les portes sont ouvertes et les maisons sens dessus dessous ; le sol des chambres est encombré de meubles renversés, de tiroirs arrachés, de débris de poteries ; les rues sont remplies de malles, de vêtements, de paniers ouverts et semés çà et là. De gros porcs, d'une espèce différente de celle du delta et qui ressemblent beaucoup à leurs congénères d'Europe, parcourent toute la ville, entrant dans les maisons pour y dévorer le riz et les provisions abandonnées.

Nous nous installons dans la maison d'un fabricant d'huile. Un certain nombre d'habitants de Ky-Lua se livraient à cette industrie et vendaient en même temps ces espèces de chandelles en cire rouge, emmanchées dans des baguettes de bois, qu'on brûle en Annam comme en Chine devant l'image de Bouddha ou sur l'autel des ancêtres. La matière grasse dont ces chandelles sont faites est extraite d'une graine provenant sans doute de l'arbre à suif, le *croton sebiferum*, qui croît en abondance au Tonkin[2]. Dans la maison que nous habitons, les manipulations se faisaient dans le deuxième corps de logis, donnant sur une petite cour, où les divers ustensiles employés

---

1. Kỳ-Lừa était en effet le siège des troupes régulières chinoises qui avaient pénétré au Tonkin depuis 1878.
2. Sur la fabrication des baguettes d'encens, voir note 4 p. 257. L'arbre à suif, le *croton sebiferum*, était utilisé pour la fabrication des chandelles.

pour la fabrication sont encore réunis. Les graines étaient d'abord concassées grossièrement dans un trou conique creusé dans le sol et bétonné ; puis elles étaient réduites en pulpe au pilon dans un mortier. Avec cette pulpe, on fabriquait des tourteaux ronds et plats, ayant quinze centimètres environ de rayon, qu'on encerclait dans des moules en paille. Les tourteaux étaient ensuite placés de chant, les uns à côté des autres et se touchant par leurs faces, dans un tronc d'arbre creux en forme d'auge ; on exprimait l'huile en enfonçant au marteau des coins de plus en plus gros entre le dernier des tourteaux et l'extrémité de l'auge : le liquide s'écoulait par un petit tube en bambou enfoncé dans la paroi, et il était mis sur le feu dans une chaudière pour être épuré par la cuisson.

JEU DU DAN-HO

Les tirailleurs tonkinois et les coolies ont trouvé dans toutes les maisons des paquets de pétards chinois, reliquat des fêtes du jour de l'an, et ils tirent toute la journée des salves qui nous assourdissent. Nos interprètes ont découvert chez un pharmacien du voisinage un magnifique jeu d'adresse, qu'ils appellent *dan-ho,* et avec lequel ils font des parties interminables. Ce jeu est très amusant et en même temps très original. En Extrême-Orient, il fait les délices des lettrés et des riches Chinois, et il mériterait bien certainement d'être connu en Europe. Il se joue avec un certain nombre de petites baguettes flexibles, en bois de fer, bien droites et bien polies, et avec une grande bouteille en bronze montée sur pied, munie d'un col allongé, de la forme de celles qui servent aux Annamites pour conserver l'eau-de-vie de riz. Entre la bouteille et les joueurs, on place par terre un billot de bois dur, analogue à celui que les Chinois emploient pour vérifier le son des piastres. Le joueur, tenant une des baguettes par son extrémité, doit la lancer à terre contre le billot assez adroitement pour qu'elle rebondisse en l'air et vienne ensuite retomber dans le goulot de la bouteille ; celui qui a réussi le plus de baguettes gagne la partie[1].

Les troupes du colonel Giovanninelli ne vont séjourner que quelques jours à Ky-Lua ; après s'être reposées, elles repartiront bien vite avec le général en chef pour Tuyên-Quang, où le commandant Dominé est assiégé par une armée chinoise descendue du Yunnan[2]. Je dois demeurer à Lang-Son avec le général de Négrier et la 2e brigade, et je quitte la maison du fabricant d'huile pour aller m'installer à la citadelle avec mes camarades de la seconde ambulance.

Nous sommes entassés dans une grande hutte en paille que nous avons divisée avec des cloisons de nattes en autant de petits compartiments que nous sommes d'habitants. Tous ces compartiments donnent sur une salle commune, au milieu de laquelle nous avons disposé un grand brasero, fait avec une énorme marmite en fonte, semblable à une demi-sphère, qui servait aux soldats chinois à faire cuire leur riz. La température est relativement basse à Lang-Son dans cette saison de l'année ; au risque de nous enfumer, nous sommes obligés de faire du feu chaque matin.

C'est dans cette grande salle que nous prenons nos repas, et quels repas ! Souvent du buffle et du riz arrosés de thé. Les vivres se font rares à Lang-Son ; le pays, complètement dévasté par la guerre, n'offre aucune ressource pour nourrir notre petite armée. Les approvisionnements envoyés du delta arrivent difficilement par ces routes accidentées et à peine frayées ; les coolies ne peuvent porter de lourdes charges à cause des chemins impossibles où souvent les caisses et les paquets restent au fond des ravins. Il en résulte que les provisions amenées par chaque convoi sont dévorées en moins de temps qu'il n'en faut pour faire arriver le suivant, si bien que le

---

1. Ce jeu, qui s'appelle en réalité *đầu-hồ* (mot à mot : « lancer-fiole ») est fort bien décrit par Hocquard. Il est d'autant plus connu que le roi Tự-Đức, qui s'y adonnait fréquemment, avait fait disposer un exemplaire de ce jeu dans son tombeau, à Hué.
2. Voir note 1 p. 384.

général a dû non seulement diminuer la ration de chacun de nous, mais encore s'ingénier à remplacer la viande de conserve et le biscuit absents par de la chair de buffle et du riz qu'on trouve à grand'peine dans les villages environnants. Les plus malheureux sont nos coolies, qui ne mangent pas à leur faim : quand on tue un buffle, ils se disputent sa peau, qu'ils découpent en petites lanières et qu'ils font rôtir sur des charbons ardents, après en avoir raclé le poil et l'avoir battue sur une pierre pour la rendre moins dure. Depuis longtemps nous n'avons plus de vin ; le café est presque introuvable.

J'emploie mes journées à visiter les environs. Quelques habitants sont déjà revenus dans les villages, mais ils se tiennent à distance respectueuse et prennent la fuite dès que nous approchons. Ils sont plus grands, mieux faits et plus proprement tenus que les Annamites du delta. Leurs traits plus réguliers, leur nez moins épaté, leur stature plus haute indiquent qu'ils appartiennent à une race différente : ce sont des *Thos*, montagnards qui habitent les régions de Lang-Son et de Cao-Bang. C'est parmi eux que les mandarins annamites de Lang-Son recrutaient leur garde particulière. Leurs tribus sont un des derniers vestiges des races autochtones que les Annamites rencontrèrent au Tonkin quand ils l'envahirent, bien longtemps avant notre ère. Refoulés par les vainqueurs, les premiers habitants du pays, en grande partie anéantis, se réfugièrent dans les régions les plus inaccessibles ; leurs tribus ne forment plus aujourd'hui que des tronçons épars, sans aucune cohésion entre eux, qui, peu à peu, ont pris des noms différents : c'est ainsi qu'on trouve les *Moïs* dans les montagnes de Cochinchine, les *Muongs* dans les massifs de la rivière Noire, les *Méos* vers Lao-Kai et les *Thos* à Lang-Son[1].

Ces *Thos*, bien que considérablement amoindris, firent souvent parler d'eux dans l'histoire annamite. Ce sont probablement leurs ancêtres qui au IXe siècle de notre ère sont désignés dans les annales chinoises sous le nom de *Tho-man*[2]. Ils servirent de guide, à travers les défilés de la montagne, aux innombrables armées du roi de Nam-Chieu, qui mirent le Tonkin à feu et à sang et qui faillirent détruire la

---

1. Il faut se méfier de cette terminologie qui est très datée. Le terme *Mọi*, qui signifie « sauvage », était jadis employé par les Việt et les Chinois pour désigner l'ensemble des minorités des hauts plateaux. Le terme *Thổ*, semblablement connoté, désigne les *Tày* (*groupe Thái-Tày*), qui sont implantés dans tout le nord-est du pays depuis fort longtemps ; les *Mán* désignent les *Dao* (*groupe Hmông-Dao*) tandis que les *Mèo* de Lào-Cai sont les actuels *Hmông*. Tous ces groupes ethno-linguistiques ne descendent évidemment pas d'un rameau commun.

2. Encore une fois, ces deux termes accolés sont péjoratifs, et ils désignent des ethnies qui appartiennent certes à la même famille de langues (les langues austro-asiatiques) mais qui, dans cette famille, relèvent de deux groupes très différents.

race annamite[1]. Aujourd'hui, les nombreux croisements avec les Chinois ont fait un peu dévier le type primitif. Tous ces *Thos* sont vêtus d'un tissu de cotonnade très solide, qu'ils fabriquent dans leurs villages et qu'ils teignent avec de l'indigo récolté dans le pays.

Un après-midi, il me prend fantaisie d'escalader une des hautes montagnes qui avoisinent Lang-Son, pour jouir de son sommet du panorama de la plaine. De l'endroit où je me suis posté, la vue est de toute beauté : les grandes montagnes de la frontière chinoise forment à l'horizon une chaîne circulaire à triple étage, qui les fait ressembler aux gradins de quelque arène gigantesque ; à leur pied, la petite ville de Ky-Lua disparaît presque au milieu des tourbillons de fumée qui s'élèvent de tous les toits de ses maisons ; plus près, le song-Ki-Kung trace à l'est comme une grande ligne blanche, tandis qu'une série de montagnes arides, couvertes de forts chinois, limite à l'ouest une gorge profonde dans laquelle serpente la route de Bac-Lé. Droit devant moi s'étale, comme dans une vue à vol d'oiseau, la citadelle de Lang-Son, avec son enceinte carrée, ses masures et ses flaques d'eau qui brillent comme des miroirs ; elle est bornée au sud-ouest par un monticule surmonté d'une pagode qu'entoure un bouquet de pins : c'est sous ces ombrages mystérieux que les mandarins annamites venaient, aux dates prescrites par les rites, offrir les sacrifices officiels au ciel et à la terre[2]. Au premier plan, les rizières, dépouillées de leur moisson, laissent voir leurs petites bordures en terre qui décrivent dans la plaine des milliers de lignes sinueuses ; de gros blocs de rochers calcaires surgissent çà et là au milieu d'elles ; les sommets de ces rochers sont coiffés de broussailles et de plantes grimpantes qui descendent sur leurs flancs comme une longue chevelure ; ils ont des silhouettes bizarres qui donnent de loin l'illusion d'une vieille tour en ruines ou d'un pan de mur démoli.

Deux de ces massifs calcaires sont surtout intéressants à visiter. L'un situé au sud-est de la citadelle a la forme d'un bonnet de police ; il est creusé de grottes profondes qui communiquent les unes avec les autres en formant comme un grand labyrinthe. Ces grottes prennent jour par des ouvertures naturelles, ménagées dans les parois du

---

1. On suppose que le Nam-Chiếu était l'un des six royaumes – chacun d'eux étant dirigé par un souverain appelé *chiếu* – du territoire de Xân-Vực, et qu'il était situé dans la partie montagneuse de celui-ci. Le Xân-Vực aurait appartenu au *quận* de Vĩnh-Xương, qui correspondrait, en gros, au Laos actuel. D'après l'ouvrage *Quảng Du Ký*, composé sous les Ming (1368-1614), le terme de *Nam-Chiếu* serait avéré à partir du VIIIe siècle. Quoi qu'il en soit, retenons qu'il s'agissait d'un royaume situé à l'ouest du Giao-Châu (moitié nord du Việt-Nam actuel).

2 Les cérémonies en l'honneur du Ciel et de la Terre était célébrées, à l'échelon national, sous le nom de *tế nam giao*. Elles étaient « relayées » dans les provinces par des cérémonies plus modestes mais tout aussi importantes du point de vue rituel. Voir ci-dessous p. 638 et notes.

rocher ; la principale d'entre elles a été transformée en chapelle par les indigènes, qui y ont disposé dans des niches ou sur des gros blocs de pierre une foule de statues de toutes formes et de toutes grandeurs[1].

L'autre massif s'élève au nord-ouest de Lang-Son, sur l'autre rive du song-Ki-Kung. Il représente comme un cirque naturel, entouré par de hautes murailles à pic sillonnées de crevasses profondes. Les Chinois l'ont transformé en une sorte de camp retranché où ils avaient accumulé des munitions et des approvisionnements de toute nature. On entrait dans le camp par une unique porte en pierre blanche, garnie de créneaux et pourvue d'un pont-levis comme celle d'un castel du Moyen Âge. La garnison était nombreuse car des centaines de petites huttes avaient été construites le long et à l'intérieur des murailles, jusque sur les parapets.

Nous sommes à Lang-Son depuis huit jours ; les Chinois n'ont pas reparu devant la place, mais les rapports des espions indiquent qu'ils ont repassé notre frontière. Ils sont revenus à Tat-Khé, et à quinze kilomètres de nous, à Dong-Dang[2], nos émissaires ont rencontré de nombreuses troupes de réguliers occupées à construire de nouvelles redoutes pour couvrir la route de Chine. Il n'est pas prudent de les laisser s'établir ainsi en force à deux pas de Lang-Son ; le général de Négrier décide qu'il ira les attaquer pour les refouler au-delà de la frontière.

Le 22 février au matin, toutes les troupes disponibles de la brigade se rassemblent au nord de la citadelle, dans la plaine de Ky-Lua. Les combats livrés pendant la dernière campagne, les fatigues et les privations endurées depuis ont produit bien des vides dans les régiments de marche ; la brigade est réduite à la moitié de son effectif.

Nous nous dirigeons droit vers le nord à travers une plaine bien cultivée, semée de beaux villages ; les maisons sont construites en bois et recouvertes de joncs ; quelques habitants sont déjà revenus ; ils

1. Il semble que l'auteur fasse erreur : les grottes qu'il décrit ici ne sont pas situées au sud-est de la citadelle mais au sud-ouest de Kỳ-Lừa... Autrement dit, la description de ces grottes s'applique au massif décrit dans le paragraphe suivant. Si tel est bien le cas, notons que ces récifs calcaires abritaient trois grandes grottes dédiées aux divinités bouddhiques (notamment dans la « grotte des Trois Purs », où se trouvent de nombreuses statues).

2. Situé à quelques kilomètres au sud de la porte de Chine (*Nam-Quan*), Đồng-Đăng était un ancien *công-quán*, sorte de relais prévu pour les délégations diplomatiques, vietnamiennes et chinoises, qui devaient passer la frontière. Ce relais était composé d'un vaste bâtiment carré, muni de quatre dépendances comportant chacune cinq compartiments. Transformé en poste militaire par les Chinois, Đồng-Đăng fut pris le 23 février par Négrier qui, deux jours plus tard, faisait sauter la porte de Chine (voir ci-dessous p. 493). Cette porte est célèbre parce que, selon une demi-légende, le général chinois Ma-Yuan (Mã-Viện), chargé de réprimer la révolte des sœurs Trưng, en 42 de notre ère, y aurait fait ériger une colonne de bronze dont l'existence (sinon la localisation exacte) est attestée par d'anciens récits de voyage.

s'occupent aux travaux des champs ; des buffles paissent dans la plaine.

Après une heure de marche, le chemin se rétrécit un peu, et, arrivé au fond de la vallée, il s'engage au milieu d'une série de collines qui deviennent de plus en plus élevées. Quelques chasseurs d'Afrique se tiennent à l'avant-garde, fouillant, le revolver au poing, les bouquets de bois et les ravins. Nous faisons des haltes fréquentes ; l'ennemi est proche et nous ne tarderons pas à prendre son contact.

Vers midi, nous atteignons un massif montagneux que la route traverse pour redescendre ensuite dans la plaine de Dong-Dang. Les chasseurs se replient sur nous au galop ; ils viennent d'essuyer les premiers coups de fusil de l'ennemi.

La colonne est massée dans une gorge assez profonde, sur un petit chemin, bordé par des rizières boueuses où elle a beaucoup de peine à se déployer. Pendant que les artilleurs escaladent les crêtes de droite, qui sont presque à pic, les troupes de ligne gravissent les pentes de gauche et commencent le feu. On n'aperçoit rien du petit chemin creux où nous sommes restés ; je grimpe sur une colline plus élevée d'où j'ai vue sur tout le terrain de l'action.

À droite, à gauche et à perte de vue, s'étend une succession de hauts sommets, arides et profondément ravinés, séparés par des gorges étroites. Droit devant moi, le chemin dévale en formant des lacets nombreux pour aboutir à une plaine couverte de belles rizières où serpente un petit cours d'eau ; près de ce ruisseau s'étale le village de Dong-Dang, précédé d'un joli pont ; ses petites maisons sont presque toutes recouvertes de tuiles qui miroitent au soleil ; il est adossé contre un énorme massif de calcaire marmoréen qui se dresse à pic comme une haute muraille, limitant brusquement l'horizon sur tout un côté de la plaine. Les Chinois ont installé une batterie Krupp tout en haut de ce massif ; ils tirent de là sur nos troupes par-dessus le village de Dong-Dang. La vallée se prolonge à droite vers une nouvelle chaîne de montagnes entre lesquelles s'enfonce la route de Chine.

Notre infanterie s'avance de sommet en sommet, repoussant les Chinois qui, suivant leur tactique habituelle, ont tenté sur notre gauche un mouvement tournant resté sans effet grâce aux compagnies du 143e. Notre artillerie a fait taire la batterie installée sur le massif calcaire. Après deux heures de combat, l'ennemi bat en retraite sur Dong-Dang ; il cherche à mettre le feu aux quatre coins du village avant de l'abandonner ; déjà plusieurs maisons flambent sur différents points. Le général de Négrier lance en avant une compagnie de tirailleurs tonkinois appuyée immédiatement par plusieurs compagnies d'infanterie. Nos petits soldats indigènes dégringolent les pentes au pas de course et entrent bravement dans le village en même temps que l'arrière-garde ennemie. Celle-ci fait volte-face, un furieux combat s'engage dans toutes les rues de Dong-Dang ; mais pendant ce temps le reste de nos troupes est descendu dans la vallée. Sur le point d'être cernés par les compagnies qui tournent le village, les Célestes abandonnent la place et fuient par les chemins de montagne qui conduisent à la frontière de Chine.

Dong-Dang est un beau village, dans lequel nous trouvons des provisions de toutes sortes que les Chinois n'ont pas eu le temps d'emporter. Il est à cheval sur deux routes importantes, dont l'une tourne à l'ouest pour rejoindre Tat-Khé, et dont l'autre se dirige vers le nord-est pour gagner la frontière chinoise. Les maisons sont toutes bâties en briques ; ce luxe indique que leurs propriétaires étaient dans une grande aisance. La plupart des habitants, en effet, se livraient au commerce lucratif de l'essence de badiane. L'*illicium anisetum* est cultivé dans toute la région, et dans plusieurs habitations nous trouvons des alambics qui servaient à distiller l'anis[1].

En fouillant les maisons de Dong-Dang, les tirailleurs annamites ont découvert dans l'une d'elles cinq réguliers Chinois en train de fumer l'opium. Tout entiers à leur funeste passion, ils n'ont entendu ni les coups de canon, ni la fusillade dans les rues. Alourdis et comme hébétés par le poison, ils marchent en titubant devant les Tonkinois qui les poussent avec la crosse de leur fusil jusqu'à la petite place où se tient le général. Celui-ci veut les faire interroger par son interprète, mais il ne peut rien en tirer à cause de leur ivresse et il les envoie à l'ambulance. Comme tous ceux qui subissent l'empoisonnement chronique par l'opium, ces malheureux sont d'une maigreur de squelette ; leur peau parcheminée est littéralement collée sur leurs os dont elle accuse toutes les saillies. Leurs lèvres tombantes dessinent une sorte de rictus machinal, et leurs yeux noirs, profondément enfoncés dans l'orbite, regardent fixement devant eux. Ils sont chaussés de sandales en tresse de paille, attachées par des ficelles qui montent très haut en s'entre-croisant sur la jambe. Leur costume en cotonnade bleue est en loques.

La colonne reste une heure seulement à Dong-Dang pour prendre un peu de repos. Le général ne veut pas laisser à l'ennemi le temps de se

---

1. La badiane (*cây hồi*) est un grand arbuste dont les graines (anis étoilé) permettent de fabriquer la liqueur appelée « anisette ». Cet arbuste était précieux parce qu'il croissait très lentement pendant ses dix premières années, et parce qu'il ne fallait pas moins d'une tonne de graines pour obtenir trente kilogrammes d'essence.

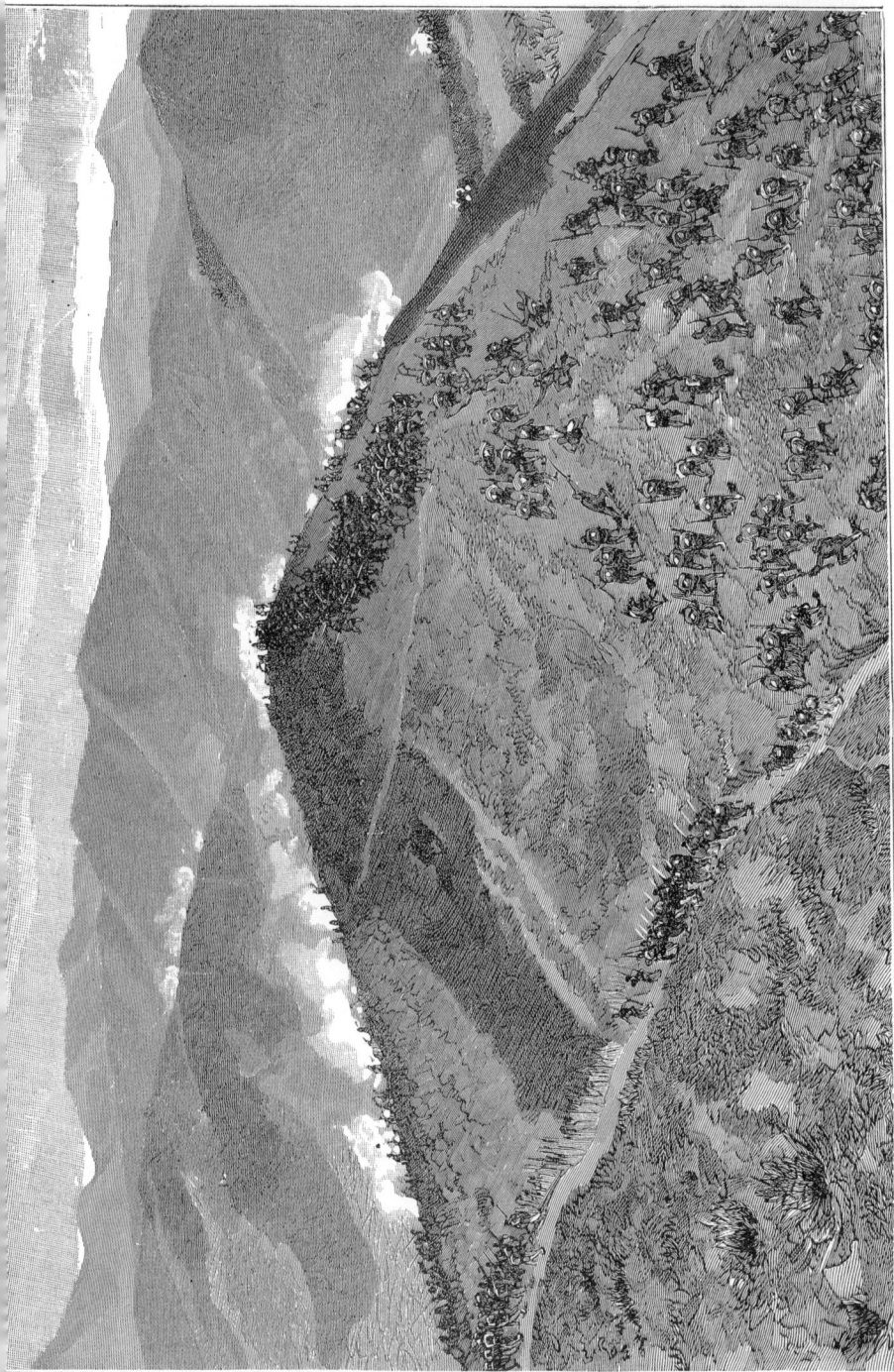

LES CHINOIS REFOULÉS DE CRÊTE EN CRÊTE

reconnaître ; il veut le poursuivre l'épée dans les reins jusqu'à la frontière chinoise. Notre ambulance se scinde en deux : une moitié reste à Dong-Dang, sous la garde d'une compagnie, avec les blessés et les gros bagages ; j'ai la chance de faire partie de l'autre portion qui doit accompagner les troupes jusqu'à la porte de Chine.

VALLÉE ET VILLAGE DE DONG-DANG

Il est quatre heures du soir quand nous nous remettons en route ; il se fait tard, déjà, et il faut que nous nous hâtions si nous ne voulons pas être surpris par la nuit dans la montagne. La route passe au nord de Dong-Dang ; elle serpente d'abord au milieu des rizières, puis elle entre dans la région montagneuse où elle se transforme bientôt en un étroit sentier plein d'ornières et de flaques de boue. Le pays prend un aspect des plus sauvages : à droite et à gauche sont des collines arides, recouvertes seulement d'un peu d'herbe courte. Bientôt nous entrons dans un étroit défilé, pavé de grosses pierres sur lesquelles nos chevaux glissent et s'abattent. Un des mulets porteurs de canons tombe dans une fondrière où il se brise la jambe ; les artilleurs le déchargent, mais ils ne l'abandonnent pas pour cela. Les uns le tirent par la bride, les autres le poussent par-derrière ; il faut qu'il se traîne jusqu'à l'étape ; c'est toute une provision de viande fraîche, bien préférable aux conserves et à la chair de buffle dont nos estomacs sont saturés depuis près d'un mois.

Nous arrivons vers six heures du soir, absolument éreintés, à Cau-Haï[1], sans avoir pu rejoindre l'arrière-garde de l'armée chinoise. Il fait nuit noire ; nous grimpons à tâtons une pente assez raide et, après avoir gravi trois ou quatre marches et passé sous une longue voûte, nous tombons dans une cour entourée de tous les côtés par des murs en pierre taillée.

L'officier qui nous guide, une lanterne à la main, nous fait monter un escalier, également en pierre, qui donne sur une petite terrasse. Une porte s'ouvre : nous sommes chez nous, dans une espèce de grenier rempli de sacs de riz et de défroques chinoises. Nous nous allongeons sur le plancher et nous ne tardons pas à ronfler comme des bienheureux, malgré la compagnie de rats énormes qui nous réveillent de temps en temps en nous passant sur la figure.

Il fait grand jour quand nous ouvrons les yeux le lendemain matin. Notre premier soin est de savoir où nous sommes. Le petit bâtiment carré qui nous a abrités pendant la nuit est construit en briques ; il est recouvert par un toit bas, à angles recourbés, garni de tuiles vernies ; il repose sur un gros cube de maçonnerie formant terrasse ; on monte sur cette terrasse par deux escaliers à marches larges, mais usées et branlantes, qui donnent de chaque côté du bâtiment. Le cube de maçonnerie est percé de part en part, juste au-dessous de nous, par une haute et large voûte à plein cintre qui aboutit de chaque côté à une étroite cour : c'est la porte de Chine, et nous avons dormi dans son mirador.

Sur la terrasse et de chaque côté du mirador, deux belles mitrailleuses en parfait état, abritées sous un petit toit en paille, braquent leurs canons sur la route du Tonkin. De cette terrasse on a vue d'un côté sur le chemin de Dong-Dang, que nous avons parcouru la veille, et de l'autre sur la Chine. Du côté chinois, le regard est brusquement arrêté par une haute montagne à pic au pied de laquelle passe la route et qui masque le paysage comme un écran gigantesque. Sur le versant

1. Entendez Cửa-Ái, la porte de Chine.

tonkinois, le chemin qui mène à la frontière occupe le fond d'un ravin limité de chaque côté par une série de collines dénudées. Au niveau de la porte, les collines se rapprochent tellement que le bâtiment suffit pour masquer le passage. Cette porte est flanquée au nord et au sud par deux autres bâtiments qui ressemblent à deux pagodes et qui sont séparés d'elle par les cours dont j'ai parlé. C'est dans ces bâtiments qu'étaient installées les douanes chinoise et annamite : leurs façades sont décorées d'assez belles peintures représentant des personnages en grandeur naturelle, vêtus de riches costumes et portant divers attributs.

MIRADOR DE LA PORTE DE CAU-HAÏ

La porte de Cau-Haï doit être très ancienne : les grosses pierres de taille dont la voûte est formée sont polies et rongées par le temps ; elles ont cette patine grisâtre qui ne s'acquiert qu'après de longues années.

Quel complot trament donc nos coolies ? Pendant que j'examine les bâtiments, ils ont les yeux fixés sur les collines qui les relient de chaque côté, formant comme une sorte de barrière naturelle ; ils causent avec animation et se montrent du doigt leurs sommets ; auraient-ils aperçu quelque chose de suspect ? Non, les voilà qui sortent, qui prennent le petit chemin conduisant en haut de la montagne, près d'un des deux fortins qui flanquent la porte, à droite et à gauche du défilé. Arrivés là, ils se penchent, examinent le sol, arrachent des touffes d'herbe et redescendent en gesticulant vivement. Très intrigué, je fais venir l'interprète. À peine les a-t-il interrogés qu'il part d'un grand éclat de rire. Il me donne ensuite l'explication que voici : certaines parties de la frontière sont connues des Annamites sous le nom de *Giap-dé*, ce qui veut dire « crinière divisée », ou bien encore de *Phan-mao-co-ké*, ce qui signifie « herbe qui bifurque ». Il y a, en effet, une légende qui prétend qu'à la vraie limite du Tonkin et de la Chine l'herbe doit bifurquer dans deux directions distinctes : au nord pour la Chine, au sud pour le Tonkin. Nos coolies ont voulu profiter de la circonstance pour vérifier le fait sur place.

Les troupes françaises ont trouvé dans les magasins de la porte de Chine d'énormes approvisionnements de munitions, de grosses torpilles dont quelques-unes étaient chargées à la dynamite, des rouleaux de câble électrique fluvial, des caisses de cartouches de provenance italienne et allemande, des uniformes, des fusils, et jusqu'à des plaques de blindage en acier pour batteries cuirassées. Il y avait aussi un grand nombre de ces petits drapeaux en soie que les généraux chinois remettent à leurs porteurs de dépêches pour empêcher qu'ils ne soient arrêtés en route, en faisant connaître de loin qu'ils sont investis d'une mission de confiance.

Nous repartons le lendemain matin pour Dong-Dang. Le général ne peut emporter avec lui toute cette poudre et tous ces engins de guerre. L'artillerie a reçu l'ordre de les réunir sous la porte de Chine ; ils forment un amas énorme qui remplit toute la voûte. Les artilleurs ont préparé une longue mèche qui serpente au milieu de toutes ces matières explosibles ; ils y mettront le feu au moment de notre départ. Le général va faire sauter la porte de Chine, d'une part parce qu'il ne peut pas l'occuper, d'autre part parce qu'il veut frapper l'esprit des Chinois et prouver par un témoignage irrécusable que nos colonnes sont bien arrivées jusqu'à ces frontières du Kouang-Si que les armées européennes n'avaient jamais foulées.

Le 27 au matin[1], nous rentrons à Dong-Dang ; à peine notre avant-garde est-elle arrivée aux premières maisons du village, qu'une formidable détonation éclate dans la direction de la frontière : c'est la porte de Cau-Haï qui vient de sauter.

---

1. Probable erreur car, si l'on suit pas à pas le récit de l'auteur, son retour à Đồng-Đăng date du 24 février et non du 27.

La brigade s'installe à Dong-Dang pour quelques jours. Il faut, avant de rentrer à Lang-Son, laisser à nos éclaireurs le temps d'explorer la route de Tat-Khé pour savoir si les Chinois l'ont définitivement abandonnée. J'accompagne une petite colonne qui va pousser une reconnaissance sur cette route.

Le chemin de Tat-Khé longe la frontière de Chine. À partir de Dong-Dang, sur plus de quatre kilomètres de parcours, il côtoie une haute muraille de rochers calcaires absolument à pic, qui sépare le versant tonkinois du versant chinois. Cette muraille, bizarrement découpée, est creusée de grottes profondes dans lesquelles les habitants s'étaient réfugiés au moment de la prise de Lang-Son et qui leur avaient servi à cacher leurs provisions et leurs troupeaux. Elle est à peu près continue et ne donne passage qu'à d'étroits sentiers presque impraticables, dissimulés sous les lianes et sous les bouquets d'arbustes rabougris qui se cramponnent au rocher. Les *Thos* habitent de petites huttes, construites sur pilotis, tantôt adossées aux roches, tantôt s'abritant derrière les bouquets de grands arbres qui occupent l'autre côté du sentier. L'existence de ces malheureux habitants des frontières, continuellement harcelés et pillés par les soldats ou par les pirates, est des plus précaires et des plus misérables.

Les troupes que j'accompagne se sont avancées vers Tat-Khé jusqu'à dix kilomètres de Dong-Dang, sans rencontrer l'ennemi : elles rentrent le soir dans cette dernière place, et la brigade reprend le lendemain matin la route de Lang-Son en laissant à Dong-Dang une faible garnison. La campagne semble finie ; nous avons un grand nombre de blessés et de malades. Le général décide que je les conduirai par le prochain convoi jusqu'à Chu et que de là je retournerai à Hanoï.

Je pars le 13 mars avec un convoi de deux cents coolies et des tirailleurs tonkinois commandés par un lieutenant d'infanterie de marine ; le soir même nous allons coucher à Pho-Bou. Les chemins, qui n'ont pu être refaits sur cette partie de la route, sont dans un état déplorable. Défoncés partout par les convois de ravitaillement qui vont et viennent continuellement entre Chu et Lang-Son, ils sont semés de détritus, de débris de caisses abandonnés par les coolies. Des cadavres de chevaux, des corps de Chinois qui n'ont pu être enterrés faute de bras et de temps à la suite des dernières affaires les jalonnent partout et dégagent une odeur pestilentielle.

Le second jour nous arrivons à Dong-Song, où nous trouvons la petite garnison de tirailleurs tonkinois installée dans son fortin ; les environs ont déjà été débroussaillés et assainis par ses soins. Les

Annamites travaillent à une amorce de route ; ils n'habitent plus sous la tente, mais dans de petites cases en bambous, proprettes et bien aménagées.

DÉFILÉ ET PORTE DE CHINE

Nous ne suivons pas, pour revenir de Dong-Song à Chu, le même itinéraire qu'au départ : la route du Dèo-Van est bien trop pénible pour qu'on la prenne sans nécessité ; il vaut mieux utiliser la route du Dèo-Quan, qui est plus directe, plus facile, et qui est déjà en partie refaite par les équipes de coolies envoyées de Chu et de Phu-Lang-Thuong.

À partir de Dong-Song, la route du Dèo-Quan se dirige vers le sud-ouest, traversant de frais vallons où courent des ruisseaux d'eau vive, excellente à boire, quoi qu'on en ait dit. Elle est à peu près parallèle au col du Dèo-Van, mais quel contraste ! Au lieu d'un sentier mal frayé, grimpant au flanc de montagnes pelées d'un abord difficile, c'est une route non seulement facile, mais agréable, courant à travers de belles rizières et souvent sous de petits bois ombreux où nous avons plaisir à faire halte un moment. Nos coolies laissent bien vite leurs paquets au milieu du sentier pour aller s'étendre avec délices dans l'herbe fraîche ou pour se rafraîchir la figure et les mains au ruisseau voisin. Ces pauvres gens ne se sentent pas de joie à la pensée qu'ils vont revoir leurs familles et leurs villages. Au fur et à mesure qu'ils se rapprochent de Chu, ils deviennent plus gais et plus communicatifs ; plusieurs se mettent même à chanter, ce que je ne leur avais pas vu faire depuis le commencement de la campagne.

Plusieurs petits mamelons près desquels nous passons sont couverts de magnifiques cycas dont quelques-uns sont devenus énormes. Ces cycas alternent avec de grandes fougères et des chamærops, beaucoup moins nombreux et moins bien venus que ceux de la rivière Claire[1].

À mi-chemin de Chu nous rencontrons une équipe de coolies en train de refaire la route sous la direction d'un groupe de tirailleurs tonkinois ; ces coolies ont construit déjà plusieurs jolis ponts sur pilotis et ils installent un fil télégraphique qui doit être poursuivi jusqu'à Lang-Son. Peu de temps après, nous passons près de leur campement : les tirailleurs ont bâti pour eux et pour leurs sous-officiers de petites cases en bambous très confortables ; les coolies se sont fait, avec des branches d'arbres et de l'herbe sèche, des abris coniques qui ressemblent de loin aux meules de paille qu'on voit en France aux environs des villages. Le campement n'est pas des plus sains : presque tous les sous-officiers français ont la fièvre ; d'ailleurs, on ne retourne pas impunément ces terrains qui n'ont jamais été remués et qui sont couverts d'une épaisse couche de détritus végétaux en décomposition.

Le col du Dèo-Quan aboutit à une chaîne de montagnes nues et arides comme celles du Dèo-Van. Sur le plus élevé des sommets de cette chaîne se trouve un poste français, établi dans un ancien fort chinois. La route, après avoir dépassé ce poste, dévale rapidement entre deux hautes collines pour atteindre la plaine de Chu. Nous arrivons vers six heures du soir au fort de ce nom, où je dois prendre congé de mes blessés. Ceux-ci vont être installés dans un hôpital provisoire, composé d'une douzaine de grandes cases, où ils attendront qu'ils se soient reposés suffisamment pour être transportés en canonnière jusqu'aux hôpitaux de Haï-Phong et de Hanoï.

---

1. Le cycas (*Cycas revoluta L.,*) est une variété de cycadales, ressemblant extérieurement au palmier, qui, comme son nom vietnamien l'indique (*thiên tuê*, « mille ans »), était un symbole de longévité ; à ce titre, on le trouve très souvent devant les maisons de culte, les pagodes et les temples. Quant au chamærops (ou chamérops), c'est un cycas, proche du palmier nain.

J'apprends à Chu le débloquement de Tuyên-Quang par la 1ère brigade et la belle conduite du commandant Dominé et de ses vaillantes troupes. De ce côté-là aussi, les Chinois se sont admirablement défendus ; la 1ère brigade a ramené avec elle plus de trois cents blessés[1].

SOUS BOIS : REPOS DES COOLIES

Après un court séjour à Chu, je puis m'embarquer à Trai-Dam sur une petite canonnière en partance pour Dap-Cau. J'arrive le 18 mars au matin dans cette ville, d'où je regagne Hanoï par la voie de terre.

---

1. Voir note 1 p. 384. Assiégé depuis novembre 1884, Tuyên-Quang était défendu par un simple bataillon commandé par Dominé ; dès le 16 février 1885, le colonel Giovaninelli avait quitté Lạng-Sơn pour lui prêter main forte ; le 2 mars, la colonne parvenait à Tuyên-Quang.

HALTE AU CAMP DES COOLIES

Il n'y avait pas quinze jours que j'étais rentré dans mon petit logement de la Concession, quand arrive de Chu, par le télégraphe, une nouvelle qui nous jette tous dans la consternation et qui se répand dans la ville comme une traînée de poudre : « Nos troupes ont eu le dessous à la porte de Chine ; le général de Négrier, grièvement blessé, a dû abandonner son commandement. La 2ᵉ brigade bat en retraite sur le delta, après avoir évacué complètement Lang-Son[1]. »

D'abord nous ne pouvons pas croire à ce désastre, moi surtout qui arrive de là-bas, qui ai quitté ces vaillantes troupes au lendemain d'une victoire, qui les ai vues, toutes vibrantes d'enthousiasme, prêtes à entreprendre l'impossible sur un signe de leur vaillant chef en qui elles avaient une confiance illimitée. Il faut cependant se rendre à l'évidence : les premiers blessés de Bang-Bo viennent d'arriver à Hanoï ; ils annoncent que le général de Négrier a été transporté à Chu avec son officier d'ordonnance, le lieutenant Berge, qui cette fois encore a été blessé grièvement à côté de son général. Les détails qu'ils donnent sur les dernières affaires sont recueillis avidement et colportés partout. « Nous, nous n'avons pas été battus, mais écrasés par le nombre, disent-ils. Nous étions mille à Bang-Bo tout au plus ; le général avait été obligé de laisser des détachements à Lang-Son, à Ky-Lua, à Dong-Dang pour garder toutes les routes, dans la crainte d'un mouvement tournant de l'ennemi. Celui-ci nous attendait en territoire chinois, à un ou deux kilomètres de cette même porte de Cau-Haï que nous avons fait sauter. Il y avait là un immense camp retranché, défendu par trois lignes de forts. Vous connaissez le terrain : de hautes montagnes coupées par des ravins profonds et d'étroites vallées. Nous nous sommes battus pendant deux jours. Le premier, nous enlevons leurs deux lignes de redoutes ; le deuxième, la bataille commence à neuf heures du matin. Les troupiers mettent sac à terre pour pouvoir grimper plus facilement. Le 111ᵉ attaque de front la tranchée ennemie

---

1. Voir note 1 p. 350. Le 22 mars 1885, les Chinois avaient attaqué le poste français de la porte de Chine (Cửa Ải), puis assiégé le poste de Đồng-Đăng qui en verrouillait l'accès ; le lendemain, le général Négrier conduisit une contre-attaque jusqu'en territoire chinois ; le 24 mars, après une cuisante défaite à Bang-Bo (voir Hocquard ci-dessous), où il perdit soixante-douze hommes, il dut se replier. Jugeant indéfendable la position de Đồng-Đăng elle-même, il ordonna le repli sur Lang-Son. Le 28 mars, le général Négrier fut blessé lors d'une violente attaque chinoise sur les lignes de défense de Lang-Son ; le commandement passa au lieutenant Herbinger qui, pris de panique, ordonna l'évacuation de Lang-Son le jour même. Cette retraite précipitée, peu en rapport avec l'état des forces sur le terrain, prit en France l'allure d'une catastrophe qui provoqua la chute de Jules Ferry. Chute paradoxale – qui, finalement, ne s'explique que par la haine contre « Ferry le Tonkinois » – puisqu'elle intervint à un moment où l'on savait déjà que les forces chinoises n'attaqueraient pas et que l'armée française avait repris pied dans les cols de Đèo-Vân et Đèo-Quan... Paradoxalement, la panique provoquée par la retraite de Lang-Son permit au ministère Érisson d'obtenir de l'Assemblée d'importants crédits de guerre, ce qui amena, dans les mois qui suivirent, le doublement des effectifs du corps expéditionnaire...

et s'y loge malgré une résistance désespérée ; le 143ᵉ file à droite, à l'assaut des mamelons, refoule l'ennemi de crête en crête, lui prend deux forts et s'élance vers un troisième, établi à trois cents mètres de hauteur au sommet d'une montagne presque à pic. Les hommes s'accrochent aux broussailles et se font la courte échelle sous une grêle de balles ; vingt sur trente sont tués ou blessés ; le fort est enlevé à la baïonnette, et les Chinois se retirent, protégés par leur infanterie logée dans un bois.

« Il était trois heures du soir et nous nous croyions vainqueurs, mais nous n'avions culbuté que l'avant-garde des forces chinoises. Derrière ces trois lignes de redoutes, acquises au prix de tant de sacrifices, il y en avait d'autres, plus étendues et plus solides encore : l'armée impériale nous y attendait tout entière ; nos troupes, épuisées par deux journées de lutte, avaient devant elles environ cinquante mille hommes.

« Bientôt les Célestes reprennent l'offensive ; ils s'avancent en masse compacte et tentent un mouvement tournant. Le 111ᵉ voit arriver sur lui une avalanche humaine ; débordés de toutes parts, les soldats se font une trouée à la baïonnette, emportant sur leur dos leurs camarades blessés. Le médecin-major Raynaud tombe mortellement frappé en défendant son ambulance ; le lieutenant de Colomb, le pied traversé par une balle, est emporté à bras par ses hommes, pendant que le reste de sa compagnie fait le coup de feu pour protéger la retraite. »

Malgré ces tristes nouvelles, le moral des troupes est resté bon. À Hanoï, on ne s'inquiète pas outre mesure, et c'est avec un certain étonnement que nous apprenons le mois suivant, par les journaux de Saïgon, l'immense retentissement qu'à eu en France la retraite de Lang-Son. Les Chinois, au contraire, n'y ont pas attaché une importance très grande ; ils ont réduit les faits à leur juste valeur ; en ce moment, les négociations se poursuivent activement entre Paris et Pékin pour la signature de la paix. Une commission chinoise vient même d'être nommée par le Tsong-Li-Yamen pour aller au Tonkin s'entendre sur place avec le général Brière de l'Isle et porter aux troupes chinoises l'ordre formel de reprendre le chemin de la frontière[1].

Cette commission arrive à Hanoï en mai ; elle est composée de six membres : un Américain, un Italien et quatre Chinois, dont deux mandarins plénipotentiaires et deux secrétaires. L'Américain et

---

1. Signé à Paris le 4 avril 1885, le protocole de paix fut sanctionné par le traité de Tiên-Tsin le 8 juin de la même année. Dès le 26 avril, les troupes chinoises avaient commencé leur retraite et, fin mai, elles avaient complètement évacué le Tonkin.

l'Italien sont depuis longtemps au service de la Chine : ils occupent un poste élevé dans les douanes du Céleste Empire[1]. Le général Brière a adjoint à la commission un officier supérieur de la marine et un capitaine de son état-major.

Les Chinois ont été logés rue des Pavillons-Noirs, dans une maison louée par l'administration française. À peine installés, ils ont failli être victimes d'un accident grave : une des poutres de la toiture s'est

LES QUATRE COMMISSAIRES CHINOIS

1. Il s'agit de MM. Volpicelli et Wooldruf (James Duncan Campbell étant alors commissaire des douanes chinoises). Les mandarins chinois étaient Kouang Ki Kiu et Tsue Tin Lam.

rompue et ils ont manqué être ensevelis sous les décombres. Superstitieux comme ils sont, ils ont dû voir dans cet accident un fâcheux
présage pour la mission dont ils étaient chargés.

Ce pronostic s'est en partie réalisé : très bien accueillis tant qu'ils se
sont adressés aux troupes régulières, les plénipotentiaires chinois ont
voulu remplir leur rôle jusqu'au bout et négocier avec les Pavillons-
Noirs qui, battus à Tuyên-Quang, avaient repris l'offensive après notre
échec de la porte de Chine et menaçaient le delta. Ils avaient remonté
la rivière Claire en canonnière jusqu'à Phu-Doan, puis ils avaient
rejoint par terre le poste de Tan-Quan, où les Drapeaux-Noirs s'étaient
établis. Là les commissaires avaient demandé à entrer en pourparlers
avec eux ; mais ces bandits ne sont pas gens d'humeur commode :
malgré le pavillon impérial arboré sur le bateau chinois, ils tirèrent sur
les commissaires, qui voulaient débarquer quand même, et blessèrent
grièvement un des domestiques qui les accompagnaient.

Les journaux arrivés par le courrier de mai nous ont apporté
d'importantes nouvelles de France : à la suite de la retraite de Lang-
Son et du vote des nouveaux crédits par les Chambres, le gouvernement a confié le commandement du corps expéditionnaire au général
de division Roussel de Courcy[1]. Celui-ci s'est immédiatement
embarqué avec le général Warnet, son chef d'état-major, et un
bataillon de chasseurs à pied. Il est arrivé en baie d'Halong le 1er juin
et il a été reçu par le général Brière de l'Isle, parti à sa rencontre. Il est
maintenant en route pour Hanoï, où il doit arriver aujourd'hui même.

Toutes les troupes qui tiennent garnison dans cette ville ont été
mises sur pied pour le recevoir solennellement. Elles ont été rangées
sur deux lignes, le long de la berge du fleuve Rouge, et elles font la
haie depuis le débarcadère jusqu'à la porte du palais du gouverneur.
Les artilleurs attendent devant leurs canons chargés à poudre ; toutes
les autorités annamites de la ville et de la province sont là en robes
bleu de ciel à longues manches pendantes ; la nombreuse troupe de
domestiques qu'elles traînent toujours à leur suite se tient à distance
respectueuse ; miliciens, porte-pipes, porte-cadouilles et porte-sabres,
couverts de leurs mêmes oripeaux criards et malpropres, causent à

---

1. Henri Roussel de Courcy (1827-1887) est né à Orléans en 1827. Sorti de Saint-Cyr en 1846, il prit
part à la guerre de Crimée, puis à celle de Chine (1860), d'Italie et du Mexique. Il devint colonel en 1869
et général de brigade l'année suivante. Il participa à la guerre de 1870 en France. Le 31 mai 1885, il fut
nommé à la fois commandant en chef du corps expéditionnaire et résident général en Annam et au
Tonkin. Le général Warnet était son chef d'état-major. En janvier 1886, suite à la nomination de Paul
Bert (le premier gouverneur civil de l'Indochine), Courcy quitta soudainement le Việt-Nam, sans autre
forme de procès. Le général Warnet, que Courcy avait limogé quelques semaines auparavant, fut rappelé
et devint résident général en Annam et au Tonkin par intérim (janvier à avril 1886).

voix basse, rangés par groupes, en mâchant leurs chiques de bétel. Sans doute il y a parmi eux quelque espion envoyé par la cour de Hué, qui dissimule soigneusement sous ses vêtements la petite plaquette d'ivoire indiquant son grade et sa fonction : demain il repartira à toute vitesse pour l'Annam afin de rendre compte aux régents des particularités qui auront signalé l'arrivée du général en chef.

Le bateau qui porte les généraux vient d'être signalé au tournant du fleuve Rouge ; les canons tonnent de minute en minute. Bientôt le général de Courcy débarque, accompagné du général Brière de l'Isle et suivi d'un nombreux état-major ; il passe lentement devant le front des troupes qui portent les armes pendant que les clairons sonnent partout. C'est un spectacle imposant, qui remue profondément toutes nos fibres de soldats et de Français.

Le général de Courcy arrive au Tonkin dans des conditions superbes : investi des pouvoirs civils et militaires les plus étendus, il va commander à une véritable armée. Avec le nouveau régiment tonkinois, les deux bataillons de zouaves arrivés récemment d'Algérie, le bataillon de chasseurs à pied, le corps expéditionnaire compte à l'heure actuelle près de trente-cinq mille hommes de troupes solides et éprouvées.

Du côté de la Chine, les difficultés semblent à peu près aplanies : le gouvernement impérial a rempli loyalement ses engagements ; ses troupes commencent à quitter le territoire tonkinois sur tous les points envahis ; elles regagnent lentement le Yunnan et le Kouang-Si. Une députation du commandant en chef de l'armée chinoise de Lang-Son est venue faire remise au général de Courcy de deux ou trois prisonniers faits pendant les dernières affaires de la porte de Chine ; ce sont les seuls Européens qui n'aient pas eu le cou tranché par les Chinois après avoir été capturés. Ils ont été ramenés à Hanoï par un mandarin militaire du grade de colonel, accompagné d'un lettré et de quatre soldats. La députation est restée plusieurs jours dans cette ville ; j'ai pu faire visite à son chef et admirer tout à mon aise l'air martial et la constitution vigoureuse des hommes de l'escorte. Ceux-ci avaient sans doute été choisis de façon à faire impression sur les Français ; l'un d'entre eux, qui avait la taille d'un géant, était un des plus beaux hommes que j'aie jamais vus.

Tous nos anciens ennemis n'ont pas repassé la frontière : les armées chinoises ont laissé derrière elles une foule de soldats licenciés qui, demeurant sans emploi, se sont organisés en bandes irrégulières, ont repassé la frontière et ont mis en coupe réglée les villages tonkinois qui y confinent. Nos anciens ennemis, les Drapeaux-Noirs, se sont hardiment avancés entre le fleuve Rouge et la rivière Claire ; ils se sont établis vers Than-Mai, à deux pas de Hong-Hoa[1], dans une position tellement forte qu'un bataillon de zouaves envoyé contre eux n'a pu les en déloger. D'autre part, la cour de Hué s'agite sourdement : deux régents ambitieux, Thuyet et Thuong, qui gouvernent sous l'autorité nominale d'un enfant, poussent secrètement les lettrés à la révolte et lèvent partout des bandes de pirates qui mettent au pillage nos plus riches provinces[2].

Sans doute les troupes n'auront plus à combattre en masses compactes, mais il reste au général en chef une tâche difficile à remplir : celle d'organiser le pays et de rétablir parmi les habitants le calme et la confiance. De petits postes de troupes européennes et indigènes vont être disséminés partout dans les provinces, de façon à former comme un vaste réseau englobant toute la surface du delta ; ils auront pour but de poursuivre sans relâche les bandes de pirates et d'empêcher qu'elles ne se reforment après avoir été dispersées.

Le général de Courcy a amené de France des collaborateurs instruits et dévoués, qui ont pris la direction des différents services et qui, à peine installés, se sont mis avec ardeur à la besogne : le général du génie Mensier fait tracer des routes et construire de confortables casernes[3] ; l'intendant Barattier règle les transports fluviaux de façon à pouvoir ravitailler à dates fixes les garnisons disséminées sur toute l'étendue du pays ; enfin le médecin principal Dujardin-Beaumetz, faisant pour la première fois appliquer les données du nouveau

1. À quelques kilomètres au nord de Hưng-Hoá, mais de l'autre côté du fleuve Rouge, sur sa rive gauche.

2. À la veille de sa mort (juillet 1883), Tự-Đức désigna comme successeur au trône le prince Ong-Chân (Dục-Đức) mais, étant données les faibles capacités de celui-ci, le souverain avait prévu l'instauration d'un conseil de régence composé des trois ministres Nguyễn Văn Tường (Finances), Tôn Thất Thuyết (Armée) et Trần Tiến Thành. Mais, lors de la lecture publique du testament qui, selon les rites en usage, devait précéder l'intronisation officielle de Dục-Đức, les deux régents Nguyễn Văn Tường et Tôn Thất Thuyết imposèrent sa destitution et lui substituèrent le prince Hồng-Dật (Hiệp-Hoà), qui fut intronisé le 30 juillet 1883. À partir de cette date, et après avoir très vite éliminé Trần Tiến Thành, les deux régents prirent la réalité du pouvoir à la cour de Hué. Isolé et en butte à l'hostilité des régents, Hiệp-Hoà chercha l'appui de la France (traité Harmand, 25 août 1883) mais, finalement, Nguyễn Văn Tường et Tôn Thất Thuyết le contraignirent à abdiquer (29 novembre 1883) au profit du plus docile des souverains, un enfant, qui régna sous le nom de Kiến-Phúc. Moins d'un an plus tard, le 31 juillet 1884, le jeune roi mourut brusquement ; les régents placèrent sur le trône son jeune frère, à qui Hocquard fait référence ici, le prince Ong-Lịch (qui devint le roi Hàm-Nghi). En un seule année, tous ces changements et, surtout, les conditions dans lesquelles ils s'étaient accomplis, avaient discrédité la cour – désormais dépourvue d'autorité – auprès de la population et du mandarinat (voir l'ascension de Nguyễn Hữu Độ ci-dessus, p. 113, note 2). À ce moment, les autorités françaises étaient résolues à se débarasser des régents et, dans le chapitre XXI de cet ouvrage, Hocquard décrit comment l'attaque manquée de la légation française à Hué (4-5 juillet 1885) permit de prononcer la déchéance de Hàm-Nghi et de placer Đồng-Khánh sur le trône (septembre).

3. Le général Courcy constitua sa propre équipe, avec notamment le colonel Messier à la tête des troupes du génie et le lieutenant-colonel Tessandier comme chef d'état-major.

règlement sur le service de santé en campagne, transforme les hôpitaux, organise complètement le service des ambulances, installe dans chaque poste des abris confortables où les malades, pourvus de tout ce qui leur est nécessaire et d'une abondante réserve de médicaments, pourront être soignés sur place, sans qu'il soit besoin, comme par le passé, de les transporter à de longues distances. Grâce à l'inépuisable charité des sociétés de secours aux blessés, et notamment de *l'Union des femmes de France* et des sociétés de la *Croix-Rouge* et des *Dames françaises*, le service de santé a reçu des approvisionnements de toute nature, qui vont permettre de répandre le bien-être dans nos établissements hospitaliers. Ces approvisionnements sont tellement considérables que notre directeur a dû installer près de son habitation particulière un grand magasin pour recevoir les caisses de dons. Il en arrive chaque jour de nouvelles par tous les bateaux venant de France ; les dons sont classés au fur et à mesure et répartis aussitôt entre tous les postes. Les sociétés de secours ont fait un grand bien à nos ambulances, et les médecins du Tonkin leur garderont toujours une profonde reconnaissance pour leur collaboration intelligente et dévouée.

CANONNIÈRE SUR LA RIVIÈRE CLAIRE

CARRIÈRE DE MARBRE

CHAPITRE XX

LA PIRATERIE AU TONKIN ; ORGANISATION DES BANDES ; LEUR TACTIQUE, LEUR RECRUTEMENT, LEURS ARMES. – VENTE DES PRISONNIERS EN CHINE, ORIGINE ET HISTOIRE DE CE TRAFIC ; MOYENS EMPLOYÉS POUR DÉPISTER LA POLICE. – INERTIE COUPABLE ET COMPLICITÉ DES MANDARINS. – NÉCESSITÉ DE RÉPANDRE LA LANGUE FRANÇAISE DANS LE PAYS. – L'ENSEIGNEMENT ANNAMITE ; LES ÉCOLES.

Il y a près de deux mois que les armées chinoises ont repassé la frontière et, malgré la signature du traité de paix, le pays demeure troublé profondément. Un grand nombre de villages ont été incendiés ou ruinés pendant la guerre ; leurs habitants, incapables de payer l'impôt et ne réussissant pas à trouver les avances nécessaires pour continuer à cultiver leurs champs, se sont dispersés. Errant de commune en commune sans trouver place nulle part, aux prises avec la plus noire misère, ils n'ont pas tardé à s'unir soit entre eux, soit avec d'anciens soldats chinois demeurés dans le pays, pour former des bandes qui organisent le pillage et le vol à main armée dans toutes les provinces.

La piraterie est dans les mœurs annamites : elle a existé de tout temps, non seulement au Tonkin, mais dans tout l'Annam. Les bandes de voleurs, relativement rares quand la récolte est bonne et le pays tranquille et prospère, pullulent en quantités innombrables dans les temps de guerre, de disette ou de grande épidémie ; c'est un des fléaux du Tonkin. Les annales annamites fourmillent de détails sur les atrocités commises par ces bandits pendant les périodes troublées qui ont suivi, aux différentes époques, chaque guerre avec la Chine, ou qui ont succédé aux révoltes occasionnées par chaque changement de dynastie. Nous-mêmes, en 1858, après l'occupation de Saïgon et la conquête de la Cochinchine, nous avons dû guerroyer pendant de nombreuses années contre ces pillards avant d'arriver à pacifier notre nouvelle colonie.

Le gouvernement annamite n'a jamais pu, à lui tout seul, en venir complètement à bout : souvent il a été obligé pour s'en débarrasser de négocier avec les chefs de bandes, offrant aux officiers des dignités et des emplois, et aux soldats des terrains où ils se sont établis. Bien plus, il n'a pas craint de s'en faire, à différentes reprises, des alliés et des auxiliaires pour combattre des révoltes que, seul, il eût été impuissant à réprimer.

C'est ainsi que, il y a moins de trente ans, le roi Tu-Duc, dont toutes les armées étaient occupées dans le Sud à guerroyer contre les Français et les Espagnols, ne craignit pas de faire appel aux bandits chinois et annamites pour réduire le Tonkin soulevé par les descendants des anciens rois Lé : c'est sur son invitation que les Pavillons-Noirs et Jaunes descendirent du Yunnan et que les écumeurs de mer qui habitent les îles du littoral vinrent s'abattre sur la riche province de Quang-Yen, dont ils firent presque un désert[1]. On sait ce que sont devenus les Pavillons-Noirs, que nous avons retrouvés constamment devant nous dans nos plus sanglantes affaires. Quant aux bandits du

---

1. La piraterie fut très active au Tonkin dans les années 1849-1851, lors de l'insurrection des Taïping en Chine, puis durant les années 1864-1865 qui correspondent à la fois aux révoltes menées par les prétendus descendants des Lê (voir Lê Duy Phụng, ci-dessus, note 2 p. 271) et à l'arrivée massive au Viêt-Nam des débris de l'armée Taïping fuyant la répression de l'armée impériale chinoise. Bien que la situation n'ait pas toujours été très claire sur le terrain et bien que le vocabulaire incite à la confusion (*giặc* en vietnamien désigne les rebelles, quels qu'ils soient), il faut s'efforcer de bien distinguer les « vrais pirates » (vietnamiens et chinois), les réguliers chinois, et les Vietnamiens luttant contre la France. Ici, l'auteur affirme que la cour vietnamienne aurait utilisé les Pavillons chinois contre les révoltés vietnamiens se prétendant descendants des Lê, mais, en réalité, c'est bel et bien l'armée vietnamienne elle-même qui avait rétabli l'ordre (Nguyễn Tri Phương contre Lê Duy Phụng, dès 1862). En fait, l'appel aux troupes chinoises était destiné à lutter moins contre les pirates que contre les Français (voir l'affaire Dupuis en 1873, voir l'appel de 1879, etc.). La version des faits présentée par Hocquard est la version officielle : la France au secours du petit peuple vietnamien déstabilisé par les pirates étrangers et, accessoirement, par les mandarins concussionnaires.

Quang-Yen, ils forment à l'heure actuelle à Ha-Khoi, près de la frontière chinoise, une colonie prospère grâce au trafic qu'ils font avec les pirates ; ceux-ci trouvent toujours chez eux des commerçants disposés à les débarrasser de leur part de prise et à leur fournir les armes nécessaires pour continuer leur honteux métier.

En cette année 1885, les bandes armées qui parcourent le pays, vivant aux dépens des malheureux indigènes, se comptent par centaines ; chaque préfecture en a au moins une ; beaucoup en ont plusieurs. Ces bandes appartiennent à deux catégories bien distinctes. Les unes sont permanentes ; leurs soldats sont nombreux, disciplinés, bien armés de fusils dont beaucoup sont à tir rapide ; composées presque exclusivement de Chinois ou de sauvages *muongs* recrutés dans la montagne, elles ne peuvent se dissimuler au milieu des Annamites, où leurs affiliés seraient vite reconnus ; elles sont donc obligées de se maintenir constamment groupées pour être prêtes à riposter en cas d'attaque imprévue ; c'est pourquoi elles s'établissent presque toujours dans une contrée accidentée ou facile à défendre. Elles construisent, à proximité des villages où elles cantonnent, des ouvrages fortifiés, solides et bien compris, derrière lesquels elles peuvent s'abriter au besoin si elles sont surprises : elles rayonnent de là sur tout le pays environnant aux dépens duquel elles vivent grassement, prélevant l'impôt comme un gouvernement régulier. Rarement elles attendent les colonnes envoyées pour les attaquer : toujours prévenues à temps par leurs espions, qui sont nombreux et bien renseignés, elles fuient avant l'arrivée des troupes et se retirent dans des endroits inaccessibles où il est presque impossible de les poursuivre, pour revenir, au besoin, une fois les Français disparus. Leur tactique consiste à attaquer à l'improviste les petits postes où il y a peu de monde, ou bien à se cacher dans les endroits faciles à défendre sur les routes que nos reconnaissances doivent suivre, pour les harceler à coups de fusil et leur tuer quelques hommes. Si par hasard elles sont surprises et mises en déroute, elles fuient dans la montagne où elles se reforment à un endroit fixé à l'avance et connu de tous les affiliés.

Les bandes de la deuxième catégorie ont un effectif plus restreint et moins aguerri, mais elles sont beaucoup plus nombreuses. Il n'est guère de canton qui n'ait la sienne. Contrairement aux précédentes, elles sont tout entières composées d'indigènes : gens compromis qui ne peuvent rentrer dans leurs villages, mauvais sujets habitués à la piraterie qui ne veulent plus cultiver la terre. Dispersées par groupes de cinq ou six hommes dans les villages amis ou dans des communes où elles s'imposent par la terreur, elles ne se réunissent que lorsqu'il y a un bon coup à faire et qu'elles sont convoquées par leurs chefs. Ceux-ci portent ordinairement un petit chapeau en paille tressée, surmonté d'un grand plumet rouge, et un long porte-voix qui leur sert pour transmettre leurs commandements. Leurs soldats sont moins bien armés que les bandits chinois ; quelques-uns ont des fusils à pierre ou même des armes plus perfectionnées, mais la plupart d'entre eux ne possèdent que des sabres ou bien des lances en fer forgé emmanchées dans des bambous longs de trois mètres et durcis au feu. Ces pirates ont une espèce de trompette faite d'un coquillage percé dont ils tirent des sons rauques et prolongés[1].

Les chefs sont connus des Annamites qui, la plupart du temps, donnent leur nom à la bande. D'autre fois, les voleurs se désignent eux-mêmes sous des noms ronflants ayant pour but d'en imposer au vulgaire : ils s'appellent, par exemple, « les braves de Xa-Duong », ou encore « les héros de la contrée ». Généralement les bandes annamites sont trop peu nombreuses et trop mal armées pour se hasarder à attaquer nos postes ; c'est ordinairement contre les villages indigènes riches et bien approvisionnés qu'elles dirigent leurs coups. Ces villages sont, comme je l'ai déjà dit, sérieusement protégés par des haies de bambous et de cactus et par des portes solides. Voici la tactique qu'emploient les pirates annamites pour s'en rendre maîtres.

Lorsque le chef juge que le moment favorable pour l'expédition est arrivé, il donne à sa bande, dispersée dans les hameaux environnants, le signal de ralliement connu de tous : c'est ou bien un grand feu qu'on allume, à l'entrée de la nuit, sur une colline désignée à l'avance, ou bien une fusée ou un coup de fusil qu'on tire. À ce signal, tous les bandits se réunissent au lieu fixé, où ils trouvent, la plupart du temps, un copieux repas tout préparé ; on attend le moment d'agir en mangeant de bons morceaux et en buvant le vin de riz pour se donner du courage ; il faut que les ressources de la bande soient bien maigres pour qu'on se mette en route le ventre vide. Très souvent, avant de s'asseoir à table, le chef fait la part des génies et leur offre un sacrifice pour se les rendre plus favorables.

---

1. Bien que Hocquard n'admette pas qu'il puisse s'agir de Vietnamiens opposés à la France, il a raison d'établir une distinction entre la haute et moyenne région (bandes chinoises) et le delta (groupes vietnamiens). Parmi les groupes agissant dans le delta, il faut encore distinguer la partie orientale, contrôlée par Nguyễn Thiện Thuật, et le pourtour occidental, sous l'autorité de Nguyễn Quang Bích. En dessous de ces grandes figures, et sans que l'on sache vraiment les relations qu'ils entretenaient avec elles, se trouvaient une myriade de chefs plus modestes, agissant à l'échelle de la province ou même du district.

Les expéditions se font presque toujours la nuit ; les villages sont ainsi plus faciles à surprendre. Les bandits se mettent en route par petits groupes, en suivant des chemins différents, pour ne pas éveiller l'attention. Arrivés auprès du village qu'ils veulent piller, ils le cernent sans trop s'en approcher, pour ne pas donner l'éveil aux chiens qui rôdent le long des clôtures ; puis les plus adroits d'entre eux cherchent des emplacements favorables pour pratiquer des brèches dans la haie d'enceinte. Ils procèdent le plus doucement possible, de façon à ne pas attirer trop rapidement l'attention des postes de guetteurs qui gardent le village. Avec des serpes et des couteaux, ils ont vite fait de tailler dans les bambous une ou plusieurs ouvertures suffisantes pour laisser passer deux ou trois hommes de front. Les assaillants se précipitent alors tous ensemble par ces ouvertures, poussant des hurlements formidables, battant du tam-tam, sonnant de la conque, si bien que les malheureux habitants, réveillés en sursaut et tout ahuris, se figurent qu'il leur tombe sur le dos une véritable armée. Avant qu'ils aient eu le temps de se reconnaître, les pirates ont envahi les maisons des plus riches ; déjà vêtements, sacs de riz, ligatures de sapèques, buffles et chevaux ont passé par les brèches. Le coup est fait et les bandits sont loin lorsque leurs victimes,

LANCES ANNAMITES

affolées, songent à s'armer de leurs lances de bois et de leurs bâtons pour repousser l'ennemi. Que feraient-elles, d'ailleurs, avec de pareilles armes ? Et elles ne peuvent en avoir d'autres, puisque la loi annamite défend aux indigènes de garder dans leurs maisons des sabres, des lances en fer ou des fusils[1].

Dans certains cas, cependant, les choses ne se passent pas aussi simplement : les habitants sont prévenus à temps et les bandits se heurtent contre une résistance acharnée ; alors ils mettent le feu aux quatre coins du village. L'incendie se répand rapidement dans ces maisons en bois recouvertes de feuilles ; et, pendant que les habitants cherchent à fuir en sauvant ce qu'ils ont de plus précieux, les brigands pillent tout à leur aise. Quelquefois même ils font main basse sur les femmes et sur les enfants ; ils les entraînent dans la montagne et les vendent à des marchands chinois, qui les exportent dans certaines provinces du Céleste-Empire, où ils sont achetés par les familles riches du pays.

Cet odieux trafic ne remonte guère à plus de vingt-cinq ans. Autrefois, la femme tonkinoise était à peu près inconnue en Chine, à cause des lois sévères qui défendent aux sujets annamites de s'expatrier sans une autorisation spéciale du souverain. Vers 1865, les pirates, appelés par Tu-Duc pour l'aider à réduire le Tonkin en révolte, étaient encombrés de prisonniers dont ils ne savaient que faire ; ils cherchèrent à les écouler sur le marché chinois. C'était l'époque où les agences d'émigration recrutaient des travailleurs pour les îles à guano du Chili ; les pirates arrivèrent assez facilement à se débarrasser de leurs prisonniers en les coiffant à la mode du Céleste-Empire, de façon à les faire passer pour des Chinois, et en les engageant à vil prix aux compagnies d'émigration, qui les exportaient en masse. Les femmes étaient d'un placement difficile ; les familles aisées ne voulaient pas prendre de *servantes aux dents noires* ; cependant, les pirates en demandaient un prix si minime qu'ils finirent par les vendre.

Aujourd'hui le courant est établi ; les servantes tonkinoises, douces, soumises et travailleuses, sont très estimées en Chine, où elles se vendent un bon prix ; c'est un commerce très lucratif, qui rapporte gros à ceux qui s'y livrent ; aussi beaucoup de Chinois sans scrupules, établis au Tonkin, se sont-ils empressés de le favoriser.

Après la cession de Saïgon à la France, le roi Tu-Duc, enfin débarrassé de ses soucis de guerre, prit des mesures sévères pour poursuivre

---

1. Code de Gia-Long, article 195. La détention d'objets s'apparentant à de l'équipement militaire était punie de quatre-vingts coups de rotin, sauf pour « les arcs, flèches, lances, sabres, arbalètes, ainsi que les tridents de pêche et les fourches ».

les pirates dont les rapts avaient déjà amené le dépeuplement du littoral tonkinois. La petite garnison que nous avions alors à Haï-Phong lui vint en aide de tout son pouvoir, et, grâce à la surveillance efficace de nos canonnières, les arrivages de prisonniers tonkinois devinrent moins nombreux et moins fréquents sur les marchés de la Chine. Mais, depuis la nouvelle guerre, ce commerce, alimenté par les pirates qui infestent le littoral, et surtout par les bandes chinoises qui opèrent dans les provinces, tend à reprendre sur divers points. À l'inverse de ce qui se passait dans les premiers temps, ce sont les femmes et les enfants que les pirates enlèvent maintenant de préférence. Les prisonniers sont installés dans des barques spéciales, qui possèdent un compartiment bien clos où on les enferme. Le voyage jusqu'à la mer se fait ainsi par les arroyos et les rivières ; pour empêcher les femmes d'appeler au secours et de crier pendant le trajet, on les maintient dans un état d'hébétude et de demi-somnolence en leur faisant avaler des doses calculées d'opium.

Arrivés sur le littoral, les prisonniers sont mis au séquestre dans des maisons habitées par des Chinois, où ils sont très étroitement surveillés, jusqu'à ce qu'il se présente une occasion favorable pour les faire passer en Chine en contrebande. Les trafiquants chinois sont extrêmement habiles pour dépister la police ; tous les moyens leur sont bons pour arriver au but, et ils ont même poussé l'audace jusqu'à charger quelquefois leur marchandise humaine sur des bateaux européens ; en 1881, la police découvrait une vingtaine de fillettes cachées dans des paniers à cochons sur le pont d'un vapeur anglais en partance pour Hong-Kong. Ces paniers, de forme allongée, sont bien connus des douaniers qui, en général, ne prennent pas la peine de les visiter ; les Chinois, au courant de cette habitude, avaient pensé à l'utiliser pour tromper la surveillance des Français.

Il n'y a pas à proprement parler d'esclaves en Chine ; les femmes tonkinoises y sont traitées à peu près comme des servantes par le maître qui les achète, mais il leur est difficile de quitter le sol étranger pour retourner dans leur pays. En voici la raison : en Chine, comme en Annam, le code permet aux riches d'adopter des enfants de familles pauvres, moyennant une redevance en argent payée une fois pour toutes aux parents de ces enfants ; en retour, ceux-ci transmettent par contrat au père adoptif l'autorité absolue qu'ils ont sur eux de par la loi ; l'enfant entre alors dans une nouvelle famille qu'il ne peut plus quitter. Une fois sur le sol chinois, les pirates se font passer pour les parents de leurs victimes ; ils ne les vendent pas, la loi le leur défend, mais ils les cèdent moyennant finance par contrat d'adoption, ce qui au fond est la même chose, mais ce qui est bien différent sans doute aux yeux des mandarins qui, grassement rétribués, ferment les yeux.

PIRATES CHINOIS

Notre nouvelle colonie ne deviendra prospère que si nous arrivons à la purger complètement de tous les pirates qui l'exploitent. Les différents commandants en chef qui se sont succédé au Tonkin se sont mis avec ardeur à cette besogne, chaque fois que la guerre avec la Chine leur a laissé un moment de répit. Avec les moyens dont nous disposons, la tâche semble facile ; elle est au contraire d'une extrême difficulté : il faudrait, pour en venir à bout, du temps, de la prudence, de l'esprit de suite, une grande connaissance des indigènes ; il faudrait surtout pouvoir compter sur les fonctionnaires annamites ; mais ceux-ci, malgré leurs belles professions de foi et leurs protestations intéressées, nous sont au fond du cœur complètement hostiles ; loin de favoriser nos recherches, ils font au contraire tout ce qu'ils peuvent pour les égarer. Ils aiment à pêcher en eau trouble ; les pirates achètent leur discrétion par de riches cadeaux. Certains mandarins étaient même affiliés aux bandes, dont ils partageaient les bénéfices, leur promettant en retour aide et protection. Les fonctionnaires annamites sont encouragés dans cette voie par le gouvernement de Hué et le régent Thuong qui, privé de l'aide de la Chine et ne pouvant plus désormais nous combattre ouvertement, a engagé contre notre gouvernement, par l'intermédiaire des lettrés de toutes catégories, une lutte sourde ayant pour but non seulement de nous empêcher par tous les moyens possibles de ramener le calme dans le pays, mais surtout de nous déconsidérer aux yeux des populations en leur montrant notre impuissance[1].

Il est très difficile de saisir les pirates annamites : certaines de leurs bandes, qui ont eu l'imprudence de sortir en plein jour, ont bien été capturées par celles de nos canonnières qui sillonnent les rivières et les arroyos, mais c'est un pur effet du hasard. Il est rare qu'une expédition ou une battue organisée à l'avance réussisse, à cause de la complicité des interprètes, des lettrés, ou même des simples boys au service des officiers français, qui préviennent les notables des villages où se cachent les bandits. Ceux-ci, s'ils sont très connus, fuient ou se dissimulent dans les villages voisins ; sinon ils se contentent d'enterrer leurs armes dans un endroit sûr, et ils assistent tranquillement ensuite aux perquisitions de nos soldats. Que peuvent-ils craindre, en effet ? Mêlés aux habitants du village, ils ressemblent à d'inoffensifs paysans ; nous passerons vingt fois à côté d'eux sans savoir qui ils sont ; d'autre part, les notables se garderont bien de les faire prendre

---

1. Référence au mouvement *Cần-Vương* (« Secours au roi »), lancé en juillet 1885 après la fuite du roi Hàm-Nghi, qui fut le signal de la révolte généralisée contre les Français.

car, d'après la loi annamite, le village qui recèle les pirates est aussi coupable que les pirates eux-mêmes ; les habitants, en déclarant ces derniers, seraient certains de se créer mille ennuis, dont le moindre

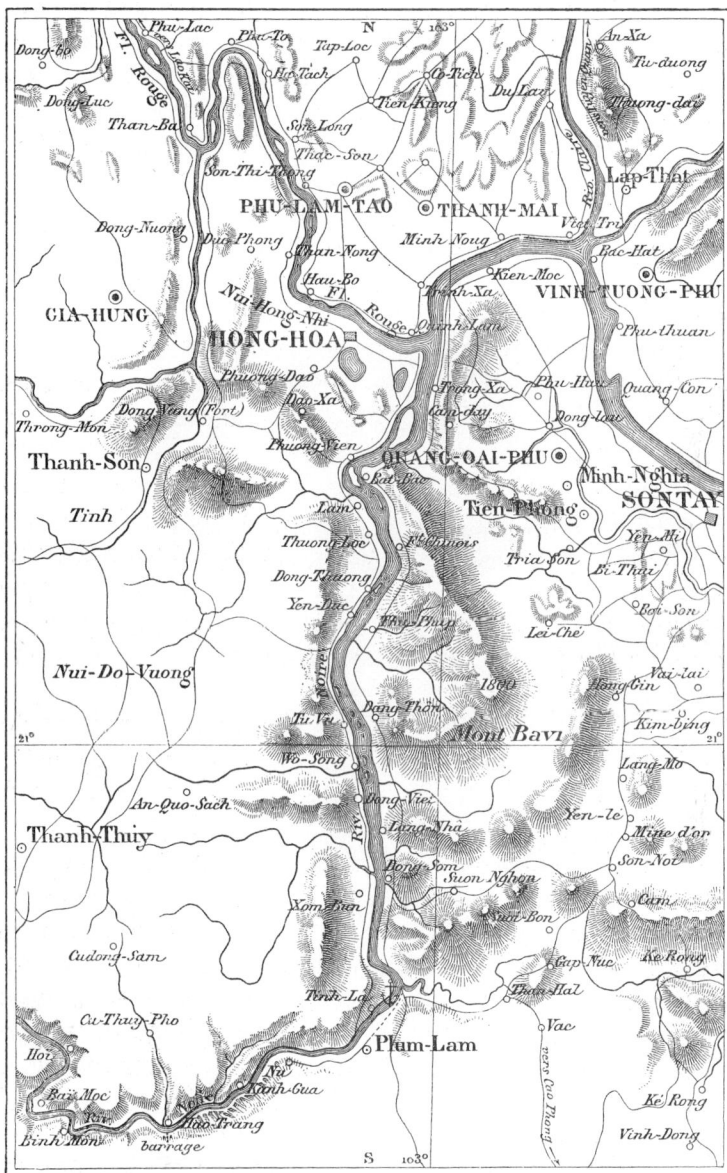

RÉGION DE THANH-MAI ET DE LA RIVIÈRE NOIRE,

D'APRÈS LES OFFICIERS TOPOGRAPHES DU CORPS EXPÉDITIONNAIRE

serait de recevoir de temps à autre la visite du mandarin de district chargé par les autorités françaises de surveiller le village devenu suspect. Chacune de ces visites serait très onéreuse en effet ; le

UN DOC-HOC

mandarin ne se dérange pas pour rien ; il faut l'héberger, lui et ses satellites, pendant deux ou trois jours, et lui faire encore au départ un cadeau digne de lui. Le village serait bientôt ruiné en détail et, malgré les cadeaux, le mandarin garderait au fond du cœur rancune aux paysans qui, en dénonçant les pirates, lui auraient créé de grands ennuis et lui auraient enlevé en même temps une source de profits.

Une des grosses difficultés qui nous ont empêchés jusqu'à ce jour d'organiser d'une façon satisfaisante la police du pays réside dans ce fait que très peu de fonctionnaires français connaissent à fond la langue annamite, et que, d'autre part, nous n'avons à notre disposition au Tonkin qu'un petit nombre d'interprètes sachant suffisamment la langue et l'écriture françaises pour servir d'intermédiaires entre nous et les lettrés indigènes. Le commandant en chef a dû créer sur place et de toutes pièces le personnel des résidences, qui sont devenues de plus en plus nombreuses au fur et à mesure que nous nous sommes étendus dans le pays. Les postes les plus importants ont été donnés à des administrateurs de carrière, venus de notre colonie de Saïgon, connaissant à fond les Annamites, parlant couramment leur langue, et même capables de lire les caractère chinois ; mais ces fonctionnaires sont en très petit nombre, et la plupart des résidences sont gérées par des officiers ou même par d'anciens sous-officiers du corps expédi-tionnaire qui, très intelligents et très adroits, finiront à la longue par faire d'excellents administrateurs, mais qui ont besoin de se former et de s'habituer peu à peu, par le contact avec les mandarins, à cette diplomatie tortueuse, patiente et sournoise, qui est le contre-pied de la nôtre.

En attendant, et pour multiplier de plus en plus les relations directes entre les Français et les Annamites, le commandant en chef a commencé à organiser l'enseignement officiel de notre langue ; il a créé, dans les principales villes, des écoles où les petits Annamites accourent en foule, car il n'y a pas de peuple chez qui l'instruction soit plus en honneur que chez celui-là : nul pays n'a des écoles en plus grand nombre, et, de temps immémorial, les Tonkinois ont eu un enseignement officiellement organisé sur des bases à la fois simples et parfaites. Chaque gouverneur de province a près de lui un directeur des études, le *doc-hoc*, qui a le grade de docteur ; il est payé par l'État et nommé par lui pour inspecter les écoles de la province et dresser la liste des candidats aux examens officiels, auxquels il donne des notes[1].

1. Les « directeurs des études » (*đốc-học*) étaient des mandarins provinciaux du cinquième degré, toujours choisis parmi les docteurs (*tiến-sĩ*) ; l'horizon de leur carrière était en général le poste de mandarin judiciaire (*án-sát*). Comme l'écrit Hocquard, ils avaient notamment pour tâche de sélectionner

Les chefs-lieux de département et d'arrondissement ont aussi chacun leur directeur de l'enseignement, nommé par le roi. Dans les départements, ce sont les licenciés, qui portent le titre de *giao-tho* et, dans les simples arrondissements, des bacheliers qui sont désignés sous le nom de *huan-dao*[1]. Ces fonctionnaires, relativement peu nombreux, n'ont ni bureaux ni secrétaires, par conséquent pas de frais inutiles. L'État n'a pas besoin de créer à sa charge ni de subventionner des écoles ; il s'en est formé partout en nombre considérable sans son intermédiaire : pas un village, pas même un hameau qui n'ait son enseignement, suivi avec assiduité par des centaines d'enfants. Ils y apprennent à lire et à écrire les caractères chinois, de façon à pouvoir plus tard dresser les actes d'un procès, faire des contrats ou un testament, avoir une place de secrétaire ou même de notable, en un mot se mêler aux affaires de la commune ou du canton, ambition suprême de beaucoup d'Annamites. Si, parmi ces enfants, il en est qui montrent de grandes dispositions pour l'étude, le maître les poussera plus que les autres ; quand il les jugera suffisamment instruits, il les emmènera à la ville et les fera interroger par le chef de l'enseignement ; celui-ci décidera s'ils sont capables de se présenter aux grands examens littéraires qui seuls ouvrent l'accès des hautes fonctions publiques.

L'État n'exerce donc sur l'enseignement que le contrôle nécessaire pour pouvoir choisir dans la masse de ses sujets les hommes instruits dont il a besoin pour son service. Chacun est libre d'enseigner comme il l'entend, qu'il ait des grades ou qu'il n'en ait pas[2] ; chacun aussi peut s'instruire comme il veut sans que l'État s'en mêle : l'un étudie avec son père ; l'autre, plus riche, a un précepteur qui le guide dans ses études ; d'autres, enfin, vont à l'école de leur village, de leur arrondissement ou de leur province, suivant leur âge ou leur capacité.

Les petites écoles de village ne coûtent pas cher à entretenir : la commune donne au maître qu'elle a choisi le revenu de quelques

---

les candidats au concours régional (voir ci-dessus note 3 page 251) et, pour certains d'entre eux – nommés examinateurs – de leur attribuer des notes. De plus, mais au XIXe siècle seulement, les « directeurs des études » devaient aussi organiser dans leur province une sorte de concours interne (le *khoá*) qui, s'il ne donnait pas le droit de concourir au niveau national, permettait tout de même aux lauréats d'être exemptés d'impôts et de corvées. Enfin, le « directeur des études » devait évidemment assurer l'inspection des écoles de district comprises dans sa province.

1. Au-dessous du niveau provincial, la charge de l'enseignement était assurée dans les préfectures (*phủ*) par les *giáo-thụ* et dans les districts par les *huấn-đạo*. Ces « inspecteurs des études » étaient recrutés parmi les licenciés (*cử nhân*) et les bacheliers (*tú-tài*), et ils pouvaient espérer devenir, plus tard, chefs de district : l'enseignement ouvrait la voie à la carrière administrative.

2. Cette remarque n'est pas tout à fait exacte car nombre d'instituteurs de village étaient, en fait, des bacheliers qui n'avaient pu trouver d'emploi et qui s'étaient résignés à rester au village. Ils n'en étaient pas moins diplômés.

champs qu'elle détache de son domaine ; chaque enfant lui apporte en outre une petite subvention : « l'huile de la lampe », comme on dit dans le pays. Au jour de l'an et à certaines fêtes, le maître reçoit également, comme nos instituteurs de campagne, quelques menus cadeaux qui lui rendent la vie facile. Il est exempt des corvées et il est sûr de jouir de l'estime et du respect de tous.

Un jour de l'été dernier, je traversais un des faubourgs excentriques de Hanoï, à l'une des heures les plus chaudes de l'après-midi. Le soleil tombait d'aplomb sur les pavés et l'étroite rue était déserte ; tous les Annamites faisaient la sieste dans l'endroit le plus frais de leurs maisons : à ces heures-là, comme on dit en Orient, il n'y a guère que les Français et les chiens qui se risquent dehors. Au moment où je passais devant une grande case aussi hermétiquement close que les autres, j'entendis comme un chant monotone, psalmodié par une vingtaine de voix d'enfants. Je m'approchai doucement et je risquai un œil dans l'intérieur de la maison par une fente pratiquée entre deux planches mal jointes. C'était une école : dans une grande salle, aux murs de laquelle étaient suspendues des bandes de papier rouge couvertes de sentences chinoises en caractères énormes, les bambins, accroupis sur leurs talons, répétaient leur leçon au maître en chantant tous ensemble les caractères de l'écriture chinoise, comme dans nos écoles de campagne les enfants chantent les lettres de l'alphabet. Ils avaient tous la mine éveillée et intelligente, et ils étaient très attentifs et très occupés à leur besogne. Le vieux maître, debout, ses grosses lunettes rondes sur le nez, allait de l'un à l'autre, rectifiant une intonation fausse et distribuant de temps à autre une brève réprimande ou un encouragement.

Avec de pareilles mœurs, il ne nous a pas été difficile de recruter des élèves pour nos écoles de français. Les Annamites, qui sont très intelligents, comprennent d'ailleurs fort bien l'avantage qu'il y a pour leurs enfants à apprendre notre langue, et ceux-ci, admirablement doués pour ces sortes d'études, font en très peu de temps des progrès étonnants. Je passe souvent, en revenant de mes promenades, par la rue de la Soie où se trouve une de nos écoles, et je m'arrange toujours de façon à traverser cette rue au moment où les enfants sortent de classe. Du plus loin qu'ils m'aperçoivent, ils courent à moi, sachant bien que je ne me ferai pas prier pour arrêter mon petit cheval et pour converser avec eux en français devant leurs compatriotes ébahis. Leur première phrase est toujours la même : « Bonjour, monsieur le capitaine, comment allez-vous ce soir ? » Ils s'appliquent à bien prononcer celles de nos consonnes qui n'ont pas d'analogues dans leur langue, le « r » surtout, qu'ils prolongent comme un roulement de tambour. Les tout-petits ne savent qu'une phrase, mais les grands connaissent déjà beaucoup de mots, et il faut que je les entende tous patiemment et que je réponde de mon mieux. Un rassemblement se fait bien vite autour de nous ; mes petits amis sont très fiers de montrer leur science aux badauds ; quand ils ont épuisé tout leur vocabulaire, ils prennent congé de moi en me saluant gravement de leur chapeau, à la française : « Bonsoir, monsieur le capitaine, au plaisir de vous revoir ! »

ÉLÈVE DE L'ÉCOLE FRANÇAISE

RAPIDES DE HAO-TRANG

CHAPITRE XXI

LE GUET-APENS DE HUÉ ; FUITE DU ROI HAM NGHI. – COURONNEMENT DE DONG-KHANH. – VOYAGE D'EXPLORATION DANS LA RIVIÈRE NOIRE ; LE MONT BA-VI ; LA LÉGENDE DES AÉROLITHES. – DEUX COURAGEUX FRANÇAIS. – LES MUONGS ; LEUR HISTOIRE ET LEURS MŒURS. – LE BARRAGE DE HAO-TRANG. – EXPÉDITION DE THAN-MAI. – UNE AMBULANCE DE CHOLÉRIQUES. – LE CHOLÉRA EN COLONNE. – UN MANDARIN PHILOSOPHE. – SACRIFICE AUX ANCÊTRES. – INSTALLATION DANS UNE PAGODE. – AUTELS EN PLEIN VENT. – LE PAYS AU THÉ ET AUX MANDARINES.

Les rapports deviennent de plus en plus difficiles entre la cour de Hué et le représentant de la France : la résistance sourde que les régents du jeune roi d'Annam opposent à l'influence française s'accentue peu à peu et commence à se traduire par des actes hostiles. Les populations sont partout travaillées par les émissaires du parti des lettrés, que le régent Thuong a réorganisé sur des bases nouvelles et dont l'impulsion puissante se fait sentir jusque dans les plus petites communes du royaume.[1]

_____

1. Pour le contexte politique, voir note 2 p. 504.

Le général de Courcy a résolu de se rendre à Hué dans le but avoué de présenter en audience solennelle ses lettres de créance au roi Ham-Nghi, mais dans l'intention secrète de voir de près les agissements de la cour et de se renseigner exactement sur ce qu'il y aurait à faire pour mettre fin à cette situation fâcheuse. Il est parti de Hanoï avec un nombreux état-major, prenant comme escorte un bataillon de zouaves qui, conformément aux traités, doit tenir garnison à Hué dans une des casernes de la citadelle[1].

Le général n'était pas arrivé depuis vingt-quatre heures dans la capitale que déjà les difficultés commençaient : à entendre les régents, le roi ne pouvait recevoir le représentant de la France que s'il se conformait au cérémonial de la cour. Or ce cérémonial est des plus humiliants et aucun Européen ne saurait s'y soumettre[2]. La cour le comprenait fort bien ; elle voulait simplement gagner du temps. Un des deux régents du jeune roi, le ministre de la Guerre Thuyet, homme d'un caractère violent et notre ennemi irréconciliable, poussait depuis longtemps le Conseil secret à recommencer ouvertement la guerre.

La cour comptait débuter par un coup de maître : connaissant par ses émissaires les projets du général de Courcy, elle espérait pouvoir s'emparer de sa personne pendant son séjour dans la capitale et elle faisait depuis longtemps dans ce but des préparatifs secrets qui n'avaient pas échappé à la vigilance de notre représentant à Hué[3]. Le complot éclata dans la nuit du 4 au 5 juillet 1885. Vers minuit, les troupes annamites attaquèrent en force la caserne occupée par le

---

1. L'installation de la résidence générale de France à Hué, munie d'une escorte militaire, était en effet prévue par l'article 5 du traité Patenôtre. L'intention de Courcy n'était pas aussi « secrète » que le dit Hocquard puisque, le 17 juin, à la veille de son départ pour Hué, le général avait déclaré publiquement que le retour au calme passerait par la mise à l'écart des deux régents et, si nécessaire, par l'enlèvement du roi lui-même. Décidé à en découdre, Courcy gagna la capitale vietnamienne et, le 2 juillet 1885, il *convoqua* à la légation de France les membres du conseil privé du roi ; évidemment, ceux-ci se dérobèrent un à un, mais Courcy fit savoir qu'il n'irait remettre ses lettres de créance au roi qu'après leur venue.

2. Cette difficulté à accepter le « cérémonial humiliant » d'Extrême-Orient avait déjà été la cause, par exemple, de l'échec de l'ambassade de MacCartney à Pékin en 1793 (le même MacCartney qui nous a laissé une belle description de Đà-Nẵng et de ses environs)... Dans le cas qui nous intéresse ici, c'est cependant la situation inverse : la cour ne pouvait accepter le cérémonial humiliant imposé par Courcy. Si elle admettait, à grande peine, que le général pût entrer dans le palais par la porte principale et accompagné de son escorte en armes, elle jugeait en revanche impossible que la délégation française dépassât « la deuxième colonne ». Courcy avait même exigé que le roi vînt au-devant de lui et qu'il reçût, en mains propres, le traité signé par le Parlement français. Ces pourparlers occupèrent les journées du 2 au 4 juillet.

3. Là encore, l'auteur adopte la version officielle car, en réalité, c'est bel et bien le général Courcy qui avait prévu de s'emparer de la personne de Tôn Thất Thuyết, et non point l'inverse. A cette date, suite à l'éviction de Lemaire (juin 1885) qui supportait mal la tutelle de Courcy, le représentant de la France à Hué était de nouveau Palasme de Champeau (1840-1889), ancien consul à Hải-Phòng (1882) et négociateur du traité Harmand (25 août 1883), qui avait été nommé résident à Hué (septembre 1883 à février 1884). Il fut remplacé en octobre 1885 par Hector. Champeau fut finalement nommé résident supérieur au Cambodge (novembre 1887 à mai 1889).

bataillon de zouaves, pendant que les canons de la citadelle lançaient une grêle d'obus sur le palais de la légation de France, situé de l'autre côté de la rivière. L'attaque échoua ; nos soldats repoussèrent l'ennemi et, prenant l'offensive, s'emparèrent des palais et du trésor du roi[1].

La prise de la citadelle de Hué a eu dans tout le royaume un retentissement considérable. Le roi Ham-Nghi s'est retiré avec le régent Thuyet dans les montagnes qui séparent l'Annam du bassin du Mé-Kong. La vieille reine, mère de Tu-Duc[2], qui jouit à la cour d'une influence considérable et qui les avait d'abord accompagnés dans leur fuite, est revenue au palais, confiante en la loyauté du général en chef qui lui avait promis la vie sauve. Grâce à son intermédiaire, il a été formé un nouveau conseil de régence qui, dépossédant Ham-Nghi, a choisi son propre frère pour lui succéder sur le trône. Ce prince, âgé de vingt et un ans, vient d'être solennellement couronné à Hué en présence du général de Courcy, sous le nom de Dong-Khanh[3].

Mais Ham-Nghi, dépossédé, est loin de se tenir tranquille ; il a recruté des partisans nombreux qui, avec l'aide de son ancien ministre Thuyet, mènent une campagne sérieuse contre la France. Ses émissaires parcourent l'Annam et le Tonkin, prêchant partout la révolte. Des troubles viennent de se produire dans les provinces de Quang-Tri et de Thanh-Hoa. Les *Muongs*, qui occupent les montagnes de la rivière Noire, sont surtout fortement travaillés : ces sauvages sont belliqueux et armés de fusils ; le pays qu'ils habitent, bien que confinant au delta, nous est à peu près inconnu ; il pourrait nous venir de là de grosses difficultés. Le général Warnet, qui commande au Tonkin pendant l'absence du général de Courcy retenu à Hué, a formé une expédition ayant pour but de relever exactement le cours de la haute rivière Noire, afin que si nous avions à opérer dans ces régions

---

1. Dirigée par Tôn Thất Thuyết, l'attaque vietnamienne eut lieu après une soirée donnée à la légation de France, alors que les officiers, logés au nord de la citadelle (au Mang-Cá), devaient traverser la rivière pour rentrer chez eux. Il semble que cette attaque ait été décidée par le régent Thuyết seul, sans que les autres membres du Conseil du roi aient été avertis. Bien que menée par six mille hommes en armes, l'attaque (relatée ci-dessous p. 602) échoua totalement. Le régent fit évacuer le roi, les reines-mères et une bonne partie de la cour dans la base arrière de Tân-Sở qu'il avait aménagée depuis longtemps à cet effet. C'est de là que fut proclamé l'édit Cần Vương (« Secours au roi », 13 juillet 1885), qui marqua le début de la résistance organisée des Vietnamiens face aux Français.

2. Từ-Dũ, élevée à la dignité de grande impératrice douairière à la mort de son fils.

3. En réalité, c'est non seulement la reine-mère mais aussi l'ensemble de la cour, des membres de la famille royale et des princes de sang, qui était revenu à Hué dès le 20 juillet. Dans un premier temps, la légation de France fit nommer régent le prince Thọ-Xuân, oncle du roi Tự-Đức, puis, avec l'aide de Nguyễn Hữu Độ, elle parvint à prononcer la déchéance de Hàm-Nghi et à placer sur le trône son frère aîné, qui régna sous le nom de Đồng-Khánh (1885-1889). Cette fois, Courcy put imposer un « cérémonial humiliant » puisque, le 19 septembre 1885, le jeune souverain dut se rendre à la légation de France afin d'y recevoir, des mains du général, sa lettre d'investiture...

accidentées et difficiles, nous ne soyons pas pris au dépourvu. La canonnière *L'Éclair* est partie à l'avance pour reconnaître la route ; *Le Jacquin,* grand bateau en tôle d'acier et à faible tirant d'eau, doit la suivre de près ; il emmène à bord une compagnie de tirailleurs tonkinois. J'embarque en même temps qu'elle en qualité de médecin de l'expédition[1].

Partis de Hanoï le 5 septembre, à trois heures du soir, nous touchons à Son-Tây pour recevoir les instructions du général Jamais qui commande la région[2]. Le 6, à dix heures du matin, nous atteignons l'embouchure de la rivière Noire que les Annamites appellent le Song-Bo[3]. Cette embouchure est très large, mais elle est encombrée par des alluvions et des bancs de sable sur lesquels nous avons failli nous échouer.

Le courant est très rapide et la rivière, profonde, a gardé la teinte rouge du fleuve que nous venons de quitter. À droite et à gauche, sur de petits mamelons boisés à leur sommet, on voit de distance en distance de jolies pagodes ombragées par des pins maritimes. Les flancs de ces mamelons, qui descendent jusqu'au bord de l'eau, sont couverts de belles plantations de riz, de canne à sucre, de patates et de maïs.

Vers six heures du soir, nous atteignons Bat-Bac, premier poste français sur le Song-Bo[4]. Le commandant du *Jacquin* jette l'ancre pour attendre le pilote qui doit le rejoindre à cet endroit. Je profite de notre arrêt pour visiter la garnison ; celle-ci comprend une compagnie de zouaves forte de trois cents hommes environ et commandée par un capitaine. Les hommes, qui viennent de Son-Tây, sont relevés tous les quarante-cinq jours. Ils sont très bien installés dans les bâtiments d'une pagode dépendant d'un village voisin, d'où on leur envoie tous les jours des œufs, des canards et des poules ; ils font du pain dans un four de campagne qu'ils ont construit, avec de la farine qu'on leur

---

1. L'auteur ne dit pas toute la vérité : retrouvée aux archives de l'armée à Vincennes, une « note du directeur du service de santé » indique que « M. Hocquard a été détaché à la mission de la rivière Noire et à celle de Hué pour continuer l'œuvre de topographie photographique et l'album artistique qu'il avait spontanément entrepris pendant la période militaire de l'expédition » (voir *Introduction*). C'est donc moins le médecin que le photographe qui se dirige maintenant vers la région de la rivière Noire.
2. À cette date, le Tonkin était divisé en deux grandes régions militaires. Le sud-ouest était placé sous le commandement du général Brière de l'Isle, qui avait sous ses ordres les généraux Jamais (1831-1911) à Sơn-Tây et Munier à Hà-Nội ; la région orientale était dirigée par le général Négrier, assisté des généraux Giovaninnelli et Prudhomme.
3. La rivière Noire (*sông Đà* ou, comme l'écrit Hocquard, *sông Bờ*) est un affluent important du fleuve Rouge, qu'elle rejoint sur sa rive droite, à hauteur de Việt-Trì ; elle est longue de huit cent cinquante kilomètres dans sa partie vietnamienne et traverse notamment la province de Sơn-La. Elle est praticable par bateau jusqu'à Chợ-Bờ. L'embouchure se trouve à Trung-Hà.
4. Village de Bất-Bạt, sur la rive gauche de la rivière Noire, où Hocquard est d'ailleurs déjà passé (voir plus haut dans ce récit, p. 183 et p. 485).

expédie par jonques de Son-Tây. En cas d'attaque, ils peuvent communiquer avec cette dernière ville à l'aide d'un télégraphe optique. Le commandant du poste a envoyé, il y a déjà quelques jours, un détachement d'une centaine d'hommes qui a remonté par terre la rivière Noire jusqu'au barrage de Hao-Trang[1], où nous allons nous-mêmes. Ce détachement doit installer en cet endroit un poste fortifié, chargé de surveiller le haut pays.

Après avoir attendu notre pilote toute la soirée et toute la nuit, nous sommes obligés de partir sans lui le 7 septembre au matin. C'est un fâcheux contretemps pour le commandant de la canonnière, qui fait ce trajet pour la première fois ; il ne pourra continuer sa route qu'avec prudence et lenteur, de peur de s'échouer.

En amont de Bat-Bac, la rivière est encore très large et très profonde. Il y a bien cinq cents mètres de distance entre les deux rives, et la sonde qu'on jette à chaque instant accuse dix mètres et même douze mètres de fond. Il est vrai que nous sommes à l'époque des hautes eaux. Les berges sont couvertes de broussailles hautes et épaisses au milieu desquelles court un étroit chemin de halage. Les villages commencent à se faire rares ; je ne vois presque plus de terrains cultivés. Les petites collines, au milieu desquelles serpente la rivière, sont du sommet à la base couvertes de forêts dont les arbres sont tellement serrés les uns contre les autres qu'on n'en distingue pas les troncs. De distance en distance, nous croisons des huttes de pêcheurs construites sur les radeaux et amarrées le long de la rive, ou de légers bateaux-paniers qui descendent rapidement le courant.

Le commandant du *Jacquin* a fait tendre pendant la halte d'hier de grandes lignes de fond à l'arrière du bateau, et le cuisiner chinois nous sert à déjeuner deux superbes échantillons des poissons de la rivière Noire ; c'est d'une part une sorte de carpe gigantesque dont la chair est excellente, et de l'autre une espèce de barbeau dont la tête est armée de quatre barbillons tout à fait remarquables ; les deux supérieurs, qui sont les plus longs, mesurent près de six centimètres.

Le Song-Bo commence à décrire les courbes les plus capricieuses ; au saillant de chacun des coudes se trouvent des bancs de sable fin sur lesquels de grands échassiers au ventre blanc, aux ailes noires, aux tarses et aux becs rouges, prennent leurs ébats et pêchent les coquillages et les poissons en compagnie de grues cendrées et de cormorans.

---

1. Village de Hào-Tráng, actuellement dans le canton de Đức-Nhiệm, district (*châu*) de Đà-Bác, province de Hoà-Bình. Bien que notre auteur soit passé devant l'actuelle ville de Hoà-Bình, il n'en souffle mot car il devait s'agir alors d'un village en tous points comparable aux autres.

Ces oiseaux sont si peu farouches qu'on pourrait les tirer à une distance de quatre ou cinq mètres.

Les petites collines qui bordaient la rivière pendant le trajet d'hier ont fait place à des montagnes plus élevées, couvertes de forêts qui de loin paraissent impénétrables. Au-dessus de ces massifs boisés, le mont Ba-Vi s'élève comme un géant au milieu de pygmées. Il a mille huit cents mètres d'altitude et son sommet, en forme de trident, s'aperçoit de tous les environs. C'est cette forme bizarre qui lui fait donner son nom : Ba-Vi signifie « Trois Pics ». Cette montagne est une des plus fameuses du Tonkin, et les *Muongs* la considèrent comme le berceau de leur race[1]. Plus de vingt-huit siècles avant notre ère, un de leurs rois, descendant des anciens empereurs de Chine, y avait déjà sa résidence[2]. C'est le mont sacré des Annamites, et les sauvages, qui habitent les épaisses forêts dont il est couvert, l'adorent eux aussi comme une divinité puissante : tous les ans, au dixième mois, ils font un pèlerinage jusqu'au sommet ; là se trouve une vieille pagode, ouverte à tous les vents, où ils offrent des armes et des vases en pierre qu'ils ont fabriqués tout exprès. D'après la croyance populaire, ces objets disparaissent d'une année à l'autre sans qu'il en reste de traces. Les Annamites de la plaine prétendent qu'ils servent de projectiles au dieu du tonnerre ; ce dieu, qui habite la montagne, les lance sur la contrée pendant les orages. Les aérolithes sont en effet assez fréquents au Tonkin ; les Annamites les connaissent bien et les désignent sous le nom de *tam-set*[3]. Pour eux, tout éclair suivi de tonnerre indique la chute d'un de ces *tam-set* ; on ne le voit pas, parce qu'il pénètre immédiatement dans le sol où il s'enfonce profondément, mais il en sort spontanément au bout de trois mois et dix jours, et celui qui a la chance de le ramasser est assuré d'un heureux avenir, car tous les mauvais esprits redoutent le pouvoir magique de ces aérolithes. C'est à tel point que, pendant les violents orages, les méchants génies, craignant d'être touchés par les *tam-set* qui sillonnent les airs, se cachent sous le premier abri qu'ils rencontrent. Un indigène vient-il à passer près d'eux, vite ils se blottissent sous son parapluie ou même

1. Le mont Ba-Vì (ou Tản-Viên), qui signifie « Trois Sommets », est situé à soixante kilomètres de Hà-Nội, sur la rive droite de la rivière Noire, à sa confluence avec le fleuve Rouge. Il culmine à mille deux cent quatre-vingts mètres (et non à mille huit cents). C'est un très important lieu de culte de la minorité *mường*, mais aussi des populations *việt* : le site est lié à la légende du « génie de la Montagne et du génie des Eaux » (voir ci-dessous p. 532 et note 2 p. 532). La divinité Tản-Viên est l'un des quatre immortels de la mythologie vietnamienne.

2. Référence à la légende des rois Hùng et à la dynastie de Hồng-Bàng, qui constituent le mythe fondateur du peuple *việt*. Pour plus de précisions, voir ci-dessous note 3 p. 530.

3. Plus exactement *lưỡi tầm sét*, plus connues sous l'appellation « pierres de foudre », selon les croyances populaires, et qui sont des pierres taillées ou polies bien connues des archéologues.

sous son grand chapeau, et le malheureux est ainsi exposé à être foudroyé à cause du génie qu'il abrite ; aussi les Annamites ont-ils grand soin, à chaque coup de tonnerre, de mettre chapeau bas et de fermer leur parapluie.

Nous venons de passer près du village Dong-Thon, dont les maisons basses paraissent comme enfouies dans un fouillis de verdure ; deux autels rustiques, protégés par de petits toits en paille, s'élèvent à l'ombre d'un vieil arbre à l'entrée du hameau. Plus loin, deux immenses rochers en calcaire marmoréen, semblables à ceux que j'ai décrits pendant mon voyage de Lang-Son, se dressent sur la rive droite comme de hautes tours ruinées. Derrière ces rochers se montre une colline au sommet de laquelle nous ne sommes pas peu surpris de voir flotter le drapeau français. Nous avons bien vite le mot de l'énigme : un sampan vient d'aborder notre canonnière, et deux compatriotes sont montés lestement à bord. Ce sont deux anciens sous-officiers d'infanterie de marine qui, libérés du service militaire après une campagne faite au Tonkin, n'ont pas voulu retourner en France avant d'avoir tenté fortune dans le pays. Tout jeunes encore et très aventureux, ils ont remonté il y a deux mois le cours de la rivière Noire et sont venus s'installer dans ce pays perdu, où ils exploitent les riches carrières de marbre contenues dans les flancs des rochers dont je viens de parler. Ils ont fait alliance avec un chef *muong* du voisinage qui, moyennant une rétribution assez minime, leur fournit des travailleurs avec lesquels ils exploitent les carrières et les forêts environnantes. Ces forêts contiennent des essences précieuses ; on y trouve le *thi*, arbre gigantesque dont le bois, léger et sans veine, est utilisé pour la gravure[1] ; une espèce de frêne qui résiste aux attaques des insectes ; une variété d'ébénier et une sorte de palissandre dont on fait les meubles incrustés de nacre[2]. Avec les pièces de bois, les *Muong* construisent les radeaux sur lesquels ils chargent les blocs de marbre ; tous les matériaux descendent presque sans frais la rivière Noire et le fleuve Rouge jusqu'à Hanoï, où ils sont vendus un bon prix. Les calcaires communs servent à faire de la chaux, mais on trouve de temps à autre des filons de marbre rare, dont les couleurs vives et agréables à l'œil sont très estimées des Annamites qui le désignent sous le nom de *da-hoa*[3], ce qui veut dire « pierres-fleurs ».

---

1. Le *hương thị*, ou « plaqueminier » (*Diospyros decandra,* de la famille des Ébénacées), est un bois tendre, de très bonne qualité, joliment strié de veines noires (contrairement à ce que prétend Hocquard), qui est souvent utilisé en ébénisterie en raison de ses grandes dimensions en diamètre. Il sert aussi à confectionner les planches d'impression (xylogravures).
2. Voir note 2 p. 60.
3. *Đá-hoa.*

La canonnière jette l'ancre devant la maison de nos compatriotes, et j'accepte avec le plus grand plaisir l'offre qu'ils me font d'aller visiter leur installation. Ils habitent une grande case en bambous, très large et très haute, bâtie à flanc de coteau ; elle est divisée en quatre compartiments : deux chambres à coucher, une cuisine et une salle à manger. La maison est construite sur une terrasse carrée, entourée de toutes parts par une forte palissade en bambous entrecroisés. Deux portes donnent accès dans l'intérieur ; elles peuvent être fermées par de solides herses d'épines.

Depuis deux mois bientôt, nos deux compatriotes vivent complètement isolés derrière ce frêle rempart. Jamais ils n'ont été attaqués par les pirates, bien qu'à différentes reprises des bandes chinoises soient passées très près de leur résidence ; ils ont même battu les environs à dix ou quinze kilomètres à la ronde et ils me fournissent des renseignements précieux sur le pays. Souvent, ils ont rencontré dans leurs chasses en forêt de grands cerfs aux longues cornes rameuses, des paons, des coqs de bruyère, des singes, des serpents de plusieurs espèces et, entre autres, un boa qui mesurait près de cinq mètres de longueur. Ils n'ont jamais vu de tigre, bien qu'ils aient souvent relevé sa trace dans le voisinage ; dans les terrains bas, près de la rivière, ils ont tiré des hérons, des oies sauvages, des poules d'eau et des bécassines. Ils me font un grand éloge de la tribu *muong* avec laquelle ils sont en relations d'affaires ; à les entendre, ces sauvages sont plus braves et d'un caractère plus franc que les Annamites de la plaine ; ils obéissent à un chef nommé par eux qui a sur sa peuplade une autorité absolue[1]. Si l'on en croit ce chef, les tribus *muongs* seraient très nombreuses dans le bassin de la rivière Noire ; des échantillons de cette race se rencontreraient même plus loin encore vers le sud, dans les montagnes du Day et jusque près de Ninh-Binh. Les *Muongs* de la rivière Noire ne diffèrent guère comme costume des habitants de la plaine ; mais ceux du Day s'habillent différemment, avec des étoffes fabriquées exclusivement par eux dans leurs montagnes ; ces étoffes sont ornées de dessins et de broderies du plus joli effet.

Ces sauvages, qui parlent une langue spéciale peu comprise des Annamites, sont d'une stature plus élevée, mieux découplés et plus vigoureux que ceux-ci. Ils se rapprochent beaucoup des *Thos* que j'ai rencontrés dans la province de Lang-Son, et ils doivent appartenir à la

---

1. Issu des grandes familles féodales, le chef des villages *mường* était appelé *quan-lang* ; son pouvoir était héréditaire et il jugeait toutes les affaires sans appel. Sur l'aire d'extension du peuple *mường*, voir note 1 p. 390 et p. 533.

VILLAGE DE DONG-THÔN, ET MONT BA-VI

même race[1]. Leur histoire est curieuse et mérite qu'on en dise quelques mots.

Aux temps les plus reculés des annales annamites, la plus grande partie des territoires qui forment actuellement le bassin inférieur du fleuve Rouge et du Thai-Binh était, comme je l'ai déjà raconté, recouverte par les eaux de la mer. À la place du Delta tonkinois, il y avait une grande baie, entourée de tous côtés par des groupes d'îles et d'îlots formés de rochers calcaires semblables à ceux de la baie d'Halong. Les terrains d'alluvions qui ont été déposés depuis n'ont pu recouvrir entièrement ces rochers ; leurs sommets se montrent encore de distance en distance dans les plaines du Tonkin ; ce sont eux que j'ai décrits autour de Lang-Son ; eux aussi que nous retrouvons sur le bord de la rivière Noire ; partout ils se reconnaissent aux même caractères : formés de calcaires marmoréens, ils sont creusés de grottes et d'anfractuosités profondes qui semblent produites par l'usure des flots ; le sol de ces grottes est composé de sable fin, de galets et de cailloux ronds dont on ne peut s'expliquer autrement la présence.

La baie dont il vient d'être parlé formait, avec sa ceinture d'îlots, une sorte de vaste lac aux eaux tranquilles, que les annales annamites désignent sous le nom de lac Dong-Dinh. Les rochers qui l'entouraient étaient habités par des peuplades sauvages que les historiens chinois désignent sous le nom de Quich-Qui, littéralement « Diables rouges ». L'empereur chinois Dé Ming soumit toutes ces peuplades 2 878 ans avant notre ère, et les donna à gouverner à son fils cadet qui, sous le nom de Kinh Duong, fut le premier roi du Tonkin. Ses successeurs se partagèrent plus tard son empire ; de ce morcellement naquit le royaume de Van-Lang (« Seigneur des Lettres[2] »), dont la capitale était située sur le mont Tan-Vien, qui porte aujourd'hui le nom de mont Ba-Vi[3].

Dans les temps qui suivirent, les alluvions déposées par les deux grands fleuves ayant comblé une partie du lac Dong-Dinh, le royaume

---

1. Non, puisque les *mường* appartiennent à la famille ethno-linguistique des Austroasiatiques, tandis que les *Thổ* (c'est-à-dire les Tày) relèvent de celle des Thaï.

2. Traduction plus que sujette à caution…

3. Descendant du mythique souverain chinois Chen Nong, l'ancêtre Kinh Dương Vương passe pour avoir régné sur le sud de la Chine, au pays des Démons rouges (*Xích Quỷ*) ; il épousa la fille du « Seigneur Dragon » (Long Vương), roi des eaux, avec laquelle il eut un fils nommé Lạc Long Quân (« Seigneur des Dragons aquatiques ») ; celui-ci épousa l'immortelle Âu-Cơ (divinité de la montagne) qui mit au monde cent garçons (cinquante gagnèrent la montagne, cinquante allèrent dans la région maritime) ; l'aîné de ces cent garçons devint, sous le nom de Hùng Vương, le premier roi de la dynastie légendaire de Hồng-Bàng ; il fonda le royaume de Văn Lang, premier État Việt, à la tête duquel se succédèrent dix-huit rois symboliques, qui régnèrent de 2800 à 258 avant notre ère (date à laquelle le royaume prit le nom de Âu-Lạc). Le temple des rois Hùng se situe, aujourd'hui, sur le mont Nghĩa-Lĩnh.

DANS LA HAUTE RIVIÈRE

de Van-Lang gagna en étendue ; les populations, trop à l'étroit sur leurs montagnes, finirent par refluer dans la plaine et se mirent à cultiver les terres fertiles qui avaient pris la place de la mer[1]. Les indigènes se scindèrent alors en deux catégories différentes : les *Son-Tinh*, habitants des montagnes, et les *Thuy-Tinh*, habitants de la plaine[2].

Deux cents ans avant Jésus-Christ, le petit pays de Van-Lang, réuni à d'autres territoires et gagnant sans cesse en puissance et en étendue, formait un royaume riche et prospère, connu sous le nom d'Âu-Lac[3]. Ce royaume, placé aux frontières du Céleste-Empire, excita la convoitise des Chinois ; un de leurs généraux l'envahit avec une armée de cinq cent mille hommes, détrôna le roi indigène et se mit à sa place. La plupart de ses soldats étaient, dit la chronique, des vagabonds qui n'avaient pas pu se marier en Chine. Ils s'établirent dans le pays et ils y firent souche[4].

En même temps, des bandes d'émigrants chinois, fonctionnaires, lettrés, soldats et marchands, affluaient au Tonkin et s'établissaient dans les régions des plaines, plus fertiles et mieux connues que celles des montagnes. À leur contact, les anciens *Thuy-Tinh* se transformè-

1. Le lac de Động-Đình (*Tong ting hu*) se trouve au nord de Changsha, dans la province du Hunan, en plein cœur de la Chine : il n'entretient aucun rapport avec le bassin du fleuve Rouge. Hocquard confond la légende de fondation du royaume de Văn Lang, qui n'évoque pas ce lac, avec les données historiques (hypothétiques) qui situent le berceau du peuple vietnamien dans le bassin du moyen fleuve Bleu, dans la région du Hunan comprise entre Yi-Chang et, précisément, le lac de Động-Đình. Les pêcheurs de ce lac avaient coutume de se tatouer sur le corps l'image d'un crocodile qui, avec le temps, devint le *totem* ou l'emblème de la peuplade locale ; vers le IXe siècle avant notre ère, une branche de cette peuplade – les Yue ou Việt – descendirent le fleuve Bleu et, par à-coups, migrèrent vers l'actuel bassin du fleuve Rouge en longeant le littoral maritime chinois (voir ci-dessus note 2 p. 67).

2. La légende du « génie de la Montagne et du génie des Eaux » se place sous le règne du dix-huitième roi Hùng. Voulant marier sa fille My Nương, celui-ci promit de prendre pour gendre l'homme qui apporterait les offrandes les plus dignes ; le génie de la Montagne (*Son Tinh*) arriva le premier, il remit ses offrandes et emmena My Nương avec lui ; arrivé trop tard, le génie des Eaux (*Thuỷ Tinh*) fut pris de colère ; il provoqua la montée des eaux du fleuve pour attaquer son rival qui, de son côté, exhaussait d'autant la montagne afin de lui échapper. Finalement, le génie des Eaux fut vaincu. Cette légende renvoie évidemment au combat incessant contre les crues du fleuve, à la lutte séculaire menée par les hommes contre les inondations dont étaient victimes les terres du delta du fleuve Rouge.

3. Plus précisément, le royaume de Âu-Lac fut fondé par Thục An Dương (257-208). An Dương, prince du pays de Ba-Thục, entra en conflit avec le dernier roi de la dynastie légendaire de Hồng-Bàng. D'après la légende, cette guerre eut pour motif le refus d'accorder à An Dương la main de la princesse vietnamienne My Nương (*voir note ci-dessus*). L'armée du pays de Ba-Thục défit les troupes de Hồng-Bàng, et An Dương devint souverain du territoire vietnamien qui prit alors le nom de Âu-Lac. Il installa sa capitale à Cổ-Loa, dans une demi-boucle formée par la rivière Cà-Lồ.

4. Après s'être emparé du pays de Canton, les Chinois franchirent la frontière de Âu-Lac en 210 avant notre ère, et le général Triệu-Đà défit une première fois les Vietnamiens, qui durent accepter comme nouvelle frontière une partie du cours de la rivière Cà-Lồ ; en 208, le général Triệu-Đà poursuivit son avance, s'empara de Cổ-Loa, et An Dương fut finalement contraint au suicide. Triệu-Đà réorganisa l'ensemble de cette zone et le royaume de Âu-Lac devint le Nam-Việt (208). Il s'agissait d'une sorte d'État-tampon, qui s'est plusieurs fois dressé contre le « pan-hanisme » des Chinois. Du reste, le grand lettré Nguyễn-Trãi, au XVe siècle, annexera purement et simplement Triệu-Đà parmi les dynasties fondatrices de la nation Việt.

rent peu à peu ; ils prirent les mœurs, l'écriture et jusqu'au type chinois. Les montagnards, au contraire, demeurant complètement isolés dans leurs forêts, descendant rarement dans les vallées où ils n'aimaient pas à s'aventurer, gardèrent intactes leurs anciennes coutumes et leurs types primitifs : ce sont les *Muongs* d'aujourd'hui.

Jusqu'au règne de Minh-Mang (1821-1841) les peuplades *muongs* gardèrent une indépendance à peu près absolue vis-à-vis de la cour de Hué. Chacune d'elles s'administrait isolément et nommait ses chefs, qui tous étaient choisis parmi les descendants des familles nobles et qui, comme au temps de Kinh-Duong, portaient le nom de *quan-lang*, ce qui veut dire « seigneur noble et pur ». Le *quan-lang* avait une autorité absolue sur les villages ; il avait sur ses sujets droit de haute et basse justice comme nos anciens seigneurs féodaux. Toutes les affaires litigieuses étaient soumises à son tribunal ; en retour, ses sujets cultivaient ses champs et entretenaient sa famille et sa maison.

Les familles de ces seigneurs étaient généralement très nombreuses : tous les parents, les plus éloignés comme les plus proches, avaient le droit d'habiter et d'être entretenus avec le chef de la maison. Les filles ne pouvaient se marier qu'avec des jeunes gens de race noble ; le fils aîné succédait souvent à son père ; les autres allaient chercher ailleurs fortune et dignités, comme nos cadets d'autrefois.

Quand une peuplade était mal administrée par son *quan-lang*, elle souffrait d'abord en silence, comptant que le chef, pour lequel elle gardait à cause de ses aïeux une vénération profonde, finirait par s'amender ; celui-ci persistait-il dans ses mauvais instincts, alors les anciens du village se réunissaient et délibéraient entre eux ; puis une députation se présentait à la demeure du chef et lui annonçait respectueusement qu'il fallait songer à abdiquer. Au jour dit, tous les hommes valides de la tribu se donnaient rendez-vous devant la maison du seigneur frappé de déchéance et lui rendaient le dernier service de le transporter avec sa famille et son mobilier à l'endroit qu'il avait choisi pour sa retraite.

Minh-Mang, le grand niveleur, supprima d'un trait de plume presque toute l'autorité des seigneurs montagnards ; les territoires des peuplades furent divisés en communes ou en cantons qui eurent la même administration que les villages de la plaine. Les fiers *quan-lang* furent ravalés au rôle de simples maires de hameau ; mais, malgré les édits de la cour de Hué, les *Muongs* ont gardé pour leurs anciens seigneurs un respect profond ; ils leur fournissent des gardes armés de fusils et leur donnent la présidence de leurs assemblées.

Les fusils *muongs* sont fabriqués dans la montagne ; leurs canons sont généralement longs ; leur crosse, très courte, souvent enjolivée d'ornements de bon goût, s'appuie sur la joue pour faire le coup de feu. Les *Muongs* sont presque tous d'excellents tireurs ; chaque chef de famille a son fusil dont il se sépare difficilement. Sous Tu-Duc, tous les grands districts montagnards devaient entretenir chacun une garde d'environ deux cents hommes armés de fusils. Ces compagnies, à la solde de l'Annam, avaient pour mission de défendre la région des montagnes contre l'invasion des bandits chinois. Elles étaient commandées par des chefs *muongs* qui, chaque année, vers le premier jour du deuxième mois, se rendaient avec leurs soldats au chef-lieu de la province la plus rapprochée de leur résidence. Le gouverneur annamite passait alors une grande revue des troupes *muongs* et les chefs, après avoir reçu la solde annuelle, prêtaient solennellement serment de fidélité au roi d'Annam.

Aujourd'hui encore, les pirates chinois redoutent les *Muongs* ; ce n'est qu'en cas de nécessité absolue et lorsqu'ils sont en nombre qu'ils se hasardent sur leur territoire. C'est par cette raison sans doute que nos deux compatriotes qui, isolés comme ils le sont, sont une proie facile et tentante, n'ont pas été jusqu'à ce jour inquiétés par ces bandits.

Je prends congé des deux jeunes commerçants français à la nuit tombante. Je voulais leur laisser un souvenir de ma visite en reconnaissance des renseignements précieux qu'ils m'ont fournis sur le pays ; ils ne veulent accepter qu'un peu de poudre de quinine ; c'est en effet le meilleur cadeau qu'on puisse leur faire, dans cette contrée où ils sont si souvent exposés aux atteintes de la fièvre des bois.

Le lendemain, après avoir dépassé à bâbord le petit hameau de Dong-Som[1], dont les cases, isolées les unes des autres par les bananiers sauvages et les bambous épineux, semblent accrochées aux flancs de la montagne, nous entrons dans une région sauvage dont l'aspect diffère absolument de ce que nous avons vu jusque-là : depuis son embouchure jusqu'à Dong-Som, la rivière Noire, relativement large, semée d'îlots et de bancs de sable, coule paresseusement entre deux rives parcourues par des chemins de halage assez fréquentés, au milieu de petits mamelons séparés par des rizières ou par des cultures. À partir de Dong-Som, les mamelons se rapprochent du bord de l'eau et s'élèvent peu à peu, pendant que la rivière se rétrécit et s'encaisse

---

1. Il s'agit très certainement du village de Đông-Sơn, situé à une dizaine de kilomètres au nord de Hoà-Bình, dans le district (*châu*) de Kỳ-Sơn.

de plus en plus. Plus loin, les rives sont formées par de hautes montagnes, couvertes d'impénétrables forêts aux superbes essences, ou plantées de grands roseaux dont les touffes dépassent la hauteur d'un homme. Ces montagnes, serrées les unes contre les autres, forment une chaîne continue dont les contreforts abrupts semblent impossibles à franchir ; plus de routes, mais d'étroits sentiers tracés par les *Muongs* dans l'épaisseur des fourrés et des taillis.

Nous jetons l'ancre devant Tinh-La[1], hameau *muong* composé de quatre ou cinq maisons, pour y débarquer la compagnie de tirailleurs tonkinois qui va s'y installer un poste[2]. Au débarcadère nous trouvons la canonnière *L'Éclair* qui nous attend pour nous guider.

Les habitations *muongs* diffèrent des cagnas qu'on rencontre habituellement dans le bas Tonkin : elles sont construites sur pilotis à environ un mètre du sol ; on arrive à la porte par une échelle en bambous, de trois ou quatre marches, aboutissant à une galerie extérieure qui fait le tour de la maison à la hauteur du plancher. C'est sur cette galerie que les enfants prennent leurs ébats, à l'abri du tigre qui souvent rôde sournoisement, la nuit, aux abords des villages ; c'est là aussi que les ménagères viennent prendre le frais et se reposer des travaux de la journée. Le plancher est à claire-voie ; il est formé de petites lattes en bambou, très propres et assez espacées les unes des autres ; il faut avoir une grande habitude pour marcher sur une surface pareille[3].

Au milieu de la case se trouve le foyer ; l'âtre est formé par une grande plaque d'argile, durcie au soleil et un peu relevée sur les bords. Au-dessus se trouve une espèce de séchoir en bambous, auquel le propriétaire a suspendu une douzaine de poissons pour les fumer. La fumée remplit la maison lorsqu'on fait la cuisine ; elle s'échappe comme elle peut, par la porte, par les fenêtres, ou encore par les étroites ouvertures ménagées entre les murs et le toit.

Dans l'espace occupé par les pilotis qui supportent la maison, entre le plancher et le sol, sont remisés les instruments de chasse et de

---

1. Il nous est malheureusement impossible de localiser ce hameau.

2. C'est en effet une caractéristique saillante des villages *mường*. Appelés *quêl*, ils comportent en général moins d'une dizaine de maisons. La réunion de ces hameaux forme un *mường*, à la tête duquel on trouve un chef indépendant qui appartient toujours à une grande famille locale (souvent l'aîné de la branche aînée).

3. Les maisons *mường* sont bâties non à un mètre mais bien plutôt à deux mètres du sol ; elles sont de forme rectangulaire et très souvent entourées d'une palissade. La présence de la « galerie extérieure qui fait le tour de la maison » n'est pas avérée, car il s'agit en fait, devant le seuil de la maison, au premier étage, d'une simple terrasse à laquelle on accède par une échelle de bois, sans rampe. Dans certains cas, chez les riches propriétaires, on trouve au mieux un balcon non couvert, qui longe le grand côté de la demeure, à l'extérieur, mais sans jamais en faire le tour. Les maisons *mường* sont, en règle générale, de petites dimensions : entre six et douze mètres de long sur quatre à six mètres de large.

pêche : filets de toutes grandeurs, petites cages munies de pièges ingénieux qu'on suspend aux arbres pour prendre les oiseaux vivants, des arcs, des arbalètes et aussi ces longs bambous creux, ouverts à l'une de leurs extrémités, dans lesquels les *Muongs* vont chercher l'eau. Les arbalètes et les arcs sont habilement construits. Les montagnards connaissent l'art d'empoisonner leurs flèches.

CASE MUONG

Leur carquois, fait avec un gros bambou, porte en avant, accouplés l'un à l'autre comme les canons d'un fusil à deux coups, deux petits tubes creux qui contiennent une mixture noire ; sans doute le suc de l'*upas teinté*, qui croît en abondance dans les forêts de la rivière Noire, et qui donne un poison extrêmement violent, capable de tuer les gros animaux[1].

---

1. *Upas* est un mot malais qui signifie « poison » ; il désignait à l'origine la substance toxique utilisée par les habitants des îles de la Sonde pour empoisonner leurs flèches. Ici, il s'agit sans doute d'une sorte de curare tiré du strychnos (ou vomiquier), qui abonde dans cette région.

Les maisons de Tinh-La, très espacées les unes des autres, sont entourées d'énormes touffes de bambous ou de bouquets d'aréquiers trois fois plus gros que ceux du delta. Leurs tiges grêles s'élèvent en ligne droite jusqu'à six ou sept mètres au-dessus du sol. Une de ces cases, hermétiquement close, est ornée aux quatre coins de figures grossières. L'officier de tirailleurs chargé d'organiser le cantonnement voulait, la croyant vide, y loger quelques soldats ; mais les habitants s'y sont opposés avec des gestes si suppliants et un air si désolé qu'il n'en a rien fait. Cette case renferme, paraît-il, le corps d'un habitant du village, décédé depuis près de deux mois. Les *Muongs* ont la singulière habitude de conserver ainsi, dans leurs maisons, les cadavres de leurs parents scellés dans des troncs d'arbres, et de ne les mettre en terre qu'au bout d'un temps plus ou moins long, quelquefois deux ou trois ans après leur mort.

Nous laissons aux tirailleurs tonkinois tous les approvisionnements nécessaires ; puis nous reprenons notre route, guidés par *L'Éclair* qui nous précède de quelques brasses seulement. Le lit de la rivière est semé de grosses roches d'autant plus redoutables que le courant est très rapide et que notre bateau obéit difficilement au gouvernail. Le song-Bo est devenu étroit et profond ; ses eaux, qui ont pris une teinte sombre, presque noire, passent comme dans une filière entre de hautes montagnes à pic, couvertes d'une végétation extrêmement luxuriante ; ce ne sont plus les maigres bambous et les rares bouquets de bananiers des environs de Hanoï ; c'est la forêt vierge dans toute sa magnificence, avec ses fougères arborescentes, ses arbres immenses qui s'étouffent faute de place, ses lianes énormes qui poursuivent leurs festons jusque dans l'eau. Pas le moindre sentier dans ces fourrés qui, vus du bateau, nous semblent absolument impénétrables. De loin en loin, je distingue cependant comme un trou dans l'épaisse verdure : ce sont des cultures *muongs* ; les sauvages ont incendié un coin de la forêt pour y semer le riz des montagnes, qui pousse presque sans eau, le seul qu'on puisse cultiver sur ces plateaux élevés[1].

À quatre heures nous jetons l'ancre devant Hao-Trang[2]. Il est impossible d'aller plus loin : à cent mètres devant nous, la rivière est

---

1. Les habitants de la moyenne et haute région complétaient en effet leur alimentation par le « riz de montagne », semé à la volée, qui nécessitait très peu d'eau. À la fois cause et conséquence du nomadisme, la culture sur brûlis (*rẫy*) consistait à incendier une parcelle forestière pour y cultiver ce riz, dont les plants étaient renforcés par les cendres fertilisantes. Cet écobuage traditionnel était jadis suivi d'un reboisement ou d'une remise en valeur partielle de la parcelle incendiée mais, peu à peu, on abandonna tel quel le terrain brûlé, provoquant du même coup la stérilisation du sol sous l'effet de l'action conjuguée du soleil sur le sol nu et des pluies tropicales qui le lessivaient (formation de latérite).

2. Voir note 1 p. 525.

obstruée par une ligne de grosses roches qui vont d'une rive à l'autre comme de gigantesques piliers. Les eaux viennent se briser avec un bruit de tonnerre contre les pierres qu'elles couvrent d'écume. Au-delà de cette ceinture de rochers, la rivière fait un coude si brusque que les deux murailles de granit qui la bordent semblent se rejoindre derrière le barrage. Aucune description ne peut donner une idée de la beauté de ce paysage grandiose, éclairé par les feux rouges du soleil couchant.

Le détachement de zouaves parti de Bat-Bac par la voie de terre s'est installé en amont du barrage, sur la rive gauche du fleuve, dans une petite pagode abandonnée. Les soldats ont eu une peine énorme pour remonter jusque-là. À partir de Tinh-La le chemin de halage disparaît et ils ont dû se frayer un passage à la hache à travers la forêt vierge. Leurs vêtements, dont ils ont laissé des lambeaux accrochés aux buissons et aux bambous épineux, sont dans un état déplorable. Quelques hommes ont dû, en attendant l'arrivée de nouveaux uniformes, remplacer par des vêtements annamites les parties les plus essentielles de leur costume ; sous ces grands chapeaux indigènes, les figures barbues des zouaves produisent un effet des plus réjouissants.

Après une station d'une dizaine de jours à Hao-Trang, consacrée à l'organisation des postes et à l'étude du rapide, les canonnières reprennent la route de delta. Le chemin est connu maintenant et nous descendons le courant à toute vitesse. Nous nous arrêtons un moment à Tinh-La, afin de serrer la main une dernière fois aux officiers de tirailleurs annamites, qui montent ensuite sur leur mirador pour nous voir reprendre notre route et pour nous saluer en agitant leurs mouchoirs. Le lendemain au soir, nous mouillons à l'embouchure du fleuve Rouge : nous avons fait soixante milles en deux jours[1].

Le 3 octobre au matin, nous avions levé l'ancre de bonne heure et, descendant le courant rapide du fleuve Rouge, nous comptions arriver avant le soir au port de Son-Tây ; mais deux heures environ après notre mise en route, au moment même où nous passions devant le village de Bac-Hat, situé à l'embouchure de la rivière Claire[2], le bateau ralentit tout à coup, faisant machine en arrière, et le capitaine entre brusquement dans la cabine où nous étions en train de parcourir une pile de vieux journaux de France : « Venez sur le pont, je ne sais

---

1. Soit cent dix kilomètres.
2. Voir note 1 p. 386.

POSTE DE ZOUAVES EN AVANT DE HAO-TRANG

vraiment ce qui se passe, la rive gauche est encombrée de troupes et il me semble reconnaître sur le bord des uniformes de généraux ; nous allons jeter l'ancre et envoyer à la découverte. »

ACCOUTREMENT DES ZOUAVES À HAO-TRANG

Le Jacquin est à peine immobile que déjà un sampan se détache de la rive et fait force de rames vers notre bateau. Un officier d'ordonnance nous apporte les ordres verbaux du général en chef : « Le général de Courcy, nous dit-il, a rassemblé, au confluent de la rivière Claire et du fleuve Rouge, toutes les troupes disponibles des garnisons du delta ; une expédition importante se prépare pour combattre les bandes de pirates chinois qui infestent la région de Tan-Mai ; mais déjà les malades sont nombreux et j'ai ordre de requérir le docteur, qui doit descendre à terre et se mettre immédiatement à la disposition du général Jamais, commandant de la colonne[1]. »

Je saute dans la petite embarcation du messager du général et en cinq minutes je suis à terre. Je trouve le général très préoccupé : « Je vous attends avec impatience, me dit-il, la situation est grave ; plusieurs cas de choléra viennent d'éclater parmi les troupes et nous avons dû rassembler provisoirement les malades dans une pagode isolée du village. Nous ne pouvons emmener avec nous les médecins qui les soignent, et cependant, dans les conditions où nous sommes, il faut que quelqu'un d'entre vous puisse suivre la colonne. Arrangez-vous, voyez vos camarades ; mon planton est à vos ordres pour vous conduire vers eux. »

C'est la première fois que le choléra fait son apparition au Tonkin parmi les troupes européennes ; il se montre de temps à autre dans la population indigène, et il ne se passe d'année où il ne fasse plusieurs centaines de victimes dans l'une ou l'autre des provinces ; jusqu'à présent le corps expéditionnaire avait été épargné, mais maintenant que le fléau a commencé à sévir au milieu des troupes, qui peut savoir où il s'arrêtera ?

Conduit par le planton du général, je traverse une grande place sur laquelle se tient tous les deux jours un marché abondamment approvisionné en volailles, légumes et fruits de toutes sortes. Bac-Hat est un grand centre annamite, riche, commerçant et populeux, dans lequel était autrefois installé un poste de douane ; ce poste prélevait l'impôt sur toutes les barques qui s'engageaient dans la rivière Claire.

Nous suivons une longue rue, bordée de petites maisons basses, recouvertes de paille ; après avoir franchi une porte en maçonnerie, qui indique les limites du village, nous nous engageons, à travers les champs de riz, sur une digue aboutissant à une pagode en briques complètement isolée de toute habitation. Il est tard et le jour pénètre mal dans ce grand bâtiment dont les toits très bas débordent de beaucoup les murs. Mes camarades font apporter des lanternes de marine à la lueur desquelles ils me font visiter leur installation. Leur logement d'abord, une misérable paillote dépendant de la pagode et

---

1. Après l'armistice (avril 1885) et le retrait des troupes chinoises, de nombreux résistants vietnamiens – mais aussi des pirates et des Pavillons-Noirs – s'étaient réfugiés dans la presqu'île située entre le fleuve Rouge et la rive droite de la rivière Claire (entre Viêt-Trì et Phú-Tho). Là, ils s'étaient installés dans les forts jadis occupés par les troupes chinoises elles-mêmes en vue de la prise de Hưng-Hoá. Au début du mois d'octobre 1885, trois colonnes furent organisées : celle du colonel Mourlan par le fleuve Rouge, celle du général Munier et celle du général Jamais, à laquelle participa Hocquard, qui passa par la rivière Claire. Ces trois colonnes convergèrent vers le village de Than-Mai, situé sur la presqu'île, qui fut occupé le 24 octobre.

ouverte à tous les vents ; il a fallu calfeutrer les murs avec des nattes ; pas d'autres lits que des brancards de troupe : « Vous le voyez, nous ne sommes pas luxueusement organisés, mais l'épidémie est venue tout d'un coup, sans qu'on s'en doute, et il a fallu se débrouiller : nous avons télégraphié à Hanoï, on va nous envoyer le nécessaire ; en attendant nous faisons pour le mieux : nos malades au moins sont bien abrités, jugez-en. »

LA PAGODE DU GÉNÉRAL, À BAC-HAT

Dans la grande salle de la pagode, transformée en ambulance, quatre petites veilleuses placées aux quatre coins projettent une lueur indécise et intermittente ; elles sont faites avec des soucoupes en porcelaine grossière remplies d'huile de coco ; dans chacune de ces soucoupes trempe, en guise de mèche, un bourdonnet de charpie. La flamme fuligineuse de ces lampes tantôt menace de s'éteindre, tantôt se ranime, lançant une gerbe d'étincelles qui fait resplendir les dorures de la voûte et éclaire brusquement les murs peints en rouge vif. Sur le sol, recouvert d'une épaisse couche de paille, une quinzaine de malades gisent enveloppés dans de grandes couvertures grises ; les uns, complètement immobiles, paraissent dormir ; les autres s'agitent, se raidissent, en proie aux crises si douloureuses que donne la maladie. Au centre de la salle, un grand Bouddha tout doré, accroupi sur sa feuille de lotus, regarde d'un air placide toutes ces souffrances, pendant que tout autour, dans de petites niches creusées en pleine muraille, la foule des dieux annamites aux figures grimaçantes, aux poses grotesques et contournées, semble s'animer et ricaner dans l'ombre. De temps en temps un des malades se dresse sur le coude et crie : « À boire ! » d'une voix basse et étouffée qui ressemble à un gémissement ; alors un infirmier indigène, aux pieds nus, glisse comme une ombre entre les grabats, portant une grande théière pleine de thé brûlant.

« Nous avions vingt-sept coolies, dit un de mes camarades, et c'est à peine s'il nous en reste six maintenant ; malgré la surveillance incessante que nous exercions sur eux, les autres se sont enfuis, sachant bien ce qui les menaçait s'ils restaient près de nous ; pour éviter les désertions, nous les avons cantonnés dans un coin de la pagode, et ce tirailleur annamite, que vous voyez là-bas se promenant de long en large le fusil sur l'épaule, est là pour arrêter les déserteurs. Chaque nuit l'un de nous couche au milieu des malades pour être prêt au moindre appel. »

Il est entendu que je suivrai la colonne, mes collègues ont voulu garder leur poste d'honneur ; d'ailleurs il est probable que de nouveaux cas de choléra se produiront lorsque nous serons en route.

Les troupes quittent Bac-Hat le 10 octobre au matin. J'emmène six infirmiers et le matériel nécessaire, mais je n'ai pas un seul coolie ; aucun des indigènes n'a voulu se louer malgré le prix élevé qu'on leur offrait. En raison de l'impossibilité de trouver des porteurs, je reçois l'ordre d'organiser l'ambulance sur des barques ; nous remonterons le courant à bras ou à voile, en nous éloignant le moins possible de la colonne qui s'avancera à pied le long de la berge. J'ai établi mon quartier général sur une grosse et lourde jonque annamite que les sapeurs du génie ont aménagée, pour la circonstance, d'une façon vraiment confortable : la cale a été recouverte d'un plancher et le pont a été exhaussé, si bien que le bateau est transformé en une vaste cabine allant de l'avant à l'arrière, dans laquelle, chose rare, on peut se tenir à peu près debout. Ainsi installé notre bateau peut loger, outre le personnel, une vingtaine de malades. J'organise ma chambre à coucher dans le petit compartiment d'arrière dont toutes les embarcations annamites sont pourvues ; c'est là qu'en général se tient la famille du propriétaire de la barque ; mais, cette fois, personne n'a voulu nous accompagner, et pour cause.

Nous hissons notre voile de natte, et nous voilà en route, favorisés par une bonne brise, à laquelle nos infirmiers viennent en aide en poussant le bateau avec de longues perches pour remonter le courant. Les trois premiers jours se passent assez bien ; mais, au commencement du quatrième, un premier cas de choléra se produit dans la colonne ; bientôt trois autres malades, puis quatre, puis cinq, se joignent aux premiers, si bien qu'à la fin du cinquième jour l'ambulance flottante est encombrée et qu'il faut aviser. D'ailleurs nous ne pouvons plus avancer ainsi : le personnel est à bout de forces ; les infirmiers ne peuvent à la fois pousser le bateau et soigner les malades.

MAISON DES MÉDECINS DE L'AMBULANCE DES CHOLÉRIQUES

Le soir venu, après avoir fait amarrer notre bateau à la rive, je me mets à la recherche du général. Les troupes, qui ne sont pas gênées comme nous par les difficultés de la navigation sur la rivière Claire, se sont avancées à deux ou trois kilomètres en suivant la berge, et le général Jamais, qui marche à leur tête, s'est arrêté au village de Nham-Ngac, où il a établi son cantonnement. J'arrive à la nuit noire, et je passe une bonne heure à chercher mon chemin dans le dédale des haies de bambous qui environnent chaque case.

Le général décide que les cholériques partiront avec le bateau et descendront, sous la garde de deux de mes infirmiers, le courant de la rivière qui les ramènera jusqu'à Bac-Hat ; quant à nous, nous suivons la berge en arrière de la colonne. Mais il nous faut des porteurs pour les malades que nous aurons certainement demain ; heureusement nous sommes dans une bourgade populeuse, habitée par un chef de canton ; le général ordonne qu'on le fasse venir. Après une heure d'attente, nous voyons comparaître un grand diable d'Annamite vêtu d'une longue robe noire qu'il a passée en toute hâte sur ses habits crasseux. Le général le fait asseoir, lui offre le thé et les inévitables cigarettes ; à la première demande de coolies, le mandarin se récrie[1]. Enfin, après trois grands quarts d'heure de pourparlers, voyant qu'il ne pouvait pas esquiver la corvée, il finit par promettre cinquante porteurs, moyennant une rétribution énorme, dont les trois quarts au moins passeront certainement dans sa bourse.

Me voilà donc en route, le lendemain matin, avec mes trois infirmiers, dont un déjà malade, et quarante porteurs au lieu des cinquante promis : ma petite troupe suit la colonne à distance pour éviter la contagion. J'ai constamment l'œil sur mes coolies ; malgré la surveillance attentive que j'exerce, il m'en manque trois à l'appel en arrivant à l'étape. Ces désertions sont d'un très fâcheux exemple ; étant donné la difficulté que nous avons de recruter des indigènes, il me faut absolument les empêcher de se reproduire, aussi, le soir à la halte, je prends mes dispositions en conséquence.

Le général nous a donné six tirailleurs annamites pour nous garder pendant la route ; je divise mes coolies en six groupes, et je confie un de ces groupes à chacun de mes soldats indigènes. Les *linhs* font coucher les coolies côte à côte, et attachent chacun d'eux par la jambe droite à une longue corde en rotin dont ils fixent l'extrémité à leur propre poignet ; ils sont sûrs de cette façon que les coolies ne pourront pas faire un seul mouvement sans qu'ils en soient avertis.

Le lendemain au matin, avant le départ, on m'amène deux soldats qui viennent d'être pris d'accès cholériformes ; je les charge sur deux de mes brancards, et en route ; en voici trois autres vers midi, que je mets également en civière. Le soir, nous campons dans une misérable hutte ouverte à tous les vents, et nous couchons tous côte à côte, pour être prêts à tout événement.

---

1. Légère erreur de l'auteur : le chef de canton (*chánh-tổng*) était un notable local mais il n'appartenait en rien au cadre mandarinal. Il ne s'agissait ni plus ni moins que de l'un des chefs des villages du canton qui, par élection, était élevé à cette dignité pour une durée de trois ans.

Cette nuit-là, malgré les soins dont nous les avons entourés, deux de nos malades sont morts. Aussitôt qu'il fait jour, avant le départ de la colonne, nous leur rendons les derniers devoirs : sur le bord du chemin, au sommet d'un petit tertre qui domine la rivière, nous creusons deux fosses profondes ; mes infirmiers n'ont pas voulu laisser à des mains étrangères le soin d'y descendre leurs camarades ; ils les y couchent revêtus de leurs habits. Les fosses sont refermées, et deux petites croix, faites avec des branches entrecroisées, marquent seules la place où reposent deux braves soldats français.

Nous reprenons notre route en suivant lentement le sentier qui longe la rivière ; c'est un simple chemin de halage que les bateliers ont tracé dans les hautes herbes en traînant leurs barques à la corde, à contre-courant. La colonne de troupe qui nous précède en a fait une vraie route en piétinant les broussailles à droite et à gauche ; nous suivons sans fatigue cette voie bien battue qui surplombe le cours de l'eau. Tout en marchant, je jette un coup d'œil rapide sur la campagne environnante toute fraîche, toute verdoyante et tout ensoleillée : à ma droite, des bouquets de grands palmiers balancent leurs feuilles gracieuses ; plus loin, des vergers, plantés d'orangers couverts de leurs fruits jaunes, s'étendent jusqu'au village que j'aperçois, au fond du paysage, caché derrière les bambous ; sur les petits îlots de sable qui coupent la rivière, des troupes de grues cendrées pêchent tranquillement en compagnie de cormorans et d'aigrettes blanches ; de l'autre côté de l'eau, s'étendent d'immenses rizières toutes pleines de riz presque mûr, et là-bas, à l'horizon, les hautes montagnes bleues de Tuyên-Quang s'élèvent jusqu'aux nues.

Il est midi ; il y a longtemps que nous avons perdu de vue les derniers rangs de la colonne ; il faut nous arrêter un instant pour laisser reposer nos malades et souffler nos coolies. Je commande la halte près d'une petite maison de paysan qui disparaît presque au milieu des arbres. Notre cuisinier indigène fait immédiatement du feu pour préparer un peu de thé à mes malades ; pendant qu'il s'organise, laissant mon campement sous la garde du plus ancien des infirmiers, je mets mon cheval au galop pour rejoindre la colonne et aller aux nouvelles.

Les troupes ont fait halte sur le bord de l'eau, au milieu d'une véritable forêt de bambous épineux qui forment au-dessus d'elle comme un dôme de verdure ; nous sommes arrivés presque au terme de notre marche : le général a décidé qu'avant de franchir le fleuve on attendrait que les éclaireurs aient été reconnaître le terrain de l'action.

FABRICATION DU PAIN EN COLONNE

Déjà les troupiers ont monté leurs petites tentes de campagne, dont les toiles blanches tranchent vigoureusement sur toute cette verdure ; plus loin, nos tirailleurs indigènes ont élevé comme par enchantement de coquettes huttes en branchages. Les jonques, qui transportent les vivres et le matériel, sont arrivées dans un joli port naturel, formé par un coude de la rivière ; les ouvriers d'administration en ont déjà descendu leurs fours de campagne ; aidés de leurs employés annamites, qui travaillent nus jusqu'à la ceinture, ils pétrissent sous les arbres le pain qui servira pour le repas du soir.

Nous devons demeurer plusieurs jours en cet endroit, et la paillote près de laquelle nos coolies ont fait halte n'est pas suffisante pour l'installation de mon ambulance, d'autant plus que les malades recommencent à affluer. Heureusement, mes boys sont allés à la découverte ; les petits futés sont tombés sur une grande case, tellement bien enfouie au milieu de la verdure que j'étais passé dix fois au moins à côté d'elle sans l'apercevoir. Elle est bien close, bien couverte, mes malades y seront à leur aise ; je les y fais installer du mieux possible, sans trop me préoccuper de l'air peu aimable du propriétaire de céans, un vieil Annamite à l'air rébarbatif, à la barbiche blanche, dont les membres amaigris, les pommettes saillantes, la peau mate et comme transparente indiquent un fumeur d'opium endurci. La maison, du reste, a fort bon air ; les cinq ou six lits en bambous dressés dans la salle de réception attestent la richesse de ses habitants ; les poutres du toit sont ornées de jolies sculptures ; le maître a quatre ou cinq serviteurs qui semblent lui parler avec le plus profond respect.

Les malades arrivent de tous côtés ; j'en ai maintenant une vingtaine, dont dix cholériques ; de mes trois infirmiers, deux sont atteints. J'ai demandé qu'on veuille bien m'envoyer quelques soldats de bonne volonté pour m'aider ; j'en réclamais dix, trente se sont présentés tout de suite ; les braves garçons savent cependant à quoi ils s'exposent ; j'ai choisi parmi eux les plus intelligents, et ils se sont tout de suite attelés à la besogne. Mes deux petits boys annamites sont tout simplement admirables : ils travaillent comme quatre, et puis ils sont si diligents, si empressés ! Quelle race intelligente que cette race tonkinoise ! Elle est laborieuse, apte à tout, nous ferons d'elle ce que nous voudrons si nous savons la prendre.

J'ai veillé hier très avant dans la soirée près de mes malades ; ce matin, succombant de fatigue, j'avais fini par me coucher contre la cloison de bambous qui sépare la grande salle où se trouve l'ambulance du petit réduit où notre propriétaire se retire chaque soir.

Je sommeillais depuis un certain temps déjà quand des sons musicaux, partant de cette dernière pièce, me réveillent tout à coup. Le jour n'a pas encore paru ; de mon côté, l'obscurité est profonde ; mais un filet de lumière, filtrant à travers les planches mal jointes, tout contre l'endroit où je suis couché, me permet de voir, sans me déranger, ce qui se passe chez mon hôte. Ma curiosité est vivement excitée, car depuis notre arrivée, ce vieil Annamite semble veiller avec un soin jaloux sur ce côté de sa maison ; chaque fois que nous avons voulu nous en approcher, nous avons toujours été arrêtés soit par lui, soit par un de ses serviteurs qui se dressait devant la porte comme pour en défendre l'accès.

Le spectacle qui s'offre à moi est curieux et étrange : dans une petite salle de quatre mètres de long tout au plus, dont le sol est couvert de nattes fines, une série de gradins, disposés le long de la muraille du côté opposé à l'entrée, forment comme une sorte d'autel ; une trentaine de vases en porcelaine blanche ornée de décors bleus y sont rangés, chacun devant une tablette rectangulaire en laque portant des inscriptions en lettres d'or.

À chaque coin de l'autel brûle une grande lampe annamite de forme antique, remplie jusqu'aux bords d'huile de coco ; les vases sont garnis de sable fin dans lequel est fiché un grand nombre de petites baguettes de bois de santal ; toutes ces baguettes sont enflammées et dégagent une odeur pénétrante qui arrive jusqu'à moi à travers les interstices de la cloison. Sur le gradin le plus élevé, reposant sur une chaise en laque rouge, toute sculptée et ornée de dorures, une tablette cinq fois plus grande que les autres est recouverte d'une robe en soie brochée d'une grande richesse. À quelque distance des gradins, sur le côté, deux musiciens qui disparaissent à demi dans l'ombre sont accroupis sur des nattes : l'un gratte d'une grande guitare dont le manche, orné de pompons de soie multicolore, a plusieurs pieds de long ; l'autre tire d'un violon chinois des sons un peu tristes, mais harmonieux. Une jeune femme annamite aux traits réguliers, à la taille souple et onduleuse, danse devant l'autel au son de cette musique. Sa danse, très lente, se compose surtout de pas glissés et de révérences pendant lesquels elle agite au-dessus de sa tête une grande écharpe de soie aux vives couleurs. De temps en temps elle s'arrête à la suite d'une pirouette plus accentuée que les autres et soulignée par un coup de tambour vigoureux des musiciens ; alors le maître de la maison s'avance pieds nus, s'agenouille devant l'autel, puis s'incline jusqu'à ce que son front touche le sol ; pendant ces prosternations, la musique redouble et la danseuse chante quelques paroles sur un mode lent et plaintif.

La cérémonie dure une demi-heure, puis, sur un ordre bref du vieil Annamite, la danseuse et les musiciens s'éclipsent par une porte dérobée, les lampes s'éteignent brusquement et tout rentre dans l'ombre.

Fort intrigué par cette cérémonie nocturne, j'envoie le lendemain aux informations le plus intelligent de mes boys avec deux ou trois ligatures de sapèques pour délier la langue des serviteurs de notre hôte. Mon petit émissaire me revient au bout d'une heure avec un air sérieux et grave qui pique encore davantage ma curiosité ; il m'apprend que le vieux à barbiche blanche, chez lequel nous sommes, est un grand mandarin qui autrefois occupait un poste important dans le gouvernement de la province et qui passait pour un lettré, très savant, très versé dans la littérature et la poésie chinoises. Dégoûté de la politique et de la vie officielle, notre homme était venu se retirer dans cette partie reculée de la rivière Claire ; il s'était fait construire, selon ses goûts, une maison à proximité du village où habitent encore ses vieux parents, et il passait là sa vie dans la contemplation de la nature, la lecture de ses livres et la société de quelques amis, vieux lettrés comme lui, qu'il réunissait à certaines époques à sa table pour discuter sur la poésie et composer des vers[1]. Il avait apporté avec lui les tablettes de ses ancêtres auxquels il rendait, aux saisons prescrites par les rites, un culte pieux. Il avait peur que notre présence dans sa maison n'irritât les esprits de ses aïeux, et c'est pour leur demander pardon de cette profanation involontaire qu'il avait offert la nuit précédente à leurs tablettes un sacrifice solennel[2].

Le général en chef vient d'arriver et nous allons bientôt prendre l'offensive ; les émissaires envoyés de l'autre côté du fleuve ont rencontré les pirates solidement fortifiés dans deux ou trois grands villages de la plaine de Than-Mai. Les colonnes de troupe qui ont été lancées dans des directions différentes ont effectué leur mouvement tournant et préparé notre attaque de front. Les troupes lèvent le camp ; elles commencent déjà à passer la rivière sur des jonques et des

---

1. « Dégoûté de la politique et de la vie officielle » ou plus probablement rétif à servir le protectorat français, à l'instar d'une importante partie du mandarinat de la fin du XIXᵉ siècle, ce mandarin décrit par Hocquard constitue une figure représentative du lettré retiré à la campagne. Celui-ci, de par son activité littéraire et ses relations locales, y infusait des connaissances générales et les rudiments de la culture confucéenne qui, en retour, permettaient de former les jeunes gens du village destinés à présenter les concours et à intégrer le mandarinat. Issue du village, l'élite politique y retournait en fin de carrière et, ainsi, elle s'y renouvelait de générations en générations.

² La présence d'une robe en soie brochée sur le trône d'autel le plus élevé atteste un culte dédié aux déesses-mères, ou culte des médiums. Le maître de céans a sans doute organisé une cérémonie expiatoire, avec danse et musique, au cours de laquelle la danseuse devait être le médium à côté duquel il se prosternait…

chalands remorqués par les bateaux à vapeur qui ont amené l'état-major. Une de ces jonques nous a apporté des provisions de toutes sortes qui vont faire grand bien à nos pauvres malades. J'ai quatre caisses de lait concentré, des conserves, du jus de viande qui ont été tirés des magasins des *Dames de France* à Hanoï, et qui nous ont été adressés par les soins du directeur du service de santé ; une trentaine de petites couchettes en fer ont été également mises à notre disposition ; enfin, j'ai reçu six nouveaux infirmiers, c'est tout ce qu'on peut me donner pour l'instant : le personnel des ambulances est sur les dents, l'épidémie du choléra s'est répandue partout comme une traînée de poudre. À Haï-Phong, notre collègue Züber, déjà miné par la maladie qui devait l'emporter, passe ses jours et ses nuits au chevet des malades ; à Hanoï, le médecin principal Lemardeley se multiplie pour soigner les cholériques ; de ses deux aides-majors, l'un a déjà succombé au fléau, l'autre est gravement atteint ; ici même, l'épidémie redouble. J'ai vingt malades qui sont partis ce soir pour l'hôpital de Bac-Hat, remorqués dans une grande jonque par un petit canot à vapeur qui les conduira rapidement à destination.

LA CUISINE

L'ambulance plie bagage le lendemain vers midi ; nous allons nous installer sur l'autre bord de la rivière, dans une spacieuse pagode où nous attendrons les événements. Les médecins des régiments accompagneront seuls la colonne qui va aller de l'avant le plus vite possible ; ils nous expédieront les malades au fur et à mesure.

Nous avons passé l'eau sans encombre et nous trouvons facilement l'emplacement qui nous est destiné tout près de la rivière. Elle est très jolie, notre pagode, avec son spacieux bâtiment au faîte orné de chimères, et ses grands arbres touffus qui lui forment comme une ceinture verte ; elle est située au sommet d'une petite colline d'où l'on a vue sur la boucle de la rivière Claire, et l'on y monte par un grand escalier, de trente marches au moins, fait avec de larges dalles branlantes. Du haut de cet escalier, on domine tous les environs : les grands champs de cannes à sucre qui longent le bord de l'eau, les immenses vergers d'orangers et de citronniers qui s'étendent à perte de vue vers l'ouest et le petit village caché sous les bambous, situé au pied même du monticule.

AUTELS ÉLEVÉS DANS LA CAMPAGNE POUR LES SACRIFICES AU CIEL

Nos cuisiniers se sont installés au milieu du verger voisin, sous une petite hutte recouverte de paille, que les tirailleurs tonkinois leur ont construite en un tour de main. Déjà mes boys ont fait connaissance avec les gens du village, ils leur ont loué des bancs et des tables et ils leur ont acheté toutes sortes de provisions qui vont nous permettre de faire un dîner princier ; les coolies, attirés par la bonne odeur de la cuisine, rôdent sournoisement autour des fourneaux, cherchant à happer de-ci, de-là, quelques bons morceaux. Mes petits domestiques indigènes ont installé ma table, couverte d'une nappe blanche, sur la terrasse même de la pagode ; le dessert pend aux arbres, je n'ai qu'à tendre la main pour le cueillir : il y a de beaux citrons doux, gros comme des melons[1], de petites mandarines, et des espèces d'oranges vertes, à la peau fine, que je n'ai rencontrées jusqu'ici que dans cette région, qui ont un goût délicieux.

À un kilomètre de ma pagode, tout près d'un grand village qui doit être, m'a-t-on dit, le chef-lieu du canton, s'élève, sur un petit tertre, un autel en pierres taillées, flanqué de deux autres plus petits. Ces trois autels, abrités sous un grand banian, sont entourés d'un mur à hauteur d'homme ; aucune statue ne se voit sur ces singuliers monuments, dont le principal est seul orné d'un grand vase en terre cuite. Ils semblent très anciens ; les pierres qui les composent et qui sont en partie descellées ont pris une teinte grise et ont été rongées par les pluies ; en grattant la mousse dont elles sont recouvertes, je trouve, sur le devant de l'autel, un cartouche contenant une inscription chinoise ; d'autres sculptures en forme de grecques courent le long du retable qui surmonte l'autel principal.

Nous nous sommes fortifiés dans notre pagode ; les tirailleurs annamites qui nous gardent ont peur des pirates, et ils ont flanqué les deux côtés de la cour de deux petits miradors de leur composition, dans lesquels ils montent plusieurs fois par jour pour inspecter la campagne. Ces constructions ne me semblent pas bien redoutables, mais elles sont extrêmement pittoresques. Sur quatre longs bambous, plantés debout, les indigènes ont élevé, à trois mètres environ du sol, un petit plancher qu'ils ont surmonté d'un toit en nattes ; ils grimpent comme des chats, sur cette espèce d'estrade, à l'aide d'une échelle qu'ils ont également construite de toutes pièces avec des bambous. Ils tiennent bien là-dessus, grâce à leur petite taille et à leur faible poids.

Nous sommes installés dans notre pagode depuis huit jours ; nous n'avons d'autres nouvelles de la colonne que celles que nous donnent les malades apportés chaque jour par les coolies qui viennent chercher des provisions au fleuve. À chaque instant nous prêtons l'oreille, croyant entendre la canonnade, mais aucun bruit de bataille n'arrive jusqu'à nous ; enfin, le neuvième jour, nous voyons reparaître l'avant-garde des troupes. L'ennemi s'est bien gardé d'attendre notre arrivée ; les pirates se sont enfuis, comme ils le font toujours lorsqu'ils nous

---

1. Entendez : des pamplemousses.

savent en force ; ils ont passé entre les colonnes qui arrivaient pour les cerner et lorsque celles-ci, après mille efforts, sont parvenues par des routes impossibles jusqu'à leur retraite, le nid était vide et les oiseaux s'étaient envolés.

MIRADOR IMPROVISÉ

ENFANTS DU VILLAGE DE NAM-THUNG

CHAPITRE XXII

DÉPART POUR L'ANNAM. – TRAVERSÉE MOUVEMENTÉE. – EN RADE DE TOURANE. – EXCURSION AUX GROTTES DE MARBRE. – SACRIFICE AUX GÉNIES DES EAUX. – LE MANDARIN PINCEAU ET LE MANDARIN LANTERNE. – MARCHE PÉNIBLE DANS LE SABLE. – SINGULIERS PÊCHEURS. – PAGODE DU GRAND CANON MÉCHANT. – CURIOSITÉ GÊNANTE. – ASCENSION DU COL DES NUAGES. – LES PORTES DE FER. – LANG-CO. – LES SAMPANS DU ROI. – THUAN-AN. – ARRIVÉE A HUÉ. – LA LÉGATION DE FRANCE. – VISITE AU THUONG-BACH ET À LA CITADELLE. – LA PORTE NGO-MON. – LA RUE DES MINISTÈRES. – LE JARDIN DE PLAISANCE DU ROI. – L'IMPRIMERIE ET LES MAGASINS DE LA COUR. – LA PAGODE DE TIEU-TRI. – LE MANÈGE DU ROI. – LE CERCLE DES OFFICIERS. – LE SERVICE DE BOUCHE.

Une bonne nouvelle m'attend en arrivant à Hanoï : je suis désigné pour aller en Annam servir, en qualité de médecin[1], près des délégués du gouvernement français réunis en ce moment à Hué pour régler, avec le nouveau roi, certaines affaires pendantes[2]. Je ne demeure dans

---

1. Là encore, Hocquard passe sous silence sa véritable mission : la topographie photographique (voir ci-dessus note 1 p. 524).
2. Voir note 3 p. 523. Parmi ces « affaires pendantes », il y avait notamment la question de la réorganisation de l'armée royale, qui avait été désarmée après le « guet-apens » de juillet 1885. Comme il

la capitale tonkinoise que juste le temps de mettre un peu d'ordre dans mes bagages, et j'en repars à bord d'un petit vapeur conduit par des Chinois, qui fait régulièrement, deux fois par semaine, le trajet entre Hanoï et Haï-Phong.

J'ai peine à reconnaître cette dernière ville que je n'ai pas revue depuis mon arrivée au Tonkin ; au lieu du grand village malpropre, entouré de marécages, que j'ai décrit en commençant ma relation de voyage, je trouve une ville proprette, soignée, pourvue d'hôtels relativement confortables et tenus par des Européens. De tous côtés s'élèvent des villages et de grandes maisons de commerce, notre bateau a peine à circuler au milieu des jonques et des embarcations de toutes formes encombrant l'arroyo qui mène au port. À l'extrémité de la ville européenne, les commerçants chinois, accourus de Hong-Kong, des provinces de Canton et de Fou-Tchéou, ont construit tout un quartier de belles maisons en briques où se montrent aux étalages des soies brochées de toutes couleurs, des bibelots du Japon, et tous les produits de l'industrie chinoise et annamite. Les rues, pavées et très propres, sont éclairées de distance en distance par d'élégants réverbères ; des artistes venus de Saïgon ont même établi un café-concert, où les amis que j'ai retrouvés dans la ville me convient à aller passer la soirée. J'en sors vers minuit, tout réjoui par les flonflons de France.

Je dois prendre passage sur *Le Pluvier*, petit aviso à vapeur qui va faire pour la première fois la route de l'Annam ; il n'a pas encore paru en rade et je passe à l'attendre huit jours, qui me paraissent courts grâce à l'aimable accueil de mes amis. J'ai trouvé à Haï-Phong un gai compagnon de voyage : Gaston Roullet, peintre du ministère de la Marine, qui se rend comme moi en Annam et qui m'accompagnera dans toutes mes excursions[1]. C'est une excellente recrue que ce brave artiste, le premier qui ait osé risquer le pied dans notre nouvelle

---

fallait des hommes pour quadriller l'Annam et éviter que ne s'opérât la jonction entre les partisans du nord et ceux du centre (notamment la province du Bình-Định), le général Courcy avait décidé de former une armée de « tirailleurs annamites ». D'autre part, en décembre 1885, on créa une résidence générale de l'Annam et du Tonkin, rattachée non plus au ministère de la Marine mais à celui des Affaires étrangères (le premier résident fut Paul Bert) ; ce faisant, le centre du Việt-Nam était mis sur le même pied que les provinces du Tonkin qui, elles, étaient clairement sous le régime du protectorat. Enfin, la période s'étendant de juillet 1885 à la fin de l'année avait vu la progressive mise en place des structures imposées par la convention Courcy, à savoir une totale mise sous tutelle de la cour de Hué (le résident général présidait le conseil du gouvernement royal, il devait entériner la nomination de fonctionnaires vietnamiens et pouvait les révoquer à tout moment).

1. Né en Charente-Maritime et formé aux Beaux-Arts par Jules Noël, Gaston Roullet (1847-1925) devint peintre du ministère de la Marine en 1885, date à laquelle il s'embarqua pour l'Indochine. L'une de ses toiles, *Baie d'Ha-Long* (1885), est exposée au musée d'Orbigny à La Rochelle.

colonie. Grâce à lui, j'ai passé des heures charmantes et, pendant tout ce voyage pénible, je n'ai pas eu un seul instant d'ennui.

Le Pluvier est enfin arrivé et nous nous installons à bord. Nous levons l'ancre le 30 décembre et, après avoir louvoyé avec les précautions les plus minutieuses le long des bancs de sable qui obstruent en grande partie l'embouchure du fleuve, nous stoppons en face de la presqu'île de Do-Son pour attendre le pilote qui seul peut nous faire franchir la passe conduisant à la haute mer[1]. Ces parages sont très dangereux, je n'en veux pour preuve que le grand bateau des « Messageries maritimes », que nous apercevons au loin, sur la barre, échoué la quille en l'air. La marine a fait installer à la pointe de la presqu'île, tout en haut du rocher qui la surmonte, un phare sur lequel les navires peuvent se guider pour entrer dans la passe ; mais les alluvions, que le fleuve apporte d'une façon incessante, changent à chaque instant la direction du chenal qu'on est obligé de drainer à dates périodiques. Nous passons une demi-heure à attendre le pilote ; enfin nous voyons poindre la petite embarcation à voile qu'il monte ; en cinq minutes il est contre notre bateau et il se hisse sur le pont à l'aide d'une corde qu'on lui tend. Ce pilote est un ancien quartier-maître de la marine, que l'administration du port de Haï-Phong paie pour occuper ce poste ; il a déjà stylé plusieurs élèves qui le relaient dans son service, car la besogne est fatigante. Heureusement qu'il ne s'est pas trop fait attendre ; déjà la nuit commence à venir et aussitôt qu'il ne fait plus clair, il est impossible de continuer la route dans ces parages semés d'écueils.

Le cap une fois doublé, nous sommes en pleine mer. Notre petit bateau, qui n'est plus protégé contre le vent par les récifs de la côte, commence à danser sur les vagues ; il a très peu de lest dans les cales et il est chargé sur le pont avec de lourdes pièces de marine qu'il transporte en Annam ; il tangue et roule affreusement. Le mal de mer fait des ravages parmi les passagers et même parmi les gens de l'équipage. Moi qui suis un *terrien*, je suis pris un des premiers et je vais m'affaler sur mon lit, dans ma cabine, très vexé de ne pouvoir partager l'excellent dîner du commandant qui faisait, à mon ami Roullet et à moi, les honneurs de sa table.

---

1. La presqu'île de Đô-Sơn est située au débouché de la rivière de Hải-Phòng, sur la rive droite du cửa-Cấm, qui fut d'ailleurs longtemps dénommé « fleuve de Đô-Sơn ». À cet endroit, la navigation est rendue malaisée en raison de la formation d'une « barre », c'est-à-dire d'une sorte de bourrelet qui provoque l'exhaussement du lit du fleuve, phénomène qui a été décrit plus haut par Hocquard (voir ci-dessus p. 42). Dès 1886, sous l'impulsion de Paul Bert, Đô-Sơn devint une station balnéaire importante du Tonkin, la seule d'ailleurs qui existât à cette époque.

Pendant toute la nuit le maudit roulis continue en s'accentuant encore ; nous sommes dans un état piteux, mais ce qui me console c'est qu'une partie de l'équipage a le mal de mer ; nous restons deux jours étendus sur nos couchettes sans avoir la force de nous lever ; le matin du troisième, je fais un vigoureux effort pour m'arracher de là et pour monter sur le pont. Les mouvements du bateau sont tellement violents que je suis obligé de me faire attacher à un mât. La mer déferle en vagues énormes qui embarquent sur le pont, balayant les caisses dont quelques-unes passent par-dessus bord, et dont les autres s'entrechoquent comme si elles voulaient se briser.

Le commandant me montre du doigt une bande grise ; c'est tout ce qu'on peut voir de la côte d'Annam que nous longeons en ce moment. Il aurait voulu franchir la barre de Thuan-An et jeter l'ancre à l'embouchure de la rivière de Hué, mais cette barre est impraticable par un temps pareil ; nous allons louvoyer et peut-être gagner la haute mer, Dieu sait pendant combien de temps, jusqu'à ce que ce maudit grain cesse ; puis, nous tenterons d'atteindre le port de Tourane[1] et de nous mettre à l'abri derrière la ceinture de rochers qui protège cette grande baie.

Je ne puis y tenir plus longtemps et je redescends m'étendre dans le carré, où je trouve Gaston Roullet presque aussi malade que moi. La nuit arrive et la situation devient grave, nous faisons bout à la lame et mettons cap au large pour éviter les avaries de machine, nous allons petite vitesse, deux ou trois nœuds à peine. « Si le mauvais temps augmente, dit le second, et si la machine vient à manquer, nous sommes certainement perdus. » L'eau inonde le pont où une centaine de malheureux zouaves, qui vont tenir garnison à Hué, sont couchés au milieu des pains de munitions détrempés et des bagages ruisselants.

Vers cinq heures du matin les mouvements de roulis et de tangage s'arrêtent tout à coup, le bateau semble marcher sur une nappe d'huile : c'est le calme après la tempête et je m'endors profondément. Quand je me réveille, il est grand jour ; nous sommes à l'ancre en pleine baie de Tourane, à côté de deux grands navires de guerre français, en croisière dans ces parages. Du pont du bateau la vue est superbe : la mer bleue, unie comme un miroir, est environnée de toutes parts par de hautes montagnes boisées dont les sommets disparaissent dans la brume ; au loin, vers le nord, tout au bout de la pointe de Calao-Han, qui s'avance comme un éperon vers la haute mer, s'ouvre l'étroite passe par laquelle le bateau est entré cette nuit[2] ;

---

1. Actuelle Đà-Nẵng, située à cent kilomètres au sud de Hué.
2. Presqu'île de Culao-Han ou Culao-An, qui forme un promontoire rocheux au nord de la baie de Tourane. Le Hàn est la terminaison du fleuve Cẩm-Lệ, qui irrigue la ville de Đà-Nẵng. Par bateau, on

vers le sud, la chaîne des montagnes s'abaisse peu à peu jusqu'à une plaine sablonneuse où nous distinguons, grâce à nos lorgnettes, les petites maisons du village de Tourane, bâti à l'embouchure de la rivière de ce nom ; enfin, très loin vers le nord, de hauts massifs bleuâtres, entre lesquels serpentent de petits chemins bordés de précipices, jalonnent la route de Hué et ce fameux col des Nuages que nous traverserons bientôt.

Le soleil vient de se lever et d'innombrables barques de pêcheurs, gonflant leurs voiles de nattes semblables à de grandes ailes de papillons, se dirigent vers la passe, pour disparaître bientôt derrière les récifs qui bordent la haute mer. Autour de notre bateau, des sampans et des radeaux de bambous apportent les provisions que des indigènes en guenilles nous offrent avec un empressement bruyant. Ces naturels de l'Annam me paraissent plus petits et moins robustes que les Tonkinois. Quelques-uns nous montrent des échantillons de la faune de ces contrées : des singes de différentes tailles, dont une ou deux espèces ont un pelage très joli, et de petites chèvres aux longues cornes, au poil fauve tacheté de blanc.

Complètement remis par une bonne nuit de sommeil, nous demandons, mon ami Roullet et moi, au commandant du bateau la permission d'aller dans sa baleinière faire une promenade jusqu'au village de Tourane, situé à quelques milles de notre mouillage ; cette permission nous est gracieusement octroyée, et nous voilà partis par trente degrés à l'ombre, remorqués par quatre vigoureux rameurs de l'équipage du *Pluvier*. Malgré la vitesse avec laquelle ils nous poussent, et bien qu'ils aient hissé une petite voile triangulaire, nous mettons trois bons quarts d'heure pour arriver à l'embouchure de la rivière. À ce niveau le cours d'eau, qui atteint près de six cents mètres de large, est occupé par de nombreuses pêcheries. À l'extrême pointe, du côté de la rive gauche, s'élève une petite pagode dédiée au génie des eaux ; elle est entourée de grosses touffes d'aloès et d'agaves ; ce sont les seules plantes qui poussent dans ce sol sablonneux. Plus loin, toujours en remontant la rivière, nous trouvons un fortin en terre sur lequel flotte le drapeau français : c'est là que loge la petite garnison de Tourane, composée d'une trentaine de soldats d'infanterie de marine et de quelques matelots. Ces pauvres gens sont décimés par la fièvre ; la côte n'est pas très saine ; il y règne en permanence une chaleur

---

pénétrait jadis par l'embouchure de ce cours d'eau, le *cửa Hàn,* dont le nom, déformé plusieurs fois, a donné « Tourane » (bien que le toponyme Đà-Nẵng soit avéré depuis la fin du XVe siècle). Une autre hypothèse est que le nom de Tourane provient du titre du mandarin chargé d'administrer cette zone : *Thủ Hàn,* qui aurait donné *Touron,* que l'on trouve sur les cartes portugaises, puis *Tourane*.

tropicale que les brises plus fraîches venant du large ne réussissent pas toujours à tempérer. À l'extrémité du fortin commence le village, ramassis de pauvres cases en paillotes où gîtent les familles des pêcheurs qui vivent des poissons de la baie ; au milieu de ces masures, s'élèvent deux ou trois maisons chinoises, construites en briques avec assez de confort ; elles sont habitées par des commerçants de cette nation qui font le trafic des vivres, non seulement avec la garnison de Tourane, mais avec les différents postes de l'intérieur.

VILLAGE DE TOURANE

Le village s'étend sur une longueur de deux kilomètres environ, sur le bord gauche de la rivière ; les maisons sont rangées de chaque côté d'une rue unique bordée de cocotiers. À l'une des extrémités du village, près d'une grande et antique pagode, se trouve une maison de douane, habitée par un ancien employé des « Messageries mariti- mes ». Ce fonctionnaire, aidé d'une escouade d'agents annamites, vêtus d'un uniforme spécial, fait payer un droit de transit, pour le compte du gouvernement français, à toutes les jonques qui montent ou qui descendent la rivière.

Nous accostons à un petit débarcadère situé devant cette maison ; nous sautons à terre après avoir amarré notre baleinière aux pilotis disposés dans ce but le long du bord ; les douaniers nous ont vus venir ; leur chef, prévenu par eux, accourt pour nous recevoir. Nous avons vite fait connaissance avec lui ; c'est un homme très intelligent qui, depuis très longtemps déjà dans ce pays, connaît parfaitement tous les environs. « La contrée est peu sûre, nous dit-il, les lettrés s'agitent dans la province de Quang-Nam voisine de Tourane[1] ; malgré tout, le commerce tend à reprendre, les Chinois accourent en foule, preuve qu'il y a de l'argent à gagner ; ils connaissent bien ce pays où depuis longtemps ils ont des établissements. Au siècle dernier, ils avaient non loin d'ici, à Faïfo, un entrepôt de commerce et une confrérie puissante ; cette ville subsiste encore aujourd'hui, dans la province de Quang-Nam, mais elle est très déchue de son ancienne splendeur ; autrefois elle contenait plus de cinquante mille habitants ; pillée à différentes reprises par les Annamites, elle n'était plus, il y a cinq ans, qu'un grand village[2]. Déjà elle renaît et se développe ; si la tranquillité revenait, la colonie chinoise redeviendrait vite riche et prospère. Vous ne perdrez pas votre temps, si vous le voulez, ajoute

---

1. Ces révoltes faisaient suite à l'édit Cần-Vương (« Secours au roi », 13 juillet 1885) proclamé par le roi Hàm-Nghi depuis son refuge de Tân-Sở (voir note 1 p. 523). Dans la province du Quảng-Nam, c'est le lettré Nguyễn Duy Hiệu qui prit la tête de la révolte et s'empara de la citadelle provinciale (août 1885). Il dut faire face à l'opposition conjuguée de l'armée française et des chrétiens menés par un personnage haut en couleur, le père Maillard.

2. Faïfo (Hội-An), situé sur la rive gauche du Thu-Bồn, à trois kilomètres de l'embouchure du Cửa Đại (l'ancien Đại Chiêm d'époque *cham*) donnant accès à la mer, était un important port commercial dès le début du XVIIᵉ siècle. Le nom de Faïfo apparaît pour la première fois dans le récit de Christoforo Borri, qui vécut au sud du Việt-Nam de 1618 à 1621 : c'est sans doute la déformation de *Hải-Phố* (le « marché maritime »). Les Chinois furent les premiers à l'utiliser, à la fois comme zone d'échange et comme point d'étape sur la route du Sud-Est asiatique, très vite suivis par les Japonais venus de Nagasaki, qui ont du reste laissé sur place de magnifiques témoins de l'architecture nippone (le pont et quelques tombeaux, sans compter les stèles que l'on trouve encore aujourd'hui dans les villages avoisinants). Cette forte présence sino-japonaise s'explique de la manière suivante : comme les Ming interdisaient l'exportation au Japon de certains produits importants, les commerçants chinois et japonais tournaient la difficulté en utilisant Faïfo comme lieu de rencontre et zone de transaction. En 1636, l'administration shogunale inaugurant une politique de fermeture, les Chinois régnèrent en maître sur le commerce de Faïfo, d'autant que le renversement des Ming (en 1649) déclencha une vague d'immigration et l'installation définitive, à Faïfo, d'une forte communauté chinoise. Celle-ci créa sur place le village de Minh-Hương (village « des gens originaire du pays des Ming »). Les Hollandais, qui s'intéressaient pourtant davantage au nord du pays (voir note 1 p. 365), durent y installer un comptoir, actif entre 1636 et 1741. Ce port permettait aux étrangers de vendre des porcelaines, des soieries, des plantes médicinales, des étoffes, du plomb, et d'acheter des produits vietnamiens tels que le sucre candi, la cannelle, les bois précieux et les fameux nids d'hirondelles (salanganes), très prisés sur le marché chinois. À partir du milieu du XVIIIᵉ siècle, suite à l'envasement du port, Faïfo perdit de son éclat au profit de Đà-Nẵng, situé à une trentaine de kilomètres plus au nord, les deux places étant d'ailleurs, à cette époque, réunies par un bras d'eau, le Trường Giang.

notre compatriote, il y a près d'ici une excursion superbe à faire. À quelques milles en remontant la rivière, se trouvent de pittoresques massifs de calcaires marmoréens dans lesquels sont creusées des grottes superbes. Je vous engage vivement à aller les visiter ; je vous fournirai même, si vous le désirez, un sampan pour monter jusque-là. Bien que des bandes de rebelles se montrent de temps à autre dans les environs, vous n'aurez pas beaucoup à craindre avec vos revolvers et les fusils de vos ordonnances. »

ENTRÉE DES GROTTES DE MARBRE

L'offre est tentante, nous nous décidons à en profiter. Le lendemain, le sampan promis vient nous chercher au bateau. Le cuisinier du bord nous a préparé un panier de victuailles ; en partant de bonne heure, nous pourrons déjeuner aux grottes et être rentrés le soir même. Nous voilà en route, par un temps superbe, poussés à contre-courant dans la rivière par une jolie brise qui gonfle la voile de natte du bateau ; nos indigènes n'auront qu'à se croiser les bras et à rectifier la marche dans les passages difficiles. Roullet s'est juché sur le petit toit en paille qui surmonte l'embarcation ; il croque d'un crayon rapide les points de vue pittoresques qui passent à sa portée.

La rivière, très large, coule entre des rives bien cultivées où l'on distingue surtout des plantations de cannes à sucre et de riz ; nous croisons à chaque instant de grandes pêcheries ; les poissons, capturés la veille, sèchent les uns à côté des autres, enfilés par la tête dans de longues ficelles soutenues par des bambous.

Le pays est plat, mais, au fur et à mesure que nous remontons la rivière, nous voyons poindre à l'horizon puis s'élever peu à peu la grande chaîne de rochers qui forme le but de notre promenade. Deux ou trois beaux villages se montrent le long de la berge ; plus loin nous croisons l'embouchure d'un arroyo qui remonte, nous dit-on, jusqu'à la ville de Quang-Nam.

Après avoir longé, pendant un kilomètre, une succession de mamelons couverts de plantes grimpantes, au milieu desquelles s'ébattent de jolis singes peu sauvages, nous accostons dans une petite crique où nous amarrons le bateau. Nous laissons notre embarcation à la garde d'un des indigènes qui nous accompagnent ; prenant l'autre comme guide, nous nous engageons à sa suite au milieu de hautes dunes de sable, coupées de distance en distance par des rocs pelés. Nous marchons pendant une demi-heure sous un chaud soleil de midi pour arriver au pied des collines où se trouvent les grottes de marbre[1]. Notre guide nous fait prendre ensuite un escalier très étroit dont les marches sont taillées de main d'homme au flanc de la montagne ; cet escalier s'élève presque à pic, déviant à peine de la ligne droite pour contourner les obstacles formés par les saillies du rocher[2]. Les marches succèdent aux marches ; nous en gravissons plus d'une centaine, puis nous cessons de monter pour nous engager sous une espèce de tunnel profond, creusé en plein roc. Nous voilà maintenant

1. Les montagnes de Marbre se trouvent à sept kilomètres au sud-est de Đà-Nẵng, dans le prolongement du massif de Trà-Sơn. Étendu sur une surface d'environ deux kilomètres sur huit cents mètres, ce site comprend six pics reposant chacun sur une base en forme d'ovale orienté est-ouest. Les montagnes, ou plutôt les monts car le plus élevé atteint seulement cent six mètres, sont constitués de marbre, donc de calcaires cristallisés dont les teintes variées sont dues aux oxydes de fer ou de manganèse. Ce site est appelé en vietnamien Ngũ Hành Sơn (« monts des Cinq Éléments »), parce que chacun des monts correspond à un élément de la cosmologie : du nord au sud et d'ouest en est, on trouve en effet les monts Kim-Sơn (le métal), Thổ-Sơn (la terre), Thuỷ-Sơn (l'eau), Mộc-Sơn (le bois) et les deux massifs de Hoả-Sơn (le feu). À l'intérieur de cette structure karstique, de nombreuses grottes abritent des autels et des pagodes. Quelques sanctuaires brahmaniques attestent de l'occupation *chame*, mais l'essentiel des monuments date soit de l'époque Lê Thánh Tông (1460-1497), soit de l'époque Minh-Mạng (1820-1840), ce dernier souverain s'étant passionné pour ce site et y ayant organisé de nombreux pèlerinages. On notera encore qu'une série de stèles de souscription prouve que les communautés chinoises et japonaises résidant à Faifo étaient impliquées dans l'organisation de ces lieux de culte. C'est le mont de Thuỷ-Sơn, le plus connu et le mieux doté en monuments, que l'auteur a visité (voir ci-dessous).

2. Pour l'itinéraire suivi par Hocquard et redressé par nous, voir ci-dessous note 1 p. 565.

de l'autre côté de la montagne, grimpant toujours, cette fois par un petit chemin en lacet courant entre deux lignes d'aloès et de plantes grasses. Au fur et à mesure que nous nous élevons, dominant les environs, le panorama qui s'offre à nos yeux devient plus vaste et plus grandiose : au loin s'étend la mer ; ses vagues viennent mourir à nos pieds contre la falaise qu'elles couvrent d'écume blanche ; elles font entendre un bruit sourd et continu qui parvient jusqu'à nous ; à droite, la côte d'Annam, basse et aride, se prolonge à perte de vue, sans un arbre, sans une maison ; à gauche apparaît un grand désert de sable, semé çà et là de gros blocs de rochers et de bouquets de broussailles qui tranchent comme des taches vertes sur la plaine jaune. Du milieu de ces îlots de verdure s'élèvent des monuments d'aspect bizarre ; chacun d'eux est formé par un gros cylindre en maçonnerie, mesurant deux mètres environ de hauteur, surmonté d'une coupole ornée de sculptures et d'incrustations en mosaïques faites avec des fragments de porcelaine ; ce sont sans doute des tombeaux ; j'en compte une quinzaine, disséminés çà et là ; tous ont la même architecture ; ils sont entourés d'une petite muraille en briques à hauteur d'appui[1].

Nous nous reposons dix minutes en contemplant ce paysage sévère et sauvage, puis nous reprenons notre ascension. Nous contournons encore une fois le flanc de la montagne, nous passons sous deux ou trois portiques dont les vieilles pierres usées disparaissent à demi sous les mousses et les plantes grimpantes, et nous arrivons enfin sur une grande terrasse, bordée de palmiers sauvages, au milieu de laquelle se trouve une citerne carrée, remplie d'eau de pluie. Trois bonzes en longue robe de bure, le chapelet à la main, nous attendent, debout, en haut d'un bel escalier de marbre ; près d'eux, un superbe paon apprivoisé est perché sur un bloc de granit. Sans doute ils nous ont vus venir de loin et ils connaissent le but notre visite ; après s'être inclinés profondément devant nous, ils nous montrent le chemin en étendant la main du côté des grottes, et ils nous précèdent sans dire un mot.

Nous traversons la terrasse et nous nous arrêtons devant une porte basse, à demi enfouie sous d'énormes touffes de plantes grasses et de broussailles qui s'échappent de toutes les fentes du rocher ; elle est solidement fermée par un gros cadenas annamite, que le plus vieux des religieux ouvre avec une clef qu'il sort de sa poche. La porte grince en tournant sur ses gonds ; l'ayant franchie, nous pénétrons dans un petit chemin creux, bordé à droite et à gauche par d'énormes

---

1. Bien que la description de l'auteur ne soit pas très précise, on peut penser qu'il s'agit là de stûpas (par exemple celui de Phô-Đồng), mais nous ignorons où l'on pourrait en trouver « une quinzaine » groupés ensemble...

blocs de pierre. Nous faisons quelques pas et, tournant brusquement à droite, nous nous trouvons tout à coup en face d'une immense crevasse qui s'ouvre dans le rocher comme un grand portail naturel. À l'entrée de cette crevasse, contre une de ses parois, s'élève un petit autel ; c'est une table en pierre devant laquelle court une balustrade ; une lampe pleine d'huile de coco y brûle au pied d'une statue grimaçante représentant un génie armé de pied en cap. Au fond de cette première grotte nous apercevons, dans une anfractuosité sombre, les marches d'un escalier qui semble s'enfoncer dans les entrailles de la montagne ; nous nous y engageons en tâtonnant à la suite des bonzes ; la route s'éclaire peu à peu, comme si la lumière venait de la profondeur. Les marches de l'escalier sont faites en marbre bien poli ; elles aboutissent à une immense grotte, dont les parois taillées à pic dans le rocher sont sillonnées d'une multitude de petites fentes parallèles : on dirait qu'elles ont subi une sorte de clivage naturel. Ces parois se rejoignent à sept ou huit mètres de hauteur, formant une vaste coupole, très régulière, percée à son centre d'une large baie par laquelle entre le jour. De grandes lianes, semées de fleurs jaunes et pourpres, pénètrent par cette ouverture et descendent presque jusqu'au sol en décrivant une multitude de guirlandes et de festons, dont les uns sont suspendus à la voûte et dont les autres s'accrochent de distance en distance aux saillies des murs. Au niveau des derniers degrés de l'escalier par lequel nous sommes entrés, quatre statues en pierre, de grandeur naturelle, sont disposées par paire sur des blocs de maçonnerie ; elles représentent les génies qui gardent les quatre coins de la terre ; ces génies, vêtus d'un riche costume militaire tout étincelant de dorures, tiennent dans leurs mains des attributs, différents pour chacun d'eux, qui vraisemblablement sont en rapport avec leur caractère ou leurs fonctions[1].

---

1. Cette indication de Hocquard – et celle-là seule – nous permet de reconstituer son trajet et de déterminer par où il est passé. En effet, ces statues des gardiens Thiện et Ác (dont nous avons dit l'origine ci-dessus note 2 p. 418) n'existent que sur l'escalier menant à la grande grotte septentrionale, appelée Huyền Không Động (« grotte de la région Ethérée »), vaste salle de vingt-cinq mètres sur vingt-huit, recouverte d'un dôme naturel. Assis sur des animaux monstrueux, les statues des gardiens sont disposées par paires, en haut et en bas de l'escalier – avec Ác, le méchant, à gauche, et Thiện, le bon, à droite. Les deux statues supérieures appuient leurs mains sur une hache et un glaive, mais les deux statues inférieures, si elles ont la même posture, sont dépourvues d'armes. Notons enfin que les deux statues du bas sont en pierre tandis que celles du haut sont en terre et en chaux. Puisqu'il s'agit sans risque d'erreur du Huyền Không Động, nous pouvons affirmer que Hocquard a effectué sa visite en passant par le flanc méridional de la montagne (moins pourvu en pagodes que le flanc oriental) ; la « grande terrasse bordée de palmiers sauvages » décrite ci-dessus est donc celle du Tam-Thái, avec sa belle pagode appelée Tam-Thái Tự (la « pagode des Trois Sommets ») ; en revanche, la « citerne carrée remplie d'eau de pluie », que l'on voit pourtant sur la gravure, n'évoque rien pour nous. Ensuite, l'auteur est parvenu à une petite grotte appelée Hoá Nghiêm Động (« grotte de la Transformation auguste »), qui fait office d'antichambre à la grande grotte de Huyền Không Động ; ici, la « statue grimaçante représentant un génie » n'est autre qu'une statue de bodhisattva ; à côté de

Contre la paroi opposée à l'escalier est dressé un grand autel bouddhique[1] ; plus loin se voit une petite maison annamite, couverte de tuiles vernies. Au centre de la grotte, une vasque de pierre montée sur un pied en maçonnerie sert à recueillir l'eau du ciel, qui tombe par l'ouverture de la voûte ; cette eau jouit sans doute d'une grande vénération parmi les Annamites ; elle doit avoir toutes sortes de vertus secrètes pour guérir les maladies ou préserver des accidents. Je vois notre guide indigène payer une ligature de sapèques de cuivre la faveur de remplir de ce précieux liquide une bouteille qu'il avait apportée cachée sous ses habits[2].

Les bonzes ne peuvent pas nous soutirer d'argent par le même stratagème, mais ils ont plusieurs cordes à leur arc ; ils nous conduisent vers un petit magasin où ils nous font voir toutes sortes de menus objets sculptés dans le marbre des grottes : petites statuettes, vases, urnes de toutes grandeurs. Ils doivent être satisfaits de nous car nous en emplissons nos poches après les avoir allégées d'un certain nombre de pièces blanches.

Si j'en juge par les échantillons que nous emportons, les carrières des environs renferment des marbres d'espèces rares, dont quelques-uns sont d'une grande beauté. Plusieurs des menus objets que nous avons achetés aux bonzes sont de couleur rose tendre, d'autre sont d'un vert veiné de blanc ; tous ces marbres ont des couleurs remarquablement vives et comme je n'en ai vu nulle part encore. Il faudrait explorer les grottes de Tourane au point de vue de l'exploitation : je crois que le commerce y trouverait son profit[3].

Le gardien de notre bateau s'est endormi en fumant l'opium et nous avons toutes les peines du monde à le mettre debout ; nous y

---

celle-ci, gravée dans la montagne mais non remarquée par Hocquard, la stèle de Phổ Đà Sơn, qui énumère le nom des souscripteurs – notamment chinois et japonais – dont les offrandes ont permis de restaurer le sanctuaire au XVIIIᵉ siècle (la stèle date de 1700 ou 1760).

1. Erreur de Hocquard : en face de l'escalier, au nord de la grotte, se trouvent l'autel et le sanctuaire de Thượng Đế Ngọc Hoàng, d'inspiration taoïste. Le temple bouddhiste se trouve sur la droite (à l'est) : il s'agit de la pagode des Tam-Thế (« Bouddhas des Trois Ères » – passée, présente et future – représentés par trois statues situées au fond du sanctuaire).

2. La grotte de Huyền Không Động abrite en effet, dans un angle rentrant situé au nord-est, un petit édicule voué au culte de la fécondité : le Thạch Nhũ Cốc (« antre de la Mamelle sacrée »). C'est ici – et non au centre de la salle comme l'écrit Hocquard – qu'est disposée une jarre en terre où s'accumulent les gouttes tombées d'une protubérance calcaire (le terme thạch-nhũ désignant les stalactites). Boire cette eau, dit-on, favorise la fécondité et apaise le mal des yeux. La légende rapporte qu'il existait jadis une seconde source du même type, mais dont l'eau était mauvaise, néfaste : le roi Minh-Mạng y apposa ses mains, et ce simple geste suffit à la tarir.

3. Par le passé, ces montagnes de Marbre relevaient du domaine impérial. Dès 1802, le roi Gia-Long interdisait aux particuliers l'extraction du marbre, privilège réservé à l'État ; cette prescription fut renouvelée en 1822, 1853, et jusque sous la période française. En 1919, le roi Khải-Định concédait au village de Hoá-Quê, situé au pied des montagnes, le droit exclusif d'exploiter le marbre du mont Hoà-Sơn pour fabriquer de petits objets artisanaux.

réussissons tant bien que mal en prenant le parti extrême de lui verser sur la tête une ou deux pintes d'eau ; mais il nous faut, bon gré mal gré, saisir l'aviron et ramer à tour de rôle pendant un ou deux milles,

INTÉRIEUR DES GROTTES DE MARBRE

jusqu'à ce qu'il ait repris complètement ses esprits. Heureusement, nous marchons dans le sens du courant et nous n'avons qu'à donner un coup de temps en temps pour nous maintenir au milieu de la rivière.

APPAREIL SERVANT À ARROSER LES RIZIÈRES

Sur les deux bords, une foule de paysans est occupée aux travaux des champs : c'est la saison de repiquage du riz ; des bandes de femmes, ayant relevé leurs grandes robes autour des reins, travaillent dans l'eau jusqu'aux genoux à planter les rizières ; devant chacune d'elles, une petite sébile de bois flotte sur l'eau, elle contient les plants qu'un gamin complètement nu leur distribue au fur et à mesure. La femme prend de la main gauche, dans sa sébile, une ou deux tiges de

REPIQUAGE DU RIZ

ce jeune riz et le plante, par petites touffes régulièrement espacées, à l'aide d'un morceau de bois pointu qu'elle tient de la main droite. Plus loin, un jeune indigène est occupé à irriguer son champ à l'aide d'un appareil très original : le sol de ce champ est un peu plus élevé que celui de la rivière ; l'ouvrier puise l'eau avec une grande corbeille, de forme allongée, faite en treillis de bambous très serré, et dont l'intérieur est enduit d'un mastic noirâtre ; cette corbeille est fixée à l'extrémité d'un long bâton qui, lui-même, est attaché par une corde au sommet d'un trépied de bambou. La longueur de la corde est calculée de telle façon que, lorsque l'ouvrier tire à lui la corbeille, celle-ci vient plonger dans l'eau ; un simple mouvement de propulsion suffit pour porter l'appareil au-dessus de la rizière où il se vide tout naturellement. Grâce à cette disposition ingénieuse, les Annamites arrivent, sans dépenser beaucoup de force, à renouveler très rapidement l'eau de leurs champs de riz.

Nous passons devant Tourane à la chute du jour. Au moment où nous longeons les premières maisons du village, des sons d'instruments qui semblent partir du milieu de la rivière nous font interrompre notre dîner et sortir de la petite hutte en paille, située à l'arrière du sampan, où nous avons dressé notre couvert. Le spectacle qui frappe nos yeux est tellement curieux que nous faisons stopper notre barque pour n'en pas perdre un détail ; deux petits bateaux-paniers, accouplés bord à bord à l'aide de traverses en bambou, sont montés par des musiciens dont l'un bat du tambour, un autre du tam-tam, tandis qu'un troisième frappe l'un contre l'autre deux petits morceaux de bois semblables à des castagnettes. De grandes branches de bambou garnies de leurs feuilles sont plantées à chacune des extrémités des bateaux ; rameurs et musiciens sont vêtus de blanc des pieds à la tête. Au milieu de l'une des barques se tient debout une vieille femme, également vêtue de blanc, qui chante sur un ton plaintif un air très lent en agitant une écharpe de soie ; dans l'autre bateau sont entassés un grand nombre de ces petits objets en papier qui servent aux offrandes. Les rameurs manœuvrent de telle façon que les bateaux tournent constamment, en rond, très doucement. Quand le chant est fini, les bateliers s'arrêtent, et la vieille femme, prenant dans la seconde barque une belle jonque en papier, couverte de dorures, la place sur l'eau, y met le feu et l'abandonne au courant.

Mon boy nous donne l'explication de cette cérémonie singulière. La vieille femme en blanc a perdu, il y a quelques semaines, un de ses enfants qui s'est noyé, par un temps de grosse mer, en allant pêcher en dehors de la rade. Des camarades qui l'accompagnaient n'ont pu ramener son corps. Un devin, consulté pour savoir où il se trouvait, a répondu qu'il avait été enchaîné sous les eaux par les génies de la mer, furieux de ce qu'on avait osé troubler leur retraite. C'est pour conjurer la colère de ces esprits que la vieille femme, sur les conseils du devin, est venue au milieu de l'eau leur faire des invocations et leur présenter des offrandes. Elle espère que les méchants génies se laisseront fléchir par ses prières et que les parents qui, depuis trois jours déjà, cherchent le corps au lieu du sinistre pourront enfin le retrouver[1].

Quand nous accostons *Le Pluvier*, il fait nuit noire ; l'officier de quart qui nous reçoit à la coupée nous prie de passer chez le commandant qui a une communication importante à nous faire. Il est arrivé pendant notre absence une dépêche qui change toutes les dispositions prises à notre égard et qui modifie nos projets. Le commandant du *Pluvier* espérait pouvoir attendre à Tourane un moment d'accalmie qui lui permettrait de franchir la barre de Thuan-An et de nous conduire jusqu'à l'embouchure de la rivière de Hué ; il reçoit au contraire l'ordre de partir sur-le-champ et de descendre jusqu'à Saïgon. Il doit nous mettre à terre demain matin avec nos bagages ; nous attendrons à Tourane qu'on puisse nous donner une escorte pour gagner la capitale par terre en traversant le col des Nuages.

Le lendemain, de grand matin, deux sampans venus de la côte chargent nos caisses et nos provisions et, après avoir pris congé du commandant du *Pluvier,* qui a été parfait pour nous, nous partons dans sa chaloupe pour le village de Tourane.

Le pays, comme je l'ai déjà dit, est peu sûr ; le commandant du poste de Tourane nous demande plusieurs jours pour organiser notre départ : en attendant, il nous installe dans une grande maison annamite et nous tuons le temps comme nous pouvons avec des promenades aux environs. Chaque matin nous nous mettons en route, Roullet avec son pliant, sa grande ombrelle et sa boîte à couleurs, moi avec mon appareil photographique. Les gamins du village, auxquels chaque jour nous donnons quelques sous pour porter notre bagage, ont fini par nous connaître ; ils nous ont affublés de sobriquets qui prouvent leur faculté d'observation : Roullet c'est : *Ong quan ké Bout* (« le grand mandarin Pinceau ») et moi je suis *Ong quan ké Dên* (« le grand mandarin Lanterne[2] »). Le pinceau est bien connu en Annam, puisqu'il est entre les mains de tous les lettrés ; quant aux appareils photographiques, c'est chose nouvelle sur la côte, les indigènes prennent ma

---

1. Bien qu'il s'agisse ici d'une cérémonie *cham*, voir ci-dessus, p. 437, ce que dit l'auteur des « âmes errantes ».

2. *Ông quan cái bút* et *Ông quan cái dèn.*

chambre noire tantôt pour un engin de guerre perfectionné, tantôt pour une grande lanterne. Ils sont très intrigués quand ils me voient braquer mon appareil et m'entourer la tête d'un grand voile noir pour regarder à travers l'objectif. Roullet, lui, a un succès énorme ; il soulève l'enthousiasme quand il s'installe au bord de la rivière, son chevalet devant lui portant la toile commencée. Les gamins font cercle, se montrent du doigt les objets au fur et à mesure qu'il les dessine, et rient aux éclats quand ils se reconnaissent dans son tableau.

Le 12 janvier au soir, nous voyons arriver une estafette du commandant qui nous annonce que les préparatifs sont terminés et que nous pourrons enfin nous mettre en route le lendemain, avec quelques zouaves d'escorte. Je reçois en même temps un grand papier, couvert de caractères chinois, portant les larges cachets rouges plaqués en vedette sur la première page ; c'est un ordre de réquisition des mandarins annamites pour tous les postes de *trams* que nous rencontrerons sur notre route. Nous allons voyager comme de grands personnages, notre passage est annoncé partout. Le papier couvert d'hiéroglyphes nous accrédite près des chefs de village. Nous partirons avec trente-quatre coolies pour porter nos bagages ; à chaque étape, nous les changerons pour d'autres que nous fourniront les chefs de *trams*, et nous traînerons à notre suite un nombre respectable de ligatures de sapèques, qui nous permettront de faire nous-mêmes chaque jour la paye des porteurs[1].

Le 13 au matin, nous faisons avec joie nos adieux à Tourane. Nous comptions traverser la baie en bateau, pendant que notre escorte et nos porteurs longeraient le rivage ; nous avions, dans ce but, loué la veille un grand sampan ; mais il fait un temps épouvantable, il a venté toute la nuit, la mer est grosse et les bateliers ne veulent plus nous transporter ; nous allons être obligés de faire le tour par le rivage : c'est quinze ou dix-huit kilomètres à parcourir en enfonçant dans le sable jusqu'aux chevilles.

De Tourane au village de Nam-Ho[2], où nous devons nous arrêter pour déjeuner, la route est monotone : nous longeons de grandes dunes contre lesquelles sont adossées, de distance en distance, de misérables

1. À propos du système des *trạm* et des conditions de voyage, voir ci-dessus note 1 p. 451. Au total, six *trạm* étaient disposés sur la route entre Đà-Nẵng et Huế : *Nam-Ô*, *Nam-Sơn* (ancien Phúc-Yên devenu Đức-Phúc en 1822 puis Thừa-Phúc l'année suivante), *Thừa-Lưu* (ancien Đức-Thọ), *Thừa-Hoá* (ancien Cao-Đôi devenu Đức-Cao en 1822 puis Thừa-Hoá l'année suivante), *Thừa-Nông* (ancien An-Nông devenu Đức-Nông en 1822 puis Thừa-Nông l'année suivante) et enfin *Kinh-Trạm* (situé au sud-est de la citadelle de Huế).
2. Le village de Nam-Ô (appelé de nos jours Nam-Ô, sans ton) se trouve à l'ouest de la baie de Đà-Nẵng. Le *trạm* de Nam-Ô est décrit par Dutreuil de Rhins comme « une grande case entourée d'un petit retranchement en terre » (voyage de 1876).

huttes de pêcheurs. Ces pêcheurs ont des bateaux d'une forme très curieuse : ce sont de grandes corbeilles rondes en bambous, mesurant deux mètres de diamètre, enduites à l'intérieur d'une espèce de mastic de couleur grise qui a la consistance de l'argile. Pour les lancer à la mer, ils se mettent complètement nus, entrent dans l'eau en poussant devant eux cette barque d'un nouveau genre ; lorsqu'ils sont près de perdre pied, ils attendent une grosse lame et, aussitôt que l'embarcation est soulevée par le flot, ils s'élancent d'un coup de rein dans l'intérieur du panier et, ramant d'une main, hissant de l'autre une petite voile carrée grande comme une serviette, ils mettent cap au large, bondissant sur les crêtes des lames en nous donnant, de loin, l'impression de gros marsouins[1].

La plaine de sable est coupée par de petits ruisseaux qui vont se jeter dans la mer ; quand ils sont trop profonds, les riverains nous les font passer dans leurs corbeilles, moyennant quelques sapèques ; d'autres fois, nous les traversons à pied avec de l'eau jusqu'au ventre ; les pauvres tableaux de Roullet en voient de dures. Cette marche dans le sable fatigue horriblement les pieds ; pour comble de malheur, la pluie a cessé et un soleil implacable darde ses rayons sur nos têtes. Heureusement, vers onze heures, nous quittons le rivage pour nous enfoncer, au milieu des manguiers, dans un petit chemin bien ombragé et d'aspect pittoresque, qui vient aboutir au grand village de Nam-Hô. Le chef de village, prévenu, nous conduit à la maison du *tram* : c'est une grande case, couverte de tuiles, où les voyageurs de marque peuvent se reposer en attendant qu'on ait préparé le relais des coolies. Dans tout le pays annamite, on désigne sous le nom de *trams* les postes échelonnés sur le parcours des routes royales où se recrutent, par la corvée, les hommes chargés du transport des bagages des personnages officiels. Chaque fois qu'un fonctionnaire se met en route, l'heure de son passage au poste de relais et le nombre des coolies nécessaires pour son service sont indiqués par un messager spécial, qui le précède à une distance suffisante pour qu'il n'ait pas à attendre et pour que toutes les dispositions soient prises avant son arrivée. En général, les mandarins réquisitionnent non seulement des porteurs de bagages, mais encore des coolies pour leurs palanquins. Ce mode de locomotion est très fatigant, les indigènes étant beaucoup moins grands que nous. Nous avons donc préféré aller à pied, malgré la chaleur.

---

1. À propos des bateaux-paniers (*thuyên-thúng*), voir note 1 p. 402.

Nous n'étions pas arrivés depuis dix minutes au poste de Nam-Ho, que déjà de grands coups de tam-tam annonçaient notre présence dans toutes les rues du village et que les autorités venaient nous faire leurs *lai*[1]. Nous laissons passer la grande chaleur et nous nous remettons en route vers trois heures de l'après-midi. En quittant Nam-Ho, nous traversons de superbes plantations de cocotiers et de jolis bosquets d'arbres d'essences inconnues, au milieu desquels perchent des bandes de pigeons verts et de tourterelles grises à col noir. J'aperçois, de distance en distance, de coquets villages cachés dans la verdure.

Nous approchons des montagnes. De grands rochers, entre lesquels serpente un petit chemin caillouteux dans lequel nous allons nous engager, se dressent de l'autre côté d'une rivière qu'il nous faut absolument traverser[2]. Aucun indigène n'apparaît aux environs, l'eau est profonde et les coolies perdent pied en cherchant un gué ; heureusement, nous trouvons au milieu des roseaux un vieux bateau que nous mettons à flot et dans lequel nous nous empilons avec toutes nos caisses ; dix de nos plus vigoureux coolies s'attellent pour remorquer notre barque à la nage, pendant que dix autres la poussent par-derrière et sur les côtés. Par bonheur la rivière n'est pas large ; notre bateau fait eau de toutes parts ; il est temps que nous arrivions à l'autre bord.

Le chemin commence à monter entre d'énormes blocs de granit, couverts de fougères et de plantes grimpantes ; il est pavé de gros cailloux anguleux qui nous blessent à travers notre chaussure ; les coolies, qui vont pieds nus, ne paraissent rien sentir ; ils marchent à toute vitesse et nous avons peine à les suivre. Nous voici maintenant en haut de la falaise que nous côtoyons, montant, descendant, pour remonter encore. De l'endroit où nous sommes, nous embrassons toute l'étendue de la baie de Tourane, dont les eaux viennent se briser contre les roches à deux cents mètres au-dessous de nous. L'étroit sentier que nous suivons est bordé à droite et à gauche par des rocs couverts de mousses et de bruyères ; dans l'intervalle des pierres, jaillissent de maigres touffes d'arbrisseaux et de jolis bouquets d'hibiscus rouges.

Vers cinq heures nous arrivons au point culminant du massif que nous escaladons depuis Nam-Ho ; devant nous, à deux cents mètres

---

1. Les *lạy* que, pour éviter de traduire par « courbettes », on laisse généralement en vietnamien.
2. Il s'agit de la rivière Cu-Đè, anciennement rivière de Phường-Rác (elle est ainsi nommée dans le récit de voyage de Pierre Poivre, 1749), dont l'estuaire se trouve précisément à Nam-Hô. Au-delà se profilent les monts de Hải-Vân, qui constituent la partie extrême-orientale de la cordillère de Trường-Sơn (autrefois appelée « chaîne annamitique »).

environ au-dessous de l'endroit où nous avons fait halte, le village de Nam-Tung, où nous devons passer la nuit, étale sur le sable ses petites maisons en paille, éclairées par le soleil couchant[1]. La route descend rapidement, mais avec des lacets nombreux, jusqu'aux premières maisons de ce village, où nous arrivons à la nuit tombante. Nous passons devant les ruines d'un fortin qui a été construit par les Espagnols lors des affaires de 1858 et qui conserve le nom de Fort Isabelle.[2] À côté de ce fortin, émergent d'un bouquet de verdure les toits ornés de porcelaine d'une pagode dont l'histoire est très singulière.

Le fortin abritait, dit-on, une pièce à longue portée qui fit beaucoup de mal aux jonques des pirates qui se hasardaient dans ces parages. Le souvenir de cette pièce de canon est resté très vivant parmi les indigènes ; quand les Espagnols eurent évacué le fortin, les habitants du village voisin élevèrent, au lieu qu'il occupait, la pagode qui subsiste encore et qui porte le nom caractéristique de « pagode du Grand Canon méchant[3] ».

Nous faisons ranger tout notre convoi au milieu du village. Le maire, suivi des notables, vient nous saluer et nous offrir de nous reposer cette nuit dans la plus grande des cases. Nous acceptons avec empressement. Après avoir mis bagages et coolies sous la garde de l'escorte, avec les ordres les plus sévères pour la nuit, nous organisons notre campement.

Tout le village est réuni pour assister aux allées et venues des étrangers ; il y a bien longtemps qu'on n'a pas vu d'Européens dans ces parages. La population s'est d'abord massée au milieu de la rue, à distance respectueuse de la hutte où nos ordonnances, après un nettoyage soigné du sol et des parois, installent nos matelas cambodgiens, nos moustiquaires, et vaquent aux préparatifs du dîner.

1. Nam-Tùng est l'ancien nom du village de Nam-Chơn (Nam-Chân), situé juste en-dessous de la « porte de Fer » du col des Nuages (đèo Hải-Vân). Le lieu est bien connu parce que, un an après la visite de notre auteur, il fut le théâtre d'un sanglant événement : l'attaque et la mise à mort du groupe de sept Français, dirigés par le capitaine du génie Besson, chargés de la viabilisation de la route de Tourane à Huế (28 février 1886). Cette action a probablement été orchestrée par Nguyễn Duy Hiệu (voir ci-dessus note 1 p. 561).

2. Sous prétexte d'aller défendre les chrétiens persécutés par Tự-Đức, la France et l'Espagne décidèrent en 1858 de mener une action commune au Đại-Việt. Commandées par l'amiral Rigault de Genouilly, les troupes franco-espagnoles bombardèrent Tourane et prirent la ville le 1er septembre 1858 ; cinq mois plus tard elles arrivèrent à Saïgon. Pour se prémunir d'une contre-offensive vietnamienne, les troupes s'emparèrent des ouvrages de défense qui entouraient la rade de Tourane, notamment des fortins bâtis au nord. Parmi eux, celui de Kiên-Châu, sur la route de Huế, dénommé « fort Isabelle » en hommage à la reine d'Espagne, fut occupé par les troupes espagnoles durant un an, de novembre 1859 à novembre 1860.

3. Malgré nos recherches et en dépit de l'existence d'une solide monographie sur cette région, il nous a été impossible de retrouver la moindre trace de cette pagode, ni de l'anecdote citée par Hocquard.

Encouragés par notre air bon enfant, les indigènes se sont peu à peu rapprochés ; ils se sont groupés sous l'auvent de la case et bientôt les plus hardis d'entre eux font cercle autour de la table où nous avons pris place pour le repas du soir ; ils suivent d'un air profondément intéressé chaque mouvement de nos couteaux et de nos fourchettes, ils se communiquent leurs réflexions à voix basse ; les vieux, qui ont vu les Espagnols, fournissent aux plus jeunes des explications interrompues par des éclats de rire aussitôt réprimés. Entourés par cette galerie de spectateurs, nous avons la conviction, un peu humiliante, de leur produire une impression exactement semblable à celle qu'éprouvent les Parisiens quand ils vont voir, au jardin d'Acclimatation, les troupes de sauvages qu'on y exhibe à chaque printemps.

VILLAGE DE NAM-TUNG

La nuit est venue, nos ordonnances ont orné notre table de bougies placées dans des bouteilles vides ; leur lumière éclaire toutes ces têtes curieusement tournées vers nous. Ils sont là une cinquantaine au moins : vieillards à longues barbiches blanches, hommes à gros chignons serrés dans des turbans noirs, femmes et enfants se cachant craintivement derrière les premiers groupes ; tous accroupis sur leurs talons ou debout. Chaque boîte de conserve vidée est avidement ramassée par les plus hardis de la bande qui se la disputent longuement ; mais ce sont surtout les bouteilles vides qui ont un grand succès. Au dessert le spectacle devient drôle. Nous avions garni notre cantine de liqueurs variées ; nos ordonnances ont mis sur la table toute la collection : tafia, chartreuse, peppermint, absinthe ; à la vue de ces bouteilles, un mouvement se produit dans la foule. Après un concilia-bule d'un instant, un grand vieillard maigre, un des notables du pays, tend vers nous sa main, en baragouinant quelques mots et, avec son plus beau sourire qui découvre deux rangées de dent noires, il nous fait le geste expressif d'un homme qui boit ; il y met tant d'insistance et il a l'air si drôle que nous nous décidons à rire un peu. Nous lui emplissons d'abord une tasse de gros rhum de troupe ; il en boit une forte lampée, puis passe la coupe à son voisin, autre vieillard très grave : qui boit à son tour ; la tasse circule de main en main. Chacun lui ayant donné l'accolade avec les signes de la plus évidente satisfaction, tous nous font, en guise de remerciement, une profonde inclination de tête, en joignant les deux mains et en les portant en avant ; mais la curiosité n'est pas satisfaite, le premier vieillard recommence ses grimaces et nous montre du doigt la chartreuse. C'est grave, la chartreuse est une liqueur rare dans le col des Nuages, mais bast ! une fois par hasard, nous pouvons bien expérimenter l'effet des différents alcools français sur les tempéraments annamites. Nous leur faisons goûter de chaque bouteille, en finissant par l'absinthe. Les premiers servis auraient bien voulu tout boire, mais ils sont arrêtés tout de suite par les autres qui réclament aussi leur part ; et peu à peu, les visages s'allument, les trait se dérident, tous se frottent le ventre pour bien indiquer que c'est bon, très bon ; bientôt l'assemblée devient tellement bruyante que nous devons interrompre brusquement la séance et faire intervenir nos ordonnances pour mettre tout ce monde-là dehors.

Malgré notre fatigue, nous passons une très vilaine nuit, pendant laquelle nous avons tout le temps de déplorer amèrement la mauvaise idée d'avoir été si généreux pour nos hôtes. Jusqu'au jour il y eut dans toutes les maisons du village divertissements, chants et musique ; mis en gaieté par leurs libations de la vieille, les Annamites n'ont pas fermé l'œil.

Le 13[1], nous partons à six heures du matin, l'étape devant être fatigante. À la sortie du village, nous voyons se dresser une montagne aux flancs escarpés, que nous gravissons par un sentier de chèvre bordé par des précipices, des broussailles et de grandes herbes. Quand,

---

1. Non pas le 13 mais le 14 janvier.

vers sept heures, nous nous arrêtons à mi-côte pour laisser se reposer nos coolies mis hors d'haleine par cette pente raide, nos regards, plongeant comme dans un gouffre, distinguent à peine les petites maisons du village où nous avons passé la nuit ; vues de cette hauteur, elles ressemblent à des taupinières. Dans la principale rue, les habitants, groupés le nez en l'air, suivent l'ascension de notre colonne.

À huit heures, nous arrivons au faîte de la montagne[1]. La route suit une gorge profonde, limitée par des rochers presque à pic ; elle décrit des sinuosités sans nombre ; il nous semble à chaque instant que nous retournons sur nos pas. Tout à coup, après un coude brusque du sentier, un petit mur en maçonnerie nous barre le chemin ; ce mur est percé d'une grande porte, garnie de créneaux et de meurtrières, par laquelle on pénètre dans un fortin annamite où logent une trentaine de soldats indigènes à la solde du roi. Nous sommes à l'endroit connu sous le nom de « portes de Fer » ; le petit fortin est chargé de défendre la route qui conduit à la capitale ; il est admirablement placé pour remplir ce but : à droite et à gauche du défilé qu'il commande, sont d'immenses précipices au fond desquels roulent des torrents impétueux ; il est impossible d'aller plus en avant sans traverser la redoute[2]. Le mandarin qui y commande nous reçoit à l'entrée de la première enceinte ; il nous a fait préparer le thé, et nous passons là une heure en compagnie de l'officier indigène ; celui-ci ne porte aucun

1. Situé à une vingtaine de kilomètres au nord de Đà-Nẵng, le col des Nuages *(dèo Hải-Vân)* constituait la seule passe qui permettait de franchir le massif montagneux de Hải, celui-ci formant une limite naturelle et administrative entre la province de Quảng-Nam, au sud, et celle de Thừa-Thiên (Huế) au nord ; le col des Nuages occupait une position extrêmement stratégique, et cela explique que l'on y trouve de nombreuses fortifications qui, jadis, garantissaient Huế contre les ennemis du sud. De par sa beauté et son rôle militaire, ce site était suffisamment important aux yeux des Vietnamiens pour qu'on en retrouvât une représentation en relief (le paysage avec le fortin de Đồn-Nhứt) sur une des neuf « urnes dynastiques » que fit fondre le roi Minh-Mạng en 1835-1836 et qui sont disposées à l'intérieur du palais royal à Huế.

2. Appelé « porte de Fer » (au singulier), ce fortin est situé en surplomb de la petite baie de Nam-Chân ; c'était auparavant un *trạm* situé dans la plaine mais, avec la modification du tracé de la route Mandarine, il a été déplacé au pied du grand fort appelé Đồn-Nhứt. Ce déplacement, qui s'est accompagné d'un changement de nom – Nam-Chân devenant Nam-Hoa –, explique pourquoi Hocquard mentionne sur son itinéraire cette fortification que les textes anciens enregistrent en plaine, au bas du col des Nuages, à l'écart de la route. Cela dit, cette description n'en demeure pas moins assez étonnante : alors qu'il se trouve au sommet du col des Nuages, Hocquard évoque cette modeste « porte de Fer » mais il omet de signaler le fort de Đồn-Nhứt (le « Premier Fort »), imposante construction qui la prolonge et qui, elle, est tout à fait riche du point de vue historique et monumental. Or l'auteur est obligatoirement passé par Đồn-Nhứt. Quelques lignes plus bas, il mentionne d'ailleurs les canons qui s'y trouvaient. Sous le nom de « porte de Fer », il semble donc que Hocquard présente ici l'ensemble de la fortification, en y incluant le « Premier Fort ». Celui-ci est un ouvrage imposant. Il s'ouvre par la « porte de Đà-Nẵng » (ou « porte de Hải-Vân »), faite en maçonnerie de briques et percée d'une voûte en plein cintre, et il donne accès à un poste de garde qui, jadis, barrait toute la route. Celle-ci traversait donc le poste de garde, tournait à angle droit vers l'est et ressortait de l'autre côté par la « porte de Huế ». Ces deux portes – chacune regardant un versant de la montagne, l'une vers Đà-Nẵng et l'autre vers Huế – ont été bâties en 1826, comme en témoignent les inscriptions qui figurent sur leurs frontons.

uniforme, mais ses soldats sont vêtus, à la chinoise, de petites vestes rouges, de larges pantalons courts et de chapeaux en bambou ; ils sont armés de lances et de grands sabres recourbés qu'ils portent attachés au milieu du dos. Les canons que nous apercevons aux meurtrières ne doivent pas être très dangereux ; ils sont en piteux état d'entretien ; je crois que la garnison n'a pas dû les manœuvrer bien souvent. Les soldats annamites logent hors de l'enceinte du fort, sur l'autre versant de la montagne, dans des maisons assez confortables, construites en planches ; elles se dressent à l'extrémité d'un rocher à pic et leur ensemble présente un aspect curieux et pittoresque.

À partir du fort, le paysage est admirable. Nous revenons vers la mer. Le sentier court à travers des bois touffus au milieu desquels des torrents aux eaux vives descendent, tantôt disparaissant sous la mousse et les broussailles, d'autres fois tombant des rochers en bruyantes cascades. D'énormes papillons, gros comme les deux mains étendues, volent le long du chemin ; on dirait des fleurs animées, tant leurs couleurs sont variées et resplendissantes. Au-dessous de nous planent des aigles superbes et, sur les vieux troncs moussus qui bordent la route, de grands vautours dressent leur cou décharné.

À onze heures nous nous arrêtons pour déjeuner au petit hameau de Ké-Ca, composé de trois ou quatre cabanes recouvertes d'herbes desséchées[1] ; elles sont groupées au bord d'un ruisseau d'eau vive, dans le site le plus pittoresque qu'il soit possible de voir. De grands arbres les ombragent sous leur puissante ramure ; autour d'elles, la forêt vierge s'étend, profonde et impénétrable. Les habitants ont dû fuir dans les fourrés, car nous ne trouvons personne dans les cases grandes ouvertes ; dans l'une d'elles, une marmite pleine d'eau bout sur un feu de broussailles dont nos boys profitent pour préparer le déjeuner. En attendant qu'il soit servi, nous allons nous plonger dans les eaux claires de la petite rivière ; ce bain délicieux nous enlève, comme par enchantement, toute notre fatigue. Le ruisseau est rempli d'excellents poissons ; c'est de là sans doute que vient le nom du village (*Cá*, en annamite, signifie « poisson »). En quelques minutes nos coolies font une pêche miraculeuse.

Pendant que les porteurs chargent leurs bambous et se disposent pour la marche, je fais une pointe en avant pour reconnaître le chemin ; au détour du sentier, je me trouve tout d'un coup nez à nez avec un grand singe, dont la face, dépourvue de poil et presque

---

1. Nous n'avons pas pu retrouver ce hameau, dont l'auteur nous donne le nom vulgaire – très répandu – et non point le nom administratif officiel.

humaine, aurait pu, à la rigueur, être prise pour celle d'un indigène ; l'animal, à ma vue, fait un bond énorme et disparaît dans le fourré. Ces singes font l'objet d'une légende curieuse qui se transmet parmi les montagnards annamites. On dit qu'à une époque reculée ils étaient de véritables hommes qui, à la suite de je ne sais plus quelles vicissitudes, ont dû quitter leurs semblables pour vivre au sein des forêts ; peu à peu, à force d'être seuls, ils ont perdu l'usage de la parole, mais ils comprennent encore très bien le langage annamite et, quand on passe dans l'endroit où ils habitent, il faut bien se garder des conversations qui pourraient les blesser, car ils sont très vigoureux et très malins, et le voyageur pourrait payer cher sa témérité[1].

Le chemin dévale rapidement entre d'épais fourrés coupés par d'étroites clairières ; de temps en temps la forêt semble s'entrouvir, pour nous laisser voir la falaise sous forme d'une haute muraille de granit bizarrement découpée. Sa base est constamment battue par les eaux de la mer qui viennent s'y briser avec bruit.

Nous nous engageons dans le lit d'un ancien torrent qui, profondément encaissé entre les roches, descend presque en ligne droite jusqu'au bas de la montagne. Il faut que nos coolies déploient une adresse peu commune pour suivre un pareil chemin avec leurs lourdes charges. La pente est extrêmement raide ; de gros cailloux roulent à chaque pas sous nos pieds. La descente s'effectue cependant sans encombre, et nous nous trouvons tous réunis sur une jolie plage, couverte de sable fin, qui borde la lagune de Phu-Ya[2]. De grandes

---

1. Ce singe doit être un *douc* (*Simia nemoeus* ou *nemoris*), grand singe à tête ronde et glabre, à longue queue, voisin de l'entelle, que l'on trouve au sud du Việt-Nam et, surtout, dans la région de Đà-Nẵng et dans l'île chinoise de Hai-Nan. Le terme *douc* est probablement une déformation du vietnamien *độc*, de *khỉ-đột* qui désigne les grands singes, ou *khỉ-độc* qui renvoie au gorille. Son système dentaire est tout à fait semblable à celui de l'homme ; sa face est, parmi l'espèce des singes, celle qui ressemble le plus au visage humain (ce singe est d'ailleurs appelé en sino-vietnamien « homme frustre », *dã-nhân*) et il marche aussi souvent debout qu'à quatre pattes. Tout cela explique la légende anthropomorphique citée par l'auteur. Le capitaine Rey, qui séjourna dans cette région en 1819, écrivait d'ailleurs : « Sa figure est affreuse au premier aspect, tant elle a de rapports avec celle de l'homme. » À l'époque où écrit Hocquard, ce singe était encore fort mal connu, mais le *Dictionnaire* de Pierre Larousse, en 1867, lui consacrait tout de même une notice (« *Douc* : mammifère, espèce de singe du genre semnopithèque, qui habite la Cochinchine »). Durant le séjour qu'il fit à Tourane en septembre 1822, l'Anglais Crawfurd écrivait à propos des montagnes entourant le col des Nuages : « L'absence des êtres humains était mal remplacée par de nombreuses bandes de singes. Nous vîmes cinq bandes de ces animaux en franchissant la montagne ; ils étaient tous semblables à ceux que nous avions vus dans la baie de Tourane : le *douc* (ou *simia nemoris*), qui possède des couleurs magnifiques. » Enfin, dans une lettre adressée à Georges Cuvier, son élève, le naturaliste Pierre-Médard Diard, qui a voyagé dans cette région de 1821 à 1824, écrit : « J'espère que vous serez satisfait de la belle peau et du squelette de *douc* que j'ai été assez heureux pour rencontrer en grande quantité dans le bois voisin. Cette singulière espèce de singe, que les Cochinchinois ne connaissent que sous le nom de Yoc ou de Buckmalic, doit former un petit groupe bien nettement tranché dans notre grand genre des pithécocépes » (lettre écrite fin octobre 1821).

2. Notre auteur, qui est bien pardonnable, confond ici la lagune de Lăng-Cô (An-Cư), dite aussi baie de Vụng-Đàm, et le col de Phú-Gia qui la surplombe.

VILLAGE DE KÉ-CA

pirogues, montées par des indigènes, nous attendent depuis le matin pour nous faire traverser le petit bras de mer qui nous sépare du village de Lang-Co où nous devons passer la nuit. Ce village, riche et très peuplé, s'étend le long de la mer dans un fort joli site.

À peine installés dans la grande pagode du *tram*, nous sommes agréablement surpris en voyant entrer le capitaine du génie Besson, qui, depuis trois jours à Lang-Co, étudie le tracé d'une nouvelle route que le général en chef veut faire établir entre Tourane et Hué[1]. Le capitaine a déjà tenu garnison à Hué, il connaît à fond le pays qu'il nous reste à parcourir, et il nous fournit une foule de renseignements qui nous seront utiles pour continuer notre voyage. Le soir il nous amène à dîner un petit mandarin, à l'air futé, aux yeux brillants sous ses grandes lunettes rondes, que le gouverneur de la province de Hué lui a donné soi-disant pour faciliter ses rapports avec les chefs des villages, mais qui me paraît bien plutôt avoir été mis là pour espionner l'officier français et pour renseigner la cour sur tous ses faits et gestes. Ce personnage ne quitte pas notre camarade d'une semelle, il a toujours un prétexte ingénieux pour ne pas le laisser seul un instant ; nous avons tenté de le griser, le soir, avec une bouteille de champagne que nous tenions en réserve, mais il est trop malin pour se laisser faire et nous n'en avons rien tiré[2].

Le lendemain matin, branle-bas dès cinq heures ; nos coolies et l'escorte vont contourner la baie en suivant le rivage ; ils iront nous attendre à l'autre extrémité, au village de Phu-Ya. Quant à nous, nous suivons à la lettre les conseils du capitaine Besson. Après avoir pris congé de notre excellent camarade, auquel nous promettons notre visite au retour, nous montons sur un grand sampan que son mandarin nous a procuré, non sans se faire tirer un peu l'oreille ; nous allons ainsi traverser la baie sans fatigue, au lieu de fournir trois heures de marche dans les sables[3].

---

1. Le capitaine Gustave Besson connut, l'année suivante, un tragique destin (voir ci-dessus note 1 p. 575), d'ailleurs évoqué par Hocquard, sans détail, à la dernière page de son récit. Né en 1852, élève de l'École polytechnique, Besson entra dans le génie en 1878, à l'âge de vingt-six ans ; il participa activement au levé de la carte topographique de l'Algérie et demanda ensuite à faire partie de la mission d'Annam. Il fut chargé par le général Prudhomme de la mise en état de la route entre Hué et Tourane, mais il mourut assassiné dans la nuit du 28 février au 1er mars 1886. C'est à lui qu'est dédié le bel article d'Henri Cosserat intitulé « La Route mandarine de Tourane à Hué » (*Bulletin des amis du vieux Hué*, 1920). Besson est l'auteur d'un projet de route (finalement repoussé après sa mort) qui consistait à éviter le col des Nuages, culminant à cinq cents mètres, en passant plus à l'est, du côté du littoral, via Nam-Chân, et à travers la lagune de Lăng-Cô. Cette route, dont le projet fut refusé parce qu'on estimait délicat le passage à Lăng-Cô, présentait l'avantage de ne comporter aucun lacet et d'être deux fois moins élevée que la route Mandarine...

2. Peut-être s'agit-il ici de Trần Văn Quê qui, à l'époque, fut suspecté d'avoir organisé, pour le compte de Nguyễn Duy Hiệu, le complot contre Besson et ses hommes.

3. « Dans les sables »... de la lagune : en d'autres termes, Hocquard traversa par bateau la lagune en partant de Lăng-Cô, au sud, pour aboutir à Phú-Gia, au nord, tandis que l'escorte suivait la ligne de rivage qui s'étend, à l'est, entre la lagune et la mer, et qui correspond au tracé de la route Mandarine.

Nous longeons une chaîne de hautes montagnes, couvertes de forêts pleines d'essences précieuses. Ces montagnes sont coupées de vallons profonds, au milieu desquels nous découvrons plusieurs grands villages, entourés de rizières et de plantations de cocotiers. L'Annam est loin d'être, comme on le disait, un pays pauvre. Les commerçants français pourront, s'ils le veulent, en tirer profit.

LE MANDARIN DE L'AMI BESSON

Au moment où nous accostons en face du village de Phu-Ya, le ciel qui s'était montré très beau pendant toute la matinée s'assombrit tout à coup ; l'atmosphère devient lourde et étouffante, la pluie commence à tomber. Bientôt l'averse redouble, des torrents d'eau s'abattent sur nous ; nous sommes obligés d'interrompre notre marche et de nous arrêter pour nous mettre à l'abri. Jamais je n'avais vu pareil déluge : de grandes trombes d'eau crèvent le toit des maisons, le vent tord les arbres, de fulgurants éclairs, suivis de coups de tonnerre épouvantables, se succèdent de seconde en seconde, cent fois répétés par les échos de la montagne.

Ces bourrasques, si fréquentes sur la côte, durent peu, heureusement, mais elles laissent les chemins dans un état affreux : le petit sentier que nous suivons en ce moment pour gravir la colline est transformé en torrent impétueux et nous avons de l'eau jusqu'à mi-jambes.

PONT EN BAMBOU

Vers huit heures, nous nous engageons dans une grande route bien tracée, entretenue comme nos routes de France, qui court à perte de vue à travers une plaine occupée tout entière par des rizières soigneusement cultivées[1]. À midi nous nous arrêtons dans un village pour déjeuner et nous changeons nos coolies exténués pour d'autres porteurs plus dispos. Au sortir de ce village, nous traversons une

1. Il s'agit de la plaine de Thừa-Lưu, qui s'étend entre les massifs de Cao-Hải et ceux de Phú-Gia, que Hocquard vient de quitter. En conséquence, le village dont parle Hocquard quelques lignes plus bas est celui de Thừa-Lưu, mieux connu sous son nom populaire de Nước Mặn (« village de l'eau salée ») ; il fait pendant au village de Nước Ngọt (« village de l'eau douce ») situé un peu plus à l'ouest. La rivière évoquée plus bas par Hocquard est très certainement le sông Bu-La actuel.

rivière large de deux cents mètres sur un pont de bois hardiment jeté d'un bord à l'autre. Ce pont est curieusement construit : sur une série de grands madriers, accouplés en X, court une étroite passerelle, bordée de chaque côté par des garde-fous en bambous. Sur l'autre bord de la rivière, le sol redevient caillouteux et aride ; il est couvert de broussailles et de grandes bruyères à fleurs roses ; ces landes en friche, à peine coupées par quelques maigres bosquets de bois, sont habitées par des coqs sauvages et des bandes de pluviers dorés ; ces oiseaux sont peu farouches, ils se laissent approcher à assez courte distance pour que nous puissions décharger sur eux un ou deux coups de nos revolvers.

Ce soir-là nous allons coucher à Cau-Haï, sous-préfecture de la province de Hué, où se trouve un petit poste français[1]. La partie pénible du voyage est terminée ; nous en avons fini avec les coolies du *tram* et nous allons voyager dans les propres sampans de Sa Majesté annamite, qui sont venus au-devant de nous jusque-là[2]. Nous montons, Roullet et moi, une magnifique barque construite en bois précieux et conduite par vingt rameurs royaux, reconnaissables à leur uniforme rouge. Cette barque est surmontée d'une sorte de grande cabine qui va de l'avant à l'arrière et dont les panneaux intérieurs sont peints en laque vermillon et ornés de superbes dorures. C'était sans doute dans ce compartiment que se tenait le roi lorsqu'il voyageait sur les rivières. La cabine est percée de chaque côté d'une large fenêtre, fermée par une jalousie ; le roi pouvait ainsi admirer le paysage sans que sa personne fût profanée par le regard d'un paysan[3].

La lourde machine avance très lentement malgré les efforts des dix paires de rames ; nous suivons de petits arroyos très étroits qui décrivent mille courbes capricieuses ; les deux bords sont tellement rapprochés que les hautes touffes de bambous, qui se rejoignent au-dessus de l'eau, frôlent à chaque instant le toit de notre barque. De temps à autre, nous passons entre de grands lotus dont les feuilles sont

---

1. Câu-Hải, ancien Cao-Hải, sur la lagune du même nom, était en effet le siège du district.

2. « La partie pénible du voyage est terminée » : en effet, Cao-Hải marque en quelque sorte le point de contact entre la partie montagneuse de l'itinéraire (depuis Đà-Nẵng) et sa partie plate (jusqu'à Hué). C'est là une vraie rupture, à la fois naturelle, historique, et même climatique puisque les hautes montagnes qui dominent le col des Nuages forment une sorte d'écran bloquant la mousson du nord-est. Après le village de Cao-Hải, les voyageurs prenaient un bateau qui traversait la lagune et, au nord de celle-ci, s'enfonçait dans un étroit canal (« la lagune de l'est ») – que Hocquard appelle à tort une « charmante rivière » –, qui les menait jusqu'à Thuận-An, port avancé de la ville de Hué.

3. Bien que le rouge ne soit pas l'apanage du souverain, il peut s'agir là d'une barque royale (*ngự-châu*), mais aussi, plus simplement, de l'embarcation d'un haut mandarin. Quoi qu'il en soit, il s'agit sans conteste d'une barque de type *té-thông* (« passe-partout », d'ailleurs très prisée par le roi Tự-Đức), longue d'environ trente mètres, large de quatre, et munie d'un étage divisé en quatre cabines faisant office de salons réservés.

larges comme des ombrelles ; sur leurs belles fleurs, roses ou blanches, qui émergent de l'eau, se posent d'immenses libellules aux ailes chatoyantes ou de jolis martins-pêcheurs au ventre couleur de feu.

LA PLAGE DE THUAN-AN

Au sortir de cette charmante rivière, nous entrons dans une grande lagune qui nous conduit jusqu'à Thuan-An, à l'entrée de la rivière de Hué.

Thuan-An, qui a joué un certain rôle dans les premiers temps de la conquête française, est une petite ville annamite, située sur une bande de sable à peine ombragée par quelques maigres cocotiers[1]. Ses

---

1. Situé à l'embouchure de la rivière de Hué, à environ douze kilomètres de la citadelle, le port de Thuận-An était défendu par une série de forts qui avaient été enlevés par l'amiral Courbet les 18 et 19 août 1883. Cette opération avait permis d'imposer la convention dite « traité Harmand » (25 août 1883) qui instaurait au Đại-Nam le protectorat français. À l'époque de Hocquard, Thuận-An était un petit village situé sur la seule passe de la dune qui permît de parvenir à Hué depuis la mer. Cet étroit chenal passait entre le fort du nord et celui du sud. En 1897, en une nuit, un violent typhon provoqua au nord-ouest une trouée de cinquante mètres dans la dune ; peu à peu, cette trouée s'élargit tandis que la passe

maisons en paille sont construites à l'embouchure de la rivière de Hué, qu'un fortin en ruines était autrefois chargé de défendre. Le général en chef y a placé une garnison assez importante. Les officiers et les médecins de l'ambulance habitent dans une superbe maison à deux étages, dont les toits, recourbés aux angles et couverts de tuiles vernies, dominent les paillotes des indigènes. C'est dans cette grande construction que logeait le roi lorsque, pendant la saison d'été, il venait chaque année prendre des bains dans la baie de Thuan-An. De spacieux appontements, construits sur pilotis le long de la rivière, servaient à attacher les barques des hauts fonctionnaires et des femmes qui formaient une suite nombreuse au souverain. Du côté de l'eau, un escalier à larges dalles de pierres taillées descend depuis la porte de la maison du roi jusqu'au fleuve[1].

FAUBOURG DE DONG-BA

ancienne, à l'inverse, était progressivement colmatée jusqu'à disparaître entièrement. La nouvelle passe fut dès lors la seule utilisée.

1. Même réduite à l'embouchure de la rivière de Hué, la rade de Thuận-An comprenait au minimum une vingtaine d'ouvrages de défense, d'importance inégale. Mais les indications données par Hocquard – notamment la présence de bains royaux – permettent d'affirmer à coup sûr qu'il décrit ici le plus imposant d'entre eux, le grand fort du nord (Hải-Đài, « l'Édifice de la Mer ») qui contrôlait la passe permettant d'entrer dans la rade. Ce fort comportait une construction extérieure rectangulaire (cent soixante mètres sur deux cents) et un fortin intérieur, rond et construit en brique ; en arrière, face à la lagune, se trouvaient les bains du roi, entourés d'une enceinte. Sauf erreur de notre part, la « superbe maison à deux étages » évoquée par Hocquard devint par la suite la villa d'été de la résidence supérieure en Annam.

Nous recevons de la part de nos camarades, et surtout du médecin-major Haas, qui dirige l'ambulance de Thuan-An, un accueil chaleureux et une excellente hospitalité, pendant les deux heures que nous passons dans ce poste. Nous quittons là nos sampans royaux et nous prenons passage sur un petit remorqueur à vapeur aux flancs duquel est attachée une grande jonque qui contient nos bagages.

La rivière de Hué est très large, mais son cour est aussi très sinueux et nous avons dû prendre un pilote indigène. Nous passons, au sortir de Thuan-An, à côté de deux fortins en terre, situés l'un en face de l'autre sur chacune des rives. Ces forts sont inhabités, mais nous remarquons à côté de chacun d'eux d'énormes tas de cailloux et de blocs de rochers ; ces pierres ont bien certainement été transportées là dans un but spécial, car les bords de la rivière, formés presque exclusivement par des alluvions, sont composés d'argile dépourvue de cailloux[1]. En effet, au moment du guet-apens de Hué, dirigé contre le général de Courcy[2], les deux régents du jeune roi, Thuyet et Thuong, avaient fait de nombreux préparatifs de défense ; ils voulaient, entre autres dispositions, établir un grand barrage entre les deux forts, sur la rivière de Hué, pour empêcher nos navires de remonter jusqu'à la capitale.

Il y avait environ une demi-heure que nous naviguions, quand tout à coup le petit remorqueur à vapeur s'arrête brusquement ; l'hélice est faussée et nous voilà en panne. Nous montons sur la jonque et nous prenons le parti de continuer notre voyage à la rame ; ce mode de locomotion est d'une lenteur énervante ; ce n'est que vers cinq heures du soir que nous atteignons Hué.

Avant d'arriver à la capitale, la rivière décrit une foule de circuits à travers une campagne riante et bien cultivée ; tantôt nous côtoyons des champs de riz, tantôt nous longeons des bosquets ombreux au milieu desquels se cachent de jolies maisons blanches, construites à la chinoise ; ce sont les habitations des mandarins ou des hauts fonctionnaires de la cour, qui viennent là, pendant les jours de loisir que leur laisse le roi, se distraire des soucis des affaires publiques.

---

1. Ces « fortins en terre » sont ceux de Quy-Lai et de Thuận-Hoà. Il s'agissait de deux petits ouvrages de terre glaise construits en vis-à-vis à l'endroit où les rives du canal qui mène à la rivière de Hué se resserrent pour former un goulot d'étranglement. Afin de construire de solides fondations destinées à porter les batteries de canons, les autorités vietnamiennes avaient fait venir du Thanh-Hoá (et non pas, curieusement, de Đà-Nẵng) une grande quantité de blocs de marbre ; ceux-ci avaient été taillés et disposés sur les retranchements mais, faute de temps, ils n'avaient pas été cimentés. L'observation de Hocquard est donc parfaitement juste.

2. Voir note 3 p. 522 et note 3 p. 523.

VUE DE HUÉ

En amont de Hué la rivière se divise en deux bras d'inégale largeur, courant du nord au sud et encerclant un grand îlot ; l'un de ces bras vient se jeter dans l'autre, en aval de la ville ; il passe au milieu même de Hué, côtoyant d'une part la citadelle, qui occupe sa rive gauche, et d'autre part le grand faubourg de Dong-Ba, construit sur sa rive droite. Sur l'espèce de petit cap que limitent en aval les deux bras de la rivière, se voient de grands chantiers où le roi fait construire les jonques de sa flottille de guerre ; ces chantiers sont actuellement à peu près déserts[1].

Aussitôt la pointe de l'île doublée, on voit apparaître les premières maisons du faubourg de Dong-Ba. Ce faubourg, qui se prolonge sur une étendue de plus de deux kilomètres, abritait autrefois une population de trente mille âmes, composée en grande partie des familles des soldats que le roi entretenait autour de la citadelle pour sa garde particulière : aujourd'hui, il ne renferme plus guère que quelques milliers d'indigènes, presque tous commerçants, et cependant le rivage sur lequel il est bâti est des plus animés : une foule compacte et grouillante circule sans cesse sur la chaussée dallée qui longe l'arroyo ; les passants vont et viennent, s'interpellant entre eux, flânant devant les petites boutiques dont les étages envahissent la chaussée.

Dong-Ba, c'est la ville commerçante animée, bruyante, pittoresque[2]. Quel contraste avec l'autre côté de l'eau où s'étend la ville officielle, constituée uniquement par la citadelle[3] ! Ici, tout est calme, silencieux ; de hautes murailles en briques, à l'aspect morne et rébarbatif, percées de distance en distance par des portes surmontées de miradors, limitent de toutes parts les palais du roi dont on aperçoit à peine les toits aux faîtes ornés de sculptures.

La citadelle a la forme d'un rectangle qui mesure deux mille huit cents mètres de côté ; elle est entourée de toutes parts par les eaux ;

---

1. La rivière de Hué est connue sous le nom de « rivière des Parfums », ou sông Hương, traduction des caractères originaux Hương-Giang. Hocquard décrit ici « l'île du Roi », autrement dit Phú-Xuân, où se trouvait la citadelle. En aval de cet îlot, un très petit bras de la rivière – d'ailleurs connu sous le nom de Tiểu-Giang – diverge vers le nord pour rejoindre le cours principal du sông Hương : à la pointe orientale de l'îlot ainsi formé se trouve Đông-Ba qui, et c'est une source d'erreurs, désigne à la fois ce quartier et le tronçon oriental du canal qui ceint la citadelle (l'ensemble de ce canal est appelé Hộ Thành Hà, « fleuve qui protège la citadelle »). Comme ce canal est orienté nord-sud, il fait se rejoindre les deux bras de la rivière, formant ainsi, si l'on veut, « un îlot dans l'îlot » : c'est le quartier commerçant de Hué.

2. C'est aussi et surtout le lieu d'un grand marché ; en 1837, afin d'en faciliter l'accès, le roi fit empierrer le bord du canal sur toute sa longueur.

3. Par « l'autre côté de l'eau » il faut entendre « l'autre côté du canal », en allant vers l'ouest, et non point « l'autre côté de la rivière », vers l'est. Ici, Hocquard nous fait passer du petit îlot de Đông-Ba au grand îlot sur lequel se trouve la citadelle (qu'il appelle « la ville officielle »). Sous le nom de Phú-Xuân, Hué était le centre du pouvoir des seigneurs Nguyễn installés là depuis 1687.

elle renferme non seulement le palais du roi, mais des temples, des bâtiments pour les ministères, l'habitation de la reine-mère et de nombreux jardins[1].

Au bout du faubourg de Dong-Ba, en face de la citadelle, mais de l'autre côté de la rivière, s'élève la légation de France, grande construction qui de loin rappelle les jolies villas des environs de Paris[2]. Du même côté, plus loin encore, se dresse une montagne d'aspect bizarre ; elle a absolument la forme d'un bonnet de police ; son sommet est couvert d'une forêt de pins qui, de loin, se découpent sur le ciel gris : c'est le Dia-Bin, la montagne du Roi. Les Annamites prétendent qu'elle a été faite de mains d'hommes ; ils lui assignent un caractère sacré ; ils disent qu'elle a pour but de masquer et de protéger la citadelle et prétendent que ce sont les mandarins de la cour qui ont planté eux-mêmes la forêt qui la couronne[3].

1. La construction de la citadelle a débuté en 1804, sur le territoire des villages de Kim-Long et Thanh-Hà, sans aucune intervention européenne contrairement à ce que l'on lit trop souvent. La construction a été longue : Crawfurd, qui visita Hué en septembre 1822, écrit qu'à cette date l'enceinte n'était pas encore achevée... Les murailles sont percées par dix portes en maçonnerie, précédées chacune d'un pont enjambant le fossé. Il n'est pas possible de décrire la citadelle en quelques lignes, mais il faut souligner que c'était là le cœur du pouvoir vietnamien (le conseil privé du roi, les « six ministères » et l'ensemble de la machine administrative qui était commandée depuis Hué). Or, avant le traité Patenôtre (6 juin 1884), aucun Européen n'avait jamais pu pénétrer à l'intérieur de la citadelle, et le seul plan disponible était celui de Samblet, dressé en 1875 depuis l'extérieur, « au jugé ». En juillet 1884, chargé de l'installation des troupes françaises, le lieutenant Jullien fut le premier étranger à parcourir la citadelle. Après 1884, et surtout après l'épisode Courcy, les Français furent nombreux (trois mille cinq cents soldats en juillet 1885) et cette présence – souvent insolente – fut évidemment ressentie par les Vietnamiens comme le viol de prescriptions sacrées : Hué n'était plus dans Hué...
2. La légation de France se trouvait au sud-est de la citadelle, de l'autre côté de la rivière des Parfums, placée dans la même situation excentrée, extérieure, que l'était la Concession de Hà-Nội (à propos des conditions historiques qui ont présidé à la mise en place de la Concession de Hué, on se rapportera à la note 3 p. 50). La prise de Hué par Courcy, les 4 et 5 juillet 1885, avait abouti à une occupation théorique de la citadelle, mais les autorités militaires avaient ensuite préféré se regrouper en trois points : les abords du palais royal, le Mang-Cá (angle nord de la citadelle, arraché par la convention Patenôtre du 6 juin 1884 : voir note 1 p. 602) et, enfin, la légation de France, qui devint par la suite la résidence supérieure en Annam. La clause additionnelle au traité de commerce du 31 août 1874 prévoyait, comme à Hà-Nội, que le résident français pût disposer d'une Concession afin d'y installer ses services ; premier résident de France, Rheinart fut contraint en mai 1876 d'accepter un terrain au lieu dit Trường Thuỷ, de l'autre côté de la rivière (de même, à Hà-Nội, la Concession française était hors les digues), où il installa la « case des Ambassadeurs », quelques maisons en torchis, bâties à la hâte, qui constituèrent la première représentation française. On édifia ensuite une maison « en dur », avec des matériaux venus de Saïgon (sauf les briques) et avec l'aide de trente ouvriers chinois, eux aussi venus de Saïgon d'ailleurs. Des difficultés ralentirent la construction, notamment le fait qu'elle s'élevait trop haut, dépassant la hauteur des palais royaux environnants. Après tractations et modifications, le bâtiment fut finalement achevé à la fin de l'été 1878 (Philastre avait remplacé Rheinart) : supposé subjuguer les foules vietnamiennes, c'était un bâtiment gigantesque avec un étage, un toit mansardé et deux ailes latérales en rez-de-chaussée, ce qui fait dire à Hocquard qu'il s'agissait d'un « véritable palais ».
3. Comme Dutreuil de Rhins en 1876, Hocquard emploie le terme de Đia-Bình, qui a en effet eu cours quelques temps, pour désigner ce qui est mieux connu sous le nom de Ngự-Bình (« Écran royal »). La « montagne de l'Écran royal » (Ngự Bình Son) est une petite colline isolée, située à trois kilomètres au sud de la citadelle ; elle a été choisie et ainsi dénommée à la fin du XVIIe siècle, lorsque la résidence royale s'installa à Phú-Xuân : elle jouait le rôle d'un écran symbolique, censé protéger la capitale des mauvaises influences venues du sud. Rappelons que le mont de núi Và est dans la même situation par rapport à la

Nous jetons l'ancre à cinq heures, en face de la légation de France : nous sautons à terre et, après avoir suivi une allée plantée d'arbres et franchi un perron monumental, nous pénétrons dans le grand vestibule qui précède le salon de réception du résident.

Nous recevons, à la légation, l'accueil le plus cordial ; d'excellentes chambres pourvues de tout le confort européen sont mises à notre disposition.

Le résident, qui dispose d'un personnel nombreux, habite un véritable palais : c'est un vaste bâtiment à un étage avec toit mansardé ; il est construit à l'européenne et il est flanqué de deux petites ailes en retour qui ne comprennent qu'un rez-de-chaussée avec véranda. Au premier étage sont de nombreuses chambres, luxueusement aménagées et destinées aux hôtes européens de passage ; au-dessous, se trouvent les appartements du résident et du médecin, la salle à manger, immense pièce dont les grandes fenêtres donnent sur un beau jardin, et le grand salon de réception désormais historique où, le 6 juin 1884, le sceau impérial chinois donné autrefois à l'empereur Gia-Long fut détruit solennellement en présence des délégués français et des plénipotentiaires annamites réunis pour la signature du traité de paix[1].

Le lendemain de notre arrivée, nous allons faire notre visite officielle au général Prudhomme, commandant supérieur des troupes françaises en Annam[2]. Il habite sur le bord gauche de la rivière, en face de la légation, une grande maison annamite bâtie à proximité d'une des portes de la citadelle. Cette maison porte le nom de Thuong-Bach, ou « palais des Relations extérieures ». C'est là que, avant l'occupation

---

ville de Bắc-Ninh. À une autre échelle, ces tertres jouent le même rôle protecteur que les murets de pierre, appelés *bình-phong*, érigés devant les pagodes et les maisons (voir note 3 p. 286).

1. Depuis 1803, ce sceau était le plus clair symbole du *devoir de référence* du Việt-Nam envers la Chine. Il nous est connu par la partie descriptive du procès-verbal de destruction et par les multiples empreintes (une soixantaine) qui furent prises juste avant celle-ci. Il s'agissait d'une plaque carrée, en argent doré, large de onze centimètres, pesant exactement cinq kilos et neuf cents grammes ; elle était ornée d'une sorte de poignée sculptée représentant un chameau couché sur le ventre (emblème de la soumission). Au centre, une inscription en caractères chinois (et mandchous) signifiait : « Sceau du roi du Việt-Nam ». Pour marquer la rupture du lien séculaire qui unissait Chine et Việt-Nam, la France avait exigé la disparition du sceau. Patenôtre avait d'abord songé à l'envoyer à Paris mais, devant l'opposition des autorités vietnamiennes, il décida de le faire fondre juste avant la signature du traité. Le 6 juin 1884, à quinze heures, les membres du Thương-Bạc l'apportèrent à la légation, et il fut fondu dans un petit fourneau de terre déposé sur la table. Les conséquences en furent graves. La convention de Tiên-Tsin, signée le 11 mai 1884, avait permis à la France de se prémunir du côté chinois, mais elle comportait une clause spécifiant qu'il fallait désormais éviter « tout ce qui pouvait offenser la dignité de la Chine » (article 4). Précédant la signature du traité Patenôtre (6 juin 1884), la destruction officielle du sceau fut un acte maladroit : il provoqua la colère de Pékin, qui ordonna aux troupes chinoises de rester au Tonkin.

2. À la fin du mois d'octobre 1885, le résident général Courcy chargea le général Prudhomme de la direction des Affaires civiles, et il lui délégua tous ses pouvoirs auprès de la cour de Hué. M. Hector, qui était son chef d'état-major, le remplaça en février 1886 (à ce moment du récit de Hocquard, nous sommes fin janvier 1886). Le 28 janvier 1886, le général Courcy avait quitté son poste et confié l'intérim au général Warnet. Jusque-là installé dans le palais de Thiệu-Trị, le quartier-général de Prudhomme s'était déplacé au Thương-Bạc (conseil chargé des Relations extérieures) le 29 novembre 1885.

française, les ministres des Affaires étrangères et des Rites recevaient les délégués européens qui venaient à Hué pour la ratification des traités et pour apporter des cadeaux à Sa Majesté annamite[1]. À cette époque, les audiences royales accordées aux étrangers étaient rares : les plénipotentiaires n'arrivaient près du roi qu'après de nombreuses démarches, des pourparlers et des formalités ennuyeuses. Tous les détails de l'audience étaient réglés, longtemps à l'avance, dans les conférences qui avaient lieu au Thuong-Bach, et il se passait plusieurs semaines avant que les envoyés pussent enfin pénétrer dans l'intérieur de la citadelle. Aujourd'hui, les temps sont bien changés et, depuis que le jeune roi Dong-Khanh a été placé sur le trône par la volonté du général de Courcy aidé des troupes françaises, les portes des palais royaux s'ouvrent plus facilement devant les Européens.

Grâce à l'intermédiaire du général Prudhomme, nous obtenons l'autorisation de pénétrer dans la citadelle dès le lendemain de notre arrivée ; les portes en sont du reste gardées par des soldats français.

Cette citadelle est, comme je l'ai déjà dit, entourée de toutes parts par de hautes murailles en briques, défendues par de nombreuses pièces de canon en bronze ou en fonte ; chacune de ces pièces est placée sous un petit abri en planches, recouvert d'un toit en tuiles, qui la protège contre les intempéries des saisons[2]. De distance en distance, des portes massives sont percées dans la muraille ; elles sont surmontées d'un élégant mirador à double étage, dont les quatre côtés sont ornés de fenêtres en rosaces ; ces portes sont fermées chaque soir à un signal donné par un coup de canon tiré d'un des palais du roi. L'une d'elles se continue vers la rivière par une sorte de passage dallé que des murs élevés bordent à droite et à gauche ; c'est par là que sort le roi lorsqu'il veut s'embarquer sur la rivière[3].

J'entre dans la citadelle par la porte située en face de la légation de France. Immédiatement après avoir traversé le fossé extérieur sur un joli pont en briques et franchi une voûte à l'entrée de laquelle un

1. Le Thương-Bạc était, à cette époque, une institution récente. Auparavant, depuis le règne de Minh-Mạng mais peut-être avant, les étrangers étaient reçus dans un palais appelé Cung-Quán (« l'hôtel des Ambassadeurs »), situé non loin de la porte de Kẻ-Trài. Il n'existe plus aujourd'hui. C'était une belle maison à trois travées, couverte de tuiles et enclose par des murs. En 1875, il avait fallu prévoir un point de contact entre les autorités vietnamiennes et la Concession française, située hors les murs. Le roi Tự-Đức fit donc déplacer le Cung-Quán sur le glacis, près de la porte de Đông-Nam et du coin est de la citadelle, mais à l'extérieur de celle-ci, et il lui donna le nom de Thương-Bạc. Le régent Nguyễn Văn Tường y résida de juillet à septembre 1885, puis il dut céder la place au général Prudhomme ; par la suite, ce bâtiment devint la résidence d'un prince royal puis, en 1911, le siège de la fameuse école des Hậu-Bổ chargée de « former » ce qui subsistait du mandarinat vietnamien.

2. Ces vingt-quatre petits abris, destinés aux canons, sont appelés pháo-đài.

3. Il s'agit peut-être du Đông-Thành-Thuỷ-Quan ou « porte pour l'Eau à l'est de la citadelle », ouvrage en pierres et briques construit en 1830 pour remplacer le vieux pont en bois édifié par Gia-Long.

LA LÉGATION DE FRANCE

tirailleur tonkinois me porte les armes, je me trouve sur une place dallée, à l'extrémité de laquelle se dresse une immense porte à triple ouverture, surmontée de clochetons à deux étages, dont les tuiles jaunes et rouges et les ornements de porcelaine bleue resplendissent au soleil : c'est la porte N'go-Mon[1], qui donne accès dans la deuxième enceinte, ou « enceinte royale ».

La citadelle est, en effet, composée de deux parties bien distinctes : l'une extérieure, où logent les fonctionnaires et les soldats, l'autre intérieure, où sont construits les palais du roi. La deuxième enceinte, ou « enceinte royale », est, comme la première, entourée de toutes parts par des murs ; elle forme comme une petite citadelle placée dans la grande. J'ai la permission de parcourir cette dernière, mais je ne puis pénétrer dans l'enceinte royale qu'après avoir obtenu une autorisation spéciale ; elle ne me sera accordée que lorsque la demande sera transmise au roi[2].

---

1. La porte Ngọ Môn, ou « porte du Midi », fut érigée en mars 1833 sur l'enceinte de la cité royale (deuxième cercle) ; elle donne accès au palais de la « Suprême Paix » (Thái-Hoà) puis au Palais Cân-Chánh, où devaient jadis s'arrêter tous les visiteurs étrangers : au-delà, c'était la cité interdite et les appartements du souverain. Surmontée du « belvédère des Cinq Phénix » (*Ngũ Phụng Lâu*), cette porte Ngọ Môn a été bâtie à l'emplacement de l'ancien palais Cân-Nguyên (futur Cân-Thành), lui-même érigé sur une grande terrasse qui ouvrait la citadelle vers le sud.

2. Ce qu'on appelle la « citadelle », c'est-à-dire un ensemble de palais, de jardins, de pagodes et de maisons, se divisait en trois (et non en deux) « cités » (*thành*) distinctes : la cité capitale (*Kinh-Thành*, bâtie en 1805), la cité royale ou impériale (*Hoàng- Thành*) et la cité interdite (*Câm-Thành*).

En face de la porte N'go-Mon, à l'autre bout de la place, sur une terrasse qui fait partie de la muraille extérieure, se dresse un grand mât de pavillon surmonté de l'étendard royal de couleur jaune d'or ; cet étendard est amené tous les soirs en même temps qu'on ferme les portes[1]. À droite et à gauche s'étendent de grandes casernes où logeaient autrefois les soldats de la garde royale ; elles abritent aujourd'hui le bataillon de chasseurs qui tient garnison à Hué.

Je prends à droite une large voie dallée qui longe d'abord l'enceinte royale et qui, tournant brusquement, s'enfonce ensuite au milieu de jardins plantés d'arbres et de bananiers. De distance en distance, dans ces bosquets de verdure, se montrent de petites maisons blanches, habitées autrefois par les mandarins militaires. Plus loin, je me trouve tout à coup à l'entrée d'une grande avenue bordée de beaux arbres sur laquelle donnent de grands bâtiments séparés par des cours : c'est la rue des Ministères. Elle est déserte maintenant, et l'herbe commence à y pousser de toutes parts ; jadis, c'était le quartier le plus animé et le plus vivant de la citadelle : une foule de solliciteurs se pressaient dans les cours d'entrée, attendant la venue des fonctionnaires influents, et des centaines de scribes, le pinceau fiché dans le turban, tenant en main des liasses de papiers, allaient et venaient d'un ministère à l'autre, se croisant sous les petites portes comme des abeilles à l'entrée d'une ruche. C'était en effet dans ces ministères que s'élaboraient toutes les affaires du royaume ; il y en avait six : celui de l'Intérieur ou de l'Administration, celui des Finances, celui de la Guerre, puis le ministère de la Justice, le ministère des Travaux publics et enfin celui des Rites. Chaque ministère était géré par un ministre nommé par le roi, assisté de quatre assesseurs, dont deux principaux, les *tham-tri,* et deux secondaires, les *thi-lang*[2]. Les affaires qui lui étaient soumises ne recevaient pas, comme chez nous, leur solution du bon vouloir du ministre seul ; elles étaient discutées par tous les fonctionnaires dont il vient d'être parlé, qui se réunissaient sous la présidence du ministre en une sorte de tribunal, aidé d'un secrétaire, de plusieurs chefs de bureau et d'employés en nombre variable.

---

1. Érigé sur une triple terrasse au pied de laquelle on vénérait jadis la « Dame céleste », d'origine *cham*, ce mât de pavillon (*kỳ-đài* ou *trụ-cờ*) était le point de référence vers lequel étaient tournées toutes les maisons et les pagodes de la citadelle.

2. La cour comprenait six ministères : celui du Personnel (*bộ lại*), des Finances (*bộ hộ*), des Rites (*bộ lễ*), de la Guerre (*bộ binh*), de la Justice (*bộ hình*) et des Travaux publics (*bộ công*). Chacun d'eux était dirigé par un ministre (*thượng thư*), assisté d'un conseil, ou tribunal, composé de deux vice-présidents (le *tham-tri* de droite et celui de gauche), de deux assesseurs, (le *thị-lang* de droite et celui de gauche) et d'un secrétaire (le *biện-lý*).

Ces ministres forment en quelque sorte la cheville ouvrière de la puissante machine administrative qui gouverne l'Annam. Quelques détails montreront bien leur importance : le ministère de la Justice, par exemple, étend son action sur tout le royaume, aussi bien dans les plus petites communes qu'aux chefs-lieux des grandes provinces. Les affaires de minime importance en matière civile, les contraventions, les discussions d'intérêt sont d'abord appelées en conciliation devant les conseils des notables de chaque commune, qui remplissent vis-à-vis des Annamites un rôle absolument semblable à celui des juges de paix de France. Si l'affaire n'aboutit pas, elle est portée en premier ressort devant les préfets d'arrondissements, qui se contentent d'indiquer aux parties intéressées celle qui, d'après le code, doit avoir raison. Le préfet d'arrondissement est donc un juge en conciliation au deuxième degré, qui n'a pas d'analogue dans notre législation ; mais les plaignants peuvent très bien ne pas accepter la solution qu'il donne ; alors ils courent de gros risques, car leur affaire s'aggrave subitement par ce seul fait que, lorsqu'une des parties n'accepte pas la sentence que le juge en conciliation rend suivant la coutume, elle déclare implicitement qu'il a été commis à son endroit un grave préjudice qui mérite d'être puni et elle intente, à la partie adverse, non plus une action civile, mais une action criminelle qui ne peut être tranchée que par une amende, des coups de bâtons ou l'emprisonnement. Dans le premier cas, le préfet d'arrondissement rend sa sentence, qui a force de loi ; dans les deux autres, la peine étant plus grave, les dossiers des condamnés sont transmis au mandarin chef de la justice dans la province, qui prononce en dernier ressort. S'il s'agit d'un crime qui, d'après le code, entraîne la peine de mort, l'exil ou « le travail pénible », le cas est soumis au tribunal du ministère. Ce dernier constitue donc, pour tout l'Annam, une sorte de cour suprême chargée de réviser toutes les sentences graves[1].

---

1. La plupart des affaires judiciaires se réglaient au sein du conseil des notables, en utilisant le coutumier (*hương ước*) dont chaque village était pourvu. Le chef de district (*tri-huyện, tri-phủ*) jugeait quant à lui en conciliation les affaires qui avaient été portées, sans succès, devant les chefs de cantons. Si l'accord entre les deux parties n'était toujours pas possible, le chef de district reprenait l'affaire non plus au civil mais au criminel. Cette manière de procéder a été longtemps mal comprise, et souvent très mal jugée, par les auteurs français qui y voyaient, à tort, une confusion entre « droit civil » et « droit pénal ». L'explication de Hocquard, en revanche, est extrêmement juste : en effet, en refusant la sentence en conciliation, les plaideurs signifiaient qu'il ne s'agissait désormais plus d'un simple différend ou d'un malentendu produit par l'ignorance de leurs droits respectifs, mais bel et bien d'un *tort ou dommage réel*, dont l'un exigeait et l'autre refusait réparation. Ces affaires civiles jugées au criminel devaient bien entendu être visées par le mandarin judiciaire (*án-sát*). On notera enfin que tous ces procès, au niveau du village, de la province ou de la cour, constituent la base documentaire de notre connaissance de la société villageoise.

LA PORTE N'GO-MON (ENTRÉE DES PALAIS DU ROI)

Théoriquement, cette façon de procéder doit donner une garantie absolue aux plaignants ; pratiquement, il est loin d'en être ainsi. Du haut en bas de l'échelle hiérarchique, la conscience du juge annamite est à vendre, et il ne peut guère en être autrement si l'on songe à la solde dérisoire que le gouvernement de Hué alloue à tous ses fonctionnaires. Un ministre ne touche guère plus de cent francs par mois, et le dernier des juges doit s'estimer très heureux lorsqu'il reçoit par an de l'État une vingtaine de francs, plus quelques mesures de riz.

ENTRÉE DE LA PAGODE DE THIEU-TRI

La justice est gratuite, mais comme l'usage consacre pour les plaignants l'obligation de faire de petits présents aux mandarins, ceux-ci doivent avoir bien de la peine à ne pas donner raison à celle des parties qui leur offre les plus beaux cadeaux. D'autres parts, toutes les affaires un peu importantes devant parvenir au ministère de la Justice par la filière compliquée que l'on sait, il est facile de juger par là de la lenteur de la juridiction annamite. Le tribunal du ministère est encombré, les malheureux plaignants croupissent des mois entiers en prison en attendant leur sentence.

Ce n'est pas tout encore, et le ministère n'est pas toujours l'étape où se terminent les affaires pendantes. Pour que la décision de ce tribunal soit valable, il faut qu'elle soit prise à l'unanimité de ses membres : le veto d'un seul d'entre eux entraîne l'obligation d'en référer au roi ; mais l'affaire ne lui parvient pas directement, elle doit être résumée et en quelque sorte condensée dans un rapport particulier établi par le Noi-Cac, ou « conseil royal[1] ».

En remontant vers le nord, à cinq cents mètres environ de la rue des Ministères, se trouve le jardin de plaisance du roi, immense terrain, à l'heure actuelle presque inculte, coupé de distance en distance par d'élégants ponts de bois courant au-dessus de petits étangs où poussent de superbes nénuphars ; à côté du jardin royal, je puis visiter les bâtiments de l'imprimerie de la cour, qui sont eux-mêmes entourés par des bouquets de bambous[2]. C'est dans ces bâtiments que s'imprimait chaque année le calendrier annamite officiel, établi, sur l'ordre du roi, par le tribunal des mathématiques. Ce calendrier, distribué à l'époque des fêtes du jour de l'an à tous les mandarins des provinces, fixe le nom et la durée des mois et les jours où il convient de procéder aux fêtes officielles. Toutes les feuilles de ce calendrier sont imprimées à l'aide de planches gravées sur bois, d'un très joli travail, dont je trouve de nombreux spécimens empilés dans un coin d'un des bâtiments[3].

Au bout de cette imprimerie, à l'extrémité du jardin du roi, se voient d'immenses constructions à un seul étage, soigneusement fermées par d'énormes portes, garnies de solides cadenas : ce sont les magasins royaux, les fonderies de sapèques. C'est dans cet endroit que Sa Majesté annamite fait frapper à son chiffre les barres d'or et d'argent et les grandes médailles ornées de dragons et de sentences qu'elle offre, comme témoignage de satisfaction, aux mandarins et aux notables qui ont bien rempli leur devoir[4].

La citadelle est traversée, à peu près dans son milieu, par un grand canal rempli d'eau qui communique de chaque côté avec les fossés

1. Héritier du *Thị Hàn Viện* de Gia-Long, le Nội-Các (« chancellerie de la cour » ou «conseil aulique »), créé par Minh-Mạng, était un organisme qui coiffait les six ministères et examinait toutes les affaires soumises à la décision du souverain. Il était divisé en quatre départements : le *Thượng-Báu* (Sceaux et cachets), le *Ty-Luận* (Rédaction des actes), le *Bí-Thơ* (Secrétariat particulier chargé des écrits littéraires du roi) et le *Bổn-Chương* (Archives). À partir du règne de Tự-Đức, le Nội-Các perdit de son importance au profit du Cơ-Mật (Conseil secret) qui détenait désormais la réalité du pouvoir.

2. Bien que l'auteur soit avare de précisions, nous savons que, à ce moment du récit, il n'est pas encore entré dans la cité interdite : le jardin qu'il évoque, à l'est de la Cité royale et au nord des ministères, ne peut donc qu'être celui qui entourait la bibliothèque (*Khâm Văn Điện*) ; sans doute l'imprimerie se trouvait-elle à l'intérieur de ce bâtiment.

3. Chaque année, le calendrier officiel était rédigé par l'Observatoire royal (*Khâm Thiên Giám*), qui fixait en outre les dates propices pour les fêtes rituelles et les actes importants de la vie civile et religieuse. Dans ce calendrier (*Bửu-Lịch* ou *Khâm Thiên Giám Lịch*), l'année était divisée en vingt-quatre « stations zodiacales » (*khí*) de quinze jours, chacune d'elle comptant trois « époques » (*hậu*), c'est-à-dire qu'une année comportait soixante-douze « époques ».

4. Il pourrait s'agir du « Trésor intérieur » (*Nội-Vụ*), qui servait à tenir la comptabilité interne du palais ; ce bâtiment était aussi utilisé pour abriter les magasins et les ateliers royaux.

extérieurs situés à l'est et à l'ouest de l'enceinte. De distance en distance, ce canal est traversé par de jolis ponts en bois construits à la chinoise[1] ; sur ses bords sont bâties de superbes pagodes, élevées, par les différents rois qui se sont succédé sur le trône d'Annam, aux Esprits de leurs aïeux. Les deux plus jolies de ces pagodes ont été construites, je crois, sous Tu-Duc : l'une, tout à fait à l'extrémité nord de la citadelle, est dédiée au roi Gia-Long ; l'autre, plus riche et plus originale peut-être, a été bâtie en l'honneur du roi Thieu-Tri. Ces pagodes sont précédées de jardins très joliment tracés et bien entretenus, dont les massifs se prolongent jusqu'auprès du canal ; en face de chacune d'elles, de grands escaliers permettent d'arriver au niveau de l'eau[2].

La petite rivière était très fréquentée par l'ancien roi Tu-Duc, qui aimait à s'y promener en barque, et à s'arrêter pendant quelques instants dans les temples de ses aïeux. Ces constructions portent du reste la trace de la piété toute particulière que ce prince affectait pour ses ancêtres. La pagode du roi Thieu-Tri, surtout, est d'une grande magnificence ; de hautes murailles l'entourent de toutes parts et en défendent la vue aux curieux. Le bâtiment principal contient une immense salle dont le toit est supporté par une double ligne de colonnes en bois précieux ; ces colonnes, peintes en laque rouge et ornées de volutes dorées, sont réunies deux par deux, au-dessous de la toiture, par des traverses qui portent de distance en distance le chiffre royal doré en relief. L'espace qui sépare ces traverses du toit est occupé par des ornements en bois doré, fouillés à jour et formant comme autant d'élégants portiques.

Chacune des colonnes supporte une châsse en bois sculpté rouge et or qui contient un de ces arbres en corail rose si estimés des Annami-

---

1. Formant une ligne brisée de direction est-ouest, ce canal impérial (*Ngụ-Hà*) épouse en partie le tracé d'un ancien bras échappé de la rivière des Parfums, qui passait entre celle-ci et le bras du Tiểu-Giang. Il délimitait jadis l'île du Roi. Ce canal fut d'abord aménagé par le roi Gia-Long, puis il fut poursuivi, dans sa partie occidentale, par Minh-Mạng (une stèle de 1836 se trouve sur place), qui lui donna le nom de Ngụ-Hà. Il était enjambé par de nombreux petits ponts, notamment, d'ouest en est, le « pont du Large Secours » (*Bác-Tế Kiều*), près des magasins royaux, le « pont du Canal impérial » (*Ngụ-Hà Kiều*) et le pont de *Thế-Lại*.

2. Hocquard veut sans doute faire référence au bâtiment que les Français appelaient improprement « pagode de Thiệu-Trị », vaste bâtiment, aujourd'hui disparu, qui avait été élevé en 1826 sous le nom de « temple de la Tranquillité joyeuse » (*Khánh Ninh Cung*). Comme il avait contenu la dépouille de Minh-Mạng jusqu'à son inhumation, son fils Thiệu-Trị renomma ce bâtiment « temple du Souvenir pieux » (*Hiếu Tư Điện*). Les temples honorant les aïeux des empereurs sont nombreux, et nous n'en citerons que quelques-uns : d'abord, le Thái-Miếu et le Triệu-Miếu, respectivement dédiés à Nguyễn-Hoàng (le premier seigneur ayant eu le titre de *chúa*, le « maire du palais » évoqué plus haut par notre auteur) et à Nguyễn-Kim (le père du précédent, premier ancêtre de la lignée des Nguyễn), puis le Thế-Miếu et le Phụng-Miếu, dédiés à Gia-Long et à ses successeurs. Tous ces bâtiments pourraient être ceux auxquels Hocquard fait référence, s'ils n'étaient situés non point au nord mais au sud de la citadelle...

tes et des riches Chinois. La plupart de ces arbres ont trente ou quarante centimètres de hauteur ; il y en a autant que de colonnes, c'est-à-dire douze environ. À chacun de leurs rameaux sont appendus des bijoux précieux : perles fines, grosses émeraudes, rubis, diamants.

INTÈRIEUR DE LA PAGODE DE THIEU-TRI

Tout au fond de la salle existe une petite niche, pratiquée dans un enfoncement de la muraille et masquée par un grand rideau en vieille soie brochée d'or et de fleurs de couleur ; de chaque côté de ce réduit sont posés deux grands chandeliers dorés, et au-dessus, dans un cadre rouge resplendissant de dorures, des caractères annamites en relief indiquent probablement les titres du roi défunt.

J'ai l'irrévérence d'entrebâiller le rideau qui masque le réduit ; j'aperçois tout au fond, sous une sorte de dais en vieille soie brochée jaune et or, les deux tablettes du feu roi, vaguement éclairées par une petite lampe qui brûle sous un verre de couleur. Le tirailleur annamite qui m'accompagne, saisi de terreur en voyant ce sacrilège, se jette à plat ventre, le front dans la poussière, et ne se rassure que lorsque, ma visite finie, je franchis le seuil de la pagode.

Je ne veux pas revenir sur mes pas avant d'avoir été visiter le saillant nord de la citadelle où se trouvait la Concession française. Cette Concession nous avait été accordée en vertu du traité du 6 juin 1884, qui stipulait pour le roi d'Annam l'obligation de loger dans sa citadelle une garnison française[1]. Contraints pas les événements, les régents du jeune roi s'étaient exécutés, mais à contrecœur ; ils avaient relégué nos soldats dans un endroit appelé Mang-Ca, situé très loin des palais royaux, dans la partie la plus déserte, la plus maussade de la citadelle ; ils les avaient confinés sur un terrain de trois cents mètres carrés tout au plus, soigneusement isolé du reste de l'enceinte. C'est là que, le 4 juillet 1885, les troupes qui avaient accompagné le général de Courcy se trouvaient enfermées, bien loin de la légation où tous les officiers étaient réunis aux côtés du général à l'occasion d'une fête offerte par le résident[2].

La cour avait résolu d'en finir cette nuit-là avec le protectorat français ; les deux régents, Thuyet et Thuong, qui avaient rassemblé dans la capitale l'élite des troupes annamites, s'étaient décidés à lever le masque[3]. Très bien informés, comme toujours, ils comptaient avoir plus facilement raison de nos troupes s'ils pouvaient les attaquer à l'improviste en l'absence de leurs officiers. Pour empêcher ceux-ci de rejoindre le Mang-Ca, séparé de la légation par toute la largeur de la rivière, ils avaient donné ordre à tous les propriétaires des barques d'emmener bien loin les sampans qui en temps ordinaire étaient amarrés tout le long de la berge, et ils avaient si bien pris leurs dispositions que, sans le bateau du résident, les officiers n'auraient pas pu rejoindre leur poste ce soir-là.

Vers minuit, une fusée d'artifice partie des palais royaux donne le signal convenu. Tous les canons de la citadelle réunis sur la muraille qui fait face à la légation se mettent à tonner à la fois ; leurs boulets

---

1. Voir note 2 p. 591. L'article 5 du traité disait exactement : « Un résident général représentant le gouvernement français présidera aux relations extérieures de l'Annam et assurera l'exercice régulier du protectorat. Il résidera dans la citadelle de Hué avec une escorte militaire. » À ce moment-là, les deux points d'appui de l'armée française étaient donc la légation et le Mang-Cá.

2. Le Mang-Cá (l'expression, qui signifie « ouïe de poisson », a été attribuée en raison de la forme du bâtiment) est un ouvrage construit en saillant sur le côté extérieur nord de la face nord-est de la citadelle ; il est séparé de celle-ci par un simple fossé qu'enjambe un pont. Il avait jadis pour fonction de couvrir l'accès depuis Thuận-An, car c'est en effet au niveau du Mang-Cá que la rivière des Parfums se divise en deux et vient entourer la citadelle. Ironiquement, ce symbole de la guerre et de la présence coloniale était jadis appelé le « tertre de la Grande Paix » (*Thái-Bình Đài*), puis, sous Minh-Mạng, le « tertre pour assurer la Paix » (*Trấn Bình Đài*). En 1805, cet ouvrage en quelque sorte extérieur à la citadelle avait été construit en terre : les murailles en briques ne furent élevées que vers 1820 et les parapets en 1832.

3. Voir ci-dessous note 1 p. 523.

crèvent la toiture, enfoncent les plafonds, pendant que les troupes annamites, répandues aux alentours dans la campagne, mettent le feu aux petites paillotes qui abritent les serviteurs du résident et attaquent le palais de toutes parts. Les cases flambent comme des allumettes ; les habitants de la légation, réveillés en sursaut, organisent la défense à la lueur sinistre de l'incendie. Le général en chef n'a que quelques soldats autour de lui, il les déploie en tirailleurs dans les jardins pendant que ses officiers d'ordonnance et lui font le coup de feu avec leurs revolvers.

De temps en temps, le général de Courcy, dévoré d'inquiétude, monte, au risque de se faire tuer par un éclat d'obus, jusqu'au petit belvédère que supporte le toit de la légation. Il braque sa lorgnette sur l'autre bord de la rivière, vers l'angle nord de la citadelle où ses troupes sont enfermées. Pris entre ces hautes murailles comme dans une souricière, qui sait si nos pauvres soldats n'ont pas été exterminés jusqu'au dernier ? Mais non, ces braves troupes ont pris au contraire l'offensive ; passant sur le ventre des Annamites dont les milices, deux fois plus nombreuses, cherchaient à les cerner dans ce coin perdu de la citadelle, elles ont pris une à une chaque maison et, au jour, le drapeau tricolore, hissé à la place de l'étendard annamite tout en haut du grand mât qui domine les palais royaux, apprend du même coup au général de Courcy sa victoire et la prise de la citadelle.

Depuis ce jour, les troupes françaises ne sont plus reléguées exclusivement dans le saillant nord. Elles se sont mises à l'aise et occupent de nombreux points de la citadelle. La deuxième enceinte seule est réservée au roi, qui en dispose à sa guise, sans qu'aucun Européen puisse y pénétrer contre sa volonté. Dong-Khanh est du reste un ami de la France, et les officiers qui tiennent garnison dans la capitale n'ont eu qu'à se louer de lui. Il leur a donné, pour y installer un mess, une belle maison en briques, bâtie dans un des plus jolis sites de sa citadelle ; il a magnifiquement orné cette maison avec des tentures, des étendards, des meubles et des vases de prix tirés de ses palais.

Au retour de ma promenade, je vais visiter mes camarades dans leur installation princière ; les salles de leur cercle forment un véritable musée, plein d'objets rares et de meubles curieux. C'est l'heure de la musique ; tous les officiers sont réunis sous la grande véranda en paille qui précède la case, pour entendre le concert que leur donne chaque jour la fanfare militaire. L'emplacement où se tiennent les musiciens n'est pas très éloigné des bâtiments du harem royal ; les femmes de Dong-Khanh peuvent très facilement, si le cœur leur en dit, entendre les fragments les plus réussis de *Madame Angot* ou du *Petit Duc*.

En quittant le cercle des officiers, je longe le petit manège où, presque chaque jour, le roi vient passer quelques heures à chevaucher sur sa monture favorite. La piste forme un cercle complet qui n'a pas plus de quelques mètres de diamètre ; elle est protégée contre la pluie par un toit conique monté sur un système de colonnes en bois. Plus loin se trouve un champ de forme quadrilatère, entouré sur les quatre côtés par un petit mur : c'est le Tich-Dien, ou « champ de la culture royale ». Chaque année, après avoir fait remuer la terre de ce champ par une équipe de cinquante hommes, le roi y fait conduire une charrue attelée de deux bœufs et s'y rend en grande pompe, suivi de toute sa cour, pour offrir un sacrifice à la terre et tracer quelques sillons de sa main royale. Cette cérémonie a pour but de montrer au peuple que l'agriculture est, de toutes les professions, la plus noble et la plus élevée. En cas d'empêchement majeur, le roi se fait remplacer par le prince héréditaire, quelquefois même par un haut dignitaire de la cour qu'il veut honorer[1].

Chaque année la récolte du Tich-Dien est mise soigneusement à part, et le riz qui en provient est employé exclusivement aux sacrifices faits, à dates périodiques, aux mânes des ancêtres royaux.

Des gardes veillent en permanence autour du champ dont on ne peut fouler le sol sans attenter à la majesté royale et sans s'exposer à être, de ce fait, très sévèrement puni.

Je sors de la citadelle par la porte ouest et je regagne, en longeant l'enceinte extérieure, l'embarcadère où m'attend le petit sampan qui doit me ramener à la légation. Chemin faisant, je croise le palanquin d'un grand mandarin annamite. Tandis qu'au Tonkin et dans les provinces les fonctionnaires de premier rang et même ceux d'un grade moins élevé se font suivre de trois ou quatre parasols ouverts, ici, dans la capitale, les ministres et les princes eux-mêmes ne peuvent, par respect pour le roi, se faire accompagner que d'un seul de ces insignes

---

1. La cérémonie dite *tịch-điền* (« Ouverture du sillon de la rizière ») se déroulait dans un champs réservé, situé au nord-ouest de la cité impériale ; c'est ici que, chaque année, au début du printemps, le souverain venait effectuer les labours rituels en l'honneur du génie de l'Agriculture (*Thần Nông*) qui, selon la légende, était aussi un empereur de Chine, qui avait inventé la charrue en 2800 avant notre ère. En Chine, l'histoire de cette cérémonie est à la fois très riche et très complexe. Pour le Viêt-Nam, il semble qu'elle ait eu lieu la première fois sous le règne de Lê Đại Hành (980-1005), puis qu'elle ait connu son apogée sous les Lý (1010-1225), pour être ensuite négligée sous les Trần (1225-1413) ; le roi Lê Thánh Tông (1460-1497) lui redonna tout son lustre en y participant lui-même (par la suite, le souverain était représenté par le *phủ-doãn* qui labourait à sa place). Le champs des *tịch-điền* fût établi à Huế en 1827, et doté d'un tertre dit Quan-Canh Đài (« regarder labourer »), d'un grenier et d'un magasin pour les objets rituels. Le représentant du monarque traçait les trois premiers sillons avec une charrue laquée rouge et or, et couverte de soie, puis il laissait sa place aux princes et aux grands dignitaires de la cour.

de commandement et encore faut-il que cet unique parasol soit porté fermé[1].

Tout le long de l'enceinte extérieure se tiennent de petits marchés où vont s'approvisionner les soldats et les domestiques des fonctionnaires ; les cuisiniers du roi eux-mêmes viennent y choisir les mets qui doivent figurer sur la table du souverain ; mais ils ont, pour se les procurer, des procédés originaux qui ne sont pas toujours du goût des vendeurs.

Ces cuisiniers, ou *thuon-thieng*, sont au nombre de cent[2]. Chacun d'eux doit préparer un plat moyennant une rétribution de trente sapèques de zinc (environ quatre à cinq centimes) qu'on lui alloue à cet effet. Tous les matins ils se répandent sur le marché aux environs de la citadelle ; lorsqu'ils trouvent sur un étalage un morceau à leur convenance, ils le prennent sans s'inquiéter du prix de revient et ils donnent au marchand les trente sapèques qui constituent l'allocation officielle. Quand, par exemple, ils voient un beau poisson qui coûte aux gens du peuple sept à huit *tiens* (soixante centimes), ils le prennent, coupent le meilleur morceau qu'ils payent trente sapèques et rendent le reste au marchand.

Si les cuisiniers du roi étaient seuls à user auprès des vendeurs de ces procédés un peu lestes, il n'y aurait pas encore trop grand mal, mais les gens de la reine-mère, ceux des princes et même les domestiques des grands mandarins en font tout autant. Les malheureux marchands sont bien obligés de souffrir en silence, puisqu'ils ne sauraient à qui s'adresser pour se faire rendre justice.

Le service de la table du roi est réglé minutieusement par l'étiquette et il exige le concours d'un personnel extrêmement nombreux ; il n'y a pas de roi dans notre Europe qui ait un service de bouche monté comme celui de Sa Majesté annamite. Outre les cent cuisiniers dont je viens de parler, il y a une compagnie de cinq cents hommes, les *vong-tranh*, commandée par un capitaine, qui est chargée de pourvoir la table du roi de gros gibier ; une autre compagnie de cinquante hommes, les *vo-bi-vien*, chasse à l'arbalète ou à l'arc, pour fournir les oiseaux qui doivent figurer sur le menu du souverain ; au bord de la mer et dans les îles qui avoisinent la côte d'Annam, d'autres équipes de pourvoyeurs sont occupés à la pêche du poisson et à la chasse des

---

1. À propos des réglementations concernant les parasols mandarinaux, voir ci-dessus note 3 p. 57.

2. Les informations fournies par Hocquard sont d'autant plus précieuses que nous connaissons très mal les cuisines royales. Nous savons seulement qu'elles étaient divisées en trois services : le *thượng-thiện*, qui était le service de table du roi (quarante employés), le *lý-thiện*, qui desservait les fonctionnaires en service à la cour (quarante employés), et le *té-thiện*, qui était affecté à la préparation des offrandes royales. Les cuisines de la reine-mère s'appelaient *phụng-thiện* (vingt employés).

nids d'hirondelles pour le service de la cour, les *Yen-Ho* (pourvoyeurs des nids d'hirondelles) et les *Ngu-Ho* (pêcheurs de poissons) forment chacun une équipe de cinquante hommes ; enfin, cinquante autres serviteurs, les *Tuong-tra-vien*, sont exclusivement occupés au service du thé. Cette troupe de domestiques représente donc un total de huit cents hommes[1]. Mais ce n'est pas tout, la plupart des provinces sont mises à contribution pour la table royale : la Cochinchine donne la chair de caïman dont le roi est très friand ; certains villages de la province de Hué fournissent une variété de riz à grains courts, transparents, un peu gluants, qui est cultivée exclusivement pour lui. Le Tonkin envoie par des courriers spéciaux les premiers letchis qui mûrissent ; la province de Ba-Tuc[2] donne du poisson sec, des crevettes, des mangoustans et des vers palmistes. Tous ces produits figurent sur le rôle des impôts ; chaque année les quantités à fournir sont soigneusement indiquées et, selon la coutume habituelle, les mandarins chargés de collecter cette dîme saisissent avec empressement l'occasion d'approvisionner leur propre table. Le roi demande-t-il cinquante mesures de riz ? le ministre des Finances, qui transmet, en porte soixante, le préfet de la province en envoyant la demande la majore de dix, et quelquefois les notables de la commune eux-mêmes l'augmentent encore. Comme l'impôt doit suivre au retour la même filière que la demande, les fonctionnaires qui l'ont majoré retirent à chaque étape la quantité qu'ils ont demandée et le tour est joué.

Tous les jours, le repas du roi est annoncé à son de cloche dans le palais ; les cuisiniers dressent alors leurs mets dans de petites soucoupes en porcelaine qu'ils placent sur un grand plateau laqué ; ils remettent ce plateau aux eunuques, qui le transmettent aux femmes de service ; ces dernières seules peuvent approcher de Sa Majesté ; elles lui présentent les plats à genoux.

Le riz que le roi consomme en guise de pain doit être extrêmement blanc et choisi grain par grain par la compagnie des jardiniers royaux, qui ne doivent laisser passer aucun grain cassé ; il est cuit à la vapeur dans une marmite en terre que l'on brise à chaque repas.

L'ancien roi Tu-Duc était, paraît-il, extrêmement méticuleux et craintif : il ne mangeait pas un seul des plats qu'on lui servait sans

---

1. La plupart de ces offices nous sont inconnus. Notons seulement que le *yén-hộ* désignait aussi un groupement d'hommes chargés de recueillir les nids d'hirondelles pour le compte de l'État (le commerce privé en était interdit) ; le *thượng-trà* désignait le thé réservé au souverain. Le chiffre de huit cents personnes avancé par Hocquard paraît un peu surestimé : d'après un article de R. Orband, paru dans le *Bulletin des amis du vieux Hué* (1916/1), la domesticité personnelle du roi, en 1885, aurait été – sans compter les gardes et les militaires – de quatre cents personnes, dont cent pour les cuisines et vingt pour le thé...

2. Toponyme inconnu…

l'avoir fait goûter au préalable par un de ses médecins, tant il avait peur d'être empoisonné. Les baguettes dont il se servait pour prendre les aliments étaient en bambou naturel et se changeaient tous les jours ; jamais il ne faisait usage des baguettes d'ivoire qu'emploient les Annamites riches ; il les trouvait trop lourdes. Il buvait soit de l'eau soigneusement distillée, soit une sorte d'eau-de-vie fabriquée avec des grains de nénuphar et parfumée avec des plantes aromatiques. La quantité de riz qu'il consommait à chaque repas était déterminée et pesée à l'avance, jamais il ne la dépassait ; s'il ne mangeait pas comme d'habitude, vite il appelait son médecin ; celui-ci était tenu de lui fabriquer immédiatement un remède dont il lui faisait avaler la première gorgée devant lui.

TAËL, LINGOT D'ARGENT

TRANSPORT DES OFFRANDES

CHAPITRE XXIII

Quatre jours après mon arrivée à Hué, je reçois un planton du
général Prudhomme qui m'apporte l'autorisation, si impatiemment
attendue, de visiter le palais du roi. Le lendemain matin je traverse la
rivière et, suivi d'un boy qui porte mon appareil photographique, je
m'engage dans la citadelle à la recherche du père Hoang, premier
interprète du roi, qui doit me faciliter l'accès de la deuxième enceinte.

Ce père Hoang est un prêtre catholique indigène, élevé par les
missionnaires ; il parle très purement et très correctement notre
langue, il est très instruit de nos mœurs et il a, je crois, fait un voyage

en France[1]. Les prêtres indigènes ont la spécialité de ces fonctions d'interprètes de la cour ; avant le père Hoang, sous Tu Duc, c'était le père Theu qui tenait cet emploi ; ce dernier possédait au plus haut degré les principaux vices de sa race : il était fourbe, avide, menteur, et ses anciens protecteurs les missionnaires n'ont pas eu à se louer beaucoup de lui, pas plus du reste que nos représentants à Hué ; aussi le premier soin du général de Courcy a-t-il été de se débarrasser de ce faux ami de la France et de le remplacer par l'interprète actuel, le père Hoang[2]. Ce dernier nous est, je crois, assez dévoué ; il a su très habilement gagner la confiance du jeune roi Dong-Khanh, qui l'a investi d'un haut grade dans le mandarinat et l'a comblé d'honneurs et de présents. Son influence est redoutée des hauts fonctionnaires de la cour, qui n'osent pas l'attaquer ouvertement et qui ne seraient pas fâchés de le voir disparaître.

Le père habite, dans l'intérieur de la citadelle, près de la rue des Ministères, une coquette maison qui lui a été donnée par le roi. Dans la petite cour d'entrée, soigneusement masquée par des murs, se trouvent de jolis massifs de fleurs et des bassins d'eau vive où nagent des poissons rouges ; des stores, aux peintures multicolores, descendent du toit de la maison qui, comme toutes les constructions annamites, est ouverte en forme de grand hangar sur la cour intérieure. Dans la salle de réception qui renferme des meubles de prix en bois noir, fouillé de fines sculptures, je ne découvre aucun des objets du culte catholique que je m'attendais à y rencontrer : pas de croix, pas d'image de sainteté, mais de grandes planches en laque rouge portant

---

1. Le père Hoàng, qui apparaît souvent dans les récits mais dont la biographie est encore mal connue, était un prêtre catholique de la mission de Vinh (Hà-Tĩnh) ; il avait fait son éducation religieuse au grand séminaire de Poulo-Pinang (Malaisie), à Saïgon et en France, d'où il était revenu comme missionnaire ; il fut dès lors le constant trait d'union entre la cour et les autorités françaises : en 1863, il accompagna – en tant qu'interprète – la fameuse ambassade de Phan Thanh Giản à Paris ; à l'inverse, il prit part à de nombreuses ambassades françaises, notamment celle de 1875, à Hué, et il fut *de facto* employé par la cour comme interprète du roi ; à ce titre, il était présent aux séances du conseil secret lorsque que, après 1885, les Français en forcèrent la porte. Son influence sur le roi Đồng-Khánh était jugée si forte que Paul Bert, en 1886, fit pression sur la cour pour qu'il fût licencié. Le père Hoàng rejoignit alors sa paroisse de Yên-Hoà, dans le Hà-Tĩnh. Ce personnage extraordinaire, sur lequel on aimerait en savoir plus, vietnamien d'origine, prêtre catholique, devenu français, a été placé au centre des affaires politiques durant les années 1862-1885.
2. Celui que Hocquard appelle le père Theu est en réalité le père Nguyễn Hữu Thơ, prêtre de la mission de Hué. Né en 1835 dans le village de Mỹ-Hương (Quảng-Bình), il étudia les caractères chinois dans la province du Quảng-Trị (1842-1845), puis il alla apprendre le latin chez le père Thận dans le Bình-Định. Comme le père Hoàng, il acheva son éducation au séminaire de Poulo-Pinang en Malaisie (1849-1855). Revenu à Hué, il entra dans les ordres et accompagna l'évêque de cette ville en Italie et en France (1864-1865) : c'est là qu'il fut ordonné diacre et prêtre. Il dirigea ensuite la paroisse de Kim-Long (aux portes de la citadelle de Hué) de 1867 à 1873, et entra au service de la cour où il eut comme collègue le père Hoàng. En 1875, il fut nommé inspecteur des douanes à Hải-Dương. Il mourut en 1892 à Đà-Nẵng, où il avait ouvert une modeste école de français. Il a laissé des *Souvenirs* et des *Relations d'ambassades*, en vietnamien, qui constituent des documents historiques de première importance.

des sentences en caractères dorés, des brûle-parfum de cuivre ciselé, des parasols de mandarin, des sabres aux poignées d'ivoire ornées de décors d'argent.

Le père répond bien à l'idée que je m'en suis faite en examinant son intérieur : c'est un petit homme à la peau mate avec une pointe de jaune, aux yeux noirs très vifs, à la maigre barbiche blanche, aux mains très soignées ; rien de son costume ne rappelle le prêtre catholique : il est vêtu d'une longue robe noire, boutonnée sur le côté par-dessus une chemise de soie blanche ; son large pantalon en soie écrue très fine tombe sur des chaussures européennes ; son chignon de cheveux grisonnants, relevés au-dessus de la nuque, est maintenu par un turban de crépon noir dont les plis très nombreux se croisent régulièrement sur le front à la mode de Hué.

« Me voici à votre disposition, docteur, me dit-il avec un beau sourire qui me découvre d'un seul coup une double rangée de dents soigneusement laquées en noir. Sa Majesté est prévenue, elle a donné les ordres nécessaires pour que toutes les portes vous soient ouvertes. Vous voudrez bien vous laisser guider par moi, conformément à l'itinéraire convenu, afin que le roi ou ses femmes, qui ne peuvent encore vous recevoir, ne soient pas surpris pas nous à l'improviste à un détour du palais. Je dois vous avertir cependant, entre nous, que le roi est très curieux, et qu'il cherchera certainement à vous voir, sans se montrer. Je vous demande quelques minutes pour me mettre en tenue convenable. »

Quelques instants après, nous nous mettons en route pour le palais. Le père Hoang a pris la tenue de cour : pantalon de so'e cerise, longue robe en grenadine bleue à manches larges et pendantes, babouches de cuir à ses pieds nus.

Nous passons sous la porte N'go-Mon avec laquelle j'ai déjà fait connaissance ; l'ouverture centrale de cette porte est close, les deux passages latéraux sont seuls ouverts. L'entrée principale est uniquement réservée aux souverains. Autrefois, lorsque nos ambassadeurs étaient reçus en audiences solennelles, on les faisait toujours passer pas les petites portes latérales pour sauvegarder les apparences, et faire croire au bon peuple de Hué que la puissance qu'ils représentaient était de minime importance. Jusqu'à ces derniers temps, le ministre des Rites a toujours introduit cette clause dans le cérémonial arrêté pour la réception à la cour de nos plénipotentiaires. L'année dernière encore, le colonel Guerrier, envoyé par le général en chef du corps expéditionnaire pour assister au couronnement du roi Ham-Nghi, a dû se conformer aux usages précédemment établis et pénétrer dans l'enceinte royale par la porte latérale. Mais cette fois le général de Courcy a tenu bon et, quand le roi Dong-Khanh s'est présenté devant son palais pour la cérémonie du couronnement, c'est au côté du général en chef qu'il a franchi la première enceinte devant les mandarins prosternés[1].

Après avoir passé la porte de N'go-Mon nous traversons un pont en briques jeté sur un fossé intérieur à moitié desséché et nous prenons pied sur une grande terrasse qui précède le premier palais[2]. Aux extrémités du pont qui y donne accès se dressent deux portiques, supportés chacun par quatre colonnes en bronze, fondues d'une seule pièce. Ces colonnes sont ornées de motifs en relief représentant des dragons fantastiques dont les anneaux couverts d'écailles s'enroulent du pied jusqu'au faîte ; les traverses qui les surmontent sont décorées de plaques en porcelaine de différentes couleurs, figurant des fleurs en relief et des attributs divers ; tous ces motifs sont d'une exécution remarquable. La grande terrasse est flanquée de deux tigres dorés, reposant sur un piédestal en maçonnerie, abrités par un petit toit en coupole supporté par quatre colonnes ; elle est surmontée d'une deuxième, plus petite, qui aboutit à la salle du trône[3].

La salle du trône occupe toute l'étendue d'un vaste bâtiment à triple toiture, dont les corniches et les faîtières sont ornées de grandes chimères dans le goût chinois ; elle est superbe. Une succession d'immenses colonnes, laquées rouge et or, se dresse jusqu'au toit garni d'une profusion de sculptures. Les murs sont revêtus de grandes boiseries très joliment fouillées, allant du sol au plafond. Dans le fond, entre les colonnes, le trône royal repose sur un piédestal de trois

---

1. Voir ci-dessus note 2 p. 522.

2. La porte Ngọ-Môn était suivie d'un triple pont appelé « pont de l'Eau d'Or ♭ » (*Kim Thuỷ Kiều*) qui fut aménagé par Minh-Mạng en 1833. Le « fossé intérieur à moitié desséché » – la description est significative de l'état de délabrement de la citadelle en 1886 – n'est rien de moins que le prestigieux « bassin de l'Eau d'Or » (*Kim Thuỷ Trì*)... La « grande terrasse » est bien entendu « l'esplanade des Grands Saluts » (*Đại Triều Nghi*), où les mandarins venaient, en masse, se prosterner devant le roi ; afin que ceux-ci fussent ordonnés selon leur rang, neuf grandes stèles de pierre indiquaient la place que devaient occuper les fonctionnaires des neuf grades du mandarinat (les mandarins civils à droite, les mandarins militaires à gauche).

3. Ces « quatre colonnes de bronze » ornées d'un dragon enlacé posent problème. Aucun document n'en atteste l'existence sur cette esplanade. À notre connaissance, les seules colonnes de bronze répondant à la description que l'auteur en fait sont celles qui précèdent le tombeau du roi Thiệu-Trị, où elles forment d'ailleurs la base d'un portique. Or comme Hocquard signale qu'il a visité ce tombeau, dont il a pris deux photographies (voir ci-dessous p. 642), il est bien possible qu'il fasse une confusion. Mais il existe cependant une autre explication : un ancien texte vietnamien (le *Thật Lục Chính Nhị*) mentionne l'existence sur cette esplanade, en 1833, et précisément près du pont évoqué par Hocquard, de portiques soutenus par des colonnes en « cuivre et en étain » [donc en bronze], « dans la proportion de quatre et six parties mélangées ensemble ». Il pourrait s'agir des colonnes décrites par notre auteur dont le témoignage est d'autant plus remarquable qu'aucune autre source ne les mentionne. Sans doute ont-elles été très vite déplacées ou même détruites après 1886... Enfin, les « tigres dorés » sont les lionceaux fabuleux qui, ici, jouaient le rôle symbolique de censeurs du protocole.

marches ; il est en laque rouge et tout doré, sa forme rappelle celle d'un fauteuil ; devant, sont deux appuis pour les pieds, figurant deux tigres couchés ; il est placé contre une riche tenture représentant, brodé en relief, le dragon à quatre griffes qui est l'emblème royal[1] ; il est surmonté d'un dais en soie jaune, couvert de broderies de couleur. C'est dans cette salle que le roi donne ses audiences solennelles, en présence de tous les mandarins de la cour, groupés à droite et à gauche, en dehors du bâtiment, sur les deux terrasses qui y conduisent. Ces jours-là, les grands stores qui, en temps ordinaire, ferment la salle du trône du côté des terrasses sont complètement relevés[2].

Le premier bâtiment que je viens de décrire communique, par deux petites ouvertures latérales, avec une cour intérieure pavée de larges dalles, sur laquelle s'ouvrent trois grandes portes en laque rouge ornées d'immenses dragons dorés. Ces portes donnent sur une deuxième enceinte, au fond de laquelle se voit un autre grand palais de même architecture que le premier et précédé par une cour dallée[3].

Aussitôt après avoir franchi les portes rouges, le père Hoang a déposé ses sandales ; il me précède nu-pieds, parlant à voix basse ; il a exigé que je laisse au-dehors le boy qui portait mon appareil photographique ; celui-ci a été confié à un mandarin d'ordre subalterne qui est venu nous recevoir à l'entrée de la deuxième enceinte et qui, pieds nus également, nous suit d'un air très grave, sans dire un mot.

Dans cette partie du palais où le roi se tient en permanence, les fonctionnaires et les gens de service doivent quitter leurs chaussures et parler à voix basse, par respect pour le souverain.

La cour est flanquée, sur les autres côtés, de deux corps de bâtiments où sont les postes des soldats de garde[4]. Le roi m'a fait envoyer dans l'un d'eux un plateau de pâtisseries et d'excellent thé. Au moment où je fais honneur à sa collation, je vois un singulier cortège traverser la cour : une boîte carrée, fermée sur les quatre côtés par de

---

1. Erreur : c'est le dragon à *cinq* griffes qui constitue le symbole impérial, celui à quatre griffes pouvant être utilisé par tout un chacun.

2. La salle du trône (située dans le « palais de la Paix suprême », *Thái-Hoà Ðiện*), remarquable parce que toutes ses lignes étaient courbes, avait d'abord été construite par Gia-Long à l'emplacement de ce qui fut, par la suite, la « porte de la Grande Résidence » (*Ðại Cung Môn*) ; en 1833, Minh-Mang la fit déplacer de quelques dizaine de mètres vers le sud, si bien qu'elle formait l'exact contact entre la cité impériale, au sud, et la cité interdite.

3. Il s'agit de la « porte de la Grande Résidence » (*Ðại Cung Môn*) qui donne accès à la cité interdite. C'est par elle que le souverain entre et sort de sa résidence privée. Le « grand palais », que Hocquard discerne en arrière de la porte, est le « palais de la Perfection du Ciel » (*Cần Chánh Ðiện*), construit par Gia-Long en 1804 ou 1811 (sous le nom de « palais du Principe du Ciel », *Cần Nguyên Ðiện*) et utilisé pour recevoir des visiteurs de marque.

4. Construits en 1813, ces deux corps de bâtiments latéraux étaient auparavant des salons disposés selon le même principe que sur la « terrasse des Grands Saluts » : à gauche pour les mandarins militaires (*võ công thự*), à droite pour les mandarins civils (*văn công thự*).

petits stores, est portée sur un brancard par des soldats en uniforme rouge. La boîte est abritée par deux parasols jaunes que des sous-officiers tiennent ouverts au-dessus d'elle ; devant, quatre miliciens, le front orné de diadèmes de forme bizarre, marchent gravement, tenant à la main de grands sabres. Ce cortège, m'explique le père Hoang, porte à la pagode les offrandes que le roi fait déposer chaque jour sur l'autel de ces ancêtres.

SALLE DU TRÔNE

Le deuxième palais contient une salle de mêmes dimensions que celle du trône, mais beaucoup moins ornée. Les grandes colonnes qui supportent le plafond sont en beau bois de teck, sans peinture ; un dais d'étoffe brodée est suspendu à la voûte, au-dessus d'un lit de repos devant lequel est placée une table de forme curieuse et d'un très joli travail. Au fond de ce lit est suspendue une grande glace européenne, dont le cadre lourd et grossier contraste avec le reste de l'ameublement. C'est là que se tient le roi lorsqu'il donne des audiences privées sans s'astreindre au cérémonial des réceptions officielles.

Sur la table, je remarque une écritoire de jade rempli de vermillon et, dans un étui sculpté, deux petits pinceaux qui doivent servir au souverain. Le roi contresigne et annote chaque jour à l'encre rouge tous les rapports qui lui sont soumis par le mandarin de service[1] ; ses

UNE DES PORTES ROUGES

1. Désignés sous le nom générique de *châu-bản*, ces « documents annotés à l'encre rouge » constituent aujourd'hui une source exceptionnelle pour l'historien : sept cent trente-quatre volumes couvrant une période allant du règne de Gia-Long (1802-1819) à celui de Bảo-Đại (1926-1945), sans compter quarante autres volumes et douze liasses qui ne sont pas encore classés. Tous ces documents étaient jadis conservés au palais Đông-Các, construit en la septième année de Minh Mạng (1836), près du palais des Audiences royales. Beaucoup d'entre eux furent détruits pendant la guerre (on estime le total original à environ trois mille cinq cents volumes).

observations sont transmises immédiatement pour exécution aux ministères intéressés, par les soins des *thi-vê*, ou « gardes royaux[1] ».

Les deux bâtiments latéraux qui abritent les postes de police se relient, par des couloirs étroits qui courent de chaque côté du palais principal, à une autre cour dallée, semblable à celle dont je viens de parler. Cette cour est plantée de grands arbres ; à l'entrée, se trouvent deux immenses vasques de bronze de hauteur d'homme, qui paraissent avoir été coulées tout d'une pièce par les ouvriers du roi. Par leur dimension et par la finesse des ornements en relief qui les recouvrent, ces vasques m'ont semblé des chefs-d'œuvre dans leur genre.

La cour aboutit à un troisième grand bâtiment, de même architecture que les premiers. Les stores qui en masquent l'entrée sont soigneusement fermés. Le roi se tient derrière l'un d'eux et je distingue vaguement sa silhouette[2].

Une foule de petits mandarins, d'eunuques, de domestiques sont venus grossir notre troupe ; tous sont pieds nus et, lorsqu'ils passent devant le store qui abrite Sa Majesté, ils se courbent très bas, jusqu'à raser le sol. Chacun d'eux porte bien en évidence, suspendue au cou, la petite plaquette d'ivoire qui indique son grade et sa fonction[3].

Après nous avoir examinés, le roi se retire et me laisse pénétrer dans le palais. La grande salle qui en occupe toute l'étendue est de même architecture que les autres ; elle est occupée tout entière par de nombreuses vitrines renfermant les cadeaux les plus précieux qui on été faits, pendant des générations nombreuses, au roi d'Annam. À côté d'ivoires merveilleusement fouillés, de spécimens curieux d'orfèvrerie d'art, d'une grande quantité de petits arbres de corail auxquels sont suspendues des pierres précieuses, d'armes de prix aux fourreaux incrustés de nacre, je découvre une foule d'objets de provenance européenne de valeur très minime et d'un goût douteux. Il y a des vases d'un bleu criard, aux fleurs rouges mal dessinées, comme on en gagne aux tourniquets des foires ; près d'un service à thé dont les tasses en jade sont contenues dans un treillis en filigrane d'or et dont la théière en or massif est surmontée d'une émeraude grosse comme une noisette, je vois, soigneusement placée sur un coussin, une grosse

---

1. Les *thị-vệ* étaient des gardes royaux, à la fois chambellans et gardes du corps du souverain (voir ci-dessus, note 2 p. 114).

2. Strictement interdit aux étrangers, ce troisième bâtiment était la résidence du souverain (palais *Càn-Thành*). Tout autour se trouvaient les bâtiments suivants : la résidence de la première reine (palais *Khôn-Thái*), les logements des concubines et des femmes non titrées, la salle de repos et d'étude du roi (*Dưỡng Tâm Điện*), l'habitation des princesses, le secrétariat privé du souverain, le bureau des médecins, les cuisines, le théâtre (*Duyệt Thị Đường*) et des jardins privés, agrémentés d'un grand lac et d'un « belvédère pour la lecture ».

3. À propos de ces plaquettes mandarinales, voir note 1 p. 110.

boule en verre étamé, semblable à celle qu'on suspend dans les jardins.

À côté du musée, le père Hoang me fait visiter la salle du théâtre, où les comédiennes du roi exécutent, sur son ordre, des pièces de comédie composées soit par lui, soit par le conseil du Noi-Cac. La troupe du théâtre royal est formée d'environ quarante-cinq chanteuses et musiciennes, recrutées parmi les plus jolies filles du royaume par la reine-mère, qui les surveille et les fait instruire. Le budget annamite leur alloue une solde fixe à laquelle le roi ajoute des gratifications lorsqu'il est satisfait de leurs services. Elles ont de plus, pour jouer leurs rôles, de riches costumes de soie et des bijoux que l'on fait venir de Chine.

PALAIS DU MUSÉE

En quittant la salle du théâtre nous entrons dans une dernière enceinte où sont construits, dans une série de cours et de jardins, les appartements privés du roi et de ces femmes. Tous ces palais sont à deux étages et munis de fenêtres avec balcons ; quatre d'entre eux sont affectés aux logements de la Hoang-Quy-Phi, ou reine, et des trois femmes de premier ordre ; les autres femmes du roi occupent en outre six grands bâtiments, divisés en chambrettes séparées et meublées aux frais de l'État. Chaque femme a sa chambre qu'elle occupe soit seule, soit avec les domestiques qu'on lui permet d'avoir à son service[1].

Les femmes du roi sont très nombreuses. Tu-Duc en avait cent quatre. Elles se divisent en neuf classes qui portent chacune un titre différent ; elles sont habillées et rétribuées par l'État suivant la classe à laquelle elles appartiennent. Leur solde n'est jamais bien considérable : la reine touche par an mille ligatures, soit environ huit cents francs, plus deux cent cinquante mesures de riz noir, cinquante mesures de riz blanc et soixante pièces de soie pour sa toilette ; les secondes femmes n'ont que cinq cents ligatures, deux cent cinq mesures de riz noir, quarante-cinq de riz blanc et quarante-huit pièces

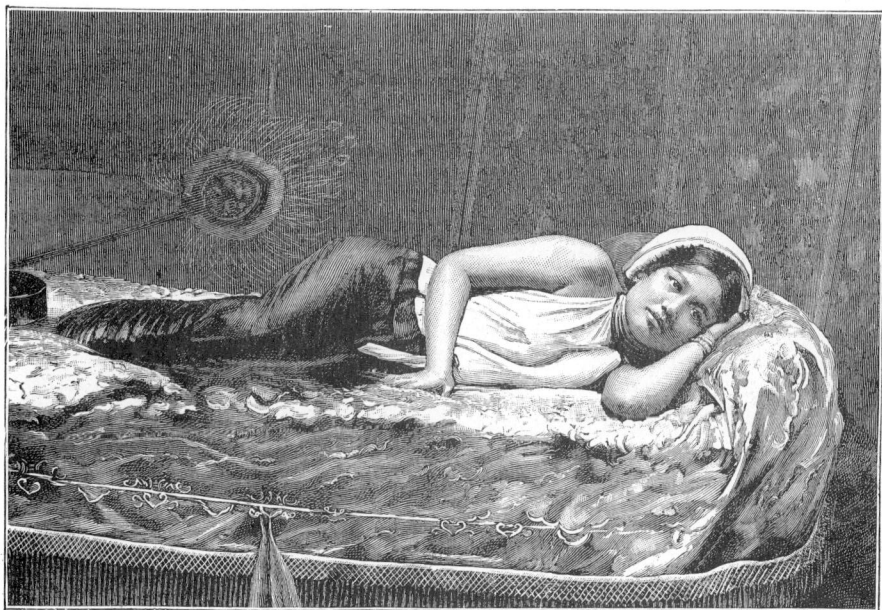

UNE FEMME DU ROI

1. Après son avènement, le roi Gia-Long supprima le titre de *Hoàng-Hậu* (« impératrice »), auquel il substitua celui de *Hoàng Quý Phi* (« épouse du roi »). Impératrice ou simple épouse du monarque : la nuance était de taille car cette modification du titre permettait d'éviter qu'en cas de décès du souverain sans enfant sa première femme ne disposât librement du titre et du pouvoir qui lui était attaché. Dans le contexte, la *Hoàng Quý Phi* évoquée par l'auteur est la deuxième fille de Nguyễn Hữu Độ, devenue reine après l'avènement de Đồng-Khánh. Quant à elle, la reine-mère portait le titre de *Hoàng Thái Phi*. Le caractère *Phi*, qui signifie « femme », permettait de composer un titre désignant les épouses soit principales soit secondaires ; le sérail impérial comportait neuf ordres, et les concubines se répartissaient en deux rangs différents : le rang *Phi* et le rang *Tân*. On trouve encore souvent l'expression *tiết-phi* (littéralement « femmes modestes », « femmes astreintes à la fidélité envers le souverain ») pour désigner les concubines secondaires de rang inférieur.

de soie ; quant aux femmes de neuvième rang, leurs appointements sont absolument dérisoires : trente-trois ligatures, cent quatre-vingts mesures de riz noir, trente-six de riz blanc et douze pièces de soie.

Chacune de ces femmes a le droit d'introduire dans le palais un nombre de domestiques femelles, variable selon son rang, qu'elle paie de ses propres deniers. La première reine peut avoir douze servantes et les femmes de la dernière classe chacune trois. Les lois du royaume ne limitent pas le nombre des femmes du sérail mais elles pourvoient à tous leurs besoins. Tout ce personnel féminin est surveillé par un nombre variable de femmes âgées qui se divisent en six classes. Sous Tu-Duc, ces surveillantes étaient au nombre de soixante. Elles sont entretenues aux frais de l'État et ont un costume semblable à celui que l'étiquette accorde aux femmes des hauts fonctionnaires ; ce sont elles qui désignent chaque jour les femmes du sérail appelées à faire le service auprès du roi et de sa mère : elles ont également la direction des *Nu-Cong*, ou servantes, qui ont pour fonctions de ramer sur les barques royales et de monter la garde autour des appartements particuliers du roi. Ces *Nu-Cong*, qui sont au nombre de trois cents et divisées en six classes, sont logées dans un bâtiment placé à côté du sérail ; elles ont un uniforme composé d'un pantalon, d'une robe et d'un turban vert.

Chaque jour Sa Majesté est assistée par un personnel féminin composé de quinze de ces femmes et de trente servantes ; ces dernières, armées d'un grand sabre, gardent toutes les issues des appartements privés. Quant aux autres, elles pourvoient à tous les besoins journaliers du roi ; cinq d'entre elles restent constamment auprès de sa personne pour le servir, et changent chaque jour. L'ensemble du personnel féminin du sérail comprend en totalité cinq cent soixante-dix-neuf personnes, auxquelles il faut ajouter quatre cent trente-cinq servantes ; il atteint ainsi le chiffre considérable de mille quatorze femmes, qui toutes habitent le palais et sont entretenues aux frais de l'État.

Les femmes du roi se recrutent de deux façons : ce sont ou bien les filles des fonctionnaires de l'État et des riches particuliers qui, pour attirer les honneurs et les privilèges sur leur famille, proposent leurs plus jolis enfants au souverain, ou bien des filles du peuple que la reine achète pour en faire des actrices et dont la beauté plaît au roi. Une fois entrées au sérail, ces femmes sont, pour ainsi dire, cloîtrées avec le roi pour leur vie entière. Perdues pour le monde, elles ne peuvent même plus revoir la maison paternelle ; leur mère est cependant autorisée à venir, de loin en loin, les visiter à la cour. Si une femme du roi est atteinte d'une maladie peu grave, elle est isolée dans l'infirmerie du sérail où les médecins de la cour viennent la soigner sous la surveillance d'un eunuque. Si la maladie est incurable, la femme peut être renvoyée dans sa famille. En cas de mort subite, on sort le corps de l'enceinte royale par-dessus la muraille, à l'aide d'un cabestan. Jamais on ne peut faire franchir à un cadavre une porte qui sert au souverain. Ce dernier lui-même n'est pas exempt de cette règle ; quand il meurt, on glisse son cercueil à travers une ouverture pratiquée dans la muraille, que l'on referme ensuite[1].

À la mort du roi, ses femmes ont deux destinations différentes : celles qui appartiennent aux classes les plus élevées sont conduites dans les palais qui avoisinent son tombeau, et là, sous la surveillance des eunuques, elles passent le reste de leur existence à entretenir les autels élevés en l'honneur de leur royal époux. Celles des classes inférieures sont renvoyées dans leur familles, mais, si belles et si habiles qu'elles soient, elles ne peuvent se remarier qu'avec des gens du peuple dépourvus de fonctions publiques. Il est expressément défendu aux mandarins de n'importe quel degré d'épouser une femme sortant du sérail ; cette défense prend sa source dans le respect dû à la mémoire du souverain.

Outre le personnel féminin, le roi est servi par des eunuques et des *thi-vê*. Les premiers sont employés à la cour à surveiller les femmes et à transmettre les ordres royaux aux fonctionnaires de toutes les administrations de service au palais, ceux-ci ne pouvant paraître devant le roi que lorsqu'il les fait demander. Les eunuques ont une tenue semblable à celle des autres fonctionnaires du gouvernement, mais ils ne la portent que les jours de fête ; ils sont bien traités et très considérés ; leurs familles sont comblées de biens et exemptées de tous les impôts et de toutes les corvées[2]. Quant aux *thi-vê*, ce sont des hommes de confiance choisis parmi les sous-officiers les plus

---

1. Nous ne possédons malheureusement aucune information sur cette intéressante coutume. Elle est assez étonnante car, par exemple, les textes décrivant le déroulement des funérailles de Gia-Long ne la mentionnent pas, mais, à l'inverse, ils indiquent que le cercueil contenant le corps du roi défunt est bel et bien passé par les portes...

2. Les eunuques (*thái-giám*) avaient depuis longtemps accaparé un immense pouvoir à la cour. Deux noms méritent d'être cités : Hoàng Công Phụ, qui parvint à usurper quelque temps le pouvoir sous les Lê au XVIIe siècle, et Lê Văn Duyệt, représentant du roi en Cochinchine, qui avait acquis une influence considérable sur Gia-Long. Afin de battre en brèche ce pouvoir qui ne reposait sur aucune institution, Minh-Mang proclama un nouveau statut des eunuques en 1836 : divisés en cinq classes au sein d'une hiérarchie *ad hoc*, rabaissés au rang de simples laquais du palais, ils ne pouvaient désormais obtenir ni dignité ni titre de mandarinat. Ce que dit Hocquard du costume est sujet à caution car, précisément, les eunuques se distinguaient par un costume orné d'une broderie pectorale représentant une fleur verte sur fond rouge, et leurs bonnets frangés d'or étaient ornés d'une cigale et d'une queue de rat (avant le XIXe siècle il est vrai).

intelligents des régiments qui composent la garde royale ; ils sont chargés de la police secrète à Hué et dans les provinces ; ce sont eux que le roi envoie chaque fois qu'il veut donner un ordre direct à un fonctionnaire, sur un point quelconque du territoire. Souvent ils vont dans les provinces éloignées pour renseigner le roi sur la conduite des mandarins, sur ce qui se passe dans les différentes régions, et sur les agissements des étrangers. Ces employés sont très influents et très redoutés. Quand ils sont en mission secrète, ils cachent soigneusement la petite plaquette d'ivoire qui indique leurs attributions et ils ne se font connaître de ceux qu'ils sont chargés de surveiller que lorsqu'ils n'ont plus rien à en tirer.

Non loin du sérail, se trouve le palais habité par la reine, mère de Tu-Duc[1]. Cette vieille princesse jouit à la cour d'une grande influence ; elle est servie par un personnel spécial et, chaque jour, une princesse et trois femmes de haut rang viennent l'assister dans ses appartements. L'État lui sert, comme appointements, dix mille ligatures, mille mesures de riz ; à chaque anniversaire de dix ans, cette solde en argent est augmentée de cinq mille ligatures. Tu-Duc avait un grand respect pour sa mère. Il lui faisait visite chaque jour, la comblait de cadeaux et de prévenances et prenait souvent ses conseils. Le roi Dong-Khanh a pour elle une vénération profonde, il ne lui parle qu'à voix basse et avec le plus grand respect. Cette vieille reine passe son temps à dresser des chanteuses pour le service du roi ; quelquefois elle l'accompagne dans ses promenades, souvent aussi elle quitte le palais pendant quelques jours pour aller avec ses femmes s'enfermer dans le tombeau de Tu-Duc ; elle est complètement aveugle depuis la mort de son fils.

Dans la partie la plus reculée de l'enceinte royale, se trouve un petit étang bordé d'arbres et alimenté par des prises d'eau qui vont jusqu'aux fossés extérieurs. Une grande construction sur pilotis s'élève au milieu de l'eau ; c'est le bâtiment du Trésor et l'étang porte le nom de lac des Caïmans. Il est de croyance, à la cour, que ce lac est habité par des crocodiles chargés de défendre le trésor contre les voleurs qui tenteraient de s'introduire dans le bâtiment qui le contient[2]. Il n'existe, à l'heure actuelle, aucun animal de cette espèce

---

1. Il s'agit de Từ-Dũ (1810-1901), épouse de Thiệu-Trị, longtemps symbole vivant de la grandeur passée de la cour de Hué.

2. Cette description pose problème. Le jardin décrit par l'auteur est, sans nul doute, le Cơ-Hạ Viên, qui était situé *dans* l'enceinte de la cité interdite, tandis que le bâtiment du Trésor (voir note 4 p. 599) se trouvait, lui, à *l'extérieur* de cette cité, tout comme le « lac des Caïmans » (*Hồ-Sấu*), situé à peu près au centre de la citadelle, sur la rive sud du Canal impérial, au milieu d'un jardin établi par Minh-Mang en 1836 (le « jardin de l'Expansion de la Clarté », *Thư Quang Viên*). En 1843, Thiệu-Trị avait certes fait

dans les eaux tranquilles du petit lac ; peut-être autrefois, lorsque le roi d'Annam recevait de Cochinchine des caïmans vivants qui étaient destinés à sa table, leur a-t-on donné pour domicile provisoire l'étang qui porte leur nom, ce qui expliquerait la légende ; toujours est-il que les troupes du général de Courcy ont trouvé à cet endroit, au moment de la prise de la citadelle, des caisses remplies de barres d'argent dont la valeur pouvait être évaluée à une douzaine de millions. Ce trésor, si l'on en croit l'ancien directeur des affaires civiles et politiques au Tonkin, M. Silvestre, qu'un long séjour dans ces pays a rendu très compétent sur les choses d'Annam, ne représenterait que l'infime partie de l'épargne des rois de Hué. La réserve monétaire, enfermée dans les bâtiments du Trésor, aurait atteint le chiffre minimum de trois cent soixante-dix-huit millions, et, si nous n'avons pu en retrouver qu'une petite partie, c'est que, avant le guet-apens qu'ils préparaient contre le général de Courcy, les deux régents Thuyet et Thuong avaient sauvé ce qu'ils avaient pu de la caisse. Ils avaient chargé un officier général de la garde impériale, le *dê-dôc* Bich, d'enlever, avec l'aide de ses troupes, les valeurs du Trésor pour les transporter en lieu sûr. Toutes ces valeurs, qui consistaient principalement en lingots d'or et d'argent, avaient été divisées en lots qu'on avait enfermés dans de solides caisses ; pendant tout le mois de juin 1885 ces colis, dissimulés sous des nattes, avaient été disséminés dans des provinces lointaines et confiés à la garde de mandarins dévoués à la cour[1].

Quand les zouaves s'emparèrent du bâtiment du Trésor, ils ne trouvèrent pas un seul lingot d'or ; c'était cependant ce métal précieux qui formait la plus grande partie des réserves de la cour ; il restait seulement un reliquat de lingots d'argent et un stock de médailles. Plus tard, le même directeur des affaires politiques dont il vient d'être parlé réussit à retrouver dans la province de Quang-Binh trente caisses de barres d'argent représentant une valeur de quatre millions.

---

transférer ce jardin (désormais appelé *Cơ-Hạ Viên*) à *l'intérieur* de la Cité interdite – là où Hocquard le mentionne –, mais le « lac des Caïmans » était, bien-sûr, resté à son ancien emplacement. Notre auteur, qui ne pouvait pas l'avoir sous les yeux au moment où il visitait la cité interdite, confond certainement le « lac des Caïmans » et un autre lac, situé dans le *Cơ-Hạ Viên*, appelé « lac où le Roi pêche à la ligne ».

1. L'affaire du Trésor de Hàm-Nghi a défrayé la chronique durant les premières années du protectorat car, à dire vrai, personne ne savait combien d'argent il contenait à l'origine, ni ce qu'il était devenu après la prise de Hué. Rien n'est vraiment sûr. D'après Silvestre, justement mobilisé ici par l'auteur, une première partie du Trésor serait partie dès le mois de juin 1885 ; ce qui en restait, contenu dans cent quarante petites caisses, aurait été évacué le 3 ou le 4 juillet 1885, juste avant le coup de force du général Courcy. On estime en général que ce Trésor contenait neuf cent cinquante caisses et, après dépouillement des comptes, Silvestre indique un montant total de 378 415 515 francs.

APPARTEMENTS PRIVÉS DU ROI

Le petit réduit entouré de murs qui, tout au fond de l'enceinte des palais, renferme les appartements particuliers du roi, est planté de grands arbres et aménagé en forme de jardin chinois ; il contient des lacs minuscules, au milieu desquels se dressent des rochers ; il est parcouru par de petits ponts, des sentiers savamment dessinés, bordés d'arbustes auxquels les jardiniers de la cour ont fait prendre toutes sortes de formes bizarres et contournées.

Tous les trois ans, le roi donne dans ces jardins une grande fête littéraire. Les mandarins les plus instruits, lauréats des concours de province, viennent à certaines époques à Hué se présenter aux examens qui confèrent le titre de docteur ou *Tam-Si*. Ceux qui ont répondu victorieusement aux épreuves doivent, avant d'obtenir le titre qu'ils sollicitent, se présenter à la cour devant le roi qui les examine encore : s'ils réussissent à satisfaire Sa Majesté, celle-ci offre un grand festin à la fin duquel elle les fait revêtir du costume auquel leur donne droit leur nouveau grade ; ils ont alors la faveur insigne et qui, paraît-il, est très enviée, de se promener à cheval dans le jardin royal et de pouvoir y cueillir une fleur[1]. En souvenir de leurs prouesses littéraires, le souverain fait graver le nom des *Tam-Si* sur des stèles de pierre qui sont conservées dans un temple de la capitale. S'il leur arrive plus tard, dans le cours de leur carrière, de commettre une faute méritant la colère royale, les stèles qui portent leurs noms sont brisées à coups de marteau[2].

Depuis ce matin, la ville de Hué est en fête : nous approchons du jour de l'an annamite ; pendant près d'un mois, les indigènes, riches et pauvres, vont cesser toutes leurs occupations et passer leur temps à boire, à manger et à se divertir ; plus de commerce, plus de travaux des champs, plus de corvées ennuyeuses ; grands et petits prendront leurs habits de fête ; les malheureux vendront leurs derniers meubles et s'endetteront pour trouver l'argent nécessaire aux réjouissances. « Il faut, dit un proverbe annamite, bien commencer l'année, sous peine des plus grands malheurs. » Déjà les ministères sont fermés ; à partir du vingt-cinquième jour du douzième mois, le gouvernement cesse l'expédition des affaires ; plus de signature officielle, la boîte des sceaux restera fermée jusqu'au onzième jour de la prochaine année. Les gueux, les *danlan* comme on les appelle[3], ne se reposeront que pendant trois fois vingt-quatre heures ; le reste du temps, ils serviront les riches ; mais ils se feront payer cher : ils ne seront pas beaucoup pour travailler et ils pourront se montrer exigeants.

Toutes les portes sont déjà closes, la ville paraîtrait morte sans les pétards chinois et le son des instruments de musique. Bourgeois et mandarins font leurs visites en robes de cérémonie, ils échangent de grandes cartes rouges et des cadeaux. C'est fête aussi pour les enfants qui, en retour de leurs compliments et de leurs souhaits, reçoivent des sapèques enveloppées de papier rouge ; il y a du rouge partout ; c'est la couleur qui indique la joie. Devant chaque habitation, de grandes

---

1. D'où l'expression vietnamienne « être assis sur le cheval pour admirer les fleurs », équivalent de notre « inaugurer les chrysanthèmes ».

2. Référence aux examens triennaux destinés à recruter les mandarins (voir note 3 p. 251), notamment au « concours général » (*thi-hội*) qui se tenait à la capitale (Hà-Nội puis Hué) et permettait de délivrer les diplômes de docteur (*tiến-sĩ*), et au « concours de la cour » (*thi-đình*), présidé par le roi lui-même, qui permettait d'établir les différents degrés du titre de docteur, par ordre croissant de mérite (*hoàng-giáp, thám-hoa, bảng-nhãn, trạng-nguyên*). Les stèles des trente docteurs de la dynastie des Nguyễn se trouvent dans le temple Văn-Miếu érigé par Gia-Long en 1808, à Hué.

3. Peut-être *dân lậu* («population errante, vagabonde»), ou tout simplement *dân làng* («villageois»)…

branches de bambou, couvertes de leurs feuilles, sont plantées dans le sol ; il y a aussi des mâts ornés, au sommet, de feuilles de cocotier ou de plumes de poule ; le soir, on y accroche des lanternes de toutes les couleurs. Ces mâts sont dressés à l'intention des ancêtres et des parents morts. Il est en effet de croyance populaire que les âmes des aïeux reviennent chaque année visiter leurs familles et s'abriter sous leur toit pendant l'époque du Têt – c'est ainsi qu'on désigne les fêtes du jour de l'an. Il faut bien que les défunts puissent reconnaître la demeure de leurs enfants ; les mâts ont pour but de les arrêter et de les empêcher de passer outre.

Devant le seuil de chaque porte, les habitants ont tracé à la craie sur le sol des signes représentant des arcs et des flèches entrecroisés. Cette coutume a pour but de rappeler le combat du Bouddha contre les démons[1]. Quelques indigènes ont même complètement obstrué la porte de leur case avec des cactus et des branches d'épines, afin d'empêcher les mauvais esprits de pénétrer et de venir troubler la fête. Sur le côté gauche du mur, en dehors de l'entrée, un petit autel a été dressé en l'honneur du génie chef des portes ; on y brûle des bougies, des baguettes d'encens et, chez les riches, on y offre des fleurs, des papiers dorés, des gâteaux et des mets renouvelés deux fois par jour.

Dans l'intérieur de la maison tout est transformé : les meubles ont été changés de place ; au fond de la cour, des guirlandes de fleurs et de papier sont suspendues en l'honneur du génie qui habite le puits. Des devins sont venus pour peser l'eau et en tirer des horoscopes ; on place dans deux vases de même contenance deux quantités égales d'eau puisées l'une avant, l'autre après le jour de l'an ; si la première est trouvée plus lourde que la seconde, le devin en tire le pronostic de graves malheurs dont il faudra se garder pour l'année suivante.

Ce sont les domestiques qui sont les plus heureux pendant cette période de joie : on se garderait bien de leur faire un seul reproche ; si l'on avait ce malheur, il faudrait, disent les indigènes, les gourmander toute l'année.

---

1. La légende est la suivante : les démons possédaient jadis la totalité des terres et ils les affermaient aux hommes. Sur les conseils de Bouddha, ceux-ci proposèrent aux démons d'échanger une palanche de maïs contre un lopin de terre grand « comme l'ombre d'une tunique ». Les démons acceptèrent. Les hommes déposèrent alors la tunique sur un pieu de bambou que Bouddha fit immédiatement croître très haut dans le ciel : l'ombre portée recouvrait ainsi la totalité des terres et les démons, pour honorer leur parole, durent les céder aux hommes. Pour se prémunir contre le retour possible des démons, les hommes décidèrent de planter chaque année *le mât du Têt* avec, dessinés à son pied, un arc tendu et une flèche. Comme on le constate, cette explication du mât du Têt est un peu différente de celle fournie par Hocquard, qui nous est inconnue. L'érection puis l'enlèvement du mât marquent à la fois le début (vingt-troisième jour du douzième mois) puis la fin (septième jour du premier mois) de l'époque du Têt.

Durant le Têt, les Annamites se gavent de victuailles ; ils font chaque jour trois grands repas dont une part est toujours soigneusement portée sur l'autel des ancêtres. Enfin, dans la cuisine brûlent constamment des bâtons d'encens en l'honneur des trois génies qui habitent les trois pierres du foyer[1].

Depuis que les fêtes ont commencé, une foule d'indigènes est occupée à faire la toilette des tombeaux. Il y a à Hué, du côté de la montagne du Roi, une immense plaine couverte de sable et de cailloux où sont disséminées des milliers de tombes : les unes, formées d'un simple petit tertre dépassant à peine le niveau du sol, doivent appartenir aux gens du peuple ; d'autres, mieux ornées, entourées de murs et surmontées quelquefois d'une pierre carrée, renferment sans doute les restes d'un défunt d'un rang supérieur ; enfin, dans certaines parties de cette nécropole, on a élevé de main d'homme de véritables collines, au sommet desquelles sont placés de riches mausolées, abrités sous des bosquets de grands pins maritimes ; ces mausolées sont sans doute construits pour honorer la mémoire des princes ou des fonctionnaires de haut rang ; le pin est en effet l'arbre royal[2]. Rien n'est plus curieux que de voir, pendant cette période du Têt, la foule des ouvriers enlevant les herbes et peignant toutes ces tombes.

Le premier de l'an annamite tombe cette année le 18 janvier[3]. Dès le matin, la ville présente une animation inaccoutumée : les mandarins, les princes suivis d'une nombreuse troupe de serviteurs viennent, en costume de gala, dans la citadelle pour présenter leurs hommages au roi. De tous les côtés, les soldats de la garde royale, armés de lances ou de sabres, surveillent les abords de la rivière pour maintenir l'ordre parmi les nombreuses barques qui passent les fonctionnaires. Toutes les troupes françaises ont été mises sur pied pour faire la haie, depuis

---

1. C'est précisément le sacrifice aux génies du foyer (*ông Táo*) qui, avec l'érection du mât, ouvre les cérémonies du Têt, le vingt-troisième jour du douzième mois lunaire. Ces trois divinités (une féminine et deux masculines) ont une histoire : miné par la pauvreté, un couple dut se séparer, et la femme se remaria avec un homme riche ; après des années d'errance, le premier mari revint au village et, suite à un malentendu, le second mari mit le feu au tas de paille sous lequel il dormait ; pris de panique, la femme et son deuxième mari se jetèrent dans le brasier et moururent aussi. Ces trois personnages devinrent les « génies du foyer », extrêmement attentifs aux affaires internes des familles, et présents en permanence sous la forme des trois pierres qui, dans toute maison vietnamienne, supportent la marmite. Or, à chaque fin d'année, ces génies montent au Ciel pour faire leur rapport sur l'état de la famille : la cérémonie du vingt-troisième jour a pour but de les amadouer, de leur présenter un « bon visage » et de favoriser leur voyage en leur offrant des chapeaux, et une carpe (*cá chép*) qui leur servira de monture. Aujourd'hui encore, le vingt-troisième jour, on voit des processions d'enfants portant le chapeau pointu tandis que les adultes vont libérer des carpes dans les étangs voisins.

2. Il symbolise bien plutôt le lettré, l'honnête homme…

3. Erreur : elle tombait cette année là le 4 février.

l'entrée de la citadelle jusqu'au palais, pendant l'audience solennelle que le roi va donner au général Prudhomme et au résident de France[1].

Dans la première cour de l'enceinte royale, le coup d'œil est vraiment féerique : de la porte N'go-Mon aux terrasses, les compagnies d'infanterie de marine, en grande tenue, le casque blanc en tête et l'arme au pied, sont rangées sur deux lignes de chaque côté du petit pont qui conduit au palais. Le casque blanc qu'elles portent a donné naissance, de la part du ministère des Rites, à des pourparlers sans fin : le blanc est la couleur du deuil et, dans ce jour de réjouissances solennelles, les mandarins du ministère jugeaient qu'il était d'un fâcheux présage pour l'année qui allait s'ouvrir. Depuis deux jours, le ministre envoyait au général estafette sur estafette pour le prier de modifier la tenue des soldats ; mais celui-ci a tenu bon ; les coiffes noires, par cette chaleur, auraient pu en effet déterminer des cas d'insolation.

Au centre des terrasses, le bataillon de tirailleurs tonkinois est massé sur deux rangs laissant entre eux un large espace pour le passage du général. Derrière les tirailleurs sont disposés, à distances égales, de petits blocs de pierre sculptée, portant chacun un caractère chinois ; près de ces bornes commencent à se placer les mandarins de la cour[2]. Ils se rangent suivant leur grade et le degré qu'ils occupent dans la hiérarchie : à gauche sont les mandarins civils ; à droite les mandarins militaires. Tous ont revêtu le costume de grande cérémonie ; longue robe d'étoffe de soie à larges manches, sanglée aux reins par une ceinture ornée de pierres de couleur, et agrémentée dans le dos par deux espèces d'ailes qui s'agitent à chaque pas ; grandes bottes chinoises en étoffe noire, à épaisses semelles de feutre. Chaque mandarin tient à la main une sorte de sceptre d'ivoire recouvert au milieu d'une poignée de velours rouge ; il est coiffé d'une espèce de casque ayant une vague ressemblance avec une mitre d'évêque. Ce casque se place par-dessus une résille en crin qui plaque fortement les

---

1. Comme l'expliquera Hocquard plus bas, ce Tết 1886 était un peu particulier parce que le général Prudhomme avait demandé au roi Đồng-Khánh de l'accompagner dans les rues de Huế. Destinée à bien montrer que le pouvoir avait changé de main et que les pratiques anciennes étaient révolues, cette exhibition du 3 février 1886 allait à l'encontre de l'ensemble des rites et des traditions de la cour. C'était un événement important car, pour la première fois, le souverain allait être *vu* par le petit peuple de la ville. Pour l'heure, Hocquard décrit ici la réception des autorités françaises au palais impérial, qui eut lieu dans la matinée, et qui constituait aussi une petite révolution : en effet, le souverain descendit de son trône pour accueillir le général et lui serrer la main... Cette journée du 4 février constitue donc une énorme rupture en ce qu'elle dépouillait la cour et le souverain de tous les symboles du pouvoir. Depuis la démission du général Courcy, en janvier 1886, suite à la nomination de Paul Bert (le premier gouverneur civil de l'Indochine), le général Warnet fut rappelé et devint résident général en Annam et au Tonkin par interim (janvier à avril 1886).

2. La fonction de ces stèles a été expliquée dans la note 2 p. 611.

cheveux contre les tempes et qui recouvre le front, dépassant légèrement l'extrémité inférieure de la coiffure ; il est recouvert d'étoffe noire et enjolivé d'ornements dorés et de pierres de couleur. La forme du costume et de la coiffure est la même pour tous les mandarins, mais l'étoffe de la robe, les broderies dont elle est couverte, les ornements du casque diffèrent suivant les grades : sur la robe des mandarins civils est représenté le *Phong*, sorte d'aigle aux ailes éployées ; les mandarins militaires ont pour ornements des têtes de tigres. Dans le costume des mandarins subalternes, ces attributs figurent sur un carré d'étoffe porté en avant de la poitrine par-dessus une robe en soie bleu uni ; le casque de ces fonctionnaires est très sobrement orné. Les mandarins de haut rang portent de magnifiques tissus brochés aux couleurs chatoyantes parmi lesquelles le vert domine. Ces tissus sont couverts de broderies ; le casque enjolivé de dorures est orné de chaque côté de deux petites languettes d'étoffe rigide, ressemblant à des ailes de libellules et sur lesquelles sont brodés des dragons[1].

Les princes sont groupés en avant des mandarins, dans l'intérieur même du palais : ils sont revêtus de superbes robes rouges à reflets métalliques, couvertes d'une profusion de broderies. Aux angles des terrasses, et de chaque côté du palais, se tiennent des musiciens en costume rouge ; les uns ont des instruments ayant la forme de hautbois ; d'autres de grandes timbales placées devant eux sur un trépied. Près d'eux sont des soldats portant des parasols et divers attributs emmanchés dans de longues piques : des haches, des dragons, des masses, des mains de justice.

À droite et à gauche des terrasses, de gigantesques éléphants, richement caparaçonnés, ayant aux pieds des anneaux de métal, les défenses ornées de bague curieusement ciselées, se tiennent complètement immobiles, portant sur leur dos une chaise dorée dans laquelle

---

1. La question des costumes mandarinaux a été évoquée *ci-dessus* note 1 p. 57. Ici, les mandarins portent le « costume des grandes audiences » *(đại-triều)*, dont on sait que la qualité et la couleur de l'étoffe, la nature des broderies, la forme des chapeaux, etc., diffèrent selon le grade dans la hiérarchie mandarinale. Hocquard a raison d'écrire que, parmi ces costumes, « le vert domine » : du premier au neuvième degré, on ne trouve que du bleu foncé et du vert, à la seule exception des mandarins du premier degré de la première classe (en rouge « vieux cuivre ») et ceux du deuxième degré de la première classe (en pourpre). La tunique *(bào)* est munie de « deux espèces d'ailes » rigides, cousues au-dessus de la ceinture, de chaque côté du dos, et qui sont appelées « ailes d'éperviers » *(cánh diều)*. Le bonnet était à sommet rond pour les mandarins civils et à sommet carré pour les mandarins militaires ; destiné à maintenir les cheveux plaqués, le bandeau en crins s'appelle le *võng-cân*. L'auteur est en revanche un peu expéditif sur la question des animaux représentés sur ces costumes car, en réalité, les figures étaient beaucoup plus nombreuses et beaucoup plus hiérarchisées qu'il ne le laisse penser ; en descendant la hiérarchie, on trouvait pour les mandarins civils : la grue, le paon, l'oie, le faisan, le héron, la poule et la caille, et, pour les mandarins militaires : la licorne, le lion, le tigre, le léopard, l'ours, le tigron, l'hippopotame et le rhinocéros.

se tient un figurant couvert d'un splendide costume. Ce figurant, chargé de représenter les seigneurs tributaires de la couronne accourus, pour la cérémonie, des provinces éloignées, est abrité sous un grand parasol jaune, tenu par un serviteur qui est debout derrière lui, sur la croupe de l'éléphant.

Tout à coup un profond silence se fait dans la foule des mandarins et des soldats. Une musique, qui semble venir de très loin, derrière le grand palais dont les portes du fond se sont ouvertes, annonce l'arrivée du souverain. Les sons des instruments se rapprochent peu à peu ; j'entends comme une marche au rythme étrange, dans laquelle revient constamment un motif langoureux et un peu triste, modulé par des instruments aux sons très doux ; on dirait un orchestre composé de flûtes, de violons et de guitares. Un cri aigu, prolongé, part du fond du palais, répété de proche en proche par des hérauts qui sont échelonnés depuis les appartements particuliers jusqu'aux terrasses, à travers la succession des couloirs et des avenues que le roi doit parcourir pour arriver jusqu'à son trône.

Voici le commencement du cortège : d'abord des gardes vêtus de rouge, ayant en tête des casques en carton laqué à grandes visières descendant sur la nuque, portant verticalement de très longs sabres, enfermés dans des fourreaux de bois garnis de viroles d'argent ; puis des huissiers tenant des masses couvertes d'ornements bizarres ; des serviteurs portant, suspendus à des manches très courts par des chaînettes de métal, des encensoirs dans lesquels brûlent des parfums. D'autres serviteurs ont des chasse-mouches en crins de cheval ; d'autres encore des étendards brodés, avec des bordures dentelées simulant des flammes. Tous ces gens s'avancent lentement, à pas comptés, et viennent se ranger de chaque côté du trône.

Enfin le roi paraît entre quatre serviteurs superbement vêtus qui tiennent au-dessus de lui quatre grands parasols jaunes. Il porte un costume semblable, comme forme, à celui de ses mandarins, mais en soie jaune brodée d'or. Le jaune est la couleur royale ; le souverain seul, en Annam, peut porter des étoffes de cette teinte, et celui de ses sujets qui se permettrait de revêtir en public un costume de cette nuance commettrait, aux yeux des Annamites, un crime de lèse-majesté immédiatement puni de mort[1].

Le roi est chaussé de grandes bottes chinoises toutes dorées ; il tient en main un sceptre d'ivoire et il porte sur la tête un casque de même couleur que sa robe, orné de diamants, de perles et de topazes. Le

---

1. Voir code de Gia-Long, article 156, XII.

AUDIENCE SOLENNELLE DONNÉE PAR LE ROI AUX REPRÉSENTANTS DE LA FRANCE

Kinh-Kanh d'or, sorte de décoration enrichie de grosses perles et de brillants, est suspendu à son cou par une chaînette de même métal[1]. Sur sa robe de cérémonie sont brodés, au niveau de la poitrine, les deux caractères chinois qui sont les emblèmes du bonheur et qui signifient : « Mille ans, mille vies[2] ! »

Le roi Dong-Khanh est de taille moyenne ; son teint mat, rendu plus blanc par le contraste de son vêtement jaune, fait ressortir deux grands yeux noirs, très vifs et très doux, ombragés par des sourcils bien dessinés. Les traits sont réguliers ; le nez est bien fait pour un Annamite ; la bouche est seulement un peu grande et les lèvres légèrement lippues. Il est absolument imberbe ; il est jeune d'ailleurs : vingt ans tout au plus. Il s'avance avec beaucoup de majesté, les traits immobiles, les yeux droits devant lui, comme s'il ne voyait pas. Il monte très lentement les degrés de son trône et, debout, prononce à mi-voix quelques paroles qui sont immédiatement répétées par un crieur agenouillé à ses pieds[3].

À peine le roi est-il assis que soudain retentissent, à l'autre extrémité de l'enceinte, les joyeuses fanfares de nos clairons français. Le général Prudhomme, ayant à sa droite le résident supérieur et suivi des officiers de sa maison militaire et d'une nombreuse suite de fonctionnaires et d'interprètes, vient de faire son entrée dans la première cour ; il s'avance entre la double haie de soldats qui présentent les armes pendant que les clairons sonnent au champ. Au moment où il gravit l'escalier de la première terrasse, le roi se lève et, descendant majestueusement de son trône, il vient, abrité par ses quatre parasols jaunes, recevoir, à l'entrée de son palais, le représentant de la France. Le général lui adresse ses souhaits qui sont immédiatement traduits par l'interprète principal de la légation ; le roi répond par quelques

---

1. Avec les *Bội* et les *Tiền*, les *Kim-Khánh* constituaient des décorations en or remises, par le roi lui-même, aux mandarins méritants. Ces décorations existaient au XIXe siècle mais, avant cette date, nous ne possédons que très peu d'informations. Jusqu'en 1887, il n'y avait que deux classes (le *Kim-Khánh* ordinaire et le *Kim-Khánh* de grand format, dit *Đại Hạng Kim-Khánh*), puis, à partir de cette date, elles furent divisées en quatre classes et accordées de façon beaucoup plus libérale que par le passé.

2. Il s'agit des caractères *Vạn* et *Thọ*.

3. Parvenu au trône en septembre 1884, par la volonté des Français, afin de remplacer son frère, le roi Hàm-Nghi, alors en fuite, Đồng-Khánh personnifiait la main-mise coloniale sur la cour de Huế. Son chiffre de règne signifiait d'ailleurs « concours [de la France et du Đại-Nam] pour le bonheur [du Đại-Nam] ». Đồng-Khánh est né le 19 février 1864 (il avait donc vingt-deux ans lors de la visite de Hocquard) et, comme l'écrit justement le professeur Nguyễn Thế Anh, « le seul mérite attribué à Đồng-Khánh par ses sujets était sa situation de fils adoptif du roi Tự-Đức ». Alors que le roi légitime était en fuite et qu'il avait pris la tête du mouvement de résistance (*Cần-Vương*), Đồng-Khánh apparaissait aux yeux de tous comme la créature des autorités françaises. La cérémonie du Tết 1886 ne fit que renforcer cette impression (descente du trône pour saluer le général Prudhomme et exhibition, en sa compagnie, dans les rues de la ville). Đồng-Khánh mourut le 28 janvier 1889, à l'âge de vingt-six ans.

LE ROI EN COSTUME DE CÉRÉMONIE

paroles aimables et le général se retire avec le même cérémonial qu'à l'arrivée.

Tout n'est pas fini. La cérémonie la plus intéressante pour nous va seulement commencer ; les princes et les mandarins vont prononcer le serment de fidélité au roi, comme le prescrit la coutume à chaque renouvellement d'année. La foule des fonctionnaires s'est placée sur six rangs, face au palais. Sur un signe du ministre des Rites, tous se sont agenouillés et, le front dans la poussière, ont prononcé leur serment sur un ton musical qui rappelle nos chants d'église. Trois fois ils s'agenouillent ainsi et, dans l'intervalle des prosternations, la musique du palais fait entendre dans le lointain sa même phrase langoureuse et triste.

Je suis profondément intéressé par cette scène d'un caractère particulièrement imposant : cette foule de mandarins, couverts d'étoffes chatoyantes qui resplendissent au soleil, s'agenouillant entre deux lignes d'éléphants immobiles, cette musique étrange, ces vapeurs d'encens qui flottent dans l'air et, tout là-bas, disparaissant à demi dans la pénombre de la grande salle du trône, ce jeune roi de vingt ans, perdu dans ses vêtements jaunes, à la figure impassible comme celle d'une statue, et qu'on adore à genoux comme un dieu, forment au milieu du cadre splendide constitué par les palais un spectacle inoubliable.

L'audience est finie et le roi vient de quitter la salle du trône. La foule des gardes et des fonctionnaires de rang inférieur s'écoule lentement. Les ministres, les membres de la famille royale, les mandarins de haut rang sont conviés par le roi dans le palais à un grand festin. Des gratifications et des récompenses seront décernées à ceux d'entre eux qui ont mérité la faveur royale pendant l'année qui vient de s'écouler.

En revenant de la citadelle, nous passons, avant de rentrer à la légation, par les rues de Dong-Ba. Des préparatifs sont faits dans tous les faubourgs pour la cérémonie du soir. Vers trois heures, le roi doit se promener en grande pompe et à visage découvert dans toutes les rues de la ville. Il y a bien longtemps que les gens de Hué n'ont pas vu ce spectacle ; autrefois les rois d'Annam se montraient au peuple de la capitale une fois chaque année, à l'époque du Têt ; mais depuis la prise de la Cochinchine par les troupes françaises, le roi Tu-Duc, devenu triste et morose, était demeuré confiné au fond de ses palais dont il ne sortait qu'en barque ou en palanquin fermé. La nouvelle cour n'a pas de raison pour bouder ainsi le peuple, et, dès la première année de son avènement, le roi Dong-Khanh veut reprendre les anciennes coutumes de ses ancêtres.

À trois heures sonnant, un coup de canon parti de la citadelle annonce la sortie du souverain ; le cortège traverse la rivière sur le grand pont de bois qui relie les deux bords, à la pointe de l'île de Dong-Ba ; il s'avance entre deux lignes de troupes françaises, suivi d'un cortège formé de plus de mille personnes : princes de la famille royale, grands mandarins de la cour, ministres, fonctionnaires, gens de la maison du roi, musiciens, gardes tenant des piques, des sabres, des étendards, des parasols. Sa Majesté est portée par quatre vigoureux serviteurs dans une chaise dorée, recouverte d'un dais de soie jaune et abritée par quatre grands parasols de même couleur. Les gens du peuple, massés de chaque côté de la chaussée, s'agenouillent, le front contre terre, sur le passage du roi ; des salves de pétards annamites éclatent sous ses pas, l'air est imprégné de parfums que l'on brûle sur de petits autels, ornés de vases et recouverts d'étoffes brodées, qu'on a dressés partout sur le passage du cortège. Devant ces autels se tiennent les plus vieux des habitants de Hué, qui sont venus pour saluer le roi et aussi pour recevoir les gratifications que celui-ci leur accorde pour les récompenser, dit le *Livre des rites*, d'avoir vécu de longues années.

Le roi s'arrête devant le Thuong-Bach pour rendre sa visite au commandant des troupes françaises de l'Annam[1] ; il est reçu, à l'entrée de la cour, par le général entouré de toute sa maison militaire, ayant à ses côtés le résident de France. Une collation lui a été préparée et il y prend part, s'asseyant, entre le général et le résident, à une table particulière, placée sur une estrade un peu élevée, tandis que, dans une pièce voisine, les hauts mandarins et les princes, rangés autour de tables beaucoup plus basses, font honneur aux mets qui leur sont offerts.

Le lendemain nous sommes reçus, Roullet et moi, en audience privée, par Sa Majesté. Les eunuques de service nous introduisent dans un des bâtiments du sérail où nous trouvons le roi qui vient de descendre de cheval ; sa petite monture est attachée dans la cour d'entrée ; c'est une jolie bête, à robe noire, à l'œil plein de feu, couverte d'une superbe housse en soie jaune, ornée de broderies et de pompons.

1. Voir note 1 p. 593.

LE SÉRAIL

La salle où nous sommes reçus sert aux divertissements des princes ; j'y admire une magnifique panoplie composée d'armes de toutes sortes : arcs, flèches, sarbacanes, carabines et pistolets de salon ; dans un coin, une grande cible carrée est dressée sur une espèce de chariot à roulettes. Le roi, assis devant une petite table, est occupé à lire et à annoter des rapports que lui soumet son plus jeune frère, vêtu d'un costume en étoffe rouge, zébrée de grands dessins bizarres[1]. Dong-Khanh porte lui-même un vêtement de même couleur. Le jeune roi a une vie très occupée qui ne serait peut-être pas du goût de tous nos souverains d'Europe ; il se lève chaque matin à cinq heures, il passe une grande partie de sa journée à parcourir et à annoter les rapports qui lui parviennent de toutes les administrations de la capitale et des gouvernements des provinces. Quand il est fatigué, il se fait seconder par les plus instruites de ses femmes, qui lui lisent les documents officiels, sauf

---

1. Nous ignorons totalement qui peut être ce « plus jeune frère » puisqu'à notre connaissance Đồng-Khánh n'avait que deux frères qui avaient été désignés empereurs avant lui, l'un sous le nom de Kiến-Phúc (novembre 1883 à juillet 1884) et l'autre sous le nom de Hàm-Nghi (août 1884 à juillet 1885). Les trois frères étaient fils du prince Kiên-Thái, lui-même frère de Tự-Đức et vingt-sixième fils de Thiệu-Trị.

les dépêches confidentielles. Le gouvernement de l'Annam est absolument autocrate : toutes les affaires sont soumises au souverain, qui seul a l'autorité nécessaire pour les trancher, et qui lit toutes les pièces qui lui sont présentées. On juge par là du temps qu'il y dépense.

Tous les jours impairs le souverain reçoit en audience privée les fonctionnaires des différentes administrations qui ont des requêtes à lui présenter ou une autorisation à solliciter ; en outre, les mandarins de Hué du premier au troisième degré doivent, à tour de rôle, se tenir pendant vingt-quatre heures dans un des palais à la disposition du roi qui, à chaque instant, leur transmet ses ordres, des appartements particuliers, par l'intermédiaire des eunuques[1]. Lorsqu'ils se présentent devant le roi, les fonctionnaires doivent se soumettre rigoureusement aux règles de l'étiquette de cour, c'est-à-dire se tenir à genoux à une distance de vingt pas du souverain, avoir la tête légèrement baissée et tenir, en face de leur visage, leur petit sceptre d'ivoire ; ils attendent respectueusement que le roi leur adresse la parole ; s'ils ont à lui répondre, ils se relèvent, s'approchent de Sa Majesté, s'agenouillent de nouveau devant elle, et parlent à voix basse et avec respect.

Le roi nous fait asseoir près de lui, après nous avoir serré la main à la française ; il me demande à voir les photographies que j'ai faites l'autre jour dans le palais. Je ne suis pas, du reste, le premier photographe qui soit venu à Hué. Depuis longtemps un Annamite qui a pris des leçons en Chine a fait le portrait des principaux mandarins de la cour. Roullet propose au roi de le peindre à l'huile, celui-ci accepte avec le plus grand plaisir mais il veut être représenté dans son costume de cour.

Ce n'est pas chose facile que de faire le portrait d'un roi d'Annam ; à chaque instant, le royal modèle se dérobe pour venir juger de l'œuvre de mon ami, et puis, cette robe jaune est impossible à reproduire : les couleurs les plus vives de la palette n'arrivent pas à la rendre ; d'ailleurs Roullet a des distractions ; on entend chuchoter derrière les paravents qui masquent l'entrée du sérail ; des yeux curieux regardent à travers les fentes de cette mince cloison et des rires étouffés partent de tous les coins. Le roi fatigué lève la séance au bout de dix minutes. Roullet promet qu'il achèvera le tableau à la légation, de souvenir et d'après mes photographies, et qu'il l'enverra ensuite au palais.

---

1. De chaque côté du palais Cân-Chánh se trouvaient en effet deux corps de bâtiment (le *tå-vu* et le *hũu-vu*), qui servaient de salles de garde pour les mandarins de la cour qui, à tour de rôle, étaient désignés pour attendre ici les ordres éventuels du souverain. Par la suite, et de façon significative, l'une de ces salles fut aménagée en salle-à-manger « à l'européenne » pour les grandes réceptions officielles.

LE ROI CHEZ LUI

En traversant la cour, après avoir pris congé du roi, nous trouvons les gens de service de Sa Majesté rangés devant le palais et l'attendant pour la promenade qu'elle fait chaque soir dans les jardins. Huit vieilles femmes, ayant sur la tête un casque en carton noir, orné de rubans, ont passé par-dessus leur longue robe une espèce de chasuble jaune brodée de rouge ; elles sont agenouillées sur des nattes, les mains appuyées sur les poignées d'une chaise à porteurs habillée d'étoffe jaune, que d'autres vieilles femmes, vêtues de la même façon, abritent sous de grands parasols. De chaque côté de ce groupe sont rangées des musiciennes tenant des instruments bizarres ; des gongs, des tam-tams, des guitares ventrues, des espèces de cithares, des flûtes et de petits violons recouverts de peau de serpent ; des servantes du harem tiennent des insignes variés et des étendards ; enfin, près de la porte par laquelle doit sortir le roi, deux femmes du sérail, un énorme turban autour de la tête, sont prêtes à offrir à Sa Majesté des rafraîchissements contenus dans des bouteilles de forme et de provenance européennes.

Le soir même, nous recevons une magnifique pièce d'étoffe et des boîtes incrustées de nacre que le roi nous adresse en souvenir de notre visite. L'envoyé royal qui nous apporte ces présents est chargé de nous annoncer que le roi nous accorde la très rare faveur de visiter les tombeaux des anciens rois d'Annam, et qu'il enverra à l'avance, pour nous en faire ouvrir les portes, un assesseur du ministre des Rites[1], qui s'entendra avec les eunuques chargés de la garde des nécropoles.

Chaque tombeau représente, en effet, une véritable ville, dont l'enceinte, entourée de hautes murailles gardées par des soldats, est interdite aux indigènes et surtout aux étrangers. Cette ville comprend une succession de palais disséminés dans des jardins fort beaux, et habités, comme je l'ai déjà dit, par les femmes et les anciens serviteurs du roi défunt.

Nous partons un matin pour faire cette intéressante excursion. Les tombeaux des rois sont tous construits sur les bords de la rivière de Hué, à une certaine distance en amont de la citadelle ; il faut près de deux journées de navigation en sampan pour aller jusqu'à celui du roi Gia-Long, qui est le plus éloigné ; il y en a trois autres : celui de Tieu-Tri, celui de Minh-Mang, et enfin celui de Tu-Duc, le plus grand et le plus beau de tous. Le roi Tu-Duc a fait construire ce dernier de son vivant ; des milliers d'ouvriers y ont travaillé pendant les dernières années de son règne. Nous nous y rendons à cheval, en côtoyant la plaine des tombeaux dont j'ai parlé et qui se prolonge sur une étendue de plusieurs kilomètres.

---

1. *Lễ Bộ Thị Lang*, mandarin de la première classe du troisième degré.

Avant d'arriver à la nécropole de Tu-Duc, nous gravissons une petite colline, couverte d'une forêt de pins maritimes, au sommet de laquelle se dresse un singulier monument. Il est formé de trois terrasses figurant trois grands carrés superposés et d'inégale largeur ; chacune des terrasses est entourée d'une balustrade de pierre ; on y monte par de larges escaliers. C'est là qu'au deuxième mois le roi, suivi de toute sa cour, vient en grande pompe célébrer la fête du *Nam-Giao* ou sacrifice au Ciel[1]. Cette fête est la plus solennelle de toute l'année ; ce jour-là, la rivière de Hué est barrée par un immense pont de bateaux sur lequel le souverain passe avec un magnifique cortège de gardes, de mandarins, de chevaux et d'éléphants. Dans l'endroit où doit avoir lieu la cérémonie, de grandes tentes ont été dressées ; le roi, qui s'est préparé par le jeûne au sacrifice qu'il va offrir, y passe, avec les principaux mandarins de sa cour, la nuit qui précède la fête. Au milieu de la terrasse la plus élevée, on a dressé au préalable un riche autel sous un velum en étoffe jaune qui abrite également des meubles somptueux tirés du palais. À minuit tout le monde se lève, et le roi, ayant fait immoler un buffle par les mandarins militaires, l'offre en sacrifice au Ciel qu'il salue en se prosternant cinq fois de suite. Pendant ces prosternations, un grand de la cour récite des prières, et les serviteurs brûlent sur un brasier de nombreuses pièces de soie de toutes les couleurs[2].

Le roi n'est pas seulement le souverain de son peuple, il est encore le grand pontife de la religion officielle et le représentant du Ciel vis-à-vis de ses sujets qu'il appelle ses enfants. Les mandarins des provinces sont ses représentants au spirituel comme au temporel : ils sont délégués pour présider aux cérémonies du culte, et ils offrent aux époques prescrites les sacrifices officiels, suivant un cérémonial semblable à celui qui est usité à la cour. Les *tông-doc* officient au chef-lieu de la province, les préfets et les sous-préfets dans leurs

---

1. Cette cérémonie en l'honneur du Ciel et de la Terre était célébrée à Hà-Nội depuis l'époque des Lê. Lors du transfert de la capitale, Gia-Long fit bâtir une nouvelle esplanade dans le village de An-Cựu, à trois kilomètres au sud de Hué. Les pins mentionnés par l'auteur ont une histoire : ils furent plantés en 1805 pour personnifier le roi et les grands mandarins, et chacun des arbres portait une plaque indiquant le nom du fonctionnaire à qui il était attribué.

2. Le tertre du Nam-Giao, ou « Esplanade des Sacrifices au Ciel et à la Terre », est composé d'une grande enceinte extérieure (trois cent quatre-vingt-dix mètres sur deux cent soixante-cinq) percée de quatre portes à écrans correspondant aux quatre points cardinaux ; au coin sud-ouest se trouve le « palais du Jeûne » (*Trai-Cung*), où, durant trois jours, le roi se purifiait avant la cérémonie ; au coin nord-est se trouvent le magasin et la cuisine des Génies (*Thân-Trù*), où les officiants préparaient les offrandes et abattaient les victimes. Cette enceinte, qui était précédée au sud par une vaste « allée impériale » (*ngự-lộ*), d'où arrivaient le roi et sa suite, renfermait trois autres enceintes qui allaient en s'étageant : deux enceintes carrées (soixante-cinq mètres sur quatre-vingt-cinq) et une enceinte ronde de quarante-deux mètres de diamètre, surélevée à plus de quatre mètres du sol. L'union du carré et du rond représentait bien sûr celle de la Terre et du Ciel.

arrondissements respectifs ; il n'est pas jusqu'aux simples chefs de canton et même jusqu'aux notables des villages qui ne soient tenus, par délégation royale, de présider aux cérémonies religieuses qui, chaque année, se font aux principaux anniversaires indiqués par le calendrier de la cour.

FEMMES ATTENDANT LE ROI

De la petite colline plantée de pins où s'élève l'emplacement des sacrifices au Ciel, nous embrassons d'un coup d'œil l'ensemble des monuments qui forment le tombeau de Tu-Duc. Les toits aigus des palais, couverts de tuiles vernies, se montrent au milieu des grands arbres, entourés de toutes parts par une haute muraille, percée aux quatre points cardinaux de portes monumentales. À l'entrée d'une de ces portes, un vieil eunuque, appartenant au personnel qui habite le tombeau, vient nous recevoir en compagnie du *thi-lang* du ministère des Rites, qui nous attend là depuis la veille.

Nous nous engageons dans une grande allée sablée, bordée par de vieux arbres ; nous passons devant des étangs couverts de nénuphars où sont construites, sur pilotis, de coquettes maisons de plaisance. À l'extrémité de l'allée, nous nous trouvons soudain au milieu d'un immense rond-point vers lequel convergent, comme les rayons d'une route, toutes les avenues qui viennent des différentes portes de l'enceinte extérieure.

Au centre de ce rond-point sont superposées trois terrasses, aux-quelles on monte par de larges escaliers dallés et qui sont encadrées par des balustrades de pierre. Au milieu de la terrasse supérieure s'élève un portique quadrilatère surmonté d'un belvédère et flanqué, à droite et à gauche, par deux hautes colonnes ; ce monument, dont les murs sont couverts à l'extérieur d'une profusion de peintures et d'ornements sculptés, est percé, sur chacune de ses faces, de portes à plein cintre, à travers lesquelles on peut voir, plantée debout, une énorme pierre tombale en granit gris, sur les deux faces de laquelle de nombreux caractères chinois relatent les principaux titres et les événements les plus saillants du règne du roi défunt[1].

Les restes de Tu-Duc ne sont pas, comme on pourrait le croire, sous cette pierre tombale. Les souverains de l'Annam sont trop préoccupés par la crainte de voir leurs cendres profanées à la suite des révolutions pour permettre qu'on indique ainsi à tous l'endroit où ils reposent. À l'enterrement du roi, le cortège s'arrête généralement près de la muraille extérieure de la nécropole ; quelques serviteurs éprouvés transportent alors le cercueil jusqu'à l'endroit, connu d'eux seuls, où il doit être enfoui.

Ces mesures de précaution ne sont prises, m'a-t-on dit, que depuis le règne de Gia-Long. À l'époque où ce souverain, obligé d'abandonner sa capitale au pouvoir des Tay-Son, se réfugia dans le royaume de Siam, ses ennemis firent ouvrir la tombe de son père Gia-Duc, en retirèrent les ossements et les jetèrent dans la rivière ; ils pensaient ainsi débarrasser le sol annamite de la race des Nguyen[2]. Aidé par la France, Gia-Long parvint à reconquérir sa

---

1. Le mausolée de Tự-Đức est appelé Khiêm-Lăng, ou encore Vạn-Niên. Il faut bien distinguer les tombes ordinaires (*mộ*), les tombes princières (*tẩm*), et les mausolées impériaux (*lăng*) qui étaient les seuls à posséder des bâtiments annexes. Celui de Tự-Đức se trouve à cinq kilomètres de Huế. Il a été choisi par le souverain lui-même, en 1864, et les travaux ont duré jusqu'en 1867. Occupant deux cent vingt-cinq hectares, cet ensemble funéraire comprend un parc séparé par une vaste allée dallée et agrémenté d'un lac (lac de *Lưu-Khiêm*), sur lequel se trouvent des pavillons sur pilotis. Parmi les nombreux bâtiments, signalons le *Lục-Viện*, qui abritait les concubines du souverain, et le *Lưu-Khiêm*, qui fut consacré par la suite au culte de la reine-mère Từ-Dũ.

2. Le père de Gia-Long était Nguyễn Phúc Luân, plus connu sous le nom de Chương-Võ (le nom « Gia-Duc » nous est inconnu, mais peut-être s'agit-il d'une appellation princière). Il ne régna pas car, en

capitale, et son premier soin fut de promettre une récompense considérable à celui qui pourrait retrouver quelques-uns des ossements ayant appartenu à son père. Des pêcheurs se mirent à draguer, avec leurs filets, le lit de la rivière en face de l'ancienne tombe de Gia-Duc et ils furent assez heureux pour retrouver un crâne ; mais comment reconnaître s'il appartenait véritablement au chef des Nguyen ? Le roi Gia-Long eut une inspiration : il se piqua au doigt, laissa tomber quelques gouttes de sang à la surface du crâne ; ce sang fut absorbé immédiatement par l'os, dit la chronique, et le roi en conclut que ces restes étaient bien certainement ceux de son père.

TOMBEAU DE TU-DUC

Depuis ces événements, l'emplacement véritable où est déposé le corps d'un roi défunt est maintenu soigneusement caché.

Au voisinage du monument principal du tombeau de Tu-Duc, se trouvent plusieurs palais très vastes et magnifiquement décorés ; les uns sont affectés au logement des eunuques et des anciennes femmes du souverain défunt ; les autres sont réservés au roi et à la reine mère, qui s'y rendent très fréquemment et qui y passent souvent plusieurs

---

1765, à la mort de son père Võ-Vương (= Nguyễn Phúc Khoát), dont il était le deuxième fils, la cour lui préféra son frère qui, bien qu'étant le seizième fils seulement, régna sous le nom de Huệ-Vương. Son mausolée se trouve à une dizaine de kilomètres au sud de Hué, sur la rive droite de la rivière.

jours. Dans l'un d'eux, l'assesseur du ministère des Rites me fait visiter un musée dans lequel sont enfermés toutes sortes d'objets ayant appartenu à Tu-Duc : son lit en bois sculpté, couvert d'une moustiquaire jaune, ses bijoux, dont quelques-uns me paraissent d'une grande valeur, son écritoire en jade et ses pinceaux, dont le manche est fait de cette pierre précieuse, ses livres favoris et un grand cahier curieusement relié, dont chaque feuillet est formé d'une lame d'or très mince. Les caractères qui sont gravés sur ces feuilles relatent les faits les plus glorieux des annales annamites.

Une des portes du tombeau de Tu-Duc donne sur la rivière, non loin d'un petit débarcadère où le roi accoste lorsqu'il vient en bateau visiter la nécropole. Nous trouvons là un sampan qui nous remonte par la rivière jusqu'aux tombeaux de Minh-Mang et de Thieu-Tri. Ces deux tombeaux sont beaucoup moins vastes que celui de Tu-Duc.

Le mausolée de Thieu-Tri est précédé d'une allée bordée, à droite et à gauche, par une série de statues en pierre, de grandeur naturelle, représentant des chevaux couchés et des mandarins en costume de cour ; cette allée aboutit à un petit pont jeté sur un fossé plein d'eau, aux deux extrémités duquel se trouvent deux arcs de triomphe formés de quatre colonnes en bronze supportant des traverses ornées de plaques de porcelaine, et absolument semblables à ceux qui se trouvent à l'entrée des palais du roi dans la citadelle de Hué. Le bâtiment principal, auquel on arrive par une succession de terrasses, a la forme d'un petit pavillon à deux étages, qui ne présente rien de bien remarquable. À l'étage supérieur, se trouve une grande salle contenant différents meubles et objets ayant appartenu au roi Thieu-Tri. Quant au tombeau de Minh-Mang, il n'offre rien de bien curieux aux visiteurs, si ce n'est de grands jardins, bien tracés et soigneusement entretenus[1].

En revenant de notre promenade, nous nous arrêtons pour visiter, sur le bord gauche de la rivière, une curieuse pagode, construite aux frais du roi, non loin de l'emplacement où se font les examens du mandarinat. Cette pagode, bâtie sur un petit monticule, est surmontée d'une tour à sept étages qui porte le nom de tour de Confucius. C'est

---

1. Le mausolée de Thiệu-Trị a été érigé en 1848 sur le mont Thuận-Đạo. Celui de Minh-Mạng, que Hocquard juge peut-être un peu rapidement, est situé plus au sud encore, au point exact du confluent des deux bras qui, en aval, forment la rivière des Parfums ; il a été érigé de 1841 à 1843. Conformément à la tradition chinoise (voir les tombeaux des Ming, près de Pékin), les bâtiments de tous ces mausolées impériaux sont disposés le long d'un axe, marqué par deux colonnes, appelé « voie de l'Esprit ». Pour une raison inconnue, seul le mausolée de Thiệu-Trị échappe à cette règle architecturale.

le seul monument de ce genre qu'il m'ait été donné de voir dans tout l'empire d'Annam[1].

Au commencement de février, nous disions adieu à Hué. Nous faisons route avec le médecin de la légation qui rentre en France accompagné de nombreuses caisses, et nous ne pouvons songer, à cause de ces *impedimenta*, à reprendre le chemin accidenté du col des Nuages, malgré une lettre pressante de notre ami Besson, qui nous rappelle la promesse faite lors de notre premier passage. Nous frétons une grande jonque avec laquelle nous comptons descendre la rivière de Hué et prendre, par les lagunes qui bordent la côte, la route du cap de Choumay. Nous attendrons, à l'abri de ce cap, le moment favorable pour traverser le bras de mer qui nous sépare de la baie de Tourane[2].

La première partie du programme s'accomplit sans encombre ; mais, arrivés à la pointe de Phu-Yen, nos bateliers, jugeant la mer trop grosse, nous font passer trois mortels jours au milieu des sables, à attendre l'accalmie. Nous tuons le temps, comme nous pouvons, en nous promenant sur la grève où nous ramassons de superbes coquillages dont quelques-uns sont de variété rare.

Les pauvres pêcheurs, qui habitent dans les misérables huttes que nous voyons de distance en distance s'appuyer contre les dunes, passent une partie de leurs journées à ramasser ces coquilles en énormes tas, qu'ils font calciner dans les fours primitifs. Ils fabriquent ainsi une chaux très pure et très légère dont ils tirent un assez grand profit. Elle se vend bien aux Annamites qui s'en servent pour préparer leurs chiques de bétel.

Nos bateliers ne veulent pas quitter la côte malgré toutes nos sollicitations ; nous avons cependant cherché à les allécher par la promesse d'une grosse gratification, mais ils ont peur de la mer qui, je dois le dire, déferle en vagues énormes sur la barre. Nous ne pouvons cependant pas demeurer éternellement entre ces dunes arides, et nous tenons conseil pour trouver un moyen de nous tirer de là. Il est entendu que nous ferons peur à nos indigènes. Nous prenons tous un air furieux et, tirant nos revolvers qui ne sont même pas

---

1. Située à quelques pas de l'emplacement du Camp des Lettrés (qu'on avait transféré depuis la citadelle en 1874) et bien qu'elle n'eût absolument aucun rapport avec le célèbre philosophe chinois, la pagode de Thiên-Mụ était appelée « pagode de Confucius » par les Européens. Devant elle, Thiệu-Trị fit ériger en 1844-1846 la tour bouddhique octogonale de Phúc-Duyên (« source du Bonheur »), haute de vingt et un mètres, comportant sept étages qui s'élèvent en se rétrécissant, chacun d'entre eux étant consacré à l'un des sept Bouddha de l'Antiquité.

2. Le cap Chaumay, dont le nom dérive peut-être de *châu mới* (« nouveau district »), se trouve à une quarantaine de kilomètres au sud de Hué, au large de la lagune de Lăng-Cô.

chargés, nous les braquons sur eux, modérant une forte envie de rire. Les pauvres diables se mettent à trembler de tous leurs membres et nous promettent de faire route avant une heure si nous permettons à l'un d'entre eux d'aller invoquer un génie puissant dont on aperçoit la pagode sur un récif, à l'extrême pointe du cap. La permission leur est accordée et nous appareillons à l'heure dite. Notre batelier a rapporté de la pagode une foule de petits papiers de couleur qu'il brûle en avant du sampan au moment où nous traversons la barre. Dans l'endroit le plus dangereux, il lâche sa rame et, au risque de nous faire chavirer, il saisit un malheureux coq noir qu'il gardait en réserve dans l'un des coins du bateau, lui tranche la tête d'un coup de couperet et le jette dans la mer. De cette façon, prétend-il, le génie, occupé à ramasser cette aubaine, ne songera pas à nous jouer de mauvais tours.

SCEAU DU ROI MINH-MANG

Nous arrivons à Tourane à la nuit tombante, juste à temps pour prendre le paquebot des « Messageries maritimes » qui, deux jours après, nous dépose à Haï-Phong. Nous apprenons là la mort tragique du malheureux capitaine Besson, dont la nouvelle est arrivée la nuit dernière. Notre pauvre ami a été assassiné au village de Nam-Co, le soir même du jour où nous devions, au retour, dîner avec lui. Les bagages de mon collègue de la légation nous l'ont fait échapper belle.

Ma lettre de rappel est arrivée. Je fais mes adieux au Tonkin et, le 15 février[1], je prends passage à bord de *L'Hindoustan*, grand transport chargé de rapatrier plusieurs centaines de soldats et d'officiers malades.

Après quarante-cinq jours passés entre le ciel et l'eau, sans nous arrêter nulle part, nous jetons enfin l'ancre devant les côtes de France.

---

1. De même que Hocquard s'était trompé sur la date du Têt, qu'il fixait au 28 janvier au lieu du 4 février, il déclare maintenant, à tort, avoir quitté le Viêt-Nam le 15 janvier 1886. Cette date est incohérente avec le texte, et ce pour deux raisons : d'abord parce que l'auteur a assisté aux cérémonies du Têt, qui ont eu lieu le 4 février, ensuite parce qu'il écrit avoir eu connaissance, *avant* son départ, de la mort de Besson qui, nous l'avons vu, est intervenue dans la nuit du 28 février au 1er mars. De plus, les archives du *Service historique de l'armée de terre* (dossier 94079) indiquent que Hocquard a été décoré – probablement sur place, à Hué – de l'ordre du « Dragon d'Annam », le 26 mars 1886, et que sa « campagne au Tonkin » s'est déroulée « du 11 janvier 1884 au 31 mai 1886 » : cela est parfaitement cohérent avec une traversée de quarante-cinq jours en bateau, effectuée à partir de la mi avril environ. Et, en effet, la preuve apparaît finalement dans une « feuille de notes concernant M. Hocquard », où il est indiqué au crayon : « Parti de Hanoï le 19 avril 1886 pour être rapatrié par *L'Hindoustan* ». Au total, il y a donc dans le récit de Hocquard une lacune qui va de mi-février à mi-avril.

Index

Divers

Noms de personnes

Fonctions, titres et qualifications

Noms de lieux

Cultes, croyances, cérémonies et religions

Sites et monuments remarquables

TABLE DES CARTES ET DES ILLUSTRATIONS

TABLE DES CHAPITRES

ACHEVÉ D'IMPRIMER
EN OCTOBRE 1999
SUR LES PRESSES DE
L'IMPRIMERIE HÉRISSEY
À ÉVREUX (EURE)

Numéro d'édition : 0474
Numéro d'impression : 84878
Dépôt légal : novembre 1999
Imprimé en france